Heinrich Gätke, Rudolf Blasius

Die Vogelwarte Helgoland

Heinrich Gätke, Rudolf Blasius

Die Vogelwarte Helgoland

ISBN/EAN: 9783743309654

Hergestellt in Europa, USA, Kanada, Australien, Japan

Cover: Foto ©ninafisch / pixelio.de

Manufactured and distributed by brebook publishing software
(www.brebook.com)

Heinrich Gätke, Rudolf Blasius

Die Vogelwarte Helgoland

Die
Vogelwarte Helgoland.

Von

Heinrich Gätke,

Ehrenmitglied des Britischen Ornithologen-Vereins, des Amerikanischen
Ornithologen-Vereins und der Norfolk- und Norwich-Naturforscher-Gesellschaft;
Korrespondirendes Mitglied der Londoner Zoologischen Gesellschaft
und des Ornithologischen Vereins in Wien, sowie Mitglied des Permanenten
Internationalen Ornithologischen Comités.

Herausgegeben

von

Professor Dr. Rudolf Blasius.

Braunschweig
Joh. Heinr. Meyer.
1891.

Vorwort des Herausgebers.

Im Andenken an meinen inniggeliebten Vater

Johann Heinrich Blasius

übergebe ich dieses Buch der Mitwelt.

Seit Jahrzehnten warteten die Ornithologen aller Länder darauf. die langjährigen Beobachtungen des Vogelwärters von Helgoland. H. Gätke. veröffentlicht zu sehen. Zuerst 1853 besuchte mein Vater das Felseneiland, und wies auf die für die Verbreitung und Zugverhältnisse der Vögel so hoch interessante Sammlung und die merkwürdigen Beobachtungen meines hochverehrten Freundes hin. Er war es, der die unbedingte Zuverlässigkeit der Gätke'schen Mittheilungen mit kritischer Schärfe feststellte und jeden Zweifel an der Wahrheit derselben in der ornithologischen Welt verscheuchte. Schon vor 20 Jahren hoffte er auf die Vollendung dieses Werkes.

Jetzt liegt es fertig vor uns. an der Spitze das Bild des Autors, der in Pritzwalk am 19. Mai 1814 geboren, 1837 als 23jähriger Maler nach Helgoland auswanderte und bis in sein rüstiges Greisenalter Jahr aus Jahr ein, Tag für Tag sein scharfes Auge über die Insel und das Meer hin und in den blauen Aether hinauf schweifen liess. Schon als Knabe war er ein besonderer Liebhaber der Beobachtungen im Freien. interessirte sich mit Vorliebe für Naturgeschichte. botanisirte. suchte Eier, Schmetterlinge und zeichnete nach der Natur. Auf Helgoland wurde er Sammler und Jäger. An der Hand von Chr. L. Brehm's »Vögel Europa's« und Naumann's »Naturgeschichte der Vögel Deutschlands« suchte er sich die beobachteten und erlegten Vögel zu bestimmen und als dies für die fremden Gäste aus Sibirien und Amerika nicht mehr ausreichte, holte er sich Rath bei den Ornithologen Englands und des Festlandes. So bildete sich im Laufe der Zeit ein inniges freundschaftliches Verhältniss zwischen unserem Autor und den bedeutendsten jetzt lebenden Ornithologen. Helgoland wurde das Mekka der Freunde der gefiederten Welt. Manche Stunde haben sie in dem Hause Gätke's zugebracht und die angehäuften Schätze bewundert.

Soeben trifft die hocherfreuliche Nachricht ein, dass das Deutsche Reich die Sammlungen erworben hat. Möge es in Erfüllung gehen, dass dieselben, als Beleg für die dortigen Beobachtungen, für immer als Grundstock der dort zu errichtenden zoologischen Station verbleiben, und möge dieses Buch eine schöne Erinnerung sein für die Besucher der Insel, und den Naturfreunden erzählen von dem einsamen Felseneilande mit seinen seltenen gefiederten Gästen aus dem fernen Norden, Osten, Süden und Westen.

Braunschweig, den 3. Februar 1891.

Rudolf Blasius.

Vorbemerkung.

In einem kleinen Städtchen der Mark geboren und mich nur einer solchen Schulbildung erfreuend, wie sie vor mehr denn sechzig Jahren der Kantor, Konrektor und Rektor der urwüchsigen Jugend unter Beihülfe eines zähen Haselstöckchens beizubringen vermochten, würde mir im Leben nichts ferner gelegen haben als der Gedanke »ein Buch zu schreiben«, hätte nicht die Natur selbst mir die Feder in die Hand gedrückt: der Entschluss, als Seemaler eine Reihe von Jahren in möglichster Nähe des Meeres zu leben, führte mich an einen Ort, der in ornithologischer Hinsicht wohl buchstäblich seines Gleichen auf der weiten Welt nicht findet.

Der Hang des Künstlers zur freien Natur brachte mich unvermeidlich in Berührung mit der so wunderbar reichen Ornis Helgolands. Diesem folgte ebenso unvermeidlich der Wunsch, eines oder das andere der in ihrer Gestalt, ihrem ganzen Thun und Treiben so unendlich anmuthigen Geschöpfe zu besitzen: so entstand eine kleine Sammlung.

Mit dem Besitze erwachte aber das Verlangen nach gründlicherer Kenntniss des Gesammelten, und das während einer Reihe von Jahren fortgesetzte eifrige Studium der hiesigen Vogelwelt, sowie der Vergleich derselben mit anderen Lokal-Avifaunen liess mich nicht allein erkennen, welch ein nie geahnter Reichthum des Kennenswerthen sich hier zusammenfinde, wie unendlich der kleine

Fels darin die stolzesten Reiche überrage, sondern es ward mir auch mehr und mehr klar, dass dem, welchem ausnahmsweise Umstände eine so vollständige Einsicht und Erkenntniss eines hervorragenden Feldes der Naturwissenschaften gewährten, damit auch die Pflicht auferlegt sei, seine Erfahrungen nicht mit sich selbst wieder verschwinden zu lassen, sondern dieselben den Forschern auf gleichem Gebiet zu erhalten — nur das Gefühl dieser Pflicht veranlasst mich zur Veröffentlichung meiner Erfahrungen.

Auf den folgenden Blättern werde ich mich dieser Pflicht möglichst vollständig zu entledigen suchen. Wie dies geschieht, wird so ziemlich Nebensache sein, und nach dem Ebengesagten denn auch wohl keiner Kritik unterzogen werden; das Was ist die Hauptsache, und dies besteht einzig und allein in dem, was mir, ohne irgend ein Verdienst von meiner Seite, vergönnt gewesen hier vorzufinden.

Helgoland, Mai 1890.

H. Gätke.

Inhalt.

Berichtigungen.

Seite 135, Zeile 16 von oben lies »eingehenderer« statt »eingehendere«.

372, » 11 » lies »und müssen diese« statt »und diese«.

474, » 20 unten lies »Weindrosseln« statt »Weissdrosseln«.

521, » 4 » oben lies »Benzon« statt »Benzon«.

538, » 16 lies »Illiger« statt »Illinger«.

545, 16 lies »IV« statt »VI«.

548. » 17 » lies »Garganey« statt »Gargony«.

551. » 1 lies »grünköpfigen« statt »grauköpfigen«.

603. 8 lies »Boakhörn« statt »Bookhörn«.

--- ---

I.
DER ZUG DER VÖGEL.

I. ZUG IM ALLGEMEINEN AUF HELGOLAND.

Seit Jahrtausenden hat die räthselhafte Erscheinung im Leben der Vögel: ihr in festen Zeitabschnitten mit unwandelbarer Sicherheit sich wiederholender Zug, Staunen und Bewunderung hervorgerufen. Die Gestade des Mittelmeeres boten seit grauester Vorzeit dem betrachtenden und forschenden Auge das Bild unzählbarer Schaaren von Fremdlingen dar, welche aus dunklen borealen Regionen dem Lande der Sonne zuströmten, um nach wenigen Monden der Rast ihrer geheimnissvollen Heimath wieder zuzueilen — dem vorzeitlichen Beobachter eine so wunderbare Erscheinung, dass er glaubte, die Schicksale von Menschen und Reichen aus den Flügen der Vögel deuten zu können. Wie ganz anders steht die Jetztzeit diesem Vorgange gegenüber: froh sehen wir die wohlgekannten Gefährten blumengeschmückter Sommermonate vor Eintritt rauherer Tage dahin eilen, wissend, dass sie der Härte des nahenden Winters erliegen müssten. Im Geiste begleiten wir unsere lieblichen Sänger über die hochragenden schneeigen Alpen, uns freuend, wenn Theilen des breiten Zuges der Weg durch ein sich öffnendes Hochthal erleichtert wird; mit ihnen erspäht auch unser Auge in blauer duftiger Ferne den in tiefem Ultramarin sich dehnenden Spiegel des Mittelmeeres; auch dieses, bald überflogen, weicht dem Bilde der weiten sandigen, unter Sonnengluth erzitternden Wüste — manch palmenbeschattet schützend Obdach bietet dieselbe jedoch dar, und so verlassen wir unsere Lieblinge, einige ihrer Schaaren, die der breiten Strasse des Nil sich vertrauten, noch eine Strecke begleitend; auch diesen sagen wir Lebewohl angesichts der gewaltigen Pyramiden, an der Grenze jener Länder, als deren Sinnbild immer noch die Sphinx ihr verwittertes Haupt erhebt.

1*

Die Wintermonate schwinden: die knospende Natur kündet
den nahenden Frühling: das Grün bricht hervor, und nach einer
lauen Nacht sind die Hecken und Gesträuche der Gärten, die
Haine und Felder, von unsern lieben Fremden aufs Neue erfüllt.
Die trauliche Schwalbe umflattert emsig ihr vorjährig Nest; dem
Gebahren der Grasmücke im gebüschreichen Zaune sehen wir es
an, dass auch sie unsere alte Bekannte ist, und einige Nächte
später, wenn vom dichten dunklen Gestrüpp des Weihers her der
seelenvolle Gesang einer Nachtigall herübertönt, glauben wir froh
überrascht zu erkennen, dass auch sie dieselbe ist, deren Strophen
wir schon während so mancher duftigen Lenzesnacht mit Wonne
gelauscht. Aller Fährlichkeit der langen Reise sind sie alle glücklich
entronnen.

Von so anmuthigen Erscheinungen begleitet vollzieht sich der
Vogelzug unter fast allen Breiten der Erde, aber ein wie ganz
anderes Bild entrollt derselbe auf dem einsamen Nordseeeilande —
waren die südlichen Rastplätze der Wanderer von Oliven und
Palmen umstanden, so treffen hier, heut wie in ferner Vorzeit
die Wanderschaaren nur wüste Dünenhügel und ödes Felsgeklüft
an: kahl und rauh ist die Insel, keiner der Wanderer findet auf
Helgoland das Endziel seiner Reise, alle eilen in unermüdlicher
Hast vorbei: hier bringt der Frühling keine von frohem Gesange
begleitete Heimkehr zur ersehnten Niststätte; hier streut der
Herbst nicht goldene Blätter auf die Pfade der Scheidenden —
still ziehen die Schaaren an diesem unwirthlichen Felsen vorüber,
denn nicht bietet hier der Wald, noch ein Gebüsch, noch das
wogende Kornfeld ein heimliches Plätzchen, wo ungefährdet die
junge Brut aufzuziehen wäre, nur die schroffe von Brandung um-
toste Felswand gewährt in ihrer Unnahbarkeit den grotesken
Lummen und Alken Raum, um auf knappen Vorsprüngen ihr nest-
loses Ei unter der Unbill der Stürme auszubrüten — und tausend-
fältig mischen sich die rauhen unmelodischen Stimmen dieser Bürger
der Tiefe mit dem Brausen der rastlos sich tummelnden Wogen.

Musste nun aber dies sturmgefegte Eiland all der lieblichen
Momente verlustig gehen, welche den Zug der Vögel, zumal im
Frühjahr, umgeben, so hat auch hier die liebende Mutter Natur
es versucht, eine Entschädigung zu gewähren, und, was sie an
wonnigem Schmuck zu verweigern gezwungen war, durch ganz
besondere Grossartigkeit der Erscheinung zu ersetzen versucht —
und wohl dürfte das Gewährte vollwichtig Ersatz bieten für das
Versagte.

Die frühesten Vorboten des wieder erwachenden Lebens in der Vogelwelt treten hier schon in den ersten Tagen des Jahres und in einer Weise auf, die sofort Helgoland in seiner ganzen Eigenthümlichkeit: seinem fast borealen Küstencharakter, erscheinen lassen; es sind dies die obengenannten, an den hiesigen Felswänden heimischen Lummen: dieselben besuchen ihre Brutstätten zu Neujahr und oft im December schon, in Schaaren von Tausenden, gleichsam als wollten sie sich rechtzeitig vergewissern, dass dieselben noch wohlbehalten und für ihre Aufnahme bereit seien. Eine derartige Visite erstreckt sich jedoch nur über die jeweiligen Hochwasser-Stunden und findet zumeist in der Morgenfrühe statt. Die Vögel bedecken in solchen Fällen die ganze Felswand vollständig wie in der Höhe der Brütezeit; ebenso führen sie unter endlosen Verbeugungen und fortwährenden Zänkereien eine höchst animirte Unterhaltung, während welcher alle zu reden, niemand zu hören scheint; mit dem Herannahen von niedrig Wasser sind alle wieder verschwunden. Solche Besuche wiederholen sich in unregelmässigen Zwischenräumen bis zum wirklichen Beginn der Brutzeit — etwa Anfang April.

Neben den Lummen sind es Lerchen und Staare, die je nach dem Stande der Witterung von Mitte Januar an, zuerst in kleineren, dann grösseren Gesellschaften auftreten: dieselben haben aber meist ein sehr verdriessliches Aussehen und scheinen noch wenig von Frühlingslust zu ahnen — was übrigens kein Wunder, denn die sogenannten milden Tage der ersten Monate des Jahres sind immer noch äusserst rauh, trübe und kurz.

Der **Februar** bringt während seiner ersten Wochen wenig Aenderung im Vogelleben. Ist das Wetter jedoch einigermaassen milde, so ziehen Lerchen, Staare und Wachholder-Drosseln, *Turdus pilaris,* schon in grossen Massen, namentlich erstere Beide; ebenso Alpenstrandläufer, Kibitze und Goldregenpfeifer. Während der letzten Woche beginnt der Zug jedoch einen anderen Charakter anzunehmen, es erscheinen dann, wenn nicht Frost und Schneewetter vorherrschen, die ersten schwarzrückigen Bachstelzen, *Motacilla lugubris,* manchmal eine gelbe Bachstelze, *Mot. sulphurea,* und möglicher Weise auch schon ein Wiesenschmätzer, *Saxicola rubicola,* welch letztere Art aber meistens nicht vor Anfang März eintrifft. Von den Schaaren Wachholder-Drosseln, die im Laufe des ganzen Monats vorkommen, weiss man aber nie recht, ob man es mit herumstreifenden Gesellschaften zu thun habe oder mit regelmässigen Wanderern, da dieselben immer auch im Mai noch in sehr grossen Flügen auftreten — die Misteldrossel aber zieht regelmässig Ende Februar und während der ersten trüben Märztage hier durch, wenn auch stets nur in zerstreuten Stücken. Hiemit wären die wenigen regelmässigen Durchzügler des Februar erschöpft.

Der **März** entfaltet während seines Anfanges schon ein regeres Leben in der Vogelwelt, der ebengenannte Wiesenschmätzer, den man hier Frühlingsbote getauft, und die schwarzrückige Bachstelze sind so ziemlich tägliche Gäste; der Bluthänfling, Berg- und Grünhänfling, *Fringilla cannabina, montium* und *chloris* zeigen sich ziemlich häufig, der Stieglitz vereinzelter; neben den grossen Schaaren der meist vorbei ziehenden Staare und Feldlerchen kommen auch kleine Gesellschaften der traulichen Haidelerche an, und die Vorhut der Berglerchen stellt sich ein. Grosse Schwärme von Schneeammern kommen und ziehen nach kurzem unruhigem Verweilen weiter: Gold- und Gerstenammern sieht man zerstreut sich länger aufhalten.

Saatraben beginnen zu ziehen, bald schliessen sich denselben kleine Gesellschaften von Nebelkrähen an, denen etwas später Flüge von Dohlen folgen. Erstere verweilen gern auf den mit Hafer oder Gerste besäeten Feldern des oberen Felsens, während die Krähen regelmässig überhinziehen, ohne ihren Flug zu unterbrechen. Die Nebelkrähe scheint im Bewusstsein ihres »Singmuskel-Apparates« sich für berufen zu halten, den Helgoländern den Frühling zu verkünden, indem sie während dieser Jahreszeit den ausgiebigsten Gebrauch von ihrer Begabung macht, im Herbst hingegen stets stillschweigend ihrer Wege zieht.

Schnepfen und Schwarzdrosseln sind, je nach dem herrschenden Wetter, seit Anfang des Monats schon mehr oder weniger häufig vorgekommen, Wachholder-Drosseln sieht man immer noch in grossen Schaaren und Rothkehlchen sind ebenfalls ziemlich häufig. Die so zutrauliche kleine Heckenbrunelle treibt still und emsig ihr Wesen in den Gärten, das muntere Bink-bink des Buchfink-Männchens erschallt aller Orten, und die so elegant gefärbten schwarzen Männchen des Hausröthlings kommen vereinzelt vor, ebenso die ersten Männchen des Steinschmätzers.

Später im Monat erscheinen in beschränkter Zahl feuerköpfige Goldhähnchen, den Weidenlaubvogel, *Sylvia rufa*, sieht man in jedem Gesträuch, und die weisse Bachstelze, *Motacilla alba*, gesellt sich zu der schwarzrückigen. Unter den sich Anfang des Monats steigernden Felsenpiepern des Meergestades werden die Uebergangsstufen zum Sommerkleide häufiger, und zu gleicher Zeit beleben sich die Grasflächen der Insel mehr und mehr mit Wiesenpiepern. Rohrammern kommen an, und die einst so seltenen Berglerchen ziehen in grossen Schaaren.

Zu den nunmehr häufigen Schwarzdrosseln gesellen sich nach und nach zahlreicher die Singdrosseln, und die Waldschnepfen sind in bestem Zuge — Lätare! Die Wilde Taube, *Columba palumbus*, sieht man von Anfang bis Ende des Monats einzeln wie auch in kleineren und grösseren Gesellschaften, und ihre kleinere schwarzäugige Verwandte, *Col. oenas*, schliesst sich vereinzelt ihr an; die Wasserralle ist eine täglich vorkommende gewöhnliche Erscheinung.

Krähen, Saatraben und Dohlen sind während des ganzen Monats in grossen Schaaren, nach Tausenden zählend. überhingezogen, und der Zug der Schwarzdrosseln und Schnepfen hält bis Ende desselben an — während seiner letzten Tage kommt das weisssternige Blaukehlchen sowie das einfarbig blaukehlige vor. Beide sind jedoch höchst vereinzelte Erscheinungen.

Von Raubvögeln sieht man fast täglich vereinzelte Wanderfalken, häufiger alte Männchen des Lerchenfalken, und, weniger zahlreich, Männchen des Thurmfalken.

Der **April** führt einen vollständigen Wandel in diesen Erscheinungen herbei. Mit ihm beginnt die Zeit der schmucken Ringdrossel, der gelbköpfigen Schafstelze, des Wiedehopfes und des Wendehalses. Der Fitislaubvogel, der Schilf-Rohrsänger, die kleine Grasmücke, *Sylvia curruca*, und die Mönchgrasmücke, *Sy. atricapilla*, beleben die Gärten, und Rothkehlchen sind daselbst sehr häufig: von den Fringillen ziehen *coelebs. montifringilla* und *spinus*; Krähen und Dohlen sind immer noch sehr zahlreich, ebenso die Singdrossel; von den Schwarzdrosseln sieht man nur noch die Weibchen und vorjährige junge Vögel; die alten Männchen des Steinschmätzers sind im besten Zuge. Unter günstigen Witterungsverhältnissen kommen gegen Schluss des Monats alte Männchen des schwarzrückigen Fliegenfängers und Gartenröthlings, sowie der Dorngrasmücke, *Sy. cinera* vor; *Sy. rufa* macht jetzt der *Sy. trochilus* Platz; während warmer Tage treffen die ersten Ortolane und Baumpieper ein: *Totanus calidris* und *glareola* werden des Nachts gehört und am Tage vereinzelt gesehen und bald folgt *T. ochropus* nach. Die Männchen von *Falco aesalon* und *tinnunculus* kommen nur noch vereinzelt vor und werden bald vollständig durch die sich mehrenden Weibchen ersetzt.

Mai   dieser Monat zeichnet sich vor allen im ganzen Frühlingszuge durch die grösste Fülle der Wanderer aus; vorausgesetzt, dass das Wetter immer günstig für Herbeiführung der Erscheinungen sei. An Raubvögeln bringt derselbe *Falco subbuteo, apivorus* und *haliaetos*; *Lanius collurio* oft sehr zahlreich; höchst vereinzelt den Pirol. In grosser Zahl kommen während der ersten Wochen des Monats die schwarzrückigen Männchen von *Muscicapa luctuosa* an: Mitte desselben ziemlich häufig *M. grisola*, und vereinzelt die Nachtigall: in grosser Zahl, manchmal massenhaft, die Männchen des nordischen Blaukehlchen, *Sy. suecica*, zahllos die Männchen des Gartenröthlings, weniger zahlreich die Gartengrasmücke, *Sy. hortensis*, äusserst häufig *Sy. cinerea*, und vereinzelt an besonders warmen Tagen *Sy. nisoria*, die Sperber-Grasmücke. Von den Laubvögeln ist *Sy. trochilus* sehr zahlreich, die so liebliche *Sy. sibilatrix* kommt aber nur hin und wieder in vereinzelten Stücken vor. Die Rohrsänger sind während des ganzen Monats in grosser Zahl durch *Sy. phragmitis* vertreten, wohingegen *palustris, arundinacea* und *locustella* jedoch nur ganz vereinzelt gesehen werden. Der Steinschmätzer, *Saxicola oenanthe*, ist immer noch sehr häufig, die Mehrzahl derselben besteht jedoch schon aus Weibchen, und vom Wiesenschmätzer, *Sax. rubetra*, wimmelt oft die ganze Insel. Unter den Drosseln ist *Turdus torquatus* jetzt die häufigste, und *T. musicus* bedeutend im Abnehmen begriffen — *merula* ist nur noch durch zerstreute Nachzügler vertreten.

Die gewöhnliche Schafstelze, *Motacilla flava* treibt sich in grossen Schaaren auf den Weideplätzen umher, und die schwarzköpfige, *Mot. melanocephala*, ist derselben zerstreut beigemischt. Von Piepern kommt der Baumpieper sehr häufig, der Brachpieper, *Anthus campestris*, hingegen nur sehr vereinzelt, und der Richard-Pieper nur ausnahmsweise vor. Lerchen sieht man nicht mehr, es sei denn, dass eine der kleinen niedlichen kurzzehigen Lerchen Griechenlands oder Kleinasiens, *Alauda brachydactyla*, auftauche. Die Ammern sind zahlreich durch den Ortolan, und hin und wieder durch ein Exemplar des schwarzköpfigen Ammers, *Emberiza melanocephala*, vertreten. Von den Finken kommt fast nur noch der Stieglitz vereinzelt vor.

Die Hausschwalbe, etwas später die Mehlschwalbe und zuletzt die Uferschwalbe befinden sich sehr zahlreich auf dem Zuge, und die Mauersegler ziehen ununterbrochen in grossen Schaaren vorbei. Der Kukuck ist ein täglich gesehener und manchmal sogar gehörter Gast; der Ziegenmelker kommt während aller warmen stillen Tage sehr häufig vor, ebenso der Wendehals, und weniger abhängig vom Wetter sieht man die Turteltaube, vereinzelt, zu dreien und vieren bis zum Ende des Monats.

Die Wasserläufer *Totanus hypoleucos*, *glottis* und *fuscus* gehören vorzugsweise zu den Maigästen. Ersterer belebt schaarenweise den felsigen Strand an der Westseite der Insel, *glottis* kommt daselbst nur zerstreut vor, und *fuscus* wird nur sehr selten gesehen oder gehört.

Der Wachtelkönig, *Crex pratensis* ist jetzt sehr zahlreich, das gesprenkelte Sumpfhuhn, *Crex porzana*, kommt ziemlich oft vor, und das hübsche Teichhuhn, *Fulica chloropus* wird hin und wieder im Drosselbusch gefangen — *Fulica atra*, das Blesshuhn, ist eine durchaus ausnahmsweise Erscheinung.

An besonders schönen warmen Tagen lassen kleinere und grössere Gesellschaften des Mornell-Regenpfeifers ihr munteres Kütt-Kütt-Kütt, Kütt, Kütt im Fluge hören und werden häufig im Verlaufe des Monats auf den Ackern herumsitzend geschossen: anfänglich die weniger schön gefärbten Männchen, von Mitte des Monats an die Weibchen mit ihrer so ansprechenden Kopfzeichnung. Sehr schöne Stücke im ausgefärbten Hochzeitskleide des Gold- und Kibitzregenpfeifers kommen fast täglich vor, werden ihrer Scheuheit halber aber nicht sehr oft erlegt: nur ausnahmsweise erscheint eine rostrothe Uferschnepfe, *Limosa rufa*, und ebenso selten *Limosa melanura*. Auf dem Dünenstrande sind die Strandläufer, *Tringa strepsilas*, *alpina*, *islandica* und *arenaria* sehr häufig, das reine Sommerkleid der beiden letzteren erhält man hier jedoch nur höchst selten, *strepsilas* öfter, von den verbleibenden Beiden aber sehr häufig. Der kleine schwarzbrüstige Strandläufer kommt als *Tringa alpina* vorherrschend am Dünenstrande, als *T. Schinzii* aber fast nur an einem kleinen Regenwasserteiche der oberen Felsfläche der Insel vor. Ebendaselbst wird auch hin und wieder der kleine niedliche Temminks Strandläufer erlegt, *Tringa minuta*, im Sommerkleide jedoch nur äusserst selten auf der Düne.

Ausser diesen wird der kleine Brachvogel und der Austernfischer sehr häufig gesehen, und macht letzterer sogar hin und wieder auf der Düne Brutversuche, erreicht es jedoch niemals, Junge gross zu ziehen.

Von den Seeschwalben kommt *Sterna anglica* zerstreut im Laufe des Monats vor, *cantiaca*, *macroura* und *hirundo* in grossen Massen, *minuta* und *nigra* aber nur ganz vereinzelt.

Am Brüteplatz der Lummen herrscht jetzt das lebendigste Treiben: Während Massen der Brutvögel auf ihren Eiern sitzen, fliegen in ununterbrochenem Durcheinander Tausende der nicht so Beschäftigten hinauf, hinab und vorbei an der Felswand, ein ganz wundervolles Bild nordischen Vogellebens entfaltend. An einer etwas abgelegeneren Stelle brüten die Alke, *Alca torda*, und hin und wieder verleihen einige Papagei-Taucher, *Mormon fratercula* der Scene noch besonderen Reiz — vor etwa fünzig Jahren brüteten auch letztere hier noch in einigen Paaren, da man aber die Brutvögel von den Nestern wegfing, so findet dies leider nicht mehr statt.

Wenn gegen Ende des Mai das Wetter besonders günstig ist, so strömen während der Nachtstunden die meisten der oben genannten Arten in unabschätzbarer Zahl, eine grosse Wandermasse bildend, hier rastlos überhin und vorbei — manche vereinzelt, andere nach Arten in kleinere oder grössere Gruppen vereint, der fernen Heimath zustrebend. Um die Zeit des Sonnenaufgangs und während der frühen Vormittagsstunden unterbrechen jedoch Tausende und Abertausende dieser Vögel ihre Reise, manche auch bei Sonnenuntergang, um einige Stunden auf Helgoland zu verweilen: die Art und Weise der Ankunft der meisten dieser Einkehrenden zu ermitteln ist jedoch, selbst bei aufmerksamster Beobachtung, eine absolute Unmöglichkeit — namentlich bei den kleinen Sängern und ähnlichen Arten, ihre Zahl steigert sich von Minute zu Minute, ohne dass man einen einzigen Vogel aus der Höhe herabkommen oder in irgend welcher Richtung eilig zufliegen sähe. Manche von ihnen lassen sich schon, während es noch dunkel, auf den Feldern nieder, und sind, wenn es hell geworden ist, zu Tausenden da: anders aber ist es z. B. mit den Blaukehlchen, die kurz vor Sonnenaufgang eintreffen, und den Wiesenschmätzern, die erst ankommen, wenn es Tag geworden, von wo an sich aller Zahl fortwährend und so auffallend steigert, dass gegen zehn Uhr Vormittags nicht allein alle Weideplätze, alle Felder und Gärten der Insel überschüttet sind von Schafstelzen, Röthlingen, Stein- und Wiesenschmätzern, Blaukehlchen, Grasmücken, Laubvögeln und Schilfrohrsängern, sondern auch das Geröll am Fusse des Felsens, namentlich von Steinschmätzern, wimmelt, und auch das Gesträuch und der Sandhafer der Düne Tausende, besonders Sylvien, birgt.

Solche für den Vogelsteller und Sammler so günstige Verhältnisse führen dann nicht allein die gewöhnlichen Erscheinungen

in zahlloser Fülle herbei, sondern es ist dann auch stets auf
einen oder den anderen seltenen südöstlichen Fremdling von besonderem Werthe zu rechnen -- ich nenne nur *Saxicola deserti
aurita* und *morio: Alauda pispoletta; Sylvia mesoleuca* und *agricola:
Emberiza luteola: Hirundo rufula, Charadrius asiaticus* und *fulvus*
und manche andere weniger interessante Schätze meiner Sammlung
-- leider aber ist zur Herbeiführung solcher Erscheinungen das
Zusammenwirken so mannichfaltiger meteorologischer Faktoren nothwendig, dass ein vollständiges Gelingen zu den sehr seltenen Vorkommnissen gehört, und seit langen Jahren sich denn auch nicht
mehr ereignet hat.

Der **Juni** ist, wie zu vermuthen, der Zahl nach nicht mehr
so reich ausgestattet als sein Vorgänger, jedoch dankt ihm die
Sammlung nichtsdestoweniger ebenso viele, wenn nicht mehr, der
selteneren Erscheinungen. Die ersten Tage desselben, wenn warm
und von stillem schönem Wetter begleitet, bringen *Sylvia hypolais,
nisoria, palustris* und *arundinacea:* vereinzelt *Lanius minor* und
rufus; hin und wieder *Alauda brachydactyla* — die aber auch
während der letzten Hälfte des Mai vorgekommen — sowie *Emberiza caesia* und *melanocephala;* eine oder die andere Staaramsel
und derartige Fremdlinge vom fernen Südost.

Bis Mitte des Monats ziehen neben den Obigen *Muscicapa
grisola* -- einmal, den 3. Juni 1860, erhielt ich ein schönes altes
Männchen von *Mus. albicollis* —, *Sylvia trochilus, Hirundo rustica,
urbica* und *riparia*; *Caprimulgus* und *Columba turtur* immer noch
durch, wenn jetzt auch nur in geringer Zahl. Hierauf erlischt
der Zug nach und nach und kommt auf kurze Zeit gänzlich zum
Stillstande, denn die zerstreuten alten Charadrien, Limosen, Tringen
und dergleichen, welche bis zum Ende dieses und im Laufe des
nächsten Monats vorkommen, sind keine regelmässigen Wanderer,
sondern Müssiggänger, die einzeln und in Schaaren den Sommer
über herumstreifen, ohne zu ihren Brutstätten zu gehen. Gleichzeitig mit solchen sieht man hin und wieder einen oder einige
alte Vögel anderer Arten, wie Staare, Drosseln und ähnliche, dies
sind jedoch Stücke, die entweder den Gatten verloren, oder denen
das Nest oder die Brut zerstört worden, und die nun, da es für
einen erneuerten Brutversuch zu spät, und die regelmässige Zugzeit noch nicht herangenaht ist, ebenfalls müssig und planlos
umherfliegen.

Das erste Anzeichen der rückfluthenden Zugwoge bringen die
jungen Staare, die in kleineren oder grösseren Gesellschaften schon

mit dem letzten Drittheil des Juni auftreten und bis Ende des
Monats und in den Juli hinein bis zu vielen Tausenden täglich
anwachsen — so z. B. im Jahre 1878, in welchem während vieler
Tage des Juni und Juli Hunderttausende solcher jungen Vögel
über und neben Helgoland dahinzogen.

Im Laufe des Juli verstärkt sich der Rückzug in bedeutendem
Maasse; anfänglich werden neben den jungen Staaren junge Kibitze
oft während der Morgenstunden in grosser Zahl in den Kartoffelfeldern angetroffen; es folgen die ersten jungen Halsbandregenpfeifer, *Charadrius hiaticula*, etwas später *Ch. auratus*, *Tringa
pugnax* und *alpina*, weiterhin Brachvögel *Numenius phaeopus*,
Totanus calidris und bald auch *T. glottis* — alles junge Vögel.
Alte Kukucke kommen von Mitte des Monats zurück. Die hier
brütenden Lummen führen an stillen Abenden ihre Jungen auf die
See; gegen Schluss des Monats verschwinden die hier ausgebrüteten jungen Sperlinge: die ersten jungen Steinschmätzer langen
an und auch wohl ein einzelner junger Kukuck.

Während der Nächte hört man die hundertfältigen Stimmen
überhinziehender Strandvögel aller Arten, die in grossen Massen
dem Winterquartier zueilen — ihr Flug ist jetzt ausnahmslos von
Ost nach West gerichtet.

Mit dem **August** beginnt der Zug sich wieder in seiner ganzen
Grossartigkeit zu entfalten, namentlich sind es die verschiedensten
Mitglieder der grossen Familie der schnepfenartigen Vögel: Chara-
drien, Numenien, Limosen, Totaniden und Tringen, welche gleich
zu Anfang des Monats in nicht endenden Schaaren die ganzen
Nächte hindurch und weniger zahlreich am Tage überhinziehen.
Neben diesen treten die ersten jungen Vögel von *Sylvia trochilus*,
Muscicapa luctuosa und *grisola*, *Saxicola rubetra* und *oenanthe* auf,
begleitet von einigen *Sylvia sibilatrix* und *hypolais*, sowie denn
auch junge Kukucke jetzt zu den täglichen Erscheinungen zählen

alle diese steigern sich nach und nach an Zahl, worauf Mitte
des Monats sich ihnen *Anthus arboreus* und *Emberiza hortulana*
anschliessen, und während der zweiten Hälfte desselben die ersten
Sylvia phonicurus, *cinerea*, *hortensis* und *succica* folgen.

Ist sodann am Schlusse des Monats das Wetter warm, still
und klar, von leichtem Südost und südlichen Winden begleitet, so
sind alle Aecker und Gärten belebt von zahllosen jungen Fliegenfängern, Laubvögeln, *Sy. trochilus*, Gartenrothschwänzchen, Dorn-
grasmücken und Wiesenschmätzern, *Sax. rubetra*; zahllose junge
Steinschmätzer treiben ihr munteres Wesen am Rande der Klippe

und in dem Geröll am Fusse derselben; die Weideplätze der Schafe
wimmeln von jungen Schafstelzen. Junge rothrückige Würger
halten Ausschau auf den äussersten dürren Spitzen der Drosselbüsche und der Gesträuche der Gärten; junge Ziegenmelker, ohne
weisse Schwanz- und Flügelzier, scheucht man aus jedem heimlichen Eckchen auf, und junge Kukucke streichen über den Feldern
dahin, um in einem Kohlacker den Raupen ihre Aufmerksamkeit
zuzuwenden. Gleichzeitig mit letzteren stellt sich zahlreich der
Wendehals ein und ist, im Grase kauernd, emsig beschäftigt,
Ameisen aufzuspiessen; Mauersegler streifen umher und ziehen in
grossen Schaaren unter vielem Geschrei überhin; das heisere
»Etsch« der Bekassine wird, namentlich in den Morgenstunden,
vielfältig gehört. Letztere, wie alle genannten Arten, bestehen
nur aus jungen Vögeln.

Schaaren von Kreuzschnäbeln, grau, gelb und roth, kommen
im Laufe des Monats vor, aber merkwürdiger Weise nur, oder
doch zumeist nur, bei stürmischem, von Regengüssen begleitetem
Wetter.

An Raubvögeln treten Mitte des Monats vereinzelte junge
Baumfalken auf, eine Woche später junge Finkenhabichte, junge
Wander-, Thurm- und Lerchenfalken, sowie junge Flussadler und
Wespenbussarde.

September. — Während der ersten Hälfte des Monats steigert
sich bei schönem Wetter die Zahl aller obigen Arten auf das
Höchste, die Kartoffelfelder wimmeln von den genannten Sängern,
von Fliegenfängern, Stein- und Wiesenschmätzern. Der Ortolan
und Baumpieper sind sehr häufig, erstere Art nun mit alten Männchen gemischt; der Brachpieper kommt vereinzelt vor, und Stelzenpieper, *Anthus Richardi*, in fast noch reinem hellgerandetem Jugendkleide werden im Laufe des ganzen Monats mehr oder weniger
zahlreich gesehen. Alle Schwalbenarten ziehen in grossen Schaaren
durch; Schafstelzen sind zahlreich, und die jungen weissen Bachstelzen erscheinen — die Mehrzahl dieser Wanderer besteht aber
immer noch aus jungen Vögeln.

Mitte des Monats beginnt der Wiesenpieper zahlreich aufzutreten, Gartenröthlinge werden häufiger, während Fliegenfänger
abnehmen. Vom Fitislaubvogel beginnen die alten weniger intensiv
gefärbten Vögel zu erscheinen, und einzelne Weidenlaubvögel, gelbköpfige Goldhähnchen, Rothkehlchen und Ringdrosseln kommmen an.

Gegen Ende des Monats nehmen die jungen Steinschmätzer
und jungen Goldregenpfeifer ab; Singdrosseln und Buchfinken be-

ginnen in grosser Zahl zu ziehen, und alte Vögel von *Falco nisus,
aesalon, peregrinus* und *tinnunculus* treten vereinzelt auf.

Der Oktober bringt nicht allein die mannichfaltigsten Arten
des ganzen Herbstzuges, sondern auch weit überwiegend die grösste
Individuenzahl irgend eines Abschnittes des ganzen Jahres: Krähen
ziehen während seines ganzen Verlaufes in nicht endenden Schaaren
von Hunderten und Tausenden über Helgoland und meilenweit zu
beiden Seiten desselben dahin; Staare ziehen in wolkenähnlichen
Flügen zu gleicher Zeit vorbei; von Singdrosseln wimmelt unter
günstigen Wetterverhältnissen zu Anfang des Monats, namentlich
während der Morgenstunden, buchstäblich die Insel; die Individuenzahl des in finsteren Nächten überhin- und vorbeiziehenden Wander-
stromes der Feldlerchen entzieht sich jeder, auch nur annähernden
Schätzung; von Wiesenpiepern und Buchfinken wimmeln oft Felder
und Gärten, so dass, wie man seine Schritte auch wende, Wolken
derselben vor einem auffliegen; ebenso ist die Insel oft von unzählbaren Goldhähnchen wie überschüttet. Weidenlaubvögel, Rothkehlchen, Grasmücken, Brunellen, Felsenpieper, Berglerchen, Bergfinken, Bluthänflinge, Berghänflinge und Meisen treten je nach der
Witterung in grösseren oder geringeren Massen auf. Für den
Zug der alten Bekassinen, der »Kleinen Stummen« und besonders
der Waldschnepfe ist dies gleichfalls der Hauptmonat, so auch für
die Schwarz- und Weindrossel, während Sing- und Ringdrossel
bald an Zahl abnehmen, Wachholderdrosseln aber periodisch in
Masse erscheinen. Die alten Steinschmätzer, *Sax. oenanthe,* ziehen
ebenfalls hauptsächlich zu dieser Zeit, aber nur in geringer Zahl.

Die selteneren Erscheinungen aus dem fernen Osten, an denen
Helgoland so reich ist, Drosseln, Sylvien und Ammerarten, treffen
gleichfalls der grösseren Zahl nach im Laufe dieses Monats ein;
ebenso der grosse Würger, *Lanius major,* der kleine Fliegenfänger,
Muscicapa parva, und der Stelzenpieper, *Anthus Richardi* —
wenn auch der Zug dieser letzten Art schon den ganzen September
gewährt haben sollte. Für das zahlreiche Erscheinen aller solcher
Fremdlinge ist aber absolute Bedingung der oftgenannte, andauernde, schwache und warme Südost-Wind. Sollte dieser im Laufe
des Monats sich zu grosser Heftigkeit steigern und etwas östlicher
laufen, so führt er das ausnahmsweise Auftreten des Eichel-
hähers in manchmal unbegreiflichen Mengen herbei, wie z. B. im
Jahre 1882.

Vom Wanderfalken, Lerchen- und Thurmfalken, sowie vom
Finkenhabicht kommen jetzt fast nur alte, ausgefärbte Stücke vor,

denen sich aber hin und wieder ein junger *Gyrfalco* beigesellt. Letztere Art ist hier noch niemals alt gesehen, wenigstens nicht erlegt worden, wohl aber in drei oder vier Fällen der nördlichere weisse Falke. Rauhfuss-Bussarde stellen sich nun ein und Eulen ziehen, *Strix brachyotus*, schon seit Anfang des Monats, *Strix otus* aber erst gegen Ende desselben. Die hier hin und wieder erlegten *Strix Tengmalmi* sind ebenfalls Ende Oktober und in einigen Fällen sogar bedeutend später vorgekommen.

Noch ist der nächtlichen Vogelzüge zu gedenken, die in ihrer überwältigenden Massenhaftigkeit, bei dem Lichte des Leuchtthurms gesehen, eine der eigenthümlichsten und anziehendsten Phasen des ganzen Wanderphaenomens bilden. Dieselben treten während der letzten Hälfte des Monats, besonders gegen Schluss desselben, am grossartigsten ein, und bestehen vorherrschend aus Feldlerchen, demnächst, der Zahl nach, aus Staaren und Drosseln, immer begleitet von den vielfältigen Formen der grossen Familie der schnepfenartigen Vögel. Merkwürdiger Weise, obzwar nur selten, tritt auch das gelbköpfige Goldhähnchen in derartigen Massen-Wanderflügen auf, so unter anderem in der Nacht vom 28. zum 29. Oktober 1882, während welcher der Leuchtthurm von diesen winzigen Geschöpfchen wie von Schneeflocken umschwärmt ward, und jeder Quadratfuss der Insel buchstäblich von ihnen wimmelte. Dieser Zug währte etwa von 10 Uhr Abends des einen Tages bis 9 Uhr früh des nächsten. Ein ähnlicher ausnahmsweise starker Lerchenzug fand im Oktober 1883 statt.

Wenn unter der Wandelbarkeit des Wetters ein solcher Flug sich fast nie über die Dauer einer Nacht erstreckt, so währte derselbe im letzteren Falle vier volle Nächte, nach meinem Ornithologischen Tagebuche am 26. Abends um 11 Uhr mit »Milliarden Lerchen und nur ein geringes weniger Staare« beginnend, und in wechselnder Massenhaftigkeit bis zu den Morgenstunden des 31. andauernd.

Das landschaftliche Bild, welches einer so reichen Entfaltung des Thierlebens zum Hintergrunde dient, ist an und für sich schon ein ganz ausserordentlich Fesselndes: eine ebenmässig stille schwarze Nacht, ohne Mond, ohne Stern, begleitet von ganz schwachem südöstlichen Luftzuge, sind die Bedingungen für möglichst grossartige Entfaltung solcher Wanderflüge; ist gleichzeitig die Atmosphäre sehr stark von Feuchtigkeit erfüllt, so trägt dies zur Steigerung der Erscheinung ausserordentlich bei. Die gleichmässig tiefe Finsterniss, inmitten welcher der grosse helle Lichtkörper des Leucht-

thurmes zu schweben scheint, die breiten Strahlen, welche nach
allen Seiten hin von seinem Lichte ausgehen und in der trüben
Luft sich bis in das Unendliche zu erstrecken scheinen, das Bewusstsein der Nähe des grossen umgebenden Meeres und die vollständige Lautlosigkeit der ganzen Natur, bilden ein Ganzes von
ernstester, nahezu grossartiger Stimmung.

In dieser weiten Stille vernimmt man zuerst vereinzelt das
leise czip der Singdrossel, auch wohl hie und da den hellen Lockton der Lerche — dann wieder ein oder zwei Minuten vollständiger Ruhe, plötzlich unterbrochen durch das weitschallende Ghiik
der Schwarzdrossel, dem bald das vielfältige Tir-r-r einer vorbeieilenden Schaar Strandläufer folgt — die Lockrufe der Lerche
steigern sich schnell an Zahl, man hört nah und fern kleinere und
grössere Gesellschaften herannahen und entschwinden — zu dem
heiseren Etsch der Bekassinen gesellt sich das klare Tüth der
Goldregenpfeifer, das lautgerufene helle Klü-üh des Kibitzregenpfeifers, der wilde, weithallende Ruf des grossen Brachvogels, das
vielfältige Schack-schack-schack der Wachholderdrossel, das gezogene Zieh der Rothdrossel — dann eine eilige offenbar langge-
dehnte Schaar des isländischen Strandläufers, erkenntlich an dem
hundertfältig schnell ausgestossenem Tütt-tütt—tütt-tütt —tütt-tütt,
und zahllose pfeifende, schnarrende und quäkende Stimmen, die
allen hiesigen Jägern und Vogelstellern unbekannt sind, und an
die Melodie knarrender Wagenräder erinnern, von denen aber
manche sehr laut und rauh ausgestossene Rufe offenbar dem Fisch-
reiher und seinen mannigfaltigen Verwandten angehören.

Das ganze Firmament ist jetzt erfüllt von einem Chaos von
hunderttausenden fern und nah erschallender Stimmen, und nähert man sich nun dem Leuchtthurme, so bietet sich dem Auge ein
Bild dar, welches dem durch das Ohr empfangenen mehr wie ebenbürtig sich anreiht: die das Leuchtfeuer in ab- und zunehmender
Dichtigkeit umfluthenden Lerchen, Staare und Drosseln erscheinen
in der so intensiven Beleuchtung wie helle Funken, die ihn gleich
einem grossflockigen Schneegestöber umwirbeln, stets verschwindend und stets durch neue Schaaren ersetzt — Goldregenpfeifer,
Kibitze, Austernfischer, Brachvögel und Strandläufer in grosser
Zahl mischen sich dazwischen, hin und wieder wird eine Waldschnepfe sichtbar, und mit langsamem Flügelschlage taucht aus
der Finsterniss eine Eule in dem Lichtkreise auf, bald wieder verschwindend, begleitet von den Klagetönen einer Singdrossel, die
sie ergriffen hat.

Die ganze lange Herbstnacht hindurch dauert ein solcher Strom an, wiederholt sich, wie schon angeführt, unter besonders günstigen Umständen sogar während mehrerer aufeinander folgender Nächte und ist keineswegs auf eine engbemessene sogenannte Zugstrasse beschränkt, denn der in der Nacht des 27. Oktober 1883 hier stattgehabte, von Ost nach West gerichtete Millionenzug ward von einem jungen Helgoländer auch bei Hannover, achtundzwanzig Meilen südlicher, zu gleicher Zeit und in gleicher Massenhaftigkeit beobachtet; mehr noch: der ost-westliche Heerzug des Goldhähnchens im Oktober 1882 erstreckte sich in einer Front, nicht allein über die ganze Ostküste Englands und Schottlands, sondern reichte sogar bis zu den Faröern hinauf — und solchen, durch den Menschengeist nicht zu fassenden Individuenzahlen gegenüber spricht man von wahrnehmbarer Verringerung der Vögel durch Menschenhand! In gewisser Hinsicht findet allerdings eine merkliche Beeinflussung durch den Menschen statt, nicht aber durch Netz und Schiessgewehr, sondern dadurch, dass die fortschreitende Bodenkultur jedes kleine oder grössere Gesträuch oder Gestrüpp als nutzloses Hinderniss ausrodet und so dem Vogel auch den letzten heimischen Schutz seines Nestes raubt. Hat man solcherweise die armen Vögel in ferne, weniger dicht bevölkerte Striche gedrängt, so klagt man, ihren fröhlichen Gesang nicht mehr zu hören, ohne sich der selbstverschuldeten Ursache bewusst zu sein.

Der **November** hat seinen eigenen sehr ausgeprägten Charakter: die kurzen rauhen und kalten Tage vertreiben nunmehr auch die nördlicheren Land- und Seevögel aus ihrer Heimath; unter ersteren nehmen grosse Schaaren der so ungestümen Schneeammern einen besonders hervorragenden Platz ein: neben diesen sind es Leinzeisige, die in kleineren oder grösseren Gesellschaften ankommen und manchmal sich zu zahllosen Massen steigern. Der Blut- und Grünhänfling treten zahlreich auf, der Kernbeisser nur vereinzelt, der Garten- und Goldammer werden zerstreut gesehen und Berglerchen ziehen fast täglich in grosser Zahl, oft sich zu Hunderttausenden steigernd. Der Felsenpieper belebt in grossem Individuenreichthum das Geröll und die tangbewachsenen Klippen des Meergestades, und neben ihm stellt sich der düstergefärbte Meerstrandläufer, *Tringa maritima*, ein.

Von den Oktobergästen kommen noch vereinzelte grosse Würger, *Lanius major*, mit einfachem weissen Flügelspiegel vor; Krähen ziehen bis zur Mitte des Monats noch in grossen Schaaren, ebenso Staare, Wachholder- und Weindrosseln; von der Schwarz-

drossel sieht man nur noch alte Vögel. Feldlerchen ziehen am
Tage und während der Nächte immer noch massenhaft, die niedliche
kleine Haidelerche aber nur in kleinen Gesellschaften. Der Goldregenpfeifer, der grosse Brachvogel, Austernfischer und Alpenstrandläufer ziehen während finsterer Nächte noch zu Tausenden
überhin, und während der Tage sieht man grössere und kleinere
Flüge aller Arten wilder Gänse und Süsswasserenten in ununterbrochener Hast vorbeieilen. Von ausnahmsweisen Erscheinungen
sind während dieser Zeit zu erwarten: der so schöne, grosse östliche Dompfaffe, *Pyrrhula major*, der Seidenschwanz, hin und
wieder ein alter Stelzenpieper, ein kleiner Fliegenfänger oder ein
nordischer Wasserschmätzer, *Cinclus melanogaster*.

Unter den jetzt auftretenden Raubvögeln ist es der Seeadler,
Falco albicilla, den man, zumal bei östlichem Winde, umherkreisen
sieht, aber fast immer nur junge Vögel, alte mit reinweissem
Schwanze zählen zu den grössten Seltenheiten; merkwürdiger Weise
sieht man zumeist auch erst jetzt die wenigen Korn- und Wiesen-
weihen, welche überhaupt hierherkommen, meist braune Vögel.
Alte, blaue Lerchenfalken kommen oft, alte Wanderfalken vereinzelt vor; die Sumpfohreule verschwindet nach und nach, und
die Waldohreule tritt vereinzelt auf, auch der kleine hübsche
Tengmalms-Kautz kommt jetzt als seltene Erscheinung vor.

Auf dem Meere entfaltet sich unter dem Eintreffen nordischer
Fremdlinge ein ganz besonders reges und mannigfaltiges Leben: die
Zahlen der dreizehigen Möve liegen ausser dem Bereich jeder
Schätzung; die Sturm-, Silber- und Mantelmöve, alte wie junge
Vögel, streifen und schweben aller Orten und zu allen Zeiten über
dem Meere umher; die kleine hübsche Zwergmöve sammelt sich
während stürmischer Tage in grossen Massen unter dem Lee der
Insel an, verschwindet aber sofort, sowie sich das Wetter bessert.
Die stattlichen Raubmöven, *Lestris pomarina* und *parasitica*, erscheinen alljährlich im Laufe des November, der grossen Ueberzahl nach sind es junge Herbstvögel; vereinzelt kommt auch zu
dieser Jahreszeit die kleine Raubmöve, *L. buffoni*, vor. Von der
Familie der eigenthümlichen Sturmvögel, *Procellaria*, erscheint
P. glacialis meist vereinzelt, oft aber auch sehr zahlreich; *P. Leachii*
wird nur sehr selten gesehen, die niedliche *P. pelagica*, der kleinste
aller Schwimmvögel, kommt alljährlich vor und wird auch stets
des öfteren erlegt — ein gleiches ist mit der eigenthümlichen
Vogelform *Phalaropus platyrhynchos* der Fall. Die grossen Nordischen Taucher, *Colymbus glacialis* und *arcticus*, sind nur sehr

vereinzelte Erscheinungen, ganz anders ist es aber mit *C. septentrionalis*, der täglich, nah und fern von der Insel angetroffen, sehr häufig geschossen wird und dessen Wanderschaaren sich in einzelnen Fällen auf Hunderttausende steigerten. Noch ist zum Schluss des kleinen niedlichen Krabbentauchers, *Alca alle*, zu gedenken, der vereinzelt so ziemlich in jedem Jahre, während der letzten Hälfte des November, erlegt wird, und nur in Ausnahme-Fällen etwas häufiger auftritt — alle solche Stücke sind stets in hohem Grade abgemagert.

Dezember. Während keines Monats des ganzen Jahres kommt die Einwirkung des zeitweiligen Wetters auf den Vogelzug in so schlagender Weise zum Ausdruck, wie im Verlaufe des Dezember: bleibt die Temperatur milde, so ziehen bis zum Schlusse des Jahres Staare, Schwarzdrosseln, Wachholder- und Weindrosseln, sowie Waldschnepfen und Bekassinen: so kamen z. B. im Jahre 1873 nicht allein auf Helgoland bis zu Ende des Monats täglich Drosseln und Schnepfen, wenn auch in geringerer Zahl, vor, sondern, nach einer Mittheilung des Blattes »Field«, traf man auch auf den Londoner Märkten ausnahmsweise viele Schnepfen den ganzen Dezember hindurch an — welcher letztere Umstand wohl als Beweis gelten kann, dass alle diese Vögel noch auf dem normalen ost-westlichen Herbstzug begriffen waren.

Ganz anders gestaltet sich diese Bewegung wenn, anstatt milder Temperatur, zu Anfang des Monats schon Frost und scharfer Ostwind eintreten, dann stürzt alles was von diesen Arten, sowie von Brachvögeln, Goldregenpfeifern, Austerfischern und Strandläufern, noch in den Sommerwohnungen verweilte, in einer Nacht dem Winterquartiere zu; während der Tage sieht man unzählige Flüge von Schwänen, Gänsen, Enten und Sägern über das Meer dahinziehen. Es zeigen sich sehr oft Seeadler, zahlreiche Mäusebussarde und einzelne Weihen; hin und wieder kommt unter solchen Umständen ein Dickfuss, *Oedicnemus crepitans*, vor. Die alten Vögel von *Tringa maritima, arenaria* und *islandica* stellen sich mehr oder weniger zahlreich ein: auf dem Meere trifft man *Podiceps cornutus* ziemlich häufig, alte Vögel von *Uria grylle* ebenfalls, sowie *Colymbus arcticus* und *glacialis* des öfteren an. *Larus canus* ist häufig, junge *Larus glaucus* sind ziemlich gewöhnlich, und *Lar. leucopterus* wird hin und wieder erlegt. Die Eisente taucht munter zwischen den Klippen nördlich von der Düne umher und vereinzelte Weibchen der Trauerente umschwimmen den Felsen.

2*

Wird der plötzlich eintretende Frost von schwerem Schneefall begleitet, so kommen in den Früh- und Vormittagsstunden des folgenden Tages Hunderte von Tausenden von Feldlerchen, Berghänflingen, Blut- und Grünhänflingen, Stieglitzen und Leinzeisigen an und bedecken buchstäblich alle schneefreien Plätze der Insel. Ist das Schneewetter andauernd, von heftigem Ostwinde und strenger Kälte begleitet, so sammeln sich sehr bald ziemlich zahlreich alle Arten nordischer Tauchenten auf dem Meere an: ausser den Weibchen und Jungen der Trauerente kommen zuerst zerstreut junge Sägetaucher, *Mergus serrator*, bald gefolgt von jungen Schellenten, an; dieselben tauchen in kleineren oder grösseren Gesellschaften, nach Nahrung suchend, ganz nahe am Fusse des Felsens umher. Darauf erscheinen in etwas weiterer Entfernung von der Insel Bergenten, *Anas marila*, diese halten sich gewöhnlich in Schaaren zusammen und bestehen zum grossen Theile aus ausgefärbten Männchen, ausnahmsweise erst später begleitet von einer oder einigen Tafelenten, *Anas ferina*. Der grosse Sägetaucher beginnt nun einzeln, zu dreien, sieben bis zehn Stücken umherzustreifen, fast nur schöne alte Männchen; die Weibchen mit rostfarbigem Kopfe werden mehr schwimmend angetroffen. Während dieses Stadiums des winterlichen Vogellebens kann ein tüchtiger Schütze mit verlässlichem Schiesszeug und gutem Pulver es im Laufe der Früh- und Vormittagsstunden schon auf fünfundzwanzig bis dreissig Stück bringen — es gehört aber dazu, dass der Bootmann auch jagdkundig sei und wisse, wie er sich dem Wilde zu nahen habe.

Soll sich jedoch dies nordische Vogelleben in seiner ganzen Grossartigkeit entfalten, so ist es nothwendig, dass sehr strenger Frost und Ostwind mehrere Wochen anhalte. Dann bilden sich nämlich auf den Untiefen längs der Holsteinischen Küste, von der meilenweiten Elbmündung bis zur Weser hinan, während der Ebbe grosse Eismassen, die, mit darauffallendem Schnee und überhinspülenden Wellen, sehr bald eine Dicke von drei bis sechs Fuss erlangen; die nächste Fluth macht diese Eisfelder flott und der Ostwind drängt dieselben seewärts: mit jeder Ebbe und darauffolgenden Fluth wiederholt sich dieser Prozess, es belegt sich die ganze Bucht von der Jütischen Küste hinunter bis zur Jahde mit einer Decke fest zusammen und über einander gedrängter Eis- und Schneemassen; mit jeder Ebbeströmung rückt dies Eisfeld näher auf Helgoland zu und erreicht schliesslich dasselbe — ja, es ereignete sich schon, dass diese Erscheinung so gewaltige Dimen-

sionen annahm, dass auch westwärts hinaus das ganze Meer mit
Eis bedeckt ward, und man, wie in den Jahren 1845 und 1855,
sogar vom Leuchtthurm aus nicht die kleinste freie Wasserfläche
zu erblicken vermochte.

Die nordischen Tauchenten, welche sich Anfang des Winters
längs des ganzen obigen Küstenstriches angesammelt haben, weil
sie dort, gegen den Ostwind geschützt, ruhige Futterplätze vorfinden, werden durch das Eis auf tieferes Wasser gedrängt. Anfänglich freilich, wenn der etwa eine Meile breite Eisgürtel durch
die Fluth gehoben und vom Ostwind auf die See hinaus getrieben
wird, und zwischen demselben und dem Lande wieder freies Wasser
entsteht, fliegen die Enten dahin zurück; im Verlaufe einiger Tage
nehmen die Eismassen jedoch so zu, dass den Vögeln dieser Ausweg verschlossen wird, und sie von nun an nothgedrungen vor
dem Eisfelde her auf die See hinaus gehen müssen und so sehr
bald in die Nähe Helgolands gelangen.

Mittlerweile hat sich auch die Ostsee mit Eis bedeckt, und alle
die zahllosen Schaaren von Enten und Sägetauchern, welche dort
zu wintern vermeinten, überfliegen in westlicher Richtung Holstein
und gesellen sich zu den schon ungeheuren Schwärmen des Norden.

Da nun einestheils das weniger tiefe Wasser der Umgebung
Helgolands den Thieren ihr Tauchen nach Nahrung in bedeutendem
Grade erleichtert, anderentheils die Nahrung selber, kleinere
Crustaceen und dergleichen, auf diesem von Felsriffen durchzogenen
Gebiet in viel grösserer Fülle vorhanden ist, so wird die Individuen-
zahl der sich hier unter solchen Umständen ansammelnden Arten
schliesslich eine jeder auch nur annähernden Schätzung spottende.

Zu den anfänglich Genannten gesellen sich nun sehr viele alte
Männchen der Schellente und des Halsband-Sägetauchers, und in
ungeheurer Zahl die alten Männchen der Trauerente, sowie zuletzt
die der Sammetente — weniger zahlreich alte Männchen der Eiderente. Als letzte Erscheinung möge der kleine Sägetaucher, *Mergus
albellus*, genannt werden, der jedoch stets nur in wenigen Stücken
in die Nähe Helgolands kommt.

Der Anblick welcher sich jetzt bis zu meilenweiter Entfernung
von der Insel darbietet, ist ein so wunderbar schöner wie eigenthümlich grossartiger: Nach Norden, Osten und Süden hinaus dehnt
sich ununterbrochen das unabsehbare weisse Eisfeld; unter seinem
meist scharf begrenzten Rande herrscht Windstille, und das glatte
Meer ist von Myriaden grosser glänzend schwarzer Enten bedeckt;
der Insel näher halten sich die kleineren Arten auf, und vor-

herrschend nordwärts von derselben schwimmen in Gesellschaften von achtzig bis hundertundfünfzig Stücken die schönen alten Männchen des Halsband-Sägetauchers. Unzählbare Massen aller Arten streifen ausserdem nach allen Seiten hin, und in jeder Richtung in grösseren und kleineren Flügen, einzelnen Stücken wie paarweise umher: ja, ich habe Tage erlebt, an welchen der Blick nicht allein nach jeder Himmelsgegend hin, bis zur weitesten Ferne die das Auge zu erreichen vermochte, auf in jeder Richtung sich kreuzende Schwärme dieser Vögel traf, sondern auch, wenn aufwärts gewendet, dort oben einem solchen Gewimmel begegnete, dass die in fernster Höhe schwärmenden Thiere nur noch wie kaum wahrnehmbarer Staub erschienen — das ganze Himmelsgewölbe also buchstäblich bis zu mehreren Tausend Fuss Höhe von diesen hochnordischen Gästen erfüllt war. Mit hastigen Flügelschlägen eilen hier Schaaren grünlich glänzender Trauerenten vorbei, deren Weg durchschneidend streifen zwanzig tiefschwarze Sammetenten mit blendend weissem Flügelschilde daher; an ihrem schön dunkelgrünen Kopf und dem eigenthümlich runden weissen Fleck zwischen Schnabel und Auge in weiter Ferne schon kenntlich, fliegen die schönen Schellenten einzeln und truppweise hierhin und dorthin. Kaum hat sich der Blick einer langen Kette der so sauber gezeichneten Bergenten zugewandt, als auch schon wieder eine Anzahl der prachtvoll röthlich-isabell gefärbten grossen Sägetaucher die Aufmerksamkeit auf sich zieht. Zwischen allen diesen wimmelt es, wie Insektenschwärme, von heller oder dunkler braungrau gefärbten Weibchen und Jungen aller möglichen Arten, und der rastlos schweifende Blick findet nirgend einen Ruhepunkt — plötzlich erklingen, erst schwach, dann lauter, Töne wie ferne Trompetenstösse, welche die Aufmerksamkeit wieder aufwärts lenken, wo achtzehn bis zwanzig nordische Singschwäne in schneeig weissem Gefieder, in langer Reihe unter gemessenen Flügelschlägen ruhig überhin ziehen.

Das sind Tage für den leidenschaftlichen Jäger und Ornithologen! Aber leider ereignet sich derartiges nur so äusserst selten, denn nicht allein ist zur vollständigen Entfaltung dieser so wunderbaren und eigenartigen Phase des Vogellebens andauernder sehr scharfer Frost mit Schneefall erforderlich, sondern es muss auch die Windrichtung wenigstens während vier Wochen eine ununterbrochen östliche sein. Dieselben Ursachen, welche dann dem umgebenden Meere ein arktisch winterliches Ansehen geben, verleihen auch der kleinen Insel selbst einen vollständig polaren

Charakter: die vereinten Kräfte von Wind und Strömung drängen grosse Eisschollen von vier bis sieben Fuss Mächtigkeit auf den Strand und auf die Riffe; an den Felswänden, namentlich an der Südspitze der Insel, thürmen sich diese gewaltigen Massen in abenteuerlicher Gestaltung zwanzig, dreissig Fuss hoch über einander, Schnee bedeckt theilweise dies Chaos, und die, unter der düsteren winterlichen Atmosphäre in so tiefer Farbenstimmung dasselbe überragenden zerrissenen Felswände bilden dazu einen Hintergrund und gestalten das Ganze zu einem Bilde, wie es die lebendigste Phantasie nicht ernster und schöner zu erfinden vermöchte.

An der Nordseite der Insel, wo die Felswände etwas überhängen, am Fusse mehr oder weniger stark unterwaschen und grottenartig gehöhlt sind, fliesst das ganze Jahr hindurch zwischen den dorthin geneigten Steinschichten Feuchtigkeit ab. Bei strengem Froste bilden sich hier zuvörderst kleinere Eiszapfen, die aber sehr bald, höher und tiefer, in Mannesgrösse von der Felswand herabhängen; sie nehmen, durch das ununterbrochen nachfliessende Wasser genährt, sehr rasch an Umfang und Länge zu, bis sie in unregelmässigen Abständen den Felsboden erreichen, Säulen von zwanzig bis sechzig Fuss Höhe bildend, zwischen und innerhalb welcher man hindurch zu gehen vermag — eine wunderbarere, phantastischere Schöpfung ist kaum denkbar. An einer anderen Stelle, wo etwa in halber Höhe der Felswand das Gestein sich unregelmässig terrassenförmig abwärts senkt, überzieht nach und nach das abfliessende und gefrierende Wasser all die in mannichfaltiger Abwechselung gestalteten Absätze mit dicken Eisschichten, die der Natur ihrer Entstehung entsprechend durchaus die Formbildung eines hundertfältig gegliederten Wasserfalles aufweisen, und den Eindruck gewähren, als sei ein solcher inmitten seines lebendigen Lautes plötzlich in eisige Erstarrung gebannt.

Die einsamen Ausflüge, welche ich in später Nachmittagsstunde zwischen diesen Gebilden hindurch gemacht, während aus düsternder Höhe die grossen Schneeflocken langsam und lautlos zur Erde herabsanken, bilden diejenige Erinnerung meines früheren so eifrigen Jägerlebens, nach welchem die Sehnsucht am häufigsten und mächtigsten zurück mich führt.

II. RICHTUNG DES WANDERFLUGS.

Wendet man sich von dem allgemeinen Bilde des Vogelzuges den einzelnen Erscheinungen desselben zu, so ist es vor allem die Richtung des Fluges der dahineilenden Schaaren, welche die Aufmerksamkeit des Beobachters in besonderer Weise fesselt. Der Vorgang scheint sehr einfach zu verlaufen, so lange sich die Forschung nicht über den Horizont des Standortes hinaus erstreckt, versucht man jedoch den Pfad der Wanderer bis zu seinem Endziel zu verfolgen, so gestaltet sich die Frage oft zu einer anscheinend unentwirrbaren; namentlich ist dies der Fall betreffs des Herbstzuges, welcher die Vögel von der Heimath bis zu den meist sehr fernen Winterquartieren führt. Der Verlauf des Frühlingszuges ist dagegen ein sehr einfacher.

Ein grosser Theil der Wanderer bewegt sich zwischen Ost und West, ein anderer zwischen Nord und Süd. Solche Arten, denen die westlichen Länder Europas noch keine genügenden Winterquartiere bieten, brechen dort ihren Westflug ab, um in südlicher Richtung weiter zu ziehen; diejenigen jedoch, deren Herbstzug ein südlich gerichteter ist, halten diesen Flug von den Brutstätten bis zum Ende der Reise inne, manche derselben unter einer geringeren oder bedeutenderen östlichen Abweichung.

Vorherrschend wird der Zug in einer breiten Front zurückgelegt, die bei den westlich wandernden der Breitenausdehnung ihres Brutgebietes entspricht und bei den südwärts ziehenden der Längenausdehnung ihrer Niststätten gleichkommt. Die in neuerer Zeit viel besprochene Ansicht, dass die wandernden Vögel den Richtungen von Meeresküsten, Stromgebieten oder Thalsenkungen, als festen Zugstrassen folgen, dürfte nicht haltbar sein; ihr widersprechen zu viele Thatsachen, unter welchen, als eine der schlagendsten, der Flug des am fernsten von Helgoland heimischen

seiner Besucher, des Richard-Piepers, angeführt werden möge.
Wie viele grosse Ströme nebst der Uralkette derselbe während
seiner Reise von Daurien bis Helgoland allherbstlich in einem fast
rechten Winkel überfliegt, weist schon ein flüchtiger Blick auf
die Karte auf das schlagendste nach.

Was hier auf Helgoland von der Wegrichtung der ziehenden
Vögel zur unmittelbaren Wahrnehmung gelangt, d. h. was man
am Tage zu sehen oder während der Nachtstunden an den Lockrufen der überhinziehenden Wanderer zu erkennen vermag, und
was von allen so zur Beobachtung kommenden Arten und Individuen streng eingehalten wird, ist ein im Herbst von Ost nach
West gerichteter und im Frühjahr in entgegengesetzter Richtung
verlaufender Flug. Seltene Abweichungen hiervon übersteigen ein
bis zwei Kompassstriche nicht.

Auf diesem einfach westlich gerichteten Herbstzuge erreichen
jedoch nicht alle Arten die Gebiete ihres Winteraufenthaltes, sondern viele derselben haben sich früher oder später südwärts zu
wenden, um in die entsprechenden tieferen Breiten zu gelangen;
bei manchen Arten wird die ursprüngliche westliche Flugrichtung
während der ganzen ungeheuren Wegstrecke von den östlichen
Amurländern bis zum westlichen Spanien eingehalten, dort erst
südlich abbiegend, um bei Gibraltar das Mittelmeer zu überschreiten; andere, höher nördlich heimisch, wenden sich in England südwärts, um über den Kanal nach Frankreich oder über
das Biscayische Meer nach Spanien zu gelangen: und noch andere,
aus dem hohen Norden des europäischen oder asiatischen Russland
stammend, thun dies schon im obern Skandinavien. Dass eine
solche Aenderung der Flugrichtung nicht etwa durch Erblickung des
Meeres veranlasst werde, geht daraus hervor, dass die ziehenden
Schaaren schon lange vor Erreichung desselben ihren Kurs ändern;
es gelangt z. B. die graue Krähe nicht bis in das westliche England, sondern wendet sich schon in der Mitte des Landes südwärts.

Den westlich gerichteten Herbstzug der am Tage ziehenden
Vögel bringen neben Bussarden, Staaren, Lerchen, Seglern, Regenpfeifern, Brachvögeln und Gänsen ganz besonders deutlich zur
Anschauung die zahllosen Schaaren der meist sehr niedrig ziehenden Krähen, *Corvus cornix*. Das Brutgebiet dieser Art erstreckt
sich ostwärts bis Kamtschatka; nach den langjährigen Beobachtungen Eugen von Homeyers kommen in Pommern die wandernden Flüge von Osten her an und ziehen in westlicher Richtung
weiter; diejenigen dieser Wanderer, welche in Holstein über-

nachten, treffen hier in Helgoland um acht Uhr in der Frühe ein,
von da an folgt, in Hunderten und Tausenden Schaar auf Schaar
ohne Unterbrechung bis etwa um zwei Uhr Nachmittags; alle
werden am östlichen Horizont sichtbar, diejenigen der breiten Front
ihres Zuges, welche hinter der nördlichen Spitze der Dünenhügel
auftauchen, ziehen in gerader Linie über Helgoland dahin, was
eine genau ost-westliche Flugbahn ergiebt; sie verschwinden im
fernen Westen über dem Meere, der Küste des mittleren England
zusteuernd; dort werden sie wiederum so genau östlich am Horizont sichtbar, dass der Volksmund ihnen daraufhin den Namen
Dänische Krähen beigelegt hat. Aber auch jetzt endet dieser westlich gerichtete Flug noch nicht ganz. Der eifrige Forscher John
Cordeaux, dessen Beobachtungsgebiet an der Ostküste Englands
in gleicher Breite mit Helgoland liegt, theilt mir mit, dass solche
Schaaren ziehender Krähen nach Erreichung der dortigen Küste
sich nicht sofort niederlassen, sondern ihren Weg landein in westlicher Richtung verfolgen, und Stevenson (Birds of Norfolk I. p.
261) führt an, dass auch noch im Innern des Landes Hunderte
dieser Vögel während des Herbstzuges in westlicher Richtung ihren
Flug fortsetzen. Ein Theil der so Zugezogenen verbringt den
Winter im östlichen England, bis in seine westlichen Theile gelangen nur einzelne derselben, denn Rodd (Birds of Cornwall und
Scilly Islands p. 64) sagt, dass er die graue Krähe nur als zufälligen Besucher aufführen könne. Nach Irland erstreckt sich
der Zug ebensowenig: es leben zwar daselbst Krähen, diese sind
aber dort heimisch und verlassen das Land nicht, auch findet kein
Zuzug statt, denn nach den eingehenden Beobachtungen und Mittheilungen Thompsons (Natural History of Ireland, Vol. 1 Birds. p.
310) steigert oder vermindert sich zu keiner Zeit des Jahres die
Zahl derselben.

Für all die Millionen von Krähen, welche jeden Herbst von
hier aus über die Nordsee nach England fliegen, bieten nun aber
die östlichen und mittleren Provinzen des Landes auch nicht entfernt genügenden Raum, um daselbst überwintern zu können. Da
sie nach Rodd und Thompson weder das westliche England noch
Irland erreichen, und nach Stevenson in Norfolk nur noch nach
Hunderten zählen, so ergiebt sich, dass sie schon sehr früh über
den Kanal nach Frankreich gehen, und demnach ihren weiten
Westflug durch einen südlich gerichteten Abschluss beenden.

Wenn in dem Vorhergehenden nun auch nur eine in ost-westlicher Richtung zurückgelegte Wegstrecke von nahezu zweihundert

Meilen nachgewiesen worden, so darf dieser Nachweis wohl die
Annahme rechtfertigen, dass all die endlosen Schaaren dieser
Krähen, deren Individuenzahl weit über die Möglichkeit irgend
einer auch nur annähernden Schätzung hinaus liegt, vom Beginn
ihres Zuges schon diese Richtung eingehalten haben, und in der
That kann auch nur ein Brutareal, welches von der Westgrenze
Russlands sich ostwärts bis nach Kamtschatka erstreckt, einen
Wanderstrom von solcher Mächtigkeit hervorbringen, wie ihn diese
Krähen während des ganzen Oktober und einem grossen Theil
des November allherbstlich hier darbieten.

Mit welcher Beharrlichkeit, oder besser Hartnäckigkeit die
Flugrichtung der ziehenden Vögel eingehalten wird, auch dafür
liefern diese, vorherrschend niedrig ziehenden Krähen einen sehr
schlagenden Beweis. Es geschieht nämlich während des Herbstzuges öfter, dass sie hier draussen in See in einen stärkeren Wind
hineingerathen, als ihnen zusagend ist; hierzu gehört besonders
ein heftiger Südost. Um der Unannehmlichkeit zu entgehen, dass
dieser Wind ihnen schräg von hinten in das Gefieder wehe, wenden sie den Körper südwärts, anscheinend in dieser Richtung fliegend; dem ist aber nicht so: nicht die geringste Vorwärtsbewegung
findet statt, sondern der Flug geht ebenso genau westwärts, und
mit derselben Geschwindigkeit von statten, als ob die Vögel unter
günstigen Umständen geradeaus, d. h. in der Achsenrichtung ihres
Körpers sich dahin bewegten. Die über dem Scheitel des Beobachters dahinziehenden Schaaren veranschaulichen dies in über-
zeugendster Weise.

Nicht allein die Krähen, sondern auch manche, vielleicht alle
anderen Arten besitzen die Fähigkeit, sich nicht nur unter zwin-
genden Einflüssen während ihrer Wanderflüge, sondern auch während ihrer täglichen Lebensthätigkeiten einer solchen seitwärts
gerichteten Flugbewegung und beliebiger Beschleunigung derselben
sowohl für vorübergehende Zwecke wie andauernd zu bedienen.
Anfänglich glaubte ich, dass die Krähen, als nicht sehr ausgezeichnete Flieger, gleich einem schlecht segelnden Schiffe, bei heftigem Seitenwinde ebensoviel Abtrift leewärts hätten, als sie geradeaus flögen, und dass solcherweise ihre Zugrichtung sich demnach
ziemlich genau west gestalte. Fortgesetzte Beobachtungen haben mich
jedoch von der Hinfälligkeit dieser Auffassung überzeugt: auch
habe ich in zahllosen Fällen nicht nur Krähen, sondern auch Bussarde, namentlich auch Wespenbussarde, einen gleichen Wanderflug
innehalten sehen; Möven, besonders *Larus marinus, argentatus* und

canus bieten den Anblick eines schnelleren oder langsameren, im rechten Winkel mit der Achsenlage ihres Körpers, bald rechts bald links sich bewegenden Fluges täglich und stündlich dar.

Einen weiteren Beleg für den fern von Ost nach West gerichteten Herbstzug bietet der Wespenbussard. Die Brutzone dieser Art erstreckt sich unterhalb des Polarkreises von Skandinavien aus durch das europäische und (nach Pallas) ganze mittlere asiatische Russland. Es muss dieser Bussard in den endlosen Wäldern dieser letzteren beiden Gebiete thatsächlich sehr zahlreich brüten, denn nur so ausgedehnte Nistreviere können eine solche Anzahl von Individuen hervorbringen wie hier manchmal im Laufe des September auf westlich gerichtetem Wege vorüber ziehen. In Deutschland und Frankreich tritt diese Art nur noch zerstreut als Brutvogel auf, und in Spanien wird sie als solcher nicht mehr angetroffen; bewegte sich der Herbstzug dieses Bussards somit in südlicher oder südwestlicher Richtung, so müsste er während desselben etwa vom Baikal-See bis Griechenland und Italien zahlreich gesehen werden, dem entgegen kommt derselbe jedoch während dieser Zeit nur höchst selten und ausnahmsweise in Turkestan, an der unteren Wolga und in Griechenland vor, (Sewertzoff, Dresser, von der Mühle) wird auf Malta (Wright) nur in kleinen Gesellschaften von fünf bis höchstens zwölf Stücken gesehen, ist auf Sardinien gar nicht beobachtet und sogar auf den Balearen vom Major A. von Homeyer nicht angetroffen worden. In Nordost-Afrika ist derselbe sehr selten und bei Algier nur vereinzelt vorgekommen.

Plötzlich tritt aber dieser Bussard bei Gibraltar und der gegenüber liegenden Afrikanischen Küste in grossen Massen auf. Favier (Irby. Ornithology of Gibraltar) sagt, dass während des Frühlingszuges Schaaren von weit über hundert Stücken bei Tanger, nordwärts fliegend, gesehen worden, und Irby stimmt dem für Gibraltar bei, hinzufügend, dass dieser Zug sich über mehr als zwanzig Tage erstrecke. Beide Beobachter bemerken dabei, dass diese Vögel im Herbst in viel geringerer Zahl gesehen werden und Flüge von fünfzehn Stücken nicht übersteigen: Lord Lilford beobachtete jedoch im Innern Spaniens grosse Schaaren »large flocks« im September südwärts ziehend. Diese Verschiedenheit in der Stärke des Frühlings- und Herbstzuges ist aber nur eine anscheinende, indem die Wespenbussarde in der letzteren Jahreszeit auch während der Nachtstunden ziehen, und somit grosse Massen der im Frühjahr so zahlreich am Tage gesehenen im Herbst das

Meer bei Gibraltar unbemerkt während der Nächte überflogen haben. Hier auf Helgoland z. B. werden während des nächtlichen Vogelfanges beim Leuchtfener im Herbst des öfteren Wespenbussarde erbeutet, was im Frühjahr aber noch niemals vorgekommen ist. Nach Portugal gelangt der Wespenbussard nicht, (Tait, Birds of Portugal. Ibis. 1887) es bestätigt sich also auch hier, was schon bei den Krähen hervorgehoben worden, dass nicht das Erblicken des Meeres die westwärts ziehenden Vögel bestimmt, sich plötzlich südwärts zu wenden, sondern dass dies ohne nachweisbare Veranlassung als Abschluss des westlich gerichteten Wanderfluges mitten im Lande stattfinde. Auch bietet diese Art eine gleiche Erscheinung schon in England dar. Dort ist der Wespenbussard ein nur ganz vereinzelter Brutvogel, trifft aber während des Herbstzuges an dessen Ostküste ziemlich zahlreich ein; diese den asiatischen und europäischen oberen Grenzen ihrer Brutzone entstammenden Stücke finden in England schon den Abschluss ihres westlichen Fluges, sie wenden sich dort südlich, um durch das westliche Frankreich und durch Spanien nach Afrika in ihr Winterquartier zu gelangen. Das Biscayische Meer dürften wohl nur wenige überfliegen, denn nach Rodd (Birds of Cornwall) sind diese Vögel in jener Westspitze Englands, einschliesslich der Scilly-Inseln, eine sehr seltene Erscheinung. Immerhin muss dies aber doch hin und wieder geschehen, da nach Thompson dreimal Pärchen dieser Vögel während der Sommermonate in Irland gesehen wurden, und auch in jedem Falle einer derselben erlegt ward.

Des schon anfänglich kurz erwähnten, so schlagenden Beispiels eines fern westlich gerichteten Wanderfluges möge hier nochmals gedacht werden. Der Richard - Pieper, *Anthus Richardi.* durchwandert während seines Herbstzuges thatsächlich die ungeheure Wegstrecke vom Ochotzkischen Meere bis zu dem vom Atlantischen Ozean bespülten Spanien. Es ist zwar bei Behandlung mehrerer zwischen Nord und Süd ziehender Arten die Ansicht ausgesprochen worden, dass deren Züge, je nach ihrer nördlicheren oder südlicheren Heimath, sich nur über eine bestimmte, dementsprechend höher oder tiefer liegende Zahl von Breitegraden bewege, dieser Pieper liefert aber einen unanfechtbaren Beleg dafür, dass bei den von Ost nach West gerichteten Wanderzügen analoge, in Längegrade zerfallende Stufenfolgen nicht anzunehmen sind, indem diese interessante Art als Brutvogel einzig und allein auf Daurien beschränkt ist, woselbst es Dybowsky vor etwa zwanzig Jahren gelang, die Nester derselben aufzufinden, — während keiner der zahl-

reichen früheren oder späteren Reisenden, welche das europäische
und asiatische Russland ornithologisch durchforschten, sie westlich
vom Baikal-See brütend angetroffen hat.

Wie wunderbar auch immerhin die Wanderreise dieses nur
kleinen Vogels von einem Ende der alten Welt bis zum anderen
erscheinen möge, so unterliegt es dennoch keinem Zweifel, dass
die während des Herbstzuges hier auf Helgoland, in Holland, England, Frankreich und Spanien vorgekommenen Richardpieper dem
fernen Daurien entstammen, wobei noch bemerkt werden mag,
dass diese, so fern von ihrer Heimath angetroffenen Stücke keineswegs als vereinzelte oder gar »verirrte« Seltenheiten angesehen
werden dürfen, denn dieselben kommen nicht allein regelmässig
jeden Herbst auf Helgoland vor, sondern sie erscheinen auch öfter
in der vergleichsweise grossen Zahl von zehn bis fünfzig an einem
Tage, eine Zahl, die sich in zwei oder drei Fällen bis zu Hunderten steigerte.

Dem Richardpieper liesse sich noch das kleine gelbbrauige
Laubvögelchen, *Sylvia superciliosa*, anreihen, welches gleichfalls
Brutvogel im östlichen Asien ist, und dennoch neben seinem normalen südlichen Herbstzuge auch ziemlich zahlreich weit westwärts
wandert. Hier auf Helgoland erscheint dasselbe bei günstiger
Witterung regelmässig jeden Herbst und muss, da hier auf der
kleinen Insel des öfteren zwei, drei und mehr Stücke an einem
Tage beobachtet worden, in Deutschland ebenso regelmässig und
ziemlich zahlreich vorkommen; unzweifelhaft setzt es seinen Zug
von dort auch bis Frankreich und vielleicht noch weiter fort. In
England ist es nur zweimal erlegt worden, aber zweifellos über
Helgoland viel öfter dahingelangt — wie viel günstige Umstände
müssen aber zusammentreffen, bis in dem endlosen Gebüsch und
Gestrüpp von Gärten und Flussufern ein so winziges Thierchen
bemerkt, erkannt und erlegt werden kann, zumal da wohl sehr
wenigen der europäischen Ornithologen der Lockton dieser Art bekannt sein dürfte.

Wendet man sich von den obengenannten Vögeln zu solchen
zurück, deren Zugrichtung, auf unmittelbare Sinneswahrnehmung
gestützt, nachgewiesen werden kann, so bieten während der Dauer
des Tages Lerchen, Staare, viele Sumpfvögel und besonders die
vielbesprochenen, grossen, dunkelfarbigen, in dichten Schaaren
ziehenden Krähen, zwar sehr deutliche, der Individuenzahl nach
aber immerhin noch beschränkte Anhaltspunkte dar. Ganz anders
gestaltet sich dies aber im Laufe solcher finsteren Herbstnächte,

während welcher starker Zug stattfindet; dann hat man in viel
ausgedehnterer und interessanterer Weise Gelegenheit, derartige
Beobachtungen zu machen. Die weithallenden Stimmen der, oft
das ganze Firmament erfüllenden Massen von Regenpfeifern, Brachvögeln, Limosen, Austernfischern, Wasserläufern, Strandläufern und
vieler anderen weniger lauten Arten, wie Lerchen und Drosseln,
künden dann durch die Stille der Nacht aus weiter Ferne schon
sehr vernehmbar an, von welcher Himmelsrichtung her sie eintreffen, und wiederum sagen es ebenso deutlich die nach und nach
verhallenden Laute der Davonziehenden, in welcher Richtung sie
enteilen: aller Flug geht rastlos und unwandelbar in einer von
Ost nach West gerichteten Strömung dahin.

Zu einem gleichen Ergebniss haben die mannichfaltigsten,
unmittelbar in der freien Natur gemachten Beobachtungen anderer
Forscher geführt; allen voran möge die gewichtige, unanfechtbare Stimme Naumanns stehen. In seinem unvergleichlichen Werke
spricht er es wieder und wieder auf das Bestimmteste aus, »dass
die Vögel beim Wegzuge vom Aufgang gegen den Niedergang der
Sonne ziehen und so umgekehrt, wenn sie im Frühjahr wieder-
kommen;« oder »dass ihr Zug im Herbst gerade von Osten nach
Westen gerichtet ist.« Durch genugsame Beispiele wird von ihm
nachgewiesen, unter welchen Umständen man dies am Tage beobachten könne oder des Nachts aus den Stimmen der Vögel wahrzunehmen vermöge. (Vögel Deutschlands, I. Einleitung.)

Ein gleiches Ergebniss haben die höchst interessanten Beobachtungen geliefert, welche seit 1879 auf den Leuchtthürmen und
Leuchtschiffen der Englischen und Schottischen Küsten, über Arten,
Zahl und Flugrichtung der ziehenden Vögel gemacht worden sind.
Nach diesen Beobachtungen trafen an der Englischen Ostküste
alle herbstlichen Wanderer, mit Ausnahme mancher nordischen
Schwimmvögel, auf westlich gerichtetem Fluge ein. Ein Gleiches
fand an der Schottischen Ostküste statt und hier hatte man
ausserdem Gelegenheit, zu beobachten, wie dieser Flug in unver-
änderter Richtung über das Land hin bis zur Westküste desselben
fortgesetzt wurde. In manchen Fällen endete auch dort diese
Flugrichtung noch nicht, denn man beobachtete z. B. am Kap
Wrath, der nordwestlichsten Spitze des Schottischen Festlandes,
Sula alba, sechs bis acht Tage westwärts vorbeiziehend, und
schätzte die Zahl derselben auf zwei- bis dreitausend. Dieser
Flug musste nun aber nothwendiger Weise an den nördlichen
Hebriden enden (Migration Reports.)

Waldschnepfen trafen gleichfalls zahlreich an der Schottischen Ostküste ein; zerstreuter wurden sie an östlichen Punkten der ganzen Orkneygruppen gesehen, und von den Shetlandsinseln berichtet Saxby (Birds of Shetland), dass auch dort des öfteren Waldschnepfen im Laufe des Herbstes eintreffen. Da diese Art nur noch vereinzelt über das mittlere Schweden hinaus brütet, so können alle die Genannten doch einzig und allein auf westlichem Fluge nach Schottland und seinen nördlichen Inselgruppen gelangt sein, dass von dort aus diese westliche Zugbahn nothgedrungen in eine südliche übergehen muss, lehrt ein Blick auf die Karte des Landes.

Das nördlichste Beispiel eines von Ost nach West gerichteten Herbstzuges liefern Beobachtungen des leider so früh geschiedenen John Wolley (durch Professor A. Newton mir brieflich mitgetheilt), denen zufolge er sich schon im ersten Jahre seines Aufenthaltes zu Muonioniska in Lappland, 68⁰ N., von einem solchen Zuge überzeugte. Es war der Goldammer, *Emberiza citrinella*, der durch sein zahlreiches Eintreffen am Schluss des Sommers zuerst ihn diese Bewegung erkennen liess. Die an dem genannten Orte während der Herbstwanderung in so grosser Zahl zuziehenden Vögel konnten eben aus keiner anderen Richtung her anlangen, als aus einer östlichen. Der bis dahin westliche Zug auch dieser Ammern muss sodann eine südliche Wendung nehmen, da dieselben auf den Shetlandinseln nur sehr vereinzelt angetroffen werden (Saxby). Sie ziehen südwärts bis in das untere Schweden, woselbst sie sich dann wieder dem Westfluge weiter südlich heimischer Artgenossen anschliessen und so theilweise nach England gelangen, in dessen östlichen Provinzen sich die Zahl derselben regelmässig mit dem Herannahen des Winters steigert.

Aehnlich verhält es sich mit den Berglerchen, die im Herbst im östlichen Finnmarken von Osten her eintreffen und dort in Folge dessen Russische Schneeammern genannt werden; Collet sagt (siehe Dresser IV, Alauda alpestris), dass dieselben östlich von Norwegen ziehen, also Schweden hinunter, und dass sie im unteren Norwegen äusserst selten gesehen werden. Im südlichen Schweden vereinigen sie sich dann mit den von Asien kommenden, und es entstehen so die zahllosen Schaaren, welche während der letzten Jahrzehnte hier auf Helgoland gesehen worden sind. Ueber die weiteren Zugbewegungen dieser Art siehe die spätere Behandlung derselben!

Schliesslich mögen noch die Bergfinken, *Fringilla montifringilla*, angeführt werden, deren westlichste Nistplätze in der nörd-

lichen Hälfte Skandinaviens liegen, wo sie in grosser Zahl brüten
und im Herbst hinunter in die südlichen Theile des Landes ziehen;
dieselben müssen dort sich westwärts wenden und die Nordsee
überfliegen, denn sie treffen an der Schottischen Ostküste massenhaft ein (Migration Reports). Sie kommen dagegen auf den
Orkney und Shetlandinseln nur in geringer Zahl vor, und dies
beweist, dass ihr Zug nicht etwa von den Niststätten aus sofort
in südwestlicher Richtung erfolge, indem in solchem Falle der
Hauptzug auf diesen Inseln eintreffen müsste. Im Innern des
Landes und an der Westküste desselben sammeln sich diese Vögel
in ungeheuren Massen an, um von dort ihre Reise südlich fortzusetzen; sie überwintern zahlreich in Spanien und gehen in Ausnahme-Fällen sogar über die Strasse von Gibraltar (Irby).

Das westliche Schottland und seine Küsten bieten während
der Herbstmonate den Anblick zahlloser Schaaren grösserer und
kleinerer Landvögel dar, sowie von Enten, Gänsen, Schwänen
und anderen Wasservögeln, die alle auf südlichem und süd-süd-
östlichem Wege ihren Winterquartieren zueilen. Diese Schaaren
bestehen theilweise aus Vögeln, die gleich den Bergfinken, an der
Ostküste des Landes eingetroffen sind und dasselbe in westlicher
Richtung überflogen haben, theilweise aus solchen, die dem
Schottischen Festlande angehören und aus solchen, deren Heimath
die Hebriden und inneren Schottischen Inseln sind. Der Herbstzug aller dieser bewegt sich hier nothwendiger Weise in südlicher
Richtung.

Hiermit wären diese Wanderer auf ihrem Fluge vom östlichen Asien bis zu den westlichen, vom Weltmeer bespülten Gestaden Europas geleitet. Die nachgewiesene Uebereinstimmung
in der Richtung des Wanderfluges der verschiedensten Arten auf
so weit getrennten Gebieten, wie das mittlere Deutschland, Helgoland, die Britische Ostküste einschliesslich der Orkney- und Shet-
ländischen Inselgruppen, bis hinauf zu 70⁰ N. in Finmarken, deren
Breitenausdehnung eine Zugfront von zweihundert und vierzig
deutschen Meilen ergiebt, dürfte wohl zur Genüge die dargelegte
Ansicht bestätigen, dass eine grosse, wenn nicht die grösste Zahl
unserer herbstlichen Wanderer die längste im Vogelzuge überhaupt vorkommende Wegstrecke in einer von Ost nach West
liegenden Richtung zurücklege, dass aber manche zeitweilig, die
meisten jedoch am Schlusse ihres Westfluges sich südlich wenden
— vollständig unbeeinflusst von der Physiognomie der Oberfläche
des ungeheuren Kontinentes, welchen sie überfliegen.

3

In dieser langen Zugwoge folgt nun aber nicht etwa jede der hundertfältigen Arten, aus welchen dieselbe zusammengesetzt ist, einer eigenen, mehr oder weniger eng begrenzten Zugstrasse, sondern fast alle brechen von ihrem Brutgebiet in westlicher Richtung auf und verfolgen, unter dem Breitegrade ihrer Niststätte, ihren Weg bis an das Endziel, manche zeitweilig, andere erst vor dem Abschluss der Wanderung eine südliche Richtung einschlagend.

Natürlich mag es ja vorkommen, dass irgend ein Bruchtheil des breiten Zuges in der Richtung eines tief unter demselben liegenden Meeresgestades dahin gegangen und fort und fort dahingeht, aber wahrlich doch nur, weil geologische Bedingungen die Uferlinie gleichlaufend der Zugbewegung, Ost-West oder Nord-Süd geformt haben, sicherlich aber nicht in Folge irgend welcher Absicht seitens der Wanderer. Man unterziehe doch nochmals die Reiseroute des Richard-Piepers und der anderen vielen Ostasiatischen Arten, welche Helgoland jeden Herbst so zahlreich besuchen, einer näheren Prüfung. Die ungeheure Wegstrecke von jenseits des Baikal-Sees bis zur östlichen Spitze Preussens legen all diese Vögel ohne irgend welche der angeblichen Merkzeichen oder Wegweiser zurück: an der Ostsee angekommen, sollten sie nun plötzlich sich nicht anders zu helfen wissen, als dass sie der vergleichsweise kleinen Spanne Ostseeküste bis Holstein folgten! Und welcher Leitfaden ist ihnen dann weiter geboten, wenn sie nach Ueberfliegung Holsteins die Nordsee vor sich haben und bald jede Küste aus Sicht verlieren?

Beobachter, welche derartige Wanderer über dem Meeresstrande in der Richtung der Küstenlinie fliegen sahen, fassten die einander folgenden Vogelschaaren als einen lang gestreckten Heerzug auf, und dachten nicht daran, dass sie sich möglicherweise in der Mitte einer breiten, meilenweit see- und landwärts sich erstreckenden Zugfront befinden könnten, und doch war dies ganz unzweifelhaft der Fall. Eine Bestätigung hierfür liefern die ofterwähnten, allherbstlich Helgoland in endlosen Zügen auf ostwestlichem Wege passirenden Krähen, deren Zugfront ein paar Meilen nördlich von der Insel bei dort liegenden Fischerbooten noch nicht endete, und die zur selben Zeit von dem, von hier nach der Weser gehenden Dampfboote aus bis zu der sechs Meilen südlich entlegenen Küste überall gleich zahlreich westwärts dahinziehend gesehen wurden. Wenn an solchen Tagen obige Beobachter sich auf den Inseln jener Küste: Wangeroog, Norderney bis Borkum hinaus befunden hätten, so würden sie zweifellos das

Gesehene als einen schlagenden Beweis für ihre Hypothese: dass wandernde Vögel die Küstenlinien als vorgezeichnete Heerstrassen benutzen, geltend gemacht haben, nicht ahnend, dass sie sich in einer Zugfront befanden, die sich von ihrem Standpunkte aus, in nördlicher Richtung, wenigstens acht bis zehn Meilen in See hinaus erstreckte, und landeinwärts sicherlich noch meilenweit reichte.

Noch ein weiteres Beispiel des in breiter Zugfront westwärts gerichteten Herbstzuges möge hier folgen. Es lieferte dies das gelbköpfige Goldhähnchen, *Regulus flavicapillus*, während des Oktobers 1882. Helgoland passirte dasselbe während der ganzen Zugzeit in ausserordentlich grossen, in manchen Fällen sich bis zum Unbegreiflichen steigernden Massen, und Beobachtungen, welche gleichzeitig auf allen Leuchtthürmen und Leuchtschiffen, sowie an Landstationen der ganzen Englischen und Schottischen Ostküste gemacht wurden, ergaben, dass unter anderen Tagen. z. B. am 7., 8. und 9. des gedachten Monats, an allen diesen Punkten, von der Insel Guernsey aufwärts bis Bressay in der Mitte der Shetlandgruppe, dies kleine Vögelchen in zahllosen Massen westwärts wanderte, also in einer nachgewiesenen Zugfront von nahezu elf Breitegraden oder ungefähr hundert und sechzig deutschen Meilen. Da nun aber die Breite von Guernsey, $49^{1}/_{2}^{0}$ N., noch nicht die unterste Grenze des Brutgebietes dieses Goldhähmchens bildet, so hat sich diese, an und für sich schon so ungeheure Zugfront, zweifellos noch weiter südlich erstreckt.

Nach dem Englischen Migration Report für 1882 ging dieser staunenerregende Massenzug über ganz England und über den St. Georg-Kanal dahin bis in Irland hinein: da aber all diese Millionen Thierchen schwerlich in letzterem Lande überwinterten, so müssen dieselben sich von da aus südlich gewandt haben, um nach einem abermaligen Fluge über das Meer — von gleicher Ausdehnung wie der vom untern Schweden bis zur Englischen Ostküste — nach Spanien zu gelangen: und dies während langer, schwarzfinsterer Oktober-Nächte und in einer gleichmässig dunkelbewölkten Atmosphäre, wie sie wenigstens hier für alle solche Massenzüge Bedingung ist.

Wenn aber dennoch, abweichend von den in Obigem nachgewiesenen breiten Zugbewegungen, in südlicheren Breiten, namentlich während des Herbstzuges, manche Arten in grosser Zahl an Strömen oder in deren Nähe angetroffen werden, so findet dies eine einfache Erklärung darin, dass die der Regel nach an solchen Oertlichkeiten mannichfaltigere Vegetation eine grössere Saamen-

3*

ülle und reicheres Insektenleben aufweist und somit der Mehrzahl der Wanderer willkommene Futterplätze darbietet.

Alle entweder nordwärts oder südwärts abfliessenden Ströme von der Lena bis zum Ebro werden, dem grösseren Theil ihres Laufes nach, von den zahllosen Schaaren der in ausgedehnterer oder geringerer Front westwärts ziehenden Vögel überflogen. Diese Knotenpunkte werden erklärlicher Weise von solchen Abtheilungen des Zuges, welche etwa der Ruhe bedürfen, der Nahrung oder des Wassers halber als Rastplätze benutzt, und folglich müssen die Vögel längs solcher Stromgebiete zahlreich, ja oft massenhaft angetroffen werden: während abseits auf dürrer Haide oder meilenweiten abgeernteten Ackerflächen ihr Vorkommen, mit Ausnahme von Lerchen und dergleichen, nur ein höchst beschränktes sein kann. Es lag demnach bei einer oberflächlichen Beobachtung dieser Erscheinung die Auffassung, dass die an dem Laufe von Flüssen und Strömen angetroffenen Wanderer der Richtung derselben wohl nachzögen, allerdings viel näher, als diejenige, dass sie auf einer dieselbe kreuzenden Strasse zu ihnen gelangt seien. Dass jedoch Massen von Vögeln, namentlich solche, deren Herbstzug überhaupt von Nord nach Süd gerichtet ist, wenn sie in mittleren Breiten nicht mehr zu unverzüglicher Weiterreise gedrängt, nahrungsuchend zeitweilig der Richtung eines Stromgebietes, oder, was meist gleichbedeutend, einer Thalsenkung folgen, ist sehr natürlich, berührt aber die Hauptfrage in keiner Weise.

Man hat für die Flussstrassentheorie z. B. oft die grosse Masse der Wanderer angeführt, welche während des Herbstzuges im Rhonegebiete angetroffen werden sollen; dass eine derartige Erscheinung nun aber nicht allein sehr wohl stattfinden könne, sondern thatsächlich auch stattfinden müsse, jedoch auf andere Ursachen zurückzuführen sei, ist in dem Ebengesagten schon dargelegt worden. Der Lauf der Rhone, von ihrem Zusammenflusse mit der Saone an, ist ohne nennenswerthe Unterbrechung ein fast genau südlich gerichteter, er liegt also in der Bahn, welche die von Norwegen, Holland und Belgien kommenden südwärts ziehenden Wanderer jedenfalls über diesen Theil Frankreichs verfolgen würden, auch wenn die Rhone nicht unter diesem Abschnitt ihrer Zugfront dahinflösse; da dieselbe aber mit ihren Niederungen vorhanden ist, so benutzen die Vögel dieselbe als gelegene Futter- und Ruheplätze, und solche Arten, die in diesen tieferen Breiten nicht mehr grosse Eile haben, folgen auch während längerer oder kürzerer Rastpausen auf ihren täglichen Nahrungsflügen dem Laufe derselben. Aber ebenso werden auch die von England kommenden, südlich ziehenden Wanderer die Ufer der Loire als Rast- und Futterplätze benutzen, trotzdem der Lauf dieses Flusses vom mittleren Frankreich an ein von Ost nach West gerichteter ist und der Flug dieser Vogelschaaren ihn rechtwinklich kreuzt; träfe man hier dem Laufe des Flusses folgende Individuen an, so könnten sie nur Arten angehören, die überhaupt westwärts ziehen und diese Flugrichtung bis zur Westküste Frankreichs innehalten.

Dass die Wanderer, wenn sie schon tiefer südlich gelangt, ihre Eile zu unterbrechen geneigt sind, um gemächlich der Nahrung nachzugeben, bestätigt eine Angabe Naumann's (Band I, Einleitung), die sich auf Witterungseinflüsse bezieht und welche lautet: »der Vogelsteller bemerkt dies — das Herannahen schlechten Wetters — sehr oft an dem Zuge der kleineren Waldvögel, der dann, gegen ihre Gewohnheit, nicht dem Gebüsche nach, sondern unaufhaltsam über das freie Feld, gerade gegen Westen gerichtet ist, — — — — sie eilen nur vorwärts, ohne sich so viel Zeit zu nehmen, als dazu erforderlich ist sich satt zu fressen.«

Der grosse Meister stellt hier aber das in den Vordergrund, was für die kleineren Waldvögel in seiner Heimath, dem mittleren Deutschland, offenbar nicht mehr die drängende Zugbewegung, sondern die so weit südlich schon vorherrschende Nebenerscheinung ist — während es doch unzweifelhaft ist, dass in dem, was als Ausnahme angeführt wird, nämlich in dem »unaufhaltsam gerade gegen Westen gerichteten Fluge« thatsächlich der rastlos vorwärts strebende herbstliche Wandergang deutlich gekennzeichnet ist, der ja oft während fallendem oder tiefem Barometerstande besonders schlagend zum Ausdruck gelangt.

Die nächste grosse herbstliche Wanderbewegung, welche sich der ebenbesprochenen ost-westlichen, der Individuenzahl und der Länge der Wegstrecke nach nicht nur ebenbürtig anreiht, sondern dieselbe in letzterer Hinsicht in manchen Fällen noch bedeutend übertrifft, ist der schon Anfangs dieses Abschnittes erwähnte, zwischen Nord und Süd verlaufende Zug einer sehr grossen Zahl von namentlich hochnordischen Arten. Wie ebenfalls schon angedeutet, ist die Kenntniss dieser letzteren Zugrichtung aber nicht auf unmittelbare Sinneswahrnehmungen gestützt, wenigstens nicht so weit Helgoland in Betracht kommt, sondern es ergiebt sich dieselbe aus dem Vergleiche der zeitweiligen Aufenthaltspunkte dieser Arten mit solchen Orten, an welchen sie während ihres Zuges angetroffen werden, oder nicht vorkommen.

Belege für Zugrichtungen dieser Art liefern manche Sänger,
von denen besonders das nordische Blaukehlchen, *Sylvia suecia*,
genannt werden möge; es brütet im hohen Norden der Alten Welt,
von Kamtschatka bis in das obere und mittlere Norwegen, überwintert in ganz Südasien und der östlichen Hälfte des oberen
Afrika. Auf Helgoland ist es allherbstlich eine ganz gewöhnliche
Erscheinung, ebenso in Deutschland und Italien; in England ist
es dagegen aber nur in Zwischenräumen von vielen Jahren ganz
vereinzelt angetroffen worden und in Frankreich und Spanien
niemals vorgekommen (Dresser). Hieraus ergiebt sich auf das
Bestimmteste, dass dies Vögelchen im Herbst in der Längenausdehnung seines Nistgebietes in fest eingehaltener Richtung
südlich wandert, und dass Helgoland die westlichste Grenze dieser
ungeheuren Zugfront bildet; eine geringe westliche Abweichung
der im westlichen Norwegen brütenden Individuen von ihrer südlichen Zugrichtung müsste dieselben zahlreich an die Englische
Ostküste führen. Neben diesen Blaukehlchen möge der rothkehlige Pieper, *Anthus cervinus*, angeführt werden: derselbe brütet
ebenfalls vom ganzen nördlichen Asien an bis in das obere Norwegen. Diese Art muss ihren südlich gerichteten Herbstzug auf
das bestimmteste einhalten, denn sie berührt Helgoland nur in
seltenen Ausnahmefällen und ist während fünfzig Jahren etwa
sechsmal erlegt worden. Auch von dem Nordischen Laubvogel,
Sylvia borealis, welcher von Alaska an durch das hochnordische
Asien bis Finnmarken heimisch ist und im Winter bis zu den
Sunda-Inseln hinunter geht, können die von Collett während der
Sommermonate am Porsanger Fjord noch über 70° N. hinaus
beobachteten Individuen nur geraden Weges südlich ziehen, denn
hier auf Helgoland ist dieser Vogel nur einmal, im Oktober 1854,
erlegt und in Deutschland nie beobachtet worden. Diesem Sänger
möge noch der Sprosser, *Sylvia philomela*, angereiht werden, dessen
westlichste Nistplätze im südlichen Schweden und Dänemark liegen,
der aber, wenn er nur irgend dazu neigte, von seinem südlich
gerichteten Herbstzuge westlich abzuweichen, Helgoland allherbstlich, wenn auch nicht zahlreich, berühren müsste; dementgegen ist
aber nur ein Beispiel seines Vorkommens bekannt, welches noch
dazu einen Vogel betrifft, der in der Nacht vom 4. zum 5. Mai
1885 beim Leuchtfeuer gefangen ward, mithin nicht einmal für
die gegenwärtige Frage von Werth ist.

Das demnächst in Frage kommende Gebiet umfasst Finnland
und das weitere nördliche europäische Russland; hier liegen die

westlichsten Nistplätze von *Sylvia tristis*, *Motacilla citreola*, *Emberiza aureola*, *Limosa cinerea*, und bis Archangel hinauf zahlreich noch von *Falco rufipes*. Alle diese Arten liefern durch ihr sehr seltenes Erscheinen oder gänzliches Fehlen auf Helgoland den Nachweis, dass ihr Herbstzug ein streng südlich gehaltener sein muss, da eine westliche Abweichung von demselben sie ebenso zahlreich hierher führen müsste, wie dies mit anderen ebendaselbst heimischen Arten der Fall ist. *Sylvia tristis* ist hier nur einmal gefangen und noch zweimal gesehen worden: von *Motacilla citreola* habe ich während fünfzig Jahren nur fünf junge Herbstvögel erhalten; von *Emberiza aureola* zwei junge Herbstvögel und ein Weibchen im Frühjahr. *Limosa cinerea* ist auf Helgoland niemals gesehen, in Deutschland und dem oberen Frankreich, wie es scheint, nur je einmal erlegt, und sonst nirgendwo westlich von ihren Brutstätten angetroffen worden. *Falco rufipes* ist zwar fünfmal auf Helgoland geschossen worden, aber stets im Sommer und unter Umständen, die annehmen liessen, dass diese Stücke zu den aus Griechenland und Kleinasien während der ersten Sommermonate hierher gelangenden verwittweten Brutvögeln zu zählen waren, eine Erscheinung, welcher eingehender gedacht werden wird im Abschnitt über die ausnahmsweisen Erscheinungen.

Es ist diese Behandlung des südlich gerichteten Herbstzuges nicht wohl zu verlassen, ohne der grössten, wahrhaft wunderbaren Wegstrecke zu gedenken, welche einige Arten während desselben zurücklegen. Unübertroffen sind hier die beiden Strandläuferarten *Tringa subarquata* und *islandica*. Die Eier beider Arten kennt man bisher nicht, von letzterer hat Capitän Fielden Vögel im Daunenkleide von Grinnell-Land, 82⁰ N., heimgebracht, die Nistplätze von *subarquata* sind aber noch nicht erreicht worden und können sich nur auf dem im Polarbecken liegenden Insel- oder Landgebiet befinden; siehe hierüber bei Behandlung dieser Arten. Im Winter hat man nun aber diese beiden Strandläufer auf Neuseeland angetroffen, die somit einen Südflug von nahezu dem halben Erdumfange zurückgelegt hatten.

Neben dem besprochenen, einestheils westlich, anderentheils südlich gerichteten Herbstzuge bietet sich nun noch die überraschende Erscheinung dar, dass von manchen Arten, deren normaler Herbstzug der letzteren Richtung angehört, eine mehr oder weniger bedeutende Individuenzahl sich von der Niststätte westlich wendet und statt in das südliche Asien, in das westliche Europa wandert. Es ist diese Neigung keinesweges solchen Arten

eigen, deren Brutgebiet sich bis in das westliche Asien oder nordöstliche Europa erstreckt, wie *Sylvia tristis, Emberiza aureola* und
Limosa cinerea beweisen, sondern den Erfahrungen nach viel mehr
solchen, deren Heimath am weitesten von Europa entfernt ist,
z. B. *Sylvia superciliosa*, die jenseit des Jenisei, und namentlich
Anthus Richardi, der nur jenseit des Baikal-See brütet. Dass eine
solche Neigung sich nur auf einige Arten erstreckt, während sie
anderen derselben Gattung nicht beiwohnt, davon liefern unter
anderm die beiden im nordöstlichen europäischen Russland fast
noch Nest neben Nest brütenden Ammern, *Emberiza aureola* und
pusilla einen sehr ausgesprochenen Beweis. Ersterer ist während
mehr als fünfzig Jahren hier nur dreimal gesehen und, mit Ausnahme eines bei Genua vorgekommenen Stückes, nie im mittleren
oder westlichen Europa beobachtet worden, wohingegen *pusilla*
jeden Herbst auf Helgoland erscheint und oft geschossen wird.
Sie ist gewiss schon zwanzig- bis dreissigmal durch meine Hände
gegangen. In Holland ist dieselbe des öfteren während des
Herbstzuges gefangen, und von England ist ein solches Beispiel
bekannt; so auch sind in Oesterreich und Oberitalien einige derselben vorgekommen; im südlichen Frankreich aber, wo der Endpunkt des Herbstzuges der westlich wandernden Stücke dieses
Ammers zu liegen scheint, soll er »der gewöhnlichste der seltenen
Ammern« sein und bei Marseille in kleinen Gesellschaften überwintern (Newton. Yarrell. Brit. Birds). Da nun beide Arten noch
gleich zahlreich in der Nähe von Archangel brüten und beide zu
den im Herbst südlich ziehenden gehören, so steht man vor der
Frage: was möglicherweise die Veranlassung sein könne, dass eine
derselben, *aureola*. sich kaum jemals von der gemeinsamen Niststätte aus westlich wendet, während die andere, *pusilla*, dies alljährlich in so grosser Zahl thut.

Unzweifelhaft haben viele Vogelarten die Neigung, neben ihrem
normalen südlichen Zuge in geringerer oder grösserer Zahl westwärts zu wandern, was von manchen anderen gar nicht zu geschehen scheint, nur bieten die gewöhnlicheren, weitverbreiteten
Arten nicht dieselbe günstige Gelegenheit zur Beobachtung der
Erscheinung, wie die obigen, oft angeführten, welche sich entweder
durch ihr auffallenderes Kleid, oder ein strenger abgegrenztes Brutgebiet besser hierzu eignen. Dass viele der ostasiatischen Arten
aber einer solchen Neigung unterworfen sind, beweist die grosse
Zahl allein auf Helgoland erlegter oder beobachteter, schon an-
geführter Beispiele, zu denen noch genannt werden mögen: *Lanius*

phoenicuroides; Turdus rarius, ruficollis, atrigularis und *pallens; Sylvia nitida, viridana, coronata, reguloides, fuscata, salicaria, pallida, agricola* und *certhiola: Alauda tatarica* und *sibirica; Emberiza rustica* und *pithyornis: Charadrius fuscus* und *asiaticus* — sowie manche andere, weniger hervorragende Namen der Vogelwelt. Wenn von den Genannten die Mehrzahl auch nur einmal auf Helgoland erlegt worden, so sind andere derselben, wie *Sy. viridana* dreimal, *Emb. rustica* mehr als zehnmal, und *Turd. rarius* bis fünfzehnmal vorgekommen; eine so lange Reihe hervorragender Namen lässt nun aber nicht allein mit Sicherheit darauf schliessen, dass neben denselben noch viele andere die Insel besucht, der Beobachtung aber entgangen sind, sondern die grosse Zahl der auf einem so kleinen Raume Vorgekommenen beweist auch, dass derartige Erscheinungen allherbstlich noch viel häufiger in das nahe Deutschland, sowie in das mittlere und westliche Europa gelangen müssen.

Wendet man sich nunmehr dem Frühlingszuge zu, so zeigt derselbe in allen seinen Erscheinungen sofort einen, von dem Vorhergehenden auffallend abweichenden Charakter. Jetzt sieht man nirgends einen Versuch, den langen Wanderflug in kurze bequeme Wegstrecken zu theilen, wie dies im Herbst nach dem ersten grossen Vorstoss ja sehr bald geschieht; jetzt ist auch nirgends eine Neigung für längere Rast bemerklich. Unruhe und drängende Hast sind die überall hervortretenden Kennzeichen seines ganzen Verlaufes. Von den vor Anbruch des Tages und in erster Morgenfrühe angelangten Wanderern ziehen viele schon nach wenigen Stunden weiter, die grösste Zahl derselben hat um zehn Uhr Vormittags die Insel bereits wieder verlassen, und bald nach Mittag sind fast alle verschwunden. Es treffen aber, wenn das Wetter verspricht günstig zu bleiben, im Laufe des Tages noch manche wieder ein, Schaaren von Seglern eilen während des Tages überhin, Krähen ziehen jetzt bis zum Sonnenuntergange, und während der späteren Nachmittagsstunden ruhiger sonniger Tage sieht man, tausende von Fuss hoch, in der klaren Atmosphäre Brachvögel und ähnliche Arten, von West nach Ost in reissend schnellem Fluge über Helgoland dahinziehen — kaum vernehmbar schallt wohl ihr klarer Ruf aus ferner Höhe herunter, aber keiner der Wanderer zögert in seinem Zuge oder macht Miene einen Moment zu verweilen.

Bei schönem, günstigem Wetter unterliegt somit während dieser Zeit der Zug fast gar keiner Unterbrechung, denn hat man unter obigen Umständen gegen Abend noch manche Arten hoch überhin ziehen sehen, so beginnt etwas später, wenn die Ruhe der Dämmerung eingetreten ist, der Aufbruch von solchen Singdrosseln, Rothkehlchen, Brunellen, Goldhähnchen und anderen, die hier wenige oder mehrere Stunden verweilt und sich anscheinend schon zur Nachtruhe in das Gesträuch der Gärten begeben hatten. Plötzlich erschallt aber durch die Abendstille der Lockruf eines aufsteigenden Vogels, seine Artgenossen antworten und folgen ihm, nach bedeutender Erhebung sammelt sich die Schaar, und bald sind alle, ostwärts dahinziehend, den Blicken entschwunden. Wegzüge dieser Art finden innerhalb einer Stunde nach Sonnenuntergang statt, dann tritt anscheinend eine Pause von kurzer Dauer ein, bald nach Mitternacht aber beginnt der Zug durch zahllos eintreffende Wanderer aufs Neue, mit dem Grauen des nahenden Tages von Stunde zu Stunde sich steigernd.

In allen Erscheinungen des Frühlingszuges ist klar das Motiv ausgesprochen: für einen bestimmten Zweck ein fest vorgestecktes Ziel in einer streng einzuhaltenden Zeit zu erreichen. Von diesem Bestreben wird denn auch ganz besonders die Zugrichtung beeinflusst, die, um in kürzester Zeit vom Winterquartier zu den, meist unter bedeutend höheren Breiten belegenen. Nistplätzen zu führen, eine gerade auf das Ziel gerichtete, also der grösseren Zahl der Fälle nach eine mehr oder weniger nördliche sein muss. Die im Herbst südlich wandernden Arten folgen an und für sich schon im Frühjahr dieser nördlichen Richtung; aber auch solche, deren westlicher Herbstzug sich schliesslich in England, Frankreich oder Spanien südlich wandte, gelangten auf diese Weise ebenfalls in bedeutend tiefere Breiten als die, unter welchen ihre Brustätten liegen, sie lassen in Folge dessen bei ihrem gerade auf die Heimath gerichteten Rückwege nunmehr solche Punkte, die ihr Herbstzug berührte, weitab nördlich zur Seite liegen — ziehen also auf der Hypotenuse des Winkels, den ihr Herbstzug beschrieb, der Heimath wieder zu. Hieraus erklärt sich denn auch die anfangs so auffällige Erscheinung, dass alle solche östlichen Arten, welche der Herbst in grosser Zahl hierher führt, die aber später sich südlich wenden, während des Frühlingszuges fast gar nicht wieder gesehen werden. Nicht allein hat dies Bezug auf die mancherlei selteneren Erscheinungen aus dem fernen östlichen Asien; sondern auch Vögel, welche, gleich dem Richard-Pieper, im Herbst hier zu den gewöhnlichen zählen, erblickt man im Frühjahr kaum in vereinzelten Stücken wieder — dies sind unzweifelhaft solche, die im südlichen

England oder Irland gewintert haben. Auch der kleine Laubvogel, *Sylvia superciliosa*, welcher während des Herbstzuges bei günstigem Wetter fast täglich gesehen wird, ist im Laufe einer langen Reihe von Jahren nur zweimal im Frühlinge wieder bemerkt worden; der Zwergammer, *Emberiza pusilla*, niemals. Sogar von einer so gemeinen Art, wie die graue Krähe, die im Herbst in solchen Massen über Helgoland hin England zuwandert, dass dort nicht alle Platz und Nahrung zu finden vermögen und ein grosser Theil über den Kanal in das nördliche Frankreich zieht, auch von diesen kehrt im Frühjahr kaum die Hälfte über Helgoland zurück, weil eben jene, die von England nach Frankreich hinübergingen, auf ihrem östlichen Rückwege zur Heimath über Holland und das nördliche Deutschland hin wandern, Helgoland und die Nordsee also nur von solchen wieder überflogen wird, die für den Winter in England verblieben.

Die Flugrichtung der letzteren dieser heimkehrenden Krähen ist naturgemäss eine west-östliche; aber eine ebenso überraschende, wie kaum erklärliche Erscheinung bleibt es daneben, dass, wie im Herbst, so auch jetzt im Frühjahr, der Zug aller Wanderschaaren, die man am Tage sieht oder während der Nächte hört, sich ausnahmslos zwischen diesen beiden Punkten bewegt — wenigstens auf Helgoland und dem umgebenden Meere sieht man im Frühjahr nie einen ziehenden Vogel, dessen Flug von Süd nach Nord gerichtet wäre; dennoch aber müssen deren so viele sein, wie z. B. die schon angeführten Blaukehlchen, Laubvögel, Schafstelzen, Wiesenschmätzer und viele andere, von denen die ersten mit der Morgendämmerung eintreffen und deren Zahl sich mit der aufsteigenden Sonne oft bis zum Unglaublichen vermehrt, aber im Laufe weniger Stunden schon wieder vermindert, ohne dass man wahrzunehmen vermöchte, wie und woher sie eingetroffen, oder auf welche Weise und in welcher Richtung sie davon ziehen.

Solche Arten, deren Wanderungen zwischen Nord und Süd verlaufen, weisen denn auch keine so grosse Verschiedenheit in der Individuenzahl der Abreisenden und der Rückkehrenden auf, als solche, die im Herbst von Ost nach West gezogen sind und schliesslich sich südlich gewandt haben. Unter ersteren das obige Blaukehlchen, Rothkehlchen, die kleinen Laubvögel, *trochilus* und *rufa*, Rothschwänzchen, Steinschmätzer, Wiesenschmätzer und andere — diese alle bringt der Frühling ebenso zahlreich zurück, wie sie der Herbst entführte, und kaum sollte man glauben, dass doch nothwendiger Weise die Fährlichkeiten der langen Winterabwesenheit so manchen aus ihren Schaaren weggerafft haben müssen, da z. B. am 26. Mai 1880 alle Gärten der Insel in solchem Grade von nordischen Blaukehlchen wimmelten, dass meine Vogelfänger und ich, für die nächstgelegenen derselben, ihre Zahl auf weit über fünfhundert anschlugen; Steinschmätzer waren in solchen Massen da, dass Aeukens dieselben auf »Milliarden« schätzte, in meinem Journal sind dieselben auf »viele Tausende« beziffert. Beiläufig bemerkt wiesen beide Arten nur noch ganz vereinzelte männliche Vögel auf, was darauf hindeutete, dass deren Zugperiode sich ihrem Abschluss zuneigte.

Es ist im Laufe dieses Abschnittes gesagt, dass die Vögel ihre Reise vom Winterquartier zur Brutstätte möglichst in einem ununterbrochenen Fluge zurücklegen. Beobachtungen, die man hier während des nächtlichen Vogelfanges beim Leuchtfeuer zu machen Gelegenheit hat, unterstützen diese Ansicht in hohem Grade. Es ist nämlich eine, jedem hiesigen Vogelfänger bekannte Thatsache, dass im Frühjahr die Wanderer erst nach Mitternacht, etwa von ein bis zwei Uhr Morgens an, einzutreffen beginnen, dass ferner ihre Zahl sich nicht allein mit dem herannahenden Tage steigert, sondern ihr Ankommen sich noch lange Zeit nach Sonnenaufgang fortsetzt, ja dass Schnepfen und Schwarzdrosseln zahlreich noch während des ganzen Vormittags anlangen, namentlich, wenn es vor Tagesanbruch stark gereift hatte und die Vormittagsstunden von stillem warmen Sonnenschein begleitet sind.

In völligem Gegensatze hierzu kommen die Vögel im Herbst schon gleich nach Eintritt der Dunkelheit, sieben bis acht Uhr Abends, hier an; ihre Zahl steigert sich nicht mit dem Vorrücken der Nacht, sondern verringert sich mit dem herannahenden Morgen, und der Zug, mit Ausnahme der später anlangenden nur am Tage ziehenden Krähen und Finkenarten, denen sich auch die Nacht und Tag ziehenden Staare noch während der Vormittagsstunden zugesellen, erlischt nach Sonnenaufgang gänzlich, so dass z. B. der Schnepfenfänger im Herbst, wenn der Fang in der Frühe nicht sehr ergiebig gewesen ist, seine Netze schon um sieben Uhr Morgens einzieht, sie unter gleichen Umständen im Frühjahr aber sicherlich bis Mittag und darüber hinaus mit Erfolg noch stehen lässt.

Da die Erfahrung nun lehrt, dass alle hier in Betracht kommenden nächtlichen Wanderer theilweise schon gegen Abend, theilweise bald nach Sonnenuntergang zur Reise aufbrechen, so ist aus dem frühen, anfangs zahlreichen, nach und nach sich vermindernden Eintreffen während der Herbstnächte, nur der Schluss zu ziehen, dass diese Vögel nahen und wenig ferneren Stationen entstammen; dass dahingegen aber jene im Frühjahr um ein oder zwei Uhr in der Frühe Ankommenden und von da ab an Zahl sich steigernden Wanderer solche sein müssen, die von sehr fernen Länderstrichen aufgebrochen sind, die zuerst eintreffenden dieser Letzteren etwa aus dem südlichen Europa, die späteren aus dem nördlichen und mittleren Afrika; unter diesen beispielsweise wiederum unser alter Freund, das nordische Blaukehlchen, welches auch noch dadurch den Beweis für seine lange Reise liefert, dass es nie während der Nachtstunden beim Leuchtfeuer gesehen wird, sondern nach seinem wunderbaren, ununterbrochenen Fluge vom nördlichen Afrika her, immer erst gegen Sonnenaufgang hier auf Helgoland eintrifft.

Wie in diesem Abschnitt nachgewiesen ist, sind die Wege, auf welchen die Vögel zweimal im Jahre ihre besonderen Zwecke zu erreichen suchen, ebenso verschieden, wie diese Zwecke selbst von einander abweichen. Der Herbstzug führt die Wanderer in mannich-faltigen Richtungen ihren Winterquartieren zu; diese erstrecken sich vom westlichen Afrika durch Indien zu den Philippinen, den Sunda-Inseln, bis Neu-Guinea hinüber; ja manche ostasiatische Arten gehen sogar bis Australien und Neu-Seeland hinunter. Mit dem Beginne des Frühlings strömen von dieser, den Umfang der halben Erde umfassenden, anfangs so ungeheuren Zugfront, tausende von Schaaren in drängender Hast auf gerader Strasse der dem Pole näher oder ferner liegenden Heimath wieder zu. Die Zahl der zwischen West und Ost wandernden ist jetzt eine sehr ver-minderte, gleichviel aber, ob im Herbst die ost-westlich ziehenden in grösserer Zahl als die nord-südlich gehenden vertreten sind, oder ob im Frühjahr die vom Aequator dem Pole zustrebenden überwiegen, in beiden Fällen entrollt sich ein unfassbar gross-artiges Bild des Vogellebens in der Betrachtung dieser Myriaden rastloser Wanderer, wie sie während langer, finsterer Herbstnächte oder während des Frühlings durchlichteten Mitternachtsstunden, auf so vielen sich kreuzenden Pfaden fernen Winterquartieren oder heimischen Niststätten zuziehen, jede Art in höheren oder tieferen Regionen des Himmelsraumes sicherlich einer bestimmten Strasse folgend, nicht einer durch den ärmlichen Lauf eines Flusses oder Bergzuges vorgezeichneten, sondern einer von jeder physischen Gestaltung der Erdoberfläche unabhängigen, viele tausend Fuss hoch über dieselbe hin fest auf das Ziel gerichteten Bahn.

III. HÖHE DES WANDERFLUGS.

Die Höhe der Zugregion der verschiedenen Vogelarten ist eine weitere Seite des Wanderphänomens, welche die Aufmerksamkeit in besonderem Grade fesselt. Nach vieljährigen Beobachtungen bin ich zu der Ueberzeugung gekommen, dass, so lange der Zug unter normalen Bedingungen verläuft, er bei der überwiegend grössten Zahl aller Vögel in einer Höhe von statten geht, die ihn vollständig jeder menschlichen Sinneswahrnehmung entzieht, und dass das, was vom wirklichen Zuge zur Anschauung kommt, zumeist nur die durch meteorologische Einwirkungen herbeigeführten Störungen und Unregelmässigkeiten desselben sind. Es dürfte nöthig sein, hier daran zu erinnern, dass unter dem wirklichen Zuge die grossen Bewegungen zu verstehen sind, welche einestheiles im Herbst die Wanderer während eines ununterbrochenen, meist nächtlichen Fluges von ihren Brutstätten nahezu oder gänzlich bis in das Winterquartier führen; sowie andererseits die Frühlingsreise vom Winterquartier zur Niststätte, welche noch vorherrschender in einem solchen ununterbrochenen Fluge zurückgelegt wird.

Von diesen ganz verschieden sind die kurzen, wenn auch in der allgemeinen Zugrichtung liegenden, niedrigen Flüge, welche kleinere oder grössere Gesellschaften von Vögeln am Tage, besonders im Herbst, von Feld zu Feld, von Gehölz zu Gehölz ausführen, während welcher sie längs des Weges Nahrung nehmen, und die mit dem schwindenden Tage enden. In dieser Weise reisende Gesellschaften dürften mehr oder weniger zusammengesetzter Natur sein und theilweise aus zeitweilig vom wirklichen Zuge rastenden, sowie aus diesem sich anschliessenden, den nächsten oder wenig ferneren Kreisen entstammenden Individuen bestehen, welche alle durch Witterungszustände zwar beeinflusst, dennoch dem inneren Wanderdrange nicht gänzlich zu widerstehen vermögen. Solche in der alltäglich umbeeilten Flugweise zurückgelegte kurze Tagreisen haben aber nichts gemein mit dem grossen, gewaltigen, in ungekannten Höhen, mit reissender Schnelle, und vorherrschend während der dunklen Nachtstunden von statten gehenden Zuge, wie er hier vorliegt und auf Helgoland vorherrschend zur Wahrnehmung kommt.

Beobachtungen über die äusserste Höhe des Vogelfluges, auf unmittelbare Anschauung gestützt, stehen allerdings nur in sehr beschränktem Maasse zu Gebote, aus demselben geht jedoch hervor, dass Vögel befähigt sind, ohne Beschwerde in Luftschichten von solcher Höhe und so geringer Dichtigkeit zu verweilen, wo weder der Mensch, noch zweifellos irgend ein anderes warmblütiges Geschöpf auszudauern vermöchte. Die Vögel müssen also nothwendiger Weise derartig organisirt sein, dass sie einestheiles unbeeinflusst bleiben von der so beträchtlichen Verminderung des Luftdruckes in einer Höhe von 25000 bis 35000 Fuss, und anderentheils auch müssen sie zu bestehen vermögen unter Aufnahme einer so sehr verringerten Sauerstoffmenge, wie sie jene so wenig dichten Luftschichten darbieten. Oder aber ihr Respirationsapparat muss so beschaffen sein, dass er auch jenen sauerstoffarmen Höhen das dem Blute nöthige Quantum mit derselben Leichtigkeit abzugewinnen im Stande ist, wie den der Erdoberfläche nächsten Schichten; Organisationsverhältnisse, die den Vögeln einen vollständig isolirten Platz unter allen Warmblütern anweisen.

Wenn nun schon ein eigenartiger Respirationsmechanismus angenommen werden muss, der die Vögel befähigt in Luftschichten zu verweilen, die weit über den Bereich alles sonstigen organischen Lebens hinausliegen, so ist es noch viel schwieriger von den Hülfsmitteln Rechenschaft abzulegen, welche denselben das Fliegen in Luftschichten von so erheblich verringerter Tragkraft möglich machen. Man könnte hier in erster Reihe daran denken, dass die Vögel befähigt sind, verhältnissmässig grosse Luftmassen aufzunehmen und beliebige Zeit hindurch zurückzuhalten, und zwar nicht allein in ihrem theilweise marklosen Knochengerüst, sondern namentlich und in bedeutend grösserem Umfange in Luftsäcken, welche sich sowohl in der Brust- und Bauchhöhle befinden, als auch zwischen der äusseren Haut und dem Körper liegen. Luftsäcke der zweiten Art liegen, soweit meine Beobachtungen reichen, an allen nicht mit Spulfedern besetzten Körpertheilen, in besonders grosser Ausdehnung aber zu beiden Seiten der Halswurzel, unter den Flügeln und hinter den Schenkeln. Anatomisch ist nachgewiesen, dass alle diese Luftsäcke mit den Lungen der Vögel in Verbindung stehen und von ihnen ausgefüllt werden. Die Vermuthung liegt nahe, dass die Ausrüstung mit diesen Luftsäcken es ist, welche den Vögeln das Fliegen in höheren Luftschichten so erleichtert, dass die Muskelkraft der Flugwerkzeuge fast ausschliesslich auf die Vorwärtsbewegung verwendet werden kann. Dies bezieht sich nicht nur auf den Umstand, dass durch Füllung solcher Luftsäcke das Volumen des Vogels vergrössert und somit sein specifisches Gewicht vermindert wird, sondern auch darauf, dass die in irgend einer mehr oder weniger grossen Höhe aufgenommene Luft durch die Körperwärme des Vogels bedeutend erwärmt und verdünnt wird, dass somit der Inhalt der Luftsäcke stets aus einem in hohem Grade leichteren Stoff besteht, als der den Vogel umgebende Raum ihn enthält.

Es übertrifft nach meinen Beobachtungen das gesammte Volumen der gefüllten äusseren Luftsäcke an und für sich schon dasjenige des Vogelkörpers, und es dürfte sich unter Hinzurechnung der in der Brust- und Bauchhöhle, sowie in den Knochen und Federspulen enthaltenen Luft leicht auf das Doppelte der festen Substanz des Körpers steigern. Andererseits liegt die Temperatur der in Frage kommenden Luftschichten immer sehr beträchtlich unter dem Gefrierpunkt. Glaisher beobachtete z. B. in einer Höhe von 20000 Fuss 25° C. unter Null, während die Blutwärme der Vögel etwa 42° beträgt, so dass der Temperaturunterschied zwischen der äusseren und der in den Luftsäcken enthaltenen Luft bis auf 67° und darüber steigen kann. Obzwar genauere Berechnungen auf Grund physikalischer Gesetze nun freilich erkennen lassen, dass diese so erwärmte Füllung der Luftsäcke den Vögeln keine sehr bedeutende Erleichterung während ihrer Flüge zu gewähren vermag, so zwingen mich fortgesetzte Beobachtungen in der Natur dennoch unabweislich zu der Annahme, dass denselben irgend eine von dem Gebrauch ihrer äusseren Flugwerkzeuge unabhängige Schwebefähigkeit zu Gebote stehen müsse. Schon bei dem Anblick grosser Möven, die über dem Meere, und zwar nicht nur im Sturme, sondern auch bei völliger Windstille in Höhen bis zu sechshundert Fuss stundenlang in jeder beliebigen Richtung und Wendung umher schweben, ohne die geringste Flügelbewegung zu machen, ist es unmöglich, den Gedanken zurückzudrängen, dass diese wunderbaren Flieger nicht über andere Mittel noch, als die mechanischen ihrer Schwingen zu verfügen haben sollten, um sich so andauernd und anscheinend mühelos schwebend erhalten zu können.

Diese Vermuthung steigert sich aber zur festen Ueberzeugung wenn man, wie ich hier während so vieler Jahre, Bussarde in grosser Zahl zum Wegzuge aufbrechen sieht. In einem der letzteren dieser Fälle schwebten z. B. die Vögel, *Falco buteo*, etwa 200 Fuss hoch über Helgoland. Absichtlich richtete ich meine Aufmerksamkeit ausschliesslich auf einen derselben. Dieser stieg ohne Flügelbewegung höher und höher, in etwa 400 Fuss Erhebung machte er ein paarmal noch zwei bis drei träge Flügelschläge, dann schwebte er aufwärts, ohne weiter die Schwingen zu regen. Der Wind war ganz schwach Süd-Ost, fast Windstille, der Himmel in Meilenhöhe mit einer leichten weissen Cirrusschicht ebenmässig bedeckt, also so günstig wie möglich für derlei Beobachtungen. Die Körperlage des Vogels war etwa Süd-Süd-Ost, fast Süd; ohne die Achsenrichtung seines Körpers, noch auch dessen horizontale Lage zu ändern, erreichte derselbe, senkrecht aufwärts schwebend, im Verlaufe einer Minute die Höhe von wenigstens tausend Fuss, bewegungslos höher und höher steigend, bis er dem Blicke in der hellen mittägigen Atmosphäre entschwand und mit ihm in gleicher Weise zwanzig bis dreissig Vögel derselben Art.

Was das Eigenthümliche der Erscheinung so ausserordentlich steigert und ganz besonders den Vergleich mit einem aufsteigenden Ballon hervorruft, ist, dass solche Vögel vollständig regungslos, stetig und rasch in ungebrochenen Linien zu Höhen aufschweben, in welche das Auge nicht mehr zu folgen vermag, welche in dem vorliegenden Falle also mindestens 12,000 Fuss betragen würde.

Schon bei aufmerksamer Betrachtung des Fluges der vorher erwähnten grossen Möven, wenn sie während Windstille stundenlang ohne Flügelbewegung in gleicher Höhe umherschweben, gelangt man zu der Ueberzeugung, dass die Fläche ihrer regungslos ausgestreckten Flügel allein nicht im Stande sein könne, fallschirmartig das Gewicht eines solchen Vogels vor dem Sinken zu bewahren; und wenn dies schon nicht sein kann, um wie viel weniger ist es da möglich, dass ein Aufwärtsschweben, gleich dem der obigen Bussarde, vermöge derselben unbeweglich gebreiteten Flügelfläche zu erreichen sein sollte. Siehe Weiteres hierüber bei Besprechung der Silbermöve No. 355.

Es können Vögel wohl in einer Schraubenlinie aufwärtssteigen, wenn sie durch kräftige, nach längeren oder kürzeren Zeitabschnitten wiederholte Flügelschläge eine gewisse Fluggeschwindigkeit unterhalten und vermöge derselben durch geringe Hebung des Vorderkörpers gleichsam an dem Widerstande der Luft aufwärts gleiten, wie dies durch einige die obigen Bussarde begleitende Thurmfalken thatsächlich geschah; es können auch Vögel, wie manche der kleinen Falkenarten, während des sogenannten Rüttelns, oder Lerchen während ihres Gesanges, durch schnelle fast zitternde Flügelbewegung momentan an einem Punkte in der Höhe verweilen; keiner aber vermag unter alleiniger Hülfe seiner ausgebreiteten Flügel in stiller Atmosphäre sich dauernd in gleicher Höhe ruhig schwebend zu erhalten, geschweige denn aufwärts zu steigen.

Es könnten zur Unterstützung des Gesagten Beispiele auf Beispiele gehäuft werden, es möge hier jedoch nur noch eines derselben stehen, und zwar ein Vogel, der sehr wenig für einen solchen Schwebeflug geeignet erscheinen dürfte, nämlich der Goldregenpfeifer. Während der hiesigen Herbstjagd auf junge Vögel dieser Art lockt man dieselben in Schussnähe durch Nachahmung ihres Lockrufes; nun kommt es vor, dass diese sonst wenig misstrauischen Vögel, durch wiederholtes Schiessen scheu gemacht, ausser Schusshöhe fliegend dennoch dem Locken folgen; wenn dieselben bis nahezu senkrecht über dem Jäger herangeflogen sind, stehen sie fast regelmässig längere oder kürzere Zeit mit ruhig ausgebreiteten Flügeln schwebend still, herunterspähend und die Lockrufe des Jägers erwidernd, bis sie entdecken, dass dieselben nicht von ihres Gleichen ausgehen, worauf sie unter raschen Flügelschlägen schnell enteilen. Diese Thiere sind fast ausnahmslos sehr wohlgenährt, und ihr Gewicht ist im Verhältniss zu ihrer Flügelfläche ein so bedeutendes, dass sie, wenn nicht durch weitere Hülfsmittel unterstützt, ohne Flügelbewegung sofort sinken müssten; diese Hülfsmittel aber sind in vorliegendem Falle weder in schneller Bewegung des Vogels, wie oben schon angegeben, noch auch in einer Luftströmung zu suchen, da die geschilderten Jagdmomente fast nur bei schönem, ganz ruhigem Wetter eintreten.

Bei allen mir bekannten Versuchen der Erklärung des Vogelfluges geht man von dem Grundsatze aus, dass die Vögel entweder durch fortgesetzte schnellere oder langsamere Bewegungen ihrer Flügel, gleich den Armen eines im Wasser schwimmenden Menschen, sich sowohl schwebend erhalten, als auch vorwärts bewegten, oder aber, dass ein genügend starker Luftstrom herrsche, vermöge dessen sie ein Gleiches auch ohne fortgesetzte Bewegung der ausgebreiteten Flügel erreichten, dass aber ohne die eine oder die andere dieser Bedingungen ein Fliegen der Vögel unmöglich sei. Capitain F. W. Hutton sagt z. B. in seinen Mechanical Principles involved in the Sailing Flight of the Albatros: »Ein Albatros mit ausgebreiteten Flügeln, aber ohne Vorwärtsbewegung würde bei völliger Windstille herunter fallen.«

Mit allen derartigen, auf mechanische Gesetze allein gestützten Erklärungen stehen meine, über ein langes Menschenleben sich erstreckenden, durch das für Form und Bewegung geschulte Auge des Künstlers unterstützten, und unter strengster Selbstkritik gemachten unablässigen Beobachtungen jedoch so vollständig im Widerspruch, dass ich nicht anders kann, als die Frage des Vogelfluges als eine zur Zeit noch völlig ungelöste und durchaus offene zu bezeichnen.

Ein dem Schweben in der Luft verwandter, wenn auch in entgegengesetzter Weise sich bethätigender Vorgang ist das theilweise oder gänzliche Versenken des Körpers in das Wasser; eine Befähigung, die vielen, wenn nicht allen Tauchern eigen ist. Grosse nordische Taucher, Steissfüsse, Kormorane, Tauchenten und andere dergleichen Arten, wenn sie während des Schwimmens auf dem Meere vom Jäger im Boote dauernd verfolgt werden, senken sich nach und nach so tief in das Wasser, dass schliesslich nur noch der Kopf und der obere Theil des Halses über dasselbe hervorragt, werden sie aber sehr hart bedrängt, so versinken sie vollständig unter die Wasserfläche, schwimmen unter derselben hundert bis hundertfünfzig Schritt weit in horizontaler Richtung fort und kommen, um zu athmen, momentan nur mit Kopf und Hals wieder hervor, ja Steissfüsse, zumal wenn schon auf dieselben geschossen worden, nur mit dem Schnabel bis zu den Augen.

Alle diese Vögel, wenn lebend und nicht beunruhigt, oder auch als todter Körper, treiben so leicht auf dem Wasser, dass sie kaum einen merklichen Eindruck in dasselbe machen, was aber weiter nicht überraschen darf, da alle hier in Frage kommenden Arten an ihrer ganzen Unterseite mit einer Feder- und Daunenhülle bekleidet sind, die an der Brust eines im Kabinet schon eingetrockneten Steissfusses von mittlerer Grösse immer noch die Dicke von 15 mm hat und an einem ebensolchen grossen nordischen Taucher 20 bis 25 mm erreicht. Dass diese Vögel auf einer solchen, an und für sich fast gewichtlosen, noch dazu von warmer Luft erfüllten Unterlage ganz leicht treiben, ist selbstverständlich, wie sie aber trotz derselben in das Wasser zu sinken

4*

und unter seiner Fläche beliebig lange zu verweilen vermögen, ist eine schwer zu beantwortende Frage. Ein kleiner Steissfuss, *Podiceps minor*, wusste sich hier z. B. in einem Wassertümpel von etwa sechzig Schritt Durchmesser und einer Tiefe von zwei bis drei Fuss längere Zeit dadurch der Entdeckung zu entziehen, dass er sich in der Mitte desselben, bis zu seinem Schnabel und den Augen versenkt, ruhig verhielt: überraschender Weise hatte er hierzu eine Stelle erwählt, wo wenige trockene Grashalme und einige etwa zolllange Holzspäne trieben, welche die Aufmerksamkeit von dem ohnehin schon so unbedeutenden sichtbaren Theil seines Kopfes und Schnabels gänzlich ablenkten. Ein andermal hielt sich ein ebensolcher Vogel an demselben Orte am Rande des Wassers, wo dasselbe nur noch etwa sechs Zoll tief war, ganz ruhig so weit versenkt, dass nur Schnabel und Augen die Wasserfläche überragten. Es möge noch besonders bemerkt werden, dass in ersterem Falle die Tiefe des Wassers, sowie die Abwesenheit jedweden Pflanzenwuchses die Annahme, der Vogel könne irgend einen Halt unter Wasser gehabt haben, vollständig ausschloss; und im zweiten Falle war der Grund so eben und fest, dass auch hier an ein Anhalten mit den Füssen nicht gedacht werden konnte. In beiden Fällen verhielten die Vögel sich vollkommen regungslos, die geringste Bewegung der höchstens dreissig Schritt entfernten Thiere würde ihr Versteck sofort verrathen haben. Aehnliches erzählt Naumann von diesem kleinen Taucher Band IX seines grossen Werkes.

Eine weitere äusserst werthvolle Beobachtung des ruhigen Versenkens des Körpers gewährte mir vor Jahren ein Kormoran in einem Teiche des Hamburger Zoologischen Gartens. Dieser Vogel hatte sich zum Zwecke des Fanges von Schwalben, welche ziemlich zahlreich über die Wasserfläche niedrig dahinstreiften, so weit unter Wasser gesenkt, dass nur sein Kopf über demselben sichtbar war; er verhielt sich ganz regungslos an derselben Stelle, die geringste Thätigkeit seiner Füsse würde sofort das spiegelglatte Wasser verrathen haben. Die Schwalben, welche offenbar nichts Böses ahnten, kamen ihm oft sehr nahe, und wenn er glaubte eine derselben erreichen zu können, schoss er blitzschnell den eingezogenen Hals hervor und schnappte danach. Nach vier bis fünfmaligen Fehlgriffen erhaschte er thatsächlich eine derselben, er schüttelte sie etwas im Wasser herum und verschlang sie, worauf er wieder ruhig den Körper versenkte und mit eingezogenem Halse auf weitere Beute lauerte.

Ein solches Versenken des Vogelkörpers in und unter das Wasser ist nicht mit dem alltäglichen Tauchen der Vögel nach Nahrung zu verwechseln. Dabei wird der fast senkrecht gestellte Körper durch kräftige aufwärts geführte Stösse der Schwimmfüsse in die Tiefe getrieben, und somit der gewollte Erfolg einfach durch mechanische Kraftäusserungen erzielt, ganz ebenso, wie dies bei dem gewöhnlichen Fliegen in der Luft durch schnelle kräftige Flügelschläge geschieht. Um aber das langsame Versenken des Körpers unter die Wasserfläche und sein Verbleiben daselbst in ruhigem Zustande zu ermöglichen, sollte füglich das specifische Gewicht desselben zu einem bedeutenderen, als das des Wassers, gesteigert werden können; wie solches aber zu ermöglichen wäre, ist durchaus unersichtlich. Die Gesammtmasse der festen Theile des Körpers eines grossen nordischen Tauchers ist auf etwa einen Kubikfuss anzuschlagen, müsste also, um sinken zu können, ein grösseres Gewicht als ein gleiches Volumen Seewasser aufweisen, wiegt in Wirklichkeit aber nicht den vierten Theil desselben, denn der schwerste derartige Taucher, den ich je unter Händen gehabt, wog 15 Pfund, ein Kubikfuss Nordseewasser ist aber 62 Pfund schwer; diese ohnehin schon so sehr grosse Verschiedenheit des Gewichtes des Vogelkörpers und des gleichen Volumen Seewasser steigert sich aber noch um ein erhebliches durch die obenerwähnte, den Körper umgebende, von warmer Luft durchdrungene Daunen- und Federumhüllung.

Wie also nach allem Angeführten der Körper des Vogels unter die Fläche des specifisch so bedeutend schwereren Wassers zu sinken und dauernd daselbst zu verweilen vermag, dürfte als eine ebenso schwer zu erklärende Erscheinung gelten, wie jene, während welcher sein Körper in die specifisch so sehr viel leichtere Luft aufzuschweben im Stande ist, in beiden Fällen nicht unterstützt durch mechanische Hülfsmittel, Luft- oder Wasserströmungen.

Die Befähigung der Vögel, sich in sehr grosse Höhen zu erheben, findet unzweifelhaft bei manchen, vielleicht bei vielen Arten, schon während ihrer alltäglichen, gewohnten Lebensthätigkeiten eine gewisse Verwendung. So steigen Geier, und nach von Middendorff die Kolkraben, *Corus corax*, (Isepiptesen S. 4), um ihre Nahrung zu entdecken, zu ganz erstaunlichen Höhen auf. Im allgemeinen aber kommt diese eigenartige Fähigkeit nur während des Wanderfluges zu voller dauernder Verwerthung, und kann auch nur während desselben zur vollen Verwerthung gelangen. Es ist daher unabweislich anzunehmen, dass diese Eigenschaft den Vögeln lediglich für diesen Zweck geworden ist; damit stimmt überein, was durch Beobachtung in der Natur auf das überzeugendste bestätigt wird, dass die Vögel ohne Ausnahme sich beim Aufbruch zu ihren grossen Wanderflügen sofort über ihre alltäglichen Flugregionen erheben, und zwar die überwiegende Mehrzahl von ihnen unverzüglich zu Höhen, die sie jeder sinnlichen Wahrnehmung vollständig entziehen.

Bei Arten, wie unsere kleinen Sänger, Drosseln und dergleichen, will dies freilich nicht viel sagen, wenn aber Vögel von der Grösse eines Storches, und namentlich des dunkel gefärbten Kranichs, mit einer Flugbreite von sieben bis acht Fuss in die klare Atmosphäre aufsteigen, bis sie ein gutes Auge kaum noch wahrzunehmen vermag (Naumann), so darf man diese Höhe schon auf nicht geringer als 15000 bis 20000 Fuss veranschlagen. Eine dunkelfarbige Flagge von sieben bis acht Fuss Länge erkennt man an einem Schiffe im Abstande einer Meile immer noch sehr deutlich, wobei daran zu erinnern ist, dass eine vertikale Entfernung bedeutend günstigere Bedingungen für den Fernblick darbietet, als eine horizontale.

Die staunenswerthesten Ergebnisse in Betreff der Höhe, zu welcher Vögel sich aus freiem Antriebe erheben und in welcher sie beliebig lange zu verweilen vermögen, haben die Beobachtungen geliefert, welche Humboldt in den Anden am Condor gemacht hat; danach kreiste dieser Vogel dort stundenlang in einer Höhe von 22000 Fuss umher (Ansichten der Natur, II, S. 52). Humboldt fügt jedoch mit Bezug hierauf später noch hinzu, dass der Condor wahrscheinlich höher fliege, als durch Rechnung gefunden worden sei, und führt an, dass er am Cotopaxi, 13578 Fuss über dem Meere, den schwebenden Vogel in einer Höhe über sich gesehen, wo derselbe nur noch wie ein schwarzes »Pünktchen« erschienen sei. Diese Höhe kann mit Sicherheit auf mindestens 30000 Fuss veranschlagt werden. Rechnung ergiebt eine mehr als doppelt so grosse Ziffer für den Abstand, in welchem ein elf Fuss im Durchmesser haltender Gegenstand dem Blick entschwinden würde, und elf Fuss wäre nach Humboldts Angabe die mittlere Flugweite eines Condors. In welcher fast unglaublich erscheinenden Ferne man in jener klaren Bergluft Gegenstände noch zu erblicken vermag, beweist eine weitere Mittheilung Humboldts, nach welcher er mit unbewaffnetem Auge Bonpland wahrzunehmen vermochte, der, mit einem weissen Mantel bekleidet, in einer horizontalen Entfernung von 84132 Fuss längs einer dunklen Felswand dahinritt.

Praktische, hier in der Natur zu Gebote stehende Erfahrungen führen zu gleichen Ergebnissen. Die östlich von Helgoland liegende Austernbank ist 22000 Fuss entfernt: wenn auf derselben eines der dort sehr häufig verkehrenden Fahrzeuge bei klarem Wetter eine Flagge von der Flugbreite des Condors zeigte, so würde man solche von der Insel aus nicht allein sofort erblicken, sondern es würde bei günstiger Beleuchtung ein Auge von gewöhnlicher Schärfe die Farbe derselben sogar erkennen können — blau, roth, weiss. Da man nun berechtigt ist anzunehmen, dass in jener hohen klaren Gebirgsluft, wo Humboldt beobachtete, der Vogel doch wenigstens in ebenso grosser Entfernung sichtbar sein musste, wie hier in der dunsterfüllten tiefen Atmosphäre eine Flagge von der Flügelbreite desselben, so unterschätzt man zweifellos die Flughöhe jenes Condors immer noch, wenn man für dieselbe rund 40000 Fuss über der Meeresfläche annimmt. Es ist nach solchen Ergebnissen kaum ein Schluss zu wagen auf die Höhe, zu welcher ein grauer Geier von einer Flugbreite von zehn Fuss sich erhob, dem Dresser durch ein gutes Doppelglas nachblickte bis derselbe, gleich einem Pünktchen, seinem künstlich so sehr gesteigerten Wahrnehmungsvermögen entschwand.

Dem Vorhergehenden gegenüber sind meine hier gemachten Beobachtungen allerdings nur von sehr geringfügiger Natur. Das Gesammtergebniss kommt aber dennoch darauf hinaus, dass der Wanderflug der Vögel, mit nur sehr wenigen Ausnahmen, weit über dem Sehbereich des schärfsten Auges dahin gehe. Es weichen nun allerdings die verschiedenen Arten in der Höhe ihres Zuges ebenso von einander ab, wie sie dies in der Richtung desselben thun: immer aber erscheint und verschwindet die weit überwiegende Masse aller ankommenden sowie abziehenden Wanderer vertikal an der fernsten Grenze des forschenden Blickes. Die Zahl solcher Arten dagegen, deren normaler Wanderflug sich nur wenige hundert Fuss über die Erdoberfläche erhebt, ist eine kaum nennenswerthe, und auch von diesen ziehen unter Umständen noch manche, wie die schon erwähnten Saatraben und Brachvögel, in einer Höhe von 10000 bis 15000 Fuss überhin.

Ich habe Finkenhabichte hier während des Herbstzuges ankommen sehen, die, als sie im Zenith kleinen Stäubchen gleich sichtbar wurden, nach ziemlich zuverlässiger Schätzung 10000 Fuss hoch sein mussten. Das Maass, welches ich hierbei zu Grunde lege, ist die Entfernung der äussersten Südspitze des Dünenriffes von Helgoland, welche 8000 Fuss beträgt. In den Schaaren von

Krähen, welche diese Spitze während ihrer Zugzeit in grossen Massen überfliegen, unterscheidet man von hier aus mit äusserster Leichtigkeit jeden einzelnen Vogel, und dürfte hienach das Maass der Höhe, in welcher die ankommenden Habichte sichtbar wurden, durchaus nicht überschätzt sein. Die Ankunft dieser Habichte fand an einem hellen Herbstnachmittag statt, der Himmel war gleichmässig von jener hohen, weissen, streifigen Wolkenbildung bedeckt, die derartige Beobachtungen ungemein begünstigt. Die Vögel wurden während des Verlaufs von etwa einer Stunde in jener Höhe, einzeln, zu dreien und vieren nach und nach sichtbar und stiegen kreisend aus derselben herab.

In anderer Weise geschieht dies Herabsteigen aus Höhen, in welchen die Vögel ebenfalls nicht sichtbar sind, bei anderen Arten. Wilde Tauben, *Columba palumbus*, und Waldschnepfen stürzen sich oft unter raketenartigem Sausen, aber unter bedeutend grösserer Geschwindigkeit, fast senkrecht, oder in einer ein- bis zweimal gebrochenen Linie herab. Man sieht keinen Vogel, richtet aber, durch fernes Sausen aufmerksam geworden, den Blick dem Geräusche zu und erblickt einen unkenntlichen kleinen Punkt, der aber auch fast im gleichen Moment schon als Vogel vorüber schiesst. Tauben brechen diese Niederfahrt schon ab, wenn sie noch weit vom Boden entfernt sind; Schnepfen aber sausen herunter bis zu drei, ja zwei Fuss Entfernung von der Erde und streichen dann ganz niedrig über dieselbe dahin. Zuweilen auch fahren sie unter ungeschwächter Velozität bis zu dem Gerölle am Fusse des Felsens hinunter, wo sie dann plötzlich so ruhig sitzen, als hätten sie sich nie gerührt. Bei jedem solcher Fälle erstaunt man aufs neue darüber, dass der Vogel sich nicht am Boden zerschmetterte. Singdrosseln sausen ebenfalls in stiller Morgenfrühe, aber in sehr schräger Richtung herunter.

In ganz anderer Weise langen die kleinen Sänger, wie Rothschwänzchen, Laubvögel, Wiesenschmätzer und ähnliche an. Sie sind oft während schöner, sonniger Morgenstunden plötzlich in zahllosen, fort und fort sich steigernden Massen da, ohne dass man das Ankommen eines einzigen derselben bemerkte oder anzugeben vermöchte, aus welcher Richtung sie gekommen. Dahingegen sieht man Buchfinken schaarenweise in grosser Höhe, feinem Staube gleich, erscheinen, sich in vielen Wendungen unter lautem »bink-bink« herniederlassen und dem wenigen Gesträuch der Insel zueilen. Jede Art fast steigt in anderer Weise herab, nahezu alle aber werden in grösster Höhe als kaum wahrnehmbare Punkte sichtbar.

Auch die Art und Weise der Abreise der Vögel lässt auf
einen hohen Wanderflug schliessen. Viele ziehen einzeln in grosser
Höhe davon: andere in Schaaren, indem sie wie die Kraniche,
kreisend aufsteigen, bis sie dem Blicke entschwinden; Finkenhabichte und Thurmfalken sah ich ebenfalls in Schraubenlinien,
bis zum gänzlichen Unsichtbarwerden sich emporwinden. Das
ballonartige Aufschweben der Bussarde ist zuvor schon besprochen;
Singdrosseln, Rothkehlchen, Brunellen, Goldhähnchen nebst vielen
Anderen werden bald nach Sonnenuntergang von einem ihrer Art,
welcher zuerst sich aufschwingt, mit lauten Locktönen zum Aufbruch gerufen: sie fliegen, von allen Seiten herbeikommend, mit
aufgerichteter Brust unter schnellen, kräftigen Flügelschlägen fast
senkrecht aufwärts, hin und wieder einen halben oder ganzen
Kreis beschreibend. Wenn den Locktönen keine Nachzügler mehr
folgen, so verstummen alle, und verlieren sich bald darauf in des
hohen Himmels tiefer Bläue. Siehe Goldhähnchen Nr. 128.

Die den obigen hinsichtlich der Zughöhe zunächst sich anschliessenden Wanderer bestehen der grösseren Zahl nach aus
schnepfenartigen Vögeln, wie Numenien. Limosen, Charadrien und
deren Verwandten. Diese sieht man, namentlich an klaren Frühlings-
nachmittagen, schaarenweise und in kleineren Gruppen fast immer
sehr hoch und meist an der äussersten Grenze des Sehbereiches
überhin ziehen. Wie weit jenseit dieser Region dieselben noch wandern
mögen, ist nicht nachzuweisen; dass sie dieselbe aber überschreiten,
ist zweifellos, denn oft vernimmt das Ohr ganz schwach aber deutlich
noch ihre hellen Lockrufe aus so grosser Höhe, dass das Auge
vergeblich sich müht, bis zu den Wanderern hinauf zu dringen. Auch
während der Nachtstunden ziehen ungeheure Massen dieser Gattungen,
sowie alle die verschiedenen Strandläuferarten, zerstreut und in
endlosen Schwärmen über Helgoland dahin; dann aber oft nicht höher
als ein bis zweihundert Fuss hoch über dem Felsen, was man
theilweise im Lichtkreise des Leuchtthurms zu beobachten vermag, in grösserer Ausdehnung aber aus dem Klange ihrer Stimmen
entnehmen kann. Dass aber die Vögel im allgemeinen während
der Nachtstunden niedriger zögen, als am Tage, ist nicht wohl
anzunehmen, sondern es sind derartige Fälle nur als durch meteorologische Einwirkungen herbeigeführte Störungen der normalen
Zughöhe anzusehen. Ausführlicheres hierüber im Abschnitt der
meteorologischen Beeinflussungen des Wanderfluges.

Solcher Arten nun schliesslich, deren Zug gewöhnlich nur ein
paar hundert Fuss hoch über dem Meeresspiegel verläuft, und die

in vielen Fällen in nächster Nähe über demselben dahinziehen, sind äusserst wenige; es erstreckt sich meiner langen Erfahrung nach ihre Zahl nicht über die folgenden drei: Krähen, Staare, Lerchen. Von diesen erheben die Letzteren sich an klaren, schönen Frühlingstagen des öfteren bis zu einer Höhe von sechshundert bis tausend Fuss; Krähen ziehen nur in Ausnahmefällen etwa ebenso hoch und auch die Staare nur höchst selten. Alle drei Arten ziehen im Frühjahr höher als im Herbst; während beider Zugperioden aber geht oft, namentlich bei trüber, windiger Witterung, der Flug der Krähen und besonders auch der der Lerchen in unmittelbarster Nähe über dem Meeresspiegel dahin. Von Staaren habe ich dies Letztere nie bemerkt; ihre dichtgedrängten, zahlreichen Schwärme eilen, wenn sie hier nicht rasten wollen, mit einem gewissen Ungestüm, als ob jeder Vogel den Anderen vorauzueilen trachtete, in einer Höhe von zweihundert bis dreihundert Fuss über Helgoland fort.

Ausnahmsweise ziehen Lerchen während klarer Frühlingstage so hoch, dass man auch bei günstigster Atmosphäre nur ihre Lockstimmen hört, ohne die Vögel selbst wahrnehmen zu können. Auch an Dohlen und Saatraben habe ich Gleiches beobachtet, so dass man die Gegenwart der überhinziehenden Schaaren nur an ihren Stimmen zu erkennen vermochte.

Bis zu welchem Grade die Höhe des Wanderfluges durch meteorologische Verhältnisse beeinflusst wird, und wie unmittelbar dies stattfindet, davon erhält man hier den schlagendsten Beweis, wenn während finsterer Nächte zahlreiche Wanderer, theilweise vom Lichte des Leuchtthurms angezogen, gefangen werden. Nothwendige Bedingung für diesen Fang ist, dass das ganze Firmament gleichmässig dunkel bedeckt sei, und wo möglich ein ganz feiner feuchter Niederschlag stattfinde. Es werden dann hauptsächlich Lerchen und Drosseln, die theilweise das Leuchtfeuer umschwärmen und sich überall auf die Felsfläche niederlassen, manchmal in erstaunlicher Masse erbeutet; am Abend des 6. November 1868 wurden beispielsweise 15000 Lerchen in etwa drei Stunden gefangen; leider ging der Mond schon gegen 10 Uhr auf und machte dem Fange ein Ende. Neben zahllosen Staaren, einigen Schnepfen und vielen Schwarzdrosseln wurden an den Scheiben des Leuchtthurms allein 3400 Lerchen gefangen. Welche Zahl die Ausbeute aber erreicht haben würde, wenn bei so gewaltigem Zuge während der ganzen Nacht sogenannter »finsterer Mond« gewesen wäre, ist nicht entfernt zu schätzen.

Sobald nun aber die gleichmässige Schwärze der Nacht durch
das Durchblicken auch nur eines einzigen Sternes, oder eines
Stückchens klarer Luft unterbrochen wird, oder am fernen Horizont ein kaum wahrnehmbarer Schimmer den aufgehenden Mond
verkündet, wie dies am obigen 6. November der Fall war, sind
sofort alle, eben noch die ganze Atmosphäre mit hundertfältigen
Stimmen erfüllenden Wanderer verschwunden, d. h. sie steigen
unverzüglich so weit in die Höhe, dass man sie weder im Lichte
des Leuchtthurms zu sehen, noch einen einzigen fernen Lockton
von ihnen zu hören vermag. Der Zug an und für sich dauert
aber ohne Unterbrechung seines Stromes fort, was sich daraus
ergiebt, dass, wenn nach einer halben, nach einer oder zwei
Stunden den ganzen Himmel wiederum gleichmässige tiefe Finsterniss hüllt, auch sofort wieder alles von Vögeln wimmelt, und der
Fang aufs Neue seinen Fortgang nimmt.

Das soeben Gesagte illustrirt auf das Deutlichste, von wie
anscheinend geringfügigem Wechsel in der Atmosphäre die Höhe
des Vogelzuges unverzüglich beeinflusst wird, und wie wenig dazu
gehört, ihn aus wahrnehmbar zu machen oder unserer Sinneswahrnehmung zu entrücken. Hierbei kann ich nicht umhin, des
von mir öfter erwähnten, sehr mässigen Werthes der Aufzeichnungen
von Daten des Vorkommens ziehender Vögel an bestimmten Punkten
zu gedenken. Es ist an und für sich schon eine Unmöglichkeit,
einen Kreis von etwa einer Meile im Durchmesser zu beherrschen,
der etwas Wald, Haide, Getreidefelder, Wiesen und Wasser darbietet. Wie will man täglich feststellen, was an verschiedenen
Arten in diesen verschiedenen Lokalitäten vorgekommen ist. Anders
ist es freilich auf Helgoland, von dem man ohne Scheu sagen
kann, dass buchstäblich kein Vogel der Beobachtung entgehe.
Aber trotzdem kann das Ergebniss derartiger Aufzeichnungen
immer nur ein Verzeichniss der an dem Beobachtungspunkte statt-
gefundenen Störungen und Unterbrechungen des Zuges sein, den
Ursachen solcher Störungen nachzuforschen, ist allerdings ein hoch-
interessantes Studium. Das sonstige Ergebniss derselben, wenn
während einer sehr langen Reihe von Jahren, in einem sehr
günstigen Gebiet unter unaufhörlicher Aufmerksamkeit ausgeführt,
geht nicht über die Kenntniss des Zeitabschnittes hinaus, während
welches solche Störungen im Herbst oder Frühjahr stattgefunden,
woraus aber nur annähernd auf die wirkliche Zugdauer zu
schliessen ist, da man ja nie zu bestimmen vermag, ob die zuerst
gesehenen Individuen einer Art auch in Wirklichkeit den je-

weiligen Zug eröffnet, oder ob demselben nicht schon wochenlang
die Vorhut desselben in normalem Wanderfluge hoch überhin voran-
gegangen sei.

Die Ankunftslinie oder Zugfront einer Art während einer bestimmten Zeit auf solche Beobachtungen zu gründen, oder daraus
auf die Schnelligkeit des Wanderfluges zu schliessen, wie von
Middendorf dies versucht, dürfte doch sehr misslich sein. Denn
zuvörderst ist schon nicht zu bestimmen, ob man den Frühlingszug
nordwärts verfolgende Stücke vor sich habe, oder nicht etwa
solche, die in östlicher Richtung ziehen; und ferner ist keine
Sicherheit geboten, ob die zuerst gesehenen Individuen einer Art
thatsächlich die dem Beobachtungskreise angehörenden Brutvögel
seien. Es kann, um es zu wiederholen, vermöge solcher Daten
niemals mit der für solche Zwecke nöthigen Bestimmtheit angegeben werden, wann eine Art unter irgend einem Breiten- oder
Längengrade anlange oder denselben überfliege, sondern die ver-
zeichneten Daten ergeben nur die Störungen des Zuges, welche in
dem Bereiche des Beobachtungskreises stattgefunden haben, was,
wie schon wiederholt erwähnt, einzig von meteorologischen Zufälligkeiten abhängend, ebensogut hundert Meilen südlicher oder nördlicher, östlicher oder westlicher geschehen, oder auch gänzlich
unterbleiben konnte, in welch letzterem Falle der Zug normal verlaufen wäre, und der Beobachter von den weit ausser dem Bereich
seines Sehvermögens dahingezogenen Wanderern nichts wahrgenommen haben würde. Während wir in solchem Falle den Zug als
einen sehr schlechten bezeichnen, bauen unsere befiederten Freunde
schon im hohen Norden oder fernen Osten ihr Nest oder sitzen im
warmen südlichen Sonnenschein, putzen ihr Gefieder und blicken
fröhlich zurück auf eine angenehme, ohne jedwede Widerwärtigkeit
verlaufene Reise — den Spruch hiesiger Jäger bewahrheitend: Zeit
vorbei, Vögel vorbei; das heisst, wenn während der Zugperiode der
mancherlei Arten, in Folge sogenannter konträrer Winde kein
Vogel gesehen worden, so ist nach Ablauf dieser Zeit keiner mehr
zu erwarten, möge auch Wind und Wetter so günstig wie nur
immer möglich sein.

Zum Schluss dieses Kapitels sei noch ein interessanter Versuch
erwähnt, durch welchen die Fähigkeit der Vögel, in äusserst
hohen Luftregionen leben zu können, einer directen Prüfung unterzogen worden ist. Diesen Versuch haben Glaisher und Coxwell
mit einigen Tauben angestellt, die sie auf ihrer Luftreise in England im September 1862 mitnahmen. Die erste der Tauben ward

beim Aufsteigen in 16000 Fuss Höhe ausgesetzt, sie breitete die
Flügel und schien zu sinken während der Ballon mit einer
Schnelligkeit von 1000 Fuss in der Minute stieg — sie dürfte
wohl mit ruhig ausgebreiteten Flügeln geschwebt haben; die zweite
setzte man in 21000 Fuss Höhe aus, diese kreiste in kräftigem
Fluge, anscheinend abwärts, umher: eine dritte, in ungefähr
25000 Fuss Höhe ausgesetzt, fiel wie ein Stein in die Tiefe. Der
Ballon erreichte eine Höhe von 36000 bis 37000 Fuss. Während
derselbe hierauf mit einer Geschwindigkeit von 2000 Fuss in der
Minute sank, setzte man die vierte Taube in der Höhe von
21000 Fuss aus, diese folgte kreisend dem so schnell sinkenden
Ballon und setzte sich auf den oberen Theil desselben. Von den
verbliebenen zwei Tauben fand man nach beendeter Expedition
die eine todt, die andere, eine Brieftaube, flog eine Viertelstunde
später ziemlich kräftig dem Ort der Abfahrt zu. wohin zwei Tage
später noch eine der ausgesetzten Tauben zurückkehrte. Unzweifelhaft ist, dass. hätte man zu diesen Versuchen wild eingefangene,
anstatt zahme Tauben verwenden können, die Erfolge durchaus
andere gewesen sein würden. Einestheils schon ist es unmöglich,
dass zahmes Geflügel, selbst die vorzüglichsten Brieftauben nicht
ausgeschlossen, auch nur annähernd Flugergebnisse liefern könne,
die man als Maassstab für das, was wilde Vögel zu leisten vermöchten, ansehen kann; ausserdem kommen bei Versuchen wie die
obigen noch mannichfaltige Umstände in Betracht, denen wohl
kaum Rechnung getragen ist. Es haben z. B. alle solche Vögel,
die man unmittelbar während des Zuges erhält, nicht die geringsten
Reste von Nahrung im Magen; einige kleine Quarzkörnchen sind
alles, was man vorfindet. Diese Beobachtung macht man keineswegs
allein an solchen Stücken, welche die etwa kurz vor der Abreise
genossene Nahrung im Verlaufe eines langen Wanderfluges verdaut
haben könnten. sondern es verhalten sich in dieser Hinsicht auch alle
solche, die während der ersten Abendstunden des Herbstzuges, also
doch wahrscheinlich nach ganz kurzem Fluge, gefangen werden,
ebenso, wie solche, die man während des Frühlingszuges in der
Morgenfrühe nach einer durchflogenen Nacht erhält. Es unterliegt
demnach keinem Zweifel, dass die Vögel erst nach stattgefundener
Verdauung ihre Reise antreten, wie es z. B. die hier im Mai eine
Stunde nach Sonnenuntergang, und später, für den Zug aufbrechenden kleinen Sänger und Drosseln thun. Ein voller Magen
ruft an und für sich schon bei jedem Geschöpfe Unlust zu anstrengender Bewegung hervor, für den zu einem langen hohen

Fluge aufbrechenden Vogel dürfte es aber ganz besonders geboten erscheinen, dass sein Gewicht so gering wie möglich sei. Obige Expedition brach nun aber in der Mitte des Tages auf, die mitgenommenen Tauben waren demnach zweifellos vollgekröpft, und somit so wenig geeignet für das zu bestehende Experiment, dass es in der That überraschend ist, wenn dennoch die meisten derselben so günstige Resultate lieferten.

Wie wenig dagegen der Mensch und zweifellos auch jedes andere warmblütige Geschöpf befähigt ist, unter alleiniger Benutzung der eigenen Körperkräfte, eben nur bis nahe der Gipfel der höchsten Erhebungen der Erdoberfläche vorzudringen, beweisen genugsam alle seit Humboldt's Chimborazzo-Expedition unternommenen Bergbesteigungen. In Höhen von 20000 bis 22000 Fuss sind die Athmungsbeschwerden und die allgemeine Erschöpfung derartige, dass jede weitere, auch die geringste körperliche Anstrengung fast zur Unmöglichkeit wird. Gay Lussac vermochte am Chimborazzo in einer Höhe von gegen 20000 Fuss nur eine Viertelstunde auszuhalten. Die Gebrüder Schlagintweit arbeiteten sich am Ibi Gamin zu einer Höhe von 22259 engl. Fuss hinauf, wo vollständige Ermattung sie zwang, weitere Versuche zum Vordringen aufzugeben. Die sie begleitenden Leute waren gleichfalls gänzlich erschöpft.

Im Zustande vollständiger körperlicher Ruhe in der Gondel eines Ballons ist man während wissenschaftlicher Luftreisen allerdings bedeutend höher gelangt, aber auch dies geschah stets nur unter Einsetzung des Lebens: Tissandier, Spinelli und Siwel brachen, als sie bis auf 26000 Fuss gestiegen, bewusstlos zusammen, letztere beide, um nie wieder zu erwachen. Glaisher erreichte eine Höhe von 29000 Fuss, ehe ihn das Bewusstsein verliess: sein Begleiter Coxwell hingegen, wenn auch gänzlich erstarrt, vermochte, während der Ballon noch im Steigen begriffen war, die Schnur des Ventils mit den Zähnen zu erfassen, dasselbe zu öffnen und so den Ballon zum Sinken zu bringen, ohne das Bewusstsein verloren zu haben.

Alle Erfahrungen sind demnach mit Sicherheit dahin zusammenzufassen, dass weder der Mensch, noch irgend ein warmblütiges, vierfässiges Geschöpf unter körperlichen Anstrengungen über eine Höhe von 22000 Fuss erheblich hinaus zu gelangen vermag, und dass für den Menschen das Vordringen zu Höhen, welche über 26000 Fuss hinaus liegen, auch im Zustande völliger körperlicher Ruhe von äusserster Lebensgefahr begleitet ist, dass dahingegen die

Vögel aus eigenem freien Willen sich zu Höhen von 35000 bis
40000 Fuss erheben können und daselbst unter anstrengender
Muskelthätigkeit beliebig lange auszudauern vermögen, vollständig
unbeeinflusst von der geringen Dichtigkeit der Luft und dem geringen
Sauerstoffgehalt derselben, noch auch durch die so äusserst niedrige
Temperatur, welche daselbst herrscht. Fühlten sie eben das geringste Unbehagen während solcher, anscheinend oft zum blossen
Zeitvertreibe unternommenen Flüge, wie z. B. die des Condor, so
würden dieselben entweder ganz unterbleiben oder aber nicht auf
so geraume Zeit ausgedehnt werden, wie dies thatsächlich geschieht.

Den Menschen treibt der Wissensdurst, in Regionen vorzudringen, für welche seine, wenn auch dehnbarere, physische,
Ausstattung sich nicht mehr als zureichend erweist. Andere Geschöpfe, deren Thun und Treiben nur auf Erhaltung des Individuum
und der Art gerichtet ist, besitzen eine ihren einfachen Daseins-
zwecken und damit verknüpften Lebensthätigkeiten entsprechende
Ausrüstung, und jedes derselben macht den ausgiebigsten Gebrauch
von den ihm gewordenen Eigenschaften und Fähigkeiten. Für
fast alle hört jedoch die Möglichkeit des Bestehens in dem Reiche
des ewigen Schnees und darüber hinaus auf. Nur eine Ausnahme
findet hiervon statt, und diese bildet, wie eben gesagt, die Klasse
der Vögel. Sich zu nähren und fortzupflanzen würden auch sie
nicht vermögen in den Räumen der unwandelbaren eisigen Erstarrung, aber für sie tritt noch eine ganz andere Daseinsbedingung
hinzu, nämlich ihr Wanderflug. Im Vorhergehenden ist nachzuweisen versucht worden, dass derselbe in Höhen von statten
gehe, die weit über jede Sinneswahrnehmung hinaus liegen, hieran
nun knüpft sich die Frage nach dem besonderen Zwecke einer so
ausnahmsweisen Erscheinung.

Trotz vereinzelter, anscheinend entgegenstehender Ausnahmen
besteht dieser Zweck nun einestheils darin: die Wanderer zu
befähigen, sich zu denjenigen Luftschichten zu erheben, die ihnen
momentan die günstigsten Bedingungen für den Zug darbieten und
sie somit von den häufigen meteorologischen Störungen unabhängig
zu machen, welche in den der Erdoberfläche näheren Luftschichten,
namentlich während der Herbstmonate, vorherrschend stattfinden,
und die geeignet wären, den Zug einer Art auf lange Zeit hinaus,
wenn nicht während seiner ganzen jeweiligen Zeitdauer zu
verhindern. Anderntheils aber ist die unbegreifliche Schnelligkeit
des Wanderfluges, welche viele Arten während ihrer so weiten

ununterbrochenen Züge entwickeln und im Ueberfliegen weiter
Ozeane entwickeln müssen, wohl nur zu erreichen in Erhebungen,
wo die Atmosphäre vermöge ihrer äusserst verminderten Dichtigkeit dem Vorwärtsdringen ein weit geringeres Hinderniss ent-
gegensetzt.

Zweifelsohne sind mit dieser so wunderbaren Erscheinung
noch manche physikalische Fragen verknüpft, deren Erledigung
aber wohl noch langer und ernstester Forschung widerstehen
dürfte.

IV. SCHNELLIGKEIT DES WANDERFLUGS.

Die Schnelligkeit des Wanderflugs der Vögel bildet einen weiteren höchst interessanten Abschnitt in der Betrachtung des Zuges. Wie dieser in seinem allgemeinen Wesen etwas ganz allein Dastehendes im Leben der Vögel ist, so sind auch wiederum die einzelnen Momente desselben in gar keinen Vergleich mit den alltäglich vorkommenden Lebensäusserungen derselben zu bringen. Eine grosse Anzahl Vögel z. B., die das ganze Jahr hindurch allen ihren Thätigkeiten nur im Lichte des Tages nachzugehen vermögen, und nach eingetretener Dunkelheit die unbeholfensten Geschöpfe sind, wechseln, sobald die Zugzeit angebrochen ist, ihr Naturell in solchem Grade, dass sie sich, nachdem die Sonne gesunken, zu einer grossen, ihnen bis dahin gänzlich unbekannten Höhe aufschwingen und in Nächten von schwärzester Finsterniss ihrem Wanderziel mit unfehlbarer Sicherheit zuzufliegen vermögen. In gleicher Weise stehen ihre alltäglichen Flugbewegungen auch nicht annähernd in irgend einem Verhältniss zu der wunderbaren Fluggeschwindigkeit, welche sie während ihrer Wanderflüge zu erreichen vermögen. Lange hat man diesem Gegenstande grosse Aufmerksamkeit gewidmet, ohne bisher zu einem den Thatsachen entsprechenden Ergebniss gelangt zu sein: Noch bis in die Neuzeit wird als Beispiel der wunderbaren Schnelligkeit des Vogelfluges ein Jagdfalke angeführt, der Heinrich II. von Fontainebleau entflohen, 24 Stunden später auf Malta eingefangen ward. Man ruft hierzu aus »Neun geographische Meilen in einer Stunde!« (Dr. Weissmann, Das Wandern der Vögel. S. 36.) Hätte man dem Gegenstande mehr Nachdenken zugewandt, so würde man zu einem wenigstens doppelt so grossen Ergebniss der Fluggeschwindigkeit gelangt sein, denn jener Vogel flog sicherlich nicht die vollen 24 Stunden hindurch, sondern rastete während der Nacht, und

5

ohne Zweifel hat er unterwegs auch noch irgend eine Beute erlegt,
sich vollgekröpft und in Ruhe verdaut. Es blieb ihm dann immer
noch, wie später nachgewiesen werden wird, Musse genug, um
innerhalb der obigen Zeitdauer nach Malta zu gelangen.

Herrn von Middendorff's Beobachtungen lehrten ihn, dass
»Tauben und andere Vögel in sechs Minuten, ja in halb so kurzer
Zeit, eine geographische Meile zurücklegen können« (Isepiptesen,
S. 140), er fügt aber hinzu, dass »die Vögel weit davon entfernt
seien, mit einer solchen Geschwindigkeit ihre Reisen auszuführen;
die Schnelligkeit ihrer Ortsbewegung sei wohl keine bedeutend
geringere, aber sie rasteten, wo es ihnen zusage, und rückten im
Laufe eines Reisetages nicht mehr als etwa vier bis zwölf geographische Meilen vor.« Dies Ergebniss, zu dem ein so gediegener
und ernster Forscher gelangt, ist um so wunderbarer, da die
Beobachtungen, auf welche es gestützt wird, zur Zeit des Frühlingszuges stattfanden, während dessen, so weit meine Erfahrung reicht,
die Vögel in bedeutend geringerem Grade zu Unterbrechungen ihrer
Reise geneigt sind.

Ein die Middendorff'sche Angabe übertreffendes Beispiel der
Fluggeschwindigkeit liefert zunächst eine Brieftaube, welche während eines Preisfliegens von Gent nach Rouen das Maass von
fünfundzwanzig geographischen Meilen in einer Stunde erreichte.
(Yarrell Brit. Birds. 1845, II, p. 296.) Es wird daselbst *Columba
livia*, von welcher die Brieftaube gezüchtet ist, besprochen, und
nicht zu bezweifeln ist, dass die Flugfähigkeit dieser letzteren,
welche viele Generationen hindurch in gezähmtem Zustande gelebt,
weit hinter der ihrer wilden Stammmutter zurückgeblieben sei.

Die Aufmerksamkeit, welche ich diesem Gegenstande zugewandt,
hat zu Ergebnissen geführt, die alles Obengenannte in über-
raschendster Weise übertreffen. Schon an einem anscheinend so
schwerfälligen Flieger wie die Krähe, *Corvus cornix*, von der man es
gewiss lächerlich finden würde, wollte sie sich mit der Brieftaube
auf ein Preisfliegen einlassen, kann eine Wandergeschwindigkeit
von siebenundzwanzig Meilen in der Stunde nachgewiesen werden,
und dies nicht etwa als eine ausnahmsweise Leistung, wie es wohl
die der obigen Brieftaube war, sondern als Regel, welche von
Millionen und Aber-Millionen ihrer Art während ihrer jährlichen
Herbstzüge innegehalten wird. Eine solche Leistung der Krähe ruft
nun aber die berechtigte Annahme hervor, dass Vögel von knapperem
Gefieder und nach unserer Ansicht besser geformten Flugwerkzeugen, wie Edelfalken, Schwalben, Tauben, die grösseren Regen-

pfeifer und Totaniden, sicherlich ungleich Bedeutenderes zu leisten
im Stande sein müssten — was sie unzweifelhaft auch sind, denn
eine dahingehende, alles bisher Angeführte überflügelnde Leistung
ist in der That nachweisbar: merkwürdiger Weise jedoch nicht
an einem der soeben als vortreffliche Flieger aufgezählten Arten,
sondern an einem Vögelchen, welches man sicherlich als nur mit
höchst mittelmässiger Flugfähigkeit begabt bezeichnen würde, dem
nordischen Blaukehlchen, *Sylvia suecica*, nämlich, dem sich eine
Wandergeschwindigkeit von fünfundvierzig geographischen Meilen
in einer Stunde nachweisen lässt.

Eine derartige Schnelligkeit des Wanderflugs kommt ganz besonders während des Frühlingszuges zur Entfaltung. Der Verlauf
desselben ist nothwendiger Weise ein möglichst kurzer: vielen
Vögeln, namentlich hochnordischen, ist die Zeit für den Nestbau,
das Brüten und Aufziehen der Jungen äusserst knapp bemessen,
und so wird auch ihr Zug während eines normalen, nicht durch
Witterungseinflüsse gestörten Verlaufes von den meisten ganz
oder doch nahezu in einem ununterbrochenen nächtlichen Fluge
zurückgelegt. Hierbei hat es sich denn herausgestellt, dass Arten,
wie z. B. das obengenannte nordische Blaukehlchen, welches in
den Nilländern und dem mittleren Afrika, etwa vom 10. bis
27. Grade N. B. überwintert, während der Dauer einer solchen
Frühlingsnacht in einem Fluge bis unter den 54° N. B. und zweifellos noch bedeutend weiter gelangen   also wenigstens vierhundert geographische Meilen in neun Stunden durchfliegen.

Wenn dies Blaukehlchen Ende April oder Anfang Mai sein
Winterquartier verlässt, um zu seiner nordischen Heimath zu gelangen, so ist der erste Punkt, an dem es alljährlich mit Sicherheit als gewöhnlicher Vogel angetroffen wird und unter günstigen
Witterungsverhältnissen in sehr grosser Zahl vorkommt, die Insel
Helgoland. In allen zwischenliegenden Breiten, in Griechenland,
Italien, Süddeutschland, selbst noch in dem nahen Norddeutschland
ist es während seines Frühlingszuges eine so grosse Seltenheit,
dass man sein Vorkommen nur als höchst zufällige Ausnahme betrachten darf, »einzeln und selten genug« wie Naumann Band XIII
sagt. Hier auf Helgoland aber ist es gar nichts Ungewöhnliches,
zwanzig bis fünfzig dieser Vögel an einem Tage zu erhalten, ja
ich erinnere mich, dass mir einmal einige sechzig, nur ausgesucht
schöne Männchen, an einem Maivormittage gebracht wurden, und
die Gebrüder Aeuckens eine nahezu eben so grosse Zahl erhielten.
Alle solche Stücke werden in den Gärten des Oberlandes gefangen.

während zu gleicher Zeit in dem Geröll und den Grotten am Fusse des Felsens, sowie in dem Gestrüpp der Düne sich eben so grosse Mengen aufhalten.

Gleich den meisten Vögeln, namentlich den Insektenfressern, wandert auch dies Blaukehlchen während der Nacht, seinen Zug mit Eintritt der Abenddämmerung beginnend und mit Tagesanbruch oder gleich nach Sonnenaufgang beschliessend; es legt somit den mehr als vierhundert geographische Meilen weiten Flug von Aegypten bis Helgoland im Laufe einer Frühlingsnacht von kaum neun Stunden zurück, woraus sich die an das Wunderbare grenzende Fluggeschwindigkeit von fünfundvierzig geographischen Meilen in der Stunde ergiebt. Es überwintert diese Art nicht westlicher als im mittleren Afrika, und brütet nicht westlicher als Norwegen; es kann demnach über die Identität der Helgoländer mit den mittelafrikanischen Stücken kein Zweifel obwalten.

Eine weitere Bestätigung dafür, dass dies Vögelchen während seines Frühlingszuges nicht rastet und etwa von näheren Stationen hierher gelangt, ergiebt sich aus dem Umstande, dass es nie während des nächtlichen Vogelfanges beim Leuchtfeuer gesehen wird, sondern ohne Ausnahme zur Zeit der Morgendämmerung hier anlangt.

Es ist dies Blaukehlchen seinem ganzen Habitus nach durchaus nicht als ein nur einigermaassen guter Flieger anzusehen; die Lebensweise, welche es das ganze Jahr hindurch, mit Ausnahme der einzigen Frühlings-Zugnacht führt, müsste dasselbe nach den Grundsätzen der Hypothese von Zuchtwahl und der Vererbung konsequenter Weise längst schon so vom Fluge entwöhnt und zurückgebildet haben, dass es solchen Flugleistungen wie die oben nachgewiesenen, keineswegs mehr gewachsen sein könnte — nichts zu sagen von der Entwicklung, welche nach der anderen Seite hin stattgefunden haben müsste, da es als Erdsänger sich nur am Boden aufhält, wo es den ganzen Tag in grossen Sätzen umherhüpft und fast nur gezwungen von seinen Flugwerkzeugen Gebrauch macht. Wenn also ein solches Vögelchen, bei dem während all seiner Lebensthätigkeiten das Fliegen nahezu eine Ausnahme ist, dennoch bei einer einzigen Gelegenheit im Laufe eines Jahres so Wunderbares zu leisten vermag, wie erstaunlich müssen da die ausnahmsweisen Leistungen so guter und eifriger Flieger, wie der Baumfalk, die Rauchschwalbe und dergleichen, erst sein. Sicherlich ist es der Forschung noch vorbehalten, auf diesem Gebiete höchst Ueberraschendes an das Licht zu fördern.

Aus dem Obigen geht nun nicht allein hervor, dass die Vögel eine, ich darf wohl sagen, nie geahnte Flugfähigkeit besitzen, sondern es beweist weiter, dass auch die Wanderflüge derselben mit einer gleich grossen Schnelligkeit zurückgelegt werden. Wenn die Ergebnisse, zu welchen meine Beobachtungen geführt, in so hohem Grade von denen abweichen, zu welchen Herr von Middendorff gelangt ist, so findet dies vielleicht seine Erklärung in dem bedeutenden Breitenunterschiede der Gebiete, in welchen unsere Beobachtungen angestellt sind: hier auf Helgoland sieht man die Wanderschaaren während beider Zugperioden des Jahres in gleich unverringerten Massen und in ursprünglichem Drange vorüber eilen; während in jenen hohen Breiten, welche zu durchforschen Herrn von Middendorff vergönnt gewesen, der Frühlingszug vieler Arten entweder vollständig oder doch nahezu seinen Abschluss findet -- dort mag dann wohl, wenn die Vögel, so hoch nördlich gelangt, noch auf den Durchbruch des Sommers in ihrer nicht mehr fernen Brutzone zu warten haben, ein zeitweilig so langsames Vorrücken sich oft genug herausstellen, als allgemeine Regel kann aber ein mittleres Reisetempo von täglich acht Meilen nicht angenommen werden, dem stehen zu viele Thatsachen entgegen. Solche Arten unter anderm, die im mittleren Aegypten überwintern und innerhalb des Polarkreises brüten, würden dann nahezu drei Monate zu ihrer Reise nöthig haben, was an und für sich schon ausser aller Frage steht, und auch durch das oftgenannte Blaukehlchen widerlegt wird: reiste dasselbe so langsam, so müsste man es während seines Frühlingszuges in Italien und ganz Deutschland ebenso zahlreich antreffen, wie auf Helgoland, wohingegen dasselbe wie schon weiter zurück gesagt, in allen zwischen seinem Winterquartier und dieser Insel liegenden Ländern nur als höchst seltene und ausnahmsweise Erscheinung beobachtet worden ist.

Fast alle bisher angeführten Beispiele der Fluggeschwindigkeit der Vögel sind dem allerdings unter bedeutender Hast verlaufenden Frühlingszuge entnommen, es ist aber keineswegs allein der Zug zum heimathlichen Neste, welcher die Vögel zu so überraschenden Leistungen anspornt, sondern auch die weniger Eile verrathende Reise in das Winterquartier bietet genügende Beweise für die Schnelligkeit des Fluges überhaupt, sowie für die thatsächliche tägliche Wandergeschwindigkeit dar. Der schon erwähnten Krähe, *Corvus cornix*, möge hier nochmals eingehender gedacht werden; dieser sicherlich zu den weniger gewandten Fliegern gehörende Vogel zieht im Herbst in zahllosen Schaaren über

Helgoland. und meilenweit zu beiden Seiten desselben dahin. Die ersten Züge treffen in der Frühe etwa um acht Uhr hier ein; in unverminderten Massen folgt Schaar auf Schaar bis zum Nachmittag um zwei, ohne ihren Flug zu unterbrechen, ziehen sie in westlicher Richtung dahin. Nach meines verehrten Freundes John Cordeaux Mittheilungen — mit dessen, Helgoland gegenüber an der Englischen Ostküste gemachten Beobachtungen ich meine Aufzeichnungen fortwährend vergleiche — treffen die ersten Flüge daselbst um elf Uhr Vormittags ein, und die letzten etwa um fünf am Nachmittag, manchmal gefolgt von vereinzelten Nachzüglern.

Dass die hier fern östlich erscheinenden und am westlichen Horizont verschwindenden Flüge dieselben sind, welche über das Meer von Osten her an die englische Küste gelangen, unterliegt, wie wiederholt nachgewiesen, nicht dem geringsten Zweifel. Somit überfliegen diese schwerfälligen Flieger die achtzig geographische Meilen breite Nordsee in drei Stunden und legen demnach nahezu siebenundzwanzig Meilen in einer Stunde zurück. Es ist dies Beispiel der Zuggeschwindigkeit um so überraschender, weil es eben von einem fast unbeholfen zu nennenden, jedenfalls keineswegs körperliche Gewandtheit zeigenden Vogel geliefert wird.

Einige weitere Beispiele für eine Wandergeschwindigkeit, die bedeutend grösser als das Mittel von acht Meilen in einem Tage ist, mögen hier noch Platz finden. Von dem Daurischen Stelzenpieper, *Anthus Richardi*, kommen bei günstiger Witterung die jungen Herbstvögel schon im Anfange des September auf Helgoland an, also nachdem sie etwa zwei Monate vorher das Ei verlassen und wenigstens die Hälfte dieser Zeit bis zur vollendeten Flugbarwerdung gebraucht hatten. Die Entfernung von Daurien bis Helgoland beträgt etwa tausend geographische Meilen; legte dieser Pieper nun nicht mehr als acht Meilen an einem Tage zurück, so würde er anstatt während der ersten Septembertage, erst gegen Ende Dezember hier eintreffen können, dabei wäre immer noch nothwendig, dass während der ganzen Dauer der Reise das Wetter für dieselbe günstig bliebe, was für diese Zeit des Jahres als absolut unmöglich bezeichnet werden muss. Entfielen den Wanderern aber durch schlechte Witterung nur ein Drittheil der Tage, oder vielmehr Nächte, was keineswegs zu hoch gegriffen, so würde die nach obigem Maasse nöthige Reisezeit sich so sehr hinausdehnen, dass alle diese Wanderer den Unbilden des Wetters erliegen müssten; geschähe dies nun aber auch nicht, und setzten sie im selben Tempo die Reise zu einem Winterquartier in Südfrankreich oder Spanien fort, so würden sie, daselbst angekommen, sofort wieder zur Heimath aufbrechen müssen, um rechtzeitig zum Nisten an ihren Brutstätten anzulangen. Dies bezieht sich nur auf die jungen Sommervögel, alte Brutvögel erscheinen hier erst von Mitte Oktober bis Mitte November.

Das schlagendste und unanfechtbarste Beispiel für eine andauernd mit grösster Schnelligkeit ausgeführte Wanderung bietet jedoch ein Amerikanischer Vogel, der Virginische Regenpfeifer, *Charadrius virginicus*, welcher während seines Herbstzuges die oben nachgewiesene Schnelligkeit des Frühlingszuges vom Blaukehlchen wahrscheinlich noch übertreffen dürfte. Schaaren von Tausenden dieser Vögel hat man hundert und mehr Meilen östlich von Bermuda südwärts fliegend angetroffen, nämlich auf dem Wege von ihren Brutplätzen in Labrador nach dem nördlichen Brasilien; die Entfernung zwischen den Küsten beider Länder beträgt achthundert geographische Meilen und auf dieser langen Linie befindet sich nicht ein einziger Ruhepunkt, die Wanderer sind somit gezwungen, diese ganze ungeheuere Wegstrecke in einem Fluge zurückzulegen. Fünfzehn Stunden dürfte nun wohl die äusserste annehmbare Frist sein, während welcher ein Vogel in ununterbrochenem Fluge und ohne Nahrung auszudauern vermöchte — dies würde eine Fluggeschwindigkeit von dreiundfünfzig geographischen Meilen in der Stunde ergeben.

Eine derartige Leistung ist nun allerdings im höchsten Grade staunenerregend, dennoch aber liegt nichts vor, was anzunehmen zwänge, dass es eine ausnahmsweise, vereinzelt dastehende sei; im Gegentheil dürfte man berechtigt sein zu schliessen, dass gute Flieger, wie eben dieser Regenpfeifer, während des Frühlingszuges noch Bedeutenderes zu leisten im Stande sind, da es das kleine schwache Blaukehlchen, wie nachgewiesen, während der letzteren Zugperiode bis auf fünfundvierzig Meilen in der Stunde bringt. Es unterliegt aber auch im Falle dieses Blaukehlchens geringem Zweifel, dass die Fluggeschwindigkeit selbst auch dieses Vögelchens eine noch bedeutend grössere sein könne, denn bei Besprechung des Frühlingszuges desselben ist nur die geringere Entfernung vom nördlichen Afrika bis Helgoland in Rechnung gezogen; es erstreckt sich nun aber einestheils sein Winterquartier südlich bis zu 12 und 10° N. B. und anderntheils können die auf Helgoland momentan Rastenden doch nur einen geringen Bruchtheil des von Afrika nach Skandinavien gerichteten Zuges bilden, die überwiegend grosse Individuenzahl derselben setzt ihren Flug bis wenigstens in das mittlere Norwegen fort und legt somit in derselben Mainacht eine Wegstrecke von fünf- bis sechshundert Meilen zurück. — Letzteres ergäbe allerdings ein Resultat von einer Meile in der Minute, für einen aufmerksamen Helgoländer Beobachter macht dies aber keineswegs den Eindruck von etwas durchaus Unmöglichem, denn die während klarer sonniger Spätnachmittage des Vorsommers die Insel in reissend schnellem Zuge überfliegenden Charadrien, Numenien, Limosen und dergleichen gelangen zweifellos in einer Minute bis zur 22000 Fuss östlich von hier liegenden Austernbank.

Wie wenig rastbedürftig ausserdem die Vögel während der längsten Wanderflüge sind, beweisen gleichfalls die soeben besprochenen Amerikanischen Regenpfeifer, von denen grosse Abtheilungen des nach Südamerika gerichteten Zuges Bermuda in immensen Massen überfliegen: so lange gutes Wetter die Reise begleitet, unterbricht kein einziger dieser Vögel den Zug, und nur Sturm kann sie bewegen, sich nieder zu lassen. (J. M. Jones, Naturalist in Bermuda.) Dennoch aber sind dieselben von Labrador bis Bermuda schon dreihundert geographische Meilen geflogen, und haben bis zu den nördlichsten der Kleinen Antillen noch über zweihundert Meilen zurückzulegen — aber auch hier unterbrechen sie nur sturmgezwungen ihren Zug in grösseren Massen. (A. Newton. Brieflich.)

Der Herbstzug unterscheidet sich, wie schon wiederholt erwähnt, in mehrfacher Hinsicht vom Frühlingszuge, besonders aber in seinem Reisetempo, da derselbe nicht von dem Zweck beherrscht wird, ein bestimmtes Ziel in einer fest vorgeschriebenen Zeit zu erreichen, sondern es sich nur darum handelt, früher oder später in ein genugsam mildes Winterquartier zu gelangen. Es weist derselbe denn auch nur in seinem anfänglichen Verlauf eine dem Frühlingszuge ähnliche Fluggeschwindigkeit auf; sobald aber die verschiedenen Arten in für sie so südliche Breiten gelangt sind, dass sie sich, ohne Gefahr, plötzlich vom Winter überrascht zu werden, eine kürzere oder längere Rast gestatten können, hört die Eile des wirklichen Zuges auf, und es tritt, bis Frost zur Weiterreise treibt, ein langsames, niedriges, in kurze Tagereisen getheiltes Weiterrücken, oder zeitweiliges, gänzliches Stilleliegen ein, für eine grössere Zahl von Arten schon im mittleren, oder sogar nördlichen Deutschland. Ein sehr zutreffendes Beispiel für das Gesagte führt Naumann bei Besprechung des Herbstzuges der Kraniche an. Band IX, Seite 354.

Dass Vögel aber, ehe sie während der Herbstreise in für sie
so südliche Breiten gelangen, oder bevor im Frühling die Brutstätte erreicht ist, ihren Zug ohne sehr triftige störende Veranlassung mehrere Tage und Nächte unterbrächen, wie wohl angenommen worden, widerspricht ebenfalls meinen langjährigen hier
gesammelten Erfahrungen. Helgoland liegt in so glücklicher Mitte
zwischen dem hohen Norden und dem mittleren Europa, zwischen
dem Osten und Westen desselben, dass die überwiegend grössere Zahl
der Myriaden hier zur Wahrnehmung kommender Wanderer noch
in voller Hast des Zuges begriffen ist, aber keiner von diesen
während der regelmässigen Zugzeit Vorkommenden verweilt länger
als höchstens den Rest desjenigen Tages, vor, während oder nach
dessen Morgendämmerung sie hier eingetroffen sind. Nach einer
durchflogenen Nacht ist der längere oder kürzere Theil des darauffolgenden Tages auch vollkommen genügend für die etwa nöthige
Erholung und Nahrungsaufnahme; eine wirkliche Ermüdung oder
gar Erschöpfung, wie man wohl von den Schnepfen Helgolands
gefabelt, habe ich von Vögeln, die auf ihrem Zuge hier während
des Tages oder der Nacht eingetroffen, niemals bemerkt, man wollte
denn drei vereinzelt dastehende interessante Fälle hieherziehen, in
welchen ich kleine Landvögel, ungefähr eine halbe Meile von
Helgoland entfernt, auf dem Meere ausruhend, angetroffen habe.

Für manche Drosseln, Lerchen, Ammern, Finken, Strandläufer
und andere aus dem Norden kommende Vögel tritt die oben
erwähnte Unterbrechung des Herbstzuges, theilweis auch sein Abschluss, schon im mittleren und oberen Deutschland ein; auf dem
rauhen Helgoland verbleiben von solchen aber nur sehr wenige.
Kaum sind dies jemals andere als Felsenpieper, Schneeammern, Sanderlinge, Meer- und Alpenstrandläufer, seltener noch einige Lerchen,
Kohlmeisen oder Buchfinken. Wachholder- und namentlich Schwarzdrosseln treiben sich auch öfter im Laufe des Winters wochenlang
hier umher, diese sind aber keine ihre Wanderung hier zum Abschluss bringende Vögel, sondern durch Frost und Schnee aus
Skandinavien vertriebene Individuen, von denen die alten männlichen Schwarzdrosseln beim Eintritt milderen Wetters sofort wieder
nördlich gehen.

Von allen diesen Arten kann man aber kaum sagen, dass sie
beabsichtigten, hier zu überwintern; der Felsenpieper und Meerstrandläufer wären die einzigen, von denen sich dies annehmen
liesse, denn sie sind ohne Unterbrechung den ganzen Winter hier
vertreten, ob jedoch von Letzteren immer dieselben Individuen hier

verbleiben, oder ob einige von ihnen weiter gehen und durch andere ersetzt werden, ist nicht zu bestimmen. Der Felsenpieper dürfte aber wohl sicherlich ausharren. Ein einziges Vögelchen bleibt jedoch in einem oder ein paar Exemplaren getreulich den ganze Winter hier, selbst wenn dieser zeitweilig sehr strenge wird: der winzige, muntere Zaunkönig. Die Höhlen und Grotten am Fusse des Felsens bieten ihm Schutz, und wahrscheinlich auch Nahrung in Fülle, denn er erscheint bei dichtem Schneegestöber wie bei heiterem Sonnenschein in stets gleich guter Laune.

Während des Frühlingszuges verweilt ohne besondere ausnahmsweise Veranlassung keiner der zahllosen Wanderer hier länger als die wenigen, weiter zurück angegebenen Stunden; alle streben in rastloser Eile der heimathlichen Brutstätte zu. Manche, wie z. B. die verschiedenen gelben Schafstelzen, verbleiben nicht einmal bis zum Schluss des Tages, während dessen Morgenfrühe sie angekommen, sondern ziehen um die Mitte des Vormittags schon wieder weiter.

Wie lange oder wie hoch nordwärts dieser rastlose Zug andauert, ist aus den Erscheinungen, wie sie hier zur Anschauung kommen, nicht zu ermessen; alle diese Wanderer drängen aber sicherlich so lange vorwärts, als meteorologische Einflüsse ihnen dies nicht wehren, und keiner von ihnen würde, ungezwungen, vor Erreichung der Niststätte seinen Zug auf längere Zeit unterbrechen. Dass jedoch alle sehr hoch nördlich brütenden Arten oft kurz vor Beendigung des Frühlingszuges noch einige Zeit aufgehalten werden können, beweisen die interessanten Beobachtungen Seebohm's an der Mündung der Petschora und des Jenisei, nach welchen mit dem Schwinden des Winters und dem Aufbruch der gewaltigen Eisfelder jener Ströme, zugleich auch unzählbare Schwärme von Land- und Wasservögeln in buntem Chaos die Lüfte erfüllen. Wie nach dem ersten grossen Abschnitt des Herbstzuges die Eile vieler der Wanderer sich ermässigt, bis Winterkälte zur Weiterreise treibt, so ist es hier entgegengesetzt der Einfluss des noch nicht gewichenen Winters, welcher ein langsameres Vorrücken oder kurzes Stillliegen noch kurz vor Erreichung der Heimath veranlasst. Bis zum Eintritt des einen oder andern derartigen Momentes nimmt aber der Zug in der bei der Krähe, dem Blaukehlchen und dem Virginischen Regenpfeifer nachgewiesenen Schnelligkeit seinen Verlauf — allerdings ist diese bei Letzterem eine so bedeutende, dass man nicht umhin kann anzunehmen, dass zur Ermöglichung derselben noch andere Factoren mitwirken müssen, als die mechanischen Bewegungswerkzeuge, mit denen die Vögel ausgestattet sind.

Bei Behandlung der Höhe des Wanderfluges ist ausführlicher
darauf eingegangen, dass die Vögel, abweichend von allen anderen
warmblütigen Geschöpfen, mit einem Respirationsmechanismus begabt sind, welcher sie befähigt, in den so dünnen und sauerstoffarmen Luftschichten von Höhen bis zu 40,000 Fuss andauernd
verweilen zu können, und dass sie ferner ausgestattet seien mit
einem sehr umfangreichen System von Luftsäcken, die sie beliebig
zu füllen und zu entleeren vermögen. Diese Eigenschaften haben
weder vereinzelt, noch in ihrer Zusammenwirkung für den Vogel
während seiner alltäglichen Lebensthätigkeiten einen irgendwie
ersichtlichen Nutzen, gleichwohl können ihnen dieselben nicht zweck-
los beigegeben sein: solcher Zweck aber ist einzig und allein in
der Ermöglichung der wahrhaft wunderbaren Wanderflüge zu finden,
wunderbar sowohl hinsichtlich der Höhe, in welcher sie stattfinden,
als auch der Schnelligkeit, unter welcher sie sich vollziehen. —
Wären die Vögel während der Herbst- und Frühjahrszüge an dieselben niederen Luftschichten gebunden, in welchen sie sich das
ganze Jahr hindurch bewegen, so würde für solche von ihnen, die
ihre Reise früh im Jahr oder im Spätherbst zu machen haben, in
vielen Fällen die Zugperiode verstreichen, ohne dass sie in Folge
stürmischer Witterung auch nur zum Aufbruch gekommen wären;
um sich solchen störenden Einwirkungen der wechselvollen niederen
Luftschichten zu entziehen, steigen die Vögel in die höheren auf,
welche sich im allgemeinen in einem gleichmässigen, weniger ge-
waltsamen Störungen unterworfenen Zustande befinden, gelangen
aber dadurch auch zu Höhen, in denen die Geringfügigkeit des
Widerstandes der so wenig dichten Luft nicht nur die erstaunliche
Schnelligkeit des Fluges möglich macht, sondern es wird durch
diese Letztere auch der Neigung zum Sinken entgegengewirkt, indem eine geringe Hebung des vorderen Randes der horizontalen
Flügelfläche für diesen Zweck vollkommen hinreicht.

Die nachgewiesene Schnelligkeit des Wanderfluges wird durch
diese Ueberlegungen nicht nur dem Verständniss näher gerückt,
sondern es darf auch wohl als erwiesen gelten: dass die Wanderflüge einzig und allein unter den Bedingungen möglich sind, welche
nur jene der Erdoberfläche so weit entrückten Pfade darbieten.

V. METEOROLOGISCHE BEEINFLUSSUNGEN
DES ZUGES.

Die meteorologischen Beeinflussungen des Vogelzuges, wenn zur Zeit auch noch äusserst wenig verstanden, sind jedenfalls so bedeutende, dass, wenn die in den vorhergehenden Abschnitten wiederholt gemachten Hindeutungen auf dieselben hier nochmals zusammengefasst und eingehender behandelt werden, dies nicht überflüssig sein dürfte, wäre es auch nur um zu veranlassen, dass dem Gegenstande eine allgemeinere Aufmerksamkeit zugewendet würde.

Wie weiter oben schon betont, sind es fast ausschliesslich die in den Zug störend eingreifenden Witterungszustände, welche das, was während seiner periodischen Wiederholungen zur Beobachtung kommt, in den Bereich unserer Wahrnehmung bringen; der normale Zug der Vögel, sehr vereinzelte Ausnahmen abgerechnet, verläuft weit jenseits der Grenzen unseres Seh- und Hörvermögens, und nur, wenn er dort störend beeinflusst wird, tritt derselbe in unsern Beobachtungskreis.

Nicht allein die Richtung oder Stärke des Windes ist für den Wanderzug maassgebend, sondern der geringere oder grössere Feuchtigkeitsgehalt der Atmosphäre, dessen Gestaltung als Nebel, als lose oder geballte Wolken, als gleichmässig dichte Dunsterfüllung des Firmaments, als Thau oder Reif bei klarer Luft, oder als elektrisch geladene Gewitterwolke, all und jede dieser meteorologischen Phasen üben einen entscheidenden Einfluss auf die Gestaltung des Zuges aus. Dies findet eine allgemeine Bestätigung schon in der einfachen Thatsache, dass, während bei bestimmten Windrichtungen die Vögel sehr zahlreich erscheinen, dieselben während anderer gar nicht gesehen werden. Letzteres z. B. bei südwestlichen, meist von Regen begleiteten Winden, sowie auch bei Nebel, möge die Windrichtung während desselben sein welche

sie wolle. Nach dem Grade des Vorherrschens solcher Witterung
während der jeweiligen Zugperioden ist unabweislich der Umfang
des Erscheinens der Vögel bemessen, und sollten die Herbst- oder
Frühlingsmonate von derselben vollständig ausgefüllt werden, so
darf man auch nicht darauf rechnen. Schnepfen, Drosseln oder
irgend welche andere gewöhnliche oder ungewöhnliche Vogelarten
zu sehen. Mögen die Züge der Vögel nun aber zu unserer Wahrnehmung gelangen oder nicht, dieselben verlaufen unter allen
Umständen regelrecht während des einer jeden Art eigenthümlichen
Zeitabschnittes. Solches bestätigt die Thatsache, dass, wenn dieser
Zeitabschnitt für eine Art verflossen ist, kein Individuum derselben
mehr gesehen wird, selbst wenn auch sofort sich das günstigste
Wetter für das Erscheinen derselben einstellen sollte.

Anscheinend kommen allerdings manchmal Verzögerungen in
dem Zuge dieser oder jener Art vor, aber eben nur anscheinend,
denn die Annahme einer derartigen Verspätung beruht auf irrthüm-
licher Deutung des Gesehenen. Sollte z. B. im Frühjahr die erste
Hälfte der Zugzeit einer Art verstreichen, ohne dass diese sich
zeigt, hierauf aber das Wetter sich günstig für das Erscheinen
derselben gestalten, so wird dieselbe sofort auch auftreten. Sehr
leicht könnte bei oberflächlicher Beobachtung eines solchen ver-
späteten Erscheinens die Vermuthung entstehen, dass der Zug der
fraglichen Art erst jetzt beginne, und nur durch ungünstiges
Wetter so lange verzögert worden sei; diese Folgerung wäre jedoch
unrichtig, denn es bestehen in einem solchen Falle nicht, wie es
sein müsste, wenn man wirklich den Anfang des Frühlingszuges
der Art vor sich hätte, die einzelnen Individuen aus schönen alten
Männchen, sondern es erscheinen nur noch zerstreut jüngere Männchen und der Mehrzahl nach weibliche Vögel. Dies beweist nun
aber, dass die alten Männchen, als Eröffner des Frühlingszuges,
längst ungestört und demnach ungesehen, zu ihren Brutstätten
gelangt sind, und dass die anscheinend verspätet eintreffenden, für
die Vorhut des Zuges gehaltenen Individuen, in der That nicht
diese, sondern die zweite Sektion der Zugbewegung der fraglichen
Art bilden. Genügende Bestätigung des Gesagten liefert fast
alljährlich eine oder die andere der nach Alter und Geschlecht
mehr oder weniger abweichend gefärbten Arten, keine aber klarer
ausgesprochen, als das schon so oft herangezogene nordische Blaukehlchen.

In dem Abschnitte über die Höhe des Wanderfluges ist schon,
unter kurzer Erwähnung des nächtlichen Lerchenfanges, darauf

hingewiesen, von wie anscheinend unbedeutenden Veränderungen
der momentanen Beschaffenheit der Atmosphäre die geringere oder
grössere Erhebung der Zugbewegung abhängig sei, so dass, wenn
auch normal die Züge der meisten Arten in wenigstens 20000 Fuss
Höhe verlaufen, dieselben, wenn dort unmöglich werdend, nicht sofort
als unterbrochen zu gelten haben, sondern dass die Vögel, wenn
sie gezwungen werden, die höchsten Grenzen ihres Wandergebietes
zu verlassen, sich nur so weit senken, bis sie in eine Luftschicht
gelangen, welche ihnen die erwünschte Strömung, der Richtung wie
Stärke nach, darbietet, und nur, wenn sie keine solche auffinden,
zur Erde herabsteigen.

Wie sehr verschieden nun aber zur gleichen Zeit diese Luftströmungen in graduell zunehmender Höhe sind, davon hat man
hier auf der kleinen Insel, wo stets das ganze Himmelsgewölbe dem
Blicke freiliegt, fast täglich die schlagendsten Beweise. Es kommt
nicht allein häufig vor, dass schon die kaum tausend Fuss hohen
losen nebelartigen Wolkenbildungen in ihrem Zuge von der über
die Meeresfläche streichenden Windrichtung bedeutend abweichen,
sondern auch, dass zwischen diesen niedrigen Dunstfetzen und den
ungemessen hohen Cirrusstreifen nicht selten noch zwei Wolkenschichten in von einander abweichenden Richtungen ziehen, so
dass sehr häufig die obersten Wolken sich vollständig entgegengesetzt zu der über die Erdoberfläche hinstreichenden Luftströmung
bewegen.

Die Vögel wählen für ihre Züge natürlich diejenigen Luftschichten, welche ihnen die günstigsten Bedingungen für dieselben
darbieten. Eine eigenthümliche Thatsache ist es nun aber, dass
während beider Zugperioden des Jahres alle Arten ohne Ausnahme am zahlreichsten sich der Erdoberfläche nähern, wenn ganz
schwache südöstliche Winde, begleitet von klarem warmen Wetter
dauernd in der niedrigen Atmosphäre vorherrschen. Bringt der
Herbst anhaltend derartige Witterung, so ist während des September
und Oktober nicht allein auf zahlreiches Erscheinen aller gewöhnlichen Gäste zu rechnen, sondern auch mit grösster Sicherheit auf
ein häufiges Auftreten der für Europa selteneren, fern ostasiatischen
Arten, wie *Sylvia superciliosa, tristis* und andere Sibirische Laubvögel, *Anthus Richardi, Emberiza rustica* und *pusilla*, tausende
Alauda alpestris und dergleichen mehr: von Mitte Oktober und
während des November würden dann *Strix Tengmalmi*, Dompfaffen,
Pyrrhula major, Leinzeisige, *Fringilla linaria* und *exilipes* zu
erwarten sein. Es möge erwähnt werden, dass Eichelhäher, welche

für Helgoland eine äusserst seltene Erscheinung, zwar auch in Folge lang anhaltenden Südost-Windes hier in grossen Schaaren vorgekommen sind, aber stets nur, wenn derselbe zu bedeutender Heftigkeit ausgeartet war und sich mehr nach Ost neigte. Wie auffallend es nun schon erscheinen mag, dass ein und dieselbe Windrichtung, begleitet von gleichen sonstigen atmosphärischen Faktoren, den Herbstzug der Wanderer aus dem fernsten östlichen Asien sowohl, wie aus dem hohen Norden Skandinaviens gleichmässig zu beeinflussen vermag, so überrascht es um so mehr, wenn man sieht, dass auch während des Rückzuges im Frühjahr, vom tiefen Süden und fernen Westen her, die Vögel unter denselben atmosphärischen Verhältnissen in den Bereich unserer Wahrnehmung gelangen; hiervon machen sogar die selteneren ungewöhnlichen Erscheinungen aus fern südöstlichen Strichen, Kleinasien, Arabien und dem Caspischen Meergebiet, keine Ausnahme, obzwar dieser Weg dem der von Westen her kommenden Wanderer fast entgegen führt.

Alle diese Thatsachen ergeben, dass den Vögeln die besprochenen Witterungszustände am tauglichsten für ihre Wanderungen sein müssen, und sie sich in diejenigen Luftschichten begeben, welche ihnen solche darbieten. Aus dem so seltenen Vorkommen eines massenhaften niedrigen Zuges — was gleichbedeutend ist mit überwiegend häufigem Verlauf desselben in Erhebungen, die über das menschliche Wahrnehmungsvermögen hinaus liegen - ist sonach nur zu folgern, dass eben jene hohen Regionen der Atmosphäre die erforderlichen Bedingungen vorherrschend darbieten: dass nämlich daselbst ein Zustand grosser Ruhe, verbunden mit sehr geringem Feuchtigkeitsgehalt dominirt. Diese Vermuthung findet denn auch eine Stütze in der so äusserst schwer wahrnehmbaren Orts- und Formveränderung der höchsten Cirrusstreifen, welcher geringe Wandel keineswegs in Folge der ungeheuren Entfernung dieser leichten Dunstgebilde ein etwa nur scheinbarer ist, denn angenommen, der Abstand dieser Cirri sei zwei geographische Meilen, so ist die Bewegung eines Dampfschiffes von etwa drei Meilen Fahrt in der Stunde, in einer gleichen Entfernung eine auffallend grosse, wenn verglichen mit der kaum wahrnehmbaren Bewegung jener Wolkenstreifen.

Ein Suchen aufs Gerathewohl der Vögel nach den ihrem Zuge günstigen Luftschichten ist bei der Eile und Sicherheit, mit welcher alle Zugerscheinungen von statten gehen, nicht wohl zulässig, sondern es ist nur anzunehmen, dass denselben ein in sehr hohem

Grade ausgebildetes Vorgefühl oder eine Empfindung für ferne
und noch kommende Witterungsphasen innewohnt, zu welcher
Vermuthung denn auch schon die grosse Unruhe hindrängt, welche
gefangene Vögel durch Flattern und häufiges Ausstossen ihres Lockrufes im Laufe solcher Tage bekunden, die ausgedehnten nächtlichen Wanderzügen vorangehen. So ein Schneeammer, den ich
jahrelang im Bauer gehabt, und Lerchen, welche im hiesigen
Leuchtthurm gehalten wurden: diese letzteren zeigten regelmässig
während des Tages den bevorstehenden nächtlichen Fang an.

Die Sensibilität der Vögel für die ersten schwachen Andeutungen einer atmosphärischen Wandlung muss wenigstens eine
gleich grosse, wie die eines guten Barometers sein; zugleich darf
aber nicht ausser Acht gelassen werden, dass die Vögel in ihren
hohen Zugregionen den geringsten Vorboten eines herannahenden
Witterungswechsels schon dann unmittelbar unterworfen sind, wenn
auf der Erdoberfläche von der kommenden Veränderung noch nichts
wahrgenommen werden dürfte, wo die frühesten Andeutungen
derselben sich etwa erst vierundzwanzig Stunden später bemerkbar
machen.

Es unterliegt nämlich wohl kaum einem Zweifel, dass die Ur-
sprünge von Witterungswechseln in den höchsten Schichten der
Atmosphäre zu suchen sind, jedenfalls geht aus den Beobachtungen
hervor, dass die ersten Anzeichen einer Windesänderung sich am
frühesten an den höchsten Cirrusstreifen bemerkbar machen, und
dass die successive tieferen Dunstschichten nach und nach in senk-
rechter Reihenfolge davon beeinflusst werden. So bewegen sich
z. B. oft bei schwachen östlichen und südöstlichen Winden und
klarem schönem Wetter die höchsten dünnen Cirrusschichten schon
tagelang fast unmerklich von West nach Ost, oder es steigen ganz
schwache Dunststreifen am westlichen Horizont auf, die während
der ersten vierundzwanzig Stunden, unter geringem Auffrischen des
Ostwindes, etwa den Zenith erreichen, im Laufe der zweiten vierundzwanzig Stunden auch die östliche Hälfte des Himmels ganz
langsam überziehen, und von da ab, unter Steigerung des östlichen
Windes zur grössten Heftigkeit, zu einem das ganze Firmament
gleichmässig überspannenden hohen dichten Dunstgewölbe anwachsen; diesem folgen sodann, ebenfalls von Westen her, schon
mehr Form annehmende tiefere Wolkenbildungen, mit denen unter
Eintritt von Regen der Westwind dann auch meist sehr bald auf
der Erdoberfläche die Oberhand gewinnt — so wenigstens hier
nach jahrelangen sorgfältigen Beobachtungen.

Im Verlaufe eines solchen Prozesses geht das anfänglich, unter schwachen südöstlichen Winden, sehr zahlreiche tiefe Auftreten der Wanderer nach und nach in einen höheren, auffallend eilfertigen Zug über, im Verlaufe dessen sich nur noch wenige Vögel während der Morgenstunden nieder lassen, bald aber wieder weiter eilen, so dass nach dem wirklichen Durchbruch des westlichen Regenwetters kein Vogel mehr gesehen wird.

Ein Beispiel derartiger Zugerscheinungen fand unter Anderem im Oktober 1882 statt. Von der ersten Woche des Monats bis zum 22. herrschten südöstliche Winde vor, die öfter sehr stark wurden und dann von niedrigen losen jagenden Wolken begleitet waren. Es fand während dieser ganzen Zeit massenhafter Zug statt: man hörte die Locktöne der Wanderer im Verlaufe der Nächte, und sah dieselben täglich, namentlich während der Früh- und Vormittagsstunden sehr hoch überhin eilen, aber nur äusserst wenige derselben liessen sich nieder.

Während dieser Zeit bewegten sich die mittelhohen Wolkenbildungen von Süd-Süd-Ost und Süd, ganz hoch war die Atmosphäre leider klar, aber unzweifelhaft waren die Luftströmungen dort wenigstens südwestlich, so noch am Abend des 21. Früh am 22. zogen einzelne kleine sehr hohe Wolken, nicht Cirri, schon rasch von West-Süd-West, während die tieferen losen dunstigen Wolken immer noch vor einem sehr heftigen Südostwinde dahinjagten. Zu gleicher Zeit zeigte die Seewarte als Sturmwarnung tiefe Depression westlich von den Hebriden an. Während der Vormittagsstunden dieses Tages fand noch sehr starker und äusserst eiliger Zug statt, die Vögel stürmten förmlich überhin und keiner liess sich mehr nieder; am Mittag hörte der Zug gänzlich auf. Unter starkem Regen neigte der heftige Wind westlich und brach um Mitternacht mit gewaltiger Kraft südwest und west durch, begleitet während der Nacht von sehr starkem Wetterleuchten. Am 23. weheten stürmische Westwinde, begleitet von schweren Regenwolken, und kein Vogel ward gesehen.

Die Vögel, welche während der letzten Zeit so massenhaft und in so ungewöhnlicher Eile hier vorbei und überhin zogen, waren, wie die Bewegung der hohen Wolkenschichten bekundete, aus ihren normalen Zugregionen durch widerwärtige Westwinde verdrängt worden, ob nun, als der heftige Westwind die Erdoberfläche erreichte und in Folge dessen auch hier der Zug gänzlich erlosch, derselbe seinen Fortgang in höheren, derzeit vielleicht wieder ruhigen Luftschichten genommen, ist freilich nicht nach-

zuweisen, aber vermuthlich ist es so geschehen, denn als am
darauffolgenden Tage, den 24., der schwach gewordene Westwind
nach Mittag sich in einen starken Süd-Süd-Ost umzuwandeln anfing,
wurden sofort wieder Massen aller Arten von Vögeln sichtbar;
die Eile dieser Schaaren war aber eine so grosse, dass ich dieselbe in meinem Journal mit »überhinstürzend« bezeichnete, und
liess vermuthen, dass das Wetter sich noch nicht zum Bessern
wenden würde. Im Laufe der Nacht wechselte der Wind denn
auch wieder zu Südwest, und artete nach Mitternacht in einen
Sturm aus, der um 3 Uhr Morgens am 25. eine nur sehr selten
vorkommende Gewalt erreichte. Ein Vorgefühl auch dieses Sturmes
trieb offenbar die Vögel tageszuvor schon zu so ganz ungewöhnlicher
Hast an, wie dies gleichfalls ein oder mehrere Tage vor dem
schlechten Wetter der Nacht des 22. stattgefunden hatte; ob dies
Vorgefühl sich noch weiter zurück erstreckt haben mag, wage
ich nicht zu entscheiden. Thatsache ist jedoch, dass schon von
Mitte des Monats an der Zug der Vögel in einer höchst auffallenden Eile von statten ging, dass z. B. Krähen, die nur während der Tageshelle ziehen, und auf ihrer Herbstreise nie später
als etwa zwei Uhr Nachmittags Helgoland passiren, um spätestens
um fünf mit dem letzten Tageslicht die englische Küste zu erreichen, während dieser Zeit oft noch so spät am Nachmittag
vorbeizogen, dass sie die englische Küste nicht vor 7 oder 8 Uhr
Abends, also in vollständiger Dunkelheit erreichen konnten.

Als am 22. früh der tiefe Barometerstand westlich von den
Hebriden, also etwa hundertfünfzig geographische Meilen westlich
von Helgoland, die herannahenden Stürme verkündete, befanden
sich die Schaaren der mit so ungewöhnlicher Hast am Mittag
dieses Tages hier eintreffenden und vorbeieilenden Wanderer noch
wenigstens eben so fern östlich von hier, also über dreihundert
Meilen entfernt von dem Bereich, in welchem zu derselben Zeit
die ersten Anzeichen der kommenden gewaltigen Störungen der
Atmosphäre sich bemerkbar machten, und dennoch bekundete das
ganze Gebahren sämmtlicher Individuen der in so grossen Massen
vorbeiziehenden Arten, dass allen eine sichere Vorausempfindung
der herannahenden Stürme innewohne, und alle bestrebt waren,
ihr Tagesziel noch vor Ausbruch derselben zu erreichen.

Wenn nun in dem vorhergehenden Beispiel die Vögel dem
kommenden bösen Wetter, von welchem sie schon die Vorboten
in ihren hohen Zugregionen empfanden, eilig entgegen zogen, um
wie es scheint, durch verdoppelte Anstrengung noch rechtzeitig

einen sicheren Ruheplatz zu erlangen, so kommen andererseits
auch häufig Fälle vor, in welchen sie, unter dem Vorgefühl heran-
nahender widerwärtiger Witterung derselben vorauszugehen scheinen.
Hierher gehören die lange nach Ablauf der normalen Zugzeit
während der Nächte der ersten Wintermonate plötzlich auftretenden ungeheuren Massen von Lerchen, Goldregenpfeifern, Kibitzen,
grossen Brachvögeln und Alpenstrandläufern; in weniger grosser
Zahl Krammetsvögel und in noch geringerer Schwarzdrosseln.
Solchen Zügen folgt fast ausnahmslos schwerer Schneefall und
Kälte. Wenn dann etwa vierundzwanzig Stunden nach einem derartigen abnormen Nachtzuge dickes Schneegestöber und Frost eintritt, so sagt der Helgoländer Vogelsteller: ja, die Vögel! das
haben sie wieder ganz gut vorher gewusst! Möglicher Weise
könnten aber auch die Futterplätze der Vögel in den Strichen, wo
sie, im Vertrauen, daselbst überwintern zu können, zurückgeblieben,
plötzlich von Schnee bedeckt worden sein, und die Vögel in diesem
Falle, wirklich durch unmittelbaren Nahrungsmangel bedrängt, ihr
Heil in der Flucht auf dem regelmässigen ost-westlichen Herbst-
wege gesucht haben, während der Winter auf langsameren Schwingen
ihnen nachfolgte. Ausgeschlossen ist jedoch keineswegs, und dies
dürfte der Wahrheit wohl viel näher liegen, dass auch diese Vogelschaaren durch eine Vorempfindung des herannahenden Wetters
zu zeitiger Abreise veranlasst wurden. Noth haben solche Spät-
linge jedenfalls noch nicht gelitten, das beweist ihre stets sehr
feiste Körperbeschaffenheit.

Fälle solcher Art finden vorherrschend Ende December und
Anfang Januar statt; z. B. wurde in der Nacht vom 23. zum
24. December 1880 bei schwachem Westwinde und milder Temperatur ein derartiger plötzlicher, massenhafter Zug von Lerchen,
Goldregenpfeifern, Brachvögeln und Strandläufern beobachtet,
worauf am 25. Nordwest mit Hagel und Schnee eintrat, der während
der nächsten Tage zu stürmischem Südost mit Schneegestöber überging. Der Nordwest würde diese Vögel nicht zum Verlassen ihres
zeitweiligen Anfenthaltortes bewegt haben, dies konnte nur in
der Vorempfindung des herannahenden winterlichen Südost mit
Schneegestöber geschehen sein. Dieser Zug kam offenbar von
Osten her, in der Richtung also, aus welcher das Winterwetter
stets hierher gelangt, denn er war von *Pyrrhula vulgaris* begleitet, die hier nur sehr selten vorkommt. und dies überhaupt nur,
wenn starker Zug aus östlichen Strichen stattfindet. Solche dem
Winterwetter vorangehende Spätzüge bestehen fast immer nur

aus ganz alten Individuen, meist Männchen; so waren etwa hundert
Lerchen, die ich während dieser Nacht erhielt, fast alle auffallend
grosse Männchen, welche mit wenigen Ausnahmen 193 mm von
der Stirn zur Schwanzspitze maassen — Naumann giebt als grösste
Länge 177 mm an. Schwarzdrosseln, die unter solchen Umständen
erscheinen, sind fast ohne Ausnahme schwarze Vögel mit orange
Schnäbeln, also alte Männchen.

Derartige verspätete Nachtzüge, während welcher die Vogelschaaren dem herannahenden Winterwetter vorausgehen, treten
immerhin noch mit einer gewissen Regelmässigkeit auf — wenn
dies auch nicht in jedem Jahre mit gleicher Grossartigkeit stattfindet. Anders ist es mit einer der obigen ähnlichen Erscheinung,
die jedoch zu den viel seltneren gehört und kaum jemals vor dem
Februar eintritt. Diese besteht ebenfalls in einem plötzlichen
Auftreten ungeheurer Schaaren von Wanderern, hauptsächlich
Samenfressern, die aber nicht vor dem Schneewetter, sondern
während desselben, am Tage, und meist bei strenger Kälte eintreffen. Diese bestehen aus Millionen von Lerchen, Berghänflingen,
Bluthänflingen, Grünhänflingen, weniger zahlreichen Stieglitzen,
Gold- und Gartenammern; in manchen Fällen sind denselben auch
Schaaren von Bekassinen beigemischt, die wie Völker von Reb-
hühnern erschöpft umherfliegen. Diese alle kommen während der
Früh- und Vormittagsstunden an, sie erscheinen, wenn meine Erinnerung nicht trügt, in etwas mehr nördlicher Richtung; ihr Flug
ist matt, sie sind alle sehr mager und anscheinend sehr hungrig,
da sie sofort auf jeden schneefreien Grasstreifen und den Grünkohl der Gärten einfallen, wo sie mit aufgesträubtem Gefieder,
alles unbedeckte Grün bepickend, kümmerlich umherlaufen. Wie
ganz verschieden sind diese von den obigen, dem Wetter voran-
ziehenden Schaaren. Während jene wohlgenährt, namentlich die
Kibitze und Goldregenpfeifer, in raschem kräftigen Fluge, ohne
Rastbedürfniss vorbeieilen, sind letztere offenbar durch Mangel in
den dürftigsten Zustand gerathen. Warum dieselben nicht ebenfalls den warnenden Vorboten des herannahenden Wetters gefolgt
oder dem eintretenden Schneefall nicht sofort gewichen sind, hatte
seinen Grund wohl darin, dass die Jahreszeit schon so weit vorgeschritten, dass bei diesen, in der Heimath, oder in derselben
nahen Strichen durchwinterten Stücken, das instinktive Gefühl
für die allgemeine Nothwendigkeit eines Herbstzuges schon fast
vollständig erloschen war, und sie dem nur noch schwachen Triebe
widerstanden, bis die höchste Noth sie zwang, ihr Heil in der

Flucht zu suchen - was dann naturgemäss in der Richtung des Herbstzuges ihrer Arten geschah.

Neben den genannten erscheinen in solchen Fällen oftmals noch andere Gäste, die vorherrschend immer nur während strenger Kälte in gesteigerter Zahl auftreten, nämlich *Falco buteo, Anthus rupestris, Tringa arenaria, maritima*, weniger zahlreich *islandica* — und merkwürdigerweise auch ein oder zwei Kornweihen. Ein derartiger ausnahmsweiser Winterzug fand am 14. Februar 1876 während eines tagelang andauernden starken Schneefalles statt; und wiederum zu Anfang des Jahres 1881. Das Wetter war in diesem letzteren Falle bis Mitte Januar milde gewesen, das Thermometer sank dann vom 16. zum 22. bis auf — 10° C., was für Helgoland ein ungewöhnlich bedeutender Kältegrad ist, da die umgebende See stets viel Wärme ausstrahlt, und am 17. traf ein Massenzug von Lerchen und Fringillen ein, denen sich in diesem Falle Berglerchen und Schneeammern beigesellten, sowie Felsenpieper in ganz ausserordentlich grosser Zahl nebst den genannten nordischen Strandläufer-Arten. Auch Sägetaucher, einige *Albellus*, sowie Schwäne und nordische Tauchenten stellten sich ein, welches alles Beweise dafür, dass der Winter irgendwo sehr energisch aufgetreten sei.

Noch einer dritten ähnlichen ausnahmsweisen Zugerscheinung ist zu gedenken, die ebenfalls durch plötzlich eintretendes Winterwetter hervorgerufen wird, während welcher aber die schon in vollem Frühlingszuge begriffenen Vögel durch Frost und Schnee zu einer vollständig rückgängigen Bewegung auf ihrem Wege zur Niststätte veranlasst werden. Es ist dies jedenfalls eine viel überraschendere Erscheinung, als die früher besprochenen wenn auch ausnahmsweisen, so doch immer noch in der normalen Richtung verlaufenden Zugbewegungen. Man hat in Folge dessen auch viel seltener Gelegenheit einen derartigen wirklichen Rückzug zu beobachten. Mir ist während meiner so langen Praxis in der That nur ein solcher höchst grossartiger Fall vorgekommen. Es war im März 1879 — das Wetter war im Laufe der ersten Woche des Monats rauh und kalt gewesen, wenngleich die Temperatur auch stets über Null verblieb. Während der zweiten Woche fand starker Zug statt: *Turdus merula* und sogar *musicus* waren ziemlich häufig; *Motacilla lugubris* zeigte sich und *Accentor modularis* kam schon auffallend zahlreich, so auch *Fringilla cannabina* und *montium*. Vom 11. bis 14. trat stürmischer Nordwest mit Schnee und Hagel ein, die Kälte sank einige Grad unter Null; vom 15. zum 16.

brachte ganz schwacher Südwest Thauwetter, und im Laufe dieser
Nacht ereignete sich, was ich in so schlagender Weise nie zuvor,
noch seitdem wieder gesehen habe: die ganze Atmosphäre war
buchstäblich erfüllt von Hunderttausenden von Brachvögeln, Goldregenpfeifern, Kibitzen, Bekassinen, Austernfischern und Strandläufern, sowie Massen von Gänsen. Unbeschreiblich war das Chaos
von Stimmen, welche durch die schwarze Nacht erschallten, ganz
nah, fern und aus weitester Ferne. Namentlich war es der in der
Finsterniss so laut und wild schallende tausendfältige Ruf des
grossen Brachvogels, welcher der Scene ein fast schauerliches Ge-
präge verlieh.

Die ganze Erscheinung in Verbindung mit dem plötzlichen
Eintritt des milden, stillen Wetters konnte nur schliessen lassen,
dass der Winter zu Ende, der Frühlingszug in seltener Gewalt zum
Durchbruch gelangt sei, und die Vögel in fröhlichem Gedränge der
Sommerheimath zueilten. Dem war jedoch nicht so: ein Blick auf
die Flugrichtung der Schaaren zeigte zu grossem Erstaunen, dass
Alles in wildester Hast von Ost nach West eilte, also der Niststätte den Rücken kehre. Ich muss bekennen, dass diese Wahrnehmung mich im ersten Moment vollständig stutzen machte, denn,
ich wiederhole es: der so ausserordentlich massenhafte Zug, verbunden mit der eingetretenen milden Witterung, konnte, in der
Mitte des März, nur schliessen lassen, dass die nächsten Tage warm
und begleitet von leichten südöstlichen Winden sein würden.

Dieser nach Mitternacht begonnene gewaltige Zug währte bis
zum Morgen, Kibitze setzten denselben in grosser Zahl noch den
ganzen Vormittag fort, gleichfalls eilten einige während der Frühstunden eingetroffene Schnepfen und Schwarzdrosseln unverzüglich
weiter. Die wenigen Kibitze, welche sich niederliessen, liefen
kümmerlich, wie halb erfroren und verhungert, umher. Die nächsten
Tage sollten denn auch des Räthsels Lösung bringen: der Winter
war zurück gekehrt mit stürmischem Nordost, Frost und Schnee,
östliche Winde hielten an bis zum 28., manchmal bis zum Sturm
ausartend, von Schnee und Frost begleitet. Am 29. und den
darauf folgenden Tagen ward der Wind südlich, die Luft war
bedeckt, milde, und etwas leichter Regen fiel; nun begann der
Frühlingszug allen Ernstes: in grossen Schaaren zog *Corvus cornix*
mit vielem Geschrei den ganzen Tag bis spät am Nachmittag hoch
überhin; es zogen während der Nacht des 30. wie mein Journal
sich ausdrückt »Millionen« Charadrien aller Art, *Numenius arquatus*,
Tringa alpina und dergleichen. Am darauffolgenden Tage erschienen

Rothkehlchen, Goldhähnchen, Pieper, Bachstelzen, Brunellen und Steinschmätzer, ja ein Blaukehlchen, *Sylvia Wolfii*, ein schönes altes Männchen, erhielt ich, und von da an nahm der Zug in gewohnter Weise seinen ungestörten Verlauf.

Die bisher besprochenen Witterungszustände beeinflussen den Zug allerdings in hohem Grade, lassen denselben jedoch immer noch zu, wenn auch in von der Regel abweichenden Formen. Die nun zu berührenden Momente aber sind thatsächlich die schlimmsten Feinde der hiesigen Jäger und Vogelsteller, denn entweder verhindern sie vollständig all und jeden Zug, oder machen durch ihr Auftreten demselben sofort ein Ende.

Hierher gehört in erster Linie der Nebel; während desselben wird kein Vogel hier sichtbar. Bei seinem Eintreten erhebt der Zug sofort sich zu klaren Luftschichten, und wer etwa an Wanderern auf der Insel sich aufhält, zieht bei seinem Herannahen unverzüglich davon; sollten dennoch einige Schnepfen angetroffen werden, so sind dieselben so scheu und wild, dass es kaum möglich ist zum Schuss zu gelangen.

Oft ist im Frühjahr während der Morgenstunden und am Vormittag das günstigste Wetter für den Zug, aber kein Vogel erscheint; man kennt dies hier so gut, dass jeder Jäger sofort sagt: irgendwo muss wieder Nebel stecken. — Unfehlbar zeigt denn auch später der telegraphische Witterungsbericht von den nahen Küstenländern entweder daselbst herrschenden Nebel an, oder solcher tritt im Laufe des Tages in Wirklichkeit hier ein. So unter anderm am 10. März 1880: Wind Süd, schwach, klar, warm; unter solchen Bedingungen hätte Zug stattfinden müssen, aber mein Journal sagt: »Nichts — muss Reif oder Nebel irgendwo sein,« fortfahrend: 5 Uhr Nachmittags Nordost und Ostnordost, Nebel. Derartige Auszüge könnte ich Hunderte geben, es mögen nur noch ein oder zwei folgen, welche beweisen, dass der Zug durch den Nebel nicht immer ganz aufgehoben wird, sondern in vielen Fällen nur in grösserer Erhebung verläuft. Es war z. B. am 9. Februar 1878 dicker Nebel von 1 Uhr Nachts bis 7.30 Abends; am Mittag des Tages ward es jedoch auf kurze Zeit klar, und sofort sah man Lerchen in grossen Schaaren in der Richtung ihres Frühlingszuges ostwärts überhinziehen. Vom 3. April 1880 sagt mein Tagebuch: Wind südost, schwach, Nebel, Regen — Nichts; in der Nacht von 12 bis 3 Uhr der Nebel verzogen, und während dieser Zeit ungeheure Massen von Drosseln, Steinschmätzern, Staaren, Goldregenpfeifern, Kibitzen, Austernfischern und Strand-

läufern; darauf wieder Nebel, und kein Vogel mehr beim Leuchtfeuer gesehen noch gehört. Im Monat April hätte bei leichten
Südost-Winden und etwas Regen starker Zug stattfinden müssen,
und nur der Eintritt von Nebel konnte ihn über seine zeitweilige
Erhebung hinaus verdrängen. Der Nebel erfüllt die Atmosphäre
oft nur zu einer so geringen Höhe, dass man die tausendfältigen
Locktöne der darüberhin ziehenden Lerchen ganz deutlich vernehmen kann, ja manchmal steht man hier auf dem zweihundert
Fuss hohen Felsen in ganz klarer wolkenloser Luft und blickt
bis zum fernen Horizont auf eine ununterbrochene wallende Nebel-
masse hinab, die gleichmässig das ganze weite Meer bedeckt.

Thau und Reif, welche beide in ihrem Entstehen wohl auf
dieselben Grundursachen zurück zu führen sind, äussern sich in
ihrer Beeinflussung des Vogelzuges ebenfalls auf ganz gleiche
Weise. Beide sind regelmässig begleitet von sonst für den Zug
höchst günstigen Witterungsbedingungen, und dennoch ist bei der
»prachtvollsten Gelegenheit« wie der Helgoländer es nennt, kein
Vogel in den Frühstunden sichtbar, wenn es während der Nacht
gethaut oder gereift hat. Beide Phänomene treten fast immer nur
mit gutem Wetter, d. h. mit stiller klarer Luft und schwachen
östlichen oder südöstlichen Winden auf, so dass man hier dieselben
als die Verkünder und Erhalter schönen Wetters ansieht, was
kann also in ihnen so Widerwärtiges für die Vögel liegen? Auch
sogar die Nachtschmetterlinge schwärmen und ziehen nicht an
anderweitig günstigen, aber von Thau begleiteten Sommerabenden,
während sie doch einem leichten warmen Regen durchaus nicht
sofort zu weichen geneigt sind.

Ist jedoch während der Vormittagsstunden des März oder Anfang April der Reif der Sonne gewichen, so kommen fast regelmässig noch Schwarzdrosseln und Schnepfen, wie aus der Luft
herabgefallen, an; so z. B. am 2. März 1885; der Morgen war klar,
schön und fast ganz still, ein kaum wahrnehmbarer Luftzug von
Nord und Nord-Nord-Ost, aber starker Reif; ohne letzteren wären
in der Frühe unfehlbar Schwarzdrosseln und Schnepfen da gewesen,
aber nicht ein Vogel war sichtbar; im Laufe des Vormittags jedoch und während des Tages kamen noch mehrere Schnepfen und
Schwarzdrosseln an, auch zogen Krähen überhin.

Am 21. und 22. März 1880 war der Wind Ost, die Luft heiter
Reif, »Gar nichts«; am 23. Südost, still, klar, Reif — Nichts,
ausser wenigen Krähen und einigen Fringillen; am 24. Südost,
Vormittags und später Krähen, Saatraben und Dohlen, wilde Tauben,

ein Paar Bachstelzen und Goldammern. Während all dieser Tage keine Schwarzdrosseln und keine Schnepfen, und doch war die Witterung derartig, dass beide Arten, sowie noch manche andere zahlreich vertreten gewesen wären, hätte der Reif dies nicht verhindert. Den 26., 27. und 28. Ostwind, kalt, Nebel, natürlich Nichts; den 29. ganz still, bedeckt, wärmer, und sofort in der Frühe Staare in Schaaren von Hunderten, Schwarzdrosseln ziemlich viel, Rothkehlchen ebenso; Waldschnepfen wurden 250 Stück erlegt, was beispiellos für den Frühlingszug ist; Claus Aeuckens und sein Neffe schossen während der Morgenstunden 35 derselben am Fusse des Felsens.

Es ist soeben darauf hingedeutet, dass auch die Bewegungen der Nachtschmetterlinge meteorologischen Beeinflussungen unterworfen seien; diese Ansicht stützt sich auf wiederholte Beobachtungen, nach welchen dieselben unter gleichen Bedingungen wie die Vögel, und fast immer zusammen mit diesen in ost-westlicher Richtung hier vorbeiziehen, und zwar in Schwärmen, die jeder Zahlenschätzung spotten und nur als Millionen bezeichnet werden können. Leider ist es mir bisher nicht gelungen, die Ankunftszeit solcher westwärts wandernder Massenzüge an der englischen Küste festzustellen, um, wie ich glaubte, die Fluggeschwindigkeit auch dieser Wanderer daraus zu ermitteln. Nach Mittheilungen meines Freundes John Cordeaux, dessen Landsitz Helgoland gegenüber an der Britischen Ostküste gelegen ist, wird *Plusia Gamma* daselbst oft plötzlich in so ungeheurer Zahl gesehen, dass einzig und allein eine Masseneinwanderung die Erscheinung zu erklären vermag.

Es mögen einige hierauf bezügliche Aufzeichnungen meines Ornithologischen Tagebuches zur Bestätigung des Gesagten folgen: In der Nacht des 25. Oktober 1872 zogen während eines sehr starken Lerchenzuges *Hybernia defoliaria* zu vielen Tausenden, gemischt mit Hunderten von *Hyb. aurantiaria*; im darauf folgenden Jahre in der Nacht des 29. Juli, während einer warmen ganz stillen Nacht, Tausende von *Eugonia angularia* nebst Hunderten von *Gnophies quadra* inmitten eines starken Zuges von jungen *Charadrius auratus* und *hiaticula*, vielen *Totaniden* und *Tringen*; ebenso in der Nacht vom 12. zum 13. August 1877 bei schwachem östlichen Winde und ganz leichtem warmen Regen »Myriaden« von *Plusia gamma* zusammen mit obigen Strandvögeln und vielen jungen *Saxicola oenanthe*, *Sylvia trochilus* und anderen kleinen Vögeln.

Interessant ist ganz besonders der Vorfall, dass am 23. Juni 1880 bei ganz stillem warmem Wetter ein für das mittlere und nördliche Europa ganz ausserordentlich seltener südlicher Vogel, zusammen mit einem in Norddeutschland selteneren, und auf Helgoland nur einmal zuvor gesehenen Schmetterlinge erschien, nämlich eine *Saxicola deserti* und ein *Papilio podalirius*. Es hatte schon seit dem 15. des Monats klares warmes Wetter, begleitet von östlichen und südöstlichen leichten Winden geherrscht.

Nichts aber übertrifft die Wanderzüge von *Plusia Gamma* während der Mitte des August 1882. Am 15. war der Wind Südost, begleitet von schönem warmen Wetter; es waren angekommen *Sylvia phoenicura, cinerea, trochilus; Motacilla alba; Muscicapa luctuosa, Saxicola rubetra, Emberiza hortulana; Hirundo urbica* und *riparia* sowie *Cypselus apus*; während der Nacht zum 16. war der Wind südlich, stiller warmer Regen: viel Zug der obigen kleinen Vögel und sehr viele »Langbeiner« d. h. *Charadrien, Totaniden, Tringen* u. s. w. und gemischt mit diesen, »von 11 bis 3 in der Nacht Myriaden *Gamma* — wie dickes Schneegestöber, alle von Ost nach West ziehend.« Am 16. früh Wind West, Regen, Nachmittag schön, sonnig, still; am Abend und Nacht Süd, still, schön; starker Zug der obigen kleinen Vögel und Langbeiner; im Laufe der Nacht wiederum unzählige *Gamma*: so während der Nächte des 17. und 18. unter gleichfalls ganz leichten südlichen und westlichen Winden. Am 19. Südost, schönes Wetter, während des Tages viele Sylvien, Fliegenfänger und dergleichen; während der Nacht bedeckte Luft, still, sehr viele Langbeiner und wiederum Tausende und Abertausende von *Gamma*, stets alle von Ost nach West wandernd, während der Nacht des 20. fernes Gewitter, welches allem Zuge eine Ende machte.

Dies führt denn zu der Frage der Beeinflussung des Zuges durch gewaltsame elektrische Vorgänge in der Atmosphäre. So hatte der obige regelmässige Zug der Myriaden von Gamma schon in der Nacht vom 11. zum 12., während welcher auch Vogelzug stattfand, begonnen; beides ward aber bald darauf durch Gewitter unterbrochen. Mein Tagebuch enthält hierüber Folgendes: 13. August Süd-Süd-Ost, Abend vorher Südost. Anfänglich — vor Mitternacht des 12. — Zug von *Sylvia phoenicura, Saxicola oenanthe, Charadrien, Tringen* und Aehnlichen, später in der Nacht starkes Gewitter, Zug vorbei. 13. Morgens klar, warm, schön, aber Nichts, des Gewitters halber nicht aufgebrochen? Einen Tag später begann der Zug aller zeitgemässen Vögel aufs neue und währte unter schwachen südlichen und südöstlichen Winden und schönem Wetter bis zum 20., worauf während der Nacht zum 21. Gewitter, dem stürmische Nordwestwinde folgten, allem Zuge ein Ende machte. Letzteres Wetter währte bis zum 4. September, mit diesem Tage trat stille, gute Witterung ein, leichter Nordwind, der nach Nordost und späterhin Süd umlief, womit Rothschwänzchen, Laubvögel, Grasmücken, Fliegenschnäpper, Steinschmätzer, Mornell-Regenpfeifer und viele Langbeiner in vollem Zuge auftraten.

Das sogenannte Wetterleuchten nach heissen Tagen beeinflusst den Zug in gleicher Weise, so auch die während der Nächte des Spätherbstes oft stattfindenden sehr starken elektrischen Entladungen, welche in den meisten Fällen nicht von Donner gefolgt werden, und fast regelmässig die Vorläufer und Begleiter starker Stürme sind.

Eine weitere, höchst eigenthümliche, mit Gewittern in Verbindung stehende Erscheinung bildet das zeitweilige Auftreten von Millionen der grossen Libellen, *Libellula quadripunctata*. Wenn an heissen Sommertagen Gewitterwolken sich am Horizont aufthürmen und, wie in schönen Formen hoch aufgebaute Schneeberge, in den blauen Aether ragen, so treffen während der schwülen windstillen Stunden, die der Katastrophe vorangehen. regelmässig und plötzlich unzählbare Massen dieser Netzflügler hier ein. Man sieht nicht, woher sie kommen, auch erscheinen sie nicht in Schwärmen oder Gesellschaften, sondern es muss dies einzeln und zerstreut geschehen: jedenfalls aber in sehr schneller Aufeinanderfolge, denn nach kurzer Zeit sind die von der Sonne beschienenen Felswände, Gebäude, Zäune, sowie alle dürren Zweige von ihnen besetzt. Es ist dabei nicht nöthig, dass ein solches Gewitter sich über Helgoland oder in dessen unmittelbarer Nähe entlade, sondern nur, dass dasselbe, wie oben beschrieben, sich vom Horizont bis etwa zwei drittel zum Zenith hinauf erhebe. Eben so unmerklich, wie sie gekommen, verschwinden diese Thiere wieder, so dass oft der nächste Morgen kaum ein oder das andere Exemplar aufzuweisen hat. Ob dieselben westwärts weiter ziehen, ist nicht zu sagen, wahrscheinlich ist dies der Fall, denn hier bleiben sie jedenfalls nicht, sonst würde man dieselben, nach einem schweren Gewitterregen etwa, todt herumliegen sehen.

Es möge nun noch einiger selteneren Zugerscheinungen gedacht werden, die sich nur nach Zwischenräumen vieler Jahre wiederholen, und unzweifelhaft ebenfalls durch meteorologische Einwirkungen herbeigeführt werden, wenn solches nachzuweisen auch nicht immer möglich ist. Dahin gehört besonders die plötzliche massenhafte Erscheinung einer Art in Welttheilen, die sehr fern von ihrer Heimath liegen, und in welchen sie kaum jemals als unbekannte Gäste gesehen werden; so z. B. das 1863 über ganz Europa zu Tausenden, und 1888 zu Zehntausenden auftretende Asiatische Steppenhuhn, *Syrrhaptes paradoxus*. Die Ursachen solcher phänomenalen Wanderungen dürften wohl mit ziemlicher Sicherheit in ebenso ausnahmsweisen Witterungsereignissen zu suchen sein, und möglicherweise in einem sehr ausgedehnten plötzlichen Schneefall bestehen, der alle Nester dieser früh brütenden Vögel bedeckte und veranlasste, dass sie in so erstaunlichen Massen ihre Niststätten verliessen. Die so kalten Frühjahrsmonate des Jahres 1888 legen eine solche Vermuthung nahe.

Dem Obigen schliesst sich zunächst das sporadische gleichzeitige massenhafte Auftreten verschiedener fern ostasiatischer Arten an, welches sich, wenn auch nicht in bestimmten Zeitabschnitten, doch aber nur unter bestimmten Wetterbedingungen wiederholt. Eine derartige Erscheinung bot der Herbst des Jahres 1847 in äusserst umfangreicher Weise dar; besonders waren es in nie gesehener Massenhaftigkeit auftretende Schaaren von Leinzeisigen, *Fringilla linaria*, gemischt zu etwa einem Drittheil mit *F. exilipes*, der östlichen Form, die etwas kleiner ist wie *linaria*, den kürzesten Schnabel der Gruppe dieser rothbrüstigen Fringillen und einen rein weissen ungefleckten Bürzel hat. Leinzeisige sind hier im Ganzen eine höchst sparsame Erscheinung, sie treten meist immer nur in wenigen Stücken auf, und auch in so beschränkter Zahl ist kaum in jedem Jahr auf sie zu rechnen. In jenem Jahre aber, das auch sonst sehr reich an anderen östlichen Gästen war, erschienen diese Vögel von Mitte Oktober bis Mitte November fast täglich zu Hunderten; dies steigerte sich am 4. und 5. November zu so unzählbaren Massen, dass buchstäblich die ganze Insel von denselben bedeckt war, und dass man, wie Claus Aeuckens, der damals noch Knabe war, noch heute erzählt, in keiner Richtung einen Stein werfen konnte, ohne zahlreiche Stücke zu treffen so lange der Stein noch rollte. Der Wind war während dieser beiden Monate vorherrschend östlich, oft südost; so auch während der zweiten Hälfte des Dezember und bis zur Mitte des folgenden Januar.

Ausser den Genannten trat während jenes Herbstes die Berglerche, *Alauda alpestris*, hier zum ersten Male in sehr grossen Schaaren auf. Dieselbe war bis dahin auf Helgoland ein fast

ganz ungekannter Vogel, der von den ausgezeichneten Kennern
alles hier je Gesehenen, den drei Gebrüdern Aeuckens, nur einmal
in drei Exemplaren angetroffen und geschossen worden war, seit
dem Herbst 1847 aber nach und nach häufiger erschien, und
vom fernsten östlichen Asien aus seine Brutstätten stetig westwärts
vorgeschoben hat, so dass derselbe lange schon fester Brutvogel
bis in das obere Skandinavien geworden, und dies ohne Zweifel
demnächst auch im oberen Schottland werden dürfte. Der Einwurf, dass diese Lerche auch wohl schon früher in grösserer Zahl
hier vorgekommen, aber übersehen worden sei, ist für Helgoland
nicht zulässig, indem zu jener Zeit wenigstens drei sehr aufmerk-
same geschäftsmässige Sammler sich auf der Insel befanden: der
alte Koopmann, Reymers und der älteste der oben genannten
Gebrüder Aeuckens, Oelrich — genannt der »Alte Oelk«; von
diesen suchte der Letztere während der Zugzeit der Berglerche,
welche noch dazu mit der der Schnepfe zusammenfällt, jeden
Quadratfuss der Insel täglich wenigstens zweimal ab, und ganz
unmöglich ist, dass demselben der auffallende Lockton, den dieser
unruhige Vogel im Herumlaufen sowohl wie im Fluge fortwährend
hören lässt, entgangen wäre. Im Verlaufe der letzten Dezennien
hat sich die Zahl der hier erscheinenden Berglerchen stetig in so
hohem Grade gesteigert, dass sie jetzt jeden Herbst nach Hunderttausenden zählt, und sogar auch im Frühjahr die Insel zu Tausenden wieder berührt. Letztere wohl zweifellos Stücke, die in
England überwintert haben.

Ausserdem brachte jener Herbst viele Dompfaffen, zahlreiche
Seidenschwänze, und natürlich auch *Anthus Richardi* in grösserer
Anzahl, sowie ziemlich viele *Parus ater* — alles Beweise eines
ausnahmsweise starken Zuges vom fernen Osten her. Dass *Larus
Sabinei* Ende Oktober jenes Jahres hier geschossen worden, *Mergus
albellus* oft vorkam, am 10. Dezember neun Stück *Anser niveus*
den Strand entlang flogen und *Cinclus Pallasi* am 31. Dezember
in der Nähe von vier bis sechs Schritten gesehen ward, sind alles
gewichtige Belege für einen derartigen ausnahmsweisen ost-westlichen Massenzug. Das Wetter begünstigte einen solchen denn
auch in hohem Grade, oder richtiger wohl: es war die Veranlassung,
dass derselbe überhaupt stattfand, denn, wie schon bemerkt,
herrschten während der ganzen Zugzeit östliche und namentlich
südöstliche Winde vor.

Lange hegte ich die Vermuthung, ich kann wohl sagen Ueberzeugung, dass während so gewaltiger Herbstzüge aus dem fernen

Osten die zu solchen Zeiten hier vorherrschenden östlichen Winde und Windstillen sich bis in das ferne östliche Asien erstreckten, es war mir jedoch lange Zeit nicht möglich, mich hierüber zu vergewissern, dies ist mir nun aber kürzlich durch die ausserordentliche Güte und Beihülfe des Herrn Professor Neumayer, Direktor der Seewarte zu Hamburg, ermöglicht worden, indem derselbe mir Auszüge beschaffte aus den Aufzeichnungen meteorologischer Beobachtungen, welche die russische Regierung in grossem Umfange auch über den asiatischen Theil des Reiches anstellen lässt. Ich gebe dieselben in kurzer Fassung, und in einer dem gegenwärtigen Zwecke entsprechenden Form hiereben wieder, und mache besonders darauf aufmerksam, dass, während nur zwölf Striche des Kompasses von Nordost durch Ost bis Süd als günstig für die fragliche Zugbewegung herangezogen werden und somit zwanzig Striche von Süd durch West bis Nordost dem entgegenstehen, dennoch das Ergebniss in allen einschlägigen Fällen ein überaus günstiges ist.

Für das oben besprochene Jahr, 1847, steht mir freilich nur eine Station: Lugau, südost von Moskow zu Gebote; im Laufe der Monate September, Oktober und November dieses Jahres herrschten daselbst 69½ Tage östliche Winde und Windstillen, während nur 21¹⁄₂ von westlichen und nördlichen Winden ausgefüllt wurden.

Im Jahre 1859, während dessen Herbstzuges ostasiatische Arten hier ebenfalls wieder sehr stark vertreten waren, wenn auch in keinem Verhältniss zu 1847 stehend, erhielt ich dennoch drei Stück *Sylvia superciliosa*, zwei *Strix Tengmalmi* und viele *Anthus Richardi*, sowie denn auch eine der seltenen zahlreichen Erscheinungen von *Corvus glandarius* stattfand. Hier herrschten südöstliche Winde vor, und das Ergebniss der Stationen Lugau und Kursk für September und Oktober war: 84³⁄₄ Tage günstige östliche Winde und Windstillen gegenüber 37¹⁄₄ Tagen ungünstiger westlicher und nördlicher Winde.

Ein Jahr, welches sich sowohl während seines Herbst-, wie auch Frühlingszuges durch sehr zahlreiches Auftreten östlicher und südöstlicher Arten auszeichnete, war 1879, das letzte, für welches mir Russische meteorologische Aufzeichnungen zu Gebote stehen; diese erstrecken sich nunmehr aber über neun Stationen und zwar vom 21⁰ bis zu 82⁰ 47′ östlicher Länge von Greenwich — hiereben ausführlich namhaft gemacht. Es ist kaum nöthig zu sagen, dass während beider Zugperioden östliche, namentlich Südost-

winde und Windstillen auf Helgoland in sehr ausgedehnter Weise vorherrschten, und ein Gleiches fand statt auf der ganzen Zugbahn der
Vögel von hier bis Semipalatinsk und Bernaul, weiter scheinen sich
die Beobachtungen derzeit nicht erstreckt zu haben. Das Gesammt-
resultat der beiden Monate Mai und Juni ergab 319 von günstigem,
gegenüber 230 von ungünstigem Reisewetter begleitete Tage:
während der Monate September und Oktober war das Verhältniss
sogar 325²/₃ günstige, gegen 162¹/₃ ungünstige Tage.

Die Frühlingsmonate desselben Jahres brachten hierher *Emberiza pyrrhuloides, Alauda pispoletta, Falco Eleonorae, Sylvia viridana, Emberiza melanocephala* zweimal, *Sturnus roseus* dreimal,
Fringilla serinus, die ich bis dahin hier nur einmal erhalten, fünf
bis sechsmal, sowie *Himantopus rufipes.* — Letzterer sowie *F.
Eleonorae* wurden zwar nicht erlegt, ihr Vorkommen steht jedoch
ausser allem Zweifel. Die vier Erstgenannten waren bis dahin
hier nicht gesehen worden.

Die Anzeichen für das Eintreffen fern süd-östlicher Frühlings-
gäste waren so günstige, dass ich meinen Freund John Cordeaux,
dessen Besitzthum an der Ostküste Englands unter gleicher Breite
mit Helgoland liegt, brieflich aufforderte, ein besonders wachsames
Auge auf die Wanderer zu haben, da sicher derartige seltene
Erscheinungen auch nach England gelangen würden, und in der
That ward daselbst am 27. Juli eines von zwei Stücken eines
Seglers geschossen, *Cypselus caudacutus,* dessen Heimath sich vom
Himalaya durch das östliche Asien bis Australien und Neuseeland
erstreckt; kaum zu bezweifeln ist es wohl, dass damals noch
mancher ähnliche interessante Vogel ungesehen über Helgoland an die
britische Küste gelangte, sowie in Oesterreich und Deutschland sich
verloren habe, ohne seinen Weg bis hierher fortsetzen zu können.

Im Verlaufe des Herbstzuges desselben Jahres wurde *Sylvia
superciliosa* wiederholt gesehen und einmal erlegt; *Sylvia reguloides,*
mit ihrem auffallend hellgelben Bürzel, wurde am 8. und 9. Oktober
gesehen, wohl ein und dasselbe Exemplar; *Anthus cervinus* kam
wiederholt vor; von acht *Emberiza pusilla* wurden vier geschossen:
von fünf *Emb. rustica* leider nur ein Stück, nämlich am 28. September. Das Erscheinen von *Picus leuconotus* mag ebenfalls hierher gezählt werden, ob auch eine am 24. Oktober geschossene
Fringilla Hornemanni, weiss ich nicht zu sagen. — *Alauda
alpestris* war aber derzeit in grossen Massen vorgekommen, sowie
auch ein *Larus affinis* am 20. desselben Monats. Während der
Nacht zum 25. und wiederum zum 26. zogen über jede Zahlen-

schätzung hinausliegende Schaaren von Staaren, deren ungeheure
Massen auf ein sehr weit ostwärts sich dehnendes Brutgebiet hin-
deuten; ebenso zogen während dieser Nächte gewaltige Schaaren
von Gold- und Kibitzregenpfeifern, beides Arten, deren Brutstätten
sich bekanntlich durch das nördliche Asien fern ostwärts erstrecken.
Sollte denn nicht *Fringilla Hornemanni* möglicher Weise auch
dem östlichen höchsten Norden als Brutvogel angehören und sich
dem damaligen so ausnahmsweise gewaltigen Wanderstrom angeschlossen haben?

Die auf den letzten Seiten gegebenen Daten dürfen denn
wohl als wesentliche Bestätigung dessen gelten, was ich während
Behandlung dieses Abschnittes so wiederholt ausgesprochen, dass
nämlich den Vögeln während ihrer beidesmaligen Jahreswanderungen
östliche und namentlich süd-östliche Winde, und solchen nahe
stehende Windstillen, das willkommenste Reisewetter darbieten,
und dass, wenn derartige Witterungsverhältnisse während der Herbstmonate bis in das östliche Asien in den niederen Luftschichten
vorherrschen, dieselben einen ausnahmsweise starken Zug, auch
ungewöhnlicher Erscheinungen herbeiführen.

Ganz kürzlich ist mir noch die Freude geworden, der obigen
langen Kette einschlägiger Beobachtungen ein weiteres Glied hinzufügen zu können, indem mir der wiederholt genannte Herr John
Cordeaux als Resultat seiner langjährigen Beobachtungen mittheilt,
»dass auch an dem Helgoland gegenüberliegenden Theil der englischen
Ostküste mit Ost- und Südost-Winden die Vögel in grossen Massen
erscheinen, mit entgegengesetzten Winden aber stets nur sehr
wenige, und dass in letzterem Falle dieselben der Regel nach
wahrscheinlich sehr hoch überhin zögen.« Dies Ergebniss langjähriger eingehender Beobachtungen stimmt somit vollständig überein mit dem, was ich durch fast alle Abschnitte dieser Behandlung des Vogelzuges ausführlichst nachzuweisen versucht habe.

Es möge hier nun eine übersichtliche Zusammenstellung der
in den Jahren 1847, 1859 und 1879 — welche durch ausnahmsweise starken ost-westlichen Zug besonders hervorragen — im
Russischen Reiche gemachten Wetterbeobachtungen folgen, zu
welchen, wie schon erwähnt, der Herr Professor Neumeyer mir das
Material zu verschaffen die ausserordentliche Freundlichkeit hatte,
und wofür ich genanntem Herrn hiermit den wärmsten Dank
ausspreche.

Station der Beobachtungen			Jahr	Monat	Günstige Ergebnisse NO bis S und Windstille		Total	Ungünstige Ergebnisse S durch W bis NO	Gesammtzahl der Beobachtungen	Gesammtergebnisse in Tagen	
Name	O. L.	N. B.			Oestlich	Still				Oestlich und Still S bis NO	Westlich S bis NO
Lugau	39° 80'	48° 55'	1847	September	72	27					
				Oktober	47	38	278	86	364	69½	21½
				November	30	64					
Lugau	39° 80'	48° 55'	1859	September	43	33					
				Oktober	35	57					
Kursk	36° 8'	51° 45'		September	37	46	337	151	488	84¼	37¾
				Oktober	27	59					
Barnaul . . .	82° 47'	53° 20'	1879	September	16	55					
				Oktober	16	44					
Semipalatinsk .	80° 13'	50° 24'		September	28	35					
				Oktober	35	37					
Katharinenburg	60° 39'	56° 53'		September	13	34					
				Oktober	10	43					
Tambow . . .	41° 28'	52° 43'	»	September	24	29					
				Oktober	40	28	977	487	1464	325⅔	162⅓
Lugau	39° 80'	48° 53'	»	September	64	16					
				Oktober	40	28					
Kiew	30° 31'	50° 26'	»	September	58	14					
				Oktober	42	9					
Wilna	25° 18'	54° 41'	»	September	33	40					
				Oktober	42	9					
Warschau . .	21° 2'	52° 13'	»	September	52	10					
				Oktober	21	10					
Barnaul . . .	82° 47'	53° 20'	1879	Mai	30	14					
				Juni	27	31					
Semipalatinsk .	80° 13'	50° 24'	»	Mai	27	25					
				Juni	44	22					
Katharinenburg	60° 29'	56° 53'		Mai	27	26					
				Juni	19	26					
Kasan	49° 8'	55° 47'	»	Mai	42	11					
				Juni	19	22					
Astrachan . .	48° 2'	46° 21'	»	Mai	57	7					
				Juni	37	13	957	690	1647	319	230
Stawropol . . .	41° 49'	45° 3'	»	Mai	33	28					
				Juni	29	32					
Lugau	39° 80'	48° 55'	»	Mai	53	15					
				Juni	34	12					
Pinsk	26° 6'	52° 7'	»	Mai	49	5					
				Juni	30	10					
Warschau . .	21° 2'	52° 13'	»	Mai	50	7					
				Juni	30	14					

7

Es bliebe nur noch übrig, anscheinender Witterungscyclen zu
erwähnen, die sich über Zeiträume vieler Jahre zu erstrecken
scheinen, und die, wenn auch nicht den Vogelzug im engeren
Sinne beherrschend, doch, wie Erfahrungen vermuthen lassen, eine
Beeinflussung ausüben auf das während solcher Cyclen sich steigernde oder verringernde allgemeine Auftreten der Vögel.

Seit etwa dreissig Jahren hat sich die Zahl der hier erscheinenden Wanderer: Drosseln, kleine Sänger, Schnepfen, Charadrien,
Limosen. Tringen und denen verwandte Arten allerdings im Allgemeinen anscheinend vermindert, weniger so der Krähen, Staare,
Lerchen und Buchfinken – aber es haben sich auch gleichzeitig
die Witterungsverhältnisse in ebenso auffallender Weise geändert.
Vor jenem Zeitraum waren die Frühlingsmonate, April und besonders Mai, meist warm und schön, mässige südöstliche Winde
vorherrschend, in den Frühstunden der zweiten Hälfte des April und
mehr noch im Mai fanden unter schwachen Südost-, Süd-Südost-
und südlichen Winden feine warme Regen statt, denen etwa um
neun Uhr morgens Sonnenschein folgte, welcher den locker da-
liegenden Kartoffelfeldern des Felsplateaus eine sehr dichte, niedrig
und träge dahinziehende Verdunstung entlockte, hier Acker-Brögen
genannt — »brögen« gleich dampfen —, während solche stille
warme Regen »Lütj-Finken-Rain« heissen. Letztere Bezeichnung
bedeutet: Kleiner-Vogel-Regen, und dies mit voller Berechtigung,
denn diese Art Wetter war stets von einem wirklich zahllosen
Gewimmel aller Arten Sylvien, Stein- und Wiesenschmätzern,
Schafstelzen, Baum- und Wiesenpiepern, Ortolanen und dergleichen
begleitet: Ziegenmelker scheuchte man aus jedem heimlichen
Eckchen auf; Wachtelkönige liefen zahlreich im Grase umher;
Mornellregenpfeifer sassen einfältig auf den Aeckern herum oder
flogen in kleineren oder grösseren Gesellschaften in der Luft umher, ihr munteres Kütt-kütt-kütt-kütt rufend, und die wohlklingen-
den Flötenstimmen der verschiedensten Wasserläufer erfüllten den
blauen Himmel. Eine oder die andere Staaramsel, schwarzköpfige
Ammer oder Syrischer Ortolan wurden geschossen, und die aufmerksameren Jäger und Vogelsteller wussten von absonderlichen unbekannten Vögeln zu berichten, die ihnen durch besondere Schlauheit
oder irgend welchen unglücklichen Zufall entgangen, und deren
Gleichen sie vergeblich in meinem Kabinette suchten. Das waren
Tage! — Im kühlen Keller stand eine grosse flache Schüssel mit
fünfzig bis sechszig der ausgesucht schönsten Männchen des nordischen Blaukehlchens, und zahlreiche, mehr oder weniger werth-

volle Sachen hingen daselbst in Reihen, um so viele wie möglich
frisch genug für die Präparation zu erhalten.

Dies alles hat sich vollständig geändert; nicht etwa, dass die
Vögel an Zahl abgenommen hätten, keineswegs, denn, wenn wirklich einmal das Wetter sich einigermaassen günstig gestaltet, so
erscheinen auch die Vögel in eben so grosser Zahl wie zuvor —
die Ursache liegt vielmehr in der vollständigen Umwandlung der
allgemeinen Temperatur- und Witterungsverhältnisse, die sich nicht
etwa plötzlich und abwechselnd, sondern stetig im Laufe eines
langen Zeitabschnittes vollzogen hat. Es ist nicht übertrieben,
wenn ich sage, dass der letzte, wirklich warme Mai wenigstens
dreissig Jahre zurück liegt; gegenwärtig herrschen kalte trockene
Nordwinde vor, und wären die Bezeichnungen Acker-Brögen und
Lütj-Finken-Rain nicht durch die fernen, früheren, besseren Zeiten
hervorgerufen worden, so würden sie sicherlich gar nicht existiren,
denn seit zwanzig bis dreissig Jahren ist kaum jemals ein schwacher
Anflug solcher Momente vorgekommen, so etwa im Mai 1879.

Es macht sich dieser Wandel auch auf anderen Gebieten
geltend, so hat sich z. B. die Zahl der hier heimischen Nachtschmetterlinge im Laufe der letzten zwanzig Jahre nach und nach
so vermindert, dass ich den Fang derselben, der früher das Vakuum
im Helgoländer Vogelleben so schön ausfüllte, fast gänzlich aufgegeben habe. Fast alle Nachtschmetterlinge haben eine grosse Vorliebe für die schönen rothen Blüthendolden des *Centranthus ruber*,
und dies bewog mich, diese Blume in vielen Exemplaren in meinem
Garten zu halten; früher wimmelte allabendlich jede Staude von
Hunderten aller Arten Nachtfalter, jetzt finden sich nur noch zerstreute Stücke darauf vor, ausgenommen Gamma, die noch immer
und manchmal ziemlich häufig auftritt.

So habe ich es seit mehr als zehn Jahren vollständig aufgegeben, getrocknete Aepfel als Köder des Abends auszuhängen,
weil es eine hoffnungslose Beschäftigung ist, dieselben abzusuchen;
es sind eben die Sommerabende niemals mehr warm genug, um die
Thiere zum Schwärmen zu bewegen. Auch ist der grosse Dungkäfer,
Geotrupes stercorarius, den man früher zu Hunderten hätte haben
können, hier ganz ausgestorben, vergeblich habe ich während der
letzten Jahre den Knaben 5 Groschen für ein Exemplar geboten;
die grosse Kreuzspinne, *Epeira diadema*, deren Netze früher zu
Dutzenden an einer dichten Planke meines Gartens ausgespannt
waren, und die zu meinem Verdruss so manchen gern besessenen
Nachtschmetterling zerstörte, ist seit etwa zehn Jahren gänzlich

verschwunden   alles dieses ist nur auf einen Wechsel in den
Temperaturverhältnissen zurück zu führen. Die durchschnittliche
Jahrestemperatur mag dieselbe geblieben sein, aber während die
Winter nicht besonders kalt, sind die Sommer ebenso wenig warm;
schwüle Sommerabende kennt man hier nicht mehr, und ist wirklich ein Sommertag still warm und schön, Fang von Nachtschmetterlingen verheissend, so folgt demselben sicherlich ein kühler, wenn
nicht kalter, von leichtem Nordwinde begleiteter Abend.

Ein solcher Wind- und Wetterwechsel documentirt sich hier
noch in einer anderen, sehr schlagenden Weise: Die zu Helgoland
gehörende kleine Sandinsel hat im Laufe der Jahre bedeutend an
Umfang verloren, indem während Sturmfluthen die Dünenhügel von
Wogen unterwaschen und der nachstürzende Sand weggeschwemmt
wurde. Bis etwa zu Anfang der sechziger Jahre geschah dies
unter schweren Nordwest-Stürmen an der Nordseite der Düne: an
keiner anderen Stelle, am wenigsten an der Südseite, fand eine
wesentliche Abnahme statt. Seit jener Zeit aber änderte sich dies
in der Weise, dass von da ab ununterbrochen an der Südseite der
Insel die Dünenhügel und der Vorstrand fortgerissen wurden, gleichzeitig aber an der Nordseite der Strand und die Vorhügel wieder
auffallend gewannen. Dieser Prozess ist noch jetzt, im Jahre 1890,
im Fortschreiten begriffen. Solche Vorgänge beweisen, dass sich
seit Beginn der sechziger Jahre die vorherrschende Windrichtung
vollständig geändert haben muss, indem die so ganz anderen Wir-
kungen doch allein nur Folge ebenso umgewandelter Ursachen sein
können. Thatsache ist, dass während des genannten Zeitraumes
keine der früher häufigen gewaltigen Nordwest-Sturmfluthen stattgefunden haben, und schwere Nordwest-Stürme überhaupt nur ganz
vereinzelt vorgekommen sind.

Die frühere Häufigkeit des Auftretens derartiger orkanartiger
Stürme hatte für die Art und Weise der Entwicklung derselben
sogar eine selbstständige Benennung herbeigeführt: wenn nämlich
unter mittelstarkem Westwinde und dickem Regen der Wind stetig
mit zunehmender Stärke südlicher drehte, und mit Heftigkeit Süd
erreichte, so nannte man dies einen App-Krumper; diesem folgte
nach einer kürzeren oder längeren Pause von Windstille ein plötzlicher äussert gewaltiger Ausbruch eines Nordwest-Sturmes; dieser
hiess: Ütt-stjätter—App-Krumper etwa Aufkriecher, und Ütt-stjätter
Ausschiesser bedeutend. Wären in früheren Jahren diese Bezeichnungen nicht durch das häufige Eintreten des Ereignisses ins Leben
gerufen worden, so würde dies während der letzten dreissig Jahre

aus Mangel der Veranlassung nimmer geschehen sein, denn es ist
eine eigenthümliche, nicht zu übersehende Erscheinung, dass gegenwärtig, bei ebenfalls dicker Luft und Regen, das Auflaufen des
westlichen Windes bis zu Süd unter Steigerung desselben zu grosser
Heftigkeit, nicht mehr die frühere unheimliche Windstille und plötzlichen orkanartigen Ausbruch aus Nordwest zur Folge hat, sondern
dass derselbe unter gradueller Mässigung wieder nach West zu-
rückgeht.

Mit allen diesen meteorologischen Vorgängen ist das Auftreten
der Vögel auf das Engste verknüpft — unumstösslich sicher wenigstens hier — und wenn die hiesigen Jäger manchmal über die
im Allgemeinen auffällige Ertraglosigkeit der Schnepfenjagd klagen,
so gebe ich ihnen die scherzhaft klingende, aber vollkommen ernst
gemeinte Antwort: Wartet nur bis die Düne wieder von der Nordseite abnimmt, dann werdet ihr wieder mehr Schnepfen haben.
Die aufmerksameren Beobachter unter ihnen stimmen dem auch
sofort bei, wissend, dass während der letztverflossenen dreissig
Jahre günstige Tage für den Vogelzug, im Herbst sowohl wie im
Frühjahr, zu den sehr seltenen Ausnahmen gehört haben.

VI. ZUG NACH ALTER UND GESCHLECHT.

Der Zug der Vögel in ihrer Reihenfolge nach Alter und Geschlecht ist ein Thema, dem bis in die neueste Zeit mehr und grössere Irrthümer angehaftet haben,. als irgend einer anderen Phase des ganzen Zugphänomens. Man nahm allgemein an, dass die alten Vögel die Führer des Zuges, die Lehrer und Wegweiser ihrer Jungen seien; wenn eine solche Auffassung sich auch nicht auf irgend welche thatsächlichen Beobachtungen in der Natur zu stützen vermochte, so erschien dieselbe doch so naturgemäss und selbstverständlich, dass man sie auf Treu und Glauben hinnahm und es für überflüssig erachtete, sie dem Prüfstein der Erfahrung zu unterwerfen. Wie fast hoffnungslos es aber anfänglich ist, einer solchen, ein Jahrhundert unangefochten herrschend gewesenen Meinung entgegen zu treten, habe ich in diesem Falle während der letzten zehn bis fünfzehn Jahre genugsam erfahren. Wenn natürlich auch nicht zu erwarten war, dass man sofort die Ergebnisse meiner Beobachtungen in ihrem ganzen Umfange gelten lassen werde, so hat es mich doch oft fast komisch berührt, zu sehen, mit welcher Vorsicht, um nicht zu sagen absoluten Ungläubigkeit, die Mittheilungen meiner, dem traditionellen Irrthum entgegenstehenden Erfahrungen aufgenommen wurden. In Folge derselben ward jedoch der Erscheinung von manchen Seiten mehr Aufmerksamkeit zugewandt, und die Zahl der Arten, betreff derer man nach und nach die Ueberzeugung gewann, dass ihre Jungen den Herbstzug lange vor ihren Eltern antreten, mehrte sich von Jahr zu Jahr.

Die Angaben Naumann's, auf welche noch weiter zurückzukommen sein wird, beruhen selbstverständlich auf den eingehendsten Beobachtungen, diese fanden jedoch in zu südlichen Breiten statt, als dass sie alle Erscheinungen des Zuges in ihrer ursprünglichen Reinheit hätten erkennen lassen.

Temmink, wie ich glaube, der einzige der älteren Ornithologen, der diese Frage berührt, sagt jedoch nur, dass »die jungen Vögel getrennt von den Alten wandern,« und geht nicht weiter auf diese Frage ein. (Manuel d'Ornithologie, III. p. XLIII.)

Palmèn folgt in seiner umfangreichen Arbeit »Zugstrassen der Vögel« rückhaltlos der alten traditionellen Auffassung, und beginnt seinen Abschnitt über den »sogenannten Zuginstinkt« mit dem Ausspruche: »Direkte Beobachtungen in der Natur ergeben, dass die Schaaren von ziehenden Vögeln allgemein ältere und stärkere Individuen als Anführer des Zuges haben.« Er hätte die Behandlung dieser Frage thatsächlich mit keiner unglücklicheren Behauptung beginnen können, als mit der eben angeführten, denn wer hat jemals Beobachtungen gemacht, die eine solche Behauptung zu unterstützen vermöchten, und in welcher erdenklich möglichen Weise könnte wohl festzustellen sein, welche von den Individuen einer etwa tausend, oder auch nur fünfhundert Fuss hoch dahinziehenden Schaar Vögeln ältere und welche jüngere seien? Unter den wenigen niedrig ziehenden Arten, welche selten eine Höhe von fünfhundert Fuss übersteigen, nämlich Krähen, Staare und Lerchen, sind es allein die Staare, bei denen die Jungen und Alten so abweichend gefärbt sind, um sie während des Ueberhinfliegens unterscheiden zu können; aber diese sowohl, wie die Krähen und Lerchen ziehen in so unregelmässigen, sich stets verschiebenden Schwärmen, dass bei ihnen von einer Führerschaft schon ohnehin keine Rede sein kann. Von dieser Zugweise machen, soweit meine Erfahrungen reichen, überhaupt nur wenige Sumpf- und Wasservögel eine Ausnahme, indem sie in einem spitzen Winkel von meist sehr ungleichen Schenkeln, oder auch nur in einer langen, schrägen Linie ihren Weg verfolgen; es sind dies Brachvögel, Kraniche, Gänse und denselben verwandte Arten. Diese wechseln allerdings öfter die an der Spitze fliegenden Individuen, aber wie wäre auch nur der Schatten eines Beweises dafür beizubringen, dass die Voranfliegenden die Aelteren und Stärkeren einer solchen jeweiligen Gesellschaft seien. Die Körpergrösse ist nicht maassgebend, auch sind etwaige Grössenunterschiede in keinem Falle bedeutend genug, um bei der grossen Höhe des Zuges wahrnehmbar zu sein; eben so wenig giebt bei den hierher gehörigen Arten die Farbe, selbst wenn noch erkennbar, einen Anhalt.

Herr Dr. Weissmann (Ueber das Wandern der Vögel) folgt gleichfalls der herkömmlichen Ueberlieferung und sagt in einem

Vortrage: »Bei den meisten Vögeln fliegen die alten erfahrenen, die also den Weg oft zurückgelegt haben, an der Spitze des Zuges und zeigen den übrigen den Weg.« Man könnte hier nun schon fragen: wenn dies nur »bei den meisten« geschieht, was denn aus solchen wird, die der Führer entbehren. Aber die solcher Weise zu einem wissenschaftlichen Lehrsatz erhobene Darstellung des Vorganges ist nichts als eine, allerdings sehr plausibel klingende Fabel, in welcher die alten weisen Individuen die Lehrer und Führer der einfältigen Jugend darstellen — ganz nach Fabelbrauch. Es ermangelt eine solche Erklärung der Frage nicht allein jeder in Thatsachen begründeten Stütze, sondern sie widerspricht auf das vollständigste all und jeder in der Natur gemachten Beobachtung.

Helgoland darf, so weit die Zugerscheinungen in Betracht kommen, thatsächlich die Vogelwarte des nördlichen Europas genannt werden, denn wohl kaum kommt an irgend einem anderen Punkte der Zug so ausgeprägt in seiner ursprünglichen Form und Fülle zur Anschauung als auf diesem kleinen Felsen im Meere. Ganz besonders darf dies vom Herbstzuge gesagt werden: nur sehr wenige Arten nähern sich hier schon dem Abschluss ihrer Reise: alles was zur Beobachtung kommt, eilt in unverringerter Massenhaftigkeit und Hast dem Winterquartiere zu.

Das unanfechtbare, so einfach wie verständlich ausgesprochene Ergebniss all der reichhaltigen Erscheinungen, wie sie hier der Forschung vorliegen, ist nun das folgende:

Dass unter normalen Verhältnissen von den hier vorkommenden dreihundertundsechsundneunzig Arten, mit Ausnahme einer Einzigen, den Herbstzug die jungen Vögel eröffnen, welche etwa sechs bis acht Wochen zuvor das Nest verlassen;

dass die Eltern derselben erst ein bis zwei Monate später folgen; und

dass ferner von diesen alten Vögeln wiederum die schönsten alten Männchen regelmässig den Zug beschliessen. Im Frühjahr findet eine entgegengesetzte Reihenfolge statt, — wovon jedoch später.

Die angedeutete einzige Ausnahme von der obigen Regel bildet der Kukuk. und dies aus sehr leicht zu errathenden Gründen: mit der Unterschiebung seines Eies in ein fremdes Nest sind seine Fortpflanzungsgeschäfte abgethan, er hat nichts mehr im Norden zu schaffen und kehrt ihm sofort den Rücken.

Beweismaterial für diese Angaben liefern in entscheidender Deutlichkeit und zahlloser Menge zuvörderst solche Arten, deren ausgefärbtes Kleid so abweichend von dem ihrer Jungen gefärbt ist, dass man in einiger Ferne schon sehr leicht zu unterscheiden vermag, welche Altersstufe man vor sich hat. Aber auch diejenigen Arten, welche ein weniger in die Augen fallendes Alterskleid aufweisen, kann man sich hier während der ganzen Zugzeit in fast jeder erwünschten Zahl verschaffen, so dass nach allen Seiten hin das ausreichendste Material für ganz zweifellose Feststellung jedweder Thatsache zu Gebote steht.

Zur Unterstützung des Gesagten mögen hier einige Auszüge aus meinem Ornithologischen Tagebuche folgen, die, wie ich hoffe, die Frage betreffs der verschiedenen Zugzeit alter und junger Vögel über jeden Zweifel erheben werden. Unter den einschlägigen Arten nehmen eine ganz besonders hervorragende Stelle die Staare ein, einestheils wegen der so sehr verschiedenen Färbung ihres Jugend- und Alterskleides, als auch in Folge ihres so überaus massenhaften Auftretens, in welch letzterer Hinsicht sich das Jahr 1878 ganz besonders auszeichnete. Mein Tagebuch sagt:

Sturnus vulgaris. Während der ersten Woche des Juni zerstreut einige alte Vögel in sehr abgetragenem Kleide wahrscheinlich Individuen, die den Gatten verloren, oder deren Brut zerstört worden.

Juni 20. und 21. grosse Flüge junger Vögel.

» 22., 23. und 24. ungeheure Massen junger Vögel.

» Bis Ende des Monats Tausende junger Vögel täglich.

Juli. Vom 1. bis 12. des Monats Tausende bis Zehntausende junger Vögel täglich.

» 16. viele Schaaren junger Vögel.

» 25. grosse Massen junger Vögel.

Darauf folgt eine Pause von zwei Monaten, während welcher keine Staare, weder junge noch alte, vorgekommen, worauf der Zug aufs Neue in folgender Weise begann:

September 22.: Staare — alte Vögel in frischem Gefieder — Flüge von vielen Hunderten.

Oktober 2. und 7.: Grosse Massen alter Vögel.

» 8.: Flüge von Tausenden.

» 13.: Nebelkrähen und alte Staare zu Zehntausenden.

» 14.: Krähen viele Tausende; Staare Hunderte von Tausenden.

Oktober 15.: Viele; 16.: Sehr wenige; 20.: Zehntausende; 28.: Sehr viel.

November 18. und 19.: Flüge alter Staare von 20 bis 50 Stück. Dezember 9. bis 18.: Täglich Flüge von 40 bis 60 Stück. In derselben Weise verläuft der Zug der Staare hier Jahr auf Jahr, vorausgesetzt, dass Wind und Wetter nicht störend eingreifen. Junge graue Vögel ziehen über Helgoland und in breiter Front zu beiden Seiten desselben dahin, von der letzten Woche des Juni bis zum Schluss des Juli; dann tritt eine Pause von sechs bis acht Wochen im Zuge ein, worauf etwa Ende September die ersten alten Vögel in schwarzem Kleide auftreten, deren Zahl sich während des Oktobers zu ganz erstaunlichen Massen steigert, im November sich bedeutend vermindert, und gegen Schluss des Jahres in kleinen Flügen endet.

Nächst den Staaren erscheint *Saxicola oenanthe* während des Herbstzuges, an günstigen Tagen, in so grossen Massen, dass sie füglich neben jenen hier Platz finden möge. Den Zug dieses Steinschmätzers eröffnen gleichfalls die jungen, etwa sechs bis acht Wochen alten Vögel, ungefähr in der Mitte des Juli; im Jahre 1880 traf die Vorhut derselben am 24. Juli ein, 1881 am 19., aber 1882 schon während der Nacht vom 7. zum 8. desselben Monats. Im Jahre 1883 herrschten während des ganzen Juli und der ersten Woche des August sehr heftige Westwinde, begleitet von Regen, und folglich ward kein Vogel dieser noch irgend einer anderen Art gesehen. In der Nacht vom 6. zum 7. August wechselte der Wind zu einem schwachen Südost und sofort erschienen neben anderen zahlreichen Arten auch Steinschmätzer, alle aber nur in geringer Zahl — dies Letztere fand denn auch seine Erklärung darin, dass der Wind aufs Neue nach West drehte und unter Regengüssen mit sehr grosser Heftigkeit bis zum 13. wehte. Vom 14. bis 23. herrschten südliche, südöstliche und östliche leichte Winde, das Wetter war warm und schön, und während der ganzen Zeit zogen junge Steinschmätzer, sowie alle anderen zeitgemässen Arten in grosser Massenhaftigkeit.

Der regelmässige Zug der jungen Steinschmätzer tritt aber erst mit der letzten Woche des Juli ein und bringt von da ab täglich Tausende dieser Vögel — so unter anderem 1880 am 24. Juli, am 4., 5., 6., 11., 12. u. s. w. August; dieser regelmässige Zug junger Vögel währt bis Mitte September, auch wohl etwas darüber hinaus, worauf er nach und nach erlischt.

Die alten Vögel dieser Art sieht man während des Herbstzuges auf Helgoland in viel geringerer Zahl, wahrscheinlich fliegen sie vorherrschend, ohne ihren Zug zu unterbrechen, während der Nächte

überhin. Ihre eigentliche Zugzeit ist der Oktober, jedoch stellen
sich zerstreute Stücke im blaugrauen Kleide schon im Laufe des
September ein; so befanden sich z. B. unter 45 in der Nacht zum
1. September 1881 beim Leuchtfeuer gefangenen 7 alte Vögel, und
unter 46 in der Nacht zum 4. desselben Monats nur 3, der Rest bestand in beiden Fällen aus jungen Sommervögeln. 1880 ward der erste
alte Vogel am 10. Oktober gesehen, und 1882 am 4. desselben Monats.

In ganz gleicher Weise verläuft der Zug von *Muscicapa luctuosa, Sylvia phoenicura, Sy. trochilus, Saxicola rubetra, Emberiza
hortulana* und vieler anderer Arten — thatsächlich gelten die
obigen, für *Saxicola oenanthe* angegebenen Daten auch fast für
alle eben Genannten, nur dass *Trochilus* die frühest erscheinende
ist, *Phoenicurus* und *Hortulana* aber meist erst vierzehn Tage
später auftreten.

Zu den Jungen von *Sy. trochilus*, die den Zug schon früh
im Juli eröffnen, — ich habe sogar schon einen jungen, sehr gelben
Vogel dieser Art am 30. Juni erhalten, — gesellen sich Ende August
die alten, blasser gefärbten Stücke; von *Sy. phoenicura* aber,
deren Junge kaum vor Ablauf der ersten Woche des August eintreffen, folgen die Alten in etwas kürzerer Zeit nach: unter 36
während der Nacht des 4. September 1881 gefangenen dieser Art
befanden sich schon 11 alte Vögel. Tags zuvor hatte ich in meinem
Tagebuche bemerkt: *Oenanthe*, ein Drittel alt: *Phoenicura*, die
Hälfte alt: *Hortulana*, sehr zahlreich, etwa der vierte Theil alt —
die ersten Alten.

Es möge hierbei der interessanten Erscheinung erwähnt werden,
dass die wenigen alten Exemplare, welche den obigen in der Nacht
des 4. September gefangenen Steinschmätzern und Garten-Röthlingen
beigemischt waren, erst spät nach Mitternacht, etwa 3—4 Uhr
in der Frühe, eintrafen, während die jungen Vögel schon mehrere
Stunden vor Mitternacht den Zug zahlreich eröffneten; ob sich diese
Erscheinung als Regel bewähren dürfte, vermag ich gegenwärtig
noch nicht zu bestimmen, habe sie jedoch in wiederholten Fällen
bestätigt gefunden.

Die jungen Finkenhabichte, *Falco nisus*, beginnen mit Ablauf
der ersten Woche des August den Zug und erscheinen von da ab
fast täglich in grösserer und geringerer Zahl, während der erste
alte Vogel im Jahre 1880 am 29. September gesehen wurde;
1881 am 22. desselben Monats, und 1883 am 4. Oktober. Von
Falco peregrinus und *F. haliaetos* kommen die jungen Vögel Ende
August, alte jedoch kaum vor dem Oktober an.

Hinsichtlich des Gold-Regenpfeifers, *Charadrius auratus*, findet
eine ähnliche Erscheinung statt, wie bei den Staaren, indem auch
von dieser Art vereinzelte alte Stücke in sehr abgetragenem Sommerkleide vor Beginn des Zuges der Jungen ankommen, was aber,
wie später eingehender berührt werden wird, andere Ursachen
haben dürfte, als bei den Staaren.

Die ersten jungen Goldregenpfeifer treffen hier schon Anfang
Juli ein, so am 4. Juli 1880 etwa zwanzig Stück: darauf vereinzelte
bis zum 23; dann kleine Flüge am 4., 5., 6. und 10. August, und
eine Schaar von etwa hundert am 12. Diese noch so jungen Thiere
sind so wenig scheu, dass fast immer die meisten von ihnen geschossen werden, und somit jeder Zweifel betreffs ihres Alters weg-
fällt; die dicken Fersengelenke sind ja untrügliche Kennzeichen
der Jugend, daneben das so vorherrschend gelbe Kleid, ja manche
derselben tragen sogar noch die kleinen Daunenanhängsel an den
Federspitzen des Hinterkopfes. Kein solcher Flug junger Vögel
ist von Alten begleitet. Die alten Goldregenpfeifer treffen erst
im Oktober ein, und auch dann noch immer nicht sehr zahlreich,
denn sie halten meist im Norden oder Osten aus, bis eintretendes
Winterwetter sie vertreibt. Dann aber ziehen sie während der
finsteren Dezembernächte zu Tausenden überhin, ohne ihren Flug
zu unterbrechen.

Die Schwarzdrossel ist eine weitere Art, bei der die Zugzeit
nach Alter und Geschlecht, vermöge ihres so verschieden gefärbten
Jugend- und Alterskleides, äusserst deutlich zu erkennen ist. Die
jungen rothbraunen Vögel, welche den Herbstzug eröffnen, treffen
selten vor Mitte Oktober ein; die alten schwarzen Männchen erst
im Laufe des November: und von diesen Letzteren bilden wiederum
die schönsten glänzend schwarzen Stücke mit orangegelbem Schnabel
einige Wochen später den Schluss des Zuges dieser Art.

Diesen liessen sich noch Hunderte gleichartiger Beispiele anreihen, welche aber alle bei Besprechung der jeweiligen Arten Erwähnung finden werden, nur eines etwas ferner liegenden Falles
möge noch gedacht werden, nämlich des Stelzenpiepers, *Anthus
Richardi*, vom fernen Daurien. Unter sehr günstigen Witterungsbedingungen habe ich von dieser Art einigemal junge, das hellgerandete Jugendkleid fast noch vollständig tragende Stücke schon
Ende August erhalten; September und Oktober bilden jedoch die
eigentliche Zugzeit dieser jungen Vögel, an denen im Laufe der
genannten beiden Monate das Jugendkleid nach und nach durch
das olivenbraun gefärbte erste Winterkleid verdrängt wird. Alte,

schön rostfarbige Individuen kommen nie vor Schluss des Oktober und während der ersten Hälfte des November hier vor, solche erscheinen aber im Verlaufe des Herbstzuges stets nur in sehr geringer Zahl.

Vereinzelte Ausnahmen schliesst natürlich die festbegründete Regel nicht aus, solche Ausnahmen haben in gegenwärtigem Falle, den normalen Erscheinungen gegenüber, jedoch keineswegs den Werth, welchen man ihnen beizulegen versucht, und erlauben durchaus nicht eine derartige Auslegung, wie man ihnen glaubt unterschieben zu müssen, nämlich die der Führerschaft der jungen Vögel während ihrer Wanderflüge. Zu solchen Ausnahmen gehören z. B. die vorher erwähnten, wenigen alten Staare, die fast jeden Sommer zwei bis drei Wochen vor den Schaaren tausender junger Vögel hier gesehen werden; der wahrscheinlichen Veranlassung einer solchen Erscheinung ist jedoch vorher schon Erwähnung gethan.

Eine weitere derartige Ausnahme bilden die ebenfalls schon erwähnten alten Goldregenpfeifer, die in gleicher Weise in vereinzelten Stücken lange vor Beginn des Herbstzuges der jungen Vögel gesehen werden. Möglich ist ja, dass auch zwischen diesen sich ein oder das andere Individuum befindet, dessen Brut verunglückte, aber wahrscheinlicher ist die Annahme, dass dieselben zu denjenigen zahlreichen Strandvögeln zu zählen sind, welche sich bekanntlich während der Sommermonate an den Küsten, Flussmündungen und auf den Inseln der Nordsee in grossen Schaaren umhertreiben, keinen Versuch zum Brüten machen, trotzdem fast alle schöne alte Stücke im reinen Hochzeitskleide sind, und den planlos verbrachten Frühling und Sommer schliesslich durch einen ebenso unregelmässigen Zug beenden. Es sind dies vorherrschend *Charadrius squatarola; Limosa rufa; Haematopus ostralegus; Numenius arquatus* und *phaeopus; Tringa islandica, alpina* und *arenaria;* seltener eine oder die andere der *Totanus*-Arten.

Collett sagt mit Bezug hierauf, dass, so oft er während der Sommermonate die südlichste Spitze Norwegens besucht, er daselbst grössere Schaaren oder einzelne Individuen der obigen Arten angetroffen habe, die sich dort den ganzen Sommer aufhalten und meist ihre volle Sommertracht getragen; dass sie daselbst die im August aus dem Norden kommenden Schaaren erwarteten und mit diesen vereint nach dem Süden zögen (Journal für Ornithologie, Juli 1881). Collett ist der Meinung, dass dies noch nicht fortpflanzungsfähige Individuen seien, aber einer solchen Ansicht steht entgegen, dass viele, wenn nicht die meisten solcher Vögel, wenigstens soweit sie hier erlegt worden, alte Stücke sind, die das schönste reine Hochzeitskleid tragen.

Von den genannten Strandläufern kommen regelmässig während des Juli und zu Anfang August — vor den Jungen, manchmal auch gleichzeitig, aber nicht zusammen mit denselben — vereinzelte Vögel in sehr verblichenem abgetragenen Sommerkleide vor, während der eigentliche Herbstzug solcher alten Individuen, die wirklich im fernen Norden oder Osten gebrütet haben, erst mit Eintritt der Wintermonate beginnt; diese alten Vögel tragen dann regelmässig das vollständige Winterkleid, sogar die im Oktober durchziehenden alten Goldregenpfeifer machen hiervon keine Ausnahme.

Alle hier im Herbst vorbeiziehenden Wanderer tragen, mit nur ganz vereinzelten Ausnahmen, eine in jedem Theile ganz vollständig ausgebildete Befiederung; die wenigen Ausnahmen hiervon sind einzelne alte Vögel von *Falco peregrinus*, sowie einige andere grosse Raubvögel; neben diesen wüsste ich thatsächlich nur *Anthus Richardi* und die vereinzelten, Ende August vorkommenden *Anthus campestris* zu nennen. *Tringa islandica* und *arenaria*, von denen ebenfalls alte in der Mauser zum Winterkleide stehende Stücke vereinzelt im August vorkommen, halte ich für Individuen, welche die Brutstätten ihrer Art im Laufe des Sommers gar nicht besucht haben, also überhaupt keine normale Stellung einnehmen.

In der späteren Herbstmauser der alten Brutvögel liegt ja auch thatsächlich die Ursache der späteren Reisezeit derselben. Ihre Mauser beginnt erst, nachdem sie ihre Jungen aufgezogen, wenn dies geschehen ist, sind letztere nahezu, wenn nicht vollständig flugfähig für ihren ersten Herbstzug. Die Eltern haben aber in dem Sommerquartier zu verweilen bis auch ihr neues Kleid vollendet ist.

Bezüglich der verschiedenen Zugzeit junger und alter Vögel mögen nachträglich noch ein paar Bemerkungen aus einem vortrefflichen Buche Platz finden: Rodd, Birds of Cornwall and the Scilly Islands, wo Seite 101 über *Tringa islandica* gesagt wird: »ich habe bemerkt, dass die ersten Flüge solcher ziehenden Strandläufer, welche gewöhnlich in der zweiten Woche des August eintreffen, fast vollständig aus jungen Vögeln bestehen; die Alten kommen erst später an.« Hinsichtlich der Waldschnepfe findet sich in demselben Buche, Einleitung S. XV, ein Citat aus einem 1708 in London gedruckten Essay des Honble Francis Roberts,

welches, wenn auch durchaus nicht niedergeschrieben, um die
verschiedene Zugzeit alter und junger Vögel nachzuweisen, dennoch
in ganz vorzüglicher Weise diesen Zweck erfüllt, es lautet: »das
Fleisch der zuerst eintreffenden Schnepfen ist zart und weich, das
der später kommenden aber zäh und trocken, wie dies ja auch
mit unserem anderen Geflügel der Fall ist.« Diese vor 180 Jahren
gemachte interessante Bemerkung bezeugt auf das deutlichste den
früheren Herbstzug junger Vögel ihren Eltern gegenüber, denn
unter diesen ersten zarten und weichen sind doch offenbar nur
junge, und unter den späteren zähen, trockenen nur alte Vögel
zu verstehen.

Die gegebenen Auszüge aus meinem ornithologischen Tagebuche, nebst den angeführten Beobachtungen anderer Ornithologen,
welchem nach beiden Seiten hin zahlreiches weiteres Material
hinzugefügt werden könnte, dürften wohl genügen, das über den
verschiedenzeitigen Herbstzug junger und alter Vögel Gesagte über
jeden Zweifel zu erheben. Was sich nun aber auf Helgoland so
klar ausgesprochen vollzieht, kann unmöglich mit dem Gesichts-
kreise dieses Felsens abschliessen. Wenn auch auf dem von
Wäldern und Bergen durchzogenem Festlande Untersuchungen der
in Frage stehenden Zugerscheinungen ungleich schwieriger sein
dürften, zumal da mit jedem Breitengrade südlicher die Erscheinungen sich verwickelter gestalten, so müssten sich dieselben
dennoch auch dort bei aufmerksamer kritischer Beobachtung unschwer erkennen lassen an Vögeln von so abweichend gefärbtem
Jugend- und Alterskleide wie das der Staare, Schwarzdrosseln.
Rothschwänzchen, Steinschmätzer und Anderer mehr. Die Zahl
der Jungen solcher Arten, welche z. B. ausser in nördlichen
Breiten auch in Deutschland oder England brüten, muss sich in
den letzteren Ländern nothwendiger Weise zu Anfang des Zuges
höchst auffallend steigern; selbst wenn die daselbst heimischen
Jungen vor Ankunft des Zuzuges schon abgereist wären, würde
immer noch die Masse der neuankommenden eine jene bedeutend
übertreffende sein, gleichviel ob dieselbe aus nördlichen oder östlichen Individuen bestände. Mein alter Freund Cordeaux, mein
westliches vis-à-vis an der mittleren englischen Ostküste, hat
denn auch diese Ansicht an Steinschmätzern und Rothschwänzchen
vollständig bestätigt gefunden.

Es wird bei aufmerksamer Beobachtung überall der ursprüngliche Charakter des Herbstzuges immer noch deutlich zu erkennen
sein in dem anfänglich zahlreicheren Eintreffen junger Vögel, und

dem am Schlusse desselben vorherrschenden Auftreten von alten; oder aber, wie z. B. im mittleren und südlichen Deutschland, in dem Verbleiben der alten Vögel mancher Arten im Umkreise des Brutgebietes, und dem Fortziehen heimischer und Vorbeiziehen nördlicherer Jungen solcher Arten. So unter Anderen im Naumann'schen Beobachtungsgebiete an der Schwarzdrossel, betreff welcher der Altmeister sagt (Band II, S. 331), dass von solchen, die daselbst Schwarzwälder mit Wachholdergebüsch versehen bewohnen, die alten nicht fortziehen, solche jedoch, die in Laubhölzern brüten, im Winter Orte aufsuchen, die ihnen Nahrung gewähren; dass die Jungen aller aber im September und Oktober fortzögen. Die Alten seien dann Anfang März schon wieder an ihren Brutstätten, die Jungen kämen jedoch erst Ende des Monats zurück.

Von solchen Arten dieser letzteren Breiten aber, deren Alte ebenfalls fortziehen, werden zuerst die an Ort und Stelle ausgebrüteten jungen Vögel unbemerkt verschwinden und durch nördlichere ersetzt werden. Letzteres wird theilweise aber so spät stattfinden, dass die Zugzeit der heimischen alten Vögel schon beginnt, wenn die der fern nördlich heimischen Jungen sich dem Ende zuneigt: so muss es in südlichen Breiten denn allerdings vorkommen, dass man Alte und Junge derselben Art gleichzeitig ziehen sieht, die aber trotzdem in gar keiner Beziehung zu einander stehen. Die dann ebendaselbst zuletzt, als Schluss des Herbstzuges, vorbei passierenden alten Stücke nördlichster Brutgebiete sind diejenigen, deren so spätes Erscheinen Naumann sich dadurch zu erklären versuchte, dass er annahm, sie seien durch irgend ein Missgeschick zurückgehalten worden.

Der Frühlingszug der soeben besprochenen jungen und alten Vögel liefert nun thatsächlich die in logischer Folgerung zu erwartenden Beweise für das im Vorhergehenden über deren Reihenfolge während des Herbstzuges Gesagte, denn:

Im Frühlinge sind es unwandelbar bei allen Arten die schönsten alten Männchen, welche als erste Verkünder des wieder erwachenden Lebens in die Heimath zurück eilen;

diesen mischen sich bald alte Weibchen bei; die Zahl der Weibchen steigert sich, während die der Männchen abnimmt, und die jüngeren Vögel beschliessen den Zug.

Es folgt jedoch fast immer noch ein irregulärer Nachtrab von Schwachen und Krüppeln: von Stücken, denen an einem Fusse

die Zehen fehlen, oder die wohl gar den ganzen Fuss bis zum
Fussgelenk verloren haben, an dessen Stelle sich ein rundlicher
Ballen mit mehr oder weniger verhärteter Sohle gebildet hat. Des
Weiteren auch solche, die einen Theil ihrer Schwung- oder Steuer-
federn eingebüsst haben. Sieht der Vogelfänger oder Sammler zur
Zeit des Nachtrabes der Drosseln unter anderm noch ein an-
scheinend sehr schönes Männchen der Schwarzdrossel mit glänzendem
Gefieder und leuchtend orangegelbem Schnabel, oder eine Ring-
drossel mit sehr weissem Kropfschilde, so bestätigt der Fang
solcher Stücke regelmässig die vorherige Ueberzeugung, dass denselben entweder sechs bis neun verlorene Steuerfedern kaum zur
Hälfte ihrer Länge ersetzt worden, oder dass ähnlicher Weise die
Flügel mehr oder weniger defekt geworden und sich noch nicht
vollständig wieder ergänzt haben.

Einzelne Krähen sieht man manchmal in einem wahrhaft
Mitleid erregenden Zustande, mit kaum halben Flügeln sich ab-
quälen, ihren schon vor Wochen vorangezogenen Gefährten nachzu-
folgen. Auffallend ist, wie ein solches Stück so viele Schwungfedern
beider Flügel verlieren konnte, und oft wirklich unbegreiflich, wie
es mit den wenigen gebliebenen sich im Fluge zu erhalten vermag.
Wie schwer ihm letzteres aber wird, bekundet denn auch deutlich
genug das gesteigerte Tempo seiner Flügelschläge, dennoch aber
zieht es mühselig und allein, langsam seine Strasse dahin, über
sich den weiten blauen Himmel, unter sich die weite blaue Fluth,
und während der Blick dem vereinsamten Wanderer folgt, steigt
unwillkürlich die Betrachtung auf: wie gewaltig der Drang sein
müsse, der ein so verlassenes Geschöpf einem kaum geahnten Ziele
beharrlich zuzustreben zwingt.

Wenn nun auch der frühe selbständige Herbstzug der jungen
Vögel bisher sich dem Erkanntwerden gänzlich entzog, so war
dies doch keineswegs der Fall mit dem frühen Eintreffen alter
Männchen im Frühjahr. Beides war in der Natur der Erscheinungen
begründet, denn nicht allein treten mit dem Schluss des Sommers
alle Arten sofort fast massenhaft auf, sondern es tragen auch sehr
viele derselben ein Herbstkleid, welches dem Alter nach sich so
wenig unterscheidet, dass man den Vogel wirklich in Händen haben
muss, um zu erkennen, welcher Altersstufe er angehöre. Im Frühjahr hingegen ist die Zahl der zur Wahrnehmung kommenden
Wanderer eine an und für sich viel geringere, weil man fast nur
die im Beobachtungsgebiet heimischen erblickt, indem die nördlicheren oder östlicheren Brutstätten angehörenden nächtlicher

Weile unbemerkt überhin ziehen, und auch, weil die Vorhut des
Zuges allein aus alten Männchen besteht, die nicht allein an ihrer
Farbe sehr leicht zu erkennen sind, sondern die sich auch sofort
als solche durch ihren Gesang oder Lockruf ankündigen.

Naumann bietet natürlich zahlreiche Belege für das Gesagte,
wovon einer oben bei Besprechung des Herbstzuges der Schwarzdrossel schon angeführt worden ist: Faber sagt (Leben hochnordischer Vögel S. 33 und 114), dass auf Island wie in Dänemark,
wenigstens von den Singvögeln, die Männchen im Frühjahr vor den
Weibchen ankommen; ob auch von den Sumpf- und Schwimmvögeln
erscheint ihm zweifelhaft. Hier auf Helgoland waren, soweit meine
Beobachtungen reichen, die zuerst ankommenden Mornell- und
Halsbandregenpfeifer immer Männchen. Aehnliche Beobachtungen
liessen sich aus vielen älteren Werken zusammentragen. In der
Neuzeit haben die beiden hochinteressanten Reisen, welche Seebohm
1875 bis zur Mündung des Petschora und 1877 den Jenisei von
Jeniseisk hinunter bis an das Eismeer gemacht, ebenfalls bewiesen,
dass auch in jenen hohen Breiten im Frühjahr die Männchen zuerst
anlangen, — so sagt er unter anderem (Siberia in Europa S. 81)
inbetreff des Schneeammers: die ersten Flüge bestanden hauptsächlich aus Männchen, späterhin waren die Weibchen vorherrschend. Berglerchen erschienen am 12. Mai in kleineren und
grösseren Flügen; alle geschossenen erwiesen sich als Männchen;
am 19. Mai waren beide Geschlechter in gleicher Zahl vertreten.
Am 30. Mai ward der erste Zwergammer erlegt, und am 7. Juni
der erste Karmingimpel, beide waren Männchen, und so fort.

Wheelwright (Ten Years in Sweden, S. 331 und 332) sagt betreffs der Berglerche, er habe bei Quickjock in Lappland von den
im Frühjahr zuerst ankommenden über 50 Stück geschossen, und
unter denselben hätte sich »merkwürdiger Weise«!!! nur ein weiblicher Vogel befunden.

Hier auf Helgoland sind die Verkünder des Frühlingszuges
unwandelbar alte Männchen: nach ein bis zwei Wochen erscheinen
vereinzelt alte Weibchen, worauf während mehrerer Wochen beide
Geschlechter gemischt auftreten, nämlich Weibchen und jüngere
Männchen, schliesslich sieht man nur vorjährige Junge. Die
während Beginn des Zuges zuerst eintreffenden Männchen sind
stets die am schönsten ausgefärbten Stücke: so erhält man z. B.
von der Ringdrossel nur ganz zuerst Stücke mit rein weissem
Brustschilde; vom nordischen Blaukehlchen bekommt man fast nur
während der ersten Woche seines Frühlingszuges solche alte

Männchen, an denen auch die Zügel blau überlaufen sind. Eine gleiche Erscheinung bietet die schwarzrückige Bachstelze, *Motacilla lugubris*, dar: als erste Vorhut ihres Frühlingszuges erscheinen stets solche alte Männchen, an denen nicht allein der ganze Rücken und die ganze Kehle glänzend schwarz ist, sondern die auch an den Brustseiten und Weichen tief schwarz gefärbt sind. Dieselbe vollkommene Färbung findet sich bei den ersten schwarzrückigen Fliegenfängern, *Muscicapa luctuosa*, den Garten- und Hausröthlingen, den drei Arten gelber Bachstelzen, *Budytes*, sowie thatsächlich bei allen anderen hier durchziehenden Vögeln — wenn auch bei vielen derselben ihr weniger farbiges Kleid ein Erkennen von Alters- und Geschlechtsunterschieden nur in nächster Nähe möglich macht.

Alle diese Erscheinungen treten hier auf Helgoland so offen zu Tage, dass sie nicht allein jedem hiesigen Jäger und Vogelsteller so bekannt, ja manchmal wohl bekannter, als sein A-B-C sind, sondern dass es sogar jedem Knaben, der sich seines ersten Blaserohrs erfreut, etwas ganz Selbstverständliches ist, dass z. B., so lange der Herbstzug noch keine gelbschnäbligen Schwarzdrosseln bringt, es mit dem Drosselfang auch noch seine guten Wege hat.

Da fast alle in diesem Abschnitt über die Zugfolge der Vögel nach Alter, Geschlecht und Jahreszeit gemachten Mittheilungen, von den bisher über diesen Gegenstand gehegten Ansichten nicht nur bedeutend abweichen, sondern denselben mehrfach vollständig entgegen stehen, so möge bemerkt werden, dass hinsichtlich des Gesagten jedwede irrige Auffassung oder etwaige unzureichende Beobachtung der Erscheinungen auf das Bestimmteste ausgeschlossen ist. Wenn man an einer Quelle wie Helgoland, nahezu 50 Jahre bemüht gewesen, eine Sammlung möglichst vollkommener Stücke zusammen zu stellen, so muss man schliesslich es doch wohl auf das Sicherte wissen, zu welchen bestimmten Zeiten des Jahres man sich nach diesem oder jenem Kleide umzusehen habe.

VII. AUSNAHMSWEISE ERSCHEINUNGEN.

Den ungewöhnlichen, mehr oder weniger seltenen Erscheinungen einer abgegrenzten Ornis, welche man gewöhnlich als »Irrgäste« bezeichnet, ist bisher nicht die Aufmerksamkeit geworden, welche sie ohne Zweifel verdienen, indem man die Regeln nicht erkannte, welchen auch solche Erscheinungen unterworfen sind.

Helgoland ist auch für diese Frage von hervorragender Bedeutung, nicht allein weil eine so beispiellose Zahl derartiger interessanter Gäste aus allen Ländern der ganzen nördlichen Hemisphäre hier vorgekommen, sondern besonders auch, weil eben durch dies Vorkommen auf einem so beschränkten Raum der Beweis dafür erbracht ist, eine wie unvergleichlich grössere Zahl solcher sogenannter seltenen Vögel alljährlich das ganze Europa durchziehen muss.

Eigenthümlich ist, wie sich die Ansicht über derartige ausnahmsweise Erscheinungen seit etwa zwanzig Jahren umgewandelt hat. In jener Zeit erregte die Ankündigung eines neuen, hier erlegten Fremdlings stets das freudigste Aufsehen unter den Ornithologen, während man sich später vielseitig dahin äusserte, dass solche »Irrgäste« für die Wissenschaft von gar keiner Bedeutung seien. Eine solche Wandlung in der Auffassung der Frage kann aber nur der zu geringen Aufmerksamkeit zugeschrieben werden, welche man derselben zuwandte, und hierzu gab ohne Zweifel Veranlassung der traditionelle Irrthum: es seien solche Fremdlinge der Regel nach einfältige junge Herbstvögel, die entweder durch Sturm verschlagen seien, oder auf das Gerathewohl in der Welt umherirrten. Vom Winde zufällig hier- oder dahin gewehte Individuen wären dann allerdings keiner weiteren Beachtung werth.

Einer solchen Auffassung stehen meine langjährigen Erfahrungen nun aber auf das entschiedenste entgegen. Zuförderst besteht ein sehr grosser Theil der hier vorkommenden seltenen Gäste nicht aus jungen unerfahrenen, sondern aus alten Vögeln. Ueberwiegend ist dies der Fall bei solchen Arten, die fern südöstlich und süd-südöstlich von hier liegenden Länderstrichen entstammen; so habe ich hier unter Anderm von *Emberiza melanocephala* zwölf alte Stücke, gegen nur zwei junge Sommervögel erhalten; von *Saxicola morio, aurita* und *deserti* je zwei alte Vögel und nur einen jungen der letzteren Art; die Staaramseln, welche hier ziemlich häufig vorgekommen, waren fast ausnahmsweise alte Vögel, und so fort.

Hierneben lassen die Umstände, unter welchen diese Wanderer erscheinen, ebensowenig auf ein planloses Umherschweifen schliessen, im Gegentheil müssen den Bewegungen derselben bestimmte Regeln oder sich wiederholende bestimmte Ursachen zu Grunde liegen, denn es erschienen die den verschiedenen Weltrichtungen angehörenden Arten zu ebenso verschiedenen, durch jede von ihnen innegehaltenen Jahreszeiten: die Oestlichen und Nordöstlichen im Herbst, die Südöstlichen und Südlichen im Frühjahr. Und nicht allein werden durch solche bewegende Ursachen vereinzelte Vögel beeinflusst, sondern sie machen sich in solchem Grade auf die mannichfaltigsten Arten geltend, dass nicht selten Individuen verschiedener Gattungen, deren Heimath fast tausend Meilen fern im östlichen Asien gelegen, an ein und demselben Tage hier auf dem kleinen Felsen beisammen gesehen worden, oft sogar jede Art in zwei bis drei Exemplaren:

Da die Aufführung derartiger Beispiele von Interesse sein dürfte, so mögen einige derselben hier Platz finden!

1860. Juni 18.   *Charadrius falcus* und *Emberiza melanocephala.*

1861. Oktober 10.   *Sylvia superciliosa.* Drei Stücke beisammen in einem Weidenbaum.

1863. Oktober 9.   *Sylvia superciliosa* und *Emberiza rustica.*

1864. Juni 12.   *Sylvia (Acrocephala) agricola* und *Sy. (Ruticilla) mesoleuca.* Beide neu für Helgoland und für Deutschland.

» Oktober 4.   *Turdus rarius* und *Sy. superciliosa,* von letzterer 2 Stück.

1867. Mai 9.   *Emberiza caesia* und *Saxicola morio.*

» September 19.   *Sy. superciliosa,* 2 Stück, und *Emberiza pusilla.*

1870. September 19. *Sy. superciliosa* und *Emberiza rustica*.

1875. September 17. *Emb. pusilla; Anthus cervinus* und *Sy. superciliosa*, von letzterer 2 Stück.

1879. Mai 26. *Falco Eleonorae* und *Alauda pispoletta*. Beide neu für Helgoland und für Deutschland.

» September 27. *Emberiza pusilla* 2, *Emb. rustica* 1 und *Emb. aureola*.

» » 28. *Emb. pusilla* und *Emb. rustica*.

» Oktober 8. *Sylv. reguloides. Emb. rustica* 2—3 Stück. *Emb. pusilla: Anthus cervinus* und *Alauda alpestris*. Letztere Schaaren von Hunderten.

» » 10. *Emb. rustica* und *pusilla*.

» » 14. *Sy. superciliosa*, 2 Stück.

1880. Juni 23. *Saxicola deserti* — und *Papilio podalirius*.

» September 26. *Sy. superciliosa, Emb. pusilla* und *Muscicapa parva*.

» » 30. *Emb. pusilla, Sylvia tristis* und *Sy. superciliosa*.

» Oktober 10. *Turdus fuscatus*, Tages darauf *Emb. pusilla*.

Noch muss ich des 1. Oktober 1869 ganz besonders gedenken, an welchem Tage hier vorkamen: *Emb. pusilla; Anthus cervinus* 2 Stück; *Muscicapa parva* 3 Stück; *Turdus rarius* und *Sy. superciliosa*. Den darauf folgenden Tag erhielt ich *Turdus Swainsoni*, welche letztere somit wohl unzweifelhaft ebenfalls auf ost-westlichem Wege hierher gelangt. Die im Obigen angeführten Erscheinungen waren fast immer von *Anthus Richardi* mehr oder weniger zahlreich begleitet.

Es ist bei Aufzählung dieser Vögel auch eines Schmetterlinges, *Papilio podalirius*, Erwähnung gethan; derselbe geht bekanntlich nur in seltenen Fällen über das nördliche Deutschland hinaus, und ist auch hier nur einmal zuvor gesehen worden. Es unterliegt denn auch wohl keinem Zweifel, dass dieselben atmosphärischen Verhältnisse, welche den Herflug des südlichen Steinschmätzers begünstigten, mit dem zusammen er am selben Tage hier eintraf , auch diesen leichteren Fremdling veranlassten, über das Meer zu ziehen. Dass Schmetterlinge während ihrer ausgedehnteren Flüge denselben Witterungseinflüssen unterliegen, wie die Vögel, davon haben mich oft solche Julinächte überzeugt, im Verlaufe welcher ich zahlreiche hier nicht heimische Nachtschmetterlinge fing, und die stets von solchem Wetter begleitet waren, welches ein paar Wochen später zahllose Steinschmätzer, *Saxicola oenanthe*, hierhergeführt haben würde. Wiederholt ist es denn auch vorgekommen, dass Lepidopteren, namentlich Nachtschmetterlinge, in zahllosen Massen hier durchzogen, wenn gleichzeitig starker Vogelzug stattfand; so in der Nacht vom 25. zum 26. Oktober 1872 mit sehr vielen Lerchen zusammen Tausende von *Hybernia defoliaria*, gemischt mit wenigeren *H. aurantiaria*. Und wieder in der Nacht vom 11. zum 12. Oktober 1883, während welcher ein ungemein zahlreicher Zug aller zeitgemässen Vogelarten stattfand, war derselbe begleitet von sehr bedeutenden Schwärmen derselben *Hybernia*.

Wanderflüge von Kohlweisslingen, vom Mönch-Spinner, *Psilura Monacha*, und von Libellen, *Libellula quadripunctata*, sind hier in staunenerregender Massenhaftigkeit vorgekommen, aber niemals in so über jeden Begriff hinaus gehender Zahl, als dies wiederholt mit *Plusia Gamma* der Fall gewesen; so z. B. im Verlaufe der Nächte vom 15. bis 19. August 1882, die von Südost-Wind und schönem Wetter begleitet waren, und während welcher unter so günstigen Umständen auch bedeutender Vogelzug stattfand, da sah man ebenfalls im Lichte des Leuchtthurms diese kleine Noctua allnächtlich von elf Uhr Abends bis drei in der Frühe gleich dichtem Schneegestöber auf ost-westlichem Wege in unverminderten Massen vorbeiziehen. Es gelangen diese Myriaden kleiner Geschöpfe auch ungefährdet über die Nordsee, denn an der Helgoland gegenüber liegenden Ostküste Englands findet sich *Gamma* oft plötzlich in so auffallender Massenhaftigkeit vor, dass man nur annehmen kann, dieselben seien durch Zuzug dahin gelangt. So schreibt mir denn auch mein Freund Cordeaux, dass entsprechend der obigen Zeit eine ungeheure Anhäufung dieser Thiere daselbst beobachtet worden sei.

Zu dem Thema des gegenwärtigen Abschnittes jedoch zurückkehrend, sind es zuvörderst die Bewohner des fernen östlichen Asiens, welche, wenn auch nicht in der Zahl der Arten, so doch in der der Individuen, den ersten Platz beanspruchen. Wollte man selbst *Anthus Richardi* für Helgoland nicht mehr zu den seltenen Erscheinungen zählen, so bleiben immer noch *Sylvia superciliosa* und *Emberiza pusilla*, von deren jeder etwa dreissig frisch erlegte Vögel durch meine Hände gegangen sind, und von denen daneben eine wenigstens doppelt so grosse Zahl während der letztverflossenen vierzig Jahre hier gesehen worden ist. *Turdus varius* habe ich fünfmal erhalten, und vor meiner Zeit ist diese Prachtdrossel etwa fünf- bis sechsmal von hier aus in die Hände des Naturalienhändlers Brand in Hamburg gelangt. *Emberiza rustica* erhielt ich neunmal, *Emberiza aureola* dreimal, und ausser diesen sind *Turdus ruficollis, atrigularis* und *fuscatus; Sylvia tristis, fuscata, viridanus borealis, nitida, coronata, proregulus, salicaria, Pall.* und *certhiola;* sowie *Pyrrhula rosea, Cinclus Pallasi,* und vielleicht noch ein oder der andere Vogel, welcher hierher zu zählen wäre, ein- oder zweimal erlegt worden — *Sy. viridanus* sogar dreimal.

Diese östlichen Arten bestehen ungefähr zu zwei Drittheilen aus jungen Vögeln, da dieselben jedoch fast ausnahmsweise im Herbst hier vorkommen, so liegt dies ganz in der Natur der Sache, indem selbstverständlich die jungen Vögel aller Arten während des Herbstzuges in bedeutend grösserer Zahl vertreten sein müssen als die Alten.

Der Umfang eines Verzeichnisses, wie das Obige, dürfte an und für sich schon der Annahme entgegenstehen, dass zufälliges Verirren die Veranlassung zu der Erscheinung sein könne, zumal wenn daneben in Betracht gezogen wird, was doch keineswegs zurückgewiesen werden kann, dass, wenn auf einer so kleinen Insel des nördlichen Deutschland eine so grosse Individuenzahl so fern heimischer Arten angetroffen wird, die Masse der das ganze mittlere Europa allherbstlich besuchenden derartigen Fremdlinge eine doch einigermaassen dem Grössenverhältnisse entsprechende sein müsse, in welchem diese Insel dem Kontinente gegenüber steht. Sind allein auf Helgoland während einer Reihe von Jahren achtzig bis hundert des kleinen Laubvogels, *Sylvia superciliosa,* gesehen worden, welch enorme Zahl muss da das ganze Deutschland während des gleichen Zeitraumes besucht haben; kommen hier an einem Tage zwanzig, fünfzig, ja hundert Stelzenpieper vor, so entzieht sich die Zahl derer, welche gleichzeitig von Daurien bis in das westliche Europa ziehen, und von denen Helgolands Antheil doch nur einen verschwindend kleinen Bruchtheil bilden kann, jeder annähernden Schätzung.

Erwägt man hierneben, dass das Erscheinen solcher Vögel nicht ein über das ganze Jahr unregelmässig zerstreutes ist, sondern dass dasselbe regelmässig während des normalen Herbstzuges der grossen Zahl ost-westlich wandernder gewöhnlicher Arten stattfindet, so ist die Annahme nicht zurück zu weisen,

dass viele Individuen solcher fern östlichen Arten, deren herbstliche
Zugrichtung vorherrschend eine südliche ist, durch bestimmte alljährlich sich wiederholende Ursachen veranlasst werden, westwärts
zu ziehen, anstatt in ihr normales Winterquartier zu gehen. Es
ist, wie schon erwähnt, ihre Zahl eine zu grosse und ihr Erscheinen
ein zu geregeltes, als dass man dasselbe dem Zufall zuschreiben
könnte.

So gross die Individuenzahl der fern östlichen Gäste Helgolands nun auch sein möge, es wird dieselbe dennoch der Zahl der
Arten nach durch solche übertroffen, welche fern südost und süd-
südost von hier liegenden Ländern entstammen: Griechenland,
Kleinasien, Arabien, Persien bis Turkestan hinauf. Dieser grösseren
Zahl der Arten tritt, wie gesagt, eine bedeutend geringere Individuenzahl gegenüber, die aber für den Sammler wieder dadurch
an Werth gewinnt, dass sie zu mehr als drei Viertheilen aus
schönen, alten Männchen im Hochzeitskleide besteht. Dies letztere
wird theilweise durch die Zeit des Erscheinens und theils durch
die Veranlassung zu dem Fluge dieser Fremdlinge bedingt, welche
fast ausschliesslich in den Sommermonaten Juni und Juli hier
eintreffen.

Die Veranlassung, welche diese südöstlichen Arten bewegt,
zu einer Zeit, wo ihr Frühlingszug beendet sein sollte, ihre Wanderung wieder aufzunehmen und weiter in der von ihnen während
desselben verfolgten nord-nordwestlichen und nordwestlichen Richtung fortzusetzen, dürfte, wie oben schon angedeutet, in Ansehung
der Zeit ihres Erscheinens und des Umstandes, dass dieselben fast
ausnahmslos alte Brutvögel sind, nicht allzufern liegen, und
wohl einzig und allein darin gefunden werden können: dass alle
solche Sommergäste Individuen seien, die den Gatten während der
früheren Stadien des Brutgeschäfts verloren haben, in denen somit
der Trieb zur Erfüllung desselben fortbesteht, und die demnach
die Befriedigung dieses Triebes instinktiv in derselben Richtung
weiter suchen, in welcher ihr Frühlingszug sich bewegt. Diese
Auffassung findet eine bedeutende Stütze in dem Umstande, dass
von diesen Vögeln die meisten alte Männchen sind, welche weniger
der Gefahr ausgesetzt sind, von Raubzeug überfallen zu werden,
als das Weibchen, wenn es legend oder brütend auf dem Neste sitzt.

Eines Nachweises für den erwähnten nordwestlichen Frühlingszug der in Frage stehenden Arten bedarf es in Ansehung der
von ihnen im Sommer und während der Wintermonate bewohnten
Länderstriche kaum; dennoch aber möge hinsichtlich der zahl-

reicher vorkommenden derselben erwähnt werden, dass z. B. *Sturnus roseus*, welcher bei günstigem Wetter fast jeden Sommer hier gesehen wird, sehr zahlreich in Kleinasien, der Krim und dem Kaukasus brütet, und in Myriaden in Ostindien überwintert; dass *Emberiza melanocephala*, die ich hier ungefähr fünfzehnmal erhalten, in Griechenland, der Türkei und Kleinasien nistet, ihr Winterquartier ebenfalls in Ostindien hat. *Alauda brachydactyla*, die ich vierzig bis sechzig mal frisch in Händen gehabt, ist freilich zu weit westlich verbreitet, um hier ins Gewicht fallen zu können, es unterliegt jedoch keinem Zweifel, dass die hier von Mitte Mai bis in den Juli vorkommenden Stücke aus Griechenland und demselben nahen Gebieten stammen. Ich habe aber verschiedene Exemplare dieser kleinen Lerche auch während des Herbstzuges in vollständig ausgemausertem Herbstkleide erhalten, solche konnten, analogen Erscheinungen nach, nur auf ost-westlichem Fluge hierher gelangt sein, woraus sich denn ergeben würde, dass diese Art das europäische oder asiatische Russland, wenn auch nur zerstreut, bis zur Breite Helgolands hinauf bewohnen müsse — merkwürdiger Weise sind einzelne solcher Stücke noch im November hier eingetroffen.

Die während des Zeitraumes meiner Beobachtungen hier vorgekommenen südöstlichen Arten sind folgende: *Falco Eleonorae, rufipes, cenchris; Sturnus roseus; Iros xanthopygos; Sylvia mesoleuca, galactodes, orphea, olivacea, pallida* und *agricola; Saxicola aurita, stapazina, deserti* und *morio; Alauda calandra, tatarica, brachydactyla* und *pispoletta; Emberiza melanocephala, luteola, cirlus, cia, caesia* und *pyrrhuloides; Totanus stagnatilis; Himantopus rufipes* und vielleicht noch einige Andere. Ausser den schon oben erwähnten sind die meisten dieser Fremdlinge nur einmal hier beobachtet worden. *Saxicola deserti* habe ich dreimal, *aurita* und *morio* je zweimal erhalten.

Wendet man sich hiernach zu den fern südlich von hier heimischen Arten, zu Ober- und Mittelafrikanischen, so ist es in hohem Grade überraschend zu sehen, welchen Unterschied plötzlich ganz wenige Kompassstriche in dem Auftreten seltener Erscheinungen herbeiführen. Gegen den beispiellosen Reichthum, den der ferne Osten und die südöstlich gelegenen Länder boten, tritt mit dem Süden sofort die grösste Dürftigkeit der Arten sowohl, wie auch der Individuen ein. Von vorherrschend Afrikanischen Vögeln sind in der That nur sieben als Ehrengäste Helgolands zu verzeichnen, und diese geringe Zahl ist ausserdem nur durch je

ein Beispiel vertreten. Es sind: *Falco tanypterus: Sylvia (Ruticilla)*
Moussieri; Caprimulgus arenicolor: Merops apiaster: Cursorius
isabellinus, Ibis falcinellus und *Grus virgo.*

Dies so beschränkte Auftreten südlicher Arten auf Helgoland
wird um so auffälliger, wenn man es der Zahl gleicher Vögel
gegenüberstellt, die in England vorgekommen sind. *Merops apiaster*
z. B. besucht England so häufig, dass Harting (British Birds) ihn
nicht mehr unter den ausnahmsweisen Erscheinungen aufführt,
sondern den regelmässigen Sommergästen zugesellt. Saunders
(Yarell Brit. Birds. 1881) sagt, dass über dreissig dieser Vögel
in Grossbritannien, und vier in Irland erlegt worden seien; zwanzig
wurden an einem Tage in Norfolk gesehen, zwölf an einem Tage
zu Helston in Cornwall geschossen. Die wunderbarste Erscheinung
bietet jedoch *Cursorius isabellinus*, diese durchaus afrikanische
Art, dar, von welcher Harting neunzehn Beispiele für England
aufführt.

An die obigen südlichen Gäste Helgolands reihen sich, wenn
auch in engerem Kreise, einige interessante Alpenbewohner der
Schweiz. Es sind *Corvus graculus* und *pyrrhocorax* ein paarmal
vorgekommen; *Accentor alpinus* habe ich dreimal erhalten, woneben
derselbe noch dreimal gesehen worden ist: *Fringilla nivalis* ist
zweimal vorgekommen; *Cypselus melba* ist einmal geschossen und
noch einmal gesehen worden — vielleicht wäre auch *Turdus cyaneus*
und *saxatilis* hierher zu zählen, von denen erstere einmal und
letztere etwa sechsmal hier erlegt worden ist.

Auch bei diesen näheren südlichen Arten wird Helgoland durch
England vollständig überflügelt. Harting zählt vom Alpenflühvogel
vierzehn Beispiele und vom Alpensegler über zwanzig Beispiele
des Vorkommens in England auf. Wenn nun auch für ein so häufiges Auftreten dieser Arten in England unschwer eine Erklärung
zu finden sein wird, so sucht man doch vergeblich nach Gründen,
weshalb Bewohner des mittleren Afrika, und ganz besonders Bewohner der Schweiz, so selten nordwärts bis Deutschland und
Helgoland wandern sollten.

Dass südliche Arten, d. h. solche, die Spanien und Nordwest-
Afrika bewohnen, vergleichsweise zahlreich in England vorgefunden
werden würden, war nach dem über die Sommerausflüge der süd-
osteuropäischen und kleinasiatischen Arten Gesagten vorauszusetzen, wie denn auch andererseits das häufige Erscheinen der
ersteren Arten nördlich von ihren Brutstätten das Zutreffende der
angenommenen Ursachen für das Auftreten dieser südöstlichen

Arten in nordwestlicher Richtung bestätigt: gleich den in Deutschland, auf Helgoland und in England bis zu den Shetlandsinseln hinauf vorgekommenen griechischen und kleinasiatischen Vögeln, sind auch die so zahlreich in England angetroffenen spanischen und afrikanischen Gäste Individuen, welche während der früheren Stadien ihrer Brutgeschäfte den Gatten verloren, und die nun die Befriedigung des noch bestehenden Bruttriebes in weiterer Verfolgung der Richtung ihres Frühlingszuges — bei ihnen eine nördliche — zu erreichen trachten. Die Zeit des Erscheinens dieser südlichen Vögel in England, welche vorherrschend in die Monate Mai bis August fällt, unterstützt eine solche Auffassung des Gegenstandes denn auch in hohem Grade.

Das westliche Europa, welches der Reihenfolge nach jetzt zu nennen ist, verdient in der That kaum einer Erwähnung, so dürftig ist dasselbe auf Helgoland vertreten. Es sind während all der langen Jahre meines so eifrigen Sammelns mir nur drei vorherrschend dort heimische Vögel hier zu Händen gekommen, nämlich *Sylvia polyglotta*, *Sy. provincialis* und *Saxicola leucura*, jede dieser Arten sogar nur in einem Exemplare. *Sy. provincialis* ist jedoch höchst wahrscheinlich noch ein zweites mal von Reymers gesehen worden. Bei den westeuropäischen Vögeln scheint demnach eine ebenso starke Abneigung gegen östliche Wanderungen zu bestehen, wie dem entgegen bei den fern östlichen ein entschiedener Hang zum westlichen Zuge stattfindet.

Wäre die Annahme gerechtfertigt, dass die ausnahmsweisen Erscheinungen aus fernen Ländern auf das Gerathewohl herumschweifende Individuen seien, so hätte dies seltene Vorkommen westlicher Arten den zahlreichen östlichen und südöstlichen gegenüber allerdings etwas sehr Auffallendes. Da aber die Bewegungen fast aller solcher Gäste an bestimmte Bedingungen geknüpft sind, so lässt sich auch wohl die Ursache nachweisen, warum westeuropäische Vögel die Grenze ihrer Heimath so selten in östlicher Richtung überschreiten, wie dies schon hinsichtlich ihrer so häufigen Sommerausflüge nach nördlich von ihren Brutstätten gelegenen Ländern geschehen ist.

Es kann sich hier nur um die vorzugsweise der Iberischen Halbinsel angehörenden Vögel handeln. Die Zugrichtung dieser liegt ausschliesslich zwischen Nord und Süd. Sie gehen im Herbst nach Afrika und kehren im Frühjahr von dort zurück. Eine den fern ostasiatischen Vögeln analoge Neigung, von ihrem normalen Herbstzuge seitwärts abzuweichen, verbietet einerseits das Atlan-

tische Meer, andererseits würde ein etwa in östlicher Richtung
versuchter Herbstzug sie in ein kaltes, anstatt mildes Winterquartier führen. Ihre Bewegungen sind ihnen demnach strenger
vorgezeichnet, als irgend anderen Bewohnern der alten Welt, und
es ergiebt sich daraus, dass Spanische Vögel weder im Herbst noch
im Frühjahr berechtigter Weise östlich von den Pyrenäen erwartet
werden können.

Amerika, auf welches nun der Blick zu richten wäre, ist
wiederum in wunderbar reicher Weise auf Helgoland vertreten.
Die Abneigung der Vögel gegen einen ausnahmsweise ostwärts
gerichteten Wanderflug fand mit den westlichen Gestaden der alten
Welt ihren Abschluss. Die Zahl der Bürger, welche die neue
Welt nach diesem bescheidenen Felsen entsandt, ist bisher auf
fünfzehn Arten angewachsen, welche aber mit Ausnahme von
zweien, nur durch je ein Beispiel vertreten werden: es sind:
Turdus Swainsoni, Pallasi, fuscescens, migratorius, lividus und
rufus; Sylvia cirens; Anthus ludovicianus — alt und jung —
Dolichonix oryoivora, zweimal, eines dieser Stücke trägt jedoch
Spuren einstiger Gefangenschaft. *Charadrius virginicus: Totanus
macularius: Tringa rufescens: Larus Bonapartei*, *Sabinei* und
Rossei; die Vorletzte befindet sich in zwei Exemplaren in meiner
Sammlung und ist daneben noch zweimal gesehen worden. Schliess-
lich ist auch einmal ein schönes altes Männchen von *Anas per-
spicillata* hier geschossen. Die genannten Stücke bestehen zu drei
Viertheilen aus alten Vögeln.

Wie hiernach zu erwarten, ist auch England in sehr bedeutender Zahl von Amerikanischen Vögeln besucht worden. Die von
Harting (Handbook of British Birds) bis 1872 aufgeführten Beispiele belaufen sich auf ungefähr drittehalb hundert Individuen,
welche sechsundvierzig Arten angehören; die neueste Bearbeitung
des Gegenstandes von J. J. Dalglish (Bulletin of the Nuttall
Ornithological Club 1880) ergiebt eine noch grössere Zahl. Selbst
wenn man davon alle angezweifelten Fälle, z. B. *Anthus ludovicianus*, wegstreicht, und die zahlreichen Beispiele des hier nicht
in Betracht kommenden Grönländischen *Falco candicans*, sowie
die auf gegenwärtige Frage nicht anzuwendenden Procellarien,
Westindischen und Südsee-Meerschwalben ausser Acht lässt.
so verbleiben nach so strenger Sichtung immer noch zwei-
hundertdreiundzwanzig Beispiele zu verzeichnen. Merkwürdiger
Weise befinden sich unter den fünfzehn auf Helgoland beobachteten Arten neun, welche in obigen Verzeichnissen nicht ent-

halten sind, und ganz besonders auffällig ist, dass ausser einer
1877 bei Dover gefangenen Wanderdrossel, kein einziges weiteres
Beispiel des Vorkommen amerikanischer Drosseln in England beobachtet worden ist. Sollte man hieraus etwa zu schliessen
haben, dass die Helgoland besuchenden Amerikanischen Arten doch
nicht über Gross-Britannien hierher gelangt sind, sondern südlicher
an der Küste Frankreichs landeten? Die auch auf dem nahen
Festlande vielfach vorgekommenen Amerikanischen Drosseln legen
eine solche Vermuthung sehr nahe. Hätten alle auf Helgoland
und in Deutschland beobachteten derartigen Drosseln Irland und
England berührt, so würde man ohne Zweifel neben der so grossen
Masse anderer daselbst nicht übersehener amerikanischer Vögel
auch einige dieser Drosseln bemerkt haben, zumal da immer nicht
vergessen werden darf, dass neben den wirklich erlegten Stücken
noch eine bedeutend grössere Zahl von Amerika herüber gekommen
sein muss, die der Beobachtung entgangen ist.

Das Auftreten so vieler amerikanischer Arten auf europäischem
Boden drängt nun unwillkürlich zu der Frage, auf welchem Wege
diese Vögel von ihrer so fernen Heimath möglicherweise zu uns
gelangt sein können. Anfänglich wollte man nicht glauben und
gab nur zögernd dem Gedanken Raum, dass sie die weite Wasser-
wüste des Atlantischen Meeres überflogen haben sollten, und es
ist die Erwägung der Möglichkeit des dazu erforderlichen ununterbrochenen Fluges von wenigstens vierhundert geographischen
Meilen, welche einer solchen Annahme bisher entgegenstanden hat.

Anstatt nun sofort auf die Erörterung der Möglichkeit
einer solchen Leistung einzugehen, ist es vielleicht gerathener zuvörderst zu untersuchen, welcher der beiden von Amerika nach
Europa führenden Wege: der östliche über das Meer, oder der
westliche sogenannte Landweg durch Asien und das östliche Europa
die grössere Wahrscheinlichkeit für sich habe. Stellt man für diesen
Zweck die Listen der selteneren ausnahmsweisen Erscheinungen
von Deutschland, einschliesslich Helgoland, denen von England
gegenüber, so wird durch dieselben auf den ersten Blick schon
die Frage auf das Ueberzeugendste zur Entscheidung gebracht, indem Deutschland eine beispiellos lange Reihe asiatischer Arten,
mit nur höchst vereinzelten Beispielen amerikanischer Vögel aufweist, während England dem entgegen eine vollständige Fluth
von amerikanischen Arten sowohl wie Individuen darbietet, neben
denen sich nur sehr zerstreute asiatische Gäste vorfinden. Diese
Thatsachen sprechen zu deutlich, es können nicht drittehalb hundert

Vögel von Amerika aus durch Asien und den grösseren Theil des
kontinentalen Europa bis England ziehen, und nur ungefähr zehn
derselben in Deutschland erlegt oder beobachtet werden, sondern
es müssen dieselben, obigen Thatsachen nach, direkt über das
Atlantische Meer an die Küsten Englands gelangt sein. Nicht
einmal über Grönland, Island, die Faröer und Shetlandsinseln,
wie man wohl anzunehmen geneigt gewesen, könnte eine so grosse
Zahl ihren Weg genommen haben, ohne viel umfangreichere Spuren
zurückzulassen, als trotz aller Mühe nachzuweisen möglich gewesen.

Es ist um so verwunderlicher, dass man sich, anstatt der
Möglichkeit eines solchen direkten Fluges nachzuforschen, so lange
gegen die Annahme desselben gesträubt hat, da doch Beweise für
sein thatsächliches Stattfinden genügend oft sich dargeboten haben.
Längst war es eine allbekannte Erscheinung, dass Schiffen, welche
sich auf halbem Wege zwischen Amerika und Europa befanden,
sowohl ganze Flüge als auch einzelne Individuen ostwärts ziehender Vögel begegneten, dass nicht selten derartige Wanderer in
der Takelage solcher Schiffe zu ruhen versuchten und manche von
ihnen eingefangen worden. Einen solchen Fall führt z. B. Alfred
Newton (Yarell British Birds. Fourth Edition II, p. 220) an,
indem er mittheilt, wie Dr. Dewar huntertundfünfzig geographische
Meilen östlich von Newfoundland Schaaren des amerikanischen
weissflügligen Kreuzschnabels vor einem steifen Westwinde ostwärts ziehend angetroffen habe. Viele der Flüge setzen sich in
die Takelage des Schiffes, und von diesen wurden zwölf Stück
gefangen. Von letzteren entwichen ein paar nahe der Irländischen
Küste und flogen dem Lande zu; zwei anderen gelang es in den
Strassen Liverpools zu entkommen, und fünf brachte man sicher
heim. Hieran knüpft Newton die Vermuthung, dass wohl in vielen
anderen Fällen wandernde Vögel unter menschlicher Beihülfe über
das Atlantische Meer gelangt seien, und fügt hinzu: mit welchem
Erfolge solches geschehen, möge man aus der Amerikanischen
Beimischung des Verzeichnisses der sogenannten Britischen Vögel
schliessen.

Eine solche Verallgemeinerung ist aber füglich Fällen, wie
den eben erwähnten nicht einzuräumen, denn zuförderst stehen
diesen drei oder vier an der Küste und in den Strassen Liverpools in Freiheit gerathenen Individuen doch die zahlreichen
Schaaren gegenüber, welche gleichzeitig ohne menschliche Hülfe
das Atlantische Meer schon nahe zur Hälfte überflogen hatten,
und die dem »steifen Westwinde« entgegen sicher nicht umkehrten,

sondern lange vor ihren eingefangenen Gefährten die Küste Europas erreichten.

Dass unter den diesseits des Atlantischen Meeres vorgekommenen Amerikanischen Vögeln sich vereinzelte, gleich obigen Kreuzschnäbeln, dem Käfige entwichene Stücke befinden, unterliegt keinem Zweifel, wie dies ja auch schon bei den hier geschossenen *Dolichonix oryzivora* eingeräumt worden, aber die Zahl solcher kann immer nur sehr unbedeutend sein. Hierüber gelangt man am einfachsten zu einem ziemlich klaren Ergebniss, wenn man die Arten der in England vorgekommenen Amerikanischen Vögel einer näheren Prüfung unterzieht. Es findet sich da sofort, dass gerade solche von ihnen, die des Gesanges halber, oder wegen eines schöngefärbten Gefieders, oder der leichteren Ernährung wegen, sich besonders für den Käfig oder für das Vogelhaus empfehlen, in verschwindend kleiner Minorität vertreten sind, dass dahingegen aber Sumpf-, Strand- und Wasservögel, die an und für sich schon sehr schwer lebend zu erlangen sind, und die sicherlich doch alle nur in seltensten Ausnahmefällen in Gefangenschaft gehalten werden und demzufolge kaum je unter Hülfe des Menschen eine Reise nach Europa machen dürften, eine zehnfach überwiegende Mehrheit bilden.

Die ersteren bestehen aus folgenden Arten: *Turdus migratorius, Regulus calendula, Ampelis cedrorum, Loxia leucoptera, Agelaeus phoeniceus, Sturnella magna* und *Columba migratoria*, zusammen in ungefähr fünfundzwanzig Beispielen. Ein wie ganz anderes Ergebniss liefern dagegen die Sumpf- und Strandvögel: *Macrorhamphus griseus* fünfzehn Beispiele: *Tringa rufescens* und *Botaurus lentiginosus* je siebzehn Beispiele, und *Tringa maculata* sogar neunzehn Beispiele des Vorkommens auf englischem Boden; hierbei möge nicht übersehen werden, dass diese letztere so überwiegend zahlreiche Gruppe ausschliesslich aus Arten besteht, die den jenseitigen Meeresgestaden stets nahe leben, denen ein Flug über weite Wasserflächen an und für sich schon etwas ganz Vertrautes ist, und die sicherlich sehr oft in ihrem Leben Flüge über Seeen und Binnenmeere zurückgelegt haben, bei deren Beginn ihnen das jenseitige Ufer nicht sichtbar noch dessen Entfernung bekannt gewesen, die somit, wenn sie ostwärts über das Atlantische Meer von dannen fliegen, sich dessen nicht bewusst sind, was sie unternehmen, sowie ihnen ja auch überhaupt kein Begriff von Zeitdauer beiwohnt; die einzige Bedingung ist, dass ihre Kräfte ausreichen, und bis zu welchem Grade in dieser

Hinsicht die Möglichkeit sich erstrecke, darüber fehlte bisher zwar
jeder Anhalt, dass sie aber alles, was das ganze sonstige Thierreich
an Fortbewegungsfähigkeit aufzuweisen vermag, über jeden Vergleich hinaus übertreffen, unterliegt keinem Zweifel.

Nach dem Vorhergegangenen steht man vor der Frage: welches wohl die Beweggründe für diese so überraschenden Wanderflüge sein könnten, denn wenn dieselben im Allgemeinen auch als
ausnahmsweise Erscheinungen bezeichnet werden müssen, so
wiederholen sie sich doch so häufig, dass an ein zufälliges Ver-
irrtsein oder durch Sturm Verschlagenwerden nicht gedacht werden
darf. Auch beschränken sich solche Flüge auf vergleichsweise so
wenige Arten und treten bei denselben dann in so zahlreichen
Wiederholungen auf, dass man gezwungen ist, für eben diese
Arten das Bestehen von bewegenden Ursachen anzunehmen, von
denen andere, obzwar nah verwandte, nicht beeinflusst werden.
Hierzu kommt, dass die oben angeführten so zahlreichen Beispiele, sowie andere weniger oft vorgekommene Strand- und
Sumpfvögel, nahezu ausschliesslich während der Herbstmonate
beobachtet worden sind. Dieser Umstand aber legt die Vermuthung
nahe, dass man hier einer analogen Erscheinung wie bei den
Ostasiatischen Arten gegenüberstehe, mit dem Unterschiede jedoch,
dass in diesem Falle eine feststehende östliche anstatt westliche
Abweichung von dem normalen südlich gerichteten Herbstzuge
stattfände, und dass auch hier manche Arten einer solchen Neigung in hohem Grade unterworfen seien, wie z. B. die genannte
Amerikanische Rohrdommel, verschiedene Strandläufer und dergleichen, während vielen anderen Arten eine derartige Neigung
nicht beiwohne. Letzteres beweisen beispielsweise die jenseitigen
Regenpfeifer, von denen *Charadrius virginicus*, welcher jeden
Herbst in unzählbaren Massen von Labrador über den Ozean nach
Südamerika geht, der einzige ist, welcher jemals in Europa, und
auch dies nur in einem vereinzelten Falle, beobachtet worden ist.

Wären starke westliche Luftströmungen die Veranlassung
oder übten dieselben einen Einfluss aus auf den Flug Amerikanischer
Vögel nach Europa, wie dies wohl angenommen worden, so müsste
vor allen Anderen der obige Regenpfeifer solchen Einflüssen in
ausgedehnterer Weise unterworfen sein als irgend eine andere
dortige Art, denn keine bietet mehr als diese in ihren ungeheuren
Schaaren, wenn sie von Nord nach Süd über das Atlantische Meer
wandern, den herbstlichen heftigen Westwinden Gelegenheit, eines
oder das andere weniger kräftige Individuum derselben Europa

zuzudrängen. Dies geschieht aber nicht; und somit zeugt die
Thatsache des Nichterscheinens dieses Regenpfeifers in Europa
viel gewichtiger gegen die Theorie, dass wandernde Vögel durch
Stürme aus ihrer Bahn getrieben werden, als alle bekannten Fälle
des Erscheinens von Fremdlingen jemals für dieselbe beweisen
könnten.

Zu der Zeit, als die Frage der Möglichkeit eines Fluges von
Amerika nach Europa zuerst angeregt wurde, überstieg eine solche
Leistung der Vögel so sehr an Grossartigkeit alles, was man über
das Flugvermögen derselben zu wissen vermeinte, dass man sie
als eine vollständige Unmöglichkeit betrachtete und für überflüssig
hielt, dieselbe einer näheren Prüfung zu unterwerfen; für mich
war jedoch diese Frage die Veranlassung zu den Versuchen, einen
Maassstab für die Schnelligkeit des Wanderflugs der Vögel aufzufinden, was, wie ich glaube, mir denn auch theilweise gelungen
sein dürfte.

Harting spricht sich noch sehr schwankend in dieser Frage
aus. Einmal sagt derselbe: es sei ausserordentlich schwer zu
glauben, dass solche Arten, die nicht zu den Schwimmvögeln gehörten, wirklich das Atlantische Meer überflogen haben sollten,
aber, fügt er hinzu, dass die meisten es wirklich doch gethan,
schiene dadurch bewiesen, dass man sie weder in Grönland,
noch auf Island oder den Faröern angetroffen, ferner dadurch,
dass viele, die in England oder Irland vorgekommen sind, nie
an irgend einem Orte des europäischen Festlandes beobachtet
worden seien. Er schwächt aber diesen Ausspruch wieder bedeutend dadurch ab, dass er hinzufügt: es sei die Vermuthung
wohl gerechtfertigt, dass manche der kleineren solcher Vögel in
ausgedehntem Maasse die Takelage von Schiffen auf ihrem Wege
benützt hätten, dabei jedoch übersehend, dass alle während
solcher Rast verlorenen Stunden die Zeit um so viel verlängern,
während welcher so in Frage stehende Individuen ohne Nahrung
zuzubringen haben würden. Dies fände ebensowohl Anwendung
auf alle entenartigen Schwimmvögel, die ihren Flug über den
Ozean unterbrechen wollten, indem seine Tiefe das Aufsuchen
jedweder Nahrung ausschlösse, selbst wenn alle solche Stücke
Tauchenten, Platypeden, wären, was bekanntlich aber nicht
der Fall.

Die Wahrscheinlichkeit eines freiwilligen direkten Fluges
Amerikanischer Vögel über das Atlantische Meer dürfte in dem
Gesagten wohl ausser Zweifel gestellt sein. Es verbliebe demnach

die Frage der Möglichkeit desselben zu erledigen. Bei Besprechung
der Schnelligkeit des Wanderflugs ist im Allgemeinen der Beweis
dafür schon erbracht, dass ein Vogel im Stande sei, eine Wegstrecke gleich der hier in Frage stehenden in einem ununterbrochenen Fluge zurückzulegen. Es mögen jedoch noch ein paar
Worte betreff des vorliegenden besonderen Falles hier Platz finden.
Die Weite der Meeresfläche zwischen Newfoundland und Irland,
welche keinen Ruhepunkt darbietet, beträgt vierhundert geographische Meilen: nach der geringsten in oben erwähntem Abschnitt an einem wilden Vogel, der Krähe, nachgewiesenen Fluggeschwindigkeit, würden ungefähr vierzehn und eine halbe Stunde
zu einem solchen Fluge erforderlich sein: nach den Leistungen des
Blaukehlchens aber nur neun. Dass ein gesunder, nicht zu den
schlechten Fliegern zählender Vogel neun, und äussersten Falles
fünfzehn Stunden zu fliegen vermöge, unterliegt an und für sich
keinem Zweifel. Es möge hier jedoch nochmals ein Beispiel angeführt werden, welches den unumstösslichen Nachweis eines ununterbrochenen Fluges von sogar achthundert geographischen
Meilen liefert: die Herbstwanderung des virginischen Regenpfeifers
führt denselben von den Hudsonsbai-Ländern und Labrador über
Guayna und Nord-Brasilien bis in das untere Südamerika: die
Flüge dieser Vögel benutzten weder Bermuda noch eben die kleinen
Antillen als Ruhepunkte, sondern überfliegen dieselben, ohne zu
rasten, und nur in sehr seltenen Fällen, wenn durch plötzlich
eintretenden heftigen Sturm gezwungen, unterbrechen sie ihren
Zug, um auf einer oder der anderen der genannten Inseln in unzählbaren Massen Schutz zu suchen. Sie sind ausserdem hundertundfünfzig Meilen östlich von Bermuda, während ganzer Tage
und Nächte, in fortwährend sich folgenden Schaaren, südwärts
ziehend beobachtet worden: solche Schaaren wurden auf hundert
bis zu tausend Individuen geschätzt. Siehe hierüber J. M. Jones,
The Naturalist in Bermuda S. 71 bis 77. Diese letzteren Schaaren,
welche von Labrador kommend, bis Nord-Brasilien fliegen, finden
auf ihrem langen Wanderfluge über den Ozean nirgendwo den
kleinsten Rastplatz, und müssen diese achthundert Meilen lange
Wegstrecke ohne Unterbrechung zurücklegen. Sie überbieten
somit den vierhundert Meilen weiten Flug von Newfoundland nach
Irland um das Doppelte, und heben jeden Zweifel über seine
Möglichkeit auf.

Da während Besprechung der obigen Frage unwillkürlich der
Gedanke aufgetaucht sein dürfte, dass wohl manchem der Wanderer

während des Fluges über das weite Weltmeer die Schwingen ermatten könnten. und so Betroffene dann elend zu Grunde gehen müssten. so mögen einige hierauf bezügliche Beobachtungen noch Platz finden. die zu machen ich Gelegenheit gehabt. und welche beweisen. dass Landvögel. wie Drosseln, Ammern. Finken und dergleichen im Falle der Erschöpfung, selbst auf etwas bewegtem Meere, kurze Zeit zu ruhen vermögen und hiernach ihre Reise fortzusetzen im Stande sind.

Die erste derartige Beobachtung bot sich mir dar. während ich mich etwa eine halbe Meile westlich von Helgoland auf der Mövenjagd befand. In einiger Entfernung ward auf dem Meere schwimmend ein kleiner Vogel sichtbar, der mir wie meinen Begleitern, den Gebrüder Aeuckens, völlig unbekannt erschien. Wir näherten uns behutsam. sehr begierig die vermeintliche Seltenheit zu erlangen. erkannten aber noch rechtzeitig. dass wir eine Singdrossel vor uns hatten. Der Jagdeifer wandelte sich nun sofort in Mitleid und in den Wunsch. das arme ermattete Geschöpf aus seiner vermeintlich peinlichen Lage zu retten. Wir erstaunten aber nicht wenig, als bei Annäherung des Bootes die Drossel sich mit grösster Leichtigkeit vom Wasser erhob, und geraden Weges dem fernen Helgoland ganz kräftig zuflog.

Ein anderes Mal war es ein Schneeammer, der unter gleichen Umständen gerettet werden sollte: dieser Vogel musste jedoch sehr ermattet sein. denn er befand sich kaum fünf- bis sechshundert Schritt vom Felsen entfernt auf dem Meere schwimmend. oder richtiger treibend. Beim Herannahen des Bootes flog derselbe ebenfalls ganz leicht vom Wasser auf. musste sich jedoch nach dreissig bis vierzig Schritten wieder niederlassen: wir näherten uns nochmals. er flog wieder auf, jedoch mit nicht besserem Erfolg als das erste Mal: wir machten einen dritten Versuch. der aber ebenfalls zu weiter nichts führte, als den Vogel wiederum ungefähr dreissig Schritt der Insel näher zu scheuchen. Hierauf gaben wir es auf, einem so eigenwilligen Burschen unsere Hülfe aufzudringen, zumal wir nicht den geringsten Zweifel hegten. dass er auch ohne solche nach einiger Ruhe die Insel erreichen würde.

Den dritten Fall. welchen ich noch mittheilen will. lieferte ein Bergfink. *Fringilla montifringilla:* dieser trieb wenigstens dreiviertel Meilen östlich von Helgoland auf dem Meere, bei Annäherung des Bootes erhob er sich. stieg sofort zu einer ziemlichen Höhe auf, wie Vögel es thun, wenn sie weiter ziehen wollen, und flog in nahezu westlicher Richtung davon, soweit das Auge zu folgen

vermochte, ohne Helgoland, das in einer viertel Meile Entfernung
zu seiner Rechten lag, irgendwie zu beachten. Das nächste Land,
welches der Vogel so erreichen konnte, war die Insel Norderney
oder Borkum, und dass derselbe diese hätte sehen können von
dem Punkte, wo er aufflog, lag ausser aller Möglichkeit. Dennoch
folgte er nach kurzer Rast auf dem Meere unbeirrt und sicher
seiner herbstlichen Zugbahn. Fälle, wie die mitgetheilten, können
jedoch nur ganz ausserordentlich selten eintreten, da es die einzigen
sind, welche ich jemals wahrgenommen.

Es wäre nun allein noch des hohen Nordens zu gedenken,
der von seiner so beschränkten Artenzahl allerdings nicht viel
spenden konnte. Immerhin weist Helgoland aber ein paar hierher
gehörige Stücke auf, die eine Zierde auch für das bedeutendste
Museum sein dürften.

Ein grosser blaufüssiger junger Falke ist hier vor langen Jahren
erlegt worden, der zu den hochnordischen weissen Falken zu
zählen ist, indem seine Maasse über die aller hier vorgekommenen
Herbstvögel von *Falco gyrfalco* weit hinausgehen; in der Färbung
des Jugendkleides dieser beiden Arten findet bekanntlich keine
Verschiedenheit statt. Alte weisse Falken mit ungeflecktem Kopf
und Schwanz und herz- oder nierenförmigen dunklen Flecken auf
den Schultern und Rücken sind hier zweimal gesehen, aber leider
nicht geschossen worden. Des weiteren enthält meine Sammlung
einen jungen Herbstvogel von *Fringilla (Linaria) Holbölli;* und
schliesslich, wenn auch seltsamer Weise in diesem langen beispiellosen Verzeichnisse der Reihenfolge nach das Letzte, entschieden
aber das Werthvollste: ein schönes altes Exemplar im reinsten
Winterkleide von *Larus Rossei*, ein Männchen, welches hier den
5. Februar 1858 geschossen ward.

Dieser letztere Vogel dürfte einstweilen überhaupt wohl als
der unerreichbarste aller ornithologischen Wünsche dastehen.
Wenn auch eines der überlebenden Mitglieder der unglücklichen
»Jeanette«-Expedition, Mr. Newcomb, unter wahrhaft heroischer
Hartnäckigkeit, während eines thatsächlichen Kampfes ums Dasein
gegen Hunger, Sibirische Kälte und Sibirisches Eis, drei der ge-
sammelten Bälge von *Larus Rossei* nicht aufgab, sondern mit
sich heim brachte, und wenn auch bei Barrow-Point und Franz
Josephs-Land ein oder das andere Exemplar erlegt worden, so
dürfte es doch noch gute Weile haben, bis man sich von diesen
Punkten des nördlichen Eismeeres beliebig Eier und Bälge dieser
Möve heimholt, wie es das Januar-Heft des Ibis von 1884 verheisst.

VIII. WAS LEITET DIE VÖGEL WÄHREND IHRER ZÜGE?

Diese Frage drängt sich unwillkürlich auf, nachdem man die Wanderer auf ihren wolkenhohen, unter Sturmeseile verlaufenden Flügen begleitet hat. Vermöge welcher Fähigkeiten sind sie im Stande, in schwarzfinstern Oktober- und Novembernächten den rechten Weg einzuschlagen und z. B. von der Holsteinischen Westküste bis zur Englischen Ostküste ihn über die hundert Meilen breite Nordsee ohne Fehl bis an das Endziel zu verfolgen. Mit all seinen Geistes- und Sinnesfähigkeiten ist der Mensch nicht im Stande, in vollkommener Dunkelheit oder in ·dichtem Nebel sich auch nur eine viertel Meile in gerader Richtung zu bewegen, und die Vögel fliegen allherbstlich ohne Wegweiser, ohne Richtzeichen vom fernen östlichen Asien bis in das westliche Europa, vom Nordkap Skandinaviens bis in das südliche Afrika, in beiden Fällen eine Wegstrecke von weit über tausend Meilen zurücklegend. Was aber das ohnehin schon wahrhaft Wunderbare der Erscheinung noch in hohem Grade steigert, ist die Thatsache, dass auch die jungen, erst sechs bis acht Wochen alten Sommervögel allein und selbstständig den ersten derartigen Zug ihres Lebens mit ebenso unirrender Sicherheit zurücklegen, wie die ihnen ein bis zwei Monat später folgenden alten Vögel, welche dieselbe Strasse schon des öfteren gewandert sind.

Vernimmt man während sternloser schwarzer Herbstnächte das Chaos von Stimmen von hunderttausenden und aberhunderttausenden rastlos in fester Richtung überhin und vorbeiziehender Vogelschaaren, die in unverringerten Massen mondelang dahineilen, ohne dass nach menschlichem Ermessen irgend ein leitendes Merkzeichen ihres Pfades ersichtlich wäre, und hat man ein halbes Jahrhundert lang das Phänomen während jeder Sonnenwende mit einer dem Lauf der Planeten gleichen Sicherheit sich wiederholen sehen,

so fordert die überwältigende Grösse der Erscheinung unabweislich
zum Nachdenken darüber auf, welche leitenden Fähigkeiten für ein
so unfehlbares Handeln diesen Geschöpfen verliehen sein könnten.
Jahrhunderte schon ist dieser Frage das ernsteste Nachdenken zugewendet worden, ohne dass es bisher gelungen, zu einer end-
gültigen Erklärung zu gelangen; eine solche dürfte auch wohl
kaum jemals zu erbringen sein, da der Maassstab dessen, was der
Mensch unter Hülfe all seiner Geistes- und Sinnesfähigkeiten zu
vollbringen im Stande ist, nicht ausreicht für die Leistungen der
Vögel während ihrer Wanderflüge.

In der Rathlosigkeit, mit welcher man der Frage gegenüber-
stand, nahm man ein instinktives Handeln der Vögel an, nach
welchem dieselben unbewusst den rechten Weg für Erreichung
eines ungekannten Zieles einschlügen. Unübertroffene Beobachter
des Thuns und Treibens der Vögel, wie Naumann und Brehm der
Vater, sind im Laufe längerer und eingehendere Forschungen, wie
sie kaum jemals ein Menschenleben dargeboten hat, zu keinem
anderen Endergebniss gelangt, als zu der Annahme eines solchen
instinktiven Handelns seitens der Vögel. Neuere Forscher haben
diese Auffassung der bis zur Stunde ungelösten Frage zwar gering-
schätzend verworfen, aber alle Erklärungsversuche, welche gemacht
worden sind, haben dieselbe auf demselben Standpunkte belassen, wo
sie vor Jahrhunderten gestanden: der in schwarzer Nacht über weite
Meeresflächen mit unfehlbarer Sicherheit seinen Weg verfolgende
Wanderer bietet dem Gelehrten der Gegenwart ein ebenso unlösliches Räthsel wie dem ersten urvorzeitlichen Beobachter.

Alfred Newton weist zwar in seiner ausgezeichneten Ab-
handlung über den Vogel, in der Encyclopädia Britannica, die
Annahme des Instinktes als blosse Umgehung der Schwierigkeit der
Frage, und als jede wissenschaftliche Untersuchung derselben ausschliessend, zurück, sagt jedoch, dass man zugeben müsse: Ererbte,
aber unbewusste Erfahrung, welche in der That doch alles sei, was
man unter Instinkt verstehen könne, mache sicherlich einen Faktor
im Vogelzuge aus. Hiernach handelten die Vögel denn doch unbewusst in zweckentsprechender Weise, und dies kann sprach-
gebräuchlich immer nur als instinktiv bezeichnet werden.

Kann aber Erfahrung überhaupt etwas Unbewusstes sein —
und können Erfahrungen, deren Ergebniss positives Wissen ist,
sich thatsächlich vererben?

Herr von Middendorff, dessen sibirische Forschungsreisen sich
bis in die nördlichen Taymirländer erstreckten, und der die

ernstesten Bestrebungen für Lösung der Räthsel des Vogelzuges
gemacht, nimmt an, dass den Vögeln »ein inneres magnetisches
Gefühl« beiwohne, welches sie auf ihren wunderbaren Zügen leite.
(Isepipteseu Russlands S. 9.) Er glaubte gefunden zu haben,
dass der Frühlingszug asiatischer Arten nach dem Taymirlande
hin, in welchem einer der magnetischen Pole belegen, convergire,
und dies bewog ihn zu dem obigen Schluss. Wenn man aber
sieht, was in einem der früheren Abschnitte über die Richtung
des Wanderfluges eingehend nachgewiesen worden ist, dass nämlich
ein solcher nördlich gerichteter Frühlingszug vieler Arten von
gleichzeitig ostwärts ziehenden Schaaren anderer Arten gekreuzt
wird, so dürfte auch dieser Versuch einer Erklärung nicht be-
friedigen. Herr von Middendorff, dem natürlich nicht entging,
dass viele Vögel einer anderen als der nördlichen Richtung folgen,
versucht seine Ansicht dadurch aufrecht zu erhalten, dass er sagt
»die Vögel seien sich immerwährend der Richtung des Magnet-
poles, sowie des Abweichungswinkels ihrer jeweiligen Flugrichtung
bewusst und regelten demnach ihren Flug. Während der Seefahrer
durch Berechnung seinen Kurs zu finden habe, lese der Vogel, der
durch und durch Magnet, den seinigen unmittelbar von seiner
inneren Orientirungskarte ab.« Hienach handelte der Vogel also
nicht nach Berechnung, wie der Seefahrer, sondern nach einem
inneren — unbewussten — Gefühl, somit doch auch nur instinktiv.
Obiges bezieht sich nun nur auf den Frühlingszug, wie vermöchten
aber die jungen Herbstvögel bei dem Antreten ihres ersten Zuges
zu wissen, unter welchem Abweichungswinkel vom Pole der Kurs
für ihr südliches Winterquartier liege.

Herr von Middendorff hat den Vögeln noch eine andere Befähigung für Findung ihrer Strassen beizulegen versucht, indem
er ihnen einen sogenannten Richtsinn zuspricht. Es sei dies ein
angeborenes Vermögen, der Himmelsrichtung sich bewusst zu sein
und ohne Hülfe des Gesichtssinnes oder des Ortsgedächtnisses den
Weg zu finden. Dies wäre fast nur eine andere Bezeichnung für
die im Vorhergehenden dem magnetischen Gefühl zugeschriebene
Befähigung und käme gleichfalls auf ein Handeln nach einem
inneren unbewussten Gefühl hinaus.

Es möge hier noch eine hochinteressante Mittheilung des Herrn
von Middendorff Platz finden, aus der hervorgeht, dass auch der
sich noch auf einer dem ersten Naturzustande nahen Stufe befindende Mensch die gleiche instinktive Befähigung für Einschlagung
und Verfolgung des rechten Weges besitzt, wie sie den Vögeln

und anderen Thieren eigen ist. Dieselbe befindet sich in seiner
Sibirischen Reise, Bd. IV, Th. 2, S. 1168, und lautet: »Nie haben
mich aber Erfahrungen dieser Art in dem Maasse ergriffen, wie
in den endlosen Tundren des Hochnordens, als ich dort dieselbe
unbegreifliche thierische Eigenschaft fast ungeschwächt auch bei
rohen Naturmenschen wahrnahm. Was die Samojeden darin leisten
können, übersteigt oft alle unsere Begriffe.

Hocherfreut, in diesen Menschen endlich meine Dolmetscher
für das Naturgeheimniss des Zurechtfindens der Thiere gefunden
zu haben, suchte ich ihnen ihr Kunststück abzufragen, und drang
in sie, wo es nur Gelegenheit gab. Sie aber sahen mich verdutzt
an, wunderten sich über meine Verwunderung und meinten: »»so
Alltägliches verstehe sich doch von selbst; unser Unvermögen uns
zurechtzufinden sei hingegen ganz unverständlich.«« Zuletzt ent-
waffneten sie mich vollends durch die Frage: »»Nun, wie findet
sich denn der kleine Eisfuchs in der grossen Tundra zurecht? und
verirrt sich nie?«« Das war es also! Man warf mich wieder auf
die unbewusste Leistung einer angeerbten thierischen Thätigkeit
zurück.«

In einem, wie er glaubte zweifelhaften Falle, bestand von
Middendorff darauf, seinem Kompass zu folgen, machte aber bald
»die schlagend überraschende Entdeckung, dass nicht der Samojeden
Richtsinn, sondern mein Kompass mich getäuscht hatte. Nur
diesen, nicht aber jenen hatte die Nähe des magnetischen Poles
unerwartet stark abzulenken vermocht, und ich erkannte zu meiner
Beschämung, dass ich den guten Leuten Unrecht gethan hatte.«

Also auch diese Samojeden wanderten, ohne einen Grund angeben zu können, unbewusst, somit instinktiv den rechten Weg.

Es darf hier nicht unerwähnt bleiben, dass das, was in dem
von Middendorff'schen Werke auf etwa hundertunddreizehn Gross-
quart-Seiten über die Wanderbewegungen der Thiere gesagt worden
ist, zweifellos die werthvollsten Beobachtungen und Mittheilungen
enthält, welche jemals über diesen Gegenstand veröffentlicht worden sind.

Die umfangreichste neuere Behandlung der Wanderbewegungen
der Vögel ist von J. A. Palmén; betitelt »Zugstrassen der Vögel«.
Es ist eine höchst interessante Arbeit, in welcher der Verfasser unter
Benutzung sehr umfangreichen Materials von Beobachtungen rei-
sender und lokaler Forscher an einer kleinen Zahl hochnordischer
Strand- und Seevögel nachzuweisen sucht, dass die Vögel während
ihrer Züge den Richtungen von Meeresküsten und grossen Strömen

folgen. Zur Veranschaulichung dieser Theorie ist dem Buche eine Karte der Alten Welt beigefügt, in welche diese Strassen von 80⁰ bis 30⁰ N. B. in den mannichfaltigen Windungen eingetragen sind, wie sie die Küsten der Meere und Läufe der nord oder süd abfliessenden Ströme und Flüsse darbieten. Eigene Beobachtungen in der Natur scheinen dieser Arbeit nicht zu Grunde gelegen zu haben. Es ist unnöthig, hier eine Ansicht über diese Auffassung der Zugbewegung auszusprechen, einestheils, weil dies schon in dem Abschnitt über die Richtung des Wanderfluges geschehen ist, anderntheils, weil es sich gegenwärtig nicht um die Richtung des Weges handelt, sondern darum, wie die Vögel dieselbe zu finden vermögen.

Kurz gefasst vertritt auch Herr Palmén (Abschnitt X seines Buches) die gegenwärtig ziemlich allgemeine Auffassung: dass die Vögel ursprünglich in Breiten lebten, die ihnen das ganze Jahr hindurch alles für ihr Dasein Nöthige darboten; dass mit der Zeit einige derselben zufällig so weit über die nördliche Grenze ihrer Heimath hinausschweiften, dass sie, um nicht der Kälte und dem Hunger zu erliegen, beim Herannahen des Winters sich dahin zurückzufinden hatten; dass aus solchen zufälligen Irrflügen eine Gewohnheit zum Ziehen sich entwickelt, und eine Vererbung dieser Gewohnheit, sowie auch der während solcher Flüge gemachten Erfahrungen der alten Vögel auf ihre Jungen, stattgefunden habe.

Hierneben sagt der Verfasser wiederum: dass die Schaaren ziehender Vögel allgemein ältere und stärkere Individuen als Anführer hätten; dass die Jungen nicht angeboren das Bewusstsein der Nothwendigkeit des Zuges, noch die nöthigen Kenntnisse für denselben besässen, und dass sie dies alles von ihren Eltern zu lernen hätten. Die von diesen alten Vögeln oft gewanderten Wege beständen aus einer Reihenfolge für sie günstiger Aufenthaltsorte, Futterplätze, von denen sie abhängig wären, und durch deren geographische Lage die Zugstrassen bedingt würden.

Solchen jungen Vögeln, die einzeln für sich ziehen, wird noch ein sogenannter Ortssinn, Ortsgedächtniss, beigelegt, welches sie sich aneignen, indem sie sich zuerst Kenntniss der Futterplätze in nächster Umgebung ihres Nestes verschafften und sich dieselbe einprägen, darauf weiter entfernter, und so fort. Auf die so erlangte Kenntniss der Standorte gestützt, welche ihnen Nahrung darbieten, haben sie dann, wohl oder übel, den Weg in ihr Winterquartier zu finden.

Die Möglichkeit der erblichen Uebertragung der durch Erfahrungen erlangten Kenntnisse, d. h. also eines positiven Wissens, von Eltern auf ihre Nachkommen ist weiter zurück schon in Zweifel gezogen worden, und der Frage bestimmter Zugstrassen, wie Herr Palmén sie niederlegt, ist, wie oben erwähnt, in dem Abschnitt dieses Werkes, welches die Richtung des Wanderfluges behandelt, schon genügend begegnet worden. Der Werth der Annahme eines besonderen Ortssinnes, wie ihn sich die jungen Vögel erwerben sollen, und vermöge dessen sie den weiten Weg in das Winterquartier zu finden vermöchten, ergiebt sich am besten, wenn man solcher Hypothese Thatsachen gegenüber stellt, wie sie die Natur alljährlich in zahllosen Fällen durch die Herbstzüge junger Vögel derjenigen Arten darbietet, die nicht in Gesellschaften, sondern einzeln für sich allein wandern — z. B. der im hohen Norden Europas brütende kleine Laubvogel.

Angenommen, ein solcher junger Laubvogel, der innerhalb des Polarkreises in Norwegen ausgebrütet worden, umschwärme mehrere Wochen den Standort seines Nestes in der Entfernung von einer, von fünf, ja von zehn Meilen; lerne jeden Strauch, jeden Fels und jedes Wasser daselbst kennen, welcher nur irgend erdenkliche Nutzen könnte ihm aus einer so begrenzten Lokalkenntniss für seine demnächstige Reise in das mittlere Afrika erwachsen? Seine Zugzeit naht sehr bald heran; während eines schönen stillen Sommerabends bricht er für seinen ersten weiten Wanderflug auf, die Welt tiefunten in duftiger Dämmerung zurücklassend. Der Augenblick ist da, wo er den ganz unfehlbar richtigen Kurs für seine Reise einzuschlagen hat, was kann ihm möglicher Weise denselben jetzt anzeigen? Die Merkmale im Umkreise seines Nestes sind lange schon den Blicken entschwunden, und was könnte ihm irgend ein erkennbarer Fels oder Wald oder See auch nützen, keiner derselben vermöchte ihm zu sagen, dass sein Winterquartier nicht westlich, nicht östlich, sondern südlich liege, und keiner könnte ihm andeuten, wohinaus diese südliche Richtung sich erstrecke.

Unser winziger Freund schwebt in ungekannter Höhe im dunkelnden Blau, anscheinend hülf- und rathlos; dennoch aber breitet er ohne Zaudern und mit völligster Sicherheit seine zarten Fittiche dem fernen Ziel entgegen. Nach wenigen Stunden umgiebt ihn vollständige Nacht, aber unbeirrt geht sein Flug dahin durch den stillen pfadlosen Raum; tausende, vielleicht viele tausend Fuss tief, liegt die Welt unter ihm, unerkennbar, und vermöchte er auch in dunklen Umrissen die Form von Land und Meer zu unterscheiden, was hülfe es ihm, alles ist fremd, er hat es nie ge-

sehen, und nichts könnte erdenklicher Weise als Richtzeichen ihm
dienen.

Der anbrechende Morgen findet unseren kleinen Wanderer
vielleicht auf den Dänischen Inseln, vielleicht im nördlichen Deutschland: im Sonnenschein sein Gefieder putzend und Nahrung suchend
schweift er den Tag über in allen Richtungen umher; der Abend
naht, und mit demselben die Stunde der Weiterreise. Hier nun
in der vollständigen Fremde bricht er wiederum mit derselben
Sicherheit für das Ziel der Reise auf: überfliegt in der Nacht die
Alpen und hält einen zweiten Rasttag an den Gestaden des Mittelmeeres. Auch hier ist seines Bleibens noch nicht, und die dritte
Abenddämmerung mahnt zu erneutem Fluge. Er weiss nicht, wie
weit die Wasserfläche sich dehne, wie fern das Ufer sei, welches
neue Rast ihm gewähren werde; kein Merkzeichen ist ihm gesteckt,
kein Leuchtfeuer, nach dem er den Pfad zu lenken vermöchte,
dennoch aber breitet er wiederum unverdrossen seine Flügel —
und erst in den niegesehenen Palmen des glühenden Afrika erkennt
er das endliche Asyl der Ruhe.

Und für diesen ersten wunderbaren Wanderflug seines Lebens
sollte das Vögelchen einzig und allein auf solche Kenntniss der
Physiognomie seiner Futterplätze angewiesen sein, welche es in
der Umgebung seines Nestes sich erworben? Die absolute Unhalt-
barkeit einer solchen Annahme ergiebt sich schon aus dem in
Obigem angedeuteten Umstande, dass derartige Futterplätze ja
nicht allein in südlicher Richtung vom Neste sich vorfinden, sondern auch ost und west von demselben sich erstrecken, und man
wiederum vor der Frage stände: was den Wanderer denn veran-
lasse, nur der ersteren zu folgen. Ausserdem zieht ja auch die
überwiegende Zahl der Vögel, gleich obigem Laubvogel, während
der Nacht und in solcher Höhe, dass ein Unterscheiden der Boden-
beschaffenheit der tief unten in Finsterniss liegenden Länderstrecken
gänzlich ausgeschlossen ist. Der ausgebildetste Ortssinn könnte
unter solchen Umständen nichts nützen, und alle derartigen Hypothesen, wie geistreich und plausibel sie auch aufgebaut sein mögen,
führen der Lösung auch dieses räthselhaften Momentes im Vogelzuge keinen Schritt näher.

Neben der Theorie der Vererbung gesammelter Zugerfahrungen
wird noch eine traditionelle Uebertragung solcher Erfahrungen von
Generation auf Generation geltend gemacht: da ich aber nachgewiesen, was gegenwärtig ja auch allgemein anerkannt wird, dass
die jungen Vögel selbstständig für sich und ein bis zwei Monate

vor ihren Eltern ihren ersten Zug vollführen, so ist auch die Theorie der traditionellen Uebertragung damit gefallen, denn auf welche erdenklich mögliche Art könnten die alten Vögel ihre Zugerfahrungen mittheilen, wenn nicht durch praktische Belehrung während eines gemeinsamen Zuges. Diese alten Vögel schreiten in vielen Fällen jedoch zu einer zweiten Brut, oder sind noch in der Mauser zu ihrem Winterkleide begriffen, während ihre Sprösslinge längst das Winterquartier erreicht haben.

Auch im Hinblick auf die periodischen Zugerscheinungen anderer Flugthiere, wie mancher Käfer und Nachtschmetterlinge, ist die Theorie der Vererbung sowohl, wie die der traditionellen Uebertragung durchaus unhaltbar. Unter den letzteren bieten hier auf Helgoland die Züge von *Noctua gamma* ein ganz besonders interessantes Beobachtungsmaterial. Während ihrer Herbstwanderungen überfliegen diese kleinen Geschöpfe die hundert Meilen breite Nordsee, von Holstein bis England, oft in so gewaltigen Massen, dass die im Bereich des hiesigen Leuchtfeuers sichtbar werdenden Schaaren vollständig einem dichten, von schwachem Winde dahingetriebenen Schneegestöber gleichen. So z. B. nach meinem Journal für 1882 in der Nacht vom 15. zum 16. August; der Wind war ganz schwach südlich, es fand starker Vogelzug statt. »Von 11 bis 3 Uhr in der Nacht Millionen *Gamma*, von Ost nach West ziehend, wie dickes Schneegestöber.« »Den 16., 17. und 18. jeden Abend von 11 Uhr an sehr viel *Gamma* ziehend. Am 19. Wind südost, schönes, stilles Wetter, am Abend bedeckte Luft; sehr starker Vogelzug. Von 11 bis 2 Uhr wieder tausende *Gamma*.« Gewitter und stürmisches Wetter machten darauf dem Zuge ein Ende.

Diese kleinen Geschöpfe ziehen mit derselben steten Sicherheit und in derselben ost-westlichen Richtung, wie alle hier unter Beobachtung kommenden herbstlichen Wanderschaaren der Vögel es thun. Dass auch sie ihren Zug glücklich zurücklegen, beweisen die grossen Massen derselben, welche oft die Englische Ostküste bedecken, und deren Menge nur durch Einwanderung zu erklären ist. In grosser Zahl sind während solcher Züge von *Gamma* auch oft *Gastropacha neustria* sowie *Agrotis graminis* und andere vertreten. Dem etwaigen Einwand, dass diese Thiere wohl nur durch das Leuchtfeuer herbeigelockt, in dessen Nähe so zahlreich gesehen würden, wird durch die Züge von *Hybernia defoliaria* und *aurantiaria* widerlegt, die manchmal während starker Lerchenzüge im Oktober auftreten und die man im Laufe der Nacht, sowie am folgenden Morgen. in grosser Zahl von einem Ende der Insel bis zum anderen vorfindet.

Diese Nachtschmetterlinge können nun aber unmöglich während des einzigen Wanderfluges ihres Lebens. den sie in finsterer Nacht über die weite Wasserfläche zurücklegen, irgend welche Erfahrungen sammeln. und geschähe dies auch wirklich. so würden dieselben immer noch vollständig nutzlos sein, da diese Wanderer nach einem solchen Herbstzuge keine Nachkommenschaft mehr erzeugen, auf welche sie die fraglichen Erfahrungen durch Vererbung oder durch traditionelle Mittheilung zu übertragen vermöchten, sondern kurze Zeit danach sterben.

So weit meine Beobachtungen reichen, bestehen derartige Wanderflüge nur aus Männchen. was ja bei den Hiberniaarten auch nicht anders sein kann. da die Weibchen derselben flügellos sind.

Wenn es nun in der Palmén'schen Schrift heisst: dass die jungen Vögel angeboren keine Kenntniss der Nothwendigkeit des Zuges überhaupt. noch auch von der Richtung desselben besässen, sondern dies alles von ihren Eltern erlernen müssten. so darf man wohl fragen: woher denn den obigen Nachtschmetterlingen die Kenntniss alles dessen zu kommen vermöchte, da ihnen während ihrer dreifachen Metamorphose doch kein erdenklicher Lehrmeister dafür zur Seite stehen kann. Möge man sich noch so sehr sträuben einzuräumen. dass man betreff so mancher Zugmomente an der Grenze seines Wissens stehe. in dem obigen Falle. sowie in dem der Middendorff'schen Samojeden dürfte man ein instinktives, unbewusst zweckentsprechendes Handeln wohl kaum in Abrede stellen können: jedenfalls wäre es interessant eine Hypothese kennen zu lernen, die anscheinend auch über diese Frage hinweghülfe — besonders, da es sich bei diesen Samojeden nicht um eine bestimmte, von Urzeiten her gewanderte Zugstrasse handelte. sondern sie sich von allen Punkten aus, wohin von Middendorff sich begab, zurechtzufinden wussten.

Es dürfte hier auch noch der unerklärlichen Weise zu gedenken sein. in welcher Hunde über sehr weite Strecken zur Heimath zurückzufinden vermögen. Unter vielen derartigen in Zeitschriften mitgetheilten Fällen möge hier einer stehen, der vor ein paar Jahren im Hamburger Correspondenten erzählt ward: der Besitzer einer Villa ausserhalb Hamburgs schenkte einem besuchenden Bekannten aus Aachen einen grossen Hund. derselbe ward im Hundecoupé mit nach Aachen genommen, entlief dort aber und erschien in etwas heruntergekommenem Zustande nach einigen Tagen wieder bei

seinem ersten Besitzer. Ein zweiter derartiger Fall, gestützt auf
mündliche Mittheilung des Eigenthümers des Hundes, und jedweden
Zweifel ausschliessend, ist folgender: Ein etwa ein Jahr alter
Teckel ward auf dem Landsitze des Mittheilenden in einen Sack
gesteckt, und im Wagen nach einem zwei Meilen entfernten Gehöft
gebracht: dort frei gelassen, verschwand der Hund und war vor
Rückkehr des Fuhrwerkes schon wieder heim! Nach Aussage
einiger Feldarbeiter hatte der Hund, der nie zuvor seinen Geburts-
ort verlassen, querfeldein den kürzesten geraden Weg zur Heimath
eingeschlagen. Ein Bruder von mir, der Landwirth in Texas ist,
erzählte mir, dass es dort ein ganz gewöhnliches Vorkommniss sei,
dass über fünfzig Meilen weit fortgetriebenes Rindvieh durch un-
wegsame Landstrecken und Wälder wieder zum Geburtsorte zurück-
kehre. Welche denkbar mögliche Erklärung wäre für diese Thatsachen beizubringen?

Zu den vorhergehenden Erörterungen haben vorherrschend die
Landwege der wandernden Vogelschaaren den Stoff geliefert, es
ist jedoch noch der Theorie zu gedenken, die man für das Ueberfliegen weiter Meeresflächen aufgestellt hat, und die wohl hauptsächlich durch das Erscheinen Amerikanischer Vögel in Europa
hervorgerufen worden ist. Man hielt es nämlich für absolut unmöglich, dass ein Vogel den zwischen Newfoundland und Irland
immer noch vierhundert Meilen breiten Atlantischen Ozean zu
überfliegen vermöge, und glaubte, dass dies nur unter Benutzung
sogenannter diluvialer Landbrücken geschehen könne; diese Landbrücken bestehen zur Zeit nur noch aus vereinzelten Trümmern
der in urvorzeitlichen geologischen Epochen dagewesenen Ver-
bindungen der Kontinente. Für den Zug von Amerika nahm man
eine solche Verbindung über Grönland, Island, die Faröer.
Shetland und Orkneyinseln an; die Benutzung dieser Strasse sollte
Gewohnheit geworden sein, und diese Gewohnheit sich ebenfalls
derart durch Vererbung von Geschlecht auf Geschlecht, aus jener
fernen Urzeit bis auf den heutigen Tag übertragen haben, dass
die gegenwärtig lebenden Vögel noch immer mit völliger Sicherheit
von einem zum andern der einst verbundenen, jetzt weit über den
Gesichtskreis hinaus liegenden, einzelnen Trümmerreste der vor-
maligen Landbrücken, ihren Weg zu finden vermögen. Eine
andere dieser Landbrücken sollte für die zwischen Europa und
Afrika wechselnden Vögel Italien gebildet haben, als es noch un-
gebrochen beide Kontinente verband und das Mittelmeer in zwei
Landseen theilte.

Es darf wohl angenommen werden, dass durch das, was weiter
zurück betreffs der Schnelligkeit des Wanderfluges nachgewiesen
worden, dass nämlich ein Vogel in neun Stunden von Newfoundland nach Irland zu gelangen vermöge, auch die Hypothese obiger
Hülfswege hinfällig geworden sei; sie wird dies aber ohnehin an
und für sich schon dadurch, dass sie eben nur auf ein paar solcher
Meerüberflüge, nicht aber auf alle, Anwendung finden kann. Unter
diesen letzteren ist besonders der schon wiederholt angeführte
Herbstzug des Amerikanischen Regenpfeifers, *Charadrius virginicus,* hervorzuheben; derselbe erstreckt sich von Ladrador nahezu
bis nach Patagonien. Ausser den zahllosen Schaaren dieser Vögel,
welche allherbstlich über Bermuda und die Antillen ihren Weg
nehmen, reicht die Zugfront derselben noch hundert bis hundertundfünfzig Meilen östlich über Bermuda hinaus; der Südflug der
letzteren dieser Wanderer erstreckt sich demnach von Labrador
bis an die Nordküste von Brasilien. Auf dieser ganzen Linie
bestand nun aber zu keiner Zeit eine Landbrücke; die Tiefe des
Meeres beträgt fast im ganzen Verlaufe derselben zweitausend
Faden, ja von 18 bis 28° N. sogar dreitausend Faden. Hätte der
Meeresboden hier jemals bis zur Wasserfläche herauf gereicht,
oder dieselbe als Landbrücke überragt, so würden nach dem, für
säculare Senkungen im allgemeinen angenommenen Maasse von
knapp einem Meter im Jahrhundert, mehr als vier- bis sechsmal-
hunderttausend Jahre erforderlich gewesen sein, denselben bis zu
der gegenwärtigen Tiefe zu entrücken — für geologische Vorgänge
allerdings eine kurze Spanne Zeit, im Thierreiche immerhin aber
wohl von gewaltiger Bedeutung. Es zeigt nun aber nach Darwin,
Credner und anderen (siehe Allgemeine Erdkunde von Hann, Hoch-
stetter und Pokorny, Taf. XI) die Linie Labrador, Newfoundland,
Bermuda und Antillen nicht nur keine Erscheinungen einer solchen
Senkung, sondern dem entgegen, die einer säcularen Hebung. Da
nun für die Annahme, dass der Ozean auf der ganzen Ausdehnung
dieser ungeheuren Strecke, jemals irgend ein wegweisendes Merkzeichen dargeboten, nicht nur keine Anhaltspunkte vorliegen,
sondern die Ergebnisse wissenschaftlicher Forschungen denselben
sogar entschieden entgegenstehen, so darf man wohl fragen, was
denn die Urvorfahren dieser nach hunderttausenden zählenden
Wanderschaaren geleitet, und was die Generationen der Gegenwart
noch immer befähigt, ihren wunderbaren Herbstzug von achthundert
Meilen Ausdehnung mit unfehlbarer Sicherheit über die pfadlose
Wüste des Weltmeeres zurückzulegen.

Wenn es nun schon als etwas Unergründliches erscheinen muss, dass die wandernden Vögel auf ihren regelmässigen Zügen stets den rechten Weg verfolgen, so ist es wahrhaft wunderbar, wie sie auch in ausnahmsweisen Fällen mit derselben unfehlbaren Sicherheit das zu thun vermögen, was den augenblicklichen Anforderungen entspricht. Dies tritt ganz besonders überraschend hervor bei Gelegenheiten, in welchen sie durch plötzlichen abnormen Temperaturwechsel gezwungen werden, die fast schon vollendete Frühlingsreise wieder aufzugeben, umzukehren, und dem Winterquartier wieder zuzusteuern. Unter anderm kam ein ganz besonders grossartiger derartiger Fall auf Helgoland während der Nacht vom 16. zum 17. März 1879 zur Wahrnehmung. Wie schon im Abschnitt über die Richtung des Wanderfluges eingehend mitgetheilt, waren es besonders *Numenius arquatus, Charadrius auratus, vanellus* und deren Verwandte die zu Hunderttausenden in wildem Chaos die schwarze Atmosphäre mit ihren Stimmen erfüllten, alle auf westlich gerichtetem Fluge dem Winterquartier wieder zustürmend. Die Erscheinung glich vollständig einem sehr starken Herbstzuge, nur dass sie viel bedeutendere Hast verrieth. Der Wind war schwach südwest, das Wetter milde, Thauwetter, am Abend etwas Nebel, also lokal durchaus keine ersichtliche Veranlassung für eine derartige Bewegung: Tages darauf trat jedoch Ost-Nordost-Wind mit Frost ein, der bis zum 28. des Monats anhielt. Unzweifelhaft war das Winterwetter schon ein oder zwei Tage zuvor fern Ost oder Ost-Nordost von Helgoland eingetreten. In diesem Falle lagen dem Zuge nun aber ganz andere Ursachen zu Grunde, als während des normalen westlichen Herbstzuges, der zu einer Zeit stattfindet, wo noch nicht die leiseste Andeutung von Frost oder Schnee vorhanden, dennoch aber ergriffen die Vögel den rechten Ausweg, um diesem zufällig eintretenden, ihnen ganz unbekannten Nothstande zu entkommen. Sie handelten auch in diesem abnormen Falle, wie in all ihren regelmässigen Zugbewegungen nicht allein, als ob sie ein klares Bewusstsein des Beweggrundes, sowie des zu erreichenden Erfolges ihres Handelns besässen, sondern auch als ob sie mit Geisteskräften für Beherrschung aller ihrem Thun begegnenden Umstände begabt seien. Kann nun aber schon für Erklärung der gewöhnlichen Zugerscheinungen weder die Theorie der Vererbung, noch die der traditionellen Uebertragung zugelassen werden, so sind dieselben in noch viel höherem Grade unzureichend in Ausnahmefällen wie der oben angeführte.

Nach der vorangegangenen Belenchtung der vielseitigen Er-
10

klärungsversuche der wunderbaren Fähigkeit wandernder Thiere, den rechten Weg einzuschlagen, und deren sich ergebenden Unzulänglichkeit, wenn den Thatsachen gegenübergestellt, welche unmittelbare Beobachtungen in der Natur darbieten, ermuthigt auch eine fünfzigjährige Forschung an einem so bevorzugten Punkte wie Helgoland nicht dazu, die Zahl solcher Versuche hier um weitere zu vermehren.

IX. WAS VERANLASST DEN AUFBRUCH ZUM ZUGE?

Worin besteht nun schliesslich die unmittelbare Veranlassung zum Aufbruch der Vögel für ihre Wanderflüge? Was bewegt die im tieferen, kaum einem Klimawechsel unterworfenen Afrika winternden Vögel, plötzlich nach ihrer Heimath aufzubrechen, und was kann ganz besonders solche Individuen einer Art, deren Niststätten etwa im mittleren Deutschland belegen, veranlassen, einen Monat früher ihre Reise anzutreten, als ihre im oberen Afrika winternden, im nördlichen Skandinavien heimischen Artgenossen dies thun? Letztere lassen den Zugstrom der ersteren ruhig über sich dahingehen, als ob sie sich vollständig bewusst wären, dass ihre Reisezeit noch nicht gekommen sei und ihre Brutstätten derzeit noch tiefer Winter umhülle. Auch verschiedene Arten ein und derselben Gattung bieten gleiche Erscheinungen dar: z. B. die beiden Blaukehlchen, *Sylvia suecica* und *leucocyanea*, von denen ersteres innerhalb des Polarkreises der alten Welt nistet, letzteres aber kaum über das nördliche Deutschland hinaus brütet. Beide überwintern im oberen und mittleren Afrika, dennoch aber trifft die südlichere Art, mit weissem Kehlfleck, hier schon Ende März bis Mitte April, selbst bei noch rauhem Wetter, ein, während die nordische Art, mit rostrothem Kehlfleck, erst im Laufe des Mai, wenn warmes Wetter eingetreten, hier durchzieht. Was kann nun die südliche Art bewegen, schon Ende März zur Reise aufzubrechen, und was veranlasst die nordische, noch bis zum Mai in dem gemeinsamen Winterquartier zu weilen — denn dass die Sommerheimath der südlicheren Art schon mit Ablauf des März bewohnbar wird, die der nordischen aber erst vier bis sechs Wochen später, kann doch keiner von ihnen bewusst sein.

Gleich wunderbar sind die Erscheinungen des Herbstzuges, der Ende Juni beginnend, sich bis über den November hinaus

10*

erstrekt, und während dessen die mannichfaltigen Arten sowohl
wie die verschiedenen Geschlechter und Altersstufen wiederum
eine feste Reihenfolge einhalten, ohne dass es möglich wäre, irgend
eine zwingende Veranlassung für alle deren verschiedene Auf-
bruchszeiten nachzuweisen.

Man nahm unter allgemeiner Auffassung des Phänomens, hauptsächlich wohl durch die dem Zuge folgenden Erscheinungen bewogen, von jeher an, dass im Frühjahr mit dem neuerwachenden
Leben in der Natur auch der Fortpflanzungstrieb der Vögel rege
werde, und sie zum Zuge nach ihren Niststätten antriebe, im
Herbst aber Nahrungsmangel und Kälte sie zum Zuge in wärmere
Breiten mahne. Diese Ansicht hat sich theilweise bis in die Neuzeit erhalten, denn es sagte noch unlängst Brehm in einem seiner
geistreichen Vorträge über dies unerschöpfliche Thema, dass die
beiden grossen Faktoren im Weltgetriebe: Hunger und Liebe, auch
die Zugbewegungen der Vögel beherrschten. Eine solche Auffassung lag allerdings sehr nahe, denn sah man doch alljährlich,
dass sofort nach Ankunft der befiederten Wanderer dieselben
unter fröhlichem Gesange ihr heimisch Nest baueten, dem bald
darauf die junge Brut entschlüpfte; und waren nicht alle ebenso
sicher wieder von dannen gezogen, wenn Herbststürme die kahlen
Stoppelfelder fegten und das braune Laub der Wälder vor sich
herwirbelten.

Diese Erklärungen reichen jedoch nicht aus für alle Erscheinungen des Zuges; es kann z. B. nicht der Fortpflanzungstrieb
sein, welcher den Aufbruch zum Frühlingszuge veranlasst, denn
viele Vogelarten brüten im ersten oder zweiten, ja dritten Jahre
ihres Lebens noch nicht, dennoch aber ziehen sie gleich ihren
alten brutfähigen Artgenossen in die Heimath zurück — nicht
etwa durch das Beispiel ihrer Eltern dazu verleitet, sondern unabhängig für sich allein und wenigstens drei bis vier Wochen
später als jene. Da dieser letzte Theil des Frühlingszuges, der
aus nicht fortpflanzungsfähigen Individuen besteht, wohl den dritten
Theil der ganzen Zugmasse umfassen dürfte, so ist zu fragen,
was für diese nach Hunderttausenden zählenden Vögel den Anstoss
zum Aufbruch für ihren Heimweg geben könne.

Gleicherweise sind im Herbst weder Nahrungsmangel noch
niedrige Temperatur die bewegenden Ursachen für den Aufbruch
zum Zuge. Der höhere Zweck des so gewaltigen Vorganges besteht unverkennbar darin, das Vogelgeschlecht dem Zugrunde-
gehen durch Hunger und Kälte zu entrücken; dessen ist sich aber

das einzelne Individuum nicht bewusst, kann ja auch thatsächlich
keine Ahnung davon haben. In welchem Grade seine Heimath
mit dem Vorrücken der Jahreszeit unwirthlich werde, denn alle
solche Vogelarten, die überhaupt einem regelmässigen Zuge
unterworfen sind, verlassen ihre Heimath lange bevor Nahrungsmangel oder niedrigere Temperatur, als sie zu ertragen vermöchten,
eintritt. Alle befinden sich lange vor dem Herannahen der Wintermonate in Breiten, die an Milde des Klimas und an Nahrungsfülle ihrem Sommeraufenthalt in nichts nachstehen, auch kehrt keiner
derselben zurück, ehe der Frühling seine Heimath wieder wohn-
lich gemacht: man kann somit sagen: alle lebten, seit sie aus dem
Ei schlüpften in einem ununterbrochenen Sommer: es weiss somit
keiner derselben, was Winter mit all seinem Ungemach bedeute,
folglich kann auch keinem von ihnen ein Bestreben innewohnen,
etwas zu meiden, dessen Bestehen ihm vollständig unbekannt geblieben.

Bedarf es noch eines besonderen Beweises dafür, dass weder
Nahrungsmangel noch Kälte die unmittelbaren Ursachen für den
Aufbruch der Vögel zu ihren Zügen sein können, so möge auch
hier auf die durch mich festgestellte Thatsache hingewiesen werden,
dass während des Herbstzuges die jungen Sommervögel ein bis
zwei Monate vor ihren Eltern die Heimath verlassen, ja, dass den
hier Ende Juni durchziehenden jungen Staaren ihre Eltern sogar
erst von Ende September an folgen. Wo die Alten sich noch
drei Monate nähren konnten, würden auch die vollständig aus-
gewachsenen Jungen nicht Hunger gelitten haben, und da von
Ende Juni an während der nächsten Monate eher eine Steigerung
als Verminderung der Temperatur stattfindet, so ist Beeinflussung
durch Kälte gleichfalls ausgeschlossen. In ähnlicher Weise vollzieht sich der Herbstzug der jungen und alten Vögel fast aller
Arten.

Nach Alfred Newtons Auffassung würden die den höchsten
Norden bewohnenden Individuen einer Art thatsächlich durch
Nahrungsmangel zum Aufbruch veranlasst, und indem sie Futter
suchend sich südlicher wendeten, führten sie an den erreichten
Orten eine Ueberfüllung herbei, welche die in diesen Strichen
Ansässigen wiederum zwänge, sich südwärts zu wenden, und so
fort, bis alle in Breiten gedrängt worden, die ihnen Nahrung in
Fülle darbiete. Diese Erklärung hätte viel für sich, wenn alle
Individuen einer Art zugleich ihre nördlichsten Brutstätten ver-
liessen, und alle sich von Nord nach Süd bewegten: sie lässt sich

aber nicht wohl vereinigen mit dem von mir nachgewiesenen so sehr verschiedenzeitigen Ziehen alter und junger Vögel, und auch wohl kaum mit den durch mich ebenfalls festgestellten von Ost nach West gerichteten Wanderzügen. Auch wäre das Bewegungstempo eines solchen successiven Weiterdrängens nicht in Uebereinstimmung zu bringen mit der in ihrer Massenhaftigkeit und in ihrer Eile so überwältigenden Zugströmung, wie sie auf Helgoland in ihrer ganzen ursprünglichen Kraft und Reinheit zur Anschauung kommt — einem uneindämmbaren Katarakte gleichend, der in chaotischer Gewalt über den Felsen dahinstürmt.

Was die Vögel zu einem so ungestümen Verlassen ihrer Heimath antreibt, kann aus dem Grunde schon kein Nahrungsmangel sein, weil sie, wenn Futter wirklich in dem gewohnten nahen Umkreise ihrer Niststätte knapp werden sollte, sie solches doch immer nur in weiteren Kreisen um dieselbe zu erlangen suchen würden, nimmermehr aber in einem plötzlich sich über hunderte von Meilen erstreckenden, geradeaus gerichteten Fluge. Ganz besonders aber würden solche Arten, deren ganzes Thun und Treiben sich bis dahin im Lichte des Tages vollzogen, und die, wenn in ihrer nächtlichen Ruhe gestört, nur irr und unstät umherzuflattern vermochten, sicherlich nicht erst nach Sonnenuntergang aufbrechen, um während finsterer Nachtstunden nach Nahrung zu suchen.

Neuerer Zeit hat man die Zugbewegungen der Thiere, wie andere unerklärliche Lebensthätigkeiten derselben, auf Vererbung zurückzuführen versucht; auch der Drang der Vögel zu ihren wunderbaren Wanderflügen solle sich aus vereinzelten zufälligen Irrflügen entwickelt haben. Bei einer derartigen Auffassung der Erscheinung kann man sich aber unmöglich klar gemacht haben, von welchen Umständen ein solcher erster Ausflug nothwendiger Weise begleitet sein musste. Angenommen, ein Vogel gerieth im Frühjahr bei Aufsuchung eines Gatten oder Nistplatzes zufällig in so nördliche Breiten, dass das Herannahen des Winters den an gleichmässige Wärme und steten Nahrungsfülle Gewohnten in die bitterste Noth versetzte: er wusste noch nichts vom Zuge, irrte somit rathlos umher, und nur, wenn ein glücklicher Zufall ihn südwärts leitete, entging er, fast verhungert und vom rauhen Wetter erstarrt, dem sicheren Verderben. Was wäre in einem solchen Falle vernünftigerweise dann wohl anzunehmen? Sicherlich nicht, dass ein solcher Vogel freiwillig sich aufs neue der eben überstandenen Mühsal wieder aussetze, sondern doch nur,

dass er, durch Erfahrung gewitzigt, es vermeiden werde, abermals
in ähnliche Gefahr zu gerathen. Auch Palmén, obzwar Anhänger
der Vererbungstheorie, spricht sich in gleichem Sinne aus, indem
er Seite 269 seines Buches sagt, dass »Vögel die früher einen
Irrzug glücklich durchgemacht und dabei Schwierigkeiten erfahren
haben, diese kaum vergessen und daher vermeiden werden.«

Solche Irrflüge konnten ja möglicherweise in jedem Jahre
vielfältig vorkommen, aber da der sie begleitenden widerwärtigen
Umstände halber nicht angenommen werden kann, dass die einzelnen Individuen dieselben wiederholen würden, so ist nicht ersichtlich, wie derartige Flüge jemals hätten zu einer Gewohnheit
werden können. Auch darf wohl hier gefragt werden, ob eine
Handlung, die sich nur einmal in Jahresfrist wiederholt, überhaupt zu einer Gewohnheit zu werden vermöge; wenn nun aber
keine Gewohnheit entstehen konnte, so fällt auch die Annahme
der Vererbung einer solchen weg. Betreffs beider Hypothesen
möge noch hingewiesen werden auf das im vorhergehenden Abschnitt über die Züge von Nachtschmetterlingen Gesagte: dass
nämlich solche Nachtschmetterlinge nur einmal im Leben einen
Wanderflug unternehmen, und sterben, ohne dass sie nach diesem
Fluge Nachkommen erzeugen, auf welche sich etwa gemachte Erfahrungen vererben oder traditionell übertragen könnten. Dennoch
aber führt Generation nach Generation mit gleicher unirrender
Sicherheit einen solchen Zug aus.

Im Einklange mit den aufgestellten Hypothesen sollte sich
auch die Flugfähigkeit der Vögel, welche anfänglich nur ihren täglichen unbedeutenden Flügen nach Nahrung zu genügen hatte,
durch die wiederholten Wanderflüge nach und nach zu ihrer
jetzigen staunenswerthen Leistungsfähigkeit gesteigert haben; aber
auch diese Annahme dürfte unhaltbar sein, denn der sich im
Laufe eines Jahres nur zweimal wiederholende vorübergehende
Wanderflug kann unmöglich einen solchen Einfluss auf den Organismus des Vogels ausüben, um seine Muskelkräfte, die ursprünglich nur für die alltäglichen kurzen Flüge nach Nahrung bemessen
sein sollten, zu solcher Höhe zu steigern, wie sie der vierhundert
Meilen weite ununterbrochene Frühlingszug des Blaukehlchens,
von Afrika bis Helgoland bedingt, oder gar der achthundert Meilen
lange, ebenfalls ohne Rast verlaufende Herbstzug des Virginischen
Regenpfeifers, von Labrador bis Nord-Brasilien erheischt. Täglich
fortgesetzte Uebungen vermögen es wohl, die Muskelkräfte und
deren Ausdauer bis zu einem gewissen Grade zu steigern, aber

vorübergehende Anstrengungen, die nur einmal halbjährlich eintreten, können den Organismus nicht dauernd in der oben angenommenen Weise beeinflussen.

Wie im vorhergehenden Abschnitt, steht der Forscher auch bei der gegenwärtigen Frage nach der unmittelbaren Veranlassung für den Aufbruch der Vögel zu ihren Wanderflügen einem Räthsel gegenüber, das bisher jedem Lösungsversuch widerstanden, und dessen endgültige Erklärung wohl kaum jemals zu erwarten sein dürfte. Lange und vielseitig ist dem Gegenstande das tiefste Nachdenken zugewendet, dessen Ergebniss wohl sehr geistreiche und wahrscheinlich klingende Hypothesen gewesen, von denen aber auch in diesem Falle keine sich bewährt, wenn den Thatsachen gegenüber gestellt, wie sie das Leben der Vögel in der freien Natur in grosser Fülle darbietet. In einer oder der anderen Weise enthält jedoch fast jeder der zahlreichen bisher gemachten Erklärungsversuche das Anerkenntniss, dass die ziehenden Vögel der Zeit und Bewegung nach unbewusst zweckentsprechend und somit instinktiv handeln.

Bei der vorliegenden Behandlung der vielfältigen Phasen der Wanderflüge ist möglichst danach gestrebt, nur unanfechtbare Thatsachen darzubieten, nicht aber eine Lösung ihrer offenkundigen Räthsel zu versuchen. Bestimmend hierfür war die mit fortschreitender Erkenntniss der Erscheinungen gleichfalls sich steigernde Ueberzeugung: dass alles, was bisher über den Vogelzug in Erfahrung gebracht worden ist, keinen Leitfaden darbietet, an dem man in die Tiefen seiner Wunder zu dringen vermöchte. Ein Menschenleben ist zu kurz für dies unerschöpfliche Feld, und es erfüllt mit tiefem Bedauern, dass man nicht von dem Standpunkte aus, auf welchen man am Schluss desselben gelangt, die Beobachtungen und Forschungen von neuem zu beginnen vermag.

II.

FARBENWECHSEL
DER VÖGEL DURCH UMFÄRBUNG
OHNE MAUSER.

Für die Erforschung des so interessanten wie eigenthümlichen
Vorganges im Leben der Vögel, der Bildung des Hochzeitskleides
derselben durch Umfärbung der Federn ohne Erneuerung durch
Mauser, bietet Helgoland eine so grosse und mannichfaltige Fülle
des Materials, dass es unmöglich nicht auch einige der hervorragendsten Ergebnisse langjähriger Beobachtung dieser Erscheinung
hier Platz finden zu lassen.

Als Schlegel im Jahre 1852 in seinem »Sendschreiben an die
in Altenburg versammelten Naturforscher« zuerst und sehr eingehend sich über diesen Gegenstand aussprach, rief die so überraschende Neuheit seiner Mittheilungen sofort die lebhafteste Besprechung derselben hervor. Mehrseitig trat man mit grosser
Entschiedenheit den Angaben Schlegel's entgegen (C. L. Brehm,
E. von Homeyer), von anderer Seite fanden dieselben eine, wenigstens theilweise Bestätigung (Martin, Gloger). Zu den letzteren
sind auch meine derzeitigen Berichte zu zählen, welche, wenn auch
in einzelnen Fällen Schlegel nicht beistimmend, doch im allgemeinen
die Thatsache anerkannten, dass bei einer bedeutenden Anzahl
von Vögeln ein grosser Theil der Federn des im Herbst durch
Mauser angelegten Kleides während der folgenden Frühlingsmonate
durch Umfärbung eine vollständig andere Farbe erhalte.

Die nächsten Jahrgänge des Journals für Ornithologie brachten
noch zerstreute Besprechungen dieser Erscheinung, worauf derselben, soweit mir bekannt, keine weitere Beachtung geworden ist.
Ich habe jedoch dem Vorgange seit jener Zeit unablässig die
grösste Aufmerksamkeit zugewandt, und nicht allein die von mir
anfänglich schon als richtig anerkannten Momente desselben mehr
und mehr bestätigt gefunden, sondern durch Untersuchung zahlloser frischer Frühlingsvögel den Beweis erhalten, dass auch diejenige Angabe Schlegel's, welche ich damals als unhaltbar ange-

sehen, nämlich das Ergänzen der sägenartig zerschlissenen Federränder vieler schnepfenartiger Vögel, eine unanfechtbare Thatsache sei.

Die ohne Mauser stattfindende Umwandlung des Winterkleides in das Sommerkleid vollzieht sich auf drei verschiedenen Wegen. Der einfachste derselben besteht in dem während der Frühlingsmonate erfolgenden Abfallen der meist rostgrau gefärbten Federränder des Winterkleides; dies geschieht bei Stein- und Wiesenschmätzern, bei der Berglerche, bei Finkenarten, den Ammern und vielen Anderen. Sehr anschaulich spricht sich dieser Vorgang an solchen Arten aus, deren Sommerkleid reines glänzendes Schwarz aufweist, z. B. dem Rücken des Schneeammers, *Emberiza nivalis*, dem Kopf und Vorderhals des Rohrammers, *E. schoeniclus*, dem Kopf und Rücken des Bergfinken, *Fringilla montifringilla*, der schwarzen Kopf- und Brustzeichnung der Berglerche, *Alauda alpestris*, dem Kopfe und Rücken des Wiesenschmätzers, *Saxicola rubicola*, an dem schwarzen Gefieder des Garten- und Hausröthlings, *Sylvia phoenicurus* und *tithys*, und an sehr vielen anderen Arten. Mit Hülfe eines mässigen Vergrösserungsglases kann man ganz besonders deutlich den Verlauf dieser Umwandlung an den Rückenfedern des Schneeammers verfolgen: es fallen die hellen Spitzen der Federstrahlen nicht alle gleichzeitig ihrer ganzen Länge nach bis zum schwarzen Theil derselben ab, sondern nach und nach und ungleichmässig, so dass an ein und derselben Feder noch rostgraue Strahlenspitzen von ganzer Länge vorhanden, während andere schon zur Hälfte oder bis auf ein Viertheil verschwunden sind; schliesslich verbleibt ein ziemlich regelmässiges feines helles Säumchen, das aber am vollendeten Hochzeitskleide ebenfalls verschwunden ist. In gleicher Weise verschwinden bei allen obengenannten Arten die unscheinbar gefärbten Federränder des ganzen kleinen Gefieders und lassen die ausnahmslos reineren und schöneren Farben des Hochzeitskleides frei werden.

Ein weniger einfacher Verlauf des Wechsels vom Winter- zum Sommerkleide besteht, soweit es mir möglich gewesen ist, ohne Hülfe eines Mikroskopes festzustellen, in einer Schälung der einzelnen Federstrahlen, durch welche dieselben einer dünnen unscheinbar gefärbten Umhüllung entkleidet werden, und die unter letzterer verborgen gewesene reine und schönere Farbe des Sommerkleides blosgelegt wird. Diese Farbe ist in manchen Fällen von sehr grosser Schönheit, wie z. B. das Karminroth des Hänflings und Birkenzeisigs, *Fringilla cannabina* und *linaria*, oder dem

Azurblau der Blaukehlchen, *Sylvia leucocyanea*, *Wolfii* und *suecica*. In anderen Fällen, wie bei der Trauerbachstelze, *Motacilla lugubris*, und dem Fliegenfänger, *Muscicapa luctuosa*, verschwindet auf diesem Wege ein düsteres Schiefergrau oder Rostgrau und lässt ein reines glänzendes Schwarz hervortreten. Am Felsenpieper weicht das düstere Olivenbraun der oberen Theile des Winterkleides einem helleren grünlich Grau, an den Hals- und Kropffedern einer matten weinröthlichen Färbung.

Im Verlaufe dieses Vorganges verändern sich die Federn, wie in der Natur der Sache begründet, auch in ihrer Textur: dieselben waren am Winterkleide starr und offenstrahlig, durch die Schälung der einzelnen Federstrahlen werden diese dünner und weicher, schliessen sich dichter an einander und verleihen der ganzen Feder nunmehr ein glänzend seidenartiges Aussehen. Die Federn, welche mit Ablauf des Winters ungleichmässig abgetragen und verstossen waren, sind nach diesem Farbenwechsel auch wieder ganzrandig und haben eine schöne ebenmässig abgerundete Spitze, so dass sie in jeder Hinsicht einer ganz neuen, soeben durch Mauser vollendeten Feder gleichen. Sehr deutlich ist dieser Vorgang an den Rückenfedern der Trauerbachstelze zu beobachten; das Gefieder ist daselbst am Winterkleide düster schiefergrau und glanzlos, nach vollendeter Umwandlung zum Hochzeitskleide aber seidenglänzend tief schwarz: die schwarze Farbe tritt zuerst als feiner schwarzer Saum an der Spitze der Feder auf und verbreitet sich bald über die ganze Fläche derselben.

Dieser durch Schälung der Federstrahlen herbeigeführte Wandel des Winterkleides zu dem so viel schöneren Hochzeitskleide der Vögel scheint sich nicht auf eine so grosse Artenzahl zu erstrecken als der zuvor besprochene, durch einfaches Abfallen unscheinbar gefärbter Federränder sich vollziehende Uebergang von dem einen Kleide zum andern — wenigstens nicht bei den hier auf Helgoland vorkommenden nahezu vierhundert Arten.

Der letzte und wunderbarste Vorgang im Farbenwechsel des Kleides der Vögel, ohne dass ein Federwechsel stattfände, besteht in dem nunmehr zu besprechenden thatsächlichen Umfärben der einzelnen Federn, das heisst: in einem vollständigen, sehr auffallenden Wandel der Farbe der Federn, ohne dass dieser Prozess im allgemeinen durch Veränderung ihrer Struktur herbeigeführt oder auch nur unterstützt würde.

Als wunderbarstes Moment dieser Erscheinung dürfte wohl die Umfärbung rein schneeweisser Federn in das tiefste glänzende

Schwarz und Schwarzbraun zu bezeichnen sein. Ersteres z. B. an Theilen des Kopfes und Halses der Zwergmöve, *Larus minutus*, am Vorderhalse und Kropfe der weissen und Trauerbachstelze, *Motacilla alba* und *lugubris*, der Brust des Alpenstrandläufers, *Tringa alpina*, und anderer. Letzteres am Halse und Kopfe der Lummen, *Uria*, des Tordalken, *Alca torda*, und zweifellos auch *Alca alle*.

Bei den erstgenannten Arten vollzieht sich diese Umfärbung der weissen Federn in Schwarz in folgender Weise: an der unteren Grenze der entstehenden schwarzen Zeichnung, dort, wo sich später am vollendeten Sommerkleide das Schwarz und Weiss scheidet, tritt zuerst am unteren Rande der betreffenden Federn, an der äussersten Spitze der einzelnen Federstrahlen, die Farbe als kaum wahrnehmbares rein schwarzes Pünktchen auf, wodurch jede dieser Federn eine aus feinsten schwarzen Stäubchen zusammengesetzte Randzeichnung erhält; diese Ränder werden nach und nach breiter, bis die schwarze Farbe, sich wurzelwärts ausdehnend, schliesslich die ganze Feder einnimmt. Diese Umwandlung der Farbe schreitet an dem betroffenen Körpertheile ebenfalls aufwärts vor, so dass sich während ihres Verlaufes Uebergangsstufen des ganzen Vorganges vorfinden.

Bei den Lummen und Alken ist der Verlauf der Umfärbung ein anderer: an den am Winterkleide weissen Federn des Kopfes und Halses, welche am Sommerkleide schwarzbraun sind, färbt sich zuerst der Schaft schwarz, fast gleichzeitig tritt die schwarzbraune Farbe auf dem unteren Dritttheil derselben als ganz feine Stäubchen auf, welche zusammenfliessend, bald eine halbmondförmige Zeichnung bilden, die von hieraus aufwärts vorschreitend, sich über die ganze Feder verbreitet. In diesem Falle verläuft die Umfärbung aber nicht in der regelmässig von unten nach oben vorschreitenden Weise, wie bei den genannten Bachstelzen und der kleinen Möve, sondern beginnt und endet mit zerstreuten Federn, so dass zu Anfang des Farbenwandels die demselben unterworfenen Theile dunkel gefleckt, und gegen Schluss derselben hell gefleckt erscheinen.

Betreffs der kleinen Möve ist noch zu bemerken, dass bei ihr die Umfärbung der bläulich-grauen Federn des Oberkopfes in ähnlicher Weise verläuft, wie an den eben besprochenen Theilen des Kopfes und Halses der Lummen und Alke, indem an diesen bläulichgrauen Federn sich ebenfalls zuerst der Schaft schwarz färbt und diese Farbe von hier aus sich über die Fahnen der Federn

verbreitet. Man hat somit die wunderbare Erscheinung vor sich,
dass die Umfärbung in Schwarz an den oberen Theilen des Kopfes
ein und desselben Individuums in ganz anderer Weise entsteht
und verläuft, als an den unteren.

Die schwarze Kopf- und Halszeichnung des Sommerkleides
alter Vögel der Regenpfeiferarten, *Charadrius squatarola, auratus*
und *fulvus* wird ebenfalls durch Umfärbung erlangt, während die
schwarze Brust derselben aus neu gemauserten Federn besteht.
Eine eigenthümliche Erscheinung ist es hierbei, dass diese durch
Umfärbung entstandene schwarze Farbe bei *auratus* an ausge-
stopften, lange dem Licht ausgesetzten Stücken zum fahlen Braungrau abbleicht, während an demselben Stücke die gemauserten
Federn ihre glänzend tiefschwarze Farbe behalten.

Hat sich nun schon bei der obigen kleinen Möve die auffallende
Thatsache nachweisen lassen, dass die Umfärbung ihres Gefieders
an den verschiedenen Körpertheilen desselben Individuums in verschiedener Weise von statten gehe, so bietet die Gattung der
Strandläufer ein noch bei weitem überraschenderes Ergebniss dar,
indem bei vielen dieser Vögel ein zwei-, ja dreifacher Farbenwandel
der einzelnen Federn eines Stückes stattfindet. Es mögen nur
Tringa islandica, alpina und namentlich *arenaria* genannt werden.
denen zweifellos *subarquata* und viele andere Arten beizuzählen
sind, deren Hochzeitskleid mehr oder weniger rostroth gefärbt
ist. Diese haben bekanntlich ein an den oberen Theilen rein oder
trübe aschgrau gefärbtes Winterkleid, an welchem die Schäfte der
Federn kaum ein wenig dunkler sind, als die Fahnen; am Sommerkleide derselben sind diese Farben aber glänzend schwarz, haben
eine breite rostrothe Einfassung, der in vielen Fällen sich grosse
Seitenflecke derselben Farbe zugesellen, welche oft in breite unregelmässige Bindenzeichnungen übergehen.

Bei *Tringa alpina* entwickelt sich die Umfärbung in folgender
Weise: an den aschgrauen Rückenfedern wird zuerst der Schaft
schwarz, welche Farbe sich schnell über die Feder ausbreitet, nur
einen breiten grauen Rand zurücklassend. Letzterer färbt sich
anfänglich trübe rostgrau, welche Farbe sich aber bald zu einem
schönen Rostroth steigert. Zu gleicher Zeit gehen die düster aschgrauen Spitzen der Federn in ein weissliches Grau über und werden
damit auch wieder ganzrandig abgerundet. was beweist, dass auch
diese im Laufe des Winters lanzettförmig abgenutzten Federn in
ihrer Struktur einen Erneuerungsprozess durchmachen, und die
Spitzen derselben nicht etwa durch Abbleichen die weissliche Farbe

erhalten. Diese Umwandlung erstreckt sich bei *T. alpina* nicht auf die langen hinteren Schwingen und auf das kleinere äussere Gefieder der Flügel, welche nur etwas schwärzlicher in der Farbe und etwas ebenrandiger werden, nicht aber das Aussehen neugewachsener Federn erlangen, wie die der oberen Theile des Vogels. Bei *Tringa arenaria* findet eine thatsächliche dreifache Umfärbung der Federn der oberen Theile des Winterkleides statt, indem jede einzelne derselben einem Wandel vom einfarbigen Hellgrau zu tiefem Schwarz, schönem Rostroth und reinem Weiss unterzogen wird. Das Schwarz, welches die Grundfarbe der Federn des Sommerkleides bildet, tritt zuerst oberhalb der späteren weissen Endzeichnung derselben auf, und schreitet, an Intensität zunehmend, wurzelwärts fort. Bald gesellen sich hierzu trübe, rostfarbene Seiteneinfassungen und ein ebensolcher verwaschener Fleck auf jeder Fahne der Feder; diese Flecke vergrössern sich, werden reiner von Farbe, und gehen theilweise in Querbinden über; gleichzeitig ist das trübe Hellgrau der Federspitzen zu einem reinen Weiss umgefärbt, nicht abgeblichen, denn auch in diesem Falle haben sich die verstossenen Federstrahlen ergänzt. Nach vollendeter Umfärbung sind die Federn tief und glänzend schwarz, haben eine reinweisse breite Einfassung und schön rostrothe scharfbegrenzte Seitenflecke oder solche Querbinden, sowie sich denn auch ihre mehr oder weniger lanzettförmig abgenutzten Spitzen zu einer schön abgerundeten ganzrandigen Form umgewandelt haben. Bei diesem Strandläufer erstreckt sich die Umfärbung und gleichzeitige Erneuerung der Federränder auch auf die langen hinteren Schwingen und äusseren Flügeldeckfedern; auch unterzieht sich das weisse Gefieder der Brust und Seiten einer Umwandlung, denn, wenn dasselbe auch am Winterkleide schon durchaus rein weiss genannt werden muss, so ist es doch mit dem vollendeten Hochzeitskleide zu einem noch höheren schneeigen Weiss gesteigert — eine Erscheinung, die in gleicher Weise bei der Bildung des Hochzeitskleides des Schneeammers wahrnehmbar ist, und nicht allein durch das Abfallen rostfarbiger Federränder an Kopf und Brust herbeigeführt werden kann.

In ähnlicher Weise verläuft bei *Tringa islandica* die Umfärbung zu ihrem schönen Hochzeitskleide, nur fehlen derselben an dem Gefieder der oberen Theile die breiten, weissen Endeinfassungen, auch zeigt dasselbe mehr schönes reines Rostroth in breiten, unregelmässig geformten Seiten- und Spitzflecken. Die Umwandlung der Farbe geschieht, indem sich die grauen Federn des Winter-

kleides zuerst an der Spitze verdunkeln, von da aus nach und nach
schwärzlich werden und zu gleicher Zeit die spätere rostrothe
Zeichnung ganz schwach, als verwaschener, weisslich rostgrauer,
unregelmässig geformter Fleck auf jeder Fahne oder als Seiten-
streif derselben auftritt; nach und nach vervollkommnet sich diese
Zeichnung, indem die Grundfarbe der Federn in ein tieferes Schwarz
übergeht, während die Zeichnung derselben eine bestimmtere Form
annimmt und sich zu gesättigterem Rostroth steigert. Ist die Umfärbung vollendet, so sind die Federn rein und glänzend schwarz, die
rostrothen Flecke und Seitenzeichnungen derselben von sehr reiner
intensiver Farbe und scharf begrenzt — wie denn auch im Verlaufe der Umfärbung sich nach und nach die verstossenen Spitzen
der Federn schön und ganzrandig abgerundet haben. Bei diesem
Strandläufer erstreckt sich der Wandel der Federn der oberen
Theile in Farbe und Form auch auf die grossen und kleinen Flügeldeckfedern und theilweise auch auf die hinteren Schwingen.

Die Umfärbung der unteren weissen Theile dieses Strandläufers
in Rostroth verläuft ziemlich gleichmässig, indem die Rostfarbe auf
dem unteren Drittheil der Federn, zu beiden Seiten des Schaftes, zuerst
als ganz blasser verwaschener Hauch auftritt, und von hier aus, sich
in Farbe steigernd, über die ganze Feder verbreitet. Am spätesten
erfolgt dieser Farbenwechsel an den oberen und unteren Schwanzdeckfedern, scheint daselbst sogar manchmal ganz auszubleiben.

In gleicher Weise verläuft die Umfärbung vom Winter- zum
Hochzeitskleide bei *Limosa rufa* und zweifellos *L. melanura*; von
letzterer steht mir jedoch nur beschränktes Material zur Verfügung.

Eine hochinteressante Erscheinung ist die schon kurz erwähnte,
mit der Umfärbung eng verbundene, so sehr angezweifelte Ergänzung verstossener Federtheile, besonders der gleichsam sägenartig
abgenutzten Ränder der hinteren Schwingen und grossen Flügeldeckfedern vieler schnepfenartigen Vögel. Sehr lehrreiches Material
für Feststellung dieses Vorganges bieten viele der auf Helgoland
vorkommenden Wasserläufer, *Totanus*. Auf Brachvögel konnten
sich meine Beobachtungen leider nicht in gewünschter Ausdehnung
erstrecken, da dieselben im Frühjahr hier nur selten erlegt werden.

Wengleich der Wandel vom Winter- zum Hochzeitskleide der
verschiedenen Wasserläufer auch mannigfaltige überraschende Erscheinungen darbietet, so sind für die Frage der Ergänzung ver-
lorener Federtheile doch nur besonders der Dunkelfarbige der
Teich- und der Bruchwasserläufer von Wichtigkeit, da diese auch
im Winterkleide eine aus dreieckigen hellen Flecken bestehende

11

Randzeichnung der hinteren Schwingen und des grösseren oberen Gefieders tragen. Diese hellen Flecke widerstehen der Abnutzung aber in so geringem Grade, dass sie bis zum Schluss des Winters fast oder ganz verschwunden sind, und somit der zurückgebliebene Theil der Federn einen, der Schneide einer Säge gleichenden, ausgezackten Rand erhalten hat. Dieser Rand nun ist es, der sich im Verlaufe der Umfärbung wieder vollständig ergänzt. Das umfangreichste Material für Feststellung dieses Vorganges liegt mir vom Bruchwasserläufer, *Totanus glareola* vor: das Winterkleid dieses Vogels ist an den oberen Theilen düster olivenbraun, gezeichnet mit kleinen hellen, wenig von der Grundfarbe abstechenden Fleckchen, die am Rande der Federn stehen; mit der Grösse der Federn steigert sich die Zahl und Grösse der Flecke, ebenso gehen sie nach und nach in eine dreieckige Form über und stehen am Rande der langen hinteren Schwingen in dichter Reihe. Wie oben gesagt, sind diese hellen Theile der Federn so wenig widerstandsfähig, dass sie im Laufe des Winters ganz verschwinden und der Rand jeder Feder eine Zickzacklinie bildet.

Die Umwandlung dieses abgetragenen Kleides zum frischen, schmucken Hochzeitskleide fängt damit an, dass die Schäfte des oberen Gefieders an der Spitze sich schwärzlich färben, von da aus verbreitet sich diese Farbe nach beiden Seiten über die ganze untere Hälfte der Federn, und die hellen Seitenflecke derselben erhalten eine weisslichere Färbung; gleichzeitig hiermit beginnen die sägenartigen Lücken der abgenutzten hinteren Schwingen, Schulterfedern und grossen Flügeldeckfedern sich wieder auszufüllen, indem die verloren gegangenen Spitzen der Federstrahlen, welche die helle Randzeichnung bildeten, sich in fast rein weisser Farbe ergänzen. Dieser Vorgang erstreckt sich nicht gleichzeitig über alle Hinterschwingen, sondern es bieten dieselben alle Uebergangsstufen des Verlaufes der Umwandlung dar. Ist derselbe vollendet, so sind die Federn stumpf schwarz, die grossen dreieckigen Randflecke fast weiss, die sägenartigen Lücken der Federränder ausgefüllt, und das ganze Gefieder hat das Ansehen, als wäre es soeben durch Mauser erneuert.

Bei dem Teichwasserläufer, *T. ochropus*, ist der Verlauf der Umfärbung zum Sommerkleide ganz derselbe, wie bei *glareola*, nur ist der Wandel nicht so auffallend, indem die Federn der oberen Theile seines Sommerkleides weder eine so dunkle Grundfarbe, noch so helle, und auch nicht so grosse Randflecke haben, wie die des letzteren.

Vom dunkelfarbigen Wasserläufer. *T. fuscus*, steht mir leider nur sehr beschränktes Material zur Verfügung, jedoch geht aus demselben genugsam hervor, dass auch bei dieser Art neben der Umfärbung eine ebensolche Regeneration der, bei diesem viel grösseren, dreieckigen weissen Randflecke der hinteren Schwingen und grossen Flügeldeckfedern stattfinde.

Der hellfarbige Wasserläufer. *T. glottis*, trägt das reine Winterkleid nicht mehr, wenn er im Frühjahr hier eintrifft. Er hat das erste Stadium seiner Umfärbung bereits zurückgelegt. indem die weissliche Grundfarbe des Gefieders der oberen Theile seines Winterkleides schon einem gesättigten Silbergrau gewichen ist, aber die zahlreichen dunkleren, blaugrauen Randflecke noch trägt. Der weitere Verlauf der Umfärbung ist an solchen Stücken, die man im Laufe des Mai hier erhält, aber auf das deutlichste zu verfolgen: es färben sich zuerst die Schäfte der Federn ihrer ganzen Länge nach tief schwarz, diese Farbe verbreitet sich bald, als reines schönes Sammtschwarz, über beide Fahnen der Federn des oberen Gefieders, nur ziemlich breite Ränder derselben frei lassend, die gleichzeitig in weiss übergehen und ihre dunklen Fleckchen verlieren; am schnellsten vollzieht sich diese Umfärbung an den grossen Schulterfedern, an den Rückenfedern erstreckt sie sich eigenthümlicher Weise nur auf die Aussenfahnen, während die Innenfahnen weisslich silbergrau werden und einen breiten so gefärbten Streifen den Rücken hinunter bilden.

Die langen hinteren Schwingen dieses Vogels haben, wenn derselbe im Mai hier durchzieht, ihre Umfärbung noch nicht vollendet, denn sie sind an dem unteren Dritttheil noch schwärzlich silbergrau, was sich wurzelwärts zu einem matten Schwarz steigert, und der breite weissliche Rand trägt noch Spuren der früheren dunklen Fleckenzeichnung.

Zugleich mit dem Farbenwechsel der oberen Theile verschwindet der graue Anflug der Federn des Halses, Kropfes und der Brustseiten. sie werden rein weiss und erhalten in ihrer Mitte einen tiefschwarzen Schaftstrich, der an dem grösseren Gefieder sehr breit wird und spitzenwärts sich ausdehnend. eine länglich tropfenförmige Gestalt annimmt. Das vollendete Hochzeitskleid, zusammen mit der eleganten Körperform und den so sehr graziösen Bewegungen dieses Vogels, verleihen demselben nicht nur den ersten Platz unter seinen Gattungsgenossen. sondern lassen ihn als einen der schönsten der einheimischen Ornis bezeichnen.

11*

Der Rothschenkel, *T. calidris*, bietet in seiner Umfärbung zum Sommerkleide eine, an keiner der hier besprochenen Arten vorkommende, hoch interessante Erscheinung durch die Entwickelung der gebänderten Zeichnung der Hinterschwingen und grossen Flügeldeckfedern älterer Vögel dar. Sein Winterkleid ist an allen oberen Theilen sowie an den Kropfseiten einfarbig oliven-schiefergrau und hat matten Metallglanz; so sind auch die langen hinteren Schwingen und grossen Flügeldeckfedern gefärbt. Die letzteren haben weissliche Säume und kleine dunkle Randfleckchen, die Brustseiten sind oliven-schiefergrau überlaufen.

An allen oberen Theilen beginnt die Umfärbung zum Sommerkleide damit, dass die Federschäfte schwarz werden, dies Schwarz dehnt sich zu Lanzettflecken aus und verbreitet sich wurzelwärts über die ganze Feder; zugleich hiermit treten am Rande der Federn dunkle Tüpfelchen auf, die nach und nach zusammenfliessend, schmale dunkle Bänder bilden, die sich nach dem Schafte zu erstrecken; zwischen diesen Bändern färben die Federn, vom Rande aus, sich rostgrau. Die Bänder steigern sich an Zahl mit der Grösse der Federn, so dass, während die kleineren Rückenfedern nur einen Anflug davon erhalten, die Schulterfedern und langen hinteren Schwingen fünf bis fünfzehn derselben aufweisen. Erhöht wird die Schönheit dieser Zeichnung an den letzteren noch dadurch, dass, besonders an den Aussenfahnen der Federn, vom Rande derselben aus, eine weissliche Umsäumung jeder dieser Querbinden sich bildet. Es ist fast überflüssig zu wiederholen, dass auch mit dieser Umfärbung alle Federn wieder vollständig ganzrandig und neu werden.

Am Kopf, Hals, dem Kropfe und den Brustseiten beginnt die Umfärbung damit, dass das Grau des Winterkleides verschwindet, die Federn werden weiss und gleichzeitig erhält jede derselben einen schmalen schwarzen Schaftstrich, dieser verbreitet sich spitzwärts lanzett- oder pfeilförmig und entwickelt sich an den grossen Federn der Brustseiten zu einer Bänderzeichnung. Auch die Federn der Brustmitte und des Bauches, welche keine schwarze Zeichnung erhalten, nehmen insofern an der allgemeinen Umfärbung theil, als sie sich zu einem reineren Schneeweiss steigern. Bekannt ist, dass auch die Füsse und die Wurzel des Unterkiefers während der Umfärbung des Gefieders von dem trüben Ziegelroth des Winterkleides zu einem schönen reinen Zinnoberroth übergehen.

Das Entstehen und der Entwicklungsgang der Querbänder auf den langen hinteren Schwingen dieses Wasserläufers, dürfte einer

Erklärung ebenso grosse, wenn nicht grössere Schwierigkeiten entgegenstellen, als das erste Auftreten der schwarzen Farbe an dem unteren Rande der weissen Halsfedern der kleinen Möve. Kann in letzterem Falle nicht wohl angenommen werden, dass der schwarze Farbstoff vom Körper aus seinen Weg durch den Schaft der Feder ungesehen in die Strahlen derselben finde, um von deren äusserster Spitze sich wahrnehmbar aufwärts über die ganze Feder zu verbreiten, so ist eine ähnliche Annahme hinsichtlich der Querbinden der Federn des Wasserläufers noch weniger zulässig; es stehen nämlich die Strahlen der Federn in einem bedeutend spitzeren Winkel vom Schafte ab, als die dunklen Querbinden, so dass erstere mehrfach von diesen durchschnitten werden und ihrer Länge nach mehrere Lücken aufweisen die nicht dunkel gefärbt worden sind. Wie aber gelangt nun der dunkle Farbstoff unter Ueberspringung dieser Lücken an die für ihn bestimmten Stellen?

An den bisher behandelten Arten ist der Verlauf der Umfärbung des Winterkleides zum Hochzeitskleide erörtert worden, wie derselbe sich bei alten brutfähigen Vögeln vollzieht, und dem alle solche alten Vögel unterworfen sind. Es dürfte somit diese Phase der Erscheinung als die normale zu bezeichnen sein. Hiemit ist die so interessante Frage jedoch nicht erschöpft, denn es kommen vielfach Fälle vor, in welchen auch das Jugendkleid jüngerer Vögel auf dem Wege der Umfärbung mehr oder weniger vollkommen die Farben des Hochzeitskleides der Alten erhält; unter solchen Umständen ist der Vorgang aber nur als eine ausnahmsweise Aushülfe anzusehen, von der nicht alle gleichalten Individuen einer Art betroffen werden, sondern, wie ich Grund habe anzunehmen, nur besonders kräftige Stücke. Was aber diese Erscheinung ganz besonders als eine abnorme bezeichnen lässt, ist der Umstand, dass einestheils eine theilweise Umfärbung jüngerer Vögel bei Arten vorkommt, deren alte Individuen gar keiner solchen Umfärbung unterworfen sind, wie z. B. bei Falken und Möven, anderntheils aber findet bei manchen jungen Vögeln eine Umfärbung an Körpertheilen statt, an denen die Alten die Farbe ihres Hochzeitskleides nicht durch Umfärbung, sondern durch Mauser erhalten, letzteres unter anderm bei verschiedenen Regenpfeifern.

Unter den Falken ist es freilich nur eine Art, *Falco aesalon*, an der ich eine Umfärbung in ihrem ersten Frühjahr beobachtet habe, aber mir hat so umfangreiches Material zu Gebote gestanden, und meine Beobachtungen haben sich über eine so lange Reihe von Jahren erstreckt, dass jeder Zweifel über die Sicherheit der-

selben ausgeschlossen ist. Diese jungen Falken ziehen hier im
Laufe des April und Anfang Mai durch, sie befinden sich dann
etwa in der Mitte der Umfärbung, die am deutlichsten an den
Rückenfedern der Männchen zu verfolgen ist. Das düstere Erdbraun derselben färbt sich in ein dunkles Schiefergrau um, welches
zuerst als schwärzlicher Schaftstrich bemerkbar wird und sich,
unter Verdrängung der rostgrauen Seitenflecke, bald über die
ganze Feder verbreitet; gleichzeitig tritt ein lebhaftes Rostroth
am Hinterhalse auf, der Oberkopf wird sehr dunkel schwärzlich
schiefergrau, und zerstreute Federn des Kropfes und der Brust
gehen in matte Rostfarbe über. Die Rückenfarbe solcher Stücke
erreicht aber nicht das schöne reine Blaugrau alter Vögel, sondern
bleibt ein düstres bläuliches Schiefergrau.

Von Möven haben mir in grosser Zahl die Silber-, Mantel-
und Häringsmöve, *Larus argentatus, marinus* und *fuscus*, zur
Untersuchung vorgelegen. Das Sommerkleid alter Vögel dieser
Arten unterscheidet sich bekanntlich dadurch vom Winterkleide,
dass der an letzterem auf weissem Grunde braungrau gestreifte
Kopf und Hals im Frühjahr durch Umfärbung rein weiss geworden ist, das ganze übrige Gefieder unterliegt keinem Farbenwechsel. Junge Vögel tragen bis in das zweite Frühjahr ihres
Lebens ein auf trüb-weissem Grunde verwaschen hellbraun gezeichnetes Kleid, und erhalten dann durch Umfärbung eine ihren
Eltern mehr oder weniger vollkommen gleichende Farbe, indem
bei der Silbermöve an dem Gefieder der oberen Theile zuerst die
bläulichgraue Färbung sich über zerstreute Federn verbreitet,
während gleichzeitig das helle Braun derselben verschwindet: am
Kopf, Halse und an den unteren Theilen verschwindet die hellbraune Färbung ebenfalls, und die Federn werden weiss, wenn
auch nicht so rein weiss wie die der alten Vögel.

In gleicher Weise vollzieht sich die Umfärbung an der Mantel-
und Häringsmöve, das Schieferschwarz tritt auch hier erst schwach
auf beiden Fahnen zerstreuter Federn des oberen Gefieders, namentlich der grossen Schulterfedern, auf, und verdrängt, dunkler
werdend, sehr bald jede Spur der hier viel dunkleren Zeichnung
des Jugendkleides. Das Schwarz erreicht auch in diesem Falle
nicht die reine Färbung alter Vögel, sondern bleibt bis zum Eintritt
der Herbstmauser ein fahles schwärzliches Schiefergrau. Stücke
von *Larus fuscus* in diesem Kleide, sind mir wiederholt als Sibirische Möven, *Larus affinis = borealis*, Brandt, angeboten worden;
ihre Färbung ist aber stets eine viel dunklere als die dieser Art.

Bei den obigen Möven beginnt die Umfärbung nicht, wie in vielen anderen Fällen, vom Schafte oder vom Rande der Federn aus, sondern es tritt sowohl das helle Grau wie das Schieferschwarz an zerstreuten Federn ganz schwach, aber sofort über beide Fahnen verbreitet, auf, und steigert sich mit dem Schwinden der braunen Zeichnung des Jugendkleides zu grösserer Tiefe und Reinheit. An den so grossen Schulterfedern, hinteren Schwingen und grossen Flügeldeckfedern ist dieser Farbenwandel ganz ausserordentlich deutlich zu verfolgen.

Ein solche Umfärbung jüngerer Stücke an Körpertheilen, an welchen die Alten das Hochzeitskleid durch Mauser erhalten, findet auch bei dem Kibitz, Gold- und Asiatischen Regenpfeifer, *Charadrius squatarola, auratus* und *fulvus* statt — und zweifellos bei vielen anderen derselben Gattung, aber von den Genannten stand mir das meiste Material für Beobachtung zur Verfügung.

Die alten Vögel dieser drei Arten vertauschen im Frühjahr das helle Gefieder der Brust ihres Winterkleides gegen neu hervorwachsende, rein und glänzend schwarze Federn, während bei den noch nicht völlig ein Jahr alten vorjährigen Stücken die schwarze Farbe ihrer Brustfedern durch Umfärbung hervorgerufen wird. Dies Schwarz erscheint zuerst auf dem unteren Ende der Federn und verbreitet sich aufwärts, erstreckt sich aber nicht, wie bei den alten Vögeln, über die ganze Feder, sondern erreicht nur etwa deren Mitte, so dass die Wurzelhälfte weiss verbleibt. An den Kopfseiten, der Kehle und dem Vorderhalse, erhalten aber alte wie junge Vögel die schwarze Färbung des Sommerkleides durch Umfärbung. Es scheint jedoch, dass nur die kräftigeren Individuen dieser jungen Vögel ein derartiges vorläufiges Hochzeitskleid anlegen, denn man erhält diese Stücke nur vereinzelt, und stets sind dies sehr starke Vögel. Ein solcher einjähriger Frühlingsvogel von *Ch. squatarola* meiner Sammlung färbte auch das Gefieder der oberen Theile um, die bräunlich aschgrauen »rauchfahlen« Federn färben sich vom unteren Ende aufwärts, zuerst schwach schwärzlich, eine halbmondförmige aschgraue Spitze freilassend; während die schwarze Farbe tiefer und reiner wird, gehen die grauen Spitzen der Federn in ein weissliches Grau über. Diese Umfärbung erstreckt sich fast gleichzeitig über das ganze obere Gefieder des Vogels, nur die langen breiten Schwingen machen eine Ausnahme, indem manche derselben in der Umfärbung so weit vorgeschritten sind, dass ihre Randzeichnung in der Form sich schon der der alten Vögel nähert, während andere nur erst einen schmalen weisslichen

Saum und Spitzenfleck aufweisen, und einige noch vollständig lanzettförmig verstossen und sägenartig ausgezackt sind. Mit der Umfärbung schreitet in ganz gleichem Tempo die Erneuerung der Form der Federn vor, so dass die am weitesten umgefärbten schon eine schön abgerundete Spitze und ganz ausgeglichenen Seitenrand besitzen, während andere, an denen die helle Zeichnung etwa halb vollendet, an den Stellen derselben noch schwache Einbuchtungen des Randes zeigen, und solche, an denen die spätere Zeichnung nur erst als heller Saum auftritt, einen in fortlaufender Wellenlinie ausgezackten Aussenrand haben.

Die im Vorhergehenden gegebenen Mittheilungen über die Umwandlung des Winterkleides der Vögel in das Hochzeitskleid derselben stützen sich durchweg auf Untersuchungen, welche an frischen Exemplaren gemacht worden sind, an denen durch Prüfung der inneren Hautfläche mit Sicherheit festgestellt werden konnte, ob eine Mauser stattfinde oder nicht — und nur solches Material sollte man für derartige Beobachtungen verwenden, denn bei denjenigen Arten, an welchen die Umfärbung sich nicht gleichmässig über alle Federn des betroffenen Körpertheils erstreckt, sondern mit zerstreuten Federn beginnt, und gegen Schluss zerstreute Federn des Winterkleides zurücklässt, wie z. B. am Rücken von *Totanus calidris* und dem Halse der Lummen und Alken, macht ein solches Uebergangsstück vollständig den Eindruck eines in voller Mauser stehenden Vogels; mir sind thatsächlich derartige Stücke durch namhafte Ornithologen als Beweisführung für die Mauser zugesandt worden. Eine genaue Untersuchung ergiebt aber sehr bald, dass solche zerstreute neufarbige Federn alle die vollständige Normalgrösse haben, und sich keine halb oder mehr ausgewachsene, noch im Blutkiel steckende, darunter befinden, was doch der Fall sein müsste, hätte man ein mauserndes Stück vor sich.

Dass sich eine Umfärbung und Ergänzung abgestossener Federtheile in geringerer oder grösserer Ausdehnung auf die überwiegende Mehrzahl aller Vögel erstreckt, unterliegt keinem Zweifel; ich habe jedoch nur die geringe Zahl solcher Beispiele behandelt, betreffs welcher ich mit positiver Sicherheit sprechen konnte, mich nur auf Beschreibung dessen, was thatsächlich stattfindet, beschränkt und nicht auf hypothetische Vermuthungen über das Wie der Sache eingelassen, denn, wenn das Entstehen und der Verlauf des Vorganges überhaupt jemals klar zu stellen sein sollte, so wird dies sicherlich nur auf dem Wege eingehendster mikroskopischer Untersuchungen erreicht werden können.

III.

DIE BISHER AUF HELGOLAND BEOBACHTETEN VÖGEL.

RAUBVÖGEL.

ACCIPITRES.

Falke. Falco. Das grosse Geschlecht der falkenartigen Vögel bewohnt in sehr zahlreichen Formen alle Länder der Erde. Im ersten Bande des Kataloges der Vögel des Britischen Museums giebt Sharpe die Zahl der bis zum Jahre 1874 bekannten Arten von Tagraubvögeln auf 377 an: diese sind in eine grosse Zahl von Gattungen getheilt, die Helgoland besuchenden Arten habe ich jedoch, Naumann folgend, alle unter der Bezeichnung Falco aufgeführt — es sind ihrer siebenundzwanzig.

In den Edelfalken gelangt der Typus eines Tagraubvogels, sowohl dem Körperbau wie allen Fähigkeiten und der ganzen Lebensweise nach, zur höchsten Entwicklung.

Nr. 1. Weisser Falke.

FALCO CANDICANS. Linn.

Helgoländisch: Groot blü-futted falk = Grosser Blaufüssiger Falke.

Falco candicans. Naumann, I. S. 269. XIII. S. 95. und Blasius Nachträge S. 16.
Greenland Falcon. Dresser, Birds of Europe. VI. p. 21.
Faucon gerfaut. Temminck, Manuel. I. p. 17. III. p. 9.

Ende Oktober 1843 jagte ein so auffallend grosser Edelfalke über Helgoland umher, dass alles was Jäger hiess, sich den ganzen Tag abmühte, diesen so lockenden Preis zu erbeuten. Wo man ging und stand, sah man den Falken: bald kam er unter kurzen kräftigen Flügelschlägen von der Düne dahergeeilt, überstieg den Felsen um zwei bis dreihundert Fuss und fuhr aus dieser Höhe wie ein Blitz westlich der Insel nach einer Beute bis

zum Meeresspiegel hinab; manchmal in einer fast senkrechten
Linie, manchmal auch ein oder zwei Wendungen machend. Dann
wieder entschwand er in reissend schnellem Fluge dem Blicke
fern in der trüben, herbstlichen Atmosphäre, man glaubte er sei
ganz davongezogen, doch plötzlich sah man ihn von einer entgegengesetzten Seite wieder ruhig daherschweben.

Es veranschaulichte dieser Vogel so recht schlagend die offene
'kühne, nur auf Kraft und Gewandheit vertrauende, jede List
verachtende Jagdweise der Edelfalken — der vollkommenste Typus
eines Raubvogels.

Auch ich hatte als damaliger leidenschaftlicher Jäger mich
nicht wenig bemüht, diesen Falken zu erlangen, hatte im Laufe
des Tages schon die Doppelflinte mit einer langen einfachen englischen Entenflinte von sehr grossem Kaliber vertauscht, jedoch
vergeblich. Da am späten Nachmittag griff ich als letzte Zuflucht
zur Büchse. Ich fand den Falken an der Felswand sitzend den
Rücken mir zugekehrt: er war aber sehr fern, auf der Karte gemessen 380 Fuss, und der Falke wandte gemächlich den Kopf
und blickte zu mir herüber — denselben Moment aber schnellte
der Stecher, und der edle Vogel stürzte, zwischen den Schultern
getroffen, in die Tiefe.

Wie höchlich erfreut ich damals auch war über den glücklichen
Schuss, so ahnte ich doch nicht, was ich ihm zu danken haben
würde: dass nämlich das erlegte Stück die Veranlassung und
der Grundstein sein würde zu der ornithologisch wohl beispiellos
dastehenden Sammlung, welche mir vergönnt gewesen, seit jener
Zeit auf Helgoland zusammen zu bringen.

Was ich bis dahin Schönes oder Interessantes erbeutet, hatte
ich, damit es nicht zu Grunde gehen möge, sammelnden Bekannten
gegeben: dieser Falke war aber ein so schönes Thier, dass ich
mich nicht von demselben zu trennen vermochte — bald sammelte
sich in schneller Aufeinanderfolge eine ziemlich zahlreiche und
mannigfaltige Gesellschaft um denselben. Nun aber gesellte sich
ein höheres Interesse zu der bisherigen Jagdlust, ich entlieh von
Reymers Brehm's Lehrbuch der Vögel Europas, gelangte ein paar
Jahre später in den Besitz von Naumann's einzig dastehendem
Werke, und strebte fortan mit unermüdlichem Eifer auf dem
Felde der Ornithologie.

Seit jener Zeit ist noch zwei- bis dreimal ein ebenso grosser
Falke hier vorgekommen, aber nicht wieder erlegt worden; jener
maass, am frischen Vogel gemessen, 25 Zoll = 60 cm von der

Stirn zur Schwanzspitze. Es ist ein junger Herbstvogel, die nackte Augenhaut und Fänge desselben waren hell blaugrau.

Weiter ward am 19. September 1848 ein grosser Edelfalke hier gesehen, an dem Kopf und Schwanz rein weiss, der Rücken auf weissem Grunde mit runden — herzförmigen — schwarzen Flecken gezeichnet war, und die weissen Flügel schwarze Spitzen hatten. Da der Vogel von der Felswand abflog, so konnte der über ihm stehende Beobachter die untere Seite desselben nicht sehen, ohne Zweifel ist auch diese rein weiss gewesen. Dass dies Stück ein Edelfalke, und nicht etwa die öfter vorkommende weisse Varietät eines Bussard gewesen, ist ausser allem Zweifel, denn der Beobachter war einer der drei Brüder Aeuckens; da derselben im Verlaufe dieser Aufzeichnungen noch sehr oft Erwähnung geschehen wird, so will ich hier gleich bemerken, dass ihre Kenntniss der hier Vorkommenden, ihre Beobachtungsgabe sowie Schärfe und Zuverlässigkeit ihrer Beobachtungen eine fast beispiellose ist — leider lebt der Aelteste derselben nicht mehr.

Heimisch ist dieser Falke in den hohen Polarländern der nördlichen Hemisphäre — am häufigsten scheint derselbe nach England hinunter gestrichen zu sein, Harting (Handbook of Brit. Birds, p. 85) führt bis 1872 etwa zwanzig Beispiele an.

Nr. 2. Norwegischer Falke.

FALCO GYRFALCO. Linn.

Helgoländisch: Blü-futted falk = Blaufüssiger Falke.

Falco gyrfalco. Naumann, XIII. Blasius Nachträge. S. 22.
Jer Falcon. Dresser, VI. p. 15.
Gerfaut. Schlegel, Krit. d. Europ. Vögel. S. II und 5.

Obzwar der norwegische Falke hier im Laufe eines jeden Herbstes ein und auch mehrere Male vorkommt, so wird er doch nur in sehr seltenen Fällen geschossen, es dürfte dies kaum sechs bis achtmal geschehen sein, so lange ich sammle. Die Zeit des Erscheinens derselben fällt in den Oktober und November, alle waren bisher Stücke in ihrem ersten Lebensjahre, in der einfarbig düster umbrabraunen Rückenfärbung. Ich besitze jedoch einen schönen derartigen Vogel, an dem alle Schulterfedern sowie die grösseren und grössten äusseren Flügeldeckfedern bindenartige Zeichnung von trübe rostgelblicher Färbung tragen, an den kleinsten dieser

Federn besteht diese Zeichnung nur in ovalen Flecken, die vom Federrande bis halb zum Schafte reichen; an den längsten Schulterfedern, und namentlich an den grössten äusseren Deckfedern der Schwingen, sowie an den oberen Schwanzdeckfedern, gehen dieselben jedoch in förmlich bindenartige Zeichnung über, die bis ganz dicht an den Schaft reicht und denselben in einigen Fällen berührt. Auch die längsten Federn in den Weichen haben sehr breite solche Bindenflecke, die auf der Aussenfahne den Schaft erreichen, auf der Innenfahne aber ein weniges von demselben entfernt bleiben.

Die Farbe der Wachshaut und Fänge dieses Stückes war bleich gelb und hatte nur noch geringe Beimischung der früheren blangrauen Färbung.

Die ganze Länge des frisch geschossenen Vogels war 21 Zoll == 50 cm. Flügellänge 352 mm. Länge des Schwanzes 207 mm. die Flügel liessen vom Schwanze unbedeckt 54 mm. Es ist ein Männchen und ward am 9. November 1848 geschossen. Ein alter Vogel dieser Art ist hier noch nicht gesehen. wenigstens noch nicht erlegt worden.

Das heimathliche Brutgebiet dieses Falken erstreckt sich vom nördlichen Skandinavien durch das nördliche Asien bis in das arktische Amerika.

Nr. 3. Sakkerfalke.

FALCO SACER. Linn.

Falco lanarius. Naumann. I. S. 279. XIII. S. 98.
Saker. Dresser, VI. p. 59.
Faucon sacre. Schlegel, Krit. d. Eur. Vögel. S. II und 9.

Reymers besass im Jahre 1839 oder 1840 einen grösseren Edelfalken, den er damals als einen Würgfalken bezeichnete; es war ein alter Vogel, denn er hatte im frischen Zustande rein hellgelbe Fänge. seine Brustseiten und Weichen waren aber nicht gefleckt oder gebändert, sondern auf hell rostgelblichem Grunde dunkel gestreift. auch hatte er viel Rostfarbe am Kopfe. Dass dies Stück ein alter *Falco sacer* war. ward mir zur Gewissheit. als ich später Bälge dieser Art zu untersuchen Gelegenheit hatte - es ging, wie ich glaube, dieser schöne Vogel in die Hände von Brandt in Hamburg über, der derzeit fast alles aufkaufte. was

hier an schönen und interessanten Sachen erbeutet ward. Dieser
Falke ist seitdem hier nicht wieder gesehen worden, obzwar im
Laufe der Jahre sehr viele Arten, und manche derselben in zahlreichen Individuen, welche seine Heimath: Südost-Europa, Kleinasien und Palästina, mit ihm theilen, hier vorgekommen und sehr
oft erlegt worden sind. Ich sammelte leider damals noch nicht.

Nr. 4. Lannerfalke.

FALCO TANYPTERUS. Lichtenstein.

Lanner. Dresser, VI, p. 51 (?).
Faucon lanier. Schlegel, Krit. d. Eur. Vögel. S. II. und 11 (?).

Im Sommer 1840 hatte ein hiesiger Ausstopfer in seinem
Laden einen grösseren Edelfalken stehen, den ich damals mit
meinen noch äusserst beschränkten ornithologischen Kenntnissen
seiner bänderartig gezeichneten Flanken halber für einen alten
Wanderfalken hielt, und denselben als solchen kaufen wollte;
der Besitzer bemerkte mir jedoch: ein alter Vogel sei dies noch
nicht, das beweise sein brauner Rücken, der am alten Wanderfalken schön blau gefärbt sei — und leider stand ich daraufhin
vom Ankauf des Stückes ab. Als ich bald darauf in den Besitz
von Naumann's Werk kam, sah ich sofort, dass obiger Vogel kein
F. peregrinus gewesen und glaubte anfänglich, dass derselbe zu
der dort auf Tafel 23 als alter Würgfalke abgebildeten Art gehören könne, zweifelte jedoch wieder, da das in Frage stehende
Stück an der ziemlich stark rostfarbig überlaufenen Brust weniger
stark gefleckt war, und an den Weichenfedern eine, wenn auch
nicht sehr ausgebreitete, so doch sehr scharf ausgeprägte schwarzbraune bänderartige Zeichnung trug — später erkannte ich jedoch
im Berliner Museum in einem dort aufgestellten als *Falco tanypterus*
bezeichneten Exemplar sofort und auf das Bestimmteste den besprochenen Vogel wieder.

Auch dieser Falke ist hier nicht wieder gesehen worden, was
jedoch weniger auffallend ist, da merkwürdiger Weise alle solche
Arten, deren Heimath fern südlich von Helgoland gelegen, wie die
dieses Falken im mittleren und oberen Afrika, hier zu den aller-
seltensten Erscheinungen gehören. Dass auch solche Arten, die
dem westlichen Europa angehören, hier fast gar nicht gesehen
werden, und auch nicht wohl zu erwarten sind, ist im Abschnitt
über den Zug der Vögel zu erklären versucht worden.

Nr. 5. Wanderfalke.

FALCO PEREGRINUS. Linn.

Helgoländisch: Snepp-falk = Schnepfenfalke.

Falco peregrinus. Naumann, I. S. 285.
Peregrine. Dresser, VI. p. 31.
Faucon pèlerin. Temminck, Manuel. I. p. 22. III. p. 11.

Wo die Vogelwelt in solcher Fülle auftritt, wie auf Helgoland, da fehlt selbstverständlich auch dieser Falke, einer ihrer vornehmsten Beherrscher, nicht. Dem Anschein nach nimmt sein Besuch seit etwa dreissig Jahren sogar an Zahl zu, denn vor jener Zeit erschien es mir so hoffnungslos, ein altes ausgefärbtes Stück dieser Art für meine Sammlung zu erhalten, dass ich als letztes Auskunftsmittel darauf verfiel, einen jungen am Flügel verletzten Vogel in einem geräumigen Käfig im Freien so lange zu erhalten, bis er das ausgefärbte Kleid anlegt; dies war auch vom vollkommensten Erfolg begleitet, nur hatte ich nach drei oder vier Jahren den prachtvollen Vogel mit seinen unvergleichlich schönen dunklen, Stolz und Muth sprühenden Augen so lieb gewonnen, dass es mir nie in den Sinn gekommen wäre ihn zu tödten, hätte mich nicht dazu der absolute Futtermangel während eines ausnahmsweise strengen Winters getrieben.

Seit jener Zeit werden fast alljährlich, neben vielen jungen Stücken, mehrere alte Vögel dieser Art hier geschossen, so dass meine Sammlung jetzt nach mehrmaligem Wechsel, ein schwerlich zu übertreffendes Paar aufzuweisen hat. Das sehr kleine Männchen ist am Halse, Kropfe und noch unter diesen hinab durchaus ungefleckt weiss mit kaum bemerkbarem rostgelblichen Anflug — nicht die feinsten Schaftstriche zeigen diese Theile; an den Brustseiten befinden sich wenige ganz kleine Tropfenflecke, und auf den blaugrau angeflogenen Weichenfedern schwach angedeutete schmale schwarzgraue Binden.

Das beschriebene Stück ward am 7. April 1875 geschossen, die Hauptzugzeit dieses Falken ist für Helgoland der März bis Mitte April und wiederum der Oktober; junge Vögel treffen oft schon Ende August ein, diese sind meistens sehr dunkel schieferschwarzgrau an den oberen Theilen gefärbt.

Das heimische Brutgebiet dieser Art erstreckt sich von Nordafrika bis zum Nordkap, und in gleicher Breite durch Asien und Amerika, sowie Grönland.

Nr. 6. Baumfalke.

FALCO SUBBUTEO. Linn.

Boam-falk = Baumfalk.

Falco subbuteo. Naumann, I. S. 296.
Hobby. Dresser, VI. p. 69.
Faucon hobereau. Temminck, Manuel. I. p. 25. III. p. 12.

Wenn ausgangs April und im Verlaufe des Mai das Wetter anfängt warm zu werden, stellt dieser elegante kleine Falke sich hier ein, immer sind es aber nur vereinzelte Stücke. Während des Rückzuges, etwa den September hindurch, ist das Erscheinen alter Vögel noch sparsamer; junge Sommervögel kommen noch seltener von Mitte bis Ende August hier vor; es sind dieser letzteren, so lange ich sammle, nicht zehn Stück geschossen.

An einem stillen warmen Sommer-Nachmittage jagte ein Baumfalke hier einst stundenlang Kohlweisslinge, die er sehr gewandt mit den Fängen ergriff und zum Schnabel führte, sie so im Fluge verzehrend. Der Helgoländer Jäger zollt jedem Edelfalken einen hohen Grad von Achtung — wahrscheinlich wegen einer gewissen piratenhaften Vetterschaft; — so meinte denn auch einer dieser Jäger bei jenem Treiben des Falken, das er unter dessen Würde hielt, so etwas könne der Falke doch nur aus Uebermuth und zur Kurzweil thun.

Es brütet der Baumfalk durch das ganze mittlere Europa, bis in das südlichere Skandinavien hinauf, und in gleicher Breite durch Asien, woselbst er jedoch ostwärts sehr an Zahl abnehmen soll; auch in Spanien soll er nur zerstreut nisten.

Nr. 7. Leonoras-Falke.

FALCO ELENORAE. Géné.

Falco concolor. Graufalk. V. d. Mühle, Ornith. Griechenlands. S. 14.
Eleonoran Falcon. Dresser, VI. p. 103.
Faucon Eléonore. Temminck, Manuel. IV. p. 593.

Die Aufnahme dieser Art in das Verzeichniss der Vögel Helgolands hat als einzige Stütze den Bericht von Claus Aeuckens, der am 26. Mai 1879 — demselben Tage, an welchem er hier *Alauda pispoletta* schoss — einen Falken nahe an sich vorüber fliegen

12

sah, der in seinem ganzen Wesen einem Baumfalken glich, aber etwas grösser als dieser und einfarbig schiefergrau war — ein Vogel, den er nie zuvor gesehen. Auf meinen Einwurf, dass es vielleicht *Falco rufipes* gewesen, versicherte er auf das entschiedenste, dass derselbe keine rothen Hosen, noch rothe Unterschwanzdeckfedern gehabt habe, und ganz bestimmt nicht *rufipes* gewesen, der ja kleiner sei, anders fliege, und den er ja sehr gut kenne. Als Aeuckens später ein Exemplar von *eleonorae*, das ich mir verschafft hatte, bei mir sah, sagte er sofort: ein solcher Falke sei es gewesen, den er an obigem Tage gesehen. Da ich die Zuverlässigkeit der Beobachtungen von Aeuckens kenne, so unterliegt für mich diese Sache keinem Zweifel.

Unterstützt wird das Erscheinen von *F. eleonorae* noch durch das gleichzeitige Vorkommen einer ebenfalls fern südöstlich heimischen Art, der genannten kleinen Lerche - - wie sich denn ja auch ähnliche Fälle ziemlich oft hier ereignet haben.

Das Brutgebiet dieser Art erstreckt sich über alle Mittelmeerländer, hauptsächlich auf deren felsigen Küsten- und Inselgebieten.

Nr. 8. Zwergfalk.

FALCO AESALON. Linn.

Helgoländisch: Lütj-falk = Kleiner Falke.

Falco aesalon. Naumann, 1. S. 303.
Merlin. Dresser, VI. p. 83.
Faucon émérillon. Temminck, Manuel. 1. p. 27. III. p. 13.

Von allen Edelfalken besucht dieser kleine gewandte Räuber Helgoland am zahlreichsten, und es dehnt sich sein Zug auch über eine sehr lange Zeit aus. Junge Vögel treffen schon Ausgangs August ein, alte aber erst einen ganzen Monat später, und werden bis Mitte November gesehen. Im Frühjahr ist der März und April die Zeit des Durchzuges.

Entgegengesetzt dem aus der Höhe herab stattfindenden Stoss der Edelfalken, sieht man diesen kleinen, so eminent flugfertigen Vogel hier auch sehr oft seinen Angriff von unten nach oben ausführen, indem er niedrig über den Feldern hinstreichend, plötzlich schräg aufwärts schiessend zwischen eine Schaar Buchfinken oder Pieper fährt, die sich, von ihm etwa zwei- bis dreihundert Schritt entfernt, in einer Höhe von hundertfünfzig Fuss

befinden. Eigenthümlich ist hierbei die Art und Weise, wie der
Falke, seinem Opfer nahe gekommen, sich auf die Seite wirft und
im Vorbeifahren dasselbe ergreift — ich habe einen solchen wahrhaft mit Blitzesschnelle ausgeführten Angriff nie misslingen sehen,
was doch bei dem gewöhnlichen Stoss von oben herab diesem
kleinen Falken sowohl, wie auch seinen grossen Verwandten des
öfteren passirt.

Wenn dieser Falke während Verfolgung einer Beute mit fest
angelegtem Gefieder und halbgeschlossenen schmalen Flügeln ge-
dankenschnell vorbeieilt, so erscheint er so winzig, dass er hier fast
alle Jäger zu der festen Behauptung veranlasst, es gäbe einen
noch »viel kleineren« Falken als den Zwergfalken, er fliege nur
so ausserordentlich schnell, dass es noch nie gelungen, ihn zu
schiessen — verzeihlich ist dieser Irrthum in der That.

Die Niststätten dieses kleinen hübschen Falken erstrecken
sich von den Hebriden und Irland ostwärts durch den Norden
Europas und Asiens — Amerika besitzt eine sich nur sehr wenig
unterscheidende Art, *Falco columbarius.*

Nr. 9. Thurmfalk.

FALCO TINNUNCULUS. Linn.

Helgoländisch: Scôarenkôater-hôalk = Käferhabicht.

Falco tinnunculus. Naumann, I. S. 323.
Common Kestrel. Dresser, VI. p. 113.
Faucon cresserelle. Temminck, Manuel. I. p. 29. III. p. 14.

Wie schon aus dem Namen hervorgeht, räumen auch die scharf
beobachtenden Helgoländer Jäger dieser Art keinen Platz unter
den Edelfalken ein, sondern nennen ihn mit Geringschätzung Käfer-
habicht. Die eigenthümliche Fähigkeit dieses Vogels, sich in der Luft
schwebend an einem Punkt zu erhalten, das sogenannte Rütteln,
dürfte wohl kaum irgendwo in solcher Vollkommenheit gesehen
werden wie hier, wo sich derselbe mit Vorliebe über dem Ostrande
des Felsens, trotz des heftigsten Ostwindes, in einer Höhe von
hundert bis hundertundfünfzig Fuss, wie angenagelt an einem
Punkt erhält; bei so heftigem Winde ist Kopf und Vordertheil
des Körpers ein wenig gesenkt, der Schwanz etwas über die
Rückenlinie gehoben, wie z. B. beim fliegenden Kukuk, und die
schmalen Flügel nahe an den Körper gezogen — so verbleibt er.

den Kopf dem oft sturmartigen Winde zugekehrt, keine Feder
rührend, vollständig unbeweglich am selben Fleck, nur hin und
wieder unter ein paar hastigen Flügelschlägen seinen Platz
wechselnd.

Es ist dieser Falke ein sehr zahlreicher Besucher Helgolands,
den man auch ausser der Zugzeit in einzelnen Stücken zu allen
Zeiten des Jahres sieht; er kommt im Frühjahr schon im März
an und ist eine gewöhnliche Erscheinung während des April und
Mai. Junge Vögel sieht man schon Mitte August und alte den
September und Oktober hindurch.

Der Thurmfalke brütet zahlreich durch ganz Europa bis etwa
zum 60° N. hinauf, südlich bis in das obere Afrika und in gleicher
Breitenausdehnung durch ganz Asien.

Nr. 10.   Röthelfalke.

FALCO CENCHRIS.   Frisch.

Falco cenchris.   Naumann, I. S. 318.
Lesser Kestrel.   Dresser, VI, p. 125.
Faucon cresserellette.   Temminck, Manuel. I. p. 31. III. p. 15.

Nur dreimal ist dieser kleine Falke hier meines Wissens
vorgekommen, Reymers hat einmal einen männlichen Vogel, ehe ich
sammelte, gestopft und verkauft. Im Sommer 1839 oder 1840
ward ein junger Vogel durch einen Badegast auf der Düne geschossen, aber nur abgebalgt; ich erhielt dies Stück zwar später,
schätzte es damals als Balg aber nur wenig und gab es, wenn
ich nicht irre, an Herrn von Zittwitz ab — möglicherweise befindet es sich in Görlitz, wohin dessen Sammlung kam. Schliesslich sah Claus Aeuckens einen »kleinen Thurmfalken mit rothem
Rücken und blauen Flügeln« fast unter seinen Füssen vom Rande
der Klippe abfliegen, ohne jedoch zu Schuss kommen zu können,
da unter solchen Umständen fast alle Tagraubvögel sich nahezu
lothrecht hinunter stürzen und sofort dem Blick entschwinden.

Die Heimath dieses kleinen Falken erstreckt sich durch ganz
Südeuropa. Nordafrika. Kleinasien, Turkestan bis Indien.

Nr. 11. Rothfuss-Falke.

FALCO RUFIPES. Beseke.

Helgoländisch: Road-futted falk = Rothfüssiger Falke.

Falco rufipes. Naumann, I. S. 311.
Redlegged Falcon. Dresser, VI. p. 93.
Faucon Kobez. Temminck, Manuel, I. p. 23, III. p. 17.

Hinsichtlich dieses so eigenthümlich schönen Falken, zumal im lebenden oder frischen Zustande, wenn seine Fänge und Augenhaut noch die lebhaft rothe Farbe tragen, ist Helgoland sparsamer bedacht worden, als eigentlich zu erwarten wäre; soweit meine Erfahrungen reichen, ist derselbe hier nur fünfmal erlegt, und ausserdem noch einmal gesehen worden. Das früheste dieser Beispiele datirt bis zum Mai 1840 zurück; es ist ein männlicher Vogel, der das ausgefärbte Kleid zum ersten Male trägt: Reymers erhielt denselben und stopfte ihn, ich erwarb ihn später und er befindet sich noch in meiner Sammlung. Dies Stück trägt im allgemeinen das blaugraue Kleid, aber noch mit ziemlich starken schwarzen Schaftstrichen an den unteren Theilen und zerstreuten rostfarbigen Federn am Kropfe; die Schwungfedern haben noch die grossen weissen Querflecke auf den Innenfahnen und der Schwanz trägt noch eine breite schwarze Endbinde.

Später erhielt Oelrich Aeuckens, der älteste der drei Brüder, gewöhnlich der alte Oelk genannt, zwei dieser Falken, der erstere ein Weibchen, der spätere ein jüngeres Männchen. Als viertes Beispiel schoss mein ältester Sohn am 20. Mai 1868 ein vollendet schönes altes Männchen dieser Art, welches sich ebenfalls in meiner Sammlung befindet; am 3. Juni 1887 erlegte Jan Aeuckens ein einjähriges Männchen, welches nur sehr unvollkommene Anfänge des ausgefärbten Kleides trägt, und am 13. desselben Monats sah Claus Aeuckens wiederum einen Rothfuss-Falken zwischen den Häusern des Oberlandes fliegen, den er jedoch daselbst nicht schiessen konnte und der später nicht wieder aufzufinden war.

Die Zugbewegungen dieser Art bieten noch einiges Unklare dar; im allgemeinen und der bei weitem überwiegenden Mehrzahl der Individuen nach verlaufen dieselben zwischen Nord und Süd, was sich aus dem einfachen Umstande ergiebt, dass die Westgrenze des Brutgebietes derselben, vereinzelte Ausnahmen unbeachtet lassend, sich von Griechenland durch Ungarn bis zum Dwinagebiet hinauf erstreckt, und ihr Winterquartier durch Afrika bis zum

Damaralande hinunter reicht, wo sie in letzterem Gebiete in Schaaren angetroffen wird, die nach Zehntausenden zählen sollen Damaraland hat nahezu denselben Meridian wie Griechenland und Ungarn. Dies erklärte denn auch das so sehr seltene Vorkommen dieses Falken auf dem westwärts abseits seiner Zugbahn liegenden Helgoland; aber wie ist hiermit sein so zahlreiches Erscheinen in England zu vereinigen — nach Harting (Handbook of Brit. Birds p. 86) ist derselbe dort in der Zeit vom Mai 1830 bis Oktober 1868 neunundzwanzigmal beobachtet worden: es wäre demnach nur anzunehmen, dass die von Dresser mitgetheilte, von Seebohm zwar angezweifelte Nachricht, dass die Art auch in Algerien niste, richtig sei, und dass somit die nach England gerathenen Individuen, wie alle ausnahmsweisen Erscheinungen während der Sommermonate, Stücke seien, die während der ersten Stadien der Brutgeschäfte den Gatten verloren, und unter dem Zwange des unbefriedigten Bruttriebes das Genügen desselben anstreben unter weiterer Verfolgung der Richtung des der Art eigenen Frühlingszuges – in gegenwärtigem Falle eine nördliche, die über Frankreich hinweg nach England führt. Es ist diese Auffassung der Frage der sommerlichen ausnahmsweisen Erscheinungen im Abschnitt über den Wanderflug der Vögel durch Anführung vielfacher Beispiele geltend zu machen versucht worden.

Als östlichste Grenze des Brutgebietes dieses Falken giebt Seebohm (Brit. Birds. I. p. 42) den Jenisei an: in Turkestan scheint er nach Swertzoff gewöhnlicher Zugvogel zu sein, in Indien überwintern jedoch nicht viele dieser Vögel, und nirgendwo werden dieselben zur Winterszeit so massenhaft angetroffen, als im unteren Afrika, wo, wie oben angeführt, die herumstreifenden Schaaren aus Zehntausenden von Stücken bestehen sollen.

Nr. 12. Goldadler.

FALCO CHRYSAËTUS. Linn.

Falco chrysaëtus. Naumann, XIII. S. 8. Blasius, Nachträge. S. 7.
Golden Eagle. Dresser, V. p. 533.

Zu den seltensten Erscheinungen Helgolands zählen die echten, bis zu den Zehen hinunter befiederten Adler. Während der letzten vierzig Jahre sind, soweit Beobachtungen reichen, nur viermal

Vögel dieser Art hierher gelangt: ehe ich sammelte, ward ein gefleckter junger Schreiadler, fast so bunt wie ein junger Tölpel.
Sula alba, geschossen, und vor etwa zwanzig Jahren ward ein
ebensolcher Vogel todt am Fusse der Klippe gefunden, den die
See dort angespült hatte. Derselbe Jäger, welcher obigen Schreiadler geschossen, erlegte am 18. November 1867 einen Goldadler.
Des weiteren kam ein ebenso grosser ganz weisser Adler hier vor,
der aber leider nicht erlegt ward, trotzdem das Gewehr eines der
besten Schützen der Insel, Jan Aeuckens, in der Nähe von wenigen
Schritten schon auf ihn gerichtet war und der Finger sich bereits
zum Schusse krümmte.

Dieser Adler war am ganzen Gefieder so schneeweiss wie ein
Schwan; es war im Laufe des Vormittags schon auf denselben
geschossen, aber aus zu grosser Entfernung. Am Nachmittag sah
man ihn auf einem der Dünenhügel sitzen und Aeuckens landete
in einem kleinen Boote, ungesehen von dem Vogel; es gelang ihm,
sich unhörbar den Sandhügel hinaufzuschieben, und oben trennte
ihn nur die Breite der Spitze, zehn bis zwölf Fuss vom Adler.
Derselbe hatte ihm den Rücken zugekehrt, den Kopf etwas gesenkt, die spitzen Federn des Genickes sehr gesträubt, und sah,
wie Aeuckens sich ausdrückte, »sehr brummig« aus — ein Schrot-
korn hatte denselben am Hinterkopf über dem Ohre getroffen und
etwas Blut tröpfelte an den weissen Federn herunter. Aeuckens
hob leise sein Gewehr und zielte; im Moment wo er abdrücken
will, kommt ihm der Gedanke, er werde in solcher Nähe den
Vogel ganz zerschiessen und ruiniren — er weiss nicht was thun,
gleitet unseliger Weise ganz leise den Hügel wieder hinunter, um sich
bei seinem unten harrenden Vater Rathes zu erholen, ihr Flüstern
scheuchte den Adler auf, ein zu weiter Schuss blieb ohne Erfolg,
und das schöne Thier ward nicht wieder gesehen. Ich vermuthe,
dass dies die weisse Varietät des Steinadlers gewesen, welche im
nördlichen Asien öfter auftreten soll. Die Iris des Stückes war
rostfarbig orange.

Das hier geschossene Exemplar des Goldadlers ist ein jüngeres
Männchen, vielleicht etwas über zwei Jahr alt; die spitzen Federn
des Kopfes und Hinterhalses sind sehr intensiv orange-rostfarbig,
nur an den Spitzen etwas verblichen heller rostgelb; der Schwanz
ist auf düster grauem Grunde unregelmässig grob braunschwarz
gefleckt und hat sehr breite schwarze Endbinden, ganz so, wie an
der Naumann'schen Fig. 1 auf Tafel 339. Die Federn haben
wurzelwärts kein Weiss. Die untere Seite des Vogels ist dunkel-

braun, ebenso sind die Hosen gefärbt, die Federn des Kropfes sind seitlich rostgelb eingefasst.

Der Goldadler nistet, mit Ausnahme des höchsten Nordens, in den Gebirgen Europas, Asiens und des nördlichen Amerika in Grönland und auf Island kommt er jedoch nicht vor.

Nr. 13. Kleiner Schreiadler.

FALCO NAEVIUS. Linn.

Falco naevius. Naumann, I. S. 217. XIII. S. 50. Ebendaselbst Blasius, Nachträge. S. 10.
Lesser Spotted Eagle. Dresser, V. p. 401.
Aigle Criard. Temminck, Manuel. I. p. 42. III. p. 23.

Wie schon bei der vorhergehenden Art erwähnt, ist dieser Adler hier zweimal vorgekommen: derselbe Jäger, welcher den obigen Goldadler erlegte, schoss auch als ganz junger Bursche den einzigen hier je erbeuteten Schreiadler — etwa im Jahre 1838. Es war ein junger, sehr stark gefleckter Vogel, dessen Kleid den Vergleich mit einem jungen Tölpel, *Sula alba*, hervorrief. Reymers stopfte dies Stück. Der ältere Aeuckens fand später am Fusse des Felsens einen angetriebenen Vogel dieser Art, den aber leider die dort zu tausenden hausenden Ratten schon so zerfressen hatten, dass nur die oberen Theile des auf dem Rücken liegenden Stückes, sowie die Flügel verschont geblieben waren. Auch dies war ein junges, sehr stark geflecktes Exemplar.

Der kleine Schreiadler nistet in Nord- und Mitteldeutschland, Livland, Polen und im südöstlichen Europa bis Griechenland hinunter.

Nr. 14. Seeadler.

FALCO ALBICILLA. Linn.

Helgoländisch: Oadlear = Adler.

Falco albicilla. Naumann, I. S. 224. XIII. S. 66.
Sea Eagle. Dresser, p. V. 551.
Aigle pygargue. Temminck, Manuel. I. p. 49. III. p. 26.

Wenn beim Herannahen des Winters Ostwind sich einstellt, so kann man ziemlich sicher darauf rechnen, im Laufe des Tages

einen oder mehrere dieser Adler hier herumkreisen zu sehen; tritt
dann anhaltendes Frostwetter ein, so gehören Seeadler, wenn
auch gerade nicht zu den täglichen, so doch zu den gar nicht
ungewöhnlichen Erscheinungen; sind hingegen während des Winters
Westwinde und nasses Wetter vorherrschend, so sieht man dieselben hier nicht. Ausnahmsweise kommen vereinzelte Stücke auch
im Oktober und früh im Frühjahr hin und wieder hier vor.

Auffallend ist, dass man hier nur junge oder im mittleren
Alter stehende Stücke sieht, an denen der Schwanz noch mehr
oder weniger dunkel gezeichnet ist. Während des langen Zeitraumes von vierzig und mehr Jahren sah man hier nur zweimal
einen thatsächlich weissschwänzigen Adler umherkreisen, und mir
hat nach fast ebenso langem Harren ein höchst glücklicher Zufall
erst am 3. Februar 1875 ein ganz altes ausgefärbtes Exemplar
für meine Sammlung verschafft — dasselbe ward auf der Düne
todt gefunden.

Heimischer Brutvogel ist der Seeadler von Grönland bis Schottland hinunter und in gleicher Breite bis zum östlichsten Asien.

Nr. 15. Flussadler.

FALCO HALIAËTOS. Linn.

Helgoländisch: Fesk-oadlear = Fischadler.

Falco haliaëtus. Naumann, I. S. 241.
Osprey. Dresser, VI. p. 139.
Aigle balbuzard. Temminck, Manuel. I. p. 47. III. p. 25.

War die vorhergehende Art hauptsächlich Wintergast für
Helgoland, so muss von der gegenwärtigen das entschiedene Gegentheil gesagt werden: im Frühjahr sind es erst die warmen Tage
des April und Mai, welche dieselbe hierher bringen. Die jungen
bunten Vögel stellen sich im August ein, gefolgt von alten während
des September; alle lieben einen schwachen warmen Südost-Wind
für ihre Reise.

Die nördlichen und südlichen Polarländer ausgenommen, ist
der Flussadler über alle Theile der Erde als heimischer Brutvogel verbreitet.

Nr. 16. Schlangenadler.

FALCO BRACHYDACTYLUS.   Temminck.

Falco brachydactylus.   Naumann, I. S. 236.
Short-toed Eagle.   Dresser, V. p. 563.
Jean-le-blanc.   Temminck, Manuel. I. p. 46. III. p. 24.

Auch dieser interessante Vogel ist für mich leider ein paar Jahre zu früh hier erlegt worden. Reymers erhielt 1835 ein Exemplar, das er stopfte und verkaufte; es war ein an der weissen Brust sehr sparsam geflecktes Stück. Später hat Claus Aeuckens einen sehr stark und sehr dunkel gefleckten Vogel dieser Art ganz nahe vor sich am Rande der Klippe gesehen, ist aber nicht zu Schuss gekommen, weil derselbe, nach Art solcherweise überraschter Raubvögel, fast senkrecht abflog.

Es ist einigermaassen befremdend, dass dieser Adler, der doch nach Rohweder (Vögel Schleswig-Holsteins, S. 5) im ganzen dortigen Gebiet, wenn auch nur sparsam, horstet, nicht hin und wieder nach dem nahen Helgoland hinüberfliegt — es muss sein Zug demnach wohl ein sehr streng nord und süd innegehaltener sein. Brutvogel ist diese Art im mittleren und südlichen Europa und Asien.

Nr. 17. Hühnerhabicht.

FALCO PALUMBARIUS.   Linn.

Helgoländisch: Groot hoafk   Grosser Habicht.

Falco palumbarius.   Naumann, I. S. 249.
Gos-hawk.   Dresser, V. p. 587.
Autour.   Temminck, Manuel. I. p. 55. III. p. 27.

Dieser stattliche Raubvogel ist auf Helgoland während der letzten fünfzig Jahre nur vier bis fünfmal gesehen worden. Zwei dieser Stücke befinden sich in meiner Sammlung: ein junger und ein alter Vogel: letzterer ward am 8. März 1880 geschossen und ist ein schönes ausgefärbtes Weibchen. Der junge Herbstvogel gerieth im Eifer der Verfolgung einer Beute in den Drosselbusch und ward gefangen.

Verbreitet als Brutvogel ist der Hühnerhabicht über ganz Europa und Asien: dass derselbe Helgoland so selten besucht,

trotzdem er im nahen Schleswig-Holstein, nach Rohweder, während
der Herbst- und Wintermonate in grosser Anzahl sich aufhält
und auch ziemlich häufig nistet, dürfte wohl seinen Grund in dem
vollständig baumlosen Charakter der Insel haben. Dieselbe Ursache wird auch seinem seltenen Erscheinen auf der Insel Borkum
zu Grunde liegen. (Droste-Hülshoff, Vogelwelt der Nordseeinsel
Borkum.)

Nr. 18. Finkenhabicht.

FALCO NISUS. Linn.

Helgoländisch: Lütj hoafk = Kleiner Habicht.

Falco nisus. Naumann, I. S. 258.
Sparrow-hawk. Dresser, V. p. 599.
Epervier. Temminck, Manuel. I. p. 56. III. p. 28.

Wenn während des Herbstzuges der kleineren Vögel der Tisch
für diesen gewandten Räuber reichlich gedeckt ist, ermangelt derselbe auch nicht, sofort, und oft in sehr grosser Zahl, sich einzu-
stellen. Schon Mitte August mit dem Erscheinen der jungen
Steinschmätzer kommen auch die ersten jungen Sperber hier an;
der Zug dieser jungen Sommervögel währt den September und
Oktober hindurch, und erst mit Anfang des letzteren Monats treffen
die ersten alten Stücke ein; diese nebst zertreuten Jungen kommen
noch während des ganzen November vor.

Diese Art wandert, wie alle Tagraubvögel, während der Tagesstunden, und zumeist kommen grosse Massen derselben, oft wie
aus den Wolken gefallen, erst am späten Nachmittag plötzlich
hier an; diese dürften wohl einen sehr weiten Weg zurückgelegt
haben, denn ihre Kröpfe sind vollständig leer, und aus ihrer noch
nach Sonnenuntergang fortgesetzten sehr heftigen Verfolgung jedes
kleinen Vogels zu schliessen, müssen sie sehr hungrig sein.

Gleich den meisten anderen Vögeln zieht auch der Sperber
in einer sehr grossen Höhe, jedenfalls ausser dem Gesichtsbereiche
des menschlichen Auges, was man in diesem Falle auf wenigstens
6000 Fuss schätzen müsste. Ich habe diesen Sperber einmal
während eines Oktober-Nachmittags in ausnahmsweise grosser Zahl
hier ankommen sehen. Der Himmel war ebenmässig mit der hohen,
etwas streifigen weissen Wolken- oder vielmehr Cirribildung bedeckt,
die den günstigsten Hintergrund bildet, um einen Gegenstand im

Zenith in sehr grosser Höhe wahrnehmen zu können. Meine Aufmerksamkeit ward durch einige herabsteigende Habichte nach oben
gelenkt, der mich begleitende »Alte Ölk« und ich sahen in verschiedenen Höhen über uns viele dieser Vögel zu zweien und dreien
beisammen in kleinen Kreisen herabsteigen; da sich ihre Zahl fortwährend steigerte, so richteten wir unsere Aufmerksamkeit auf
Stellen des Himmels über uns, wo keine Vögel zu sehen waren, und
gewahrten nach kurzem, angestrengten Hinaufblicken kaum wahrnehmbare kleine dunkle Punkte, die in kurzer Zeit als Habichte
kennbar wurden. Nach meiner und meines Begleiters Erfahrung
beträgt der Abstand, in welchem ein Vogel von der Grösse
eines Habichts noch als gut wahrnehmbarer Punkt erscheinen
würde, ungefähr die Länge Helgolands, nämlich 5700 Fuss —
wer aber vermag zu sagen, in wie weiter Ferne darüber hinaus
der Wanderflug dieser Vögel noch lag. Diese Frage ist eingehender
im Abschnitt über den Wanderflug der Vögel, unter Höhe desselben
besprochen worden.

Da sehr viele der kleineren Vögel, wenn vom Sperber verfolgt,
sich in den Drosselbusch flüchten, so geräth auch er sehr häufig
unter das Netz, den Helgoländern eine willkommene Beute, die ihn
auch sehr eifrig schiessen, weil sie ihn neben allen anderen Raubvögeln sehr gern verspeisen.

Das Nistgebiet dieser Art erstreckt sich über ganz Europa
und Asien, bis Japan; östlich soll er jedoch an Zahl geringer sein.

Nr. 19. Mäusebussard.

FALCO BUTEO. Linn.

Helgoländisch: Bott-ühl = Kurze Eule.

Falco buteo. Naumann, I. S. 346.
Common-Buzzard. Dresser, V. p. 449.
Buse commune. Temminck, Manuel. I. p. 63. III. p. 35.

Mit Ausnahme der Sommermonate Juni und Juli besucht der
Mäusebussard Helgoland das ganze Jahr hindurch, meistens in
kleinen Gesellschaften von drei, fünf und mehreren Stücken, manchmal aber auch auf dem Herbstzuge fast zu Hunderten. Stellt sich
dann später im Laufe des Winters strenges Frostwetter ein, so
ist derselbe wieder in vereinzelten Stücken ein fast täglicher Gast,

der den zahllosen Ratten am Fusse des Felsens seine besondere Aufmerksamkeit zuwendet.

Brutvogel ist dieser Bussard in Europa und dem westlichen Asien bis etwa 65° N. hinauf.

Nr. 20. Rauhfussbussard.

FALCO LAGOPUS. Linn.

Helgoländisch: Rüch-futted Bott-ühl = Rauhfüssiger Bussard.

Falco lagopus. Naumann. I. S. 359.
Rough-legged-Buzzard. Dresser, V. p. 471.
Buse pattue. Temminck, Manuel. I. p. 65. III. p. 37.

Der rauhfüssige Bussard kommt hier zwar nie so zahlreich vor, wie der Vorhergehende, immerhin ist er aber ein gewöhnlicher, jedem Jäger bekannter Vogel. der nicht allein während des Frühlings- und Herbstzuges, sondern auch einzeln im Laufe des Winters gesehen wird.

Nur zweimal habe ich hier ein altes Männchen, wie das von Naumann Taf. 34, Fig. 1 abgebildete, gesehen, alle übrigen glichen mehr oder weniger Fig. 2 derselben Platte.

Diese Art brütet im Norden Europas und Asiens, in Skandinavien bis zum Nordkap hinauf.

Nr. 21. Wespenbussard.

FALCO APIVORUS. Linn.

Falco apivorus. Naumann, I. S. 307.
Honey-Buzzard. Dresser, VI. p. 3.
Buse bondrée. Temminck, I. p. 67. III. p. 38.

Merkwürdiger Weise hat sich der sonst so scharfe Unterscheidungsblick der Helgoländer bei diesem Bussard nicht bewährt: es ist demselben kein bezeichnender Eigenname geworden, mit denen man hier gewöhnlich sehr schnell und treffend bei der Hand ist. Man nennt die Art, gleich dem Mäusebussard schlechtweg Bott-ühl. Einestheils hat dies seinen Grund wohl darin, dass man hier, wo der Vogel bloss als vorbeiziehender Wanderer auftritt. keinen näheren Einblick in dessen Lebensweise zu thun vermag.

Da des weiteren sein Zug hauptsächlich stattfindet, wenn die grössere Zahl der Helgoländer die Jagd nicht mehr lohnend findet, nämlich während der letzten Hälfte des Mai oder Anfang Juni, sowie von Mitte August bis Mitte September, so wird dieser Vogel nur selten geschossen und es kommt somit sein sehr charakteristisches Kennzeichen, die befiederten Zügel, nur den vereinzelten ornithologischen Jägern der Insel zur Anschauung: diesen ist allerdings der Wespenbussard sehr wohl bekannt.

Nur einmal habe ich während meiner ersten Sammeljahre ein sehr schönes altes Stück dieser Art erhalten, an welchem der Kopf sehr licht blaugrau gefärbt war, und die weisse Unterseite an den Kropfseiten und längsten Weichenfedern nur ganz wenige nierenförmige hellbraune Flecke hatte — leider ist dies schöne Stück in Folge meiner damaligen geringen Kenntniss zu Grunde gegangen, und ich habe nie wieder ein annähernd schönes Exemplar erhalten.

Wie oben schon angegeben, findet der Frühlingszug dieser Art ziemlich spät, und der Herbstzug sehr früh statt, und zwar stets unter Meidung rauhen Wetters. Selten sieht man im Frühjahr mehrere dieser Vögel beisammen, der Rückzug im Herbst findet jedoch fast immer in kleineren oder grösseren Gesellschaften statt, die sich während der ersten Wochen des September manchmal zu sehr grossem Umfange steigern. Es zogen an einem solchen Tage, 19. September 1858, im Laufe des Vormittags kleine Flüge von drei, fünf bis zehn Stücken hier vorbei, am Mittage folgten sich die Flüge in kürzeren Zwischenräumen und zugleich steigerte sich die Zahl der Individuen. Von drei Uhr Nachmittags bis am Abend etwa um sechs konnte der Zug aber nur ein anhaltender Strom grösserer und grosser Schaaren von fünfzig, achtzig und noch mehr Stücken genannt werden, der ununterbrochen am Horizont ost von Helgoland in Sicht kommend, fern im Westen dem Blick entschwand. Lücken kamen während dieser Zeit kaum vor, indem die vordersten Vögel einer Gesellschaft nahezu die letzten der Vorangegangenen berührten. Es war stilles schönes Wetter und fast glaubte man das Rauschen der Fittige der zahllosen lautlos hoch überhinziehenden Geschöpfe zu vernehmen.

Zunächst regt sich Staunen und Wunder über das Woher einer so grossen Masse von Vögeln einer Art. Abgesehen von dem ost-westlichen Fluge derselben war auch deren Zahl eine so ungeheure, dass die Brutstätten des mittleren und südlichen Skandinavien sie unmöglich alle hervorgebracht haben konnten, nur

die endlosen Waldungen des europäischen und asiatischen Russland konnten ihre Heimath bilden; da aber die Nester dieser Art
überall nur sehr zerstreut stehen sollen, so ist es immer noch
wahrhaft wunderbar, wie sich eine solche unzählbare Masse von
Individuen für einen Zugtag zusammen finden konnte.

Das Brutgebiet dieser Art erstreckt sich vom nördlichen
Spanien durch Europa, in Skandinavien bis gegen den Polarkreis
hinauf, und in gleicher Breite, wie es scheint, bis in das östliche
Asien.

Eine höchst interessante Erscheinung, die schon näher im
Abschnitt über die Höhe des Wanderflugs besprochen worden, ist
die Art und Weise, wie Bussarde bei ihrem Wegzuge oft bis zu
Höhen aufsteigen, in denen sie dem Blick entschwinden. Das
Eigenthümliche des Vorganges besteht bei diesen Vögeln darin,
dass sie sich für Erreichung dieses Zweckes nicht der Flügelbewegung noch einer Luftströmung bedienen, sondern auf bewegungslos ausgebreiteten Fittigen in der ganz stillen Atmosphäre aufwärts
schweben. Ich hatte diesen Vorgang alljährlich in Hunderten von
Fällen beobachtet, meine dahingehenden Mittheilungen an Fach-
genossen begegneten aber — mit einer Ausnahme — so entschiedenem
Widerspruch, dass ich, um jeden Zweifel zu beseitigen, während
eines sonnigen stillen Mittags Ende September 1881 nur auf einen
der zahlreichen abziehenden Bussarde meinen Blick heftete und
ihn nicht aus dem Auge liess, so lange ich ihn in der klaren Luft
zu sehen vermochte. Als dieser Vogel sich in einer Höhe von
etwa 400 Fuss befand, machte er zwei- bis dreimal ein paar träge
Flügelschläge, worauf er auf bewegungslos ausgebreiteten Schwingen
aufwärts schwebte, bis er dem Blicke entschwand — was nach
zuverlässiger Schätzung in einer Höhe von 12000 bis 15000 Fuss
sein musste. Den Anhalt für diese Schätzung bieten die Züge von
Krähen, welche allherbstlich über und neben Helgoland dahinwandern; in solchen Flügen, die die äusserste Südspitze der Düne
umfliegen, vermag ein gutes Auge jeden einzelnen Vogel deutlich
zu unterscheiden, diese Entfernung ist 8000 Fuss und somit die
Höhe des von unten hinauf in seiner ganzen Flügelbreite gesehenen
Bussards in Obigem sicherlich nicht überschätzt. Diese Bussarde
werden oft von Thurmfalken begleitet, so auch in gegenwärtigem
Falle; es steigt aber der Thurmfalke in ganz anderer Weise aufwärts als der Bussard: er umkreist letzteren, wodurch sein Flug
zu einer Spirallinie sich gestaltet und es gewährt einen höchst
anziehenden Anblick, den kleinen Falken, unter oft wiederholten

hastigen Flügelschlägen, den grossen in vollständiger Ruhe aufwärts-
schwebenden Bussard getreulich begleiten zu sehen. Der Thurmfalke ist offenbar nicht für einen Schwebeflug wie der Bussard
ausgerüstet, denn um seine aufwärts gerichteten Kreise auszuführen,
hat er von Zeit zu Zeit zehn bis zwölf schnelle kräftige Flügelschläge zu thun, um vermöge der so erlangten Flugschnelle einen
oder ein und einen halben Kreis auf ruhig gebreiteten Flügeln zu
beschreiben.

Der einzige Forscher, welcher in Folge eigener vielfältiger
Beobachtung meine obigen Mittheilungen bestätigte, war der für
die Wissenschaft leider so früh verstorbene Dr. A. Walter. Als
ich in Besprechung der vielfältigen Phasen des Zuges der Vögel
auch dieses Gegenstandes erwähnte, fiel er mir sogleich bestätigend
ins Wort und fügte seine Beobachtung über den Begleitflug des
Thurmfalken hinzu, bis zu dessen Erwähnung ich nicht gelangt
war. Er hatte in Livland, seiner Heimath, an schönen stillen
Herbsttagen während der Hühnerjagd sich sehr oft an dem so
eigenartigen gesellschaftlichen Wegzug beider Raubvögel erfreut.

Wie der Bussard in der specifisch so viel leichteren Atmosphäre gleichsam ballonartig aufwärts zu schweben vermöge, ohne
sich der mechanischen Hülfsmittel seiner Flügel zu bedienen, oder
durch eine starke Luftströmung dazu befähigt zu werden, ist
allerdings ein physikalisches Räthsel, dass es aber dennoch geschieht,
ist eine auf zahllose Beobachtungen gestützte Thatsache. Ein-
gehenderes hierüber in dem oben angeführten Kapitel dieses Werkes
über den Wanderflug der Vögel.

Nr. 22. Rother Milan.

FALCO MILVUS. Linn.

Helgoländisch: Bott-ühl med üttklept stert = Bussard mit ausgeschnittenem
Schwanz.

Falco milvus. Naumann, I. S. 333.
Common Kite. Dresser, V. p. 643.
Milan Royal. Temminck, Manuel. 1. p. 59. III. p. 30.

Dies ist wiederum einer derjenigen Vögel, welche, obwohl auf
dem nahen Festlande ganz gewöhnlich, hier zu den selteneren Erscheinungen zählen; kaum dürfte derselbe alljährlich ein oder
zweimal gesehen werden, geschossen ist er im Laufe von fünfzig

Jahren nur dreimal. Das Stück meiner Sammlung erhielt ich am
29. November 1874, als sich schon Winterwetter einstellte: ein
anderes ward im Juni erlegt, nachdem es ein paar Tage den
kleinen Lummenküchelchen am Felsen zugesprochen hatte, und
das dritte ward vor langen Jahren im April oder Mai geschossen.
Die wenigen ausserdem beobachteten Stücke kamen im April und
Mai vor.

Der rothe Milan ist mehr oder weniger zahlreicher Brutvogel
von den Canarischen Inseln bis zum Ural, in Skandinavien bis
60° N. hinauf nistend.

Dem Wespenbussard gegenüber, dessen Herbstzug ein entschieden westlich gerichteter ist, muss der des Milan ein ebenso
fest südlich verlaufender sein, da, wenn seinem Wanderfluge die
geringste westliche Neigung beiwohnte, er von dem nahen Schleswig-
Holstein, wo er ein gemeiner Brutvogel ist, und dem südlichen
Schweden, wo er zahlreich nistet, entschieden sehr oft hierher gelangen müsste.

Nr. 23. Schwarzer Milan.

FALCO ATER. Linn.

Falco ater. Naumann, I. S. 340.
Black Kite. Dresser, V. p. 651.
Milan noir. Temminck, Manuel. I. p. 60. III. p. 30.

Während der ersten Jahre meines Sammelns erhielt ich hier
einen Vogel dieser Art, es war jedoch nur ein dürftiges Exemplar
und ich gab es wieder weg, damals glaubend, es werde leicht
sein ein Besseres zu erhalten, aber obzwar dieser an seiner
Schwanzform im Fluge sehr sicher zu erkennende Raubvogel
später noch ein paarmal gesehen worden, so hat es bisher doch
nicht gelingen wollen, wieder einen solchen zu erlegen.

Das Nistgebiet dieses Vogels erstreckt sich vom oberen westlichen Afrika durch Süd- und Mitteleuropa bis an die Lena. In
Norwegen und Schweden ist derselbe noch nicht beobachtet worden,
ist aber in Russland bis Archangel hinauf vorgekommen. Rohweder führt den schwarzen Milan als recht selten im südlichen
und südöstlichen Holstein auf, und in England hat man ihn nur
einmal erlegt.

—

13

Nr. 24. Rohrweihe.

FALCO RUFUS. Linn.

Helgoländisch: Lnng-beaned hôafk = Langbeiniger Habicht.

Falco rufus. Naumann, I. S. 378.
Marsh Harrier. Dresser, V. p. 415.
Busard harpaye. Temminck, Manuel. I. p. 69. III. p. 39.

Auch diese Art zählt zu denjenigen Vögeln, welche auf Helgoland sehr selten vorkommen, ohne dass solches gerade geboten erschiene, denn auch sie ist gewöhnlicher Brutvogel in den vielen Rohrfeldern des westlichen Holstein. Ich habe nur einmal, vor neununddreissig Jahren, ein altes Männchen erhalten, später sind drei junge Sommervögel hier geschossen. — Letztere kamen Ende August hier vor, der alte männliche Vogel am 6. Oktober 1848.

Heimischer Brutvogel ist diese Weihe vom westlichen Europa bis in das mittlere Asien, nördlich nur noch wenig über die Ostsee hinausgehend — in Norwegen sind nur ein paar vereinzelte Vögel vorgekommen, aber im südlichen Schweden brütet sie noch zerstreut.

Nr. 25. Kornweihe.

FALCO CYANEUS. Linn.

Helgoländisch: Blü hôark — Blauer Habicht.

Falco pygargus. Naumann, I. S. 391. XIII. S. 151. Daselbst Blasius, Nachträge. S. 29.
Hen Harrier. Dresser, V. p. 431.
Busard St. Martin. Temminck, Manuel. I. p. 72. III. p. 41.

So lange ich sammle, sind hier nur drei alte Männchen der Kornweihe erlegt, sowie ein altes Weibchen und zwei oder drei junge Herbstvögel. Letztere im Spätherbst, die alten Männchen merkwürdiger Weise während des Winters bei Schneegestöber und Frostwetter.

Brutvogel ist diese Art durch das ganze mittlere und nördliche Europa und Asien bis über den Polarkreis hinaus: Wolley fand ihr Nest in Lappland noch unter 68" N.

Auch bei dieser Art weist ihr so sparsames Erscheinen auf Helgoland auf einen sehr entschieden innegehaltenen südlichen Herbst-

zug hin, da die geringste westliche Abweichung hiervon seitens
der im oberen Norwegen nistenden alten Vögel sowie deren Jungen,
diese unvermeidlich des öfteren über Helgoland führen müsste.

Nr. 26. Steppenweihe.

FALCO PALLIDUS. Sykes.

Falco pallidus. Naumann, XIII. S. 151. Ebendaselbst Blasius, Nach-
träge. S. 31.
Pallied Harrier. Dresser, V. p. 441.
Busard blafard. Temminck, Manuel. IV. p. 594.

Meine Sammlung hat nur einen jungen Herbstvogel dieser Art
aufzuweisen; derselbe ward am 12. August 1858 aus einer Schaar
von sieben Stücken geschossen, ob alles junge Steppenweihen gewesen, war nicht festzustellen. Der Vogel ist an den unteren
Theilen einfarbig rostroth, ohne Flecke oder dunkle Schaftstriche,
am frischen Gefieder war diese Farbe schön kupferroth überlaufen:
der Ausschnitt an der Innenfahne der ersten Schwungfeder wird
fast überragt von den äusseren grossen Deckfedern des Hand-
gelenks. Es ist dies das einzige nachweisbare Beispiel des Vorkommens dieser Weihe auf Helgoland. ich befürchte jedoch sehr,
dass ein hier vor langen Jahren geschossener Vogel, den ich damals für ein jüngeres kümmerliches Männchen der Kornweihe gehalten und nicht erworben hatte, ein altes männliches Stück der
gegenwärtigen Art gewesen sei.

Die Steppenweihe ist heimischer Brutvogel im mittleren und
südlichen Europa und Asien, scheint jedoch im östlichen Europa
bedeutend zahlreicher vorzukommen als im westlichen.

Nr. 27. Wiesenweihe.

FALCO CINERACEUS. Montagne.

Falco cineraceus. Naumann, I. S. 402. XIII. S. 165. Daselbst Blasius,
Nachträge. S. 33.
Montagu's Harrier. Dresser, V. p. 423.
Busard Montagu. Temminck, Manuel. I. p. 76. III. p. 42.

Auch diese Weihe ist hier eine sehr seltene Erscheinung;
Reymers besass nur einmal einen alten Vogel. Claus Aenckens

13*

sah einen solchen am 5. November 1852. und später wurden zwei
junge sehr hübsche Sommervögel geschossen, beide in meiner Sammlung
aufgestellt. Ein so vereinzeltes Vorkommen überrascht auch bei
dieser Art ganz besonders, da sie, wenn auch nicht häufig, in
Holstein sowie an der unteren Weser brütet: es kann auch hier
nur als Grund ein sehr fest eingehaltener südlich gerichteter Herbstzug angenommen werden.

Helgoland ist nun freilich keine, für Vögel von der Lebensweise der Weihen sehr verlockende Lokalität, und es ist interessant zu sehen, wie eine jede derselben auch hier die ihnen noch
am meisten zusagende Stelle auffindet: die Rohrweihe ward im
hohen Strandhafer der Düne geschossen, alle kleineren Arten
suchen die einzige, nur ganz unbedeutende Süsswasserfläche auf,
welche die Insel darbietet: es zieht sich nämlich quer durch das
obere Felsplateau eine natürliche Einsenkung, an dem unteren
Theile dieser thalartigen Vertiefung hat man durch Aushebung
der dünnen Erdschicht, die den Felsen bedeckt, und Aufwerfung
derselben zu einem Walle, ein primitives Reservoir für Regen-
wasser geschaffen, welches zeitweilig eine mehrere Fuss tiefe
Wasserfläche von ungefähr fünfzig Schritt Durchmesser bildet;
diese Terrainsenkung durchfliegt fast ausnahmslos jede hier vorkommende Weihe, und wird eine solche gesehen, so stellt sich
Aeuckens auch sofort daselbst erfolgreich an.

Die Wiesenweihe brütet im gemässigten und südlichen Europa
und in Asien, geht nur selten über die Ostsee hinaus und ist im
unteren Schweden nur ein- oder zweimal gesehen worden. Irby
traf sie zahlreich nistend im Marokkanischen Gebiet an, sowie sie
denn auch am häufigsten in den Niederungen Spaniens zu brüten
scheint.

Eule Strix. Von den nach Sharpe's Angabe (Catalogue of Birds
of Brit. Museum) hundertundneunzig Arten umfassenden Nachtraub-
vögeln, welche über die ganze Erde verbreitet sind, besitzt Europa
nur die sehr geringe Zahl von fünfzehn und von diesen sind neun
auf Helgoland vertreten: mit Ausnahme der Sumpf- und Waldohreule sind dieselben jedoch alle nur ein- oder wenige male vorgekommen.

Nr. 28. Waldkauz.

STRIX ALUCO. Linn.

Strix aluco. Naumann, I. S. 473.
Tawny Owl. Dresser, V. p. 271.
Chouette hulotte. Temminck, Manuel. I. p. 89. III. p. 48.

Aus dem Namen dieser Art geht schon hervor, dass das baumlose Helgoland kein geeigneter Aufenthalt für dieselbe sein könne: dies hat sich denn auch bethätigt, denn sie ist nur einmal hierselbst gesehen und erlegt worden. Reymers besass dies Stück, welches aus seinen frühesten taxidermistischen Versuchen stammend, sehr viel zu wünschen übrig liess: als ich dasselbe von ihm erhielt, war es schon sehr verkommen und ist schliesslich ganz zu Grunde gegangen — wie mir dies in meiner anfänglichen Unerfahrenheit leider mit manchem Vogel gegangen, den ich leicht durch einen besseren ersetzen zu können vermeinte, aber nie wieder erhalten habe.

Diese Eule nistet mehr oder weniger zahlreich in ganz Europa, über den Ural hinaus in Vorderasien jedoch nur noch zerstreut.

Nr. 29. Schleierkauz.

STRIX FLAMMEA. Linn.

Helgoländisch: Schleier-ühl = Schleiereule.

Strix flammea. Naumann, I. S. 485.
Barn Owl. Dresser, V. p. 237.
Chouette effraie. Temminck, Manuel. I. p. 91. III. p. 48.

Diese so schön gezeichnete Eule besucht Helgoland im allgemeinen nur sehr vereinzelt, kaum dass man darauf rechnen könnte, im Laufe eines jeden Jahres ein Exemplar zu erlangen. Eine besondere Ausnahme hiervon machte der Monat Oktober 1876 während dessen zehn oder elf dieser Vögel hier gesehen und auch meist alle erlegt wurden. Es fand während des September und Oktober jenes Jahres sehr starker Zug östlicher Arten wie *Sylvia superciliosa, Anthus Richardi* und anderer statt, auch kamen Eichelheher massenhaft vor, was stets nur der Fall, wenn eine sehr starke Zugbewegung vom Osten Asiens her vor sich geht: es dürften somit die zweifellos gewöhnlich südwärts ziehenden Schleiereulen sich, durch die vorherrschenden Witterungsverhältnisse beeinflusst, oder von dem allgemeinen Strom mit fortgerissen, in jenem Jahre theilweise ebenfalls westwärts gewandt haben, wie dies ja bei so vielen östlichen Arten des öfteren vorkommt. Dass diese Eule für Helgoland eine seltene Erscheinung, ist schon durch ihre geographische Verbreitung bedingt, die kaum über die Ostsee hinausreicht, und sie z. B. nur noch sehr vereinzelt in das untere Schweden gelangen lässt.

Es ist der Schleierkauz ein Bewohner aller gemässigten und heissen Striche der Erde. Man hat denselben seiner helleren oder dunkleren Färbung, oder seiner ziemlich geringen Abweichungen in den Maassen nach, in etwa ein Dutzend selbstständige Arten zu scheiden gesucht, aber Sharpe, dem das Britische Museum das grösstmögliche Material für Untersuchung und Vergleichung darbietet, ist der Ansicht, dass eine derartige Trennung nicht gerechtfertigt erscheint und hat alle Formen und Farbenstufen unter dem alten Linné'schen Namen *Strix flammea* belassen. (Siehe Catalogue of Birds of the British Museum II. p. 291). Dieser Auffassung hat sich auch Dresser angeschlossen.

Mit Ausnahme eines Exemplares meiner Sammlung waren alle hier vorgekommenen Stücke dieser Eule an den oberen wie unteren Theilen düster rostfarbig, die graue Zeichnung der oberen Theile sehr dunkelgrau und die kleinen Flecke der Unterseite sehr häufig und stark ausgeprägt; der obige Vogel ist jedoch an den Kopf-, Rücken-, Flügel- und Schwanzfedern sehr schön hell und rein rostgelb, die charakteristische graue Zeichnung sehr hell und leicht aufgetragen, und die Unterseite ist ganz hell weisslich rostgelb mit nur ein paar zerstreuten, kaum wahrnehmbaren dunklen Flecken an den Brustseiten. Der Gesichtsschleier ist ganz weiss. Ich habe dies so rein und schön gefärbte Stück für einen sehr alten, jene von allgemeiner düsterer Färbung für junge Herbstvögel gehalten.

Nr. 30. Steinkauz.

STRIX NOCTUA. Retz.

Strix noctua. Naumann, I. S. 493.
Little Owl. Dresser, V. p. 357.
Chouette chevêche. Temminck, Manuel. I. p. 94. III. p. 49.

Es wiederholt sich hier, was ich betreffs des Waldkauzes gesagt: auch von dieser Art erhielt ich vor vielen Jahren von Rey-

mers ein sehr verkommenes Exemplar, welches derselbe längere
Zeit zuvor erbeutet hatte. Es ist seitdem kein solcher Vogel hier
wieder gesehen worden.

Heimischer Brutvogel ist diese kleine Eule im gemässigten und
ganzen südlichen Europa, namentlich häufig in Letzterem; nur
einmal scheint sie bis in das südliche Schweden gelangt zu sein;
sie nistet aber, nach Dresser, ziemlich häufig in Jütland. Da sie
nun wiederum nur wenige Male in England gesehen worden, so
sollte man meinen, dass sie es scheue, das Meer zu überfliegen.
Auch ihr Herbstzug muss, gleich dem anderer ihrer Verwandten,
ein südlich gerichteter sein, da, wenn irgendwie westlich abweichend,
sie des öfteren von Jütland aus nach Helgoland gelangen müsste.

——

Nr. 31. T e n g m a l m s K a u z.

STRIX TENGMALMI. Gmelin.

Helgoländisch: Kauken-ûhl = Käuzchen-Eule.

Strix Tengmalmi. Naumann, I. S. 500.
Tengmalmus Owl. Dresser, V. p. 319.
Chouette Tengmalm. Temminck, Manuel. I p. 94. III. p. 49.

So lange ich sammle, ist diese kleine, so hübsche und seiden-
weiche Eule hier wenigstens dreissigmal gesehen und in den meisten
Fällen erlegt worden; vorgekommen ist sie unzweifelhaft viel öfter,
aber ihres ruhigen versteckten Verhaltens halber der Beobachtung
entgangen. In den meisten Fällen waren es einzelne Stücke, die
vorherrschend im Oktober hier gesehen wurden, es sind aber auch
wiederholt mehrere Vögel am selben Tage, zwei, drei bis fünf
Stück angetroffen, so am 15. Oktober 1859 wurden zwei geschossen
und noch mehrere gesehen, namentlich gegen Abend dieses Tages
so viele, dass Aeuckens Vater sein Schnepfennetz aufstellte in der
Erwartung, die Eulen darin zu fangen, was aber nicht geschah,
da diese Thiere, bei ihrem vorsichtigen Fluge und guten Gesicht
in der Dunkelheit, das Netz wohl stets rechtzeitig entdeckten und
zu meiden vermochten. An obengenanntem Tage, sowie überhaupt
schon von Mitte des September, fand ausserordentlich starker Zug
östlicher Arten, namentlich vieler *Anthus Richardi*, statt, auch
zogen täglich hunderte von Eichelhähern, was, wie schon bei früherer
Gelegenheit bemerkt, nur im Herbst und unter Witterungsbedingungen geschieht, die für starken Zuzug aus fernem Osten maass-

gebend sind, sonst sieht man den Eichelhäher hier nie, auch nicht vereinzelt. Am 5. November 1864 wurden zwei dieser Eulen geschossen, und wiederum am 24. September 1881 zwei erlegt, sowie noch drei bis vier Stück gesehen; dazwischen kamen einzelne Vögel vor, so am 7. Oktober 1884 das letzte Beispiel in meinem Garten. Zweimal habe ich dies interessante Vögelchen mehrere Monate lebend gehalten und danach dem Zoologischen Garten in London zugeschickt, aber leider unter schlechtem Erfolg, indem das erste Stück bald nach seiner Ankunft daselbst gestorben, das zweite aber während der Seereise an Bord des Dampfers fortgeflogen sein soll — es befand sich in einer starken Holzkiste mit sehr nahe und festvernagelten Holzleisten davor.

Todte Vögel nahmen diese Eulen während ihrer Gefangenschaft sehr bereitwillig an, verschmähten aber die Körper Abgebalgter, liessen sich jedoch auch zum Geniessen dieser dadurch bewegen, dass ich dieselben in losen Federn umkehrte, ehe ich sie ihnen vorlegte.

Brutvogel ist diese Art in allen nördlichen Ländern Europas, Asiens und Amerikas, in Lappland bis 68° N. hinauf. In England ist der Tengmalms Kauz nach Hartings Angaben bis zum Jahre 1872 zwanzigmal vorgekommen; dies, zusammen mit dem so seltenen Erscheinen anderer Gattungsverwandten, beweist, dass die herbstliche Zugrichtung dieser Art keine so streng südlich eingehaltene sei, als die jener, sondern unter günstigen Bedingungen sehr zu einer westlichen Abweichung neige.

Nr. 32. Wald-Ohreule.

STRIX OTUS. Linn.

Helgoländisch: Hurn-uhl = Horueule.

Strix otus. Naumann, I. S. 451.
Long-eared Owl. Dresser, V. p. 251.
Hibou moyen-duc. Temminck, Manuel. I. p. 102. III. p. 54.

Obgleich Helgoland nichts darbietet, was einen Waldbewohner wie diese Eule zur Einkehr verlocken könnte, so ist dieselbe hier dennoch ein jedem Jäger wohl bekannter Vogel. Unter den günstigsten Umständen dürften ihrer jedoch kaum mehr als drei oder höchstens vier an einem Tage anzutreffen sein, dennoch aber zieht sich ihr zerstreutes Vorkommen durch den ganzen Spätherbst bis in den Anfang des Winters hinein, und wiederholt sich, wenn auch in etwas geringerer Zahl, während der ersten noch rauhen Zeit des Frühlingszuges.

Dass diese Eule ein Waldvogel sei, merkt man den hier vorkommenden sehr bald an, denn sie halten sich nur in dem wenigen Gesträuch der Gärten zwischen den Häusern auf, mit Vorliebe z. B. in dem starken dichten, fünfzehn bis achtzehn Fuss hohen Dorn meines Gartens, sitzen unbeweglich den ganzen Tag in einer möglichst dunklen Ecke, und fliegen, wenn aufgescheucht, sofort dem nächsten dichten Gesträuch wieder zu In Folge dessen ist denn auch oft ihr Loos, in dem Drosselbusche gefangen zu werden.

Die Waldohreule ist Brutvogel vom westlichen Europa bis in das östliche Asien, geht jedoch nur noch vereinzelt über 60° N. hinaus.

Nr. 33. Sumpf-Ohreule.

STRIX BRACHYOTUS. Forster.

Helgoländisch: Uhl = Eule.

Strix brachyotus. Naumann, I. S. 459.
Short-eared Owl. Dresser, V. p. 257.
Hibou brachyote. Temminck, Manuel. I. p. 99. III. p. 51.

Dies ist weit überwiegend die am zahlreichsten hier vorkommende aller Eulen. Während des Frühlingszuges, bis in den Mai hinein, ist sie eine ganz gewöhnliche tägliche Erscheinung, und im Herbst den September und Oktober hindurch durchaus gemein. Ohne dass sie sonst irgend einen Hang zur Geselligkeit verriethe, kommt es während des Herbstzuges gar nicht selten vor, dass man am frühen Morgen aus einem brachliegenden, mit wildem Senf dicht bewachsenen Ackerstücke von vielleicht fünfzehn Schritt Breite und vierzig Schritt Länge, gegen zwanzig und mehr dieser Eulen aufscheucht.

Ausser auf die Ackerstücke und in den Sandhafer der Düne setzen sich diese Eulen auch mit Vorliebe in irgend ein kleines Eckchen oder auf einen kleinen Vorsprung der Felswand, wo sie, wenn nicht gestört, den ganzen Tag ruhig verharren. Ich erinnere mich eines Falles, in welchem ich am späten Schluss eines schönen stillen Mainachmittags, den ich unter reicher Ausbeute am Fusse der Westseite der Insel verbrachte, noch sechs dieser Eulen, die ausser dem Bereiche des Schrotschusses hundertundsechzig bis

hundertundachtzig Fuss hoch an der Felswand sassen, mit der
Büchse geschossen zu haben. Zahllose Ziegenmelker verträumten
gleichfalls jenen warmen klaren Tag zwischen dem Geröll und auf
den Steinen des dortigen Vorstrandes.

Die Helgoländer stellen diesen Eulen sehr eifrig nach und
behaupten, dass dieselben den delikatesten Braten liefern, den ein
Mensch sich nur wünschen könne! Fett genug sind sie in der
Regel und das weisse Fleisch sieht in der That sehr zart und
geniessbar aus.

Da Naumann unter der Nahrung dieser Art als grössten Vier-
füsser den Hamster anführt, so dürfte die Mittheilung nicht un-
interessant sein, dass unter Umständen dieser Eule auch wilde
Kaninchen zur Beute werden. Früh an einem Herbstmorgen während des Schnepfenzuges waren der alte Oelk und ich nicht wenig
erstaunt, auf dem glatten Sande eines Dünenhügels der Sandinsel
die blutigen Ueberbleibsel von drei frisch getödteten wilden
Kaninchen nahe beisammen vorzufinden. Wir schossen in unmittelbarster Nähe fünf sehr vollgekröpfte Sumpfohreulen, und
der später untersuchte Inhalt ihrer Kröpfe bewies unumstösslich,
dass sie zu der Raubgesellschaft gehörten, der die armen Kaninchen erlegen; die glatte Sandfläche, auf der die Reste der letzteren
lagen, war ausserdem bedeckt mit den Fussspuren der Eulen.
Alles Fleisch war aus der Haut der Kaninchen geschält, diese
lag ausgebreitet mit der Haarseite nach unten, und nur der
Schädel, das Rückgrat und die grösseren Knochen, alles ganz rein
und weiss abgefressen, befanden sich noch bei derselben. Die
Ueberbleibsel und Blutspuren waren zu frisch, um vom vorhergehenden Tage herzurühren, und kein anderer Raubvogel konnte
als Thäter vermuthet werden, denn als wir zur Stelle kamen, war
es noch wenigstens eine Stunde vor Sonnenaufgang.

Wenn während finsterer Herbstnächte starker Vogelzug stattfindet, und Lerchen, Drosseln, nebst anderen Arten den Leuchtthurm in grossen Massen umschwärmen, sieht man sehr oft auch
diese Eule plötzlich aus der umgebenden Finsterniss in dem grellen
Lichte des Leuchtfeuers auftauchen und unter gewandten Flügelschlägen ebenso schnell wieder verschwinden; es verkündet dann
auch sofort das klägliche Geschrei einer Drossel, mit welcher
Sicherheit dieser Räuber während der Nacht im Fluge sein Hand-
werk zu treiben vermag.

Eine kleine spassige Jagdgeschichte möge hier noch Platz
finden. Vor einigen Jahren fährt einer der zahlreichen Nimrode,

welche jede Saison nach Helgoland führt, um die Klippe; ein
Sperber streicht an der Felswand entlang, wird, zur gerade nicht
grossen Ueberraschung der Bootleute von unseren Schützen gefehlt,
aber — — eine Eule die ungesehen am Felsen gesessen, fällt getroffen mausetodt herunter!

Die Sumpfohreule brütet im mittleren und nördlichen Europa,
in Skandinavien bis zu 70° N. hinauf. In gleicher Breite durch
ganz Asien, und von Alaska wiederum durch das ganze nördliche
Amerika bis Grönland. Aber auch in Südamerika ist sie Brutvogel in Chile, La Plata, Patagonien und auf den Falkland-Inseln.

Nr. 34. Zwergohreule.

STRIX SCOPS. Linn.

Helgoländisch: Lütj Käuken-Uhl = Kleine Käuzchen-Eule.

Strix scops. Naumann, I. S. 466.
Scops orl. Dresser, V. 329.
Hibou Scops. Temminck, Manuel. I. p. 103. III, p. 54.

Nur einmal, am 16. Mai 1862, habe ich dies kleine niedliche
Miniatur-Eulchen hier erhalten, glaube auch nicht, dass weder vor-
noch nachher ein weiteres Beispiel vorgekommen sein wird — geschossen oder gefangen ist wenigstens kein zweiter Vogel dieser
Art auf Helgoland. Es ist auch kaum zu erwarten, dass diese
kleine Eule sich hier öfter sehen liesse, denn sie ist Brutvogel
des südlichen Europa, Kleinasien, Palästina, Persien und Turkestan;
nördlich nistet sie sehr selten über das untere Deutschland und
mittlere Russland hinaus.

Nr. 35. Schneeeule.

STRIX NYCTEA. Linn.

Helgoländisch: Snee-uhl = Schneeeule.

Strix nyctea. Naumann, I. S. 417.
Snowy Owl. Dresser, V. p. 287.
Chouette harfang. Temminck, Manuel I. p. 82. III. p. 45.

Auch diese prachtvolle Eule ist hier nur einmal erlegt worden,
im Herbst 1839 oder 40: dieselbe sass platt auf einem Ackerstücke, so dass sie der Jäger, welcher nach Schnepfen suchte, für

eine weisse Katze hielt und weiter nicht beachtete. Man denke sich sein Erstaunen, als der vermeintliche Mauser die Flügel ausbreitet und als grosser weisser Prachtvogel davonfliegt — glücklicherweise nicht weit, so dass derselbe, nachdem er sich wieder niedergelassen, erlegt werden konnte. Es war ein schönes nur wenig geflecktes Exemplar; dasselbe ward den folgenden Sommer an einen Badegast verkauft und sein weiterer Verbleib ist mir unbekannt.

Zu Reymer's Zeiten ward eine dieser Eulen während eines strengen Winters am Felsen sitzend angetroffen, aber nicht erlegt; mir berichtete vor etwa dreissig Jahren ein Helgoländer, der kein Jäger war, auf der Düne sei eine grosse ganz weisse Möve ohne Kopf herumgeflogen! Unzweifelhaft war dies wohl eine Schneeeule. Dies ist alles, was von hier aus über diesen imposanten Vogel zu berichten, aber auffallend ist, dass es so wenig sein sollte, betreffs einer Art, die im nördlichen Skandinavien zu den gewöhnlichen Brutvögeln zählt, in England ziemlich oft, und in Schottland alljährlich vorkommt; die in den Ostseeprovinzen ein zahlreicher Wintergast ist, und von der in einem, allerdings Ausnahmsfalle, in der Umgegend Königsbergs sechzig Stück während der Wintermonate 1858 bis 59 erlegt werden konnten.

Das Brutgebiet der Schneeeule erstreckt sich über alle arktischen Gebiete der nördlichen Hemisphäre — Fielden traf sie in Grimnell-Land noch unter 82⁰ 40′ N., fand daselbst ihre Nester unter 82⁰ 33′ und sagt, dass sie sehr zahlreich an der Discovery Bay unter 81⁰ 44′ N. nistete.

Nr. 36. Habicht-Eule.

STRIX NISORIA. Wolf.

Strix nisoria. Naumann, I. S. 427.
Hawk Owl. Dresser, V. p. 301.
Chouette caparacoch. Temminck, Manuel, I. p. 86. III. p. 47.

Schliesslich habe ich betreffs der letzten hier aufgeführten Art dieser Gattung ebenfalls mitzutheilen, dass auch sie, gleich mehreren ihrer nahen Verwandten, nur einmal hier erlegt worden ist. Dies Stück ward in den dreissiger Jahren vom »alten Koopmann«, dem frühesten Taxidermisten Helgolands, gestopft und nach Hamburg hin verkauft.

Es ist seitdem diese Eule hier noch zweimal gesehen. aber
nicht wieder erlegt worden. Diese Art ist Brutvogel von Norwegen bis Kamtschatka. und
wenn. wie Alfred Newton annimmt. die Amerika bewohnenden
Habichteulen nicht artverschieden von denen der alten Welt. so
nistet sie auch in jenem Welttheil von Alaska bis Newfoundland.
Dresser führt sie als zwei selbstständige Arten auf. die Europäische
als *Surnia ulula*. die Amerikanische als *S. funerea*.

SINGVÖGEL.
OSCINES.

Rabe. Corvus. Die grosse Familie der rabenartigen Vögel ist in etwa zweihundert Arten (Seebohm) von meist grosser Individuenzahl fast über die ganze Erde verbreitet. Von den in Europa heimischen dreizehn Arten haben Helgoland bisher elf besucht.

— — —

Nr. 37. Kolkrabe.
CORVUS CORAX. Linn.

Helgoländisch: Groot Roab = Grosser Rabe.

Corvus corax. Naumann, II. S. 43.
Common Raven. Dresser, IV. p. 567.
Corbeau noir. Temminck, Manuel. I. p. 107. III p. 55.

Es ist nur einmal ein Kolkrabe hier erlegt worden; denselben schoss ich im Spätherbst 1841 auf der Düne. Ein Helgoländer hatte derzeit das Missgeschick, sein mit Winterproviant beladenes Fahrzeug an das lange Sandriff der Düne zu versegeln, das Fahrzeug schlug in Stücke und eine grosse Zahl Ochsenviertel und geschlachteter Hammel lagen auf dem Riff umher. Sei es, dass dieser Rabe öfter über Helgoland hinzieht, zu hoch, um wahrgenommen zu werden, und dass jener Vogel vermöge eines seiner scharfen Sinne das reiche Mahl entdeckte und zu seinem Verderben herabstieg, oder sei es, dass nur der Zufall jenes Zusammentreffen herbeiführte — er zählt jedenfalls zu denjenigen Arten, welche nur in höchst seltenen Fällen beobachtet worden sind; seit jener fernen Zeit nur zweimal; auf eines dieser Stücke ist auch durch Claus Aeuckens geschossen worden, aber leider fiel der schwer verwundete Vogel weit von der Insel in die See.

Das durch mich erlegte Exemplar befindet sich im Universitäts-
Museum zu Lund. Da ich zu jener Zeit noch nicht sammelte,
gab ich den Vogel dem alten Oelk, der ihn stopfte und an einen
Herrn von Gyllenkrog aus Schweden verkaufte, mit dessen Sammlung das Stück durch Vermächtniss an obiges Museum überging.
Dieser Rabe ist als zerstreuter Brutvogel über Europa, Asien
und Nordamerika verbreitet. Wunderbar ist die beispiellose Ausdehnung der Brutzone desselben, die sich vom südlichen Portugal
und Spanien bis nahe zum Nordpol hinauf erstreckt; nach Capitän
Fieldens Mittheilungen ward während der Expedition des Alert
und der Discovery unter Sir G. Nares, 1875—76, noch unter
81⁰ 44′ N. ein nistendes Pärchen in den Felsen von Cap Lupton
angetroffen.

Nr. 38. Raben-Krähe.

CORVUS CORONE. Linn.

Helgoländisch: Swart Kreih = Schwarze Krähe.

Corvus corone. Naumann, II. S. 54.
Carrion Crow. Dresser, IV. p. 531.
Corneille noire. Temminck, Manuel. I. p. 108. III. p. 558.

Unter den zahllosen Schaaren grauer Krähen, die während
beider Zugperioden des Jahres Helgoland überfliegen, sieht man
nur sehr selten ein Individuum der gegenwärtigen Art: geschossen
wird ein solcher Vogel nur so ausnahmsweise, dass ich mich seit
einer Reihe von Jahren vergeblich bemüht habe, ein gutes altes
Stück für meine Sammlung zu erhalten.

Es ist hin und wieder die Ansicht ausgesprochen, dass in der
Form sich gleichende, aber nur in der allgemeinen Färbung, oder
der Farbe einzelner Körpertheile von einander abweichende Vögel
nicht als getrennte selbstständige Arten anzusehen seien, wie z. B.
die schwarze und graue Krähe, schwarz- und graurückige Bachstelze, schwarz- und grauköpfige Schafstelze, manche Pieper, ja
sogar Regenpfeifer. In Unterstützung dieser Auffassung hat man
auf die allgemein bekannte Paarung der obigen Krähen und Er-
zeugung fruchtbarer Bastarde hingewiesen.

Es scheint nun aber gerade in dem Umstande, dass beide
Farben trotz einer Jahrtausende lang vorgekommenen Paarung
sich rein erhalten haben, der schlagendste Beweis für die Art-

selbstständigkeit beider gesehen werden zu müssen, denn hätten sie nicht von Anfang an als zwei feste Urformen dagestanden, in die die Bastarde, wenn auch erst nach mehreren Generationen, wieder zurückgegangen, so würden wir gegenwärtig weder die eine noch die andere Art in ihrer reinen Färbung kennen, sondern nur unbegrenzte Stufenfolgen eines Gemisches von Grau und Schwarz vor uns haben.

Ein derartiges Beispiel bietet ja die sogenannte Streitschnepfe, *Tringa pugnax:* die Individuen dieser Art zeigen in ihrem Gefieder eine so unendlich wandelbare Zusammenstellung von Rostroth, Weiss und Schwarz, dass es buchstäblich unmöglich ist auch unter hunderten dieser Vögel zwei einander ganz gleiche zu finden, und die anscheinenden Urformen von Rostroth, Weiss und Schwarz zu den grössten Seltenheiten gehören. Ich nehme an, dass die Urform der Streitschnepfe von rostrother Farbe war, dass, wie bei fast allen Vögeln, öfter mehr oder weniger weiss gefärbte Individuen aufgetreten, beim Männchen z. B. mit weisser Halskrause, und dass durch Paarung eines rostrothen mit einem weissen Vogel die schwarze Varietät hervorgerufen sei: ich stütze diese Ansicht auf eine derartige Erfahrung, die ich im Züchten von Cochinchina-Hühnern gemacht: ich besass diese Hühner in sehr schönen Exemplaren in ihrer ursprünglichen rostgelben Färbung und erhielt zufällig ein in der Form ganz normales, aber rein weisses Huhn. Aus der Paarung dieses Huhnes mit dem rostgelben Hahn gingen aber zu meiner grossen Ueberraschung mehr oder weniger schwarze Nachkommen hervor: manche der Jungen waren fast ganz schwarz, bei anderen waren die rostfarbigen Federn nur an der Spitzhälfte schwarz; bei den Hähnen hatte die schwarze Farbe noch schönen, sehr intensiven stahlblauen Glanz. Ich habe obige Versuche etwa vier bis fünf Jahre hindurch wiederholt, stets mit demselben Erfolg, aber dann das weisse Huhn abgeschafft, da ich es liebe, nur eine Art und diese so rein wie möglich zu halten.

Die Schwarze Krähe ist, etwas ungleich vertheilter. Brutvogel vom westlichsten Europa bis zum östlichsten Asien; geht jedoch nicht so weit nördlich wie ihre graue Verwandte, wird z. B. in Skandinavien nicht angetroffen; sie soll nach Seebohm am zahlreichsten im östlichen Asien, vom Jenisei bis Japan, vorkommen.

Nr. 39. Graue Krähe.

CORVUS CORNIX. Linn.

Helgoländisch: Kreih = Krähe.

Corvus cornix. Naumann. II. S. 65.
Hooded Crow. Dresser. IV.
Corneille mantelée. Temminck, Manuel. I. p. 109. III. p. 59.

Wie schon bei der vorhergehenden Art angedeutet, sieht man die Graue Krähe hier während beider Zugperioden des Jahres in sehr grosser Zahl, und namentlich während der Herbstmonate in wahrlich staunenerregenden Massen überhin und vorbei ziehen.

Im Herbst beginnt der Zug bei günstigem Wetter um etwa acht Uhr in der Frühe mit Schaaren von fünfzig bis hundert Stücken; die Bewegung geht sehr bald in einen Strom von Schaaren über, die aus hundert bis wenigstens fünfhundert Vögeln bestehen, und setzt sich in dieser Weise ohne irgend welche Lücken bis zwei Uhr Nachmittags fort. Es ist dies nicht etwa eine Strömung oder eine Zugstrasse, die gerade über Helgoland führt, sondern soweit das Auge reicht, geht die Bewegung in gleicher Massenhaftigkeit in ost-westlicher Richtung dahin; und nicht nur dies, sondern an solchen Zugtagen konnte die Beobachtung gemacht werden, dass nicht allein die Zugfront sich, soweit der Blick zu reichen vermochte, nördlich noch über Boote hinaus erstreckte, die zwei Meilen nord von der Insel in See waren, sondern zu gleicher Zeit und in gleicher Massenhaftigkeit südlich die Weser hinauf bis wenigstens Bremerhaven reichte, was an Bord eines Dampfers festgestellt werden konnte, der von hier dorthin regelmässig fährt. Dies ergiebt eine Zugfront von wenigstens neun deutschen Meilen.

Das eben Gesagte ist nicht allein an und für sich höchst interessant, sondern wirft nebenbei ein helles Licht auf die so beliebte Theorie der Küstenstrassen der wandernden Vögel: wenn an solchen Tagen Anhänger dieser Theorie sich auf den ostfriesischen Inseln von Wangeroog bis Borkum befänden, so würden alle das, was sie dort vom Strande aus zu sehen vermöchten, als schlagendsten Beweis für die angeblichen Küstenstrassen auffassen und verkünden, nicht ahnend, dass die Front des Zuges sich noch acht bis zehn Meilen nordwärts hinaus erstrecke.

Der Herbstzug dieser Krähe beginnt Ende September und währt bis zum Schluss des November, zerstreute Schaaren sind auch bis Mitte Dezember nichts Seltenes; dieselbe ist nicht so

14

wählerisch in ihrem Reisewetter wie viele andere Arten, die man während mancher Zugperioden fast gar nicht sieht, sondern ist stets in grosser Zahl, oft in wahrhaft wunderbarer Massenhaftigkeit, vertreten; so nach meinem Tagebuche z. B. im Jahre 1884. Die ersten Schaaren wurden am 2. Oktober gesehen, von da an zogen fast täglich sehr viele, am 14. »Tausende«, am 21. »ungeheuer viel«, am 24. »bei schwachem Südost-Wind und klarem, schönem Wetter *C. cornix, monedula, frugilegus* ungeheuer viel. *Cornix* und *Monedula* gemischt in ununterbrochenen Flügen von 10 bis 12 Minuten, nach kurzer Lücke wieder ebenso. Flugschnelle 27 deutsche Meilen in der Stunde, also Flüge von 4 bis 5 Meilen Länge - - Breite, soweit das Auge und Fernrohr nord und süd zu reichen vermochte.« Es ist unmöglich, auch nur zu einer annähernden Schätzung der Individuenzahl eines solchen Zuges zu gelangen, selbst wenn man annähme, dass die Zugfront, gleich der oben beobachteten, neun bis zehn Meilen nicht überstiegen hätte: es ward aber zur selben Zeit ausserordentlich starker Zug über die Nordsee an der englischen und schottischen Ostküste bis zu den Orkneys und Shetlands hinauf beobachtet — wie weit sich derselbe nach Süden hin erstreckt haben möge, konnte ich nicht erfahren.

Ausnahmsweise zogen die Krähen in jenem Herbste hier noch spät am Nachmittag vorbei, und auch diese Erscheinung ward an der Britischen Küste beobachtet; der Report on the Migration of Birds für 1884 sagt: »the rush appears to have been continuous night and day.« Dieselbe Beobachtung ward am 1., 2. und 3. November jenes Jahres hier und an der genau west von hier liegenden Mündung des Humber gemacht. Sonst hört, wie schon oben gesagt, der Herbstzug immer um zwei Uhr Nachmittags auf, selten später eintreffende Flüge von hundert und mehr Stücken umfliegen bis zum Abend den Felsen und übernachten an irgend einer ihnen passenden Stelle desselben. Eine solche verspätete Schaar traf, als seltene Ausnahme, ein Helgoländer während der Nacht auf dem oberen Plateau des Felsens an und erschlug vierundachtzig derselben, für seine Speisekammer ein sehr willkommener Glücksfall! Man isst sie nämlich hier sehr gern.

Der Frühlingszug dieser Krähe bietet dem Herbstzuge gegenüber eine der wunderbaren Erscheinungen dar, an welchen der Vogelzug so reich ist; wenngleich auch soeben ein Fall angeführt worden, in welchem die Krähen die Nordsee offenbar in der Finsterniss überflogen, so steht derselbe in meiner Erfahrung doch

ganz vereinzelt da; die Krähe ist in der Dunkelheit der Nacht
ein durchaus unbeholfenes Geschöpf, und deshalb zieht dieselbe
während der kurzen Herbsttage am Nachmittag von hier aus nur
noch so lange weiter, als Licht genug verbleibt, die Englische
Küste zu erreichen, wozu sie drei Stunden gebraucht. Im Frühjahr nun aber, wenn sie von dort zurückkehrt, treffen ihre
Flüge hier nicht nur noch nach Sonnenuntergang ein, sondern
ziehen unbeirrt weiter, als ob alle auf das Bestimmteste wüssten,
dass nunmehr es nur einer viertel oder halben Stunde bedürfe,
um einen sicheren Ruheplatz für die Nacht im nahen Holstein zu
erreichen — und gleichwohl kann diesen Thieren unmöglich eine
so genaue Erinnerung der Weite aller im Herbst überflogenen
Land- und Wasserabschnitte innewohnen, als nothwendig wäre,
sich die verschiedenen, nun ganz anders zu bemessenden täglichen
Wegstrecken in entgegengesetzter Richtung wieder zurecht zu
legen.

Wenn in Obigem gesagt worden, dass die Krähe drei Stunden
für ihren Flug über die Nordsee, von hier bis zur Englischen Ostküste, bedürfe, so stützt sich dies auf die Erfahrung, dass die
ersten hier um acht Uhr früh überhin ziehenden Flüge um elf Uhr
Vormittags drüben eintreffen, und die letzten hier um zwei Uhr
Nachmittags abgehenden dort um fünf anlangen — die Entfernung
ist achtzig und einige deutsche Meilen, was eine Fluggeschwindigkeit von siebenundzwanzig Meilen in der Stunde ergiebt.

Die Zughöhe der Krähen ist fast immer nur eine sehr geringe,
namentlich ziehen sie im Herbst bei dicker Luft oft nur in einer
Entfernung von zehn bis fünfzehn Fuss über dem Meere dahin;
im Frühjahr jedoch überfliegen sie den Felsen gewöhnlich in einer
Höhe von achtzig bis hundert Fuss, was sich bei schönem stillem
Wetter jedoch manchmal bis auf zehntausend Fuss und mehr
steigert, wobei man, durch ihre Lockrufe und namentlich die der
Dohlen und Saatraben aufmerksam gemacht, sie nur noch mit
Anstrengung als ganz feinen Staub wahrzunehmen vermag. Die
Stimmen der Dohlen hört man oft schwach aber klar aus einer so
grossen Höhe herunterschallen, dass der Blick nicht mehr zu ihnen
hinauf zu dringen vermag. Derartige in so gewaltiger Erhebung
vor sich gehende Wanderflüge habe ich stets nur an ruhigen
sonnigen Frühlingstagen beobachtet, wenn der Himmel fast ebenmässig mit einer leichten hellen, unermesslich hohen Cirrusschicht
bedeckt war. Es musste dann in jenen hohen Regionen, und wer
sagt, wie weit darüber hinaus, gewaltiger Zug stattfinden, denn

14*

nicht allein entdeckte man die genannten Arten, sondern fast
immer erschallten daneben aus ferner Höhe die Rufe des kleinen
Brachvogels, der rothen Uferschnepfe und Anderer, wenn auch nur
noch ganz schwach, so doch klar vernehmlich herab; oft waren
auch diese Vögel nur noch als kleine Stäubchen zu erkennen, oft
auch verriethen das Dasein derselben nur noch ihre fernen schwachen
Stimmen.

Die Krähe zieht vorzugsweise bei gutem Wetter: schwachen
südöstlichen Winden und heller Luft: da aber während der Herbstmonate hier aussen in See der Wind sehr oft bis zur Heftigkeit
frischer ist, als im nahen Küstenlande, so geschieht es den wandernden Krähen nicht selten, dass sie in einen, für ihre ost-westliche
Flugrichtung zu starken Südost hineingerathen, der schräg von
hinten kommend, ihnen sehr unbequem wird. Sie suchen aber
diesem Reisemissgeschick dadurch zu begegnen, dass sie, ihren
Körper mit dem Kopf nach Süden legend, den Wind schräg von
vorn an der linken Seite bekommen, aber, was das Wunderbare
bei dem Vorgange, sich dennoch nicht geradeaus südlich bewegen,
sondern ihren westlichen Wanderkurs fest und in unverringerter
Schnelligkeit innehalten. Dies geschieht meist in hundertundfünfzig bis zweihundert Fuss Höhe über dem Felsen. Eine
eigenthümliche Erscheinung ist es, dass an solchen Herbsttagen,
wenn starker Krähenzug stattfindet, Waldschnepfen nur sehr
vereinzelt oder gar nicht vorkommen, obgleich nach dem Ermessen der ältesten und erfahrensten Jäger und Vogelsteller
Wind und Wetter für den Zug der Einen in jeder Weise ebenso
günstig sind, wie für den der Anderen; da nun aber die Schnepfen
schon ganz früh in der Dämmerung eintreffen, die ersten Krähen-
flüge aber erst um acht Uhr anlangen, so kann nicht wohl auf
eine Abneigung der ersteren gegen die letzteren geschlossen
werden, sondern es bleibt nur anzunehmen, dass es meteorologische
Zustände zu zarter Natur für menschliches Erkennungsvermögen
sind, welche die Schnepfe an solchen Tagen vom Zuge zurück-
halten, oder, was wohl richtiger: sie veranlassen, in Höhen zu
wandern, die über den Bereich unserer Wahrnehmung hinaus liegen.
Wohl aber ziehen mit den Krähen zusammen stets auch Goldhähnchen, und meistens in sehr grosser Zahl. Der Helgoländer
Jäger erzählt dann wohl seinem kleinen Jungen unter Mitbringung
eines solchen Goldhähnchens: dass die Krähen diese hübschen
winzigen Thierchen unter den Flügeln herüber trügen — aber
durchaus nur als spassigen Scherz, und keineswegs mit dem vollen

Ernst, womit man das Kindermärchen von den guten grossen
Vögeln, welche die schwachen Kleinen auf ihren Rücken übers
Meer tragen, aufzutischen sich nicht gescheut.

Schliesslich sei hier noch eine Bemerkung beigefügt über die
Stellung der Krähen im Haushalt der Natur. Man lässt sich ja
den Vogelschutz aller Orten so sehr angelegen sein, und stellt
als grössten Feind der kleinen Vögel stets den Menschen in den
Vordergrund; wenn nun auch der Vernichtung von Singvögeln
und anderen kleinen Arten, wie sie in Italien betrieben zu
werden scheint, mit allen Mitteln entgegengewirkt werden
sollte, so dürfte doch kaum alles, was in Italien während einer
ganzen Zugperiode feil geboten wird, dem gleich kommen, was
durch Krähen an einem Sommertage an Eiern und Nestlingen
vernichtet wird. Es mag ja sein, dass die Individuenzahl der
Krähen nirgendwo in so überwältigender Massenhaftigkeit zur
Anschauung kommt, wie auf Helgoland, und man in Folge dessen
ihren schädlichen Einfluss unterschätzt, aber hätte man Gelegenheit ihre Heerschaaren in ununterbrochener Reihenfolge, während
zweier Herbstmonate jeden Jahres vorüberziehen und im Frühjahr
rückkehren zu sehen, wie dies hier der Fall, wo kein Baum, Wald
oder Berg den Blick hemmt, und gedächte man zur selben Zeit,
dass alle diese so dreisten wie schlauen Gesellen während der
langen Sommertage vom ersten Morgengrauen bis zur sinkenden
Sonne nichts thun, als die Nester anderer Vögel, von der Lerche
bis zum Adler (Dresser), plündern, so würde man sich in der That
wundern, dass es überhaupt noch andere Vögel als Krähen auf der
Welt giebt. Man pflege und begünstige die lieben kleinen Vögelchen in jeder nur möglichen Weise, namentlich zerstöre man nicht
jedes kleine Gesträuch, dessen einziger Nutzen vielleicht der ist,
einem kleinen Säuger das heimliche Plätzchen für sein Nest zu
bieten, aber lasse man doch über alles sein Hauptaugenmerk sein:
die Krähen durch alle nur möglichen Mittel jahraus jahrein
schonungslos zu vernichten.

Im westlichen Europa brütet die Krähe nicht, aber von
Grossbritannien, Holland, Deutschland und Skandinavien an durch
ganz Europa und Asien bis zur Lena; auch in Nordost-Afrika
nistet sie, wenn auch weniger zahlreich.

Nr. 40. Saatrabe.

CORVUS FRUGILEGUS. Linn.

Helgoländisch: Groot swart Kauk = Grosse schwarze Dohle.

Corvus frugilegus. Naumann, II. S. 78.
Rook. Dresser, IV. p. 551.
Corbeau Freux. Temminck, Manuel. I. p. 110. III. p. 59.

Der Saatrabe ist zwar kein so massenhafter Besucher Helgolands als die Krähe, kommt aber immerhin im Frühjahr wie im Herbst oft zu vielen Tausenden an einem Tage hier vor. Er trifft schon sehr früh ein und zählt fast zu den ersten Verkündern des wieder erwachenden Zuges: so kam z. B. im Jahre 1885 die erste Schaar von etwa hundert Stücken schon am 4. Februar bei südlichem Winde hier an. Es folgte dann ungünstige Witterung bis Mitte des Monats, so dass erst am 17. wieder eine sehr grosse Schaar eintraf: am 26. finde ich »Zehntausende« verzeichnet — der Zug währt bis ungefähr Mitte April, am 7. sind in meinem Tagebuche noch »ungeheuer viel« und am 9. »sehr viel« angegeben. Diese späteren Besucher werden hier oft sehr lästig, indem sie die gepflanzten Kartoffeln aus der Erde ziehen und manche kleine Ackerstücke fast ganz ausplündern. Merkwürdig ist, mit welcher Sicherheit sie die einzelnen Kartoffeln entdecken, die noch nicht gekeimt haben oder in irgend anderer Weise die Stelle anzeigen, wo sie etwa drei Zoll tief in der Erde liegen: die Vögel wühlen keineswegs herum, bis sie eine Kartoffel finden, sondern bohren mit dem Schnabel gerade hinein, wo eine solche liegt, es könnte sie also nur ein ausserordentlich feiner Geruchsinn leiten. Im Herbst zieht diese Art sehr spät hier noch durch, manchmal wenn schon Frostwetter eingetreten ist. Abweichend von der Vorhergehenden, die hier nur in Ausnahmefällen rastet, unterbricht der Saatrabe seinen Wanderflug hier sehr oft, und die Schaaren desselben zerstreuen sich über das obere Felsplateau, Nahrung suchend. Aber gleich der Vorhergehenden, und vielleicht noch mehr, sieht man an schönen stillen Frühlingstagen nach Tausenden zählende Flüge so hoch überhinziehen, dass sie nur noch als ganz kleine Pünktchen erkennbar sind, oft auch sind sie gar nicht mehr sichtbar, und nur die schwach herabschallenden Stimmen lassen erkennen, in welcher Masse die Wanderschaaren in ferner Höhe ihre Strasse ziehen.

Der Saatrabe nistet von England und dem nördlichen Frankreich an, in Deutschland, hinauf bis in das mittlere Skandinavien und in gleicher Breite bis über das mittlere Asien hinaus.

Nr. 41. Dohle.

CORVUS MONEDULA. Linn.

Helgoländisch: Kauk. Name für Dohle.

Corvus monedula. Naumann, II. S. 93.
Jackdaw. Dresser, IV. p. 523.
Corbeau choucas. Temminck, Manuel. I. p. 111. III. p. 60.

Die kleine muntere Dohle kommt hier während beider Zugperioden des Jahres in kleineren und grösseren Flügen vor: oft auch zieht sie in Schaaren, die nach Tausenden zählen, entweder für sich allein oder gemischt mit ihren nahen Verwandten hoch überhin und vorbei. Manchmal verweilen kleine Gesellschaften einen Tag, in den meisten Fällen verfolgen sie aber ihren Weg, ohne Helgoland weiter zu beachten: öfters kommt es auch vor, dass eine dichtgedrängte Schaar von achtzig bis hundert Stücken in sausendem Fluge mit Blitzesschnelle niedrig durch die Strassen und zwischen den Häusern dahinjagen und darauf wieder verschwinden: ein andermal sitzen sie ruhig in dichtgedrängter Reihe auf der Wetterfahne des Kirchthurms oder auf dem Kirchendache und sonnen sich, immer aber scheinen sie munter und frohen Muthes zu sein. In zwei Fällen sind Dohlen hier vorgekommen, an denen der hellere Fleck an den Halsseiten fast weiss war.

Brutvogel ist die Dohle in ganz Europa, in Asien etwa bis zum Jenisei. Nördlich geht sie nicht über das mittlere Skandinavien hinaus.

Nr. 42. Elster.

CORVUS PICA. Linn.

Helgoländisch: Heister = Elster.

Corvus pica. Naumann, II. S. 101.
Magpie. Dresser, IV. p. 509.
Pic. Temminck, I. p. 113. III. p. 63.

Wenn die Herren Ornithologen des nahen Festlandes der Elster auf Tritt und Schritt begegnen, so ahnen sie wohl nicht, dass

dieselbe auf dem vogelberühmten Helgoland zu den grössten Seltenheiten zählt, dass z. B. die bunte Drossel, *Turdus varius*, mehr
als zehnmal so oft hier erlegt worden ist. Vor ungefähr fünfzig
Jahren sah der alte Oelk hier eine Elster, aber all sein Mühen
dieselbe zu erlangen, war vergeblich. Der nächste Fall ereignete
sich am 11. November 1876: als ich am frühen Morgen jenes Tages
in meinen Garten hinaustrat, war ich nicht wenig überrascht eine
Elster nahe vor mir auffliegen zu sehen; ich hatte kein Gewehr zur
Hand, so konnte dieselbe einstweilen davonfliegen, ward mir aber
schon eine viertel Stunde später durch meinen ältesten Sohn gebracht, der sie geschossen hatte. Somit ward endlich die Lücke
meiner Sammlung, welche dieser gewöhnliche Vogel so lange offen
gelassen, ausgefüllt und zwar mit einem sehr schönen alten Exemplar.

Die Elster ist Brutvogel von Portugal bis Kamtschatka, sowie
auch im westlichen Nordamerika. In Finnmarken nistet sie noch
unter 71° N.

Nr. 43. Nussheher.

CORVUS CARYOCATACTES. Linn.

Corvus caryocatactes. Naumann, II. S. 130.
Nutcracker. Dresser, IV. p. 451.
Cassenoix. Temminck, Manuel. I. p. 117. III. p. 67.

Der Nussheher ist ein sehr seltener Gast für Helgoland; so
lange ich sammle, ist derselbe hier nur dreimal vorgekommen und
erlegt worden. Das erste Stück warf ein Knabe mit einem Stein
Ende August 1844. Ein zweites ward am 17. Oktober 1853 geschossen, und wenige Jahre später ein drittes. Es waren stets nur
einzelne Vögel, was ganz besonders in dem ersteren Falle überraschend erscheinen könnte, da während des Herbstes jenes Jahres
dieser Heher in fast beispiellosen Massen in Skandinavien auftrat
und in sehr grosser Zahl sich über Deutschland verbreitete; es
bestätigt diese Erscheinung jedoch die im Abschnitt über den
Wanderflug ausgesprochene Ansicht: dass sehr viele Vögel während
ihres Herbstzuges anfänglich sich von Ost nach West bewegen,
in Skandinavien aber sich südwärts wenden — weniger nördlich
nistende und ausgebrütete verfolgen den westlichen Flug bis England und biegen dort und in Irland erst südwärts ab.

In dem obigen Falle konnte eine so ausserordentliche Ansammlung dieses Hehers in Skandinavien einzig und allein durch

Zuzug von Osten her herbeigeführt werden, hätte aber eine solche Flugrichtung daselbst nicht aufgehört, oder wäre sie auch nur in abgeschwächtem Grade beibehalten worden, so müsste unfehlbar eine grosse Zahl dieser Vögel hierher und auch nach England gelangt sein, aber hier kam nur ein einziges Stück vor, und in England deren nur zwei.

Einen der hier erlegten Vögel erhielt Herr von Zittwitz von mir und dürfte sich derselbe im Museum von Görlitz befinden.

Heimischer Brutvogel ist diese Art von den Gebirgen Spaniens bis Japan, überall jedoch nur zerstreut in Tannenwaldungen nistend.

Nr. 44. Eichelheher.

CORVUS GLANDARIUS. Linn.

Helgoländisch: Hääger = Heher.

Corvus glandarius. Naumann, II. S. 122.
Common Jay. Dresser, IV. p. 481.
Geai glandivore. Temminck, Manuel. I. p. 114. III. p. 65.

Kein Helgoland besuchender Vogel ist sporadisch so gemein und darauf lange Jahre wieder so sehr selten wie der Eichelheher. Es vergehen zehn bis fünfzehn Jahre, ohne dass man einen einzigen derselben hier sieht, und plötzlich erscheint eine Gesellschaft von zehn bis fünfzehn Stücken, die in manchen Jahren bis zu Hunderten, ja nach Zehntausenden zählen. Vor etwa fünfundfünfzig Jahren fand ein solcher Massenzug statt: man fing während des Herbstzuges in den Drosselbüschen so viele, dass man sie in grossen Körben heimtragen musste.

Bis zum Jahre 1876 kamen sodann nur höchst selten ein oder ein paar dieser Vögel hier vor, so am 10. Oktober drei Stück, am 21. desselben Monats fand aber ein gewaltiger Zug statt; es wehte ein heftiger Ostwind und die Luft war klar, nach meinem Tagebuche zogen Tausende überhin und vorbei, und es wurden mehr als hundert Stück geschossen und gefangen. Nie aber kam diese Art in so ungeheuren Schaaren vor, als im Oktober 1882. Am 6. giebt mein Tagebuch an: »stürmischer Südost-Wind. Luft klar. *C. glandarius* Hunderte, *Accentor* nie so viele, *F. coelebs* und *Anth. pratensis* Hunderttausende.« »Am 7. Wind südost, fast Sturm, Luft klar. *C. glandarius* fortwährend in Schaaren von Tausenden und Abertausenden überhin. *Accentor, F. coelebs* und *A. pratensis* ungeheuer viel.« Am 8. Wind südost. frisch, Luft klar. »*C. glan-darius* noch viel mehr als Tages zuvor: überhin sowie nord und süd von der Insel ununterbrochene Schaaren, die nach Tausenden zählten — nie solche Massen.« Hiermit endete dieser Heerzug der nach vielen Millionen Vögeln gezählt haben muss: wie sich eine solche Individuenzahl zusammenfinden kann, ist ganz unbegreiflich. Seit jenem Jahre ist nur einmal ein vereinzelter Vogel gesehen worden.

So gewaltige Züge von Eichelhehern kommen nur während der Herbstmonate, und dann nur bei sehr heftigem Ost- oder Südwinde und klarer Luft vor. Massenzüge von Buchfinken und Wiesenpiepern finden auch während heftiger Südost-Winde statt; diese sind aber nicht von klarer Luft abhängig, sondern ereignen sich auch bei dichtbewölkter Atmosphäre.

Heimischer Brutvogel ist der Eichelheher durch ganz Europa bis 64° N. hinauf: er soll östlich nicht über den Ural hinaus vorkommen, sondern in Asien durch eine sehr ähnliche Art *C. Brandti* vertreten sein. Den hier gemachten Erfahrungen gegenüber dürfte diese Angabe aber kaum glaublich erscheinen, denn der während der letzgenannten drei Oktobertage nur im Gesichtsfelde Helgolands beobachtete Theil jenes, in ost-westlicher Richtung sich bewegenden Massenzuges umfasste an und für sich schon so ungeheure, über jeden Schätzungsversuch hinaus liegende Individuenzahlen, dass, deckte das Gebiet von Memel bis zum Ural ein ununterbrochener dichter Wald, und jeder Baum desselben hätte ein Nest getragen, alle Bruten derselben nicht ausgereicht haben würden, das Material auch nur eines der letzten jener Tage zu liefern.

Nr. 45. Unglücks-Heher.

CORVUS INFAUSTUS. Linn.

Corvus infaustus. Naumann, XIII. S. 214.
Sibirian Jay. Dresser, IV. p. 471.
Geai imitateur. Temminck, Manuel I. p. 115. III. p. 66.

Nicht viel ist von hier über diesen kleinen eigenthümlichen Vogel zu berichten. Es ist einer der wenigen, die ich, nicht auf eigene Beobachtung oder der von Reymers und Aeuckens gestützt, hier aufführe. Am 14. April 1849 sah ein junger Jäger, der mir täglich Vögel brachte, und oft sehr seltene, einen ihm völlig unbe-

kannten Vogel, den er jedoch als einen kleinen Heher bezeichnete,
in wenig Schritt Entfernung auf einen Drosselbusch sitzen; er beschrieb den Vogel sehr genau und bemerkte besonders, dass derselbe aber kein Blau in den Flügeln habe, sondern daselbst rostroth gezeichnet sei. Leider hatte er seine Flinte nicht zur Hand,
und als er sie geholt, war der interessante Fremdling nicht wieder
aufzufinden.

Der Mann war mit Feldarbeit beschäftigt, durch den Lockton
des Vogels auf denselben aufmerksam geworden und sagte, dies
sei die »wunderlichste Vogelstimme« die er je vernommen, denn
sie gliche fast ebenso viel dem »leisen Miauen einer Katze« als
einer Vogelstimme.

Die westlichsten Niststätten dieser Art liegen in Skandinavien
zwischen dem 60⁰ und 70⁰ N. und erstrecken sich ostwärts in gleicher
Breite bis Kamtschatka.

Nr. 46. Alpenkrähe.

CORVUS PYRRHOCORAX. Linn.

Corvus pyrrhocorax. Naumann, II. S. 107. XIII. S. 211. Blasius, Nach-
träge S. 41.
Alpine Chough. Dresser, IV. p. 445.
Pyrrhocorax chocard. Temminck, Manuel. I. p. 124. III. p. 68.

Während der ersten Anfänge meines Sammelns erhielt ich hier
ein sehr schlecht gestopftes Exemplar dieser Art, das aus der ersten
Kindheit der Helgoländer Taxidermie stammte und dessen Füsse
dick mit Zinnober überschmiert waren; ich gab dasselbe wieder
weg — was ich später sehr bereute und glaube auch, dies Stück
wird sich in der Sammlung zu Görlitz befinden. Am 14. September
1868 ward wieder eine Alpenkrähe hier gesehen, ohne jedoch erlegt zu werden, und einige Jahre später sah mein ältester Sohn
zwei derselben ausser Schussweite überhinfliegen, jedoch nahe genug,
um deutlich die gelben Schnäbel derselben erkennen zu können.

Die Alpenkrähe brütet in den Hochgebirgen Europas und
Asiens in einer Höhe von acht- bis vierzehntausend Fuss.

Nr. 47. Steinkrähe.

CORVUS GRACULUS. Linn.

Corvus graculus. Naumann, II. S. 114. XIII. S. 212. Blasius, Nachtrage. S. 42.
Red-billed Chough. Dresser, IV. p. 437.
Pyrrhocorax coracias. Temminck, Manuel. I. p. 122. III. p. 69.

Nur zweimal ist dieser Vogel hier während meiner langen Beobachtungszeit vorgekommen, zuerst im Mai 1871 oder 72 -- das Journal für jene beiden Jahre ist mir leider verloren gegangen, so dass ich das Datum nicht genau angeben kann; das zweite Mal am 28. März 1877 und obzwar dies letztere Stück im Verlaufe des ganzen Tages wiederholt längere Zeit auf der Wetterfahne des Kirchthurms sich ruhete und seinen rothen Schnabel aller Welt, und zum ganz besonderen Verdruss aller Jäger, zur Schau trug, so gelang es allen Bemühungen zum Trotz nicht, dasselbe zu erlegen.

Brutvogel ist die Steinkrähe von Portugal bis China, in Nordwestafrika und nördlich an den Felsenküsten Gross-Britanniens — überall nur in hohen Felsen nistend.

Würger. Lanius. Diese, der vorhergehenden, namentlich den Hehern, sehr nahe stehende Gattung umfasst nach Seebohm ungefähr vierzig Arten, welche zum grossen Theile die alte Welt bewohnen; sechs derselben gehören Europa an, während eine siebente, *L. borealis*, erst in der Neuzeit ihr Brutgebiet bis in das östliche Europa vorgeschoben hat, und eine andere, *L. phoenicuroides* nur als Gast anzusehen ist, die aus dem mittleren Asien in einem Exemplare nach Helgoland gelangt.

Nr. 48. Grauer Würger.

LANIUS EXCUBITOR. Linn.

Helgoländisch: Groot Verwoahr-Fink -- Grosser Nenntödter.

Lanius excubitor. Naumann, II. S. 7.
Great Gray Shrike. Dresser, III. p. 375.
Pie grièche griese. Temminck, Manuel. I. p. 142. III. p. 80.

Dieser stattliche Würger kommt nur vereinzelt auf Helgoland vor, besonders im Frühjahr sieht man ihn sehr selten, ausgefärbte Vögel mit rein weisser Unterseite habe ich nur zweimal hier er-

halten. Während des Herbstzuges erscheint er etwas öfter, aber
doch immer nur vereinzelt. In ein paar Fällen habe ich diesen
Würger auch im Winter bei tiefem Schnee gesehen, es scheint ihm
dann aber nur kümmerlich zu gehen, denn bei einer solchen
Gelegenheit kam einer derselben im Verlaufe des Tages wiederholt an ein auf meinen Garten sehendes Fenster, in welchem ein
Stieglitz im Bauer hing, und aus seinen gierigen Blicken und energischen Versuchen zu dem geängsteten Gefangenen zu gelangen,
ging sehr deutlich hervor, wie ihn der Hunger plage.

Da diese Art noch im höheren Skandinavien und Russland
nistet, so lässt ihr so vereinzeltes Erscheinen auf Helgoland auf
eine ziemlich fest eingehaltene südliche Richtung ihres Herbstzuges
schliessen, abweichend von dem östlichen *L. borealis = major* (Pallas),
dessen ungleich öfteres Vorkommen eine Neigung zu ost-westlichem
Wanderfluge voraussetzen lässt — eine Neigung, die sich bei so
vielen östlichen Arten wiederholt.

Nicht selten wird dieser sonst so vorsichtige Vogel im Drosselbusch gefangen, und dass ihn daselbst die Nemesis nicht unver-
dient ereile, beweist so manches arme Rothkehlchen, das man dort
mit ausgehacktem Gehirn vorfindet. Sogar eine niedrig über dem
Grase hineilende Schwarzdrossel sah ich hier einst von diesem
kühnen Räuber gepackt und nach kurzem Handgemenge seinen
Bissen erliegen.

Brutvogel ist dieser Würger im nördlichen Frankreich, in
Deutschland, in Skandinavien bis gegen den 70° N hinauf, im Europäischen und nächsten Asiatischen Russland, von wo aus er sich
zwischen der nächstfolgenden Art. *L. borealis*, nach und nach zu
verlieren scheint.

Nr. 49. Nordischer Würger.

LANIUS BOREALIS. Vieillot.

Helgoländisch: Groot Verwoahr-Fink.

Lanius borealis. Audubon. Synopsis of the Birds of Northamerica.
p. 157.
Lanius major. Pallas, Zoogr. Rosso-Asiat. I. p. 401.
Pallas' Gray Shrike. Seebohm, Brit. Birds. I. p. 595.

Dieser grosse Würger unterscheidet sich von seinem vorhergehenden nahen Verwandten, *Lanius excubitor*, dadurch, dass der
grosse weisse Fleck auf seinem Flügel ein einfacher ist und sich

nur über die Wurzelenden der Schwingen erster Ordnung erstreckt,
die Schwingen zweiter Ordnung aber einfach schwarz gefärbt sind,
während bei *excubitor* die Wurzeln auch der Schwingen zweiter
Ordnung von weisser Farbe sind und hierdurch auf dem ruhenden
Flügel ein weisser Doppelfleck gebildet wird.

Es bieten diese beiden Würger ähnliche Erscheinungen dar, wie
die gleichfalls sich sehr nahe stehenden schwarzen und grauen Krähen:
in beiden Fällen ist es eine östliche und eine westliche Art, die
anfänglich ihr abgeschlossenes Gebiet inne hatten, von denen jedoch die östliche unter dem Drange, westwärts vorzurücken, wie
er vielen Vögeln eigen ist, die Grenzen der westlichen Art über-
schritt, sich mit derselben vermischte und fruchtbare Bastarde er-
zeugte; mit den Krähen lag der Fall näher, da die Heimath der
schwarzen Krähe etwa die östliche Hälfte der Alten Welt umfasste,
und die der grauen den mittleren und westlichen Theil derselben.
Bei den obigen Würgern erstreckte die Erscheinung sich über ein
ungleich grösseres Gebiet, denn es dürfte wohl zweifellos sein, dass
in diesem Falle die östliche Urform in dem Nordamerikanischen
Lanius borealis bestand, und die westliche im Europäischen *L.
excubitor*. Ein ähnlicher Fall der westlichen Verbreitung liegt bei
der Berglerche vor, deren Urheim zweifellos Amerika gewesen,
von wo sie nach Asien vorgedrungen und im Verfolg dieser Bewegung in der Neuzeit ihr Brutgebiet bis in Europa vorgeschoben
hat. Hier auf Helgoland war die Berglerche bis zum Jahre 1835
ein vollständig unbekannter Vogel; erst im Herbst jenes Jahres
schoss Jan Aeuckens die ersten zwei oder drei dieser Vögel, welche
man hier je gesehen hatte; sie nahmen jedoch bald an Zahl zu
und besonders brach sich ihr zahlreiches Erscheinen im Herbst
1847 Bahn, während dessen ein ganz ungewöhnlich massenhafter
Zug vom fernen Osten her stattfand. Berglerchen sah man von
Mitte Oktober bis Mitte November fast täglich in kleineren oder
grösseren Gesellschaften, und es wurden über Hundert derselben
geschossen; im selben Jahre erhielt ich den ersten *Lanius borealis*,
ein rein ausgefärbtes altes Männchen. Seit jener Zeit haben die
Berglerchen hier von Jahr zu Jahr stetig zugenommen und treten
seit wenigstens zehn Jahren zu Hunderttausenden auf, so dass
man jetzt während der Herbstmonate bei günstigem Wetter täglich
von früh bis zu den Nachmittagsstunden Flüge von fünfzig bis zu
hunderten von Stücken in ununterbrochener Reihenfolge überhin
und vorbeiziehen sieht und Niemand es mehr der Mühe werth hält,
diesen früher so geschätzten lieblichen Vogel zu schiessen.

Seit der genannten Zeit hat auch der nordische Würger hier
stetig zugenommen, allerdings bleibt seine Zahl der der Berglerchen
gegenüber immer nur eine höchst bescheidene. kann dies ja auch
nur sein, da derselbe, wie alle seine Gattungsverwandten, überhaupt nur in ungleich geringerer Individuenzahl vorhanden ist, als
die in allen ihren Arten so massenhaft auftretende Lerchenfamilie.

Das Vordringen dieses Würgers bis in das mittlere Deutschland kann kaum als gleichzeitig mit seinem Erscheinen auf Helgoland angesehen werden, denn sein Vorhandensein könnte nimmermehr einem so eminenten Beobachter, wie Naumann, verborgen
geblieben sein, und er erwähnt desselben weder in seinem grossen
Werke, noch auch in den etwa 1855 endenden. und als XIII.
Band 1860 erschienenen Nachträgen. Brehm führt diese Art in
seinem 1855 erschienenen »Vollständiger Vogelfang aller Europäischen Vögel« mit den Worten auf: »Er lebt in Nordasien, woher
er nach Osteuropa sich verirrt,« demnach also auch Brehm ihn bis
dahin in Deutschland nicht angetroffen hatte. Hier auf Helgoland
kam er derzeit aber schon regelmässig jeden Herbst vor, und gegenwärtig wird er bei günstigem Wetter von Mitte Oktober bis Mitte
November fast täglich in einem oder einigen Stücken gesehen; am
22. Oktober 1884 sah man hier beispielsweise zwölf grosse Würger,
von denen sieben erlegt wurden, welche mit Ausnahme eines *excubitor* alles reingefärbte *L. borealis* waren. Ersterer kommt hier
überhaupt ungleich seltener vor, als *borealis*; ich habe während
meiner so langen Praxis nur zwei alte, an den unteren Theilen
rein weisse *excubitor* erhalten. von *borealis* werden aber fast jeden
Herbst ein oder zwei alte ausgefärbte Stücke und neben diesen
etwa zehn bis zwölf Weibchen. jüngere Vögel und mehr oder
weniger *borealis* nahe stehende Bastarde erlegt. Es ist diese Art
aber, wie alle Würger, ein sehr vorsichtiger Vogel. dem hier auf
der kahlen Felsfläche sehr schwer beizukommen ist; in den meisten
Fällen wird er im Drosselbusche gefangen.

Das schönste alte Männchen, welches ich hier, und nur einmal in solcher Vollkommenheit erhalten, ist an allen oberen Theilen
ganz ausserordentlich hell und rein, fast weisslich blaugrau gefärbt,
die letzten Bürzel- und oberen Schwanzdeckfedern nur noch um ein
Geringes heller; alle unteren Theile sind ganz rein weiss, ohne
jede Zeichnung. Die schwarze Kopf-, Flügel- und Schwanzzeichnung ist vom reinsten und tiefsten Schwarz — Audubon, sowie
Richardson und Swainson (Fauna Bor. Amer.) sagen nun zwar,
dass *L. borealis* und *excubitor* mit Ausnahme der Flügelzeichnung

einander vollständig gleich gefärbt seien, — aus ihrer weiteren Beschreibung geht aber doch hervor, dass selbst alte Männchen der ersteren Art einen ganz schwachen Anflug der gesperberten Brustzeichnung des jüngeren Kleides nie ganz verlieren: auch Pallas sagt von seinem *L. major*, dass die weissliche Brust mit feinsten - tenuissimis grauen Wellenlinien gezeichnet sei: so schöne reingefärbte Männchen, wie das oben beschriebene, kommen allerdings nur sehr vereinzelt vor, vielleicht kaum eins unter fünfzig Vögeln, ausserdem sind die ältesten Individuen bekanntlich die scheuesten und am schwersten zu erlangenden: trotz alledem könnte aber doch wohl kaum angenommen werden, dass dies *Kleid* den obigen Forschern unbekannt geblieben wäre, käme es in dem durch sie erforschten Gebiete vor. Sollte dasselbe etwa nur im westlichen Theile des Heimathsgebietes, und nur in vereinzelten Fällen sehr hohen Alters zu einer solchen Vollkommenheit gelangen?

Die Heimath dieser Art ergiebt sich aus dem Obengesagten sie ist nunmehr als Brutvogel bis Skandinavien vorgedrungen.

—

Nr. 50. Südlicher Würger.

LANIUS MERIDIONALIS. Temminck.

Southern Gray Shrike. Dresser, III. p. 387.
Pie grièche méridionale. Temminck, Manuel. I. p. 143. III. p. 80.

In meiner Sammlung befindet sich ein grosser Würger, an dem der weisse Spiegel sich nur über die Schwingen erster Ordnung erstreckt: derselbe ist auffallend kleiner als die beiden Vorhergehenden, ist an allen oberen Theilen, einschliesslich des Bürzels und der oberen Schwanzdeckfedern, sehr dunkel grau gefärbt: ausserdem ist die Farbe der ungesperberten Brust dieses Stückes eine Mischung von hellem Isabell und Rosa — nach alle diesem halte ich dasselbe für *L. meridionalis.* Geschossen ward der Vogel hier im Frühjahr, der Jahreszeit, während welcher südliche und südöstliche Arten hier vorkommen.

Dieser Würger brütet in Portugal, Spanien und dem südlichen Frankreich — nach v. d. Mühle soll er auch vereinzelt in Griechenland nisten.

Nr. 51. Schwarzstirniger Würger.

LANIUS MINOR. Linn.

Helgoländisch: Swart-höaded Verwöahrfink = Schwarzköpfiger Würger.

Lanius minor. Naumann, II. S. 15.
Lesser Gray Shrike. Dresser, III. p. 393.
Pie grièche à poitrine rose. Temminck, Manuel. I. p. 144. III. p. 84.

Wie zu erwarten, ist dieser Würger, der nur sehr selten über die nördlichen Grenzen Deutschlands hinaus geht, für Helgoland eine höchst vereinzelte Erscheinung. Vor dreissig bis vierzig Jahren, als noch der Mai fast regelmässig warm und schön war, sah man hier, wenn auch nicht in jedem Jahre, einen oder zwei dieser Vögel; geschossen wurden dieselben freilich selten, denn es dürfte diese Art wohl die scheueste und vorsichtigste der ganzen Sippe sein. Das seit der obengenannten Zeit fast ausnahmslos rauhe und kalte Wetter der Monate April und Mai hat aber diesen, sowie manchen anderen früher mehr oder weniger zahlreich vorkommenden interessanten Gast von der Insel fern gehalten — Anfang Juni des Jahres 1887 schoss Aeuckens das letzte hier vorgekommene Stück, im Mai 1883 ward das vorletzte gesehen, aber nicht erlegt, und am 23. Juli 1877 ein junger Sommervogel, das einzige hier je beobachtete Jugendkleid, geschossen.

Das heimathliche Nistgebiet dieser Art erstreckt sich von Frankreich an durch das südliche und mittlere Europa, und in gleicher Breite bis etwa in das mittlere Asien — von England, Dänemark und Skandinavien sind nur sehr wenige Fälle des Vorkommens vereinzelter Vögel bekannt.

Nr. 52. Rothköpfiger Würger.

LANIUS RUFUS. Brisson.

Helgoländisch: Road-höaded Verwöahrfink — Rothköpfiger Würger.

Lanius rufus. Naumann, II. p. 22.
Woodchat Shrike. Dresser, III. p. 407.
Pie grièche rousse. Temminck, Manuel. I. p. 146. III. p. 82.

Noch viel seltener als der vorhergehende kommt dieser hübsche Würger auf Helgoland vor, im Laufe der letzten vierzig Jahre habe ich ihn nur fünfmal in Händen gehabt — in allen Fällen

15

waren es ältere Männchen, die während stiller warmer Tage Ausgangs Mai oder Anfang Juni hier erlegt wurden.

Das seltene Erscheinen dieser Art auf Helgoland erklärt sich aus ihrem vorherrschend westlichen Brutgebiet, welches sich einestheils vom westlichen durch das nördliche Afrika bis an das Caspische Meer hin erstreckt, und anderentheils durch Spanien und Frankreich bis in das nordöstliche Deutschland reicht. In England kommt dieser Würger hin und wieder vor, in Skandinavien ist er noch nicht beobachtet worden, und unter den Vögeln Est-, Liv- und Curlands führt Russow denselben nicht mit auf.

Nr. 53. Rothrückiger Würger.

LANIUS COLLURIO. Brisson.

Helgoländisch: Road-rögged Verwoahrfink =: Rothrückiger Würger.

Lanius collurio. Naumann, II. S. 30.
Red-backed Shrike. Dresser, III. p. 399.
Pie grièche écorcheur. Temminck, Manuel. I. p. 147. III. p. 82.

Dieser über den grösseren Theil Europas und über das ganze mittlere Asien als gewöhnlicher Brutvogel verbreitete Würger war bis etwa vor dreissig Jahren auf Helgoland während warmer schöner April- und Maitage eine sehr gewöhnliche Erscheinung, seitdem jedoch die mehrfach erwähnte Wandlung in der Witterung eingetreten, kommt derselbe nur noch vereinzelt vor. Merkwürdiger Weise sieht man hier während des Herbstzuges nie einen alten Vogel dieser Art, auch in früheren Jahren nicht, da er noch sehr zahlreich während des Frühlingszuges vorkam; junge Sommervögel kommen jedoch während des Rückzuges alljährlich des öfteren vor.

Auch dieser Würger ist ein eben so arger Räuber wie seine grösseren Vettern: einer derselben biss noch vor gar nicht langer Zeit einem schönen Stieglitz, den ich als Lockvogel in einem Bauer in meinem Garten hängen hatte, den Kopf ab; es war ein Weibchen. Ich fing dasselbe gleich nach der That in einem Schlagnetz, und die noch von frischem Blute klebenden Federn seines Kropfes waren unwiderleglich Zeugniss seiner That.

Das Brutgebiet dieser Art erstreckt sich nicht allein über Europa und Asien, sondern nach Anführungen Dresser's auch über das südliche Afrika. Die dort heimischen wären somit Standvögel, die unbeirrt durch die zahllosen Schaaren nördlich brütender, welche

jeden Herbst bei ihnen eintreffen und jedes Frühjahr wieder davon
ziehen, das ganze Jahr in ihrer Heimath verweilen.

Nr. 54. Isabellfarbiger Würger.

LANIUS ISABELLINUS. Ehrenberg.

Isabelline Shrike. Dresser, III. p. 413.
Lanius phoenicurus. Sewertzoff, Fauna of Turkestan, Ibis 1876. p. 185
bis 187.
Hieher gehörige Stücke des Berliner Museums sind: *L. specu-
ligerus.* Taczanowsky. *L. phoenicuroides* Sewertzoff, Turkestan.
L. arenarius. Blyth. Dargelung.

Am 25. Oktober 1854 erhielt ich hier einen jungen Sommervogel, ein Männchen, dieses interessanten Würgers; er ward im
Drosselbusch gefangen: es ist das einzige Exemplar dieser Art,
welches hier je beobachtet wurde, und ich glaube, das einzige,
welches jemals in Europa angetroffen worden ist.

Als H. Blasius im Jahre 1858 Helgoland zum ersten Male besuchte, hielt er das obige Exemplar für einen jungen Vogel von
L. phoenicurus und führte daraufhin diese Art in den Nachträgen
zu Naumann, XIII. S. 39. auf — es ist demnach an jene Stelle
L. isabellinus zu setzen, und *phoenicurus*, wenn nicht seitdem
sonstwo in Europa vorgekommen, aus der Liste der europäischen
Vögel zu streichen. Beide Arten sind leicht zu unterscheiden: nach
dem mir zu Gebote stehenden Material sind die Körperverhältnisse
derselben sehr verschieden: die gleich grossen Eier beider lassen
schliessen, dass der Rumpf derselben gleich gross sei, bei *phoenicurus* sind nun aber Flügel und Schwanz von fast gleicher Länge,
erstere 86, letztere 85 mm messend: bei *isabellinus* hingegen ist
der Schwanz nur 80 mm, die Flügel aber 93 mm lang. Ausserdem ist bei ersterem der auffallend schmalfedrige Schwanz sehr
abgerundet, das äusserste Federpaar ist 19 und das nächste 8 mm
kürzer als das mittelste: bei letzterem sind die sehr breiten
Schwanzfedern, bis auf das äusserste Paar, von ziemlich gleicher
Länge, und nur dieses ist 8 mm kürzer. *Isabellinus* zeigt ausserdem einen weissen Spiegelfleck an den Wurzeln der Schwingen
erster Ordnung, *phoenicurus* nicht. Ferner ist der männliche Vogel
von letzterem an allen oberen Theilen, namentlich am Oberkopf,
Bürzel und oberen Schwanzdeckfedern, sehr intensiv rostroth ge-

15*

färbt, an den unteren sehr lebhaft und gesättigt rostgelb – *isabellinus* aber, wie der Name schon errathen lässt, ist an den oberen Theilen isabell-bräunlichgrau, am Kopf und Hals mancher Stücke in isabell-aschgrau übergehend; die unteren Theile sind mehr oder weniger weisslich isabellfarben, am Kropf und den Brustseiten mit rosenrothem Anfluge. Beide Arten tragen die schwarze Zeichnung, welche sich vom Nasenloch durch das Auge über die Ohrfedern erstreckt, *phoenicurus* darüber einen breiten rein weissen Strich, *isabellinus* nur eine trübe isabell-weissliche Andeutung desselben.

Der hier gefangene Vogel ist an den oberen Theilen sehr hell isabell-rothgrau, am Oberkopf ein wenig dunkler, am Bürzel in fahles Rostroth übergehend. Ein verwaschener Augenstreif und alle unteren Theile sind trübe weisslich-isabellfarben, am Kropfe ein wenig stärker gefärbt. Die weissliche Stirn und der Oberkopf sind ganz schwach dunkel gesperbert, diese, jungen Neuntödtern eigenthümliche Zeichnung ist ganz verwischt auch am Kropfe sichtbar und verliert sich in den Seiten. Die Ohrfedern sind trübe dunkelbraun, und ebenso gefärbt sind die Flügelfedern, letztere mit trübe rostgrauen Kanten, welche an den hinteren Schwingen- und grossen äusseren Deckfedern der Flügel in ein trübes Rostweiss übergehen; in diesem hellen Saume läuft wiederum, nach junger Neuntödter Weise, eine ziemlich scharfe dunkle Linie hinunter und um die Spitze jeder Feder herum. Alle Schwanzfedern sind einfarbig trübe hell rostroth, auf den Aussenfahnen sehr verblichen, spitzwärts und an den Aussenfahnen des äussersten Federpaares in trübes Rostweiss übergehend. Die Schwungfedern sind fahl erdbraun; die erster Ordnung tragen keinen weissen Spiegel, dass der Vogel aber bei der nächsten Mauser einen solchen erhalten haben würde, beweist die vierte Schwinge des rechten Flügels, die durch Zufall verloren und durch eine neue ersetzt worden ist, welche als Zeichnung des nächsten Kleides einen ziemlich breiten weissen Wurzelfleck trägt.

Die Füsse waren am frischen Vogel bleigrau, der Schnabel fleischfarben mit dunkler Spitze. Die Maasse dieses Stückes sind: ganze Länge 165 mm, Länge des ruhenden Flügels 87 mm, des Schwanzes 76 mm. Die Flügel lassen vom Schwanze unbedeckt 40 mm. Der Schnabel ist 10 mm lang und die Fusswurzel 22 mm hoch. Am gleichmässig abgestutzten Schwanze ist nur das äusserste Federpaar um 9 mm verkürzt.

Die oben angeführten Exemplare des Berliner Museums stim-

men so vollständig in den Maassen und in den Verhältnissen der
Schwung- und Steuerfedern überein, und zeigen in der Färbung
nur so schwache Abweichungen, dass sie unmöglich als verschiedene selbständige Arten angesehen werden können. Das als *speculigerus* (Taczanowsky) bezeichnete, von Dybowsky in Daurien
gesammelte Stück ist unfehlbar der älteste dieser Vögel: der
weisse Spiegel auf den Handschwingen ist bedeutend grösser, als
bei irgend einem der anderen Stücke, und das helle Isabellbraun
des Kopfes und Rückens hat eine feine Beimischung von hellem
Grau — diesem sehr ähnlich ist ein sehr hübsches isabellgraues
Männchen des Bremer Museums, welches Finch in Turkestan gesammelt. *L. phoenicuroides* (Sewertzoff) aus Turkestan, und *L. isabellinus* (Ehrenberg) von Jumfudda haben einen kleineren Spiegel,
sind am Kopfe und Rücken bräunlicher gefärbt, dürften jüngere
Männchen sein; alle diese zusammen mit zwei jungen als *arenarius* und einem jungen als *speculigerus* bezeichneten Stücke gleichen einander in den Maassen sowie in der Form der Flügel und
des Schwanzes vollständig, und mit ihnen stimmt das hier gefangene Exemplar meiner Sammlung in allen Theilen vollkommen
überein — wäre letzteres nicht etwas mehr verblichen, und hätte
es nicht, wie schon erwähnt, eine Handschwinge des ersten Herbstkleides durch eine neue, den Spiegel zeigende ersetzt, so würde
es einem der obigen jungen Vögel zum Verwechseln gleichen.

Anders verhält es sich mit drei weiteren Stücken des Berliner
Museums, durch Ehrenberg in Arabien gesammelt und von ihm
isabellinus genannt, es sind ein altes Männchen und Weibchen,
sowie ein junger Vogel. Diese sind auffallend grösser und haben
einen sehr stark abgerundeten Schwanz. Sewertzoff führt in seiner
Fauna Turkestans einen *L. isabellinus* (Ehrenberg) auf, den er als
Steppenform bezeichnet, hinzufügend, dass derselbe constant grösser
sei als sein *phoenicuroides,* und am Schwanze nur die vier mittleren Federn von gleicher Länge habe, während bei dem letzteren
die zehn inneren Federn von gleicher Länge seien; er fügt hinzu,
dass er eine bedeutende Reihe dieser *isabellinus* und seiner *phoenicuroides* untersucht habe, nie aber eine Zwischenform vorgefunden hätte. Es ist demnach wohl kaum zu bezweifeln, dass dieser
Sewertzoff'sche Würger Turkestans identisch sei mit jenen drei
grösseren Exemplaren Ehrenberg's aus Arabien, und dass sie einer
selbstständigen Art angehören.

Das Brutgebiet dieses Vogels erstreckt sich von den Kirgisischen Steppen und Turkestan bis in die östliche Mongolei und

Daurien. Die Eier desselben weisen alle die angenehmen Farben und Zeichnungsstufen auf, wie sie bei *collurio* und auch bei *phoenicurus* angetroffen werden: vom lieblichsten Hellroth mit dunkelrother Kranz- oder Fleckenzeichnung durch Rost- und Oker-gelb zu trübe gelblich-grüner Grundfarbe und gelblich-grauer Zeichnung — manche der Eier haben jedoch eine mehr ins Grün-liche ziehende Grundfarbe, als sich bei denen von *collurio* findet. In der Grösse stehen diese Eier denen des rothrückigen Würgers ziemlich nahe, und in der Form gleichen sie ihnen ebenfalls, es finden sich aber kleinere unter ihnen, als bei jenem vorkommen; die mittleren Maasse derselben sind: 23 mm in der Länge und 17 mm in der Breite.

Das Material für obige Beschreibungen, sowie für den Ver-gleich von Bälgen verdanke ich der liebenswürdigen Freigebigkeit des Herrn Tancré, der solches im Altai hat sammeln lassen.

Fliegenfänger. Muscicapa. Die Gattung dieser kleinen harm-losen Vögelchen umfasst nach Sharpe etwa zwanzig Arten; es sind Bewohner der Alten Welt, Europa besitzt jedoch nur vier derselben als Brutvögel und diese sind auch auf Helgoland vertreten.

Nr. 55. Schwarzer Fliegenfänger.

MUSCICAPA LUCTUOSA. Temm.

Helgoländisch: Swart Besküts = Schwarzer Fliegenfänger.

Muscicapa luctuosa. Naumann, II. S. 231.
Pied Flycatcher. Dresser, III. p. 453.
Gobe-mouche bec-figue. Temminck, Manuel. I. p. 155. III. p. 84.

Zahlreicher als irgend einer seiner nahen Verwandten besucht dies kleine nette Vögelchen Helgoland; besonders häufig erscheint dasselbe während des Herbstzuges, es kommt dann bei schönem warmen Wetter, südlichen und südöstlichen Winden, schon früh im August von den Niststätten zurück: während z. B. im Jahre 1882 die letzten Alten dieser Vögel noch am 7. Juli hier durch-zogen, kamen die ersten Jungen schon am 7. August zurück — sie zogen von da ab, unter vorherrschend Südostwind, täglich in grossen Massen bis zum 20. des Monats, vom 21. bis Ende des-selben wehten heftige Nordwestwinde, die fast allen Zug vollstän-dig unterbrachen — wenigstens in den der Erde nahen Luft-schichten — erst am 4. September trat besseres Wetter ein, und neben Sylvien, Steinschmätzern und anderen kam auch der schwarze Fliegenfänger — jetzt freilich grau — wieder an. Die letzten jenes Jahres finde ich am 20. September verzeichnet.

In seinem so ansprechenden Frühlingskleide erscheint dies Vögelchen ungleich geringer an Zahl; sein Zug beginnt dann mit der letzten Woche des April, im Jahre 1884 am 26. des Monats, währt den Mai hindurch und manchmal, wie oben angegeben, bis in den Juli hinein.

Diese Art brütet vom oberen Spanien an durch das ganze mittlere Europa, über den Ural hinaus sich nach und nach verlierend. In Skandinavien hat man es bis zum 70° N. angetroffen.

—

Nr. 56. Halsband-Fliegenfänger.

MUSCICAPA ALBICOLLIS. Temm.

Muscicapa albicollis. Naumann, II. S. 224.
White-collared Flycatcher. Dresser, III. p. 459.
Gobe-mouche à collier. Temminck, Manuel. I. p. 153. III. p. 84.

Nur ein einziges mal ist dies elegante Vögelchen hier während der letztverflossenen fünfzig Jahre gesehen worden: ein sehr schönes altes Männchen, das am 3. Juni 1860 in einem kleinen Schlagnetz gefangen ward; dasselbe ziert meine Sammlung. Es dürfte diese Art wohl kaum öfter hier vorgekommen sein, denn der obige Vogel war allen hiesigen Jägern und Vogelfängern vollständig unbekannt, auch Reymers hatte nie einen solchen hier gesehen.

Als Brutvogel gehört dieser Fliegenfänger dem südlichen Europa, von Portugal bis zum Kaukasus, an, kommt jedoch in überwiegender Mehrzahl in den westlichen Strichen des Gebietes vor. Vereinzelt nistet derselbe bis in das mittlere Deutschland hinauf.

Nr. 57. Gefleckter Fliegenfänger.

MUSCICAPA GRISOLA. Linn.

Helgoländisch: Hüss-Besküts = Hausfliegenfänger.

Muscicapa grisola. Naumann, II. S. 216.
Spotted Flycatcher. Dresser, III. p. 447.
Gobe-mouche gris. Temminck, Manuel. I. p. 152. III. p. 83.

Dies harmlose zutrauliche Vögelchen dürfte wohl als dasjenige zu bezeichnen sein, welches seinen Frühlingszug am spätesten antritt, und mehr als irgend eine andere Art seine Reise von warmem stillem Wetter abhängig macht; selten kommt ein vereinzelter Vogel vor Mitte Mai an, wiederholt finde ich in meinem Tagebuche den 19. und 20. Mai als Ankunftstag der ersten Stücke bezeichnet. Der Zug währt bis etwa Mitte Juni und der Rückzug findet schon im Laufe des Juli statt. — *M. luctuosa* sieht man schon im April und während des Rückzuges oft zahlreich noch im September, *grisola* nie so früh noch so spät.

In sehr grosser Zahl erscheint diese Art hier nie, mehr als zwanzig bis dreissig sehe ich kaum jemals an einem Tage in meinem Garten, der ein Lieblingsaufenthalt dieser Vögel ist; derselbe besteht in einer ziemlich grossen freien Fläche, die rings von fünfzehn bis zwanzig Fuss hohem Dorn, Hollunder und Weiden umgeben ist, und die dürren oder vereinzelt hervorragenden Zweigspitzen sind es, von denen aus diese Vögelchen bei stillem Sonnenschein ihre Jagd auf fliegende Insekten zu betreiben lieben. Der schwarze Fliegenfänger hingegen hat eine wahre Passion für die Spitzen von Blumenstöcken, den Griff eines in der Erde steckenden Spaten und dergleichen.

Als Brutvogel ist diese Art über ganz Europa und Asien verbreitet.

Nr. 58. Kleiner Fliegenfänger.

MUSCICAPA PARVA. Bechstein.

Helgoländisch: Lütj Besküts = Kleiner Fliegenfänger.

Muscicapa parva. Naumann, XIII. S. 247.
Red-breasted Flycatcher. Dresser, III. p. 465.
Gobe-mouche rougeâtre. Temminck, Manuel, I. p. 158. III. p. 85.

Dieser, der kleinste und sich ausserdem noch ganz besonders durch die reinweisse Wurzelhälfte seines Schwanzes auszeichnende Fliegenfänger erschien früher hier vereinzelt fast jeden Herbst, in manchen Jahren auch zahlreicher, so z. B. kamen während der ersten beiden Tage des Oktober 1869 fünf dieser Vögel hier vor: im Laufe des Oktober 1870 aber wurden vierzehn gesehen und neun derselben geschossen. Seit jener Zeit ist dies Vögelchen hier nur noch wenige mal vorgekommen: 1875 drei Stück, 1877 und 1880 je eins derselben, während der letztverflossenen sieben Jahre ist es nicht wieder gesehen worden. Was die Veranlassung für dies gänzliche Ausbleiben sein möge, ist schwer zu sagen,

ohne Zweifel ist dieselbe auch in diesem wie in ähnlichen Fällen
auf atmosphärische Einwirkungen zurück zu führen, aber es müssen
hier entschieden andere sein, denn wenn, wie im Abschnitt über
den Zug eingehend besprochen, der seit längerer Zeit fast vollständige Mangel schwacher südöstlicher Winde während beider
Zugperioden des Jahres unzweifelhaft als Ursache für das so seltene Erscheinen anderer östlicher und südöstlicher Arten anzusehen ist, so kann dies auf diesen kleinen Fliegenfänger keine
Anwendung finden, denn er ist nie, wie jene, bei Südostwind und
stillem warmen Wetter hieher gelangt, sondern meistens mit stärke-
rem Nordwest und rauhem Wetter, und, was für einen so kleinen
zarten Insektenfresser besonders auffällig, nicht nur spät im
Oktober, sondern noch Ende November, den 23., 28. und 29., ja
einmal sogar noch am 8. Dezember. Auch die drei bisher in England beobachteten Stücke wurden im Oktober, November und eines
derselben sogar im Januar angetroffen — freilich im südwestlich-
sten milderen Theile des Landes. Zwei dieser Vögel waren auf
ihrem westlichen Fluge bis zu den Scilly-Inseln gelangt, und da
wohl kaum anzunehmen, dass sie dort zu überwintern gedachten,
so ergeben auch diese Fälle eine schliesslich südwärts sich wen-
dende, bis dahin westlich verlaufene Herbstwanderung.

Ein Flug von den Scilly-Inseln bis zur spanischen Küste
während so später, meist stürmischer Jahreszeit erscheint vielleicht
für einen so kleinen Vogel ein gewagtes Unternehmen, aber hier
gemachte Erfahrungen, denen nach das noch kleinere und sicherlich viel schwächere Goldhähnchen während schwarzfinsterer stürmischer Oktobernächte hier anlangt und die Reise über die Nordsee nach England fortsetzt, würden auch jenen Flug als keine
ausnahmsweise Leistung erscheinen lassen.

Im Laufe des Frühjahrs habe ich diesen kleinen Fliegenfänger
hier nur einmal erhalten und ausserdem nie wieder bemerkt; auch
dieser Umstand spricht dafür, dass die im Herbst über Helgoland
hinziehenden Individuen sich entweder schon im östlichen und
mittleren England südlich wenden und über den Kanal gehen,
oder aber, wie die obigen drei wirklich beobachteten Fälle, bis in
die westlichsten Striche des Landes gelangen und von dort nach
Spanien hinüber ziehen; gleich vielen anderen östlichen Arten, die
im Herbst vergleichsweise zahlreich hier durchwandern und im
Frühjahr fast niemals wieder gesehen werden, gehen auch sie von
den auf oben angedeuteter Weise erreichten südlichen Punkten
aus im Frühjahr in direkter Richtung nach ihrer Heimath zurück,

Helgoland dann zu ihrer Linken, nördlich von ihrem Wege, liegen lassend.

Einen Lockton, der, wie Naumann und Russow angeben, füid-füid klingt, hat man hier auf Helgoland nie von diesem Fliegenfänger vernommen, sondern stets nur ein gewisses etwas gezogenes Schwirren, welches der in einiger Entfernung schwach gehörten Stimme der Misteldrossel täuschend ähnlich klingt, und es ist eben diese besondere Stimme, die in vielen Fällen die Gegenwart des Vögelchens anzeigte, ehe es gesehen worden; auch der Herr Dr. A. Walter, welcher dasselbe in den Wäldern Livlands zahlreich beobachtete, beschreibt dessen Stimme als einen schnarrenden Ton. In seinem ganzen Thun und Treiben ist dieser Vogel eine Miniatur-Wiederholung seines nahen schwarzen Verwandten.

Merkwürdiger Weise hatte das erste Exemplar dieses Fliegenfängers, das ich hier erhielt, dreizehn Schwanzfedern, woraus ich natürlich schloss, der Schwanz desselben sei vierzehnfedrig — dies Stück ist, glaube ich, in den Besitz des Herrn von Zittwitz übergegangen.

Das Brutgebiet dieser Art beginnt in Deutschland, erstreckt sich von Ungarn nördlich bis Est-, Liv- und Kurland, und in gleicher Breite nach Seebohm bis Kamtschatka.

Seidenschwanz. Ampelis. Die Gattung dieser so ansprechend gefärbten und gezeichneten Vögel umfasst nur drei Arten, von denen eine, *A. cedrorum*, Nordamerika angehört, eine andere, *A. phoenicopterus,* in Japan heimisch ist, und die dritte, *A. garrulus,* den ganzen Norden der Alten und Neuen Welt bewohnt.

Auf Helgoland ist bisher nur die letztere Art vorgekommen.

Nr. 59. Seidenschwanz.

AMPELIS GARRULUS. Linn.

Helgoländisch: Siedenswenske = Seidenschwänzchen.

Bombicilla garrula. Naumann, II. S. 143. XIII. Blasius, Nachtrage, S. 45.
Waxwing. Dresser, III. p. 429.
Grand Jaseur. Temminck, Manuel. I. p. 124. III. p. 71.

Wie der Seidenschwanz überall, selbst als Brutvogel, eine sporadische Erscheinung zu sein scheint, so ist er dies denn auch auf Helgoland in sehr hohem Grade. Während der Herbstmonate

des Jahres 1847 fand ein ganz ausserordentlich gewaltiger Zug
östlicher Arten statt, und mit diesem erschienen von Mitte bis Ende
November auch einige zwanzig Seidenschwänze: im Januar 1850
kamen vom 8. bis 12. des Monats wiederum fünfzehn bis zwanzig
dieser Vögel hier vor, seitdem aber sind dieselben hier in je zehn
Jahren kaum ein- oder ein paarmal gesehen worden — am 23. November 1876 traf ich das letzte vereinsamte Stück in meinem
Garten an.

Die Nistplätze dieses Vogels erstrecken sich vom oberen Lappland an ostwärts durch ganz Asien und reichen ferner von Alaska
bis etwa zur Mitte des arktischen Nordamerika.

Pirol. Oriolus. Diese Gattung ist nach Dresser nur durch
zwei Arten vertreten, *O. galbula.* welche Europa und einen grossen
Theil Asiens bewohnt, und *O. kundoo,* die in Indien und dem östlichen Asien heimisch ist. Seebohm führt hierzu noch *O. auratus* und
O. notatus auf. welche beide Afrika angehören. Bei allen diesen
ist das kleinere Gefieder der männlichen Vögel schön und rein
gelb gefärbt. und nur das grössere oder geringere Auftreten der
schwarzen Zeichnungen scheint sie zu unterscheiden. Helgoland
hat bisher nur eine, die erstgenannte Art besucht.

Nr. 60. Pirol.

ORIOLUS GALBULA. Linn.

Helgoländisch: Bülow = Pirol.

Oriolus galbula. Naumann, II. S. 171.
Golden Oriole. Dresser, III. p. 365.
Loriot vulgaire. Temminck, Manuel. I. p. 129. III. p. 73.

Schulz von Bülow — wie ich ihn als Knabe in meiner märki-
schen Heimath genannt — ist hier ein sehr seltener Gast: ein
oder zwei jüngere oder weibliche Vögel lassen sich wohl sehen
während der letzten Hälfte des Mai, aber auch auf diese wenigen
ist nicht immer mit Sicherheit zu rechnen: ein altes ausgefärbtes
Männchen habe ich hier im Verlaufe von fünfzig Jahren nur einmal gesehen und erhalten. Seinen weithallenden Ruf »tüüt-o-lüoh«,
den Verkünder von sonnendurchstrahltem Waldesgrün, habe ich
hier noch nie vernommen, — welche Scenen der fernen frohen
Jugend würde derselbe wieder wachgerufen haben! Pfingstferien,

während welcher man alle Schulbubenstrategie aufzubieten hatte, um das Nest des Pirol, welches in die Zweige einer hohen Birke am Waldessaum gehängt war, zu erreichen. Dann weiter der domartige hellgrüne Buchenhain, der offene Forst der raumbedürftigen tausendjährigen Eichen und der dunkle harzduftende Tannenwald – das waren schöne Zeiten, als man beim Erklimmen der letzteren nicht sicher war, ob nicht nach beendeter Auseinandersetzung mit einem Bussard, Milan oder Habicht, am Fusse des Baumes der alte greise Forstwart schon laure, mit einer weiteren Auseinandersetzung seinerseits in Bereitschaft, der man sich aber dadurch zu entziehen wusste, dass man, auf den untersten Zweigen des Baumes sitzen bleibend, die Situation zu einer Zeitfrage machte, in welcher der alte rabiate Bruhn dann doch stets den Kürzeren zog, wie ungeberdig er sich auch zu Anfang stellte.

Brutvogel ist der Pirol in Nordafrika, Süd- und Mitteleuropa und in der westlichen Hälfte Asiens. Dänemark und das südliche Schweden erreicht er nur sehr selten, ist im unteren Finnland jedoch nicht selten.

Staar. Sturnus. Von dieser die Alte Welt bewohnenden, nur wenige Arten umfassenden Gattung gehören drei als Brutvögel Europa an eine derselben nistet in geringer Zahl auch auf Helgoland, während eine andere nur als seltener Gast erscheint.

Nr. 61. Staar.

STURNUS VULGARIS. Linn.

Helgoländisch: Sprien = Staar.

Sturnus vulgaris. Naumann, II. S. 187.
Common Starling. Dresser, VI. p. 405.
Etourneau vulgaire. Temminck, Manuel, I. p. 132. III. p. 74.

Zu den ersten Verkündern des wieder erwachenden Frühlingszuges zählt ganz besonders der Staar; Lerchen und Grünhänflinge kommen und gehen fast den ganzen Winter, bald in östlicher, bald in westlicher Richtung; anders ist es mit dem Staar, hat er den Zug begonnen, so setzt er denselben, kaum durch stürmische Tage unterbrochen, fort. Die ersten kleinen Flüge erscheinen Anfang Februar, bei mildem Wetter auch schon früher, so kam z. B. 1885 schon am 13. Januar eine Gesellschaft von

fünfzig bis sechzig Stücken auf regelmässigem ostwärts gerichtetem
Zuge hier an. Der Zug währt bis Ende März, einzelne Nachzügler kommen jedoch auch noch später vor.

Bilden demnach die alten Staare im Verein mit ganz wenig
anderen Arten die Vorhut des Frühlingszuges, so kann man von
den Jungen derselben sagen, dass sie den Zug von den Niststätten
in das Winterquartier buchstäblich eröffnen, denn schon während
der letzten Wochen des Juni treffen die ersten Flüge derselben
ein; im Jahre 1880 schon am 15. des Monats, gewöhnlich kommen
sie aber erst am 20. an, sich von da ab während drei bis vier
Wochen von Tag zu Tag an Zahl steigernd und mit Ende Juli
ihren Zug beschliessend. Bedingung für den Zug dieser jungen
Vögel ist Südostwind und warmes schönes Wetter; in welchen
Massen sie unter solchen Umständen aufzutreten vermögen, bewies
der Sommer von 1878 — mein Tagebuch giebt an: Juni 20. und
21. grosse Schaaren junger Staare: 22., 23. und 24. ungeheuer
viel junge Staare: bis Ende des Monats täglich viele Tausende —
Wind Südost, Wetter still, klar, heiss: Juli, vom 1. bis 12. Tausende und Zehntausende junger Staare täglich, nie so massenhaft
hier gesehen; bis 16. täglich Flüge von Hunderten: am 25. nochmals sehr viel junge Vögel, und hiermit schloss der Zug der jungen
grauen Vögel ab.

Nach einer Pause von zwei Monaten, während welcher kein
Staar gesehen wird, beginnt der Zug der alten Vögel in vollständig vermausertem schwarzem, sehr geflecktem Kleide. In obigem
Jahre, 1878, trafen die ersten nach Hunderten zählenden Schaaren
am 22. September ein: des weiteren finde ich aufgezeichnet: den
2. und 7. Oktober grosse Massen alter Vögel; am 8. Flüge von
Tausenden; am 13. Krähen und alte Staare zu Zehntausenden;
am 14. Krähen viele Tausende, alte Staare Hunderte von Tausenden; am 15. sehr viel Staare: am 16. wenige: am 20. Zehntausende; am 28. grosse Massen. November den 18. und 19. Flüge
von zwanzig bis fünfzig; December vom 9. bis 18. Flüge von
vierzig bis sechzig Stücken. Damit schloss der Herbstzug jenes
Jahres, und in so gewaltiger, sich jeder Schätzung der wirklichen
Individuenzahl entziehender Massenhaftigkeit vollzieht sich der
Zug Jahr auf Jahr, so dass ich in meinem Tagebuche sehr oft zu
der Bezeichnung »Wolkenzüge« für die ungeheuren, in dichtgedrängter Masse dahinstürmenden, fast endlosen Schaaren gegriffen habe.

Nach dem Mitgetheilten bedarf es kaum noch eines Hinweises, dass keine Art in so schlagender Weise, als es die Staare thun, den unabhängig und ohne Begleitung ihrer Eltern unternommenen Herbstzug junger Sommervögel veranschaulicht, einestheils weil die Färbung der Alten und Jungen eine so sehr verschiedene ist, dass man das Alter der Vögel eines überhinziehenden Fluges, selbst in mehreren hundert Fuss Höhe. sofort und ohne Mühe erkennen kann, und anderentheils, weil ein so grosser fest begrenzter Zeitraum zwischen der Wanderzeit beider liegt. Wohl erscheinen hin und wieder während der ersten Tage des Juni ganz vereinzelte alte Vögel, nicht nur der Staare, sondern beliebiger anderer Arten. meist immer in sehr abgetragenem Hochzeitskleide, aber dies sind Stücke. die entweder gar nicht gebrütet, denen die Brut zerstört, oder die den Gatten verloren und in Folge solcher Umstände ihre Niststätten vorzeitig verlassen haben; solche Individuen stehen aber in keiner Beziehung zu den ein bis zwei Wochen später eintreffenden Jungen, die stets selbstständig für sich allein wandern und deren Eltern ihnen, wie obige Daten nachweisen, erst nach vollendeter Herbstmauser zwei Monate später folgen.

Den jungen Staaren wird ihres zarten schmackhaften Fleisches halber von den Helgoländer Jägern sehr eifrig nachgestellt. und mit welchem Erfolge dies manchmal geschieht, möge ein Fall beweisen, in dem Claus Aeuckens unter dem Feuer beider Läufe seines Gewehrs dreiundachtzig junge Staare zur Beute fielen. Alte Vögel sind trocken und zähe und es dürfte wohl schwerlich gelingen, ihrer auch nur den dritten Theil jener Zahl durch zwei Schüsse zu erlegen.

Der Staar ist als zahlreicher Brutvogel über ganz Mittel- und Nordeuropa und in gleicher Ausdehnung über ganz Asien verbreitet.

Nr. 62. Rosenfarbiger Staar.

STURNUS ROSEUS. Brisson.

Helgoländisch: Stuur-Amsel – Schöne Amsel.

Sturnus roseus. Naumann, II. S. 206.
Rose coloured Starling. Dresser. IV. p. 423.
Martin roselin. Temminck, Manuel. I. p. 136, III. p 76.

Dieser so schöne Vogel ist hier während der letzten fünfzig Jahre etwa vierzig mal gesehen und in den meisten Fällen auch geschossen worden; sein Erscheinen findet, wie das aller südöstlichen Arten, hauptsächlich im Juni statt, doch ist er manchmal auch im August noch eingetroffen – so wurden unter anderem im August 1853 acht alte Vögel dieser Art hier erlegt; es scheint dies letztere ein normaler herbstlicher Rückzug solcher Stücke zu sein, die in ungewöhnlicher Ueberschreitung ihres Frühlingszuges ziemlich häufig bis England, Schottland und sogar bis zu den Shetlands und Orkneys gelangten. Ueberraschender ist das Vorkommen junger, noch das graue Jugendkleid tragender Sommervögel dieser Art während vorgerückterer Jahreszeit; so erhielt ich beispielsweise im September 1860 drei derartige Stücke. Eine solche Erscheinung lässt zwei Annahmen zu: entweder geht der rosenfarbene Staar manchmal im Europäischen oder Asiatischen Russland nördlich bis zur Breite Helgolands hinauf, brütet daselbst, und ein Theil der Jungen, gleich vielen anderen fern ost von hier heimischen Arten, folgt nicht dem normalen Herbstzuge der Art, sondern wendet sich westwärts und gelangt solcher Weise hieher: oder aber es kommen öfter Fälle vor, in welchen die nach Schottland vorgedrungenen Vögel daselbst brüten und man es mit den auf dem Herbstzuge nach Persien oder Indien begriffenen Jungen solcher Brut zu thun hat. Einen derartigen Nistversuch führt Gray, Birds of the West of Scotland, Seite 161 an.

Das obenerwähnte Hinauswandern über die normalen Grenzen des Frühlingszuges südöstlicher Arten, die in Griechenland, Kleinasien oder Syrien brüten und vom untern Persien an durch ganz Indien überwintern, ist nicht als planloses Umherschweifen anzusehen, sondern wird, wie im Abschnitt über den Zug unter »Ungewöhnliche Erscheinungen« eingehend besprochen, zweifellos dadurch veranlasst, dass während der ersten Stadien der Brutgeschäfte einer der Gatten zu Grunde geht, meist das legende oder brütende Weibchen, und der nachbleibende die Befriedigung des noch bestehenden Bruttriebes durch weiteren Verfolg der Richtung des seiner Art eigenen Frühlingszuges zu erreichen sucht, welche bei dem rosenfarbigen Staar eine nordwestliche ist und ihn über Deutschland nach England, Schottland und dessen nördliche Inseln führt. Dass ein solches Streben, wie abenteuerlich es auch zuerst erscheinen möge, dennoch Erfolg haben könne, beweist obige Beobachtung von Gray in Schottland. In welchen beispiellosen Massen diese Vögel in ihren Brutkolonien, die sich am Boden zwischen Steingeröll befinden, durch Raubthiere vernichtet und verwittwet werden, kann man aus Mittheilungen des Marquis Antinori in der Naumannia für 1856 ersehen.

Brutvogel ist diese Art von Kleinasien bis in das südliche Russland hinauf, im Kaukasus, Turkestan und ostwärts in gleicher Breite bis in das mittlere Asien.

Drossel. Turdus. Diese Gattung umfasst, einschliesslich der grossen bunten Drosseln, der Steindrosseln und der amerikanischen Spottdrosseln, welche alle hier, älteren Bezeichnungen folgend, als Drosseln aufgeführt sind, etwa zweihundert Arten; von diesen sind bisher einundzwanzig in Europa angetroffen, aber nur acht derselben können als heimische Brutvögel angesehen werden. Die Zahl der auf Helgoland beobachteten beträgt neunzehn, unter diesen befinden sich zwei für Europa neue Arten, nämlich *Turdus lividus* und *T. rufus.* Eine weitere kleine amerikanische Art, *T. Swainsoni,* war, zur Zeit ihres Ranges wenigstens, neu für Deutschland, ist seitdem aber auch einmal in Holstein erbeutet worden.

Einige Arten, namentlich die Sing- und Schwarzdrossel, werden auch hier in grosser Zahl zum Verspeisen gefangen; eigenthümlich ist, dass für den hierin fast überall obenanstehenden Krammetsvogel, *T. pilaris,* auf Helgoland keine Fangmethode besteht, trotzdem derselbe sehr oft in grosser Zahl die Insel besucht - er wird nur ausnahmsweise gefangen oder nebenher geschossen. Mit Bestimmtheit kann man ausser obigen auch auf den Fang der Ringdrosseln rechnen, leider aber besucht dieser von den hiesigen Vogelfängern ganz besonders begehrte grosse fette Vogel Helgoland nur in geringerer Zahl und hält sich ausserdem mit Vorliebe an den Felswänden, sowie am oberen Rande derselben auf; er ist nebenher so scheu und wachsam, dass ihm auch mit Schiessgewehr nur selten beizukommen ist.

Alle Drosseln werden hier ausschliesslich in Netzen gefangen; als Lockmittel bedient man sich, so sonderbar dies auch klingen möge, einiger in die Erde gesteckter meistens dürrer Sträucher. Das Verfahren ist folgendes: man bestellt einen Raum von ungefähr zwanzig Fuss Breite und sechs bis acht Fuss Tiefe mit zehn Fuss hohem Strauchwerk ziemlich dicht, nur so viel Raum lassend, dass die Drosseln am Boden bequem zwischen dem Gesträuch hindurch laufen können.

An einer der langen Seiten stellt man das Gesträuch senkrecht, an der entgegengesetzten etwas schräg, der ersten Seite zugeneigt: über die schräge Seite wird ein starkes Netz gespannt, welches von der obersten Spitze des Gesträuches, bis auf zwei Fuss vom Boden entfernt, die eine Seite der Anlage in langem Halbkreise umfasst; ein zweites, aus starkem Zwirn gestricktes Netz, lose auf eine Leine gereiht, hängt man vermöge der straff gezogenen Leine, den unteren Rand des ersten Netzes ein wenig überragend, um den unteren Theil der schon bespannten Seite, und zwar so, dass es denselben nicht allein in langem Halbkreise ebenfalls umschliesst, sondern noch ungefähr einen Klafter vom Fusse des Gesträuches lose auf dem Boden gebreitet liegt — somit die Tiefe der ganzen Anlage um ein Bedeutendes vergrössert.

Die Aufstellung des Gesträuches muss so geschehen, dass die Drosseln dasselbe aus einiger Ferne sehen können und einen freien Anflug nach der offenen Seite desselben haben: kann man lebendes Buschwerk dazu verwenden, so ist solches, wie leicht erklärlich, in viel höherem Grade anlockend für die Drosseln. In etwas geschützten Gärten, wie der meinige, ist dies hier wohl möglich, aber auf dem freien oberen Felsplateau durchaus unausführbar, da die hier während der Herbst- und Wintermonate wüthenden Nordweststürme jedes freistehende noch so niedrige Gebüsch sehr bald gänzlich vernichten.

Einen solchen Fangapparat nennt man hier einen »Troossel-Goard«, wörtlich übersetzt Drosselgarten. Drosselbusch, wie wohl logisch richtiger wäre, kann man kaum sagen, da die helgolän-dische Sprache die Bezeichnung Busch gar nicht besitzt, jeder, auch der kleinste Strauch, ja die Topfblumen auf den Fenstern, werden Bäume, Boamen, genannt. Es mögen sich ungefähr zwanzig solcher Drosselbüsche auf der Insel befinden und der Fang mit denselben ist ein sehr lohnender, denn hier, wo die Oberfläche des Felsens, nachdem die Kartoffeln und der wenige Kohl eingeerntet, so kahl wie die ihn umgebende See, liegt für die des schattigen Waldes gewohnten Drosseln ein so verlockender Reiz in den wenigen in die Erde gesteckten dürren Zweigen und Sträuchern, dass sie denselben mit grösster Bereitwilligkeit zueilen — wenn einmal im Strauchwerk, werden sie vermöge eines langen leichten Steckens mit geringer Mühe unter den auf dem Boden locker an-liegenden Theil des Netzes getrieben, wo sie meistens den Kopf durch eine der Maschen stecken und nicht mehr zurück können.

Bei starkem Zuge hat man in einem Morgen nicht selten ein paar hundert Drosseln in so einem Busche gefangen, an manchen Tagen, wenn das Wetter nicht so günstig, ist man auch schon mit dreissig bis fünfzig zufrieden. Ausser Drosseln gerathen zufällig noch manche andere Vögel unter das Netz des Busches, nicht selten z. B. eine Waldschnepfe, Holztaube, der Wachtelkönig nebst seinen nahen Verwandten, alle Neuntödter, die Waldohreule, und nicht selten geräth auch der Sperber im Verfolgen seiner Beute hinein. Von Sylvien, Finken und Meisen wimmelt der Busch fast immer, aber für diese ist das Netz grossmaschig genug, um sie mit dem blossen Schrecken davon kommen zu lassen.

Die Beschreibung des Troossel-Goard ist so ausführlich gegeben worden, weil man einen solchen vielleicht auch an anderen Orten mit Nutzen anlegen könnte, nicht nur auf kahlen Inseln der Norwegischen und Englischen Küste, sondern sicherlich auch auf weiten Haide- und Ackerflächen, über welche der Drosselstrich, wie man den oft niedrig dahingehenden Herbstzug wohl nennen könnte, führt.

Nr. 63. Bunte Drossel.

TURDUS VARIUS. Pallas.

Helgoländisch: Gold-Troossel = Golddrossel.

Turdus Whitei. Naumann, XIII. S. 262.
White's Thrush. Dresser, II. p. 77.
Merle varié ou de Withe. Temminck, Manuel. IV. p. 602.

Dreizehn mal ist diese so schöne grosse ostasiatische Drossel bisher auf Helgoland erlegt und daneben noch wenigstens sechs bis acht mal gesehen worden. Fünf dieser Vögel habe ich selbst für meine Sammlung gestopft, vier hiervon bilden einen bleibenden Schmuck derselben, und eines, ein am 3. September 1846 gefangenes schönes Männchen, habe ich meinem lieben Freunde, dem Professor Alfred Newton zu Cambridge, geschenkt. Die Daten des Vorkommens dieser Stücke, soweit ich solche habe ermitteln können, sind folgende: Oktober 1827; September 1834; Oktober 1836; Oktober 1840; 3. September 1846; 3. Oktober 1849, prachtvolles Männchen; 4. Oktober 1864, weiblicher Vogel; 23. April 1869, Männchen, sehr verblichen und verletzt; 1. Oktober 1869; 16. Oktober 1869, schönes Weibchen; 18. September 1870; 9. Oktober 1872, Männchen; 3. Oktober 1884, Weibchen.

Ausser den Genannten sind während des Zeitraumes von 1825 bis 1837 durch den alten Koopmann und Reymers wiederholt Stücke dieser Drossel hier gefangen und präparirt worden, betreffs welcher die Daten nicht mehr festzustellen waren. so z. B. die beiden Stücke, welche Gould in seinen Birds of Europe als in der Nähe Hamburgs gefangen erwähnt, von denen nach Newton's Angabe eins sich noch im Besitz des Mr. Baker auf Hardwick Court in England befindet. das andere aber der nächstfolgenden sehr ähnlichen Art, *Turdus dauma*. angehört.

Auf dem Europäischen Festlande sind ungefähr fünfzehn Exemplare der bunten Drossel im Laufe der letztverflossenen hundert Jahre erlegt worden, das erste bekannt gewordene Beispiel bis zum Jahre 1788 zurück datirend. In England ist dieselbe nach Newton vom Jahre 1828 bis 1872 neunmal gesehen und, bis auf einen Fall, erlegt worden; diese acht Stücke befinden sich in namhaft gemachten Sammlungen.

Diese so auffallend schöne Drossel zeichnet sich beim ersten Blick vor allen bisher als Europäisch bekannten Arten durch ihr auch an den oberen Theilen buntgeflecktes Kleid aus. Am frischvermauserten Herbstvogel sind alle oberen Theile sehr schön und rein, man könnte fast sagen goldig-olivenfarben, jede Feder hat einen hellgelblichen Schaftstrich und eine breite sammetschwarze halbmondförmige Einfassung; die Grundfarbe geht auf dem Bürzel in trübes Olivengelb über und ist an den Federn des Oberkopfes vor der schwarzen Spitze rein gelb. Alle unteren Theile sind weiss, ganz rein an den grössten Federn der Weichen und des Bauches, auf dem Kropfe olivenfarben überlaufen und an den Brustseiten hell rostgelb angeflogen. Mit Ausnahme des Bauches und der Kehle hat auch hier jede Feder eine tief sammetschwarze halbmondförmige Einfassung, die an den Brustseiten und Weichen, beim Männchen namentlich, sehr breit ist und einen grossen Theil des Grundes verdeckt, nach der Bauchmitte aber schmaler wird und sich am Vorderhalse hinauf nach und nach verliert. Die weissen unteren Schwanzdeckfedern haben nur ein ganz schmales halbmondförmiges Endfleckchen.

Die Schwanzfedern sind schwärzlich olivenbraun, auf den Aussenfahnen olivenfarbig, was theilweise in ein schönes Okergelb übergeht; die grossen Deckfedern sind auf der Aussenfahne ebenfalls olivenfarben und haben eine lebhaft okergelb gefärbte Spitze; die mittleren sind tiefschwarz, das Enddrittel derselben weisslich okergelb, welche Farbe sich breit auf dem Schaft bis zur Mitte der Feder hinaufzieht. Die untere Seite der Flügel zeigt eine sehr auffallende Zeichnung, die einer ganzen Gruppe Ostasiatischer und Australischer Drosseln eigenthümlich zu sein scheint, bestehend

16*

in einem breiten reinweissen und einem tiefschwarzen Streifen, welche beide sich durch den ausgebreiteten Flügel von den hinteren Schwingen bis vorn zur zweiten Schwungfeder erstrecken und an welcher eigenthümlichen, sehr auffallenden Zeichnung der Vogel im Fluge sofort zu erkennen ist.

Der Schwanz hat vierzehn Federn. Die obere Seite der beiden mittleren Federpaare ist olivengelbbraun, auf der Innenfahne ein wenig dunkler; das nächste Paar ist auf der Innenfahne und dem unteren Drittel der Aussenfahne schwärzlich; die dann folgenden beiden Paare sind schwarz, an der Aussenfahne olivenfarben gesäumt, sie haben einen weissen Spitzfleck; am nächstfolgenden Paar ist die weisse Zeichnung sehr gross und zieht sich verwaschen am Schaft bis zur halben Federlänge hinauf, und die Aussenfahne ist an der Wurzelhälfte nur noch schwarz; das äusserste Paar ist nur wurzelwärts noch schwärzlich, der grössere Theil der Innenfahne rein weiss, die Aussenfahne sehr hell weisslich olivenfarben.

Die Maasse dieser schönen Drossel, von sieben frischen Exemplaren im Fleisch genommen, sind folgende: ganze Länge 285 mm, Länge des Flügels 164 mm, Länge des Schwanzes 104 mm. Die Flügel lassen vom Schwanze unbedeckt 55 mm. Länge des Schnabels 22 mm; Höhe der Fusswurzel 35 mm.

Am Flügel sind die dritte und vierte Schwinge die längsten, letztere meist nur 1—2 mm zurücktretend; die zweite Schwinge ist 4—5 mm kürzer als die vierte, aber etwa doppelt soviel länger als die fünfte — ihre Spitze steht somit der vierten bedeutend näher als der fünften.

Der Schwanz ist mehr oder weniger abgerundet; an einem meiner Exemplare ist das äusserste Federpaar 12, das nächste 5 mm verkürzt; an einem anderen sind alle Federn von fast gleicher Länge und nur das äusserste Paar ist 9 mm kürzer.

Das Nistgebiet dieser Art muss sich, gemachten Beobachtungen nach, von jenseits des Jenisei durch das südliche Sibirien erstrecken, man hat jedoch noch kein Nest und keine Eier aufgefunden, von denen man mit Sicherheit behaupten könnte, dass sie dieser Drossel angehören.

Nr. 64. Himalaya - Drossel.

TURDUS DAUMA. Latham.

Geocichla dauma. Seebohm, Cat. Brit Mus. Birds. V. p. 154.

Es befindet sich im Museum zu Lund eine Drossel, die mit
der Sammlung des Baron von Gyllenkrog nach dem Tode dieses
Herrn durch Vermächtniss an das genannte Museum überging.
Dies Exemplar kaufte der Herr von Gyllenkrog vor ungefähr
fünfzig Jahren von dem Naturalienhändler Brandt in Hamburg als
angeblich auf Föhnen gefangen; wie mir Brandt aber einige Jahre
später persönlich mittheilte, war dieses Stück einer der beiden
Vögel, welche um jene Zeit, etwa 1836, von Helgoland aus an
Brandt gelangten, und deren Gould, ebenfalls auf Angaben Brandt's
gestützt, als in der Nähe Hamburgs vorgekommen, in seinen Birds
of Europe erwähnt. Diese letztere Drossel ist nach Gould's Be-
stimmung unzweifelhaft *T. varius* gewesen und existirt noch, wie
schon erwähnt. in einer Sammlung in England; die zweite Drossel
aber, die in Lund als *T. lunulatus* aufgestellt ist, gehört nach
der Form der Flügel jedoch nicht zu letzterer Art. sondern zu
T. dauma aus dem Himalaya — zwischen welcher und der Austra-
lischen *T. lunulatus* sich nach Dresser's Ansicht keine feste Unter-
scheidungsgrenze ziehen lassen soll.

Nach den mir gütigst aus Lund mitgetheilten Flügelmaassen
ist an dem dortigen Exemplar die zweite Schwinge nur 2 mm
länger als die sechste und 5 mm kürzer als die fünfte; die dritte
und vierte Schwinge sind die längsten und überragen die zweite
um 7 mm. Bei der vorhergehenden, *T. varius*, steht die Spitze der
zweiten Schwinge näher an der der vierten als an der fünften,
bei der gegenwärtigen, *T. dauma*, steht dieselbe der sechsten näher
als der fünften — befindet sich in ersterem Falle also zwischen
der vierten und fünften und in letzterem zwischen der fünften und
sechsten. In Farbe und Zeichnung gleichen beide Arten sich sehr.
Heimathlicher Brutvogel ist die gegenwärtige Art im Himalaya
und, soweit bekannt, noch nicht weiter auf Europäischem Boden
beobachtet worden.

Nr. 65. Misteldrossel.

TURDUS VISCIVORUS. Linn.

Helgoländisch: Snarker = Schnarcher.

Turdus viscivorus. Naumann, II. S. 248.
Missel Thrush. Dresser, II p. 3.
Merle draine. Temminck, Manuel. I. p. 161. III. p. 87.

Von allen auf dem nahen Festlande heimischen Drosseln
besucht die Misteldrossel Helgoland in geringster Zahl; man würde
sich, selbst wenn sie auch nicht so überaus scheu und vorsichtig
wäre, sicherlich nicht zwanzig derselben hier im Laufe eines
ganzen Jahres verschaffen können. In den Drosselbusch geht
diese Art nur höchst ausnahmsweise, und auf dem kahlen Felsplateau ihr mit Schiessgewehren beizukommen, ist durchaus unmöglich.

Diese Drossel zählt zu den ersten Erscheinungen des Frühlingszuges, bei mildem trüben Wetter kommt sie schon Anfang
Februar an; immer sind es aber nur ein bis zwei, selten mehr als
drei Vögel, die im Laufe eines Tages gesehen werden. So zahlreich wie andere einheimische Drosselarten kommt sie überhaupt
nirgends vor, obzwar sie über ganz Europa und Asien wenigstens
bis zum Baikalsee verbreitet ist: Irby fand ihr Nest bei Gibraltar,
Sewertzoff dasselbe in Turkestan. und Wolley erhielt Nester und
Eier derselben in Schweden und Finnland noch unter dem 68° N.

Nr. 66. Singdrossel.

TURDUS MUSICUS. Linn.

Helgoländisch: Grü-Troossel = Graue Drossel.

Turdus musicus. Naumann, II. S. 262.
Song-thrush. Dresser, II. p. 19.
Merle grive. Temminck, Manuel. I. p. 164. III. p. 88.

Unter dem Wildpret. welches auf den Tisch des Helgoländers
kommt, spielt die Singdrossel »de Grü« eine sehr hervorragende
Rolle, nicht etwa. dass man die feiste Schwarzdrossel oder die
grosse delikate Ringdrossel weniger schätzte. aber einestheils
kommt die Singdrossel überhaupt in viel grösserer Zahl als irgend

eine ihrer Verwandten hier vor. und anderentheils sind die Chancen
für ihr öfteres Erscheinen viel günstiger, wie denn auch ihr Zug
von längerer Dauer als der jener anderen ist. Da nun mit dem
Nützlichen der grösseren Zahl in diesem Falle auch das Angenehme
des Wohlgeschmackes verbunden ist, indem eine feiste Singdrossel
im Herbst wohl keiner ihrer ganzen Sippe nachsteht, so darf man
versichert sein, dass, wenn das Menu der Helgoländer Hausfrau
»Troossel-supp« ankündet, Pater familias sicher rechtzeitig am
Tische sitzt, den Löffel in der Faust, in mundwässernder Erwartung der Dinge, die da kommen sollen, — dem ich, auf langjährige
Praxis gestützt, nur hinzufügen kann, dass ich ihm solches durchaus nicht verarge: denn auch ich habe nicht selten in dämmriger
Morgenfrühe beim Fange der feisten leckern Ringdrosseln meine
Gedanken ertappt, wie sie mit grossem Behagen vom Drosselbusch
zum Suppentopf hinüber schweiften.

Es befremdet vielleicht das Wort »Drosselsuppe«, aber hier-
orts kommt fast alles in den Suppentopf, nicht nur sämmtliche
Drosselarten, sondern auch vornehmlich Lerchen, en passant eine
wilde Taube, Goldregenpfeifer, Kibitz, Wachtelkönig und dergleichen, gebraten wird fast nichts. Ich kann nur jedem, der
Vögel in genügender Zahl fängt, rathen, einmal seine *T. musicus,*
Krammetsvögel, nicht zu braten, sondern versuchsweise vierzig bis
fünfzig derselben, je nach Bedarf, dem Suppentopf zu überantwor-
ten — die feistesten aber um's Himmelswillen nicht ausweiden! — und
wenn Betti eine wahre Künstlerin ist, woran ich nicht zweifle, so
wird sie eine Suppe auf den Tisch schicken, gefolgt von Drosseln
au naturel, der sicherlich ein da Capo nicht mangeln dürfte.

Der Zug der Singdrossel beginnt im Frühjahr, je nach dem
Wetter, schon Anfang März, auch wohl früher; ich finde sie hin
und wieder in meinem Tagebuche schon in der dritten Woche des
Februar verzeichnet; dieser Zug währt vollständig bis Mitte Mai.
Der Rückzug derselben beginnt Mitte September und währt bis
Ende Oktober und Mitte November; für beide Zugperioden ist
schwacher Südost und Süd-Südost der günstigste Wind, zumal wenn
denselben warmes gutes Wetter begleitet. Ausser diesen regel-
mässigen Zügen kommen hier fast alljährlich während der ersten
Tage des Juli kleine Gesellschaften von fünf bis sechs jungen, oft
noch an den oberen Theilen hellgefleckten Singdrosseln im dichten
Gebüsch der Gärten vor; solche Vögel und die frühe Zeit ihres
Erscheinens dürften nur den Schluss zulassen, dass sie auf Helgoland ausgebrütet worden, aber unerklärlich bliebe dennoch, wo

das Nest derselben gestanden haben könnte, wenn nicht etwa in irgend einer dunklen Felskluft. Gebüsch, dicht genug, um als Nistplatz einer Drossel zu dienen, ist hier nicht vorhanden.

Eigenthümlich ist in der stillen Morgendämmerung das laute Sausen, mit dem sich diese Drosseln bei ihrer Ankunft, unter viel grösserer als raketenartiger Geschwindigkeit, aus sehr grosser Höhe herabstürzen, meist in einer steilen Linie, oft aber auch in einem zwei- oder dreitheiligen Zickzack — was man aus dem wechselnden Ton des Geräusches erkennen kann; für Wahrnehmung durch das Auge ist die Geschwindigkeit des Herabsausens einer Drossel, Taube oder Schnepfe viel zu gross. man vermag nur den letzten Moment zu sehen, während dessen der Vogel sich, manchmal in ein wenig schräger werdender Linie, manchmal aber auch fast senkrecht. plötzlich dem Boden nähert und sofort sich setzt.

Das so beschriebene plötzliche steile Herabstürzen der Drosseln findet jedoch nur bei stillem klaren Wetter statt; wenn die Atmosphäre feucht, trübe und schwer ist, fliegen die ankommenden Vögel niedriger.

Wenn starker Zug stattfindet, so sausen diese Drosseln in der frühen Dämmerung mit wahrhaft pfeilschneller Geschwindigkeit durch die Strassen, zwischen den zerstreut stehenden Häusern und Gärten hindurch und stürzen sich so in den Drosselbusch oder anderes Gesträuch; der schnellste Flug während der Tagesstunden steht zu der Hast dieses Fluges in gar keinem Vergleich, es ist derselbe wohl der letzte Ausläufer des eben beendeten Wanderfluges. der bei dem Frühlingszuge des nordischen Blaukehlchens ja das wunderbare Resultat von fünfundvierzig Meilen in der Stunde ergiebt.

Während solcher Frühstunden fängt man die Singdrosseln auch mit gutem Erfolg in grossen senkrecht stehenden Netzen, die den Schnepfennetzen gleich. aber engmaschiger sind. Im Verlauf des Tages fliegen diese Drosseln gemächlicher in den Busch, hüpfen auch wohl, wenn sie sich unbeobachtet glauben, am Boden hinein, lassen sich aber nie, wie die Schwarzdrossel hineintreiben; nähert man sich der letzteren, so sucht sie sich anfänglich in langen Sätzen zu entfernen, eine Singdrossel thut dies aber nie, sie sitzt hoch aufgerichtet still bis man ihr zu nahe kommt und fliegt dann plötzlich davon; dicht vor dem Drosselbusche sitzend. fliegt sie unter solchen Umständen steil in die Höhe und über denselben hinweg, nicht hinein.

Der Fang im Drosselbusch war früher, ehe der schon wiederholt erwähnte Wandel in der vorherrschenden Windrichtung eintrat, ein ausserordentlich lohnender. Ein alter Vogelfänger, Payens
mit Namen, hat oft fünf- bis sehshundert Singdrosseln an einem
Tage in seinem Drosselbusche gefangen, einmal sogar, im Oktober
1824, tausend Stück an einem Tage. Hundert ist jedoch schon
ein ausnahmweise gutes Tagewerk.

Sehr zahlreicher Brutvogel ist die Singdrossel vom Atlantischen
bis zum Stillen Ozean; in Norwegen bis zum 68 ° N. hinauf.

Nr. 67. Weindrossel.

TURDUS ILIACUS.   Linn.

Helgoländisch: Gühl-Jükked = Gelbflüglige.

Turdus iliacus. Naumann, II. S. 276.
Redwing. Dresser, II. p. 35.
Merle mauvis. Temminck, Manuel. I. p. 165. III. p. 89.

Ungleich weniger zahlreich als die vorhergehende, besucht diese
hübsche Drossel Helgoland; und auch von diesen Besuchern dürfte
nur der geringere Theil freiwillig hier vorsprechen, denn die grossen,
hundert bis zweihundert Vögel zählenden Flüge, welche im Oktober
oft noch spät am Nachmittag und gegen Abend unter vielem Geschrei sich hier niederlassen, sind stets die Verkünder bald eintretenden schlechten Wetters, das heisst heftigen Westwindes mit
Regen, unter dessen Vorgefühl sie ihre Reise durch Einkehr auf
Helgoland unterbrechen, was unter günstigen Witterungsverhältnissen sicherlich nicht geschähe. Es liegt in dieser Erscheinung
wiederum ein Beweis für die Werthlosigkeit der vielseitig so eifrig
gesammelten Daten des lokalen Auftretens von Vögeln während
deren Zugperioden, wenn diese Daten nicht zugleich auch die eingehendsten Witterungsangaben enthalten, denn alle solche Erscheinungen, sowie deren grössere oder geringere Massenhaftigkeit
hängen auf das Innigste zusammen mit den jeweiligen örtlichen
atmosphärischen Zuständen — wie dies im Abschnitt über den
Zug unter »Atmosphärische Einflüsse« eingehend besprochen wurde.

Gefangen wird die Weindrossel hier nur in geringer Zahl, ihr
Thun und Treiben ist auf den freiliegenden Feldern und Grasplätzen,
in Folge dessen kommt sie nur ausnahmsweise dem Drosselbusche
nahe. Ihr Herbstzug beginnt später als der der Singdrossel, die
ersten Stücke dürften selten vor Mitte Oktober eintreffen, auch

ist sie weniger wählerisch betreff des Wetters; ihr Zug währt den ganzen November hindurch, kleinere Gesellschaften kommen auch im Dezember noch vor, so z. B. im Jahre 1886 sogar noch am 20., 21. und 22. des letzteren Monats.

Die Weindrossel brütet vom mittleren bis zum nördlichsten Skandinavien an in gleicher Breite bis in das östliche Sibirien — ostwärts jedoch sehr an Zahl abnehmend.

Nr. 68. Blasse Drossel.
TURDUS PALLENS. Pallas.

Turdus pallens. Naumann, XIII. S. 289.
Dusky Thrush. Dresser, II. p. 71.
Merle blafard. Temminck, Manuel. III. p. 97. IV. p. 605.

Diese Art kann ich nur auf die Autorität von Claus Aeuckens gestützt aufführen, der am 3. Juni 1881 eine solche Drossel in der Nähe von acht bis zehn Schritten vor sich sah und auch genügend Zeit hatte, dieselbe genau zu beobachten — aber leider kein Gewehr mit sich führte. Aeuckens, der an Sicherheit der Beobachtung wohl Niemanden nachsteht, beschrieb den Vogel so genau, dass nicht der geringste Zweifel über die Hingehörigkeit desselben bestehen konnte, und ward noch um so bestimmter, als ich ihm einen Balg dieser Art vorzeigte. Da diese Drossel ziemlich oft auf dem Festlande, namentlich in Deutschland vorgekommen, vor wenigen Jahren sogar im nahen Holstein gefangen ist, so liegt in ihrem Erscheinen auf Helgoland auch weiter nichts Ueberraschendes.

Die Heimath dieser Drossel ist im oberen östlichen Asien, Seebohm fand ihr Nest innerhalb des Polarkreises an einem Nebenflusse des Jenisei, und Dybowsky traf sie brütend in Daurien an. Wahrscheinlich erstrecken sich ihre Niststätten bis in das äusserste Asien, denn man hat sie auch von Japan erhalten.

Nr. 69. Swainsons Drossel.
TURDUS SWAINSONI. Cabanis.

Turdus Swainsoni. Naumann, XIII. S. 275. Taf. 355. Fig. 4.
Wilsons Thrush. Richardson u. Swainson, Faun. Bor. Amer. p. 182.
Turdus Swainsoni. Seebohm, Cat. of Birds of Brit. Mus. V. p. 201.

Das erste in Europa beobachtete Exemplar dieser kleinen Amerikanischen Drossel ward nach Giglioli (Avifauna Italica, p. 100) im Herbst 1843 bei Genua gefangen; später soll dieselbe in Belgien vorgekommen sein, Naumann sagt jedoch hierüber, dass »diese Nachricht sich nicht habe bestätigen wollen.« Am 2. Oktober 1869 kam hier auf Helgoland aber eine Swainsons Drossel vor, die ich selbst präparirte, und die sich in meiner Sammlung befindet; dieselbe ward durch einen Sperber dermaassen geängstigt, dass sie sich auf die Stufen der grossen, den Felsen hinaufführenden Treppe zwischen die Passanten flüchtete und sich von einem derselben, einem jungen Jäger — Jacob Aenckens — mit der Hand ergreifen liess, ohne den geringsten Fluchtversuch zu machen.

Nach Giglioli's weiteren Angaben ward im Jahre 1878 wiederum eine dieser Drosseln in Oberitalien gefangen und im Museum zu Roveredo aufgestellt, und schliesslich besitzt das Museum zu Hamburg ein Exemplar, das vor mehreren Jahren im Holsteinischen gefangen worden. Dies letztere Stück, welches ich mit dem meinigen vergleichen konnte, ähnelt letzterem auf das Vollständigste und ist unzweifelhaft *T. Swainsoni.*

Alle obengenannten in Europa vorgekommenen Stücke wurden während des Herbstzuges gefangen, was, auf analoge Erscheinungen gestützt, voraussetzen lässt, dass dieselben dem östlichen Asien entstammen. Diese Annahme findet eine Stütze in dem Umstande, dass man während Nordenskjöld's Eismeer-Expedition drei kleine Drosseln auf der Tschuktschen Halbinsel erlegte, am 1., 8. und 10. Juni; dieselben sind zwar als var. *Aliciae* (Baird) — eine blasse östliche Abweichung von *Swainsoni* — bezeichnet (Palmén, Bearbeitung des Ornithologischen Materials), da aber beider Urheimath das nördliche Amerika ist, von wo *Aliciae* nach Asien vorgedrungen, so wird auch der nur etwas stärker rostgelb gefärbten *Swainsoni* dieselbe Neigung zu westlichen Wanderflügen beiwohnen, und sie durch Asien nach Europa gelangen.

Diese kleine, niedliche Drossel gleicht in der Färbung aller oberen Theile, des Schwanzes und der Flügel, vollkommen einer Singdrossel, die unteren Theile derselben sind trübe weisslich, am Halse und Kropfe rostgelb angeflogen; die Halsseiten und der Kropf sind mit den charakteristischen Drosselflecken gezeichnet, die aber nach dem Kropfe zu sehr schnell aus der spitzdreieckigen in eine breitgezogene Form übergehen, nicht so schwarz und scharfbegrenzt wie bei der Singdrossel sind, und an den Brustseiten sofort in sehr breite, trübe, drosselgraue sehr verwischte Flecke verlaufend, sich kaum noch von den graugewölkten Weichen unterscheiden; die Brustmitte, Bauch und unteren Schwanzdeckfedern sind einfarbig weiss.

Die Maasse des hier erlegten frischen Vogels waren: ganze Länge 161 mm, Länge des ruhenden Flügels 95 mm. des Schwanzes 67 mm, die Flügel liessen vom Schwanze unbedeckt 27 mm. Der Schnabel misst von der Stirn zur Spitze 11 mm und die Höhe der Fusswurzel ist 28 mm.

Das Brutgebiet dieser Drossel erstreckt sich über Canada und Alaska bis zum Polarkreis hinauf. Man hat die blasser und mehr grau gefärbten Stücke derselben, welche im östlichen Theil ihrer Heimath vorherrschen sollen, und von dort, wie Seebohm (Cat. of Birds of Brit. Mus. V. p. 202) angiebt, nach Kamtschatka hinüber gehen, von den frischer rostgelb gefärbten unter der Benennung *T. aliciae* getrennt, mit welchem Recht, ist hier nicht zu ent- scheiden, nur möge bemerkt sein, dass das auf Helgoland vorge- kommene Exemplar ein ziemlich frisch rostgelb gefärbtes ist.

Ein Gelege Eier dieser Art, über dessen Echtheit kein Zweifel bestehen kann, da ich dasselbe vom Smithsonian Institution zu Washington erhalten habe, gleicht in der Grundfarbe und Farbe der Zeichnung weitläufig gefleckten Exemplaren der Ringdrossel fast vollständig. die Grundfarbe dürfte jedoch weniger gesättigt meergrün sein und die Zeichnungsflecke nicht ganz so brillant rostroth wie bei jenen, dazwischen stehen wenige violettgraue Schaalenflecke. Bei zweien dieser Eier ist die Zeichnung über die ganze Oberfläche verbreitet und nur am dicken Ende etwas mehr gehäuft; ein anderes hat fast nur Kranzzeichnung: bei dem vierten sind die violettgrauen Schaalenflecke zahlreicher und die aus kleinen schärfer begrenzten Punkten von mehr violettbrauner Farbe be- stehende Zeichnung ist nur sehr zerstreut.

Die Länge dieser ziemlich rundlichen Eier ist 22 mm und ihr grösster Durchmesser 17 mm, die Schaale derselben hat weniger Glanz als die der meisten anderen Drosseleier.

Nr. 70. Einsame Drossel.

TURDUS PALLASI. Cabanis.

Turdus solitarius. Naumann, XIII. S. 275. Taf. 355. Fig. 1 u. 2.
Hermit Thrush. Richardson u. Swainson. Faun. Bor. Amer. p. 184. Pl. 35.
Merle solitaire. Schlegel, Krit. Uebers. d. Vögel Europas. S. XI. u. 70.
Turdus pallasi. Seebohm, Cat. of Birds of Brit. Mus. V. p. 190.

Im Oktober 1836, also elf Jahr nachdem Naumann diese kleine Amerikanische Drossel in der Nähe seines Wohnsitzes erhalten,

ward auch hier ein Exemplar derselben gefangen; Reymers, der
mir dies wenige Jahre später mittheilte, konnte trotz aller angewandten Mühe den Vogel von dem Fänger nicht erlangen, sonst
wäre derselbe wahrscheinlich, wie z. B. *T. liridus*, später doch
noch in meine Sammlung gekommen. Reymers, der mir das fragliche Stück als eine sehr lebhaft gefärbte Miniatur-Singdrossel mit
nachtigallfarbenem Schwanze beschrieb, sah sehr bald darauf bei
Brandt in Hamburg Amerikanische Bälge und erfuhr solcherweise
den Namen dieser Seltenheit.

Auch in Italien befindet sich nach Angabe des Professors
Giglioli in einer Privatsammlung ein daselbst gefangenes Exemplar
dieser Art.

Diese kleine Drossel brütet im oberen Amerika bis 60⁰ N. hinauf.

Nr. 71. Kleine Drossel.

TURDUS FUSCESCENS. Stephens.

Turdus Wilsoni. Naumann, XIII. S. 275. Taf. 355. Fig. 3.
Little Tawny Thrush. Richardson u. Swainson, Faun. Bor. Amer.
p. 179. Pl. 36.
Turdus fuscescens. Seebohm, Cat. of Birds of Brit. Mus. V. p. 203.

Auch diese kleine Drossel kann ich hier nur auf Reymers
Mittheilungen gestützt aufführen; er sagte mir, Brandt habe dieselbe als *Turdus minor* bestimmt, sie sei an den unteren Theilen
fast fleckenlos gewesen, nur an Hals und Kropf hätten sich auf
schwach gelblichem Grunde wenige ganz trübe, nicht schwarze,
Drosselflecke befunden, die Seiten und weiteren unteren Theile
seien weisslich gewesen.

Diese so interessante Seltenheit ging, etwa 1833, in die Hände
von Brandt über, wie es mit so vielem Aehnlichen der Fall gewesen, denn als derselbe mehr denn zehn Jahre später die ersten
paar Hundert Vögel sah, welche ich gesammelt, sprach er seine
Verwunderung aus darüber, dass unter denselben sich so sehr
wenige seltenere Sylvien und Drosseln befänden, von denen er
doch so oft und so interessante Stücke von hier erhalten habe:
seltene östliche Ammern schien er merkwürdigerweise nie von hier
erhalten zu haben, und war sehr erstaunt über *Emberiza pusilla*,
von welcher ich derzeit das erste Exemplar besass. Sibirische
Ammern sind aber seit den letzten Dezennien ganz besonders zahl-

reich aufgetreten; sollten vielleicht neben dem oft erwähnten, seit
mehr denn dreissig Jahren eingetretenen Witterungswandel, der
dem Erscheinen östlicher Insektenfresser offenbar so störend entgegen gewirkt, andere meteorologische Einflüsse, zu fein für Beobachtung, sich geltend gemacht haben, die das Erscheinen östlicher Ammern und anderer Samenfresser begünstigen?

Heimischer Brutvogel ist diese kleine Drossel im mittleren und
nördlichen Nordamerika vom Atlantischen Meere bis zu den Rocky
Mountains.

Die vorhergehenden drei kleinen Drosseln sind bei aller anscheinenden Aehnlichkeit und fast gleicher Grösse dennoch sehr
leicht zu bestimmen: *Turdus Swainsoni* unterscheidet sich von den
beiden anderen durch ihre olivenfarbene Oberseite, die nie den
geringsten Anflug zeigt von dem Rostorange-Braun, welches die
beiden anderen kennzeichnet; und bei diesen letzteren erkennt
man *T. Pallasi* untrüglich an dem rostrothen Schwanz, der bei
fuscescens ziemlich dieselbe Farbe hat wie die grossen Schwingen.
Ebenso bestimmt unterscheiden sich diese drei Arten in der Zeichnung der unteren Theile: *Pallasi* trägt schwarze Drosselflecke bis
zur Mitte der Brust hinunter, *Swainsoni* nur bis zum Kropf, und
bei *fuscescens* sind diese Flecke ganz blass trübe-bräunlich und
reichen nur bis zur Halswurzel.

Nr. 72. Wachholder-Drossel.

TURDUS PILARIS. Linn.

Helgoländisch: Lanz = Name ohne weitere Bedeutung.

Turdus pilaris. Naumann, II. S. 296.
Field fare. Dresser, II. p. 41.
Merle litorne. Temminck, Manuel. I. p. 163. III. p. 88.

Es ist überraschend, dass der allerorten in so grosser Zahl
gefangene Krammetsvogel das vogelberühmte Helgoland in so geringer Zahl besucht, dass für ihn daselbst keine besondere Fangmethode besteht: — der Drosselbusch ist freilich für ihn so gut
da wie für alle seine nahen Verwandten, aber in denselben geht er
nur höchst ausnahmsweise und zumeist nur gegen Abend, in der
Absicht, daselbst zu übernachten. Während der Tagesstunden
treiben sich die hier verweilenden Schaaren auf den Weideplätzen
des oberen Felsens umher, aber auch dann, wie während ihres

Zuges und während ihrer örtlichen Flüge verräth sich ihr Hang
zur Geselligkeit, denn wenn sich diese grossen Gesellschaften
während des Suchens nach Nahrung nach und nach auch über
ausgedehnte Grasflächen zerstreut haben, so fliegen doch alle stets
zu gleicher Zeit auf und schliessen sich sofort zu ziemlich ge-
drängten Schaaren zusammen, um weit fortfliegend, sich an anderer
Stelle plötzlich alle zugleich wieder nieder zu lassen. Es sind
dies übrigens sehr unruhige Vögel, die, ungleich anderen Drosseln,
fliegend und herumlaufend ihren lauten Lockruf fortwährend hören
lassen und durch ihr unstätes Wesen den Eindruck hervorrufen, als
zögen sie am liebsten baldmöglichst wieder davon: möglicherweise ist
es auch so, und der Flug von ihren skandinavischen Brutstätten bis
nach Helgoland für sie ein zu kurzer Reiseabschnitt, um das Verlangen nach ruhigem Rasten hervorrufen zu können; in den meisten
Fällen brechen solche Gesellschaften auch schon nach wenigen Stunden wieder auf, und zahllose grosse Schaaren ziehen am Tage,
sowie während der Nächte vorbei, ohne ihren Flug zu unterbrechen.
Am Tage findet ihr Zug stets in abgeschlossenen Gesellschaften
statt, die, wenn auch nicht so gedrängt wie z. B. die Staare
fliegen, so doch immer nahe zusammen halten; hiervon scheinen
sie aber merkwürdigerweise während finsterer Herbstnächte abzuweichen, denn dann hört man ihren Lockruf stets nur vereinzelt, wenn auch nah und fern über das ganze Firmament verbreitet.

Der Herbstzug dieser Art beginnt kaum vor Ende Oktober,
währt den ganzen November und erstreckt sich nicht bloss bis
zum Schluss des Jahres, sondern reicht oft noch weit in den
Januar hinein — so finde ich in meinem Journal für 1884 nicht
nur am 20., 24. und 30. Dezember »viele pilaris« verzeichnet,
sondern auch noch am 8., 12., 13., 28. des darauf folgenden Januar.
Der Februar scheint der einzige Ruhemonat zu sein, wenn nicht
durch plötzlich eintretenden strengen Frost und starken Schneefall grosse noch zurückgebliebene Massen aus dem Norden vertrieben werden. Der Rückzug zur Heimath beginnt im März, und
merkwürdigerweise kommen im Laufe des Mai regelmässig noch
Flüge von Hunderten von Vögeln hier vor, hüpfen den halben Tag
auf den Grasflächen herum und ziehen am Abend weiter.

Ebenso ungebunden wie diese Drossel in ihren Zügen hinsichtlich der Jahreszeit zu sein scheint, ist sie dies auch betreff
der Tageszeit; sie benutzt, wie andere Drosseln, vorzugsweise
die Nacht für ihre Reise, aber es kommen ihrer auch zu allen
Stunden des Tages hier an, in Schaaren von zwanzig, fünfzig,

meist aber zu mehreren Hunderten. Einen eigenthümlichen Anblick
gewährt es, wenn ein grosser Zug während so trüber Atmosphäre
sich herablässt, dass man in einer Höhe von etwa dreihundert
Fuss die Vögel nicht mehr zu erblicken vermag; man hört in dem
grauen Wolkendunst den schakkernden Ruf derselben, plötzlich
werden die Vordersten des Fluges in fast senkrechtem Herabstürzen sichtbar, gefolgt in rascher Aufeinanderfolge von allen Individuen des Zuges, sowie dieselben an den Punkt gelangt sind, wo die
ersten sich herabgelassen — eine, mehrere Sekunden andauernde Kas-
kade lebender Vögel bildend. Ein ähnliches Herabstürzen, wenn auch
nur einzelner Stücke, muss auch während der Nachtstunden vorkommen, denn wenigstens einmal hatte eine dieser Drosseln das
Unglück, sich im Dunkeln auf den Blitzableiter des Leuchtthurms
zu spiessen, und zwar mit solcher Gewalt, dass die in die Brust
gedrungene Spitze ein paar Zoll über den Rücken hervorragte.

Der Krammetsvogel oder die Wachholderdrossel brütet sehr
zahlreich in Skandinavien, und zerstreut bis in das südliche
Deutschland hinunter; Seebohm fand sie am Jenisei bis über
70° N. hinaus und Dybowsky hat sie am Baikalsee und in Daurien vorgefunden — ihr Brutgebiet erstreckt sich somit unzweifelhaft von Norwegen an in gleicher Breite durch Asien bis wenigstens zur Lena.

Nr. 73. Braune Drossel.

TURDUS FUSCATUS. Pallas.

Turdus fuscatus. Naumann, XIII. S. 307.
Dusky Thrush. Dresser, II. p. 63.
Turdus fuscatus. Pallas, Zoog. Ross. Asiat. I. p. 451.

Auch von dieser für Europa so seltenen Sibirischen Drossel
besitzt meine Sammlung ein schönes Exemplar, es ist ein junger
Herbstvogel in frischem unverletztem Gefieder; derselbe ward hier
am 10. Oktober 1880 im Drosselbusch gefangen. Ausser diesem
sind für Europa sicher nachgewiesene Beispiele des Vorkommens:
Bechstein 1795, Naumann 1804, Giglioli. Turin 1829, Brescia 1844.
Genua 1862 und Florenz 1879. Ferner soll der Baron von Selys.
Longchamps, eine in Belgien gefangene Drossel besitzen, die anfänglich für *T. Naumanni* gehalten worden, später sich aber als
fuscatus erwiesen.

Sollte nicht etwa betreffs der Italienischen Exemplare eine ähnliche Verwechslung unterlaufen sein und eins oder das andere als *fuscatus* bezeichnete Stück zu *T. Naumanni* gehören, denn es ist sehr überraschend, nicht auch diese letztere Art unter den so zahlreich in Italien vertretenen Sibirischen Drosseln vorzufinden, zumal da sie im übrigen Europa doch ungleich zahlreicher vorgekommen ist, als *fuscatus*. In gleichem Maasse befremdend ist es, in Giglioli's Fauna Italica, dem obigen Reichthum an Sibirischen Drosseln gegenüber, die Sibirischen Sylvien und Ammern so sehr dürftig vertreten zu sehen.

Das hier gefangene Exemplar ist an allen oberen Theilen düster braun, ähnlich der Rückenfarbe jüngerer Wachholderdrosseln, mit durchscheinendem trübem düstern Rostroth an den verdeckten Theilen der Federn; auf dem Bürzel tritt diese Rostfarbe sehr deutlich hervor, ist aber an den oberen Schwanzdeckfedern wieder durch düstere Ränder verdeckt.

Die Schwung- und Schwanzfedern sind schwärzlich, mit der Rückenfarbe gesäumt, bei letzteren gehen wurzelwärts die Kanten in düstere Rostfarbe über; die grossen Deckfedern der Flügel sowie die Schwingen zweiter Ordnung haben trübe rostfarbene sehr ausgeprägte Kanten und erstere sowie die hinteren Schwingen weissliche Spitzen. Die inneren Flügeldeckfedern nebst den Innenfahnen der Schwingen sind weisslich-rostroth.

Ein sehr breiter trübe gelblichweisser Augenstreif läuft vom Nasenloch bis über die Ohrfedern hinaus, von gleicher Farbe sind die Halsseiten und der Vorderhals; vom Unterkiefer laufen mehrere ineinander fliessende Reihen dreieckiger schwarzer Drosselflecke hinunter, kleinere solcher Flecke stehen zerstreut an Kehle und Vorderhals und sehr häufig auf dem oberen Theil des grau-gewölkten Kropfes — mit den seitlichen Fleckenreihen an den Seiten des Kropfes in einen grossen schwarzbraunen Fleck zusammenfliessend. Kropf und Seiten des Vogels sind ganz im Charakter der Wachholderdrossel gezeichnet, d. h. die Federn sind am Kropfe schwarzbraun, was an den Brustseiten und Weichen in trübes Rostroth übergeht, und alle haben trübe, graue Kanten, die am Kropf sehr schmal, weiter hinunter aber sehr breit sind und die Grundfarbe fast verdecken; nach der Brustmitte zu tragen einige Federn kleine, schwärzliche Nierenflecke. Die Mitte der Brust und der Bauch sind trübe weiss; die unteren Schwanzdeckfedern sind trübe rostroth, haben weissliche Schäfte und so grosse weissliche Spitzen, dass dadurch die Rostfarbe fast ganz verdeckt wird.

17

Im Allgemeinen weist der Vogel nirgendwo eine Annäherung an die olivengraue Färbung der oberen Theile anderer Drosseln auf, noch nähert sein düsteres Rostroth sich dem schönen Rostorange der Naumann's Drossel.

Die Maasse des hier gefangenen Vogels, vom frischen Exemplar genommen, sind folgende: ganze Länge 230 mm, Länge des ruhenden Flügels 135 mm, Länge des Schwanzes 112 mm. Die Flügel lassen vom Schwanze unbedeckt 42 mm. Der Schnabel ist 15 mm lang und die Fusswurzel 27 mm hoch.

Als obige Drossel am 10. Oktober gefangen ward, hatte ich am 8. eine *Sylvia superciliosa* in meinem Garten gesehen, am 11. ward *Emb. pusilla* geschossen und am 30. September ward ebenfalls eine *Emb. pusilla* geschossen und *Sy. tristis* und *superciliosa* gesehen, am 25. war eine schöne *Sy. superciliosa* geschossen und den folgenden Tag eine solche nebst *E. pusilla* gesehen. Am 16. war schon eine *Sy. superciliosa* vorgekommen, am 17. bedeckten Hunderttausende von Zeisigen die ganze Insel und zogen in Schaaren wie Wolken, und am selben Tage erhielt ich einen jungen grauen Herbstvogel von *Sturnus roseus*.

Seebohm fand während seiner so interessanten Sibirischen Reise einige Nester dieser Drossel am unteren Jenisei, von hier aus erstreckt sich ihr Brutgebiet ostwärts durch das nördliche Asien.

Nr. 74. Rothhals-Drossel.

TURDUS RUFICOLLIS. Pallas.

Turdus ruficollis. Naumann, XIII. S. 316
Red-throated Thrush. Dresser, II. p. 67.
Turdus ruficollis. Pallas, Zoog. Ross.-Asiat. I. p. 452.

Diese schöne Sibirische Drossel ist von allen ihren fern östlichen Verwandten am seltensten nach Europa gelangt; es scheinen thatsächlich ausser dem hier erlegten Stücke nur noch zwei Beispiele des Vorkommens derselben bekannt zu sein, eines hiervon ward im Oktober 1836 in der Nähe Dresdens gefangen, und das andere hat Altum im November 1866 in Münster auf dem Markte zwischen anderen Drosseln aufgefunden (Journal f. Ornith. 1866, S. 423, 1867. S. 109). Das hier vorgekommene Exemplar, ein junger Vogel im ersten Herbste, ward Ende November 1843 auf der oberen freien Felsfläche geschossen.

An dem letzteren Stücke sind alle oberen Theile, die Ohrfedern und Halsseiten trübe dunkel olivengrau mit etwas erdfarbener Beimischung, am meisten, namentlich auf dem Bürzel, sich der Färbung einer sehr verblichenen Singdrossel nähernd; der Vorderhals, vom Schnabel und den Ohrfedern abwärts bis auf den Kropf hinunter. ist trübe rostgelb angeflogen. die Kropfseiten sind düster olivenbraun gewölkt, die Brustseiten und Weichen verwaschen hell olivengrau gefärbt, jede Feder längs der Mitte ein wenig dunkler sehr verwaschen gezeichnet. Ein sehr schwach angedeuteter trüber Augenstreif beginnt über dem Auge und endet über den Ohrfedern. Vom Unterkiefer ziehen sich ein paar Reihen schwarzbrauner Drosselflecke am Halse hinunter und auf dem Kropfe stehen sehr zerstreut kleine dreieckige etwas verwischte Drosselflecke. Flügel und Schwanzfedern sind etwas dunkler als der Rücken gefärbt, erstere haben nur sehr schwach angedeutete, wenig hellere Säume und nur einige der grossen Deckfedern trübe weissliche Spitzen; die unteren Flügeldeckfedern sind etwas matt rostfarben, weder rostroth noch rostgelb, sondern in der Mitte zwischen beiden Farbentönen stehend. Das hauptsächlichste Unterscheidungszeichen zwischen dieser und einer jungen schwarzkehligen Drossel bildet der Schwanz, der bei letzterer schwarzbräunlich ist und keine Spur von Rostfarbe aufweist, bei der gegenwärtigen Art aber auf den Innenfahnen, namentlich des äussersten Federpaares. eine sehr starke rostfarbige Beimischung zeigt; dies tritt ausserordentlich auffällig hervor, wenn man eine gleich alte schwarzkehlige Drossel vergleichend daneben hält; auch sind bei *T. ruficollis* die Schäfte der Schwanzfedern weisslich rostfarbig, bei *atrigularis* nicht.

Die Mitte der Brust, der Bauch und die unteren Schwanzdeckfedern sind bei beiden Arten rein weiss, während jedoch bei *ruficollis* die längsten der letzteren Federn wurzelwärts nur einen geringen olivengrauen Anflug haben, sind dieselben bei *atrigularis* fast ganz olivengraubraun gefärbt und das nächste Paar noch zum grossen Theile so.

Dresser sagt, dass das Nest dieser Art noch nicht aufgefunden sei, sie muss aber im ganzen nördlichen Asien brüten, da man sie auf ihren Zügen vom Ob bis zum Ochotzkischen Meere angetroffen hat, Finch an erstgenanntem Flusse freilich nur einmal, Prjewalsky aber bezeichnet sie für das nördliche Mongolien als die zahlreichste aller daselbst durchziehenden Drosseln und Swinhoe traf sie während des Zuges in Nordchina an. Es dürften somit

17*

ihre Niststätten hauptsächlich im Lenagebiet zu suchen sein —
zumal da Seebohm diese Art, bei seiner so reichen Ausbeute von
Drosseln am Jenisei nicht angetroffen zu haben scheint.

Ich besitze ein angeblich dieser Drossel angehörendes Ei,
welches ich im Jahre 1874 von Taczanowsky erhielt, dasselbe
gleicht einem kleinen sehr fein und dichtgeflecktem Ei von *T. torquatus*, ist 29 mm lang und 21 mm breit.

Nr. 75. Schwarzkehlige Drossel.

TURDUS ATRIGULARIS. Temminck.

Turdus Bechsteinii. Naumann, II. S. 310. *T. atrigularis.* XIII. S. 330.
Black-throated Thrush. Dresser, II. p. 83.
Merle à gorge noire. Temminck, Manuel. I. p. 169. III. p. 93.

Trotz aller schönen und seltenen Drosseln, die meine Sammlung
zieren, halte ich es für einen berechtigten Grund bitterster Beschwerde, dass die gegenwärtige Art derselben immer noch fehlen
muss; man hat sie sozusagen rund um Helgoland herum gefangen,
sie ist in England, Belgien, Dänemark, Schweden, Ostpreussen,
Mecklenburg, Oldenburg erlegt worden, im ganzen mittleren Europa
zwanzig bis dreissigmal vorgekommen, und trotz alledem ist Helgoland bisher leer ausgegangen! — Freilich ist hier einmal ein
schönes altes Männchen spät im Mai in nächster Nähe gesehen
worden, so nahe, dass sogar die gelbe Schnabelwurzel ganz deutlich zu erkennen war, da aber leider in Folge des schon erloschenen
allgemeinen Zuges kein Gewehr zur Hand, und die Netze längst
von allen Drosselbüschen genommen waren, so entging diesem
mit schöner sammtschwarzer Kehle gezierten Vogel die Ehre einer
hervorragenden Stellung in dem so gewählten Kreise meines
Kabinettes.

Das Brutgebiet dieser Art liegt hauptsächlich im westlichen
Asien; Sewertzoff fand sie häufig in Turkestan nistend, Dybowsky
weniger zahlreich während des Zuges in Daurien.

Nr. 76. Ringdrossel.

TURDUS TORQUATUS.

Helgoländisch: Kringelt-Troossel = Ringdrossel.

Turdus torquatus. Naumann, II. S. 318.
Ring-ousel. Dresser, II. p. 113.
Merle-plastron. Temminck, Manuel. I. p. 166. III. p. 89.

Wie schon zuvor erwähnt, ist diese Drossel die von jedem hiesigen Vogelsteller am meisten begehrte Art ihrer ganzen Sippe, leider erscheint dieselbe jedoch nur in beschränkter Zahl, und ausserdem kündet ihr spätes Erscheinen im Frühjahr das Herannahen vom Ende des Drosselfanges an. Ihr Zug währt von Mitte April bis Mitte Mai und ist von warmem Wetter mit östlichen oder südöstlichen Winden abhängig; die Rückreise findet im September statt.

Auch diese Drossel liebt es hier, sich in Gesellschaften mit ihresgleichen zusammen zu halten, namentlich im Fluge; da sie nun sehr bereitwillig dem Lockton eines Vogels ihrer Art folgt, so hat dieser Hang zur Geselligkeit für den Fänger das Angenehme, dass wenn nur erst eine Ringdrossel im Drosselbusche sitzt und lockt, alle Mitglieder einer herumkreisenden Schaar diesem Lockton sofort folgen und sich herab in den Busch stürzen: — so hatte einst ein Drosselfänger das beispiellose Glück, in dem jetzt mir gehörenden Garten dreiundsiebzig dieser herrlichen Vögel in einem »Zulaufe« zu erbeuten. Für gewöhnlich sind zehn bis fünfzehn Stück schon ein sehr beneideter Fang.

Die Ringdrosseln halten sich hier vorzugsweise auf den Grasplätzen nahe am Rande der Klippe, und an den oberen Theilen der Felswände auf. Sie sind aber, im vollsten Gegensatze zu dem was Naumann von ihnen sagt, nämlich »nicht scheu, zutraulich und man kann wohl sagen, etwas dumm,« hier neben der Misteldrossel die scheuesten und schlauesten aller Drosseln, denen man mit dem Schiessgewehr nur unter begünstigenden Umständen beizukommen vermag.

Die Ringdrossel brütet in ganz Europa, von Spanien bis zum Ural.

Nr. 77. Schwarzdrossel.

TURDUS MERULA.

Helgoländisch: Swart-Troossel — Schwarzdrossel.

Turdus merula. Naumann, II. S. 326.
Blackbird. Dresser, II. p. 91.
Merle noir. Temminck, Manuel. I. p. 168. III. p. 90.

Es ist merkwürdig, dass die Eigenschaften auch dieser Drossel, soweit solche hier zur Geltung kommen, der unanfechtbaren Charakteristik, welche Naumann von ihr giebt, fast ebenso entschieden entgegenstehen, wie dies bei der vorhergehenden Art der Fall ist. Aehnliche Beobachtungen, die ich an vielen anderen Besuchern Helgolands gemacht, lassen vermuthen, dass unter denselben während des Zuges eine gewisse Art von Reisemanieren gebräuchlich sind, die mit ihren sonstigen Lebensgewohnheiten mehr oder weniger im Widerspruch stehen. So kann denn auch die Schwarzdrossel hier keinesfalls als »äusserst misstrauisch, vorsichtig oder klug« betrachtet werden; sie geradezu einfältig zu nennen, wäre freilich ebenso unzulässig, dem widerspräche schon ihre ganze elegante, äussere Erscheinung. Wenn ich z. B. in meinen etwa achtzig Schritt langen Garten trete, an dessen äusserstem Ende der Drosselbusch steht, so wird eine in der Mitte des Gartens sitzende alte männliche Schwarzdrossel nicht mit lautem Geschrei davonfliegen, sondern ruhig in langen Sätzen, unter öfteren Pausen, dem Drosselbusch zuhüpfen; ganz besonders leicht geht dies von statten, wenn die Drossel sich in dem geraden, dem Busche zuführenden Steige befindet, zu dessen beiden Seiten Stachel- und Johannisbeersträucher stehen, ja noch mehr: die Drossel macht unter solchen Umständen nicht selten eine kleine Seitenwendung, um gemüthlich irgend ein Insekt oder Würmchen aufzunehmen. Man glaube aber ja nicht, dass solche Vögel ermüdet von der Reise oder halb verhungert seien, im Gegentheil sind dieselben fast stets förmlich in Fett gehüllt — namentlich während des Herbstzuges. Das Zeugniss, welches der Helgoländer Vogelfänger der Schwarzdrossel ausstellt, ist: dass sie ein sehr »vernünftiger« Vogel sei, der sich, ohne viel Umstände zu machen, dem Drosselbusch zutreiben lasse. Man wird sich erinnern, wie ganz anders unter ähnlichen Verhältnissen die Singdrossel sich beträgt.

Der Frühlingszug dieser Drossel beginnt sehr früh im Jahre, bei milder Witterung kommen die ersten schon Ende Februar, auch wohl noch etwas früher an, der Hauptzug findet jedoch im Laufe des März statt und schliesst mit den letzten Nachzüglern Mitte April. Die Rückkehr von den Brutstätten geschieht von Mitte Oktober bis Mitte November, von da ab darf man einzelne, oder auch von zehn bis zwanzig Stück, zu allen Zeiten des Winters erwarten, so besuchten Ende Dezember 1876 einige zwanzig Stück täglich meinen Garten, um sich sehr begierig von den Beeren der Dornbüsche zu nähren; dieselben waren trotz des scharfen Winterwetters sehr feist — desgleichen die sie begleitenden zahlreichen Wachholderdrosseln.

Solche Wintergäste sind stets alte Vögel und der grossen Mehrzahl nach Männchen mit orangegelbem Schnabel — zweifellos Stücke, die vermeinten, in der Heimath überwintern zu können, aber durch Eintritt sehr starker Kälte und Schnee aus derselben vertrieben wurden; wird das Wetter milder, so verschwinden dieselben dann auch sofort wieder.

Abweichend von allen ihren Gattungsverwandten, hält sich diese Drossel mit Vorliebe in den Grotten und Spalten am Fusse des Felsens auf, solche aber, die während der Wintermonate diese Oertlichkeiten zum Standquartier gewählt haben, sind nach längerem Genuss der Larven von Strandfliegen, die daselbst sehr reichlich vorhanden, mit einem so üblen Geruch und Geschmack behaftet, dass sie buchstäblich ungeniessbar sind.

Die Schwarzdrossel liefert ausgezeichnetes Beweismaterial für den verschiedenzeitigen Wanderflug der Vögel nach Alter und Geschlecht, indem die glänzend schwarze Farbe der im Frühjahr zuerst ankommenden Stücke nie einen Zweifel darüber zulässt, dass dies alte Männchen seien; diesen schliessen sich im Laufe von einer bis zwei Wochen die graubraunen Weibchen an, zu deren nach und nach wachsenden Zahl sich später die mehr rothbraun gefärbten jüngeren Stücke gesellen. Mit diesen letzteren Nachzüglern erscheint wohl hin und wieder ein vereinzelter schwarzer Vogel mit orange Schnabel, es ergiebt sein Fang aber sofort, dass derselbe irgendwie Schaden gelitten: dass er einige Zehen oder einen Fuss verloren, dass sein Schwanz oder ein Flügel eine grosse Einbusse an Federn erlitten, die erst halb wieder gewachsen sind, oder dass er in sonst irgend einer Weise genugsam verletzt worden, um seinen Zug zu verzögern. Ebenso unwandelbar in seiner Reihenfolge verläuft der Herbstzug, nur sind es dann die jungen Vögel, welche den Zug eröffnen, und die alten schwarzen, welche ihn beschliessen, so dass es bei den Helgoländer Vogelfängern sprüchwörtlich geworden, dass wenn die »Gühl-nabbeten« — d. h. die Gelbschnäbligen ankommen, es mit dem Drosselfange zur Neige gehe. In gleicher Altersfolge verläuft der Frühlings- und Herbstzug aller anderen Arten, mit der alleinigen Ausnahme des Kuckuks. Heimisch ist die Schwarzdrossel in ganz Europa und Nordafrika, in Skandinavien bis gegen den Polarkreis hinauf.

Nr. 78. Wanderdrossel.

TURDUS MIGRATORIUS.

Turdus migratorius. Naumann, XIII. S. 336.
Migratory Thrush. Audubon, Syn. of the Birds of N. America p. 89.
Merle erratique. Temminck, Manuel. III. p. 91.

Das einzige hier jemals beobachtete Beispiel des Vorkommens dieser Art lieferte ein sehr schöner alter Vogel, der am Morgen des 14. Oktober 1874 in der Nähe des Leuchtthurmes auf dem Grase gefunden ward und unzweifelhaft während der vorangegangenen Nacht gegen die Scheiben des Leuchtfeuers sich todt geflogen hatte. Der Vogel war an der Brust sehr schön dunkel rothbraun und an der Kehle sehr rein weiss und schwarz gestreift — leider erhielt ich denselben nicht für meine Sammlung.

Es fand in jenem Jahre sehr starker Zug fern östlicher Arten statt, am 11. Oktober ward *Sylvia superciliosa* und am 13. und 14. je eine *Emberiza pusilla* erlegt: *Alauda alpestris* kam bis Ende des Monats massenhaft, in Flügen von Hunderten, vor — auch hatte ich, wenn dies auch nicht in Verbindung mit obiger Drossel zu bringen ist, am 27. April das einzige hier je erlegte Exemplar von *Alauda tatarica* fem.. erhalten. Obige Drossel wird wohl, den Aleuten folgend, durch Asien hierher gelangt sein, denn für einen ost-westlichen Zug derselben sprechen nicht allein die sie begleitenden Erscheinungen, sondern die Zeit des Jahres, während welcher sie hier eintraf, überhaupt.

Nach den Untersuchungen von Dalgliesh (Occurrences of N. America Birds in Europe, Bullet. of Nuttal Club. V. 1880.) ist die Wanderdrossel noch fünfmal in Europa vorgekommen, einmal auf dem Vogelmarkte in Berlin, in der Radziwill'schen Sammlung aufbewahrt; zweimal auf dem Vogelmarkte in Wien, und einmal in

Böhmen: zwei dieser letzteren Stücke befinden sich im K. K.
Museum in Wien; und schliesslich ist ein Exemplar im Frühjahre
1876 bei Dover gefangen worden.

Das heimische Brutgebiet dieser Art erstreckt sich über ganz
Nord-Amerika.

Nr. 79. Steindrossel.

TURDUS SAXATILIS. Latham.

Helgoländisch: Styalm-Troossel = Steindrossel.

Turdus saxatilis. Naumann, II. S. 348.
Rock Thrush. Dresser, II. p. 129.
Merle de roche. Temminck, Manuel. I. p. 172. III. p. 102.

Wie ausgesucht für meine Sammlung, habe ich von dieser
südlichen Drossel hier ein schönes altes Männchen und Weibchen
im Hochzeitskleide, und einen jungen Vogel im frischen Herbst-
gefieder erhalten. Ausser diesen ist sie während meines Hierseins
noch zwei oder dreimal gesehen worden, ohne erlegt zu sein.
Reymers und Koopmann müssen dieselbe aber schon erhalten
haben, denn sie war den derzeitigen Jägern und Vogelstellern ein
ganz bekannter Vogel.

Obiges Männchen ward am 9. Mai 1851 geschossen, das
Weibchen am 17. Mai 1860 und der junge Vogel am 12 November 1874. Ich war anfänglich sehr überrascht, diesen jungen
Vogel hier zu erhalten; da ich aber später ersah, dass diese Art
in allen Gebirgen des mittleren und südlicheren Asien brütet, so
hatte das Erscheinen dieses Stückes während des Herbstzuges
nichts Auffälligeres, als das so vieler anderer Ostasiatischer Arten.
Die Erscheinungszeit der beiden alten Vögel lässt aber entschieden
auf eine südliche oder mehr noch südöstliche Heimath schliessen.

Die Steindrossel brütet in fast allen Gebirgen des südlichen
und mittleren Europa, von Portugal bis zum Kaukasus; des weiteren durch das ganze mittlere Asien, von Turkestan bis China.
In England ist sie nur zweimal erlegt worden, und im nördlichen Deutschland wohl kaum jemals beobachtet — Helgoland
dürfte wohl der nördlichste Punkt ihres Vorkommens sein.

Nr. 80. Blaudrossel.

TURDUS CYANUS. Linn.

Turdus cyanus. Naumann, II. S. 341.
Blue Rock-Thrush. Dresser.
Merle bleu. Temminck, Manuel. I. p. 173. III. p. 103.

Vor vielen Jahren, etwa 1830—32 ist diese Drossel hier einmal im Drosselbusch gefangen worden, und zwar ein altes Männchen, denn es ward mir immer als eine sehr schöne blaue Drossel beschrieben. Als ich später dem Fänger eine Anzahl Bälge vorlegte, unter denen sich auch diese Art befand, griff er sofort das entsprechende Stück heraus und sagte: »Dies ist die Drossel, die ich einmal gefangen, aber mein Vogel war viel schöner.« Brutvogel ist diese Drossel in fast allen südlichen Felsgebirgen von Portugal bis zum Himalaya, einschliesslich der felsigen Inseln des Mittelmeeres. Nördlich geht sie bis in die Schweiz und Tyrol hinauf.

Nr. 81. Blaugraue Drossel.

TURDUS LIVIDUS. Wilson.

Turdus (mimus) carolinensis. Naumann, XIII. Blasius, Nachträge S. 51.
Cat bird. Turdus lividus. Wilson, Amer. Orn. II. p. 90.
Orpheus carolinensis. Linn. Audubon., Syn. of Birds of N. Amer. p. 88.
Orpheus felifox. Richardson u. Swainson, Faun. Bor. Amer. p. 192.

Das in meinem Besitz sich befindende Exemplar dieser kleinen Amerikanischen Drossel ist das einzige bisher in Europa erbeutete Stück dieser interessanten Art; es ward hier am 28. Oktober 1840 von Oelrich Aenckens, dem ältesten der drei Brüder, für gewöhnlich »Oelk« genannt, geschossen. Es wäre dieser so ausgezeichnete Ehrenbürger dem Verzeichniss der Vögel Helgolands höchst wahrscheinlich verloren gegangen, wenn nicht Reymers den seltenen Fremdling durch Strategie in seinen Besitz gebracht hätte: unter der fast erbitterten Eifersucht, welche damals zwischen den drei Ausstopfern und Verkäufern hiesiger Vögel herrschte, konnte Reymers nicht daran denken, den fraglichen Vogel von Oelk käuflich zu erlangen, aber glücklicher Weise hielt sich jenen Winter ein Fremder hier auf, der mit Reymers verkehrte, und dieser ging vor seiner Abreise im Frühjahr zu Oelk, um »einige Vögel für einen Freund zu kaufen.« Er erstand eine Kohlmeise, ein Blaukehlchen

und — *Turdus lividus;* der Freund war selbstverständlich
Reymers. Von letzterem erhielt ich sechs Jahre später den
Vogel, nachdem ich sehr lange und sehr nachdrücklich darum zu
werben gehabt hatte. Als Aeuckens denselben bei mir erblickte,
sagte er sofort, dass auch er vor mehreren Jahren einen solchen
geschossen und an einen Fremden verkauft habe: noch steht das
Gesicht des alten treuherzigen Oelk vor meinen Augen, als ich erwiderte, dies sei derselbe Vogel, und ihm die ganze Geschichte erzählte. Ich glaube jedoch kaum, dass der obige kleine Streich
vereinzelt in den Annalen der Acquisition ornithologischer Raritäten
dasteht.

Dies Vögelchen trägt ein sehr einfaches, aber doch ansprechendes
Kleid; dasselbe ist an fast allen oberen und unteren Theilen einfarbig schiefer-blaugrau, an Brust und Bauch ein wenig heller als
auf dem Rücken. Der Oberkopf und Schwanz sind tiefschwarz,
die Schwungfedern schwärzlich; eine sehr eigenthümliche und auffällige Abweichung von diesem anspruchslosen Kleide bilden die
unteren Schwanzdeckfedern, welche lebhaft kastanien-rothbraun gefärbt sind, fast ganz gleich der Farbe derselben Federpartie des
Seidenschwanzes. Schnabel und Füsse sind schwarz.

Die Maasse des Helgoländer Stückes sind: ganze Länge
183 mm, Länge der kurzen rundlichen Flügel 88 mm, Länge
des Schwanzes 96 mm; dieselben lassen vom Schwanze unbedeckt
73 mm. Der Schnabel ist 17 mm lang, und die Fusswurzel
30 mm hoch. Die von Swainson (Fauna Bor. Amer.) angegebenen
Maasse sind um ein geringes grösser.

Am Flügel sind die vierte und fünfte Schwinge die längsten,
die dritte nur wenig kürzer; die zweite ist von gleicher Länge
mit der achten. Am abgerundeten Schwanze ist das äusserste
Federpaar 20 mm und das nächstfolgende 10 mm kürzer als die
vier inneren Paare.

Von auffallender Schönheit sind die eigenthümlichen Eier dieser
Drossel; sie sind zwar nur einfarbig blaugrün, diese Färbung ist
aber so tief und gesättigt, wie sie, auch nicht annähernd, bei irgend
einer Europäischen Art vorkommt: die dunkelsten Eier der
Heckenbrunelle erscheinen neben denselben so hell und blass, wie
z. B. die des gewöhnlichen Steinschmätzers neben denen der Brunelle. Die Maasse derselben sind: Länge 25 mm, Breite 17 mm.

Diese Art ist als Brutvogel über fast ganz Nordamerika, von
Texas bis Canada hinauf, verbreitet.

Nr. 82. Rostrothe Drossel.

TURDUS RUFUS. Linn.

Turdus (Taxastoma) rufus. Naumann, XIII. Blasius, Nachträge S. 54.
Brown Thrush. Orpheus rufus. Audubon, Syn. of Birds of N. America p. 88.
Orpheus rufus. Richardson u. Swainson, Faun. Bor. Amer. p. 189.

Das einzige hier jemals beobachtete Exemplar dieser eigenthümlichen Amerikanischen Drosselart ward im Spätherbst 1836 gefangen und zusammen mit einem von demselben Vogelsteller — Claus Siemens — geschossenen Seeadler nach Hamburg hin verkauft. Alle Bemühungen meinerseits, dies Stück später wieder zurück zu erhalten, sind leider erfolglos geblieben.

Alle oberen Theile diesser Drossel, einschliesslich des Schwanzes und der Aussenfahnen aller Flügelfedern sind lebhaft rostfarben, die grossen und mittleren äusseren Flügeldeckfedern haben gelblichweisse Spitzen, welche oberwärts braunschwarz begrenzt sind. Die untere Seite des Vogels ist weisslich, trübe rostfarben angeflogen, namentlich an Hals und Kropf; vom Unterkiefer läuft ein Streif der charakteristischen kleinen dreieckigen Drosselflecke herunter, grössere solche Flecke stehen auf den Kropf- und Brustfedern und nehmen in den Weichen die Form eines langgezogenen Ovals an; Mitte von Brust und Bauch, sowie die trübe rostfarbigen unteren Schwanzdeckfedern sind ungefleckt.

Der Schnabel ist schwärzlich hornfarben, am Unterkiefer gelblich; die Füsse sind gelblich fleischfarben, und die Iris ist merkwürdiger Weise hellgelb.

Am kurzen rundlichen Flügel ist die zweite Schwinge von gleicher Länge mit der neunten; die dritte ist wenig kürzer als die vierte, fünfte und sechste, welches die längsten sind. Am abgerundeten Schwanze ist das äusserste Federpaar 20 mm kürzer als die mittleren Paare.

Die ganze Länge des Vogels ist 260 mm, Länge des Flügels 103 mm, Länge des Schwanzes 135 mm. Die Flügel lassen vom Schwanze unbedeckt 112 mm. Der Schnabel misst von der Stirn zur Spitze 25 mm und die Höhe der Fusswurzel ist 33 mm.

Audubon giebt an, dass diese Drossel von Texas aufwärts ein sehr gewöhnlicher Vogel Nordamerikas sei, der überall brütend angetroffen werde; nach Swainson kommt derselbe bis 54° N. vor. Die Eier derselben sind von eigenthümlicher Schönheit und mit

denen keiner Europäischen Art zu verwechseln; ihre Grundfarbe
ist ein ganz blasses Bläulichgrün, welches aber fast ganz verdeckt
wird durch zahllose, ganz kleine, lebhaft rostrothe Pünktchen; die
Länge derselben ist 26 mm und die Breite 19 mm.

Nr. 83. Gelbsteiss-Drossel.

TURDUS XANTOPYGUS.

Ixos Vaillanti. C. L. Brehm, Vogelfang S. 221.
Palestine Bulbul. Dresser, III. p. 357.
Pycnotus xantopygus. Tristram, Western Palestine. p. 57.

Die uranfänglichen Herren Ornithologen Helgolands, Koopmann,
Reymers und Oelk hielten sehr fest am Princip: im Trüben fischen,
das heisst, Niemand wissen lassen, dass es seltene werthvolle Vögel
gebe — viel hätten sie nun freilich beim besten Willen selber nicht
verrathen können. So kam es, dass dem Fänger des hier im Mai
1837 vorgekommenen Stückes der gegenwärtigen Art, von Reymers
beim Ankauf desselben gesagt wurde: das sei so ein junger Pirol,
an dem nur erst die unteren Schwanzdeckfedern anfingen, gelb zu
werden. Der Vogel ward im Laufe des Sommers an einen der
wenigen damaligen Badegäste verkauft, und ich habe leider keine
Spur desselben später auffinden können; glücklicher war ich mit
dem ebenfalls im Mai jenes Jahres durch Reymers auf der Düne
geschossenen Jungfern-Kranich, *Grus virgo,* den ich, nachdem er
etwa vierzig Jahre im Hamburger Museum gestanden, wieder für
Helgoland zurück erlangte. Interessant wäre es, zu wissen, ob
diese beiden Vögel an ein und demselben Tage hier vorgekommen,
woran ich, meinen späteren Erfahrungen nach, kaum zweifle, da
beider Heimath in derselben Richtung: fern südost von hier gelegen ist: ich habe sehr zahlreiche Fälle beobachtet, in welchen Individuen verschiedener Arten aus gemeinsamer Heimath gleichzeitig
hier eintrafen, z. B. *Sylvia mesoleuca* und *Sy. agricola* am 12. Juni
1864, *Turdus rarius* und 2 Stück *Sy. superciliosa* am 4. Oktober
desselben Jahres, *Emberiza caesia* und *Saxicola morio* am 9. Mai
1867, und am 19. September desselben Jahres eine *Emberiza pusilla* und zwei *Sy. superciliosa,* am 22. Mai 1859 *Alauda brachydactyla* und *Emb. caesia,* am 4. Juni *Falco rufipes* und *Al. brachydactyla,* am 18. Juni 1860 *Emb. melanocephala* und *Charadrius
fulvus* — zu diesen liessen sich noch zahllose ähnliche Fälle aus

den weiteren Jahrgängen meines Tagebuches aufführen, obige mögen
jedoch hier genügen.

Das einfache Kleid dieses Vogels hat im allgemeinen Charakter
viel ähnliches mit dem von *Turdus lividus*: bei sehr unschein-
barer Farbe des ganzen Körpers eine tiefschwarze Kopfzeichnung
und sehr lebhaft gefärbte Unterschwanzdeckfedern; nur ist bei
gegenwärtiger Art der Körper nicht blaugrau, sondern trübe hell
graubraun, an den unteren Theilen weisslich braun, und die unteren
Schwanzdeckfedern, sowie die nächsten des Steisses sind brillant
chromgelb; auch erstreckt sich die tiefschwarze Kopfzeichnung über
die Ohrfedern und Kehle.

Auch bei dieser Art ist am kurz abgerundeten Flügel die zweite
Schwinge sehr kurz, von gleicher Länge mit der zehnten, die dritte
und siebente, welche gleichlang sind, nur 3 mm kürzer als die vierte,
fünfte und sechste, welche die Flügelspitze bilden. Der Schwanz
ist fast gerade abgeschnitten, das äusserste Paar nur gering verkürzt.

Die ganze Länge dieses Vogels ist 205 mm, Länge des Flügels
95 mm, des Schwanzes 96 mm. Der Schnabel ist 18 mm lang und
die Fusswurzel 24 mm hoch.

Die Heimath dieser Art ist von geringer Ausdehnung und erstreckt sich nur über Arabien, Palästina, Kleinasien bis nach Griechenland und dessen Inseln. Die Eier derselben sind sehr schön: von
röthlichweisser Grundfarbe mit ziemlich vielen violettgrauen Schaalenflecken und sehr reicher Zeichnung, theils runder, theils unregelmässiger violettrother Flecke und Pünktchen; bei manchen Eiern
ist diese Zeichnung gleichmässig vertheilt, bei anderen steht sie ein
wenig gehäufter am dicken Ende. Sie sind von länglich spitzer
Form, 26 mm lang und 17 mm breit.

Vor etwa fünfzehn Jahren ist unzweifelhaft nochmals ein
Exemplar dieser Art hier vorgekommen; ein alter bewährter Vogelfänger hatte dasselbe bereits in seinem Drosselbusche, es entkam
ihm jedoch wieder. Er beschrieb den Vogel als grau, mit schwarzem
Kopfe und gelben Federn unter dem Schwanze, so gelb »wie Butter-
blumen« — *Leontodon taraxacum*. Es war spät im Mai.

Sänger. Sylvia. Die sehr individuenreiche Familie der Sänger
ist in etwa hundertundfünfzig Arten über alle gemässigten und
warmen Länder der Erde verbreitet; man hat dieselbe nach und
nach in mehr als zehn Gattungen geschieden, die hier jedoch alle

ihrer ursprünglichen Bezeichnung nach als Sylvien aufgeführt sind.
In Europa sind hiervon etwa fünfzig Arten heimisch, von denen
neununddreissig Helgoland mehr oder weniger zahlreich besuchen:
ausser diesen sind jedoch noch einige, Asien und Amerika angehörende hier vorgekommen. die in Folge dessen den Europäischen
Listen als neue Ehrenbürger beigefügt werden müssen: es sind
Sy. fuscatus, proregulus, coronata, viridana, nitidus, certhiola und
virens.

Nr. 84. Nachtigall.

SYLVIA LUSCINIA. Latham.

Hier ebenfalls Nachtigall genannt.

Sylvia luscinia. Naumann, II. S. 378.
Common Nightingale. Dresser, II. p. 363.
Bec-fin rossignol. Temminck, Manuel. I. p. 195. III. p. 125.

Helgoland, dem die stolzesten Reiche seinen Rang auf dem
Gebiete der Vogelwelt nicht streitig machen können, wird in einem
Falle, und leider in einem sehr empfindlichen, geschlagen durch
das armseligste Dorf, wenn solches nur einen kleinen Bach oder
Weiher, umgeben von gebüschreichem Gehölz, besitzt, denn dort
wird der erblühende Frühling sicherlich auch den seelenvollen Gesang der Nachtigall mit sich bringen, während ihre poetischen
Strophen niemals noch den schroffen kahlen Felswänden dieser Insel
ein nachhallend Echo entlockten. Gleichwohl ist die Nachtigall
hier durchaus kein seltener Vogel, aber Helgoland ist eben für die
Wanderer der Lüfte nur ein unbedeutend Wirthshaus inmitten
ihrer grossen Heerzüge, wo sie einen Moment wohl einsprechen
für kurze Rast und Erfrischung, oder um zeitweilig Schutz gegen
ein Wetter zu suchen, das sie aber nimmer zum dauernden Aufenthalt erwählen für ihr heimisch Nest und liebesehnend Lied.

Die Nachtigall erscheint auf Helgoland in vereinzelten Stücken
von Mitte April etwa bis Mitte Mai bei schwachem südlichem und
südöstlichem Winde, besonders wenn derselbe in den Frühstunden
von feinem leichtem Regen begleitet war. Ich erinnere mich nicht,
sie hier jemals im Herbst gesehen zu haben, Aenckens behauptet
jedoch, dass ihm ein paar derartige Fälle vorgekommen seien.

Das Brutgebiet der Nachtigall erstreckt sich von Portugal —
Cintra — an durch das ganze südliche und mittlere Europa, ostwärts jedoch sehr an Zahl abnehmend; nördlich reichen ihre Niststätten bis England, vereinzelt noch bis Dänemark, von wo ab der
Sprosser ihren Platz einnimmt. Interessant ist ein, wenn auch

misslungener Versuch, den man gemacht, sie in Nord-Schottland anzusiedeln: man hatte sich eine grosse Anzahl Eier aus der Nähe Londons kommen lassen und dieselben in die Nester von Rothkehlchen gelegt, welche sie auch bereitwillig ausbrüteten — alle jungen Nachtigallen zogen im September davon, kehrten im nächsten Frühjahre aber nicht zurück. (Newton in Yarrells Brit. Birds. 1874. Vol. 1. p. 319.)

Nr. 85. Sprosser.

SYLVIA PHILOMELA. Bechstein.

Sylvia philomela. Naumann, II. S. 362.
Northern Nightingale. Dresser, II. p. 369.
Bec-fin philomèle. Temminck, Manuel. I. p. 196. III. p. 126.

Unter den vielen Wanderern, die Helgoland während ihrer Züge vom hohen Norden oder fernen Osten her besuchen, halten nur wenige mit solcher Hartnäckigkeit ihre nord-südliche Flugrichtung ein, wie es offenbar der Sprosser thun muss, denn obzwar sich die Westgrenze seines Brutbezirkes von Dänemark aus bis in das östliche Schleswig erstreckt (Rohweder, Vögel Schleswig-Holsteins. S. 13), so kommt derselbe auf Helgoland, mit Ausnahme eines einzigen Beispiels, niemals vor. Diese Ausnahme fand während der Nacht vom 4. zum 5. Mai statt, während welcher einer dieser Vögel am hiesigen Leuchtthurm gefangen ward — derselbe befindet sich in meiner Sammlung.

Heimischer Brutvogel ist diese Art von der Jütischen Halbinsel durch Dänemark, im untern Schweden, östlichen Finnland, Polen, Ungarn, Russland und Turkestan; zerstreut auch im östlichen Deutschland.

Nr. 86. Rostfarbiger Sänger.

SYLVIA FAMILIARIS. Ménétrier.

Sylvia galactodes. Naumann, XIII. S. 398. Blasius, Nachträge. S. 62.
Gray-backed Warbler. Dresser. II. p. 553.
Bec-fin rubigineux. Temminck, Manuel. I. p. 182. III. p. 129. IV. p. 615.

Das einzige Exemplar dieses südlichen Sängers, welches hier jemals gefangen wurde, erhielt der alte Koopmann, aus dessen Händen es während der ersten dreissiger Jahre in die bekannte Sammlung des Apothekers Mechlenburg in Flensburg überging, und woselbst es sich auch noch befindet. Blasius, durch mich aufmerksam gemacht. sah dasselbe dort kurz vor Herausgabe seiner Nachträge zu Naumann, und auch Dresser untersuchte es nach seinem Besuche bei mir im Sommer 1881. Beide stimmen darin überein, dass es zu der östlichen Form, *Sy. familiaris*, als welche es hier aufgeführt ist, gehöre.

Ich habe diese Art hier bis jetzt noch nicht erhalten. zweimal ist mir jedoch von einer »Nachtigall mit schöner schwarz und weisser Endkante am rothen Schwanze« berichtet worden. namentlich sah Claus Aeuckens einen dieser Vögel, durch den Spalt eines Gartenzaunes. auf wenige Schritte, ganz nach Art der Nachtigall vor sich herumhüpfen, leider ohne desselben habhaft werden zu können. Ueber die Identität dieses letzteren Stückes besteht nicht der geringste Zweifel; einen ihm gezeigten Balg aus Griechenland erklärte Aeuckens sofort und auf das bestimmteste für ganz denselben Vogel; auch ereignete sich der Fall an einem Maimorgen, unter den günstigsten Witterungsbedingungen für Erscheinen südöstlicher Fremdlinge.

Die Niststätten dieser Art erstrecken sich von Griechenland über Kleinasien, Syrien. Turkestan, Persien bis zum mittleren Indien. Eine im Süden des westlichen Europa heimische Form, die sich von der gegenwärtigen durch eine etwas mehr rostrothe Färbung der oberen Theile unterscheidet, hat man unter dem Namen *Sylvia galactodes* als selbstständige Art aufgestellt; diese westliche Form ist zweimal in England erlegt worden, unzweifelhaft waren auch dies Stücke, die ihren Frühlingszug wieder aufgenommen hatten, nachdem sie im Beginn ihrer Brutgeschäfte den Gatten verloren, und so auf nördlich gerichtetem Fluge von Spanien nach Grossbritannien gelangten — wie dies im Abschnitt über den Zug und an anderen Stellen schon eingehender erörtert worden ist.

Nr. 87. Nordisches Blaukehlchen.

SYLVIA SUECICA. Linn.

Helgoländisch: Blü-Hemmel-Fink = Blauer Himmelvogel.

Sylvia (Cyanecula) suecica. Naumann, XIII. S. 387. Blasius, Nachträge S. 59.
Red - spotted Bluethroat. Dresser, II. p. 317.
Bec-fin gorge bleue. Temminck, Manuel. III. p. 143.

Kaum sollte man glauben, dass die Heimath eines so lieblichen Geschöpfes wie des Blaukehlchens sich bis zur Küste des Eismeeres hinauf erstrecke, vielmehr macht sein so schön azurblau und rostorange gefärbtes Kleid den Eindruck, als gehöre es tropischen Breiten an. Thatsächlich ist denn auch sein Leben getheilt zwischen seinen arktischen Niststätten und seinen bis zum heissen mittleren Afrika und unteren Asien reichenden Winterquartieren. Die Wanderflüge dieses Vögelchens zwischen solchen so weit getrennten Gebieten haben das interessanteste Material geliefert für endliche Lösung der bisher offenen Frage: bis zu welcher Geschwindigkeit sich der Flug der Vögel während ihrer Wanderflüge zu steigern vermöge, und das überraschende Ergebniss von fünfundvierzig deutschen Meilen in der Stunde geliefert. Das kleine Helgoland hat sich auch in diesem Falle, wie in manchem anderen, als wahre Vogelwarte erwiesen. Der Meridian desselben bezeichnet die westlichste Grenze der Züge dieses Blaukehlchens zwischen seinen Brutstätten und seinen Winterquartieren; über diese Grenze gelangt es nur sehr vereinzelt hinaus.

Während seines Frühlingszuges von Afrika nach dem nördlichen Skandinavien wird es in Italien — nach Giglioli — nur ganz vereinzelt angetroffen; ebenso ist es während dieser Zeit in ganz Deutschland eine höchst seltene Erscheinung; Naumann sagt: »es kommt immer nur einzeln und selten genug an Flussufern in Thüringen, bei Dresden, Wien und anderwärts vor.« Sogar im nördlichen Deutschland, an den Elbe- und Wesermündungen muss es nur selten verweilen, denn ich habe trotz aller Nachfragen nicht gehört, dass es jemals daselbst gesehen worden sei.

Diesem nun vollständig entgegen, ist dies Blaukehlchen während derselben Zugperiode auf Helgoland eine ganz gewöhnliche, jedermann bekannte Erscheinung; wenn während Ende April und den Mai hindurch nicht gerade ein kalter, trockener Nordwind herrscht, so ist dasselbe hier ein täglicher Gast, ist das Wetter aber warm und schön, begleitet von leichtem, südöstlichem Winde, so ist es oft so zahlreich, dass an solchen Tagen Öhrich Aenckens und ich von dreissig bis fünfzig männliche Vögel erhalten haben, ja ich erinnere mich, dass ich einmal im Mai 1845 oder 46 einige sechzig der ausgesucht schönsten Männchen auf einer grossen, flachen Schüssel im Keller liegen hatte, eine Zahl die ich an jenem Tage mit Leichtigkeit hätte verdoppeln können, wenn ich alles genommen hätte, was mir angeboten wurde. Aenckens hatte eine fast gleiche Zahl erhalten, und dies alles waren Vögel, die von Knaben in kleinen Schlagnetzen gefangen wurden; erwachsene Jäger stellen denselben nicht nach.

Da nun dieser Vogel während seines Frühlingszuges in allen zwischen seinen Winterquartieren in Afrika und Helgoland liegenden Breiten nur ganz ausnahmsweise und stets nur vereinzelt angetroffen wird, hier dann aber zu den gewöhnlichen, unter günstigen Umständen sich bis zu hunderten steigenden Individuen gehört, so ergiebt sich hieraus, dass er seine Reise in einem Fluge, ohne im allgemeinen irgendwo zu rasten, zurücklegen muss.

Wie alle Sylvien und andere Insectenfresser, zieht nun auch diese Art während der Nacht: fliegt von Afrika nach Sonnenuntergang fort und kommt hier schon vor Sonnenaufgang an, gebraucht zu diesem Fluge also höchstens neun Stunden; die Wegstrecke aber, welche der Vogel in diesen neun Stunden durchfliegt, ist ungefähr vierhundert deutsche Meilen, was die wahrhaft wunderbare, aber unanfechtliche Fluggeschwindigkeit von fünfundvierzig Meilen in einer Stunde ergiebt.

Während seines Rückzuges im Herbst kommt dies Blaukehlchen hier wie in ganz Deutschland sehr zahlreich vor; auch im östlichen Europa, Griechenland z. B., wo es nach v. d. Mühle im Frühjahr gar nicht gesehen wird, ist es dann eine gewöhnliche Erscheinung. Für Helgoland beginnt sein Herbstzug etwa Mitte August und währt, je nach dem Wetter, bis in die letzte Hälfte des September hinein; hunderte dieser Vögel beleben dann neben Rothschwänzchen, Wiesenschmätzern und anderen die Kartoffelfelder des oberen Felsplateaus; auffallender Weise kommt es dann gar nicht in die Gärten, wo es sich während des Frühlingszuges hauptsächlich aufhält. Ende April und den Mai hindurch hüpft es daselbst unter den Johannis- und Stachelbeersträuchern herum, scheint aber eine ganz besondere Vorliebe für solche Stellen zu haben, die dicht mit wieder ausgesprosstem Grünkohl bestanden sind; es verschmäht jedoch auch das todte Gesträuch der Drosselbüsche, sowie schattige Ecken und Winkel unter Zäunen nicht und hält sich sogar gern am Fusse des Felsens zwischen Geröll und in dunklen Klüften auf.

Dieser liebliche Vogel ist ein äusserst zutrauliches Geschöpf. Wenn man denselben während Beschäftigungen im Garten nicht weiter beachtet oder sich stellt, als ob man ihm keine Aufmerksamkeit schenke, so wird er stundenlang in einer Nähe von zwanzig, ja fünfzehn und weniger Schritten, in raschen oder gemesseneren Sätzen, Insecten fangend, bei einem herumhüpfen; bei jeder der vielen Pausen mit dem über die Flügel gehobenen Schwanze schnellend und sehr aufgerichtet mit den klaren, dunklen Augen um sich schauend; kommt ihm aber der Gedanke, beobachtet zu

18*

sein, so verschwindet er in langen Sätzen blitzschnell unter ein Gebüsch oder zwischen Stauden, um jedoch nach ein paar Augenblicken eben so treuherzig wieder zum Vorschein zu kommen. Oft hätte ich ein solches Vögelchen von besonderer Schönheit gern besessen, aber ich konnte es nie über mich gewinnen, demselben ein Leid anzuthun, nachdem es mir so vertrauensvoll seine unterhaltende Gesellschaft während einer Arbeitsstunde geschenkt.

Ausser einem schnalzenden »Tack« hört man hier keine Stimme dieses Blaukehlchens — leider ziehen ja aber alle Sänger schweigend an Helgoland vorüber, — was um so mehr zu beklagen, da dasselbe nach Seebohm's anziehenden Schilderungen (Ibis 1876 und Siberia in Europe) nicht allein ein ausgezeichneter, der Nachtigall nahekommender Sänger sein soll, sondern daneben auch die Fähigkeit besitzt, Locktöne und Gesang aller seiner Nachbarn in denkbar täuschendster Weise nachzuahmen.

Die westlichsten Brüteplätze dieses Blaukehlchens befinden sich im nördlichen Skandinavien bis über 70° N. hinaus; auf den Fjelds von Guldbrandsdalen und auf dem Dovrefjeld in Norwegen brütet es jedoch in Höhen, welche ein gleiches Klima wie seine nordischen Niststätten bieten. zahlreich bis zu 62° N. hinunter. Von Finnmarken und dem Waranger Fjord aus erstreckt sich sein Brutgebiet ostwärts durch das ganze Europäische und Asiatische Russland bis Kamtschatka, ja in Alaska soll man es noch angetroffen haben. Unter anderen Forschern fand Seebohm diese Art höchst zahlreich an der unteren Petschora und ebenfalls am unteren Jenisei vor. Von Middendorf traf sie im nordöstlichen Asien an, so auch Nordenskjöld während der denkwürdigen Expedition der »Vega« in den Eismeer-Küstengebieten. woselbst dies Blaukehlchen zusammen mit dem nordischen Laubvogel, *Sylvia borealis,* die einzigen Sylvien sind, welche in den borealen Einöden so hoher Breiten noch ihr Lied der Mitternachtssonne zusingen.

In England ist das nordische Blaukehlchen, nach Newton, vom Jahre 1826 bis 1872 nur siebenmal beobachtet worden; dies so äusserst vereinzelte Vorkommen des Vogels jenseits der Nordsee beweist, wie fest seine Wanderflüge zwischen Nord und Süd verlaufen, und dass die westlichste Grenze derselben nicht über den Längengrad Helgolands hinausreicht.

Die im nördlichen Europa nistenden Individuen dieser Art überwintern zumeist in Egypten, Nubien und Abessinien; im westlichen Afrika dürfte dieselbe nur sehr selten vorkommen, jedoch führt Carstensen (Naumannia 1852) sie unter den im nördlichen

Fez gesammelten Vögeln mit dem Pallas'schen Namen *Sylvia coeru-lecula* auf.

Eine auffallende Erscheinung bilden bei diesem Blaukehlchen die bedeutenden Abweichungen, welche das Hochzeitskleid alter Männchen ziemlich häufig aufweist. Unter normaler Zeichnung ist ja die Kehle, Vorderhals, bis auf den Kropf hinunter schön ultramarinblau, begrenzt von einer tiefschwarzen, fein weiss geränderten Binde, der ein doppelt so breites rostorange Band folgt; in dem Blau des Vorderhalses steht ein grosser rostoranger Fleck. Die häufigste Abweichung von dieser Zeichnung bilden solche Stücke, denen der feine weisse Saum des Kropfes fehlt, oder an denen der rostorange Kehlfleck unterwärts ein feines weisses Säumchen zeigt. Sodann solche, bei denen die schwarze Kropfbinde ganz fehlt und dann das rostorange Brustband von mehr als doppelter Breite ist; solche Vögel sehen sehr schön aus.

Weiter besitze ich ein Exemplar, ebenfalls ein sehr schöner Vogel, an dem die rostorange Farbe fast alles Blau verdrängt hat: schon am Kinn stehen zwischen den blauen Federn einzelne jener Färbung, die sehr bald alles Blau verdrängen und in einen sehr intensiv rostorange Fleck übergehen, der mit dem breiten rostorange Brustbande zusammenfliesst und nur durch eine Reihe einzelnstehender blauer Federn von demselben getrennt ist; die schwarze Binde fehlt ganz — ausser einem Herbstkleide habe ich kein zweites derartiges Stück erhalten.

Dann kommen noch des öfteren Stücke vor, an denen die weisslichen Federwurzeln des rostfarbigen Kehlfleckes so gross sind, dass diese Federn nur noch rostfarbige Spitzchen haben, und das Weiss mehr oder weniger vorherrscht; ich besitze ein sehr schön gezeichnetes altes Männchen, mit ganz ungewöhnlich grossem Kehlfleck, der aber nur in seiner Mitte rostorange und ringsherum breit weiss eingefasst ist; an demselben ist auch der weisse Saum der schwarzen Brustbinde sehr breit und zieht sich beiderseits am Kropfe hinauf — es ist dies ein auffallend schöner Vogel. Ich besass noch zwei weniger schöne solcher Stücke, bei denen der nur kleine Kropffleck an einem derselben nur ganz wenig Rostfarbe trägt; diese beiden letzteren Vögel habe ich Freund Eugen von Homeyer zur Vervollständigung seiner sehr grossen Blaukehlchen-Suite verehrt.

An sehr alten Weibchen dieser Art wiederholt sich in seltenen Fällen im Frühjahr fast die ganze Zeichnung des normal gefärbten Männchens, aber in matterer, wie fein weiss überstäubter

Färbung, auch fehlte den wenigen derartigen Stücken, die ich in
Händen hatte, stets die untere rostfarbene Kropfbinde. An jüngeren Weibchen ist die Kehle hellbläulich überlaufen, der Halsfleck
weisslich rostfarben und durch ein breites schwarzes, blau über-
laufenes Kropfband begrenzt, das sich zu beiden Seiten des Halses
hinaufzieht. Junge Herbstvögel haben gar keinen Anflug von
Rostfarbe, weder an Kehle noch Vorderhals, diese sind rein weiss,
begrenzt von einem mehr oder weniger zusammenhängenden tiefschwarzen Kropfbande, das sich zu beiden Seiten des Halses
hinaufzieht. Selten kommen alte Männchen im Herbstkleide vor, an
denen der ganze Halsfleck rostfarben ist, die obere Hälfte desselben
ist fast immer weisslich.

Bei einfacher Betrachtung von Stücken der letzten oben besprochenen Abweichung des männlichen Frühlingskleides könnte
leicht die Meinung entstehen, es seien solche Vögel Bastarde der
gegenwärtigen und nächstfolgenden Art, aber die Möglichkeit einer
solchen Vermischung ist ja ausgeschlossen, da die eine derselben
innerhalb des Polarkreises, oder auf nördlichen Gebirgen in Höhen,
welche ein polares Klima bieten, brütet, die andere aber nicht über
die Nord- und Ostsee hinaus geht und in der Ebene bleibt.

Diese durch viele Breitegrade getrennte Heimath beider Arten
erkennt man hier denn auch sehr deutlich an der Zeit ihres Frühlingszuges: die südlicheren Brutstätten des weisssternigen Vogels
werden schon früh im Jahre bewohnbar, und es treffen denn auch
die wenigen bis hieher gelangenden Stücke schon Ende März oder
während der ersten Tage des April ein; zu dieser Zeit herrscht
in dem Nistgebiet der nordischen Art aber noch vollständiger
Winter, der erst vier und mehr Wochen später daselbst weicht; —
dementsprechend findet der Frühlingszug dieser Art denn auch erst
im Verlaufe des Mai statt.

Nr. 88. Weisssterniges Blaukehlchen.

SYLVIA LEUCOCYANA. Brehm.

Helgoländisch: Witt Blü-Hemmel-Fink = Weisser Blauhimmel-Vogel.

Sylvia suecica. Naumann, II. S. 414. *S. leucocyana.* XIII. S. 373
und Blasius, Nachträge S. 59.
White-spotted Bluethroat. Dresser, II. p. 311.
Bec-fin gorge-bleue. Temminck, Manuel. I. p. 216.

Auf Helgoland ist dieser so elegante Vogel mit dem rein weissen
atlasglänzenden Kehlfleck im blauen Felde eine höchst seltene Er-

scheinung: mit einer einzigen Ausnahme ist derselbe stets nur in Zwischenräumen von fünf bis zehn Jahren in ganz vereinzelten Stücken vorgekommen, so dass während der letzten fünfzig Jahre vielleicht acht, höchstens zehn dieser Vögel hier erlegt worden sind. Die einzige sehr merkwürdige Ausnahme hiervon bot das Frühjahr 1877, indem am 5. April desselben zehn bis zwölf dieser Blaukehlchen hier vorkamen, am 6. wieder einige und am 9. nochmals mehrere; alles schöne Männchen und fast alle wurden gefangen. Seit jener Zeit habe ich diese Art nur noch am 17. Mai 1879 hier wieder erhalten, und nur einmal einen weiblichen Vogel erlegt, auf dessen Hiehergehörigkeit mit Sicherheit aus seinem frühen Erscheinen zu schliessen war; alle früheren oder bei der letzten Gelegenheit vorgekommenen Stücke waren Männchen, zumeist schöne alte Vögel mit grossem weissen Kropffleck, bei einigen war jedoch dieser Fleck so klein, dass er fast ganz, in einem Falle ganz, vom Blau verdeckt wurde; bei diesem letzteren Stücke aber ward doch beim Aufheben der Federn ein glänzend weisses Fleckchen von der Grösse eines Schrotkornes Nr. 4 sichtbar, — aber auch diese Stücke waren ihrer sonstigen Färbung und Zeichnung nach ganz alte Vögel.

In fast allen Werken ist das mittlere und westliche Europa bis Portugal hinunter als Brutgebiet dieses Blaukehlchens angegeben, Deutschland und Holland aber als diejenigen Theile bezeichnet, in welchen es am zahlreichsten auftrete. Es führt nun aber Büchner (Vögel des St. Petersburger Gouvernements 1886) diese Art nicht allein als in der Umgegend Petersburgs nistend auf, sondern fügt hinzu, dass dieselbe Ende April und Anfang Mai daselbst in »sehr grosser Anzahl« gefangen werde. Nördlich über den Petersburger Kreis hinaus dürften sich die Niststätten dieses Vogels wohl schwerlich erstrecken, und es entsteht somit die Frage, wohin die daselbst während des Frühlingszuges in grosser Anzahl vorkommenden wandern mögen. Es ist wohl als zweifellos anzunehmen, dass dies ostwärts geschehe, in welcher Richtung die zahlreichen am Westabhange des Ural entspringenden Wasserläufe geeignete Lokalitäten für Niststätten in Fülle darbieten. Als Brutgebiet dieses Blaukehlchens dürfte demnach das ganze mittlere und südlichere Europa, vom westlichen Portugal bis zum Ural anzusehen sein.

Nr. 89. Wolf's Blaukehlchen.

SYLVIA WOLFII. Brehm.

Helgoländisch: All-Heel blü Blühemmelfink = Ganz blauer Blauhimmelvogel.

Sylvia Wolfii. Naumann, XIII. S. 377 und Blasius, Nachträge S. 59.
Cyanecula Wolfii. Dresser, II. p. 311.

Ein Blaukehlchen mit einfarbig blauem Kropf, an dem auch beim Aufheben der Federn kein Weiss sichtbar ist, sondern die Wurzeln aller blauen Federn einfarbig grau sind, habe ich hier nur einmal erhalten; dieser Vogel ward am 30. März 1848 auf der Düne geschossen und ist ein schönes altes Männchen. Dreimal habe ich noch Männchen im Frühjahr mit anscheinend einfarbig blauem Kropfe erhalten, an denselben ward entweder aber bei geringer Verschiebung der Federn sofort ein kleiner rein und glänzend weisser Fleck sichtbar, oder es schimmerte ein solcher auch schon bei geordnetem Gefieder mehr oder weniger wahrnehmbar zwischen den blauen Federn hervor.

Naumann folgend, habe ich das einfarbig blaue Blaukehlchen hier als besondere Art aufgeführt, da für ein Urtheil über die Frage der Selbstständigkeit dieser Form Helgoland keine genügenden Anhaltspunkte darbietet. Dass die gegenwärtige Form gleiche Gebiete mit der weisssternigen bewohnt und sich mit derselben vermischt, dürfte schwerlich gegen die Artberechtigung derselben sprechen, sondern eher der Umstand, dass trotz einer solchen Verbastardirung beide Formen sich rein erhalten, als ein Zeugniss für beider Selbstständigkeit anzusehen sein. Nur solche Stücke, an denen alle blauen Federn einfarbig graue Wurzeln aufweisen, dürften als *Sylvia Wolfii* gelten, das geringste Auftreten eines weissen Fleckchens am Kropfe aber das Kennzeichen eines Bastardes sein, in gleicher Weise wie bei der Raben- und Nebelkrähe.

Deutschland ist nach allem, was über diese Art beobachtet und mitgetheilt worden, als hauptsächlichstes Brutgebiet derselben anzusehen; man hat einfarbig blau gezeichnete alte Männchen während der Brutzeit am häufigsten daselbst angetroffen. Es dürften sich jedoch die Niststätten derselben westlich und östlich bedeutend weiter erstrecken, denn Howard Saunders erhielt in Spanien ein paar anscheinend blaue Stücke, die aber beim Aufheben der Kropffedern ein weisses Fleckchen zeigten und somit Bastarde waren, wo jedoch solche vorkommen, müssen nothwendiger Weise auch beide reine Formen heimisch sein. Weiter theilt Büchner mit, dass unter den in nächster Umgegend Petersburgs gefangenen Vögeln nicht selten Männchen mit einfarbig blauer Brust vorkämen, und somit erstrecken sich die Brutstätten des Wolf'schen Blaukehlchens vom westlichsten bis in das östlichste Europa.

Nr. 90. Rothkehlchen.

SYLVIA RUBECULA. Linn.

Helgoländisch: Road-bresched = Rothbrüstchen.

Sylvia rubecula. Naumann, II. S. 397.
Redbreast. Dresser, II. p. 329.
Bec-fin rouge-gorge. Temminck, Manuel. 1. p. 215. III. p. 142.

Das mit seinen grossen schwarzen Augen so treuherzig blickende, doch aber äusserst streitsüchtige Rothkehlchen besucht Helgoland im Frühjahr wie im Herbst in sehr grosser Zahl: oft wimmelt jedes Eckchen und Plätzchen der ganzen Insel von ihnen. Während der Frühlingsbeschäftigungen im Garten ist es ein höchst lieblicher Gesellschafter, namentlich beim Graben der Beete hüpft es auf der frischen ebenen Erdfläche in nächster Nähe ganz zutraulich herum, hier und da ein Würmchen oder Insekt aufnehmend, und nicht im geringsten beunruhigt durch den Blick des Beobachters; ja es scheint thatsächlich einen solchen Blick niemals zu beachten, sondern einzig und allein auf dem Boden umherzuspähen. Wie ganz anders das ebenfalls zutrauliche, aber doch stets wachsame Blaukehlchen.

Auch das Rothkehlchen zählt zu den wenigen Sängern, welche den reizarmen Frühling dieses unwirthlichen Felsens durch ihr bescheidenes Liedchen zu verschönern sich bestreben. Die ersten dieser Vögelchen kommen schon sehr früh im Frühjahr hier an, und während ihres Herbstzuges sieht man ihrer oft noch viele bis spät im November mit den letzten Schwarzdrosseln durchziehen, ja hin und wieder macht eins derselben den Versuch hier zu überwintern. Es ist sodann, namentlich bei tiefem Schnee, ein ständiger Gast im Hühnerhof und lässt sich die dem Geflügel gestreuten Brotkrumen vortrefflich munden; es betrachtet sich dort bald so sehr zu Hause, dass es sogar die dummdreisten Sperlinge vom Fressnapf fern zu halten weiss.

Das Rothkehlchen brütet in ganz Europa, von den Atlantischen Küsten Portugals und den Hebriden bis zum Ural. Wolley traf es in Lappland noch unter 68° N.

Nr. 91. Gartenröthling.

SYLVIA PHOENICURUS.   Latham.

Helgoländisch: Smock-heiked.   Name für den männlichen Gartenröthling.
Weibchen und junge Vögel dieser und des Hausröthlings nennt man Ro-ad
stätjed = Rothschwänzchen.

Sylvia phoenicurus. Naumann, III. S. 510.
Redstart. Dresser, II. p. 277.
Bec-fin de murailles. Temminck, Manuel. I. p. 220. III. p. 146.

Der Gartenröthling besucht Helgoland während seiner Heimreise im Frühjahr sowohl, wie während seiner Rückkehr im Herbst fast immer in sehr grosser Zahl, oft massenhaft. Da aber warmes schönes Reisewetter für ihn unerlässliche Bedingung ist, so erscheint er in ersterem Falle selten vor Mitte April oder Anfang Mai, und im anderen schon während der letzten Woche des August, sowie den ganzen September hindurch; während des letzteren Monats kommt er am zahlreichsten hier vor, und es wimmeln dann an warmen schönen Tagen mit schwachem südöstlichem und südlichem Winde alle Gärten, und namentlich die Kartoffelfelder von zahllosen Tausenden derselben.

Mit Ausnahme von Portugal und Spanien brütet dies Rothschwänzchen in ganz Europa, sehr häufig in ganz Skandinavien, wo es bis über 70° N. noch angetroffen wird.

Wie weit die Niststätten dieser Art ostwärts sich in Asien erstrecken, ist nicht mit Sicherheit anzugeben. Seebohm (Siberia in Asia) schoss noch am Jenisei einen jungen Vogel, und Sewertzoff führt ihn als anscheinend gewöhnlichen Brutvogel für Turkestan auf.

Nr. 92. Weissflüglicher Röthling.

SYLVIA MESOLEUCA.   Ehrenberg.

Ehrenbergs Redstart. Ruticilla mesoleuca. Dresser, II. p. 285.

Meine Sammlung besitzt ein am 12. Juni 1864 hier gefangenes Exemplar dieses seltenen Vogels; es ist ein altes Männchen und gleicht in seiner allgemeinen Zeichnung einem intensiv gefärbten alten Männchen von *Sy. phoenicurus,* nur die Flügelzeichnung macht eine Ausnahme und die grossen Schwungfedern haben schon

feine weisse Säume, die an denen der zweiten Ordnung, an der
Wurzel beginnend. sehr breit sind. mit jeder Feder an Ausdehnung
zunehmen und, an den letzten hinteren Schwingen über die ganze
breite Aussenfahne reichend, einen grossen rein weissen Fleck bilden.
Eine eigenthümliche Zeichnung erhalten die beiden vorletzten
Schwingen dadurch, dass in der Mitte der Feder die schwarzbraune
Farbe der Innenfahne plötzlich in das Weiss der Aussenfahne
vorspringt und dort einen ähnlichen dunklen Fleck bildet, wie
derselbe bei Ammern vorkommt. namentlich bei *lapponica, schoeniclus, rustica* und *pusilla* sehr ausgeprägt auftritt.

Mit der Beschreibung, welche Dresser und Blanford, Ibis 1874
Seite 343, von den Stücken des Berliner Museums geben, die durch
Hemprich und Ehrenberg in Syrien und Arabien gesammelt wurden.
stimmt der hier gefangene Vogel vollständig überein. In der Grösse
gleicht derselbe *phoenicurus*, jedoch sind die Flügel meines Exemplars um sechs, und der Schwanz um sieben Millimeter länger als
bei einem alten Männchen der letzteren Art.

Die Maasse des Stückes sind folgende: ganze Länge 135 mm,
Länge der Flügel 81 mm, Länge des Schwanzes 60 mm: die
Flügel lassen vom Schwanze unbedeckt 29 mm. Der Schnabel
misst 11 und die Fusswurzel 22 mm.

Betreffs der Niststätten dieser Art ist nichts weiter bekannt,
als was C. G. Danford in einem sehr interessanten Artikel in der
Ibis 1877 von Seite 262 an mittheilt: er bereiste im Winter 1875
und Frühling 1876 Kleinasien, woselbst er unter vielen Mühen in
einer der bewaldeten Schluchten des Taurus die bis dahin unbekannten Nester und Eier dieser, damals überhaupt noch wenig
gekannten Art auffand.

Der obige auf Helgoland erlegte Vogel scheint das einzige
bisher in Europa beobachtete Exemplar dieser Art zu sein:
Aeuckens hat vor einigen Jahren ein zweites Stück krank geschossen, aber nicht erhalten. Eine eigenthümliche, für den Zug
sehr interessante Erscheinung ist es, dass hier an demselben Tage
mit *Sy. mesoleuca* auch ein Exemplar von *Sylvia (Acrocephala)
agricola* erlegt ward, welches sich ebenfalls in meiner Sammlung
aufgestellt findet.

Nr. 93. Hausröthling.

SYLVIA TITHYS. Latham.

Helgoländisch: Swart smok-heiked = Schwarzer Röthling.

Sylvia tithys. Naumann, III. S. 525.
Black Redstart. Dresser, II. p. 293.
Bec-fin rouge-queue. Temminck, Manuel. I. p. 218. III. p. 145.

Der Hausröthling besucht Helgoland zwar regelmässig während beider Zugperioden des Jahres, aber stets nur vereinzelt oder in sehr wenig Stücken im Laufe eines Tages; derselbe ist aber dennoch in Folge seines eigenthümlich eleganten Kleides ein jedem hiesigen Jäger wohlbekannter Vogel. Sein Zug beginnt im Frühjahr schon im März und erstreckt sich dementsprechend sehr spät in den Herbst, ja Winter hinein; es sind gar nicht selten bis Mitte Dezember noch Vögel dieser Art hier vorgekommen; der Zug derselben ist denn auch keineswegs, wie der des nahe verwandten Gartenröthlings, von warmem schönem Wetter abhängig, sondern findet zu Zeiten und unter Witterungsverhältnissen statt, während welcher es keiner anderen Sylvie in den Sinn kommen würde, auf Reisen zu gehen.

Brutvogel ist dieser Röthling vom westlichen Portugal bis zur Wolga, vom östlichen Deutschland an jedoch sehr an Zahl abnehmend. Zerstreuter nistet er im nördlichen Afrika, Palästina, bis Persien.

Nr. 94. Moussiers Röthling.

SYLVIA MOUSSIERI. Olph-Galliard.

Moussiers Redstart. Dresser, II. p. 301.
Ruticilla Moussieri. Howard L. Irby, Ornithology of Straits of Gibraltar p. 82.

Dieser so interessante Afrikanische Röthling ist hier einmal im Sommer 1842 vorgekommen; Oelrich Aeuckens schoss denselben und verkaufte ihn an einen jungen Juristen aus Lüneburg, Namens Jochmus, der hier alljährlich als Badegast weilte. Ich hatte damals kaum die ersten Anfänge zu meiner Sammlung gemacht und ahnte den Werth, den dieses Stück für Helgoland hatte, nicht; später habe ich es nicht an wiederholten und dringlichen Bemühungen, den Vogel zurück zu erhalten, fehlen lassen. aber leider vergeblich; ich gab die Sache schliesslich auf, da mir gesagt ward, derselbe sei zu Grunde gegangen. Es war ein schönes Männchen in ziemlich abgetragenem Kleide; ein ähnliches Stück ist hier nie wieder gesehen worden, und auch kaum zu erwarten, dass ein zweites hierher gelange, denn die Süd- und Westeuropäischen sowie Nordwestafrikanischen Arten sind, bis auf zwei oder drei Ausnahmen, nie hier gesehen worden.

Die Heimath dieses Röthlings scheint sich nicht über das nordwestliche Afrika hinaus zu erstrecken.

Nr. 95. Sängergrasmücke.

SYLVIA ORPHEA. Temminck.

Sylvia orphea. Naumann, II. S. 445.
Orphean Warbler. Dresser, II. p. 411.
Bec-fin orphée. Temminck, Manuel. I. p. 198. III. p. 127.

Reymers theilte mir mit, dass er in früheren Jahren diesen Sänger hier zweimal erhalten habe, mir ist er nur einmal, und zwar am 8. Juli 1876, vorgekommen, was um so auffallender, da derselbe neben seinen weiter südlichen Niststätten auch in Griechenland ein ganz gewöhnlicher Brutvogel ist, ja sogar in Dalmatien noch häufig brüten soll, und andere südöstliche Arten doch fast alljährlich während der Sommermonate in ein oder dem anderen Stücke hier auftreten. In England ist dieser Sänger auch mehrere Male erlegt worden und will man dort sogar zweimal sein Nest mit Eiern gefunden haben.

Die Brutstätten dieser Grasmücke erstrecken sich vom äussersten Westen des südlichen Europa, einschliesslich Nordwest-Afrika, bis Turkestan und Persien.

Nr. 96. Dorngrasmücke.

SYLVIA CINEREA. Brisson.

Helgoländisch: Road-rögged Ünger = Rothrückige Grasmücke.

Sylvia cinerea. Naumann, II. S. 464.
Whitethroat. Dresser, II. p. 377.
Bec-fin grisette. Temminck, Manuel. I. p. 207. III. p. 133.

Dies ist für Helgoland nicht allein die gewöhnlichste Grasmücke, sondern überhaupt einer der gewöhnlichsten Vögel der

Insel, der von Mitte April, wenn es anfängt warm zu werden, bis
Ende Mai zahlreich in allen Gärten herumhüpft und von dem
während seines Herbstzuges, Ende August und den September
hindurch die Kartoffelfelder oft vollständig wimmeln.

Die Dorngrasmücke brütet in grosser Zahl von Portugal bis
Turkestan, nördlich bis über das mittlere Skandinavien hinaus und
bis Archangel hinauf.

Hier, wo fast niemals Vogelgesang erklingt, ist es stets ein
grosser Genuss, dem leisen, fortlaufenden, zwitschernden und pfei-
fenden Geschwätz dieses Vogels in sonniger Morgenstunde lauschen
zu können; es klingt, als wären dies die einleitenden Vorstudien
zu dem vollen Gesange, der später zu Seiten des heimathlichen
Nestes erschallen solle. Als ich einmal an einem schönen Maimorgen einem solchen Vogel in meinem Garten lauschte, stimmte
etwa dreissig Schritt rückwärts ein Fitislaubvogel ebenfalls sein
kurzes Liedchen an, welches zu meinem grossen Erstaunen die
Grasmücke ihrem eigenen Fantasiren in etwas leiseren Tönen
sofort einflocht, und dies wiederholte, so oft der Fitis nach kürzeren
oder längeren Pausen seine Strophe vorgetragen. Ein Helgoländer
Ornitholog kann kein Kenner des Vogelgesanges sein, so weiss auch
ich nicht, ob das obige anmuthige Intermezzo bei der gegenwärtigen
Art etwas Gewöhnliches ist, oder ob es bloss eine kleine Reiseaus-
gelassenheit war — es klang aber ganz überaus lieblich.

Nr. 97. Zaungrasmücke.

SYLVIA CURRUCA. Brisson.

Helgoländisch: Lütj Ünger = Kleine Grasmücke.

Sylvia curruca. Naumann, II. S. 451.
Lesser Whitethroat. Dresser, II. p. 383.
Bec-fin babillard. Temminck, Manuel. I. p. 209. III. p. 134.

Dieser kleine niedliche Sänger, der hier stets nur vereinzelt
gesehen wird, eröffnet unter seinen nahen Verwandten den
Frühlingszug, er kommt fast immer schon während der ersten
Tage des April, selbst bei noch rauhem Wetter, und beschliesst
seinen Zug Mitte Mai. Im Herbst, wo er noch sparsamer vorkommt, sieht man ihn von der letzten Hälfte des September an
bis gegen Ende Oktober, hin und wieder auch wohl noch etwas
später.

Diese kleine Grasmücke brütet von Frankreich bis in das östliche Asien, Daurien und geht nördlich bis in das mittlere Skandinavien. In Spanien soll sie noch vereinzelt nisten, in Portugal wohl nicht mehr.

Nr. 98. Gartengrasmücke.

SYLVIA HORTENSIS. Gmelin.

Helgoländisch: Grü Ünger = Graue Grasmücke.

Sylvia hortensis. Naumann, II. S. 478.
Garden Warbler. Dresser, II. p. 429.
Bec-fin fauvette. Temminck, Manuel. I. p. 206. III. p. 132.

Auch dieser Sänger ist ein ganz gewöhnlicher Vogel für Helgoland, der an warmen Tagen, Ende April und den Mai hindurch, sowie Ausgang August und während des September, in dem hohen Gebüsch der Gärten, und während des Herbstzuges zahlreich in den Kartoffelfeldern angetroffen wird, jedoch nie in so grosser Zahl, als die Dorngrasmücke erscheint.

Die Gartengrasmücke brütet von Portugal bis zum Ural, sie geht in Skandinavien bis über den Polarkreis hinaus.

Nr. 99. Mönchgrasmücke.

SYLVIA ATRICAPILLA. Brisson.

Helgoländisch: Swart-hoaded Ünger = Schwarzköpfige Grasmücke.

Sylvia atricapilla. Naumann, II. S. 492.
Black cap. Dresser, II. p. 421.
Bec-fin à tête noire. Temminck, Manuel. I. p. 201. III. p. 131.

Diese Art besucht Helgoland nur in geringer Zahl, man sieht dieselbe von den ersten Wochen des April bis Mitte Mai bei einigermaassen günstigem Wetter fast täglich, aber stets nur ganz vereinzelte Stücke; ebenso im Herbst, den Oktober und November hindurch, ja, ich habe ihn noch am 5. und 18. Dezember angetroffen. Während beider Zugperioden hält sich dieser Vogel fast nur in den oberen Zweigen der fünfzehn bis achtzehn Fuss hohen Dorn- und Hollunderbüsche der Gärten auf, im Herbst sehr eifrig die reifen Hollunderbeeren essend.

Nur einmal habe ich hier in früher Morgenstunde den schönen Gesang dieses Vogels gehört, und da sich der Sänger in einer hohen, dichten Dornhecke meines Gartens aufhielt, wo nichts ihn stören konnte, so war es mir vergönnt, etwa eine Stunde seinem Liede mit Wonne zu lauschen, bei dessen ersten laut flötenden Strophen ich wirklich glaubte, eine Nachtigall zu hören. Ich muss bekennen, dass nach Verstummen dieses wundervollen Gesanges mir der Helgoländer Frühling armseliger denn je zuvor erschienen ist.

Die Mönchsgrasmücke nistet zahlreich von Portugal an, einschliesslich der Azoren und Kanarischen Inseln, durch ganz Europa bis zum Ural, geht jedoch kaum bis in das mittlere Skandinavien hinauf.

Nr. 100. Schwarzköpfige Grasmücke.

SYLVIA MELANOCEPHALA. Gmelin.

Sardinian Warbler. Dresser, II. p. 401
Bec-fin mélanocéphale. Temminck, Manuel. I. p. 203. III. 132.

Diese kleine hübsche Grasmücke kann ich hier nur gestützt auf Reymer's Angabe aufführen, der sie vor Jahren hier einmal erhalten; es ging auch dieses Stück in die Hände von W. Brandt in Hamburg über.

Die Heimath dieses Sängers erstreckt sich über alle Mittelmeerländer des südlichen Europa und nördlichen Afrika.

Nr. 101. Sperbergrasmücke.

SYLVIA NISORIA. Bechstein.

Helgoländisch: Kat-Üuger = Katzen-Grasmücke.

Sylvia nisoria. Naumann, II. S. 430.
Barred Warbler. Dresser, II. p. 435.
Bec-fin raye. Temminck, Manuel. I. p. 200. III. p. 128.

Von den gewöhnlichen Grasmücken Deutschlands ist die Sperbergrasmücke bei weitem die am seltensten hier vorkommende Art. Sie zeigt sich nie vor Mitte Mai, dann auch nur an sehr schönen warmen stillen Tagen, als ganz vereinzelter Vogel, auf dessen Erscheinen durchaus nicht jeden Sommer zu rechnen ist.

Das Brutgebiet dieser Art scheint sich nur vom westlichen Deutschland bis Turkestan zu erstrecken, nördlich bis nach Dänemark und dem südlichen Schweden reichend. In England ist dieser Vogel bisher nicht beobachtet worden.

Nr. 102. Provence-Grasmücke.

SYLVIA PROVINCIALIS. Gmelin.

Sylvia provincialis. Keyserling und Blasius, Wirbelthiere Europas. S. LVI und 186.
Dartford Warbler. Dresser, II. p. 441.
Bec-fin pitchou. Temminck, Manuel. I. p. 211. III. p. 137.

Zweimal ist dieser eigenthümliche Sänger hier vorgekommen: einmal hat Reymers ihn erhalten, und einmal, am 31. Mai 1851. habe ich ihn in der Dornhecke eines Nachbar-Gartens auf wenige Schritt Entfernung vor mir herum hüpfen sehen, ohne den Vogel jedoch schiessen zu können, da hinter jener Hecke andere Gärten liegen, in welchen Leute beschäftigt waren. Es war dies ein männlicher Vogel und auch Reymers' Vogel war der Beschreibung nach ein schönes Männchen.

Es ist dies eine westliche Art, deren Niststätten sich von Portugal bis zum östlichen Frankreich erstrecken; auch in England und dem westlichen Afrika brütet dieselbe.

Weiter noch sah Claus Aeuckens am 20. April 1873 eine »schwarzköpfige Grasmücke, an der Hals und Brust eben so dunkel waren, wie der Rücken« — was dies möglicherweise für eine Art gewesen sein kann, ist nicht zu sagen.

Nr. 103. Waldlaubvogel.

SYLVIA SIBILATRIX. Bechstein.

Helgoländisch: Gühl Fliegenbitter = Gelber Laubvogel.

Sylvia sibilatrix. Naumann, III. S. 556.
Wood Wren. Dresser, II. p. 479.
Bec-fin siffleur. Temminck, Manuel. I. p. 223. III. p. 149.

In der Gruppe der Laubvögel, die unter den Sängern sich durch ihr anspruchsloses Wesen sowohl, wie durch ihr bescheidenes,

19

dennoch aber so gefallsam gefärbtes Kleid auszeichnen, nimmt der Waldlaubvogel eine sehr hervorragende Stelle ein: der grosse, rein und sanft zitrongelbe Augenstreif, Vorderhals, Kropf und Brustseiten, im Gegensatz zu den dunkler graugelb gefärbten oberen Theilen, machen ihn zu einem unserer lieblichsten Vögelchen. Dasselbe besucht Helgoland nur sehr vereinzelt, diese wenigen kommen zumeist an warmen Tagen des Mai hier vor, seltener sieht man ihn während seines Herbstzuges von Mitte Juli bis Mitte August.

In Portugal und Spanien ist diese Art ein seltener Brutvogel; zahlreicher erstrecken sich seine Niststätten von Frankreich und England durch das mittlere und südliche Europa bis an den Ural, nördlich nur bis nach Dänemark und dem unteren Schweden reichend.

Nr. 104. Bonelli's Laubvogel.

SYLVIA BONELLI.   Vieillot.

Helgoländisch: Grü-hoaded Fliegenbitter = Grauköpfiger Laubvogel.

Sylvia montana. Naumann, XIII. S. 417.
Bonellis Warbler. Dresser, II. p. 503.
Bec-fin Natterer. Temminck, Manuel. I. p. 227. III. p. 154.

Nur zweimal habe ich diesen südlichen Laubvogel bis jetzt auf Helgoland erhalten, zuerst ein weniger schönes Exemplar am 8. Oktober 1861, darauf am 9. Oktober 1874 ein ausgezeichnet schönes Männchen in vollkommen frischem Gefieder, mit reinweissen seidenartig glänzenden Kropf- und Brustseiten — dies reine Weiss macht das Vögelchen schon in ziemlicher Entfernung zwischen allen seinen Verwandten sofort sehr kenntlich.

Bonelli's Laubvogel brütet in den Bergstrichen Südeuropas, Kleinasiens und Palästinas, nördlich bis in das südliche Deutschland hinaufgehend; es ist demnach räthselhaft, wie die obigen beiden Stücke während des Herbstzuges nach Helgoland gelangen konnten, den allgemeinen Erscheinungen nach war aus ihrem Vorkommen im Oktober nur auf eine östliche Heimath derselben zu schliessen.

Nr. 105. Fitislaubvogel.

SYLVIA TROCHILUS. Linn.

Helgoländisch: Lütj Fliegenbitter = Kleiner Laubvogel.

Sylvia trochilus. Naumann, III. S. 568.
Willow Wren. Dresser, II. p. 491.
Bec-fin Pouillot. Temminck, Manuel. I. p. 224. III. p. 152.

Dies kleine, in ganz Europa bis zum höchsten Norden hinauf brütende Vögelchen ist während beider Zugperioden des Jahres auch hier ein sehr zahlreicher Gast, bei weitem der zahlreichste aller Helgoland besuchenden Laubsänger. Seine Hauptzugzeit ist der Mai und September, doch bringen warme Frühlingstage ihn manchmal auch schon früher, und gleichfalls sieht man bei warmem schönem Wetter und südöstlichen leichten Winden, auch schon Mitte August ziemlich viele derselben in den Kartoffeläckern.

Unter allen europäischen Vögeln erstreckt sich die Brutzone dieses Laubvogels wohl über die weitest gedehnte Breite, nämlich vom nördlichen Afrika bis hinauf zum äussersten Nordkap von Skandinavien: vom 34° bis zum 71° N. Derselbe überwintert in ganz Afrika, bis zu dessen südlichsten Provinzen hinunter. Nach allen Erfahrungen über den Vogelzug ist nicht anzunehmen, dass die Millionen Individuen, welche in Europa vom Nordkap bis zum Mittelmeer hinunter heimisch sind, beim Herannahen des Herbstes in chaotischen Massen davonfliegend, sich, wie es der Zufall fügen möge, über ganz Afrika ergiessen, sondern auch hier der Zeit wie dem Raume nach eine feste Ordnung herrsche, demnach die am südlichsten heimischen auch die südlichsten Winterquartiere beziehen, die dem hohen Norden angehörenden aber nur bis in das obere Afrika gehen.

Die Brutgebiete der südlicher Nistenden werden nun aber einen ganzen Monat früher bewohnbar als die der Hochnordischen, und sie brechen dementsprechend auch um so viel früher dahin auf, als jene nach den ihrigen; hieraus ergiebt sich nun aber die wunderbare Thatsache, dass die aus dem tiefen Süden vier bis sechs Wochen früher Aufbrechenden, die im oberen Afrika derzeit noch Winternden überfliegen, ohne dass diese letzteren sich gleichfalls zum Aufbruch verleiten lassen, ruhig verweilend, bis auch ihre im rauhen Norden liegende Heimath wirthlich werde. Was aber deutet jenen an, dass die Zeit für ihren Aufbruch

herangenaht sei. und diesen, dass sie noch geraume Zeit zu rasten
haben? In west-östlicher Ausdehnung nistet dieser Laubvogel von
Portugal bis zum Jenisei.

Nr. 106. Weidenlaubvogel.

SYLVIA RUFA. Bechstein.

Helgoländisch: Lütj swart-futted Fliegenbitter = Kleiner Schwarzfüssiger
Laubvogel.

Sylvia rufa. Naumann, I. S. 581.
Chiffchaff. Dresser, II. p. 485.
Bec-fin Véloce. Temminck, Manuel. I. p. 225. III. p. 154.

Der Weidenlaubvogel besucht Helgoland ebenfalls sehr häufig,
wenn auch nicht so zahlreich als die vorhergehende Art. Er
trifft im Frühjahr früher hier ein, und weilt im Herbst später
als irgend ein anderer Laubvogel, derselbe scheint rauhe Witterung durchaus nicht zu scheuen: sein Zug beginnt schon Ende
März und währt im Herbst bis in den November, ja im Jahre
1879 hielt sich ein solches Vögelchen noch während der ersten
Tage des Dezember, bei 6° Frost hier auf, am Strande zwischen
den Booten Strandfliegen fangend. die die Mittagssonne hervor-
gelockt hatte.

Wie bei dem vorhergehenden, so eröffnen auch bei diesem
Laubvogel die jungen intensiver gelb gefärbten Sommervögel den
Herbstzug.

Die Niststätten dieser Art erstrecken sich über Europa von
Portugal bis zum Ural, in Skandinavien bis 65° N. reichend.

Nr. 107. Sibirischer Laubvogel.

SYLVIA TRISTIS. Blyth.

Siberian Chiffchaff. Seebohm, Siberia in Europe. p. 116. Siberia in
Asia. p. 103. 152. 173.
Phylloscopus tristis. Dresser, II. p. 477.

Einmal, im Oktober 1846, habe ich einen jungen Vogel dieser
Art im ersten Herbstkleide hier erhalten; an demselben war die
charakteristische weisslich rostfarbene Zeichnung des Halses,

Kropfes und der Seiten sehr stark ausgeprägt. In diesem Kleide
ist die Art sehr leicht, auch in einiger Entfernung zu erkennen;
ältere weniger intensiv gefärbte Stücke würde man in der freien
Natur nicht so leicht von etwas grauen Weidenlaubvögeln unterscheiden, wenn dieselben sich nicht sofort durch ihre sehr auffallende und laute Lockstimme schon in ziemlicher Ferne kenntlich machten; dieselbe hat nicht die geringste Aehnlichkeit mit
der eines anderen Laubvogels, gleicht aber auf das täuschendste
dem ängstlichen Rufen eines ganz jungen Daunenküchelchens, das
sich von der Gluckhenne verlaufen hat, sie klingt: pi-ak—pi-ak—
pi-ak und wird unter besonderer Betonung der ersten Silbe stets
drei bis viermal wiederholt, worauf eine Pause von einer halben
bis mehreren Minuten folgt — was manchmal, wenn der Vogel
sich beobachtet glaubt, auch bis zu zehn Minuten währt.

Leider bemerkt dieser Laubvogel, gleich vielen seiner Verwandten, aber sofort die ihm zugewandte Aufmerksamkeit, und
weiss sich dann beim Durchhüpfen des Gebüsches mit so raffinirter
Geschicklichkeit jedem Gesehenwerden zu entziehen, dass es weder
mir noch Aeuckens jemals gelungen ist, einen der sechs bis acht hier
vorgekommenen Vögel zu erlegen. Alle diese Stücke besuchten
mit Vorliebe eine fünfzig Fuss lange Reihe ungefähr zwanzig
Fuss hoher Dornen meines Gartens, deren Kronen ein zusammen-
hängendes Gewebe von Zweigen bilden; während des letzten
solcher Fälle stand Aeuckens an der Aussen-, ich an der Innen-
seite dieser Dornen in etwa dreissig Schritt Entfernung, und obzwar wir aus den Lockrufen des Vogels, und oft an der leichten
Bewegung der äussersten dünnen Zweige vernehmen konnten,
dass derselbe sich langsam von einem Ende des Gesträuches zum
anderen bewege, so war es uns dennoch trotz der angestrengtesten
Aufmerksamkeit nicht möglich, einen Moment für einen Schuss zu
erspähen — wie in allen solchen Fällen, hörten wir nach einigen
Minuten das wohlbekannte pi-ak—pi-ak—pi-ak aus einem benachbarten Garten erschallen.

Diese und die vorhergehende Art stehen sich in ihrer ganzen
Erscheinung sehr nahe, hat man aber beide in Händen, so ist
keine Verwechselung möglich, indem der Sibirische Laubvogel an
den graubraunen oberen Theilen kaum einen Anflug von der frischen
Olivenfarbe des Weidenlaubvogels aufweist, an den unteren Theilen
aber auch nicht die geringste Spur des lebhaften hellen Gelb besitzt. Hals, Kropf und Brustseiten sind stumpf hell rostfarbig,
fast isabell, im abgebleichten Sommerkleide weisslich rostgrau —

allein die unteren Flügeldeckfedern tragen die angenehme laubvogelgelbe Färbung.

Die ersten verbürgten Beobachtungen über Nest und Eier dieser Art sind durch Seebohm während seiner so interessanten und erfolgreichen Expedition nach dem unteren Jenisei gemacht worden — siehe sein »Siberia in Asia« Seite 152 und 173. Eines der dort am 15. Juli 1877 unter $70^{1/2}$" N. gesammelten Eier, welches ich besitze, ähnelt den fein dunkel punktirten Eiern von *Sylvia rufa*, ist jedoch, trotzdem der Vogel im allgemeinen kleiner ist, etwas grösser als die Durchschnittsmaasse derselben; er misst in der Länge 17 mm, in der Breite 13 mm, ist somit nicht so rundlich geformt, wie die Eier von *rufa* und *trochilus*. Es ist reinweiss, die röthlich-schwarzen Punkte und Pünktchen, welche etwas sparsam über die ganze Oberfläche zerstreut sind, stehen am dicken Ende kranzartig ein wenig gehäufter.

Seebohm und Harvie Brown trafen dies Vögelchen Anfang Juli 1875 an der unteren Petschora, ein Balg Dybowsky's, den ich besitze, ist Baikalsee 18. Juni datirt, es ist somit wohl anzunehmen, dass diese Art im ganzen nördlichen Asien brüte.

Nr. 108. Brauner Laubvogel.

SYLVIA (PHYLLOSCOPUS) FUSCATUS. Blyth.

Dusky Tree-Warbler. Jerdon, Birds of India. II. p. 191.

Mein Garten ist von dem meines Nachbarn durch einen hohen Bretterzaun getrennt, und es gewährt einen grossen Genuss, durch die Spalten desselben dem Thun und Treiben der Vögel zuzusehen, die keine Ahnung davon habend, in einer Nähe von wenigen Fuss beobachtet zu werden, sich in ihrer ganzen ungestörten Natürlichkeit bewegen. Am 24. Oktober 1876 sah ich in dieser Weise einen kleinen Laubvogel ganz nahe vor mir, der in der Farbe als höchste Steigerung eines sehr lebhaft gefärbten Teichrohrsängers im Herbstkleide bezeichnet werden konnte, namentlich aber an den Brustseiten, Weichen, sowie an den unteren Schwanzdeckfedern eine viel intensivere frische Oliven-Rostfarbe zeigte, als sie jemals bei jenem vorkommt, und dessen sehr ausgesprochener Augenstreif sowie Flügelbug ebenfalls rostfarben waren. An keinem Körpertheile hatte dies Vögelchen die geringste Spur von dem sich so oft wiederholenden Zitrongelb dieser Gruppe

der Sänger, die ja auch bei der sonst im allgemeinen rost-braun-
grau gefärbten *tristis* an dem Flügelbuge und den unteren Flügeldeckfedern noch auftritt. Von letzterer, die ich hier wenigstens sechs-
bis achtmal im Freien, wenn auch nur auf Momente, beobachten
konnte, unterscheidet sich dieser Vogel auf das auffallendste durch
seine ungleich frischere Färbung, sowie auch durch einen ganz
anderen Lockton, und ich erkannte in demselben sofort die östliche *Sylvia fuscata*. Leider war es trotz aller Versuche nicht
möglich, einen freien Schuss zu erlangen, da an der anderen
Seite des Nachbargartens hinter einer langen Dornhecke Wohn-
häuser sich befinden; alles was ich erreichen konnte, war eine
etwa zehn Minuten währende Beobachtung in Abständen von zwei
bis zwanzig Schritt, wonach dies so sehr begehrte Stück in die
genannte Dornhecke flog und nicht wieder aufgefunden werden
konnte — übrigens dieselbe Hecke, in der mein Sohn Ludwig das
Exemplar von *Sylvia nitida* schoss, welches meine Sammlung
ziert.

Da nach Jerdon dieser Laubvogel in Indien überwintert, und
Dybowsky sowie andere Forscher denselben vom Baikalgebiet
eingesandt haben, so dürfte sich das Brutgebiet desselben etwa
vom mittleren Ob und oberen Irtisch bis in das östliche Asien
erstrecken.

Die bisher besprochenen Laubvögel unterscheiden sich von
den nun folgenden durch den Mangel heller Flügelbinden, welche
der überwiegenden Mehrzahl der Asiatischen Formen eigenthümlich
sind, und durch meist sehr auffällige helle Endspitzen der grossen
und nächstgrössten Flügeldeckfedern gebildet werden. Die erstgenannten weichen in dem Ton ihrer verwandtschaftlichen Färbung
schon genügend von einander ab, um sie sofort mit Leichtigkeit
erkennen zu können, ein weiteres sehr gutes Unterscheidungszeichen
bieten jedoch auch die Maasse der grossen Schwungfedern derselben,
welche im wesentlichen folgende sind:

Sibilatrix. Zweite Schwinge länger als fünfte — die dritte
und vierte bilden die Flügelspitze.

Bonellii. Zweite Schwinge gleich der sechsten — die dritte,
vierte und die unbedeutend kürzere fünfte bilden die
Flügelspitze.

Trochilus. Zweite Schwinge kürzer als fünfte — die dritte
und vierte bilden die Flügelspitze.

Rufa. Zweite Schwinge gleich der achten — die dritte, vierte
und fünfte bilden die Flügelspitze.

Tristis. Zweite Schwinge gleich der neunten — die dritte, vierte, fünfte und sechste bilden die Flügelspitze.

Fuscatus. Zweite Schwinge gleich der zehnten — die dritte, vierte, fünfte und sechste bilden die Flügelspitze.

Ausser den angeführten habe ich noch eines Laubvogels zu erwähnen, den ich, durch seinen eigenthümlichen Lockton aufmerksam geworden, Ende Mai 1875 in meinem Garten schoss; derselbe gleicht einem kleinen sehr blassen Stücke von *trochilus* und ist an den unteren Theilen fast weiss. — An diesem Vogel ist die zweite Schwinge kürzer als die sechste, und die dritte, vierte und fünfte bilden die Flügelspitze. Am 9. Juli 1887 wurde ich wiederum auf den eigenthümlichen Lockton eines Laubvogels aufmerksam, er klang wie shüüp -- shüüp — shiep; als der Vogel sich beobachtet fand, ward er so ausserordentlich scheu, d. h. er schlüpfte in so versteckter Weise durch das Dorngebüsch meines Gartens, dass man seinen Aufenthalt nur nach seinen häufigen Rufen errathen konnte, dennoch aber gelang es meinem Sohn nach hartnäckigstem Mühen, den Vogel zu schiessen. Auch dies Stück gleicht einem kleinen *trochilus* und hat dieselben Maasse der Schwungfedern wie der obige; Seebohm nannte den Vogel nach meinem ersten Exemplar *Phylloscopus Gätkei* (Ibis 1877 S. 92), ich sehe jedoch aus einer Bemerkung Dresser's (Band II. S. 497), dass er diese Bezeichnung zurückgezogen, weil Tristram die Form schon früher nach Stücken, die er an den Mittelmeerküsten erhalten, beschrieben hatte.

Nr. 109. Gelbbrauiger Laubvogel.

SYLVIA SUPERCILIOSA. Gmelin.

Helgoländisch: Sträked Fliegenbitter = Gestreifter Laubvogel.

Sylvia (Phyllopneuste) superciliosa. Naumann, XIII. Blasius, Nachträge. S. 74.
Yellow-browed Warbler. Dresser, II. p. 469.
Roitelet modeste. Temminck, Manuel. IV. p. 618.

Diesen kleinen interessanten Ostasiatischen Laubvogel beschrieb zuerst Latham im Jahre 1783 nach einem durch Pennant erhaltenen Russischen Exemplar. Von jener fernen Zeit bis zum Herbst 1836 blieb der Vogel fast völlig verschollen; in letzterem Jahre kam derselbe auf den Wiener Vogelmarkt und ward im dortigen Mu-

seum mehrere Monate lebend erhalten. Ein zweites Stück schoss
Hancock am 26. September 1838 an der Englischen Küste, und im
Oktober 1845 wurden zwei dieser Vögelchen in der Nähe Berlins
gefangen; darauf ward ein solcher im September 1847 bei Mailand
erlegt, und am 15. September 1861 einer bei Leyden gefangen;
am 11. Oktober 1867 ward ein weiteres Exemplar in England
geschossen, und schliesslich führt Büchner (Vögel des Petersburger
Gouvernements) ein Stück auf, welches am 22. Oktober 1878 in
der Nähe Petersburgs gefangen ward.

Auf diese acht, über einen Zeitraum von vierzig Jahren zerstreuten Fälle des Vorkommens dieser so interessanten Art würde
sich alles erstreckt haben, was man über dieselbe auf Europäischem
Boden erfahren, wäre nicht das kleine Helgoland mit seinem Scherf-
lein zur Hülfe gekommen. Wie aber steht dies Inselchen den
vereinzelten Berichten des Europäischen Festlandes gegenüber:
seitdem ich den Vogel im Oktober 1846 zuerst erhalten und die
hiesigen Jäger auf ihn aufmerksam machen konnte, ist derselbe
bis zum 9. November 1886 über achtzig mal, in sicher nachgewiesenen Fällen, beobachtet, und von dieser Zahl zwei- bis dreiunddreissig Stück geschossen worden. Ausser diesen ist mir mindestens noch zwanzig mal von meinen sehr geschätzten Blaserohr-
Schützen, die mir so manchen dieser und anderer seltenen Vögel
gebracht, berichtet, dass sie vergebliche Jagd auf einen »Sträked
Fliegenbitter« = gebänderten Laubvogel gemacht; diese Angaben
habe ich jedoch nie notirt, sondern nur die ganz unzweifelhaften
Fälle, in welchen Aeuckens, mein Sohn Ludwig, Lorenz Döhn oder
ich selbst den Vogel gesehen.

Von den Stücken, die ich ausgestopft habe, stehen augenblicklich
sechs vor mir: zwei, unter denen sich das erste am 4. Oktober
1846 geschossene Exemplar befindet, hatte ich dem verstorbenen
Oberst von Zittwitz gegeben, mit dessen reicher Sammlung sie sich
denn wohl jetzt in dem Museum der Universität zu Leyden oder in
dem Städtischen Kabinet von Görlitz befinden. Zwei andere Stücke
hat der, leider auch geschiedene, Freund Blasius erhalten, diese stehen
im Museum zu Braunschweig; ein anderes besitzt das Museum zu
Coburg; eins der Honorable Percy Fielding in London; ein gestopftes und ein im zerschossenen Zustande getrocknetes Exemplar
hat Alfred Newton erhalten; zwei leider sehr schadhafte Bälge
habe ich an Seebohm gegeben — der sich dazu ein drittes Stück
am 5. Oktober 1876 in meinem Garten geschossen hat, und schliesslich erhielt Cordeaux ein gestopftes Exemplar als er mich kürzlich

durch seinen Besuch erfreute. Ausser diesen habe ich einige Stücke weggegeben, ohne mich augenblicklich erinnern zu können, wohin sie gekommen, und vier oder fünf waren so zerschossen, dass absolut nichts mit ihnen anzufangen war, zu welchen allen noch mehrere Exemplare kommen, die während meiner Zeit, durch Helgoländer gestopft, in Privatsammlungen übergingen, sowie solche, die schon durch den alten Koopmann und Reymers Anfang der dreissiger Jahre nach Hamburg gelangten, zumeist wohl in die Hände von Brandt: unter diesen letzteren befand sich ein Vogel, der allen Nachstellungen im Laufe des Tages glücklich entging, am Abend aber ganz zufällig beim Fangen von Buchfinken mit der Laterne schlafend aufgefunden und erbeutet ward.

Die Zugzeit dieses Laubvogels beginnt für Helgoland mit dem letzten Drittel des September und währt bis Ende Oktober, einige mal ist derselbe auch noch Anfang November vorgekommen. Wie fast alle Helgoland besuchenden Sibirischen Arten hier nur höchst selten im Frühjahr erscheinen, so auch dies Vögelchen: so sicher man es bei einigermaassen günstiger Witterung jeden Herbst hier erwarten darf, ebenso sicher wird man im Frühling vergebens nach ihm ausschauen. Während einer nunmehrigen Dauer von fünfzig Jahren habe ich es in dieser Jahreszeit hier nur zweimal gesehen: einmal am 25. April und das andere mal am 25. Mai: ersteres war ein sehr schönes Männchen, leider aber so zerschossen, dass es nicht präparirt werden konnte.

Oestlicher, besonders südöstlicher schwacher Wind und warmes sonniges Wetter bilden die von diesem Vögelchen geliebte Reisegelegenheit: hier angekommen, hält es sich hauptsächlich in dem wenigen baumartigen Weidengesträuch der Gärten zwischen den Häusern des Oberlandes auf, ganz besonders liebt es *Salix Smithiana*, weshalb ich diese Art auch stets in meinem Garten ziehe: in *S. caprea* geht es fast nie, auch nicht in Hollunder, aber gern in hohen Dorn und Ahorn, *Acer pseudo-platanus*. Diese baumartigen Gesträuche, sowie die Stauden der Gärten durchhüpft es ganz in der Art des Weiden- und Fitislaubvogels, dabei nicht mit den Flügeln schnellend, wie dies die beiden *Reguli* ohne Unterlass thun, selbst wenn sie der Flügel nicht zum Flattern von Zweig zu Zweig bedürfen: auch nicht so unstät und anscheinend planlos wie diese herumhüpfend, sondern sich ruhiger von den unteren Zweigen nach und nach zur Krone bewegend.

Einen Lockton lässt dieser Vogel nur selten und fast nur im Wegfliegen hören, er klingt wie hjiiph, etwas gedehnt und sanft gerufen und ein weniges zum Charakter des Locktones von *Anthus pratensis* hinneigend; Swinhoe hat diesen Laut sehr herzig durch das Englische Wort »sweet« — swieth ausgesprochen — wiederzugeben versucht.

In seinem ganzen Wesen hat dies Vögelchen nichts, was an das rastlose, fast nervös herumspringende, fortwährend schreiende Goldhähnchen erinnern könnte, wie ja denn auch die festere Textur des Gefieders desselben, sein nun gekannter Nestbau und die Eier durchaus die eines Laubvogels sind und in nichts denen des Goldhähnchens gleichen. Es war auch wohl nur die geringe Grösse, verbunden mit der hellen Flügelzeichnung, welche veranlassten, die ersten Stücke dieser Art den Goldhähnchen anzureihen, Anschauung im Leben rechtfertigt dies durchaus nicht. Die ersten hier erhaltenen und beobachteten, mir damals gänzlich unbekannten Stücke dieser Art, habe ich denn auch als *Sylvia (Ficedula) bifasciata* in meinem Ornithologischen Tagebuche aufgeführt; auch ist es nie einem älteren Helgoländer Jäger noch jungen Blaserohrschützen in den Sinn gekommen, diesen Vogel anders als *Ströked Fliegenbitter* = gebänderter Laubvogel zu benennen.

Der Hang dieses Vögelchens, das Gesträuch der zwischen den Häusern liegenden kleinen Gärtchen aufzusuchen, wo Schiessgewehr leider nur in seltenen Fällen angewandt werden kann, ist der Grund, weshalb man von den hier vorkommenden Stücken vergleichsweise so weniger habhaft wird, und die geringe Entfernung, in der man unter solchen Umständen in der Regel zu schiessen hat, veranlasst denn leider zu oft — trotz kaum halber Ladung — den gänzlichen Verderb dieser so interessanten Gäste.

Ausserdem ist es übrigens gar nicht so leicht, einen Schuss auf diese kleinen Thierchen anzubringen, denn wohl wenige Vögel dürften es gleich meisterhaft verstehen, durch das Gesträuch hüpfend stets genügendes Zweig- und Blätterwerk zwischen sich und den lauernden Beobachter zu bringen, um einen Schuss unmöglich zu machen.

In der Färbung ist der gelbbrauige Laubvogel an allen oberen Theilen sehr schön und frisch olivengelbgrün, am Oberkopf ein weniges dunkler und auf dem Bürzel gelblicher, die unteren Theile sind rein weisslich schwefelgelb, an den Brustseiten olivenfarbig angeflogen und am Bauch und den unteren Schwanzdeckfedern fast weiss. Ein sehr breiter scharfbegrenzter, bis an den Hinterkopf reichender, hell und rein schwefelgelber Augenstreif, verbunden mit zwei ebenso gefärbten breiten Flügelbinden, unterscheiden ihn von allen Europäischen Gattungsverwandten, ausser dem folgenden, der sich aber wiederum vor allen durch seinen breit reingelb gefärbten Bürzel kenntlich macht. Solche Stücke, die sich schon durch die reinere und heller gelbe Zeichnung des Kopfes und der Flügel sowie des Kropfes als ältere Männchen kennzeichnen, haben auf der Mitte des Scheitels, vom Schnabel bis zum Hinterkopfe, einen ziemlich deutlich ausgesprochenen helleren Streif; weniger schöne Stücke nur einen schwachen Anflug hiervon, und Weibchen sowie jüngere Vögel keine Spur dieser Zeichnung. Bei solchen Stücken, an denen die Scheitelzeichnung am meisten ausgeprägt ist, hat auch der helle Augenstreif oben und unten noch eine feine schwarze Einfassung, die bedeutend zur Verschönerung dieser ohnehin schon sehr hervortretenden Zeichnung beiträgt.

Die Flügel- und Schwanzfedern sind mit der Rückenfarbe gesäumt; erstere haben, ausser den durch die breit hellgelben Spitzen der kleineren und grossen Deckfedern gebildeten beiden Binden, an den Aussenfahnen der drei hinteren Schwingen ebenfalls sehr in die Augen fallende breite weisslich gelbe Säume, und an den mittleren und theilweise grossen Schwingen rein weisse, am Schaft spitz auslaufende, Endsäumchen. Alle diese Zeichnungen sind an Weibchen und jungen Vögeln weniger ausgeprägt.

Schnabel und Füsse sind hell hornfarben, erstere mit schwärzlicher Spitze, letztere mit gelblichen Sohlen.

Die Maasse dieses Thierchens, vielen frischerlegten Stücken entnommen, sind folgende: Ganze Länge 91 bis 104 mm, Länge des ruhenden Flügels 49 bis 57 mm, Länge des Schwanzes 35 bis 38 mm. Die Flügel lassen vom Schwanze unbedeckt 15 bis 18 mm. Der Schnabel misst 7 bis 8 mm und die Fusswurzel durchschnittlich 18 mm. Die kleineren Maasse gehören nicht immer den Weibchen an, z. B. eines der beiden hier im Frühjahr vorgekommenen Stücke war ein ganz ausnahmsweise rein und schön gezeichnetes Männchen und dennoch fast der kleinste aller hier erhaltenen Vögel dieser Art.

Am Flügel ist die zweite Schwungfeder von gleicher Länge mit der siebenten, die dritte, vierte und fünfte sind gleich lang und bilden die Flügelspitze — in manchen Fällen ist die fünfte kaum merklich verkürzt; die längste hintere Schwinge ist meist von gleicher Länge mit der letzten, zehnten, erster Ordnung. Der Schwanz erscheint in der Regel etwas ausgeschnitten, indem die mittleren Federpaare meist ein wenig verkürzt sind.

Der Schnabel ist in seiner ganzen Form ein echter Laubvogelschnabel, und unterscheidet sich sehr deutlich von dem lang
zugespitzten Schnabel der Goldhähnchen; durch Messungen lässt
sich hier nichts mehr nachweisen, die Abweichungen sind bei so
kleinen Objecten zu unbedeutend, unterwirft man beide aber einer
Vergrösserung, so treten die Verschiedenheiten in höchst schlagender Weise hervor.

Ueber die Heimath dieses Vögelchens war lange nichts Bestimmtes bekannt, dass dieselbe sich über das nördliche Sibirien
erstrecken sollte, war kaum zu vermuthen, und dennoch scheint
hieran kein Zweifel: Seebohm fand das Nest desselben am Jenisei
innerhalb des Polarkreises, und v. Middendorf traf es zahlreich
während des Herbstzuges nördlich vom Ochotzkischen Meere —
wonach sich also das Brutgebiet dieser Art vom unteren Jenisei
bis in das östlichste Asien erstrecken dürfte.

Sewertzoff giebt jedoch an, dass dieser Laubvogel auch in
Turkestan, und zwar in Höhen von sieben- bis zehntausend Fuss
brüte, und Brooks glaubte die Eier desselben in den Gebirgen
Kaschmirs, achttausend Fuss über dem Meere, aufgefunden zu
haben — in beiden Fällen also in Erhebungen, die ein dem oberen
Asien wohl ziemlich ähnliches Sommerklima darbieten. Betreffs
Sewertzoff's Angaben ist nichts weiter verlautet, hinsichtlich Brooks
sagt Seebohm jedoch, dass die von demselben in Kaschmir gesammelten Eier nicht *Sy. superciliosa* sondern einer anderen, bis
dahin ungekannten, Art angehören, welcher, geht aus seinen Angaben nicht hervor, es dürfte jedoch wahrscheinlich *Sy. humei*
sein, die jener allerdings sehr nahe steht, und wenn nicht Stücke
beider für genaue Vergleichung zur Hand sind, sehr wohl für
unscheinbar gewordene Sommervögel derselben gehalten werden
konnten.

Von *superciliosa* steht mir leider kein Ei für Beschreibung
zur Verfügung — eines der von Brooks in Kaschmir gesammelten,
welches ich besitze, ist 14 mm lang, 11 mm breit, von rein weisser
Grundfarbe und mit ziemlich häufig stehenden braunrothen Fleckchen bestreut; die Farbe dieser Zeichnung ist nicht so hell als
die von *trochilus* noch so dunkel als die von *rufa*; abgesehen von
der Grösse, gleicht dasselbe am meisten einem dunkel gefleckten
Meisenei. Seebohm sagt von seinen am Jenisei gesammelten
Eiern, dass sie denen von *Sy. humei* in hohem Grade gleichen.

Sylvia humei ist von gleicher Grösse mit *superciliosa,* aber
in der Färbung sehr von derselben abweichend: an ihrem ganzen

Kleide tritt nirgendwo das reine schöne Schwefelgelb hervor, welches die erstere so sehr auszeichnet: der Augenstreif ist trübe olivengelblich. die untere Flügelbinde ebenso gefärbt, oft sogar nur weisslich olivengrau: die obere Binde ist so düster olivengrau, dass sie an manchen Stücken kaum noch wahrnehmbar ist — zwischen der Färbung beider Arten ist ein bedeutend grösserer Abstand. als zwischen der von *trochilus* und *rufa*; *humei* sich der letzteren nähernd, *superciliosa* mehr *sibilatrix* gleichend.

Wenn, abgesehen von der Farbe, auch die Zeichnung beider Arten eine gleiche genannt werden muss, so unterscheiden sie sich doch sehr ausgesprochen durch das bei so vielen Laubvögeln maassgebende Verhältniss der Schwungfedern zu einander: bei *superciliosa* ist die zweite gleich der siebenten. bei *humei* aber die zweite gleich der neunten, auch gehört bei letzterer die sechste Schwinge noch zur Flügelspitze. während dieselbe bei ersterer ganz bedeutend zurücktritt.

Da es wohl schwerlich jemals wieder einem Ornithologen gestattet sein dürfte. auf Europäischem Boden ähnliche Ergebnisse der Beobachtung dieses interessanten Vögelchens verzeichnen zu können, als mir hier möglich geworden, so wird es, glaube ich, nicht als überflüssig angesehen werden. wenn ich den Auszug der Daten aus meinem Ornithologischen Tagebuche der Reihe nach hier folgen lasse.

1846. 4. Oktober ml. Erstes Exemplar, durch Knaben mit dem Blasrohr geschossen.

1847. 9. November Gesehen, nicht erhalten — im September desselben Jahres ein Exemplar bei Mailand erlegt.

1848. 8. Oktober fem. 10. November, nicht erhalten.

1849. 25. April. Schönes Männchen. 20. und 25. September.

1850. 1. Oktober. Ein Vogel; 6. zwei fem. erhalten: 13. und 17. je ein Vogel.

1853. 12. und 17. Oktober. Das an letzterem Tage erhaltene Stück ein Männchen.

1854. 28. und 30. September. 6. Oktober junger Vogel.

1857. 20. September. Ein Vogel in meinem Garten.

1858. 22. September. Einen krank geschossen, nicht erhalten. 12. Oktober ein Vogel.

1859. 7. Oktober. Zwei im Garten. eins davon geschossen. 8. ein schönes Männchen mit breitem Scheitelstrich.

› 13. Oktober zwei erhalten, eins davon schönes altes ml.

1861. 10. Oktober. Drei Stück in Jakob Dähn's Weiden.

1863. 9. Oktober. Männchen geschossen.
1864. 4. Oktober. Zwei Stück, jungen Vogel gestopft.
1865. 24. Oktober. Zwei Stück fem. erhalten.
1867. 19. September. Zwei geschossen. 11. Oktober ein Vogel — am selben Tage ein Stück in England erlegt.
1869. 1. Oktober. Einen Vogel gesehen, nicht erhalten.
1870. 19. September. Zwei im Garten, Flinte versagt. 20. ein ml. — an Newton gegeben.
1871 und **72.** Tagebücher dieser Jahre verloren.
1873. 24. September zwei, 25. eins erhalten, 26. zwei, nicht erhalten. 30. ein ml. 16. Oktober einen Vogel gesehen, nicht erhalten.
1874. 10. und 11. Oktober je ein Stück gesehen.
1875. 17. September. Zwei Stück, nicht erhalten.
1876. 25. Mai. Vogel im Garten. 26., 29. und 30. September je ein Vogel. 3. Oktober do. 4. Oktober fem. im Garten, Seebohm gefehlt. 5. ml. im Garten. Seebohm geschossen. 6. ein Vogel in den Bäumen bei der Treppe. 7. einer in meinem Garten und am 26. ebenso.
1877. 21. und 28. September je ein Vogel, letzterer in meinem Garten.
1878. 2. Oktober. Ein schöner Vogel im Dorn meines Gartens, nicht erhalten. 5. bis 9. täglich einen Vogel gesehen. ob stets derselbe? 24. ein Vogel in den Bäumen bei der Treppe.
1879. 28. September. Ein Vogel; am selben Tage zwei *Emb. pusilla* und eine *rustica*. 14. Oktober. Ludwig schön ml. geschossen; Claus Aeuckens noch ein Stück gesehen und Jan Aeuckens zwei Vögel bei einander.
1880. 16. September. Ein Vogel, nicht erhalten. 25. ein schönes Stück erhalten, noch einen mehr gesehen, ausserdem noch einen grösseren Laubvogel mit sehr breiter Flügelbinde. 30. einen gesehen, ebenfalls ein *Sy. tristis* im Garten. 8. Oktober einen im Garten ganz nahe gesehen.
1881. 29. September. Ein Vogel, nicht erhalten.
1882. 23. und 27. Oktober. Je einen Vogel gesehen.
1883. 17. September. Einen schönen Vogel geschossen.
1885. 26. September. Ein Vogel. 28. zwei schöne Stücke geschossen.

1886. 7. Oktober und 9. November. Je ein Vogel welche nicht erlegt wurden.

1887. 11. Oktober. Ein Vogel mit sehr gelbem Scheitelstrich. Das letztere Stück, zusammen mit einem am 15. desselben Monats erlegten Nusshäher, waren die einzigen östlichen Erscheinungen während des ganzen Herbstzuges — eine Folge der fast ausnahmslos herrschenden heftigen westlichen Winde, die ja stets auf das entschiedenste verhindern, dass der Zug sich innerhalb der Grenzen unserer Wahrnehmung bewege.

Nr. 110. Goldhähnchen-Laubvogel.

SYLVIA PROREGULUS. Pallas.

Motacilla proregulus. Pallas, Zoog. Ross. Asiat. I. p. 499.

Von seiner frühesten Jugend an hat Claus Aeuckens dem Vogelfange und der Jagd obgelegen; bis zu dem Alter, welches ihm den Gebrauch von Pulver und Blei gestattete. bestand sein Jagdgeräth vorwiegend in einer Tasche voll runder Kieselsteine, die er mit wahrhaft erstaunlicher Meisterschaft zu verwenden wusste: als Knabe von elf Jahren warf er mit einem Steine die erste hier erlegte *Emberiza rustica.* Später, wenn bei sehr heftigem Westwinde die Lummen in reissender Schnelle dem Rande der Klippe entlang flogen, habe ich ihn fünf bis sechs dieser Vögel todtwerfen sehen ohne einen Fehlwurf zu thun — ja sogar solche mit weissem Augenstrich besonders auswählend; er hat es in ein paar Stunden oft bis auf zehn Stück gebracht. Zur Ebbezeit befand er sich viel am Fusse des Felsens. wo er während eines Ganges um denselben zwanzig bis dreissig kleinere Vögel wie Steinschmätzer, Pieper, Strandläufer und andere warf, und unter solchen eines Tages, am 6. Oktober 1845, einen kleinen Laubvogel, der. längs der Felswand fliegend, von dem Steine gegen dieselbe vollständig zerquetscht wurde: Aeuckens, der den Vogel als etwas Ungewöhnliches erkannte. brachte mir jedoch einen vollkommen erhaltenen Flügel mit einem Stück des zitrongelb befiederten Unterrückens daran; ich hatte damals keine Ahnung, welcher Art dieser Flügel angehören könne, vermuthete eine *Regulus*-Art, dem Aeuckens aber auf das entschiedenste widersprach. behauptend, es sei ein Laubvogel gewesen. Ich bewahrte nicht nur den Flügel auf, sondern machte, wie in allen mir un-

klaren Fällen, auch eine genaue Zeichnung von demselben. Als
ich ein Jahr später die erste *Sylvia superciliosa* erhielt, glaubte
ich anfänglich, das Räthsel sei gelöst, bei näherer Vergleichung
fand sich jedoch, dass wenn auch die Zeichnung, so doch die
Maasse nicht übereinstimmten; mehrere Jahre später las ich eine
kurze Beschreibung von *Regulus modestus (Sylvia proregulus)* und
verschaffte mir einen Balg dieser Art, aber auch mit dieser stimmte
mein Flügel nicht überein, denn es war ein Indisches Stück, und
erst als Eugen v. Homeyer mich im Sommer 1879 besuchte, und
mir unter anderen interessanten Sachen einen Sibirischen. *Reguloides
proregulus* bezeichneten, von Dybowsky gesammelten Balg mit-
brachte, konnte ich feststellen, dass mein Flügel dieser letzteren
Art angehöre. und auch Aeuckens behauptete sofort auf das bestimmteste, dies sei der Vogel, den er damals geworfen.

Am 29. October 1875 sah Aeuckens, zusammen mit seinem
Neffen Lorenz Dähn, wiederum einen Vogel dieser Art wenige
Schritte vor sich unter dem Rande des Felsens, woselbst das
Vögelchen gegen einen heftigen Ostwind Schutz suchte und nicht
zu bewegen war, auf das obere Plateau zu kommen; hätte man
dasselbe geschossen wo es sich befand, so würde es hinunter in
die Brandung gefallen und verloren gewesen sein, so hatten beide
Jäger gezwungenermaassen Musse, seinen hell zitrongelben Unterrücken zu betrachten.

Der Goldhähnchen-Laubvogel ist kaum kleiner als die vorhergehende Art und gleicht im allgemeinen einem recht frisch gefärbten Stücke derselben, ist jedoch an den oberen Theilen reiner
und heller olivengrün und am Kopf und Halse bedeutend reiner
und gesättigter zitrongelb gefärbt; besonders tritt dies an den
Augenstreifen und an einem vom Schnabel über den Scheitel bis
tief auf den Hinterkopf reichenden Streifen von derselben Farbe
hervor; auch sind die Flügelbinden breiter und reiner gelb. Was
dies Vögelchen aber besonders und auf den ersten Blick von dem
vorhergehenden unterscheidet, ist der scharf von der Rückenfarbe
getrennte rein und gesättigt zitrongelb gefärbte Bürzel.

Die einzigen einem frischen Stücke entnommenen Maasse
dieses Vogels, welche ich geben kann, sind die des oben erwähnten
Flügels, welche jedoch mit denen von vier in Ostsibirien gesammelten Stücken vollständig übereinstimmen. Die ganze Länge
dieses Flügels ist 49 mm, die 3., 4. und 5. Schwinge sind gleich
lang und bilden die Flügelspitze; die 6. tritt 1 mm zurück; die 2.
ist gleich der 8., 6 mm kürzer als die drei längsten Schwingen

20

erster Ordnung und 5 mm länger als die längste der drei letzten
Schwingen des Flügels.

Bei der Vergleichung dieses Flügels mit Sibirischen und
Indischen Bälgen hat sich herausgestellt, was bisheriger Forschung
entgangen zu sein scheint: dass ein gleicher Fall des Unterschiedes
vorliegt, wie zwischen der vorhergehenden Art, der Sibirischen
Sy. superciliosa und der Indischen *Sy. humei*, dass nämlich die
gegenwärtige *Sylvia proregulus* (Pallas) nicht identisch sei mit der
südlichen, sehr nahe verwandten Form, sondern dass dieselbe sich
standhaft sowohl in der Farbe wie in den Schwingenverhältnissen
von jener unterscheide.

Bälge die aus Indien stammen, sind *proregulus* bezeichnet und
im Katalog der Vögel des Britischen Museums Band V. S. 71
stellt Seebohm nach sieben Indischen und einem Sibirischen Exemplar
Phylloscopus proregulus auf; genaue Untersuchung ergiebt aber,
dass auch diese beiden Vögel zwei ebenso selbständige Arten
bilden wie *superciliosa* und *humei, tristis* und *fuscata, trochilus*
und *rufa* und wohl andere mehr.

In der Farbe unterscheidet sich die Indische Art, ganz wie
humei und noch mehr, von der nördlichen Verwandten durch ein
mehr olivenbraunes Gefieder, namentlich fehlt derselben am Kopf
und Halse das schöne reine, *sibilatrix*-ähnliche Zitrongelb, welches
jene so vortheilhaft auszeichnet; der Scheitelstrich und die Augenstreifen sind trübe olivenbraungelb; der Rücken ist olivenbraun,
nicht olivengrün wie bei *proregulus*, und die ganze Unterseite trübe
olivengelb, an Kropf und Hals in olivengrau übergehend, und nicht
wie bei jener rein weisslich mit zitrongelbem Anflug an Kropf und
Hals. Nur der Bürzel und die Flügelbinden haben so ziemlich
dieselbe Farbe wie bei der Sibirischen Art.

Legt man eine Reihe der einen Art nebeneinander und lässt
darauf die andere folgen, so ist der Unterschied thatsächlich sehr
auffallend, sowohl an der oberen wie an der unteren Seite der
Vögel. Den zweifellosesten Beweis für die Artverschiedenheit
beider Formen liefert aber auch hier, wie so oft in dieser
Familie, das Maass der Schwungfedern: bei *proregulus* ist die
2. Schwinge gleich der 8., bei der Indischen Form gleich der 10;
bei *proregulus* bilden die 3., 4. und 5. gleichlangen Schwingen die
Flügelspitze, bei der Indischen Form die 4., 5. und 6., indem die
3. um 3 mm verkürzt ist; bei *proregulus* ist die 2. Schwinge nur
6 mm kürzer als die Flügelspitze, bei der Indischen Form ist dieselbe 10 mm kürzer und in Folge dessen fast gleich mit der

längsten hinteren Schwinge, welche sie bei *proregulus* um 6 bis
7 mm überragt. Es ist merkwürdig, dass sich nicht nur ein gleichartiger Farbenunterschied. wie er zwischen *superciliosa* und ihrer
südlichen Verwandten besteht. bei *proregulus* und deren südlicher
Verwandten wiederholt. sondern dass damit auch ein fast ganz
gleicher Formenunterschied im Flügelbau verbunden ist.

Das Brutgebiet der gegenwärtigen Art dürfte sich über den
östlichen Theil des mittleren Asien erstrecken.

Nr. 111. Gehäubter Laubvogel.

SYLVIA CORONATA. Temminck.

Phylloscopus coronatus. Seebohm, Cat. of Birds of Brit. Mus. V. p. 49.

Auch dieser so schön gezeichnete Laubvogel, dessen Heimath
das südöstliche Sibirien und Japan, ist hier einmal gefangen
worden: Reymers erhielt denselben am 4. Oktober 1843. Ich
besass derzeit wohl ein paar Vögel als Zimmerschmuck, aber
eigentlich zu sammeln hatte ich noch nicht begonnen, und wenn
mich der schöne Vogel auch sehr interessirte, zumal da Reymers
ihn als hier noch nie vorgekommen bezeichnete, so mochte ich doch
den Preis, der dafür verlangt ward, nicht zahlen — wie schmerz-
lich ich dies später bereute, bedarf kaum einer Erwähnung. Der
Vogel ging in die Hände von Brandt in Hamburg über und steht
vielleicht noch in irgend einer Sammlung: ich habe über denselben,
wie über ähnliche Fälle nie weiteres erfahren können. da Brandt,
um eine so ausgezeichnete Quelle nicht zu verrathen, seinen Kunden
niemals sagte, dass solche Vögel von Helgoland stammten.

Unter zerstreuten, derzeit gemachten Notizen finde ich folgende Angaben, die ich niedergeschrieben hatte, nachdem ich den Vogel
im Fleisch bei Reymers in Händen gehabt: Oktober 4. (1843)
Reymers einen sehr schönen Laubvogel (*Ficedula*) mit gestreiftem
Kopf wie ein Rohrsänger erhalten; Streif auf dem Scheitel schwefel-
gelblich, im Genick sehr hell, daneben sehr dunkel; Vogel oben
sehr schön gelbgrün, unten weiss; untere Schwanzfedern sehr
schön gelb; auf Flügeln ein heller Querstrich, 2. Schwungfeder
länger als 7.

Der Vogel ist hier nie wieder beobachtet worden, auch habe
ich unter den verschiedenen Bälgen, welche ich in Händen gehabt,
nie wieder ein Exemplar gefunden, welches einen so hellen Scheitel-

20*

streif, noch so rein gelbgrünen Rücken oder so gesättigt gelbe
Unterschwanzdeckfedern gehabt hätte, wie das hier vorgekommene
Stück.

Nr. 112. Nordischer Laubvogel.

SYLVIA BOREALIS. Blasius.

Sylvia (Phyllopneuste) borealis.   Naumann, XIII. Blasius, Nachträge
S. 69.
Eversmann's Warbler.   Dresser, II. p. 509.
Phylloscopus borealis. Seebohm, Cat. of Birds of Brit. Mus. V. p. 40.

Als Blasius nach seinem Besuch bei mir im Jahre 1858
diesen Laubvogel zuerst in der Naumannia und später in den
Nachträgen zu Naumann's »Vögel Deutschlands« als eine für Europa
neue Art aufführte, war das Exemplar meiner Sammlung, welches
hier durch einen meiner Blaserohr-Schützen am 6. Oktober 1854
erlegt worden, allerdings das einzige bis dahin bekannte Beispiel
des Vorkommens dieser Art auf Europäischem Boden; erhalten
habe ich seit jener Zeit auch kein weiteres Stück, aber am
1. Juni 1859 versicherte mich Claus Aeuckens, am Nachmittag
desselben Tages zwei bis drei Schritt vor sich, ausserhalb der
Brustwehr am östlichen Felsrande einen Vogel dieser Art gesehen
zu haben: trotz allen Suchens konnte derselbe aber nicht wieder
aufgefunden werden.

Seit 1858 bis 1872 verlautete nichts weiteres über diesen
Laubvogel; im Sommer des letzteren Jahres trafen Alston und
Harvie Brown denselben aber bei Archangel an; darauf beobachtete Seebohm ihn im Juni 1875 an der unteren Petschora und
Collett fand ihn 1876 und während der folgenden Jahre in Finnmarken am Porsanger und Waranger Fjord über 70° N. hinaus
unter Umständen, die mit Sicherheit darauf schliessen lassen, dass
diese Art daselbst brüte.

Immer aber kannte man weder Nest noch Eier dieses Vogels,
bis Seebohm während seiner Expedition nach dem unteren Jenisei,
im Jahre 1877, dieselben dort unter 67° N. auffand. Nach einem
mir vorliegenden Exemplar des einzigen Geleges welches Seebohm
besitzt, kennzeichnet sich dasselbe sofort als einem Laubvogel zu-
gehörig; es misst 17 mm in der Länge und 12½ mm in der
Breite und ist nach beiden Enden gleichmässig abgerundet; die
Schale ist weiss, hat schwachen Glanz und ist ziemlich reich mit

Fleckchen bestreut, die ebenso hell sind wie die der Eier von *trochilus*, im Farbenton sich aber mehr einem gesättigten Rosa, als Rostroth nähern.

Nach dem hier erlegten frischen Herbstvogel meiner Sammlung hat das Kleid dieses Laubvogels, mit Ausnahme von *tristis* und *fuscatus*, das wenigste Schwefelgelb von allen hier aufgeführten Gattungsverwandten. Es ist an allen oberen Theilen ziemlich düster graugrün, kaum ein weniges dunkler auf dem Kopfe und um ein geringes heller auf dem Bürzel: die unteren Theile, einschliesslich der unteren Schwanzdeckfedern, sind trübe weiss, an Brust und Seiten grau gewölkt, überall kaum merklich bleich schwefelgelb angeflogen. Ein scharfbegrenzter rein weisslich schwefelgelber Augenstreif zieht sich vom Schnabel bis zum Hinterkopf, nicht trübe verlaufend, sondern in seiner reinen Färbung plötzlich endend. Die Flügel sind aussen von gleicher Farbe mit dem Rücken und haben eine durch Spitzflecke der grossen Deckfedern gebildete trübe hellgelbe Binde.

Die Maasse dieser Art, am frischen Vogel genommen, sind folgende: ganze Länge 110 mm, Länge des ruhenden Flügels 58 mm, des Schwanzes 42 mm, die Flügel lassen vom Schwanze unbedeckt 13 mm. Der sehr starke Schnabel misst 11 mm und die Höhe der Fusswurzel ist 17 mm.

Am Flügel ist die 2. Schwinge gleich der 6., die 3., 4. und die 1 mm kürzere 5. bilden die Flügelspitze; von der Spitze der längsten hinteren Schwinge bis zur Flügelspitze ist 15 mm.

Die Form des Schwanzes ist eine doppelt abgerundete, indem das mittelste und zweitäusserste Federpaar 1 mm kürzer als das fünfte, vierte und dritte, und das äusserste 3 mm kürzer als diese ist. Alle Federn sind am Schaft spitz hinausgezogen, welche Form durch den flachgeschwungenen Ausschnitt der Innenfahne gebildet wird.

Mit ganz besonderer Berechtigung trägt dieser Laubvogel den Namen des nordischen, denn die heimischen Nistplätze keines derselben liegen so ausschliesslich in den höchsten Breiten, als die seinigen; sie erstrecken sich von 70° 20′ N. in Finnmarken in gleicher Breite über die Eismeerküsten des ganzen Asien bis Alaska hinüber. Middendorff traf ihn an der unteren Boganida und die Wega-Expedition zahlreich an der Küste des Tschuktschenlandes.

Nr. 113. Grüner Laubvogel.

SYLVIA VIRIDANA. Blyth.

Phylloscopus viridanus. Seebohm, Cat. of Birds of Brit. Mus. V. p. 44.
Greenish Tree-Warbler. Jerdon, Birds of India. II. p. 193.

Dreimal habe ich auch diesen, bisher für Europa fremden, Ostasiatischen Laubvogel hier erhalten, zuerst einen jungen Vogel am 25. September 1878, darauf schoss mein Sohn Ludwig am 30. Mai 1879 ein schönes Männchen, und am 3. Juni 1880 hatte ich die Freude ein schönes Weibchen in meinem Garten zu erlegen — letztere beide Stücke sind ganz unverletzt, das erstere sehr zerschossen, befindet sich aber doch mit jenen zusammen in meinem Cabinet aufgestellt.

Es möge noch bemerkt werden, dass der im Mai erlegte männliche Vogel im frischen Zustande olivengraue Füsse hatte, und demnach zu *plumbeitarsus* (Swinhoe) zu rechnen wäre, derselbe unterscheidet sich aber so durchaus in keiner weiteren Hinsicht von den anderen beiden Stücken, dass ich davon absehe ihn dieses, am trockenen Exemplar sogar nicht mehr nachzuweisenden Kennzeichens halber, als selbständige Art hier aufzuführen.

Das in so kurzer Zeitfolge sich dreimal wiederholende Vorkommen dieser Art liess den Gedanken aufsteigen, ob dies nicht vielleicht derselbe Laubvogel sei, den Collett im oberen Skandinavien angetroffen, zumal da das Aeussere desselben sich sehr dem von *Sy. borcalis* nähert: nach einem von Collett erhaltenen Exemplare hat sich diese Vermuthung jedoch nicht als zutreffend erwiesen.

Es ähnelt diese Art in ihrer allgemeinen Erscheinung der vorhergehenden, *Sy. borealis* sehr; sie hat jedoch einen viel kleineren Schnabel, einen typischen Laubvogelschnabel, während derselbe bei *borealis* auffallend stark ist. Auch ist die Färbung der oberen Theile nicht so düster, sondern heller graugrün, und die ganze helle Unterseite ziemlich stark trübe grünlichgelb gefärbt: der Augenstreif ist hell schwefelgelb und sehr scharf begrenzt: die trübe graugelbe Flügelbinde erstreckt sich über die Spitzen der ersten vier bis fünf grossen Deckfedern.

Die Maasse des Vogels sind folgende: ganze Länge 110 mm. Flügellänge 62 mm. dieselben lassen vom Schwanz unbedeckt 19 mm, der Schwanz misst 47 mm. Diese Maasse sind die des männlichen Vogels, das Weibchen ist etwas kleiner. Der Schnabel ist 7 mm lang und die Fusswurzel 18 mm hoch.

Am Flügel ist die 2. Schwinge gleich der 7. (beim kleineren Weibchen gleich der 8.), die 3., 4. und 5. sind gleich lang und bilden die Flügelspitze. von der die 6. nur wenig zurücktritt.

Seebohm giebt an, dass *riridanus* in Kaschmir niste und *plumbeitarsus*, dessen Artberechtigung er sehr bezweifelt, von Turkestan bis an den Amur — man kann demnach das mittlere Asien als Brutgebiet des grünen Laubvogels ansehen.

Nr. 114. Gelber Laubvogel.

SYLVIA NITIDA. Blyth.

Phylloscopus nitidus. Seebohm. Cat. of Birds of Brit. Mus. V. p. 43.
Bright-green Tree Warbler. Jerdon, Birds of India. II. p. 193.

Eine für Europa durchaus neue Art ist dieser südostasiatische Laubvogel. den mein Sohn Ludwig hier am 11. Oktober 1867 geschossen, und der sicherlich zu dem Interessantesten zählt. was hier jemals erbeutet worden. Es war an jenem Tage eine *Sy. superciliosa* gesehen. nach der mein Sohn die Gärten durchsuchte und statt derselben diese werthvolle Bereicherung der Helgoländer Ornis fand — was aber einen Vogel. der nie nordwest vom Himalaya angetroffen wird. bewegen konnte. die Palmen des Ganges mit der öden Klippe der Nordsee zu vertauschen, ist wahrlich schwer zu errathen.

Alles was man zur Zeit über diesen seltenen Fremdling weiss. beschränkt sich auf zerstreute Beobachtungen englischer Forscher; Seebohm fasst dies im Katalog der Vögel des Britischen Museums dahin zusammen: dass derselbe vermuthlich im nordwestlichen Himalaya brüte und in Bengalen, dem nördlichen Indien und auf Ceylon überwintere.

Mit einigen Exemplaren aus Indien, die Seebohm während eines Besuches mit hierher brachte, und einem solchen, welches ich besitze, stimmt mein Stück vollständig überein. Den besten allgemeinen Begriff vom Kleide dieses Vogels erhält man, wenn man sich die obere Seite einer recht rein und frisch gefärbten *Sy. sibilatrix* vereinigt mit der unteren einer recht schönen *Sy. hypolais* denkt — nur hat *nitida* keine hellen Ränder an den hinteren Schwingen; die ganze obere Seite derselben ist gleichmässig sehr frisch hell gelblichgrün, mit einer ganz leichten Beimischung von Grünspan, weder ist der Oberkopf dunkler, noch

der Unterrücken heller. Die ganze Unterseite. einschliesslich der
unteren Schwanzdeckfedern ist einfarbig rein und sanft hell
schwefelgelb. ebenfalls mit einem ganz entfernten Stich ins Grün-
spangrüne : von gleicher Farbe ist ein breiter bis zum Hinterkopf
reichender Augenstreif und eine Binde über dem Flügel, gebildet
durch die hellen Spitzen der grossen Deckfedern.

Der Schnabel ist hell gelblich fleischfarben mit ein wenig
dunklerer hornfarbener Spitze; die Füsse sind hell blaugrau.

Die Maasse des Vogels sind folgende: ganze Länge 119 mm,
Länge der Flügel 63 mm, Länge des gerade abgestutzten Schwanzes
50 mm, die Flügel lassen von demselben unbedeckt 22 mm. Der
an der Basis sehr breite Schnabel ist 12 mm lang und die Fusswurzel 21 mm hoch.

Nr. 115. Garten-Laubvogel.

SYLVIA HYPOLAIS. Linn.

Helgoländisch : Groot Gühl-Fliegenbitter = Grosser Gelber Laubvogel.

Sylvia hypolais. Naumann, III. S. 540.
Icterine Warbler. Dresser, II. p. 521.
Bec-fin à poitrine jaune. Temminck, Manuel. I. p. 222. III. p. 148.

Der Gartenlaubvogel zählt ebenfalls zu den Arten, die vor
vierzig bis fünfzig Jahren hier fast jeden Mai ziemlich zahlreich
erschienen, aber mit dem seit jener Zeit eingetretenen. des öfteren
schon besprochenen, Witterungswechsel nach und nach so selten
geworden sind, dass man gegenwärtig nur noch an ausnahmsweise
warmen Maitagen einen oder höchstens zwei derselben in den
oberen Zweigen des Gebüsches der Gärten antrifft; noch seltener
kommt ein oder der andere derselben während des Rückzuges im
August in den Kartoffeläckern der oberen Inselfläche vor.

Als einzig dastehende Erscheinung hat im Sommer des Jahres
1876 ein Pärchen dieser Art ihr Nest in meines Nachbars Garten
gebaut und fünf Junge gross gezogen — bis zum 8. August sah
und hörte ich die ganze Familie täglich in meinem Garten, dann
verschwanden dieselben und haben sich wahrscheinlich noch kurze
Zeit in den Kartoffel- und Krautstücken der Felder aufgehalten.
Am 4. desselben Monats hatte ich hier schon eine junge *Sy. sibilatrix* und am 7. eine junge *phragmitis* gefangen.

Dieser Sänger brütet im nördlichen Frankreich, Deutschland, Russland bis über den Ural hinaus und geht nördlich bis in das mittlere Skandinavien. In England hat man ihn nur zweimal angetroffen.

Nr. 116.   Sänger-Laubvogel.

SYLVIA POLYGLOTTA.   Vieillot.

Hypolais polyglotta.   Seebohm, Cat. of Birds of Brit. Mus. V. p. 79.
Melodious Warbler.   Dresser, II. p. 517.
Bec-fin icterine.   Temminck, Manuel. III. p. 150.

Von dieser Art habe ich am 23. Mai 1846 einen sehr schönen gelben Vogel hier erhalten, seit jener Zeit aber nichts wieder gesehen; hierin liegt übrigens nichts Auffallendes, denn wenn derselbe auch noch im mittleren Frankreich brütet, so gehört er doch zu den vorherrschend westlichen Arten, deren Zug aus naheliegenden Gründen nie einer östlichen Abweichung von einer zwischen Süd und Nord verlaufenden Richtung zuneigt.

Obgleich dieser Sänger sehr grosse Aehnlichkeit mit dem vorhergehenden hat, so unterscheidet er sich doch von demselben durch eine geringere Grösse, durch das intensivere Gelb der Unterseite und durch anderen Flügelbau: bei *hypolais* ist die ganze Länge des Flügels 78 mm, bei *polyglotta* nur 65 mm, bei ersterer ist die 2. Schwinge kürzer als die 4. und die 3. 1 mm länger als die 4., — bei letzterer ist die 2. kürzer als die 6. und die 3., 4. und 5. fast gleich langen bilden die Flügelspitze.

Sylvia polyglotta nistet vorzugsweise in Spanien und Portugal, vereinzelt bis in das mittlere Frankreich, und in noch geringerer Zahl in Italien — sie soll ein oder zweimal in Belgien gefangen sein und einmal in Oesterreich.

Nr. 117.   Oliven-Sänger.

SYLVIA OLIVETORUM.   Strickland.

Hypolais olivetorum.   Seebohm, Cat. of Birds of Brit. Mus. V. p. 79.
Olive-tree Warbler.   Dresser, II. p. 527.
Bec-fin des oliviers.   Temminck, Manuel. IV. p. 611.

Im Mai 1860 schoss ein Knabe hier einen dieser Sänger mit dem Blaserohr, ich erfuhr dies jedoch leider erst nach ein paar

Tagen, während welcher Kinder mit dem Vogel gespielt und ihn so gründlich ruinirt hatten, dass es durchaus unmöglich war, denselben zu präpariren. Unkenntniss führt unglücklicherweise öfter so herbe Verluste herbei: so brachte mir Aeuckens eines Tages sämmtliche Schwanzfedern eines Steinschmätzers, die mit Ausnahme des mittelsten Paares bis zum oberen Sechstel ganz schwarz waren: Knaben hatten auf dem Felde gewöhnliche Steinschmätzer gerupft, und unter diesen auch jenen, von dem Aeuckens die Federn brachte. Es war Ende August, wo allerdings junge Steinschmätzer vieler Arten einander sehr gleichen.

Einige Entschädigung ward mir aber doch für den Verlust jenes Sängers, denn ich erhielt im Laufe des Sommers vom 12. Mai bis 18. Juni folgende Seltenheiten: *Saxicola aurita*, ein prachtvolles weisses Männchen; *Turdus saxatilis*, altes Weibchen; *Muscicapa albicollis*, schönes altes Männchen; *Emberiza melanocephala*, altes Männchen, und schliesslich *Charadrius fulvus*.

Brutvogel ist der Olivensänger in Griechenland, Kleinasien. Palästina und Nordafrika.

Nr. 118. Blasser Sänger.

SYLVIA PALLIDA. Ehrenberg.

Hypolais pallida. Seebohm, Cat. of Birds of Brit. Mus. V. p. 82.
Olivaceous Warbler. Dresser, II. p. 537.

Diesen Sänger, der bisher nicht nordwest von Griechenland beobachtet worden, habe ich hier einmal erhalten; mein Sohn Ludwig schoss denselben am 20. September 1883. Es ist dies eine sehr ungewöhnliche Jahreszeit für das Erscheinen einer südöstlichen Art auf Helgoland und ist wohl nur anzunehmen, dass der Vogel sich schon seit Juni in nördlichen oder nordwestlichen Strichen herumgetrieben hatte und auf dem Rückzuge zur Heimath begriffen gewesen war.

Das Brutgebiet dieser Art erstreckt sich, nach Seebohm, über Griechenland, Kleinasien, Palästina, Turkestan und Persien sowie Nordost-Afrika.

Das hier erlegte Exemplar gehört unzweifelhaft zu der östlichen Form, *Sy. pallida*, die westliche. *Sy. opaca* (Lichtenstein), welche hier ohnehin schwer zu erwarten wäre, scheint nach dem wenigen mir zur Verfügung stehenden Material ein weniges grösser zu sein,

sich mehr zur Rost- als Olivenfarbe zu neigen und auch im Flügelbau dadurch abzuweichen, dass bei ihr die 2. Schwinge gleich lang
mit der 7. ist und nicht mit der 6., wie bei *pallida*.

Die Färbung meines Stückes ist folgende: die ganze Oberseite
sowie die Ränder der kleineren und grösseren Flügelfedern sind
fahl oliven-braungrau mit sehr merklichem olivengelblichen Anflug:
die unteren Theile sind trübe weisslich-okergelb. Die Schwung-
und Schwanzfedern sind fahl graubraun, die Aussenfahne des
äussersten Paares der letzteren ist weisslich.

Die Füsse des frischen Vogels waren dunkel blaugrau, an
den Zehen sehr dunkel: der Schnabel sehr hell weisslich hornfarben,
an der Spitze kaum dunkler.

Am Flügel ist die 2. Schwinge gleich der 6., die 3., 4. und
5. bilden die Flügelspitze, die letztere ist um 1 mm verkürzt.

Ganze Länge des frischen Exemplars 119 mm, Länge des
Flügels 61 mm, dieselben lassen vom Schwanze unbedeckt 25 mm,
Länge des Schwanzes 49 mm, das äusserste Federpaar desselben
ist 4 mm verkürzt. Der Schnabel ist 11 mm lang und die Fusswurzel 23 mm hoch.

Nr. 119. Zwerg-Sänger.

SYLVIA SALICARIA. Pallas.

Sylvia (Iduna) salicaria. Naumann, XIII. Blasius Nachträge S. 79.
Booted Warbler. Dresser, II. p. 541.
Rirerain botté. Schlegel, Krit. d. Europäischen Vögel. S. XXX u. 60.

Claus Aeuckens brachte mir am 28. September 1851 einen
kleinen Vogel, den er soeben geschossen, mit den Worten: hier
ist ein kleiner Rohrsänger mit dem Schwanze eines Laubvogels.
Und in der That glich das Vögelchen einer Miniaturausgabe von
Sy. palustris in abgebleichtem, verstossenem Kleide in hohem Grade
— es war *Motacilla (Sylvia) salicaria* (Pallas, Zoogr. Ross. Asiat. 1.
p. 492). Das Kleid dieses Exemplars ist ganz ausserordentlich
abgetragen und verblichen, unzweifelhaft ein vorjähriger Vogel,
der vor seiner ersten vollständigen Herbstmauser steht. Alle oberen
Theile desselben sind sehr hell graubräunlich mit einer ganz geringen Neigung zum Olivengelblichen; die Unterseite ist trübe
weisslich, Hals und Kropfseiten ganz schwach mit der Rückenfarbe
angeflogen; über dem Auge steht ein verwischter, weisslicher Streif.
Das ganze kleine Gefieder, namentlich an der Unterseite, ist sehr
dicht, fast pelzartig.

Die Schwung- und Schwanzfedern sind etwas dunkler graubräunlich als der Rücken und haben wenig hellere, verwaschene Säume: das äusserste Federpaar des Schwanzes ist trübe weisslich, besonders hell sind die Aussenfahnen desselben. Die Füsse und der Schnabel waren frisch sehr hell weisslich fleischfarben, letzterer am Oberkiefer und der Spitze bräunlich.

Die Maasse des Vögelchens sind folgende: ganze Länge 114 mm, Länge des Flügels 51 mm, des Schwanzes 45 mm, die Flügel lassen vom Schwanze unbedeckt 27 mm, der Schnabel ist 9 mm lang und die starke Fusswurzel 20 mm hoch. Am sehr kurz abgestutzten Flügel ist die 2. Schwinge gleich der 7., die gleichlangen 3. und 4. bilden die Flügelspitze, von der die 5. nur sehr wenig zurücktritt. Die Flügelspitze ragt nur 9 mm unter der längsten hinteren Schwinge hervor. Am doppelt abgerundeten Schwanze ist das mittelste und äusserste Federpaar um 3 mm verkürzt.

Auch dies interessante Vögelchen ist neu für Europa, sein Brutgebiet erstreckt sich, nach Seebohm, über Turkestan, Kaschmir und über das südöstliche Sibirien. Pallas hat dasselbe an der Lena angetroffen, so hoch nördlich, als noch Weidengesträuch wächst.

Die Eier dieses Vögelchens sind sehr niedlich; gleich anderen zur Gruppe *hypolais* vereinigten Arten haben sie eine zart graurosa Grundfarbe, bestreut mit vielen feinen und einigen grösseren schwarzen Punkten, die vereinzelt in kurze Striche und manchmal in feine Haarlinien übergehen; es kommen auch Exemplare von weisser Grundfarbe vor, die ausser den schwarzen Punkten auch kleine graue Schaalenflecke zeigen. Die Eier sind von rundlicher Form und messen in der Länge 15 mm, in der Breite 12 mm.

Nr. 120. Drossel-Rohrsänger.

SYLVIA TURDOIDES. Meyer.

Helgoländisch: Groot Süllen-Kröper = Grosser Rohrsänger.
Süllenkröper ist der Helgoländische Gattungsname für Rohrsänger — würde mit Zaunkriecher zu übersetzen sein.

Sylvia turdoides. Naumann, III. S. 597.
Great Reed-Warbler. Dresser, II. p. 579.
Bec-fin Rousserolle. Temminck, Manuel. I. p. 183. III. p. 109.

Dieser stattliche Rohrsänger ist auf Helgoland bisher nur einmal gefangen worden, und dies ist nahezu fünfzig Jahre her;

Reymers hatte dies Exemplar gestopft und ich erhielt es später von ihm. Seit jener Zeit ist mir zweimal von einem grossen Rohrsänger berichtet worden, erhalten habe ich aber keinen wieder. Der Drossel-Rohrsänger brütet von Portugal bis Turkestan, einschliesslich Nordafrika. Kleinasien und Palästina; nördlich erstreckt sich sein Nistgebiet bis an die Nord- und Ostsee, erreicht vereinzelt Holstein und Dänemark; in Skandinavien hat man den Vogel noch nicht angetroffen, und für England scheint nur ein Beispiel nachweisbar.

Nr. 121. Teich-Rohrsänger.

SYLVIA ARUNDINACEA. Latham.

Helgoländisch: Grü Süllen-Kröper = Grauer Rohrsänger.

Sylvia arundinacea. Naumann, III. S. 614.
Reed-Warbler. Dresser, II. p. 567.
Bec-fin roseaux. Temminck, Manuel. I. p. 191. III. p. 115.

Es kommt diese Art wohl jedes Jahr, aber doch nur höchst zerstreut hier vor; während der früheren, wärmeren Jahre konnte man des öfteren mehrere Vögel an einem Tage erhalten, was gegenwärtig weder im Laufe des ganzen Frühjahres noch Herbstes möglich ist — eine um so auffallendere Erscheinung, da dieser Rohrsänger, nach Rohweder, in Holstein ein gewöhnlicher Brutvogel ist. Seine Niststätten erstrecken sich von Portugal bis Turkestan, erreichen südlich Kleinasien, Palästina und Nordafrika und nördlich das untere Schweden.

Nr. 122. Sumpf-Rohrsänger.

SYLVIA PALUSTRIS. Bechstein.

Helgoländisch: ebenfalls Grü Süllen-Kröper.

Sylvia palustris. Naumann, III. S. 630.
Marsh Warbler. Dresser, II. p. 573.
Bec-fin Verderolle. Temminck, Manuel. I. p. 192. III. p. 116.

Gleich dem Vorhergehenden kam auch dieser Rohrsänger in früheren Jahren viel häufiger hier vor als jetzt, er war auch stets in grösserer Zahl vertreten als jener — ein Verhältniss, welches

auch gegenwärtig betreffs der wenigen besteht, welche Helgoland
noch besuchen. Es treffen diese Vögel selten vor Anfang Mai hier ein,
und dann auch nur an warmen, schönen Tagen; einer oder der
andere lässt dann nicht selten im Durchhüpfen einer hohen Dornhecke seinen fast *hypolais*-artigen Gesang hören. So spät der
Frühlingszug dieser Vögel fällt, ebenso früh kommen sie auf der
Rückreise hier wieder durch; ein schönes, altes Exemplar meiner
Sammlung schoss ich z. B. am 22. Juli 1876 in meinem Garten.

Das Brutgebiet dieser Art scheint sich vom westlichen Frankreich bis über den Ural hinaus zu erstrecken; südlich reicht es
nicht so tief, als das der vorhergehenden Art, und nördlich nicht
über die Ostsee hinaus. Von England sind vereinzelte Beispiele
bekannt, und in Holland brütet dieser Rohrsänger sehr zahlreich.

Nr. 123. Feld-Rohrsänger.

SYLVIA AGRICOLA. Jerdon.

Acrocephalus agricolus. Jerdon, Birds of India. II. p 156.
Paddy-field Warbler. Dresser, II. p. 559.

Der 12. Juni 1864 war einer derjenigen Tage, wie sie wohl
nur Helgoland der Ornithologie darzubieten vermag und nicht selten
dargeboten hat, denn im Laufe der Vormittagsstunden desselben
erhielt ich hier zwei fern südöstlich heimische Fremdlinge, die bis
dahin in Europa noch nicht angetroffen waren und seit jener Zeit
auch nicht näher wieder angetroffen worden sind, als in Kleinasien
und an der unteren Wolga. Ersterer derselben ist die weiter zurück schon besprochene *Sylvia mesoleuca*, letzterer der obige
kleine Rohrsänger.

Später erhielt Dresser zwei Bälge dieser Art vom westlichen
Ural, und während des letzten Jahrzehnts sind solche nebst Nest
und Eiern aus den Kirgisischen Steppen in den Handel gekommen.
Das hier erlegte Exemplar meiner Sammlung ist, wie die Jahreszeit,
zu welcher es geschossen ward, vermuthen lässt, in sehr abgetragenem verblichenem Kleide. Es ist an allen oberen Theilen
stumpf graubraun mit kaum wahrnehmbarem rostfarbenem Anfluge
auf dem Bürzel; die unteren Theile, sowie ein schwach angedeuteter
Augenstreif trübe weisslich, fast jeder Rostfarbe entbehrend. Die
Schwung- und Schwanzfedern sind etwas dunkler graubraun als
der Rücken, und an letzterem ist die frühere Rostfarbe noch am
meisten bemerklich.

Im frischen Gefieder gleicht dieser Vogel in der Farbe einer *arundinacea* auf das vollkommenste, nur ist bei ihm der Oberkopf bedeutend dunkler, als der Rücken, und der Augenstreif heller und schärfer ausgeprägt; eine lebhaft rostrothe Färbung herrscht an den oberen Theilen, sowie an den Kropfseiten und in den Weichen vor, und nirgendwo ist eine Annäherung an Olivenfarbe bemerkbar. Die Maasse des hier erlegten Stückes sind folgende: ganze Länge 120 mm. Länge des Flügels 52 mm, des Schwanzes 51 mm. Die Flügel lassen vom Schwanze unbedeckt 35 mm. Der Schnabel ist 10 mm lang und die Fusswurzel 21 mm hoch. Am Flügel ist die 2. Schwinge etwas kürzer als die 6., die 3. und 4. gleich langen bilden die Flügelspitze und von ihnen tritt die 5. kaum 1 mm zurück; von der längsten hintern Schwinge bis zur Flügelspitze ist 10 mm. Der Schwanz ist sehr zugespitzt, an meinem Exemplar ist das äusserste Federpaar 9 und das nächstfolgende 4 mm kürzer als das mittelste.

Das Brutgebiet dieses kleinen Rohrsängers beginnt, nach Seebohm, an der untern Wolga und erstreckt sich durch Turkestan und Kaschmir wahrscheinlich bis China. Ein Ei dieses Vögelchens, welches ich besitze, von Schlüter in Halle bezogen und angeblich von der Wolga stammend, misst 17 mm in der Länge und 13 mm in der Breite, ist somit ziemlich rundlicher Form; seine Farbe und Zeichnung ist ganz im Charakter der Eier der vorangegangenen ungefleckten Rohrsänger: der Grund ist hell gelblichgrün, frischer in Farbe wie bei *arundinacea*, darauf stehen rundliche scharf begrenzte olivengraue Schaalenflecke, hellere und dunklere, kleinere und grössere Zeichnungsflecke, letztere meist rund und scharf begrenzt; die Zeichnung steht nicht sehr gedrängt, sondern lässt den reingefärbten Grund überall klar durchblicken.

Nr. 124. Schilf-Rohrsänger.

SYLVIA PHRAGMITIS. Bechstein.

Helgoländisch: Süllenkröper = Rohrsänger.

Sylvia phragmitis. Naumann, III. S. 648.
Sedge Warbler. Dresser, II. p. 597.
Bec-fin phragmite. Temminck, I. p. 189. III. p. 115.

Allen seinen Gattungsverwandten gegenüber könnte dieser Rohrsänger der Nordische genannt werden, denn keiner derselben geht während der Sommermonate in so hohe Breiten, als dieser, und da dies in grosser Zahl geschieht, so berührt er Helgoland während beider Zugperioden ebenfalls sehr zahlreich. Er kommt hier nicht allein viel häufiger vor, als irgend ein anderer seiner Verwandten, sondern in bei weitem grösserer Zahl, als alle übrigen zusammengenommen. Für eine so kleine Sylvia beginnt der Zug dieser Art hier schon sehr früh, einzelne derselben kommen nicht selten schon gegen Ende März, der April bildet die Hauptzugzeit, welche jedoch bis ziemlich spät in den Mai währt. Man sieht das Vögelchen dann täglich im Gebüsch der Gärten und zwischen den Felsabstürzen am Fusse der Insel herumschlüpfen, ja den angespülten Seetang nach Strandfliegen absuchen. Während des Herbstzuges, der schon mit dem August beginnt und bis in den Oktober hinein anhält, findet man den Vogel in grosser Zahl in den Kartoffel- und Krautstücken des Oberlandes, besonders in brach liegenden, mit wildem Senf bewachsenen Feldern, aber auch wiederum sehr zahlreich zwischen dem Geröll und Tang am Fusse des Felsens.

Das Brutgebiet dieser Art ist ein sehr ausgedehntes, es reicht in Skandinavien bis 70°N. und von da hinab durch England, das obere Frankreich und Deutschland bis zu den Donauländern hinab, sich in gleicher Breite bis über den Jenisei hinaus erstreckend, woselbst Seebohm den Vogel noch sehr zahlreich antraf.

Nr. 125. Binsen-Rohrsänger.

SYLVIA AQUATICA. Latham.

Helgoländisch: Sträked Süllenkröper = Gestreifter Rohrsänger.

Sylvia aquatica. Naumann, III. S. 686.
Aquatic Warbler. Dresser, II. p. 591.
Bec-fin aquatic. Temminck. Manuel. I. p. 188. III. p. 114.

Dies in Form, Farbe und Zeichnung so überaus elegante Vögelchen, welches ich hier zuerst 1847 erhielt, ist seit jener Zeit fast jedes Jahr, wenn auch nur vereinzelt, auf Helgoland gesehen und geschossen worden. 1855 kam dasselbe aber ziemlich oft vor, und in dem darauffolgenden Jahre sogar in ausserordentlich grosser Zahl.

Die Verbreitung dieser Art als Brutvogel dürfte wohl noch nicht völlig aufgeklärt sein, wenigstens stehen die Umstände, unter welchen sie hier erscheint, nicht im Einklange mit dem, was sich

darüber angegeben findet. Als Niststätten sind aufgeführt Algier,
Italien, Frankreich, Deutschland, namentlich dessen westliche
Theile, Holland und vereinzelt in Holstein und Dänemark.

Aus dem öfteren, in wenigstens einem Falle sehr zahlreichen
Erscheinen junger Vögel während des Herbstzuges, und dem gänzlichen Fehlen der Art im Frühjahr — ich habe nur einmal einen
Vogel im April erhalten — ist der sichere Schluss zu ziehen, dass
sie eine für Helgoland fern östliche Art sein müsse, und diese
Folgerung findet eine bedeutende Stütze in dem Umstande, dass
an einem Tage, während welchem diese Vögel hier beispiellos zahlreich auftraten, 13. August 1856, auch die fern Ostasiatische *Sylvia*
certhiola hier gefangen wurde — sowie denn auch während des
September 1876, im Laufe dessen mehrere *Sy. aquatica* gesehen
und erlegt wurden, sehr starker Zug östlicher Arten stattfand. so
z. B. am 4., 6., 15., und von da bis zum Schluss des Monats täglich *Anthus Richardi* in fünf bis über zwanzig Stück vorkam; am 22.
Anth. cervinus, zwei Stück und eine *Motacilla citreola*; am 25. *Sy.*
aquatica, zwei Stück geschossen, und am 26., 29. und 30. je eine
Sy. superciliosa — Erscheinungen, die sich im Laufe des Oktober
wiederholten.

Aus Holstein oder Dänemark konnten hundert und mehr dieser
Vögel an dem obengenannten 13. August nicht eintreffen, nicht
allein, dass sie dort hierzu viel zu selten sind, sondern es kommt
aus unerklärlichen Gründen von dort überhaupt kein Zug nach
Helgoland, d. h., dort heimischer Individuen; dies ergiebt sich daraus,
dass solche, die im nahen Holstein zu den gemeinsten zählen, wie
Lanius collurio, Sy. arundinacea, Alauda cristata. Emberiza mi-
liaria und andere hier überhaupt nur sehr selten, die vorletzte
sogar nur in Zwischenräumen von oft vielen Jahren höchstens
einmal, vorkommen.

Russow führt den Binsen-Rohrsänger in seinen Vögeln Esth-,
Liv- und Kurlands nicht auf, ebensowenig Büchner in seinen Vögeln
des Petersburger Kreises, die Helgoland besuchenden dürften also
auf geradem ost-westlichem Wege hierher gelangen, wie die genannte *certhiola* und *Anthus Richardi*, deren Heimath in den Amurländern liegt.

Hier auf Helgoland erhielt ich die beiden ersten Stücke am
9. und 18. August 1847; zwei am 6. Oktober 1853; einen in meinem
Ornithologischen Tagebuche als *cariceti?* bezeichneten Vogel am
22. April 1854. Während 1855 erhielt ich Stücke am 13., 14.,
17. und 30. August, sowie am 8. Oktober; im darauffolgenden Jahre,

1856, erhielt ich mehrere am 12. August, Tages darauf aber waren diese Vögel hier so zahlreich, dass ich in einigen brachliegenden, mit wildem Senf dicht bestandenen, schmalen Ackerstücken achtzehn dieser Sänger schoss, deren Zahl ich mit Leichtigkeit hätte verdreifachen und vervierfachen können, ich stand jedoch davon ab, noch mehreren dieser kleinen, lieblichen Thierchen das Leben zu nehmen, da ich mich, meiner Ueberzeugung nach, genügend versichert hatte, dass das graue »*cariceti*«-Kleid nicht unter frischvermauserten Herbstvögeln zu finden sei, sondern nur, wie an dem obenerwähnten Aprilvogel, bei verblichenen Frühlingsvögeln.

Zwischen den hier erhaltenen Stücken befindet sich jede Abstufung vom schönsten gesättigten Rostorange bis zum bleichen Rostgelb, und von solchen, an deren Brustseiten und Weichen jede Feder einen starken schwarzen Schaftstrich trägt, bis zu solchen, die auch nicht die geringste Spur dieser Zeichnung aufweisen. Ein höchst interessantes Stück dieser Art wurde mir vor ein paar Jahren gebracht; an demselben bestand die schwarze Scheitel- und Rückenzeichnung nur noch aus ganz schmalen Streifen, so dass der Vogel fast einfarbig, sehr hell rostgelb zu sein schien — leider hatte der Schütze, im Bestreben denselben zu erhalten, aus solcher Nähe geschossen, dass das Vögelchen vollständig unbrauchbar war.

Nr. 126. Gestreifter Rohrsänger.

SYLVIA CERTHIOLA. Pallas.

Sylvia (Calamoherpe) certhiola. Naumann, XIII. Blasius, Nachträge.
S. 91.
Pallas' Warbler. Dresser, II. p. 633.
Bec-fin Trapu. Temminck, Manuel. I. p. 186. III. p. 113.

Es war für meine an Zahl so bescheidene Sammlung kein geringer Triumph, als ein so eminenter Kenner der Europäischen Fauna, wie Blasius, bei seinem ersten Besuche Helgolands im Jahre 1858, betreffs zweier Stücke derselben erklärte, »sie augenblicklich nicht ausprechen zu können« — und welche Freude war es für mich, meine sehr bescheiden fragend ausgesprochene Antwort: *Sylvia certhiola,* junger Vogel, im Laufe des Gespräches bestätigt zu finden. Der zweite Vogel war *Sy. borealis,* die ich als solche allerdings damals nicht kennen konnte.

Auch um diese seltene, dem fernen Osten Asiens angehörende
Art ist die Europäische Ornis durch Helgoland bereichert worden
— Temminck hat zwar dieselbe als Europäisch aufgeführt, aber
dies geschah irrthümlich, nach einem von Pallas erhaltenen, östlich
vom Baikal-See erlegten Exemplar. Von Middendorff hat diesen
Rohrsänger am Ochotzkischen Meere erhalten und von Kittlitz denselben in Kamtschatka angetroffen. Mein Exemplar, das Blasius
derzeit das Juwel meiner Sammlung nannte, erhielt ich hier am
13. August 1856; es war während der Nacht vom 12. zum 13. am
Feuer des Leuchtthurms gefangen worden und ist ein junger Vogel
im ersten Herbstkleide.

Das Gefieder dieser Art, zumal des jungen Vogels, ist seidenartig glänzend, wie bei *aquatica* und *phragmitis*, und ungleich dem
weitstrahligen starren von *locustella*. Die Federn der oberen Theile
meines Stückes sind oliven-rostbraun und haben einen braun-
schwarzen Längsstreif in der Mitte, der ungefähr den dritten Theil
der Breite jeder Feder einnimmt, und, wie bei *aquatica*, ganz bis
zur Spitze jeder derselben reicht: hierdurch werden auf Kopf und
Rücken zusammenhängende Streifen gebildet, die am Hinterhalse
etwas undeutlich sind und auf dem Bürzel von den dort in reines
Oliven-Rostgelb übergehenden breiten Rändern und Spitzen fast verdrängt werden; ein Gleiches findet an den oberen Schwanzdeckfedern statt, die aber wieder von der dunkleren Färbung der
Rückenfedern sind.

Alle unteren Theile des Vogels, mit Ausnahme der unteren
Schwanzdeckfedern. sind sanft oliven-schwefelgelb, am Bauch, der
Kehle und den Halsseiten fast rein schwefelgelb, an Kropf und Brust-
seiten mit der Rückenfarbe überlaufen, und über den dunkleren
Ohrfedern zieht sich ein heller olivengelblicher Augenstreif vom
Schnabel zum Hinterkopf: jede Feder der unteren Theile mit Aus-
nahme von Kinn und Bauch hat einen feinen schwarzbraunen
Schaftstrich. Die unteren Schwanzdeckfedern sind düster rost-
farben und haben einen verwischten dunkleren Schaftstrich.

Die Flügelfedern sind schwarzbraun, alle haben scharfbegrenzte
Ränder von der Farbe des Rückens: die Schwanzfedern sind matt-
schwarz, an den Aussenfahnen breit und verwaschen mit der
Rückenfarbe eingefasst, das mittelste Federpaar ist fast einfarbig
so gefärbt: jede Feder hat einen grossen weisslichen, scharf-
begrenzten Endfleck. diese Flecke sind. umgekehrt wie bei der
Schnepfe. auf der Oberseite fast rein weiss, während sie unten
schiefergrauweiss sind.

21*

Es ist dies ein grosser robuster Rohrsänger, seine Maasse sind folgende: ganze Länge 146 mm. Länge des Flügels 66 mm, des Schwanzes 57 mm, die Flügel lassen vom Schwanze unbedeckt 41 mm. Der im Verhältniss zum Vogel nicht sehr starke Schnabel ist 11 mm lang und die Fusswurzel 23 mm hoch. An dem kurzen, sehr rundlichen Flügel ist die 2. Schwinge ein wenig kürzer als die 4., die 3. ist die längste, sie überragt die 4. um 3 mm. Von der Spitze der längsten hinteren Schwinge bis zur Flügelspitze ist 19 mm. Am sehr runden, kurzen und breiten Schwanze ist das äusserste Federpaar 19 mm kürzer als das mittelste, worauf die anderen Paare in Abständen von 11, 7, 3 und 1 mm folgen: die längsten unteren Schwanzdeckfedern sind 5 mm länger als das äusserste Federpaar des Schwanzes.

Das Kleid des alten Vogels ist an den unteren Theilen nicht schwefelgelb, sondern weiss mit rostrothbräunlichem Anfluge am Hals und Kropf, an den Brustseiten und unteren Schwanzdeckfedern sehr stark so gefärbt, alle diese Federn haben keine dunklen Schaftstriche; die Federränder des Oberkopfes, Rückens und der Flügel sind düster rostgrau, auf dem Bürzel und den oberen Schwanzdeckfedern düster und trübe rostroth; die eigenthümliche Färbung und Zeichnung des Schwanzes ist gleich der des Jugendkleides.

Nr. 127. Heuschrecken-Rohrsänger.

SYLVIA LOCUSTELLA. Latham.

Helgoländisch: Bread-stätjed Süllenkröper = Breitschwänziger Rohrsänger.

Sylvia locustella. Naumann, III. S. 701.
Grasshopper Warbler. Dresser, II. p. 611.
Bec-fin locustelle. Temminck, Manuel. I. p. 184. III. p. 112. IV. p. 613.

Fast keiner der hier vorkommenden Vögel scheint so wenig an eine bestimmte Zugzeit gebunden als dieser Rohrsänger; ich habe denselben im März, April, Mai, Juli, August, September, ja sogar wiederholt noch im Oktober erhalten — die meisten allerdings im Mai und August. Es werden immer nur vereinzelte Stücke gesehen, aber ohne Zweifel kommt der Vogel viel öfter vor als es scheinen dürfte, denn es ist ein stilles, versteckt lebendes Thierchen, das sich in keiner Weise bemerkbar macht, im Früh-

jahr immer nur in dem dunkelsten Gebüsch nahe am Boden auf
den untersten, von hohem, vorjährigem Grase durchwucherten
Zweigen herumschlüpft, oder an solchen Orten am Boden selbst
sein Wesen treibt. Während seines Rückzuges hält er sich in
den Kartoffel- und Kohlstücken der Felder auf, wo man seiner
noch viel schwerer und nur zufällig ansichtig wird.

Sehr hübsch sieht dies sich immer sauber und rein haltende
Vögelchen aus, wenn es, sich beobachtet glaubend, mit über die
Flügel gehobenem Schwanz schnell in grossen Sätzen dahin hüpft;
es macht dann mit den knapp angezogenen Federn und dadurch
schlanken Figur den Eindruck eines viel hochbeinigeren Vogels
als es thatsächlich ist.

Das Brutgebiet dieses Rohrsängers scheint sich von England
und Frankreich bis zum Ural durch Mitteleuropa zu erstrecken,
nördlich erreicht es das untere Skandinavien nicht.

Nr. 128. Fluss-Rohrsänger.

SYLVIA FLUVIATILIS. Wolf.

Sylvia fluviatilis. Naumann, III. S. 694
River Warbler. Dresser, II. p. 621.
Bec-fin riverain. Temminck, Manuel. I. p. 183. III. p. 111.

Es ist mir noch nicht geglückt, diesen Rohrsänger hier zu
erhalten; Reymers besass denselben einmal, er hatte ihn selbst
geschossen, aber es war zu der Zeit, wo ich noch nicht mit Verständniss sammelte und so hatte der unscheinbare Vogel nichts
Verlockendes für mich. Claus Aeuckens traf denselben am 9. Mai
1874 auf dem Felde des Oberlandes an, der Vogel war aber so
wenig scheu, dass Aeuckens dadurch verhindert ward, denselben
zu schiessen: er bemerkte ihn einige Schritte vor sich im Kartoffelkraut; beim Versuch, auf Schussweite zurückzugehen, entschwand
der Vogel aber den Blicken im Kraut, und alle Versuche, denselben
im Fluge zu schiessen, scheiterten daran, dass derselbe, aufgescheucht,
stets auf acht bis zehn Schritte wieder einfiel, schliesslich aber
nicht mehr aufzuscheuchen, noch wieder aufzufinden war. Aeuckens
beschrieb den Vogel als einen etwas grossen, ziemlich dunklen,
aber durchaus ungefleckten Heuschrecken-Rohrsänger, und erkannte
denselben sofort nach einem ihm vorgezeigten Balge.

Das Brutgebiet dieses Sängers scheint Russland, Polen, die
Donauländer und Süddeutschland zu umfassen; Russow führt ihn

für Liv- und Esthland auf. und Büchner sagt, dass er im Petersburger Kreise brüte: es ist demnach auffallend, dass derselbe nicht hin und wieder auf Helgoland vorkommt. Ein Gleiches ist es mit *Sylvia dumetorum*, die nach Büchner ebenfalls, und gar nicht selten bei Petersburg brütet, beide Arten müssen einen sehr entschieden südlich gerichteten Herbstzug einhalten.

— —

Nr. 129. Grüner Waldsänger.

SYLVICOLA VIRENS. Latham.

Sylvicola virens. Naumann, XIII. Blasius, Nachträge. S. 156.
Black-throated Green Wood Warbler. Audubon, Syn. N. Amer. Birds.
p. 55.

Schliesslich habe ich noch einen für Europa neuen Sänger aufzuführen, der sich nicht gut in eine der vorhergegangenen Gruppen einreihen lässt und deshalb hier am Schlusse der Gattung einen Platz für sich allein einnehmen muss — der jedoch in seinem Vaterlande Amerika einer an Mitgliederzahl sehr stattlichen Familie angehört: Audubon zählt vierundzwanzig dahin gehörender Arten auf. Es ist dies *Sylvicola virens* (Latham), von der ein Knabe hier am 19. November 1858 ein Exemplar mit dem Blaserohr schoss: ein schönes, altes Männchen in vollkommen frischem, wohlerhaltenem Gefieder — das einzige bekannte Beispiel seines Vorkommens diesseits des Atlantischen Oceans.

Das schöne ansprechende Kleid dieses Vogels ist folgendermaassen gezeichnet: Oberkopf, Rücken und Bürzel sind sehr schön rein und brillant gelblich olivengrün, die Stirn, ein sehr breiter Augenstreif und die Gesichtsseiten bis auf den Hals hinunter sind schön und rein gesättigt gelb; die Zügel und Ohrfedern sind schwärzlich und gelb gemischt; der Vorderhals und Kropf sind einfarbig tief sammetschwarz, welche Farbe sich in zwei breiten Streifen die weissen Seiten hinunterzieht; Brust, Bauch und untere Schwanzdeckfedern sind weiss mit durchschimmernder gelblicher Färbung. Die oberen Schwanzdeckfedern sind sehr rein blaugrau, mit welcher Farbe auch die schwarzen Flügel- und Schwanzfedern eingefasst sind; dieses Grau geht an den hintersten Schwingen in Grauweiss über und bildet an den Spitzen der grossen und nächsten Flügeldeckfedern zwei rein weisse sehr auffallende Flügelbinden. Die beiden äusseren Federpaare des Schwanzes sind weiss mit spitzwärts schwarzer Aussenfahne, welches Schwarz sich als

schmaler scharfer Streif längs der Aussenseite des Schaftes hinaufzieht; das nächste Federpaar hat nur noch einen grossen weissen
Fleck auf der Innenfahne und die drei mittelsten Paare sind einfarbig schwarz. An meinem im Herbst geschossenen Stücke haben
die Federn des Vorderhalses breite gelblich weisse Ränder, welche
die schwarze Grundfarbe theilweise verdecken.

In der Grösse gleicht dieser Vogel einem etwas schwachen
Waldlaubvogel, seine Maasse sind folgende: ganze Länge 118 mm,
Länge des Flügels 81 mm, des Schwanzes 49 mm, die Flügel lassen
vom Schwanze unbedeckt 15 mm. Der starke Schnabel ist 10 mm
lang und die Fusswurzel 18 mm hoch.

Im Flügelbau weicht diese Art dadurch von ihren Europäischen
Verwandten ab, dass bei derselben die erste Schwinge nicht mehr
oder weniger verkümmert ist, sondern mit der nächstfolgenden zusammen die Flügelspitze bildet; das Verhältniss ist folgendermaassen:
2. und 3. Schwinge gleich lang, 4. 1 mm kürzer und die 1. 1 mm
kürzer als die 4.

Der Schwanz ist gerade abgestutzt, das äusserste Federpaar
kaum merklich kürzer als der Rest.

Betreffs der Verbreitung dieses Sängers sagt Audubon: zahlreich von Texas bis Newfoundland.

Goldhähnchen. Regulus. Die Gattung dieser kleinen, so schön
gezeichneten Vögelchen, welche man die Colibris des Nordens
nennen könnte, umfasst nur sehr wenige Arten, von denen einige
sich nur durch ganz geringe Abweichungen unterscheiden. Das
Europäische Festland bewohnen zwei Arten, die auch Helgoland
alljährlich während beider Zugperioden besuchen. Für Amerika
führt Audubon drei Arten auf, von denen eine, *Regulus calendula*,
nach Harting einmal, im Sommer 1858, in Schottland erlegt worden ist.

Nr. 130. Gelbköpfiges Goldhähnchen.

REGULUS FLAVICAPILLUS. Naumann.

Helgoländisch: Lütj Müüsk = Kleines Goldhähnchen.

Regulus flavicapillus. Naumann, III. S. 968.
Golden-crested Wren. Dresser, II. p. 453.
Roitelet ordinaire. Temminck, Manuel. I. p. 229. III. p. 157.

Wie diese winzigen, anscheinend mit so geringer Flugfertigkeit
begabten Thierchen fröhlich und wohlgemuth die Reise über das

Meer anzutreten wagen, sicher und glücklich durchzuführen vermögen, namentlich während der langen finsteren Oktobernächte. ist wahrlich wunderbar — und dennoch verläuft Jahr auf Jahr ihr Zug in aller Regelmässigkeit und führt sie nicht nur in Hunderten, sondern zuweilen in vielen Hunderttausenden während einer Nacht hierher: am darauf folgenden Morgen sind dann nicht allein die Gebüsche und Stauden aller Gärten von ihren munteren Locktönen erfüllt, sondern auch das Gras der oberen Felsfläche von einem Ende der Insel zum andern wimmelt von ihnen, sogar das Geröll am Fusse des Felsens ist von ihnen belebt und am Strande zwischen den Fahrzeugen und Boten treiben sie munter ihr Wesen, den Strandfliegen im angetriebenen Seetang bis zum Rande der schäumenden Wellen nachjagend.

Der Zug dieses Vögelchens beginnt im Frühjahr, ausgangs März, manchmal auch etwas früher, und währt bis Ende April: im Herbst fängt er mit dem September an, setzt sich den ganzen Oktober fort und zieht sich manchmal noch in den November hinein. Der Herbstzug bringt dies Goldhähnchen meistens ziemlich zahlreich, manchmal aber in wahrhaft staunenerregenden Massen hierher, so unter anderm im Jahre 1882. Die ersten Vögel erschienen am 8. September, sie zogen mit einzelnen Unterbrechungen in mässiger Zahl den Monat hindurch: mit dem Oktober steigerte sich der Zug jedoch bedeutend, Vögel erschienen täglich sehr zahlreich, während der Nacht vom 28. zum 29. erreichte der Zug aber einen so gewaltigen Umfang. dass jeder Versuch, die Zahl der Wanderer durch eine Ziffer auch nur annähernd zu bezeichnen, vergeblich erscheinen musste und hierzu nur ein vergleichendes Bild aushelfen konnte; das nächstliegende war in jenem Falle das eines Schneegestöbers: so zahllos wie die Flocken eines solchen zogen während jener Nacht von zehn Uhr Abends bis zum Tagesanbruch diese Thierchen, in wenig wechselnder Dichtigkeit. stetig von Ost nach West am Leuchtfeuer vorbei. in seinem hellen Lichte thatsächlich nicht unähnlich dahinwehenden Schneeflocken. Bei Tagesanbruch war die ganze Insel buchstäblich bedeckt mit diesen Vögelchen, von denen jedoch bis gegen zehn Uhr Vormittags die meisten schon weiter gezogen waren.

Man glaube nun aber nicht, dass ein derartiger Zug aus einem schmalen, durch den Schein des Leuchtthurms herbeigelockten Strom von Vögeln bestehe, oder dass Helgoland gerade in einer der angeblichen Zugstrassen wandernder Vögel liege, dem ist nicht so; was hier unter solchen Umständen zur Wahrnehmung kommt, ist nur ein Bruchtheil der Zugfront einer Art. welche in gleicher Ausdehnung von Nord nach Süd sich erstreckt, als es die Niststätten derselben thun. Einen Beleg hierfür boten in jenem Jahre auch diese kleinen Goldhähnchen. indem den ganzen Oktober hindurch beispiellos starker, wiederholt sich zu gleichen Massen steigernder Zug auch von allen Stationen der Britischen Ostküste von Guernsey aufwärts bis Bressay in der Mitte der Shetlandgruppe, berichtet ward — eine Zugfront von nahezu hundertundsiebenzig Deutschen Meilen.

Eine so wunderbare Anhäufung von Individuen, wie sie die Zugerscheinungen dieses Vögelchens darbieten, kann aber auch nur aus einem Brutgebiete von so gewaltigem Umfange hervorgehen, wie es dasselbe inne hat: es erstreckt sich vom nördlichen Frankreich und England durch das mittlere und nördlichere Europa, aufwärts soweit Nadelwaldungen ziehen. und in gleicher Breite durch Asien bis Japan.

Während der oben besprochenen Nacht rasteten auch zahllose Goldhähnchen auf der oberen Fläche der Insel und viele sassen zeitweilig auf den Fenstersprossen des Leuchtthurmes, in dessen sonnenhellem Licht ganz harmlos ihr Gefieder putzend. Es war eine gleichmässig bedeckte, sehr finstere Nacht, wie alle hervorragenden herbstlichen Zugnächte.

Wie ganz anders gestaltet sich der Frühlingszug. Einen eigenthümlichen, ich möchte wohl sagen hochpoetischen Eindruck macht es während eines milden klaren Frühlingsabends. wenn lange nach Sonnenuntergang die Stimmen aller befiederten Wanderer entschlafen sind, das letzte leise »Pitz« des Rothkehlchens längst verklungen und geraume Zeit kein Laut die duftige Ruhe der Natur gestört hat — wenn dann durch die Stille, wie halb im Traum, die klare feine Stimme dieses Vögelchens erklingt und man bald darauf dasselbe aus einem nicht fernen Gebüsche gegen den noch durchleuchteten Abendhimmel aufsteigen sieht; sein Lockruf: hiit — hiit — hiit — erschallt in gemessenen Zwischenräumen, während es in ein paar schwach ansteigenden Kreisen über die benachbarten Gärten hinfliegt: und antwortend aus jedem Gebüsche, hier, dort, da, nah und fern, tönt es hell und klar: hiit, hiit — hiit, hiit — hiit — hiit, und von allen Seiten steigen die zur Reise geweckten Gefährten empor, dem zuerst aufgebrochenen nachstrebend — dieser aber, nachdem die antwortenden Stimmen bekundet, dass alle Schläfer geweckt sind, kreist nicht mehr umher, sondern steigt mit erhobener Brust unter schnellen kurzen Flügel-

schlägen ziemlich steil aufwärts: bald sammeln sich alle zu einem
etwas losen Schwarm, die Locktöne verstummen, wenn der letzte
Nachzügler sich angeschlossen, und die kleinen Wanderer entschwinden dem Blicke. — Während man lauschend denselben noch
nachspäht, erscheinen statt ihrer die ersten schwach glitzernden
Sterne im tiefen durchsichtigen Aether.

Blickt man später zum hohen lichtbesäeten Nachthimmel
empor, so vermeint man, die Myriaden glänzender Welten seien
alles, was zwischen uns und der Unendlichkeit sich bewege, und
dennoch wandern dort oben tausende und abertausende lebender
Wesen einem festen Ziele zu — klein und schwach wie unser
Goldhähnchen, aber ebenso sicher geleitet, wie die fernsten leuch-
tenden Gestirne.

Nr. 131. Feuerköpfiges Goldhähnchen.

REGULUS IGNICAPILLUS. Naumann.

Helgoländisch: Müüsken-Könning = König der Goldhähnchen.

Regulus ignicapillus. Naumann, III S. 983.
Fire-crested Wren. Dresser, II. p. 459.
Roitelet triple bandeau. Temminck, Manuel. I. p. 231. III. p. 158.

Dieses noch ein wenig kleinere und vermöge seines schwarzen
Augenstriches noch ein wenig niedlicher gezeichnete Goldhähnchen
besucht Helgoland zwar ebenso regelmässig wie die vorhergehende
Art, jedoch immer nur in sehr geringer Zahl: es kommt im Frühjahr stets etwas früher und im Herbst etwas später hier an als
jenes — eröffnet und schliesst gewissermaassen den Zug der
Goldhähnchen.

Diese Art brütet in Mittel- und Südeuropa und Nordwest-
afrika: bis Skandinavien geht es nicht hinauf und nach England
gelangt es nur ganz vereinzelt. Ostwärts scheint es den Ural
nicht zu erreichen.

Brunelle. Accentor. Diese Gattung, welche etwa zwölf Arten
umfasst, ist in Europa nur durch zwei derselben als Brutvogel
vertreten: eine dritte, im östlichen Asien heimische, *A. montanellus,*
ist als seltener Gast einige mal nach Europa gelangt. Für Helgoland ist einer dieser Vögel eine gewöhnliche Erscheinung,
während der andere nur wenige mal hierher gelangt ist.

Nr. 132. Hecken-Brunelle.

ACCENTOR MODULARIS. Linn.

Helgoländisch: Back-Kuhrn Fink = Name ohne nachweisbare Bedeutung.

Accentor modularis. Naumann, III. S. 951.
Hedge-Sparrow. Dresser, III. p. 39.
Accenteur mouchet. Temminck, Manuel. I. p. 249. III. p. 174.

Keiner der zahlreichen befiederten Bewohner Helgolands legt ein so ruhiges zutrauliches Wesen an den Tag, als dies kleine unscheinbare Vögelchen. Es gewährt stets grossen Genuss, während der ersten Frühlingsarbeit im Garten deren mehrere in nächster Nähe ungestört ihrer Beschäftigung am Boden nachgehen zu sehen; dieses gewissermaassen Anschliessen an den Menschen ist um so auffälliger, als diese Vögelchen unter sich gar keine Geselligkeit bekunden: jedes folgt vereinzelt seinen Zwecken, ohne sich im geringsten, weder im Guten noch im Bösen um die ganz nahen Individuen seiner Art zu kümmern — wie so ganz anders z. B. das gleichfalls wenig misstrauische, aber so streitsüchtige Rothkehlchen. Nur in einem Falle schliessen diese Brunellen sich einander an, dies ist beim Aufbruch für den Zug: einen höchst anziehenden Einblick in das Leben dieser harmlosen Geschöpfe gewährt es, wenn an einem stillen klaren Frühlingsabende, bald nach Sonnenuntergang, eines derselben aus dem Gebüsche des Gartens emporflattert, in kurzen halben Kreisen hier und dorthin sich wendend, seinen klaren Lockruf erschallen lässt, dann von allen Seiten derselbe Ruf, wie halb im Traum vernehmbar wird. und nach und nach zwanzig und mehr dieser Vögelchen sich im nahen Umkreise erheben, alle in kurzen Pausen lockend und mit erhobener Brust und kurzen kräftigen Flügelschlägen, ab und zu einen halben oder ganzen Kreis beschreibend, aufwärts steigen; wenn dieselben bis etwa zweihundert Fuss über den Felsen sich erhoben und keine ihrer Angehörigen mehr folgen, so verstummen die Locktöne und alle steigen unter geringer östlicher Neigung höher und höher, bis sie in der klaren Abendluft dem Blicke entschwinden, um hoch unter den Sternen ihren spurlosen Pfad zur fernen heimathlichen Niststätte zu verfolgen.

Das Brutgebiet dieser Brunelle erstreckt sich durch das ganze mittlere und nördliche Europa, in Skandinavien bis gegen 70° N. hinauf.

Nr. 133. Alpen-Brunelle.

ACCENTOR ALPINUS. Gmelin.

Accentor alpinus. Naumann, III. S. 940.
Alpine accentor. Dresser, III. p. 29.
Accenteur pégot ou des Alpes. Temminck, I. p. 248. III. p. 171.

Auch dieser interessante Gebirgsvogel hat es nicht verschmäht
seine Alpenheimath zu verlassen, um in den Reihen der hervorragenden Gäste des kleinen Helgoland einen Platz zu finden.
Dreimal habe ich denselben erhalten: zwei Frühlingsvögel im Mai
1852 und 1870. sowie einen Herbstvogel im Oktober 1862. Ausser
diesen ist er noch zweimal mit Sicherheit gesehen, wegen seiner
ausserordentlichen Scheuheit aber nicht erlegt worden.

Da dieser Vogel keinen eigentlichen Frühlings- noch Herbstzug hat, sondern sich beim Herannahen des Winters von seinen
4000 bis 6500 Fuss hohen Niststätten nur thalabwärts bewegt,
um sofort, wenn Kälte und Schnee gewichen, wieder bergan zu
steigen, so ist es schwer erklärlich, was die auf Helgoland vorgekommenen, oder in England nach Harting bis 1870 vierzehnmal
angetroffenen Stücke bewegen konnte ihre hohen Berge zu verlassen. viele Meilen Flachland und das Meer zu überfliegen, um
von der Schweiz nach Helgoland oder von den Pyrenäen aus nach
England zu gelangen. Es bliebe nur anzunehmen, dass auch diesen
Vögeln. und allen der Regel nach nicht ziehenden, ein schlummern-
der Wandertrieb innewohne, der durch ungewöhnliche Ereignisse
geweckt werden kann, und dass die hier in Frage stehenden
Individuen auch solche seien, denen im Beginn ihrer Brutgeschäfte
eine Störung widerfahren, und so unter dem Drange des Fort-
pflanzungstriebes der Impuls zum Wandern ins Leben gerufen
ist, der sie von den Alpen oder den Pyrenäen nordwärts geführt.
Dass mehrere der fraglichen Stücke erst spät in der Jahreszeit
erlegt worden sind, beweist nichts gegen obige Annahme, denn sie
werden während der Sommermonate unbemerkt umhergestrichen
und erst nach Beginn der Jagd bemerkt worden sein.

Die Alpenbrunelle nistet in allen Hochgebirgen des mittleren
Europa, von Spanien bis zum Kaukasus.

Wasserschmätzer. Cinclus. Diese in ihrer Lebensweise so eigenthümlichen Vögel sind auf Helgoland nur sehr schwach vertreten;

dies erklärt sich wohl daraus, dass die Deutschland bewohnende
rothbrüstige Form nicht über dessen nördliche Grenzen hinausgeht,
die in Skandinavien heimische schwarzbrüstige Form aber nur in
geringer Zahl während des Herbstzuges ihre Brutstätten verlässt
— nur die letztere ist bisher auf Helgoland vorgekommen. Die
Gattung umfasst etwa zwölf, hauptsächlich über die nördliche
Hemisphäre verbreitete Arten, von denen in Europa nur eine in
drei, kaum scharfbegrenzte Formen zerfallende Art heimisch ist,
nämlich *Cinclus aquaticus* mit der nördlichen Abweichung *C. melanogaster* und der südlichen *C. albicollis*.

Ausser diesen ist die Ostasiatische Art *C. Pallasi* zweimal auf
Helgoland beobachtet worden.

Nr. 134. Wasserschmätzer.

CINCLUS MELANOGASTER. Brehm.

Helgoländisch: Wäter-Troossel = Wasserdrossel.

Cinclus aquaticus. Naumann.
Black-bellied Dipper. Dresser, II. p. 177.
Cincle à ventre noir. Temminck, Manuel. III. p. 106. IV. p. 609.

Während der langen Jahre meines Sammelns habe ich diese
so gewöhnliche Art nur fünfmal erhalten, vier alte ausgefärbte
und einen jungen Vogel im ersten Herbstkleide mit weisser noch
dunkel gefleckter Brust. Von einer Art wie diese, die sich mit
Vorliebe an reissenden, schäumenden Gebirgswässern aufhält, kann
auch kaum erwartet werden, dass ihr die weite Meeresfläche einen
zeitweiligen Ersatz zu bieten vermöge. Die hier ein paar Stunden
verweilenden, trifft man allerdings zwischen den am Fusse des
Felsens im Wasser liegenden Geröll, aber in keinem Falle hat
man gesehen, dass sie in dem dort herumspülenden Salzwasser
nach Nahrung gesucht hätten.

Alle hier erhaltenen Exemplare gehören zu der nördlichen
schwarzbäuchigen Form *C. melanogaster* (Brehm).

Heimischer Brutvogel ist der Wasserschmätzer in den drei
besprochenen Formen in allen gebirgigen Strichen des mittleren,
nördlichen und südlichen Europa — die auf Helgoland vorkommende Form *C. melanogaster* nistet auf den Faröern und in Skandinavien bis zum Waranger Fjord hinauf.

Nr. 135. Pallas' Wasserschmätzer.

CINCLUS PALLASI. Temminck.

Helgoländisch: Swart Wäter-Troossel = Schwarze Wasserdrossel.

Sturnus cinclus. Var. Pallas. Zool. Ross. Asiat. I. p. 426.
Cincle de Pallas. Temminck, Manuel. I. p. 177.

Als während des Herbstes 1847 ein so gewaltiger Massenzug
aus dem fernen Osten über Helgoland dahinging, kam auch ein
Exemplar dieses seltenen Gastes hier vor, und zwar am 31. Dez.
des genannten Jahres — geschossen ward dies Stück leider nicht.
Später hat Jan Aeuckens, einer der drei Brüder, nochmals in einer
Nähe von zehn bis fünfzehn Schritt, einen ganz einfarbig dunkel gefärbten Wasserschmätzer auf dem Nordbollwerk am Meere sitzen
sehen; da Aeuckens aber kein Gewehr zur Hand hatte, so ward
auch dieser Vogel nicht erlegt. Bei Kennern, wie die drei Brüder
Aeuckens, ist in diesem Falle an eine Verwechslung nicht zu denken.

Die Heimath dieser Art ist nach Pallas in den Baikalländern,
Kamtschatka und den vorliegenden Inseln. Die in Amerika vorkommende, ebenfalls einfarbig dunkle Art scheint nicht zu der
obigen zu gehören.

Zaunkönig. Troglodytes. Diese kleinen munteren Vögelchen
sind in der ganzen nördlichen Hemisphäre in mehr oder weniger
abweichenden Formen heimisch. In wie viele berechtigte Arten
dieselben zu trennen sind, ist schwer zu sagen, da manche als gute
Art angesehenen sich später als Zwischenformen zweier Arten erwiesen haben; so soll nach Alfred Newton's Ansicht z. B. *T. bore-*
alis von Island und den Faröern nur eine Zwischenform der
Europäischen *T. parvulus* und der Amerikanischen *T. aëdon* bilden.
Auch die für St. Kilda von Seebohm als *T. hirtensis* aufgestellte
Art scheint sich nicht bewährt zu haben. Demnach besässe Europa
nur eine Art, die auch auf Helgoland sehr zahlreich vorkommt.

Nr. 136. Zaunkönig.

TROGLODYTES PARVULUS. Koch.

Helgoländisch: Tschürrn — Name, wohl dem Lockton nachgebildet.

Troglodytes parvulus. Naumann.
Common Wren. Dresser, III. p. 219.
Troglodite ordinaire. Temminck, Manuel. I. p. 233. III. p. 157.

Obzwar so ziemlich der Kleinste der ganzen heimischen Vogelwelt, so scheint dennoch der Zaunkönig mit dem unversiegbarsten

guten Humor ausgestattet zu sein: wenn bei trübem nassen Wetter
oder kaltem Schneegestöber alle unsere befiederten Freunde mit
gesträubtem Gefieder und trübseligen Mienen auf bessere Zeiten
zu hoffen scheinen, so ist es allein dieser winzige Geselle, der unverdrossen in reger Thätigkeit umher schlüpft, und mit seinem
munteren Lockruf und dem lebensfrohen Blick seiner klaren Augen
allem Ungemach ein Schnippchen zu schlagen scheint: bricht
während des düstersten Wintertages ein Sonnenstrahl durch, so
sitzt er auch sofort auf einem Steine vor einer der Grotten am
Fusse des Felsens und lässt frohen Herzens einige Strophen seines
bescheidenen Liedes erschallen.

Sein Nest hat der Zaunkönig hier zwar noch nicht gebaut,
aber mit Ausnahme der Sommermonate, wenn die Brutgeschäfte
ihn fern halten, ist er das ganze Jahr anzutreffen, den Winter
hindurch die Höhlen und Klüfte am Fusse des Felsens bewohnend.

Das Brutgebiet dieses Vögelchens erstreckt sich von Portugal
bis Japan. in Skandinavien bis zum 65° N. hinaufreichend.

——————

Steinschmätzer. Saxicola. Trotz der bescheidenen Farben,
welche das Kleid aller Mitglieder dieser Gattung trägt. sind dieselben nicht allein sehr gefallsam gezeichnete Vögel, sondern sie
entfalten auch in allem ihrem Thun und Bewegen eine höchst ge-
winnende Eleganz. Die Gattung umfasst etwa fünfundzwanzig
Arten, welche fast alle südlichen Breiten angehören, nur eine von
diesen ist, neben den beiden Wiesenschmätzern, im nördlichen
Europa als zahlreicher Brutvogel heimisch, und diese, *Saxicola
oenanthe,* besucht auch Helgoland während beider Zugperioden des
Jahres in grosser Zahl. Neben dieser sind noch drei Südeuropäische,
eine Afrikanische und eine Asiatische Art hier erlegt worden,
letztere beide, *S. deserti* und *morio,* derzeit neu für Europa.

Nr. 137. Grauer Steinschmätzer.

SAXICOLA OENANTHE. Linn.

Helgoländisch: Ohlen; Ohl-wittstätjed = Weissschwänziger Steinschmätzer.

Saxicola oenanthe, Naumann, III. S. 863.
Common Wheatear. Dresser, II. p. 187.
Traque moteux. Temminck, Manuel. I. p. 237. III. p. 164.

Dieser anscheinend nicht scheue, aber dennoch äusserst vorsichtige Vogel, welcher über ganz Europa bis zum höchsten Nor-

den hinauf verbreitet ist und in gleichen Breiten ganz Asien bewohnt, besucht, wie zu erwarten, auch Helgoland sehr zahlreich,
besonders ist die Insel oft während des beginnenden Herbstzuges
von jungen Vögeln bedeckt; der Zug dieser jungen Vögel beginnt
gewöhnlich Ende Juli und währt bis Mitte September, bei günstigem
Wetter erscheinen die ersten derselben oft auch schon viel früher;
so wurden z. B. 1882 junge Steinschmätzer schon während der
Nächte des 7. und 8. Juli ziemlich zahlreich beim Leuchtfeuer
gesehen; unter solchen so zeitig Ankommenden befinden sich
öfter Stücke, die das hellgerandete Jugendkleid fast noch vollständig tragen. Alte Vögel erscheinen während des Herbstzuges
aber nur in beschränkter Zahl, man sieht sie mit seltenen Ausnahmen nicht vor Anfang Oktober und ihr Zug währt bis gegen
Ende November: dieselben, namentlich die später eintreffenden,
sind stets ganz erstaunlich fett.

Die den Frühlingszug eröffnenden alten Männchen ziehen von
Mitte März bis Mitte April hier durch, bei günstigem Wetter erscheinen sie auch schon früher, so 1881 schon am 8., 9. und 10.
des ersteren Monats; die Weibchen und jüngeren Vögel folgen
etwa während der zweiten Hälfte des April und den Mai hindurch.
Hin und wieder hat ein Pärchen den Versuch gemacht hier zu
brüten, aber es ist ihnen wohl kaum jemals gelungen, Junge gross
zu ziehen.

Mit besonderer Vorliebe gehen diese Vögel ihrem munteren
Treiben auf dem Felsgeröll am Fusse der Klippe nach, und spassig
ist es zu sehen, wie die Tausende, welche sich daselbst in rastloser Ausgelassenheit herumjagen, oder den Strandfliegen nach-
eilen, plötzlich auf den Warnruf eines einzelnen, der fern einen
Sperber erblickt, wie in die Erde gesunken verschwinden, indem
sie sich unter den Steinen verbergen; das Bild des regsten Lebens
ist wie durch Zauberschlag in einsamste Oede verwandelt; aber
nicht lange währt es, so kommt hie und da eines, dann mehrere
der hübschen Thierchen vorsichtig hervor, und sehr bald herrscht
überall wieder die vorherige fröhliche Beweglichkeit — eben so
bald wieder in gleicher Weise unterbrochen. wie Sonnenschein und
Wolkenschatten an einem heitern Sommertage wechselnd.

Man fängt hier im Laufe des August die jungen Steinschmätzer
für den Tisch der Helgoland besuchenden Gäste. In früheren
Jahren ward dieser Fang fast ausschliesslich durch einige alte
Lootsen oder Fischer betrieben, die sich ihrem einstigen Lebens-
beruf auf dem gewaltigen Meere nicht mehr gewachsen fühlten;

als später schulpflichtige Knaben eine grössere Vorliebe für den
Ohlenfang bekundeten als für ihre Lektionen, ward durch die
Regierung eine Besteuerung der Netze angeordnet, die den Fang
kleiner Vögel in wünschenswerthe Schranken verwies.
Für solchen Fang der Steinschmätzer bedient man sich eines
einfachen Zugnetzes. Da diese Vögel sich zahlreich am oberen
Rande des Felsens aufhalten und sich gern auf kleine Erhöhungen
setzen, so schüttet man daselbst einen kleinen Hügel von etwa
fünf Fuss Länge und acht bis zehn Zoll Höhe auf, parallel mit
welchem ein Netz gelegt wird, das man vermittelst einer langen
Leine mit einem Ruck über das Hügelchen und etwa darauf sitzende
Vögel schlagen kann. Früher zog man das Netz nach jedem einzelnen Vogel, neuerdings hat man aber in Erfahrung gebracht,
dass wenn man sich für die Aufschüttung der Erde einer Ameisen-
kolonie bedient, die darin enthaltenen Insecten und deren Larven
ein so ausgezeichnetes Lockmittel bilden, dass man es nun bis auf
fünf, ja zehn Stücke in einem Zuge gebracht hat. Während sehr
starken Zuges der Steinschmätzer kann der Ertrag eines Netzes
sich in den Früh- und Vormittagsstunden auf fünf bis zehn Stiege
steigern, für gewöhnlich sind fünf Stiege = 100 Vögel aber schon
ein sehr zufriedenstellendes Ergebniss.

Nr. 138. Ohren-Steinschmätzer.

SAXICOLA AURITA. Temminck.

Helgoländisch: Witt Ohlen = Weisser Steinschmätzer.

Saxicola rufescens. Naumann, XIII. Blasius, Nachträge. S. 134.
Black-eared Chat. Dresser, II. p. 203.
Traquet oreillard. Temminck. Manuel. I. p. 241. III. p. 165.

Der Helgoländer Name dieser Art knüpft sich an den Umstand, dass eines der hier erlegten Stücke derselben ein ausgezeichnet schönes altes Männchen im Sommerkleide ist, an welchem
alle oberen und unteren Theile vollständig rein weiss gefärbt sind und
zu den tiefschwarzen Kopfseiten, Flügeln und Schwanzzeichnungen
den stärksten Gegensatz bilden. Dieser Vogel ward hier am
12. Mai 1860 geschossen; ein anderes altes Männchen in schönem,
sehr gesättigt isabell-rostfarbigem Herbstkleide hatte ich schon
am 26. October 1851 erhalten. Dies sind die einzigen bisher hier
beobachteten Stücke dieser Art.

22

Es möge noch bemerkt werden. dass die schwarze Endzeichnung des Schwanzes an obigem Herbstvogel bedeutend breiter ist als an dem im Mai erlegten Stücke; an letzterem reicht dieselbe auf den Aussenfahnen der 3., 4. und 5. Feder nur 9 mm hinauf, während sie an ersterem die Ausdehnung von 18 mm erreicht.

Das Brutgebiet dieses Steinschmätzers. erstreckt sich über Südeuropa. Nordafrika, Kleinasien. Palästina und Persien.

Nr. 139. Schwarzkehliger Steinschmätzer.

SAXICOLA STAPAZINA.   Temminck.

Saxicola stapazina. Naumann, III. S. 879.
Russet Chat. Dresser, II. p. 207.
Traquet stapazin. Temminck, Manuel. I. p. 239. III. p. 164.

Anfang der vierziger Jahre. ehe ich sammelte, ward hier ein altes Männchen dieser Art erlegt, es hatte zwar eine rein sammetschwarze Kehle. war aber ziemlich stark gelblich-rostfarben auf dem Rücken und in den Seiten — sehr ähnlich dem von Naumann Tafel 90 Fig. 2 abgebildeten Exemplar; dasselbe ward an einen Badegast verkauft und ich habe später nicht ermitteln können. wohin es gekommen.

Es sind hier in der Folge wiederholt weissliche Steinschmätzer mit schwarzer Kehle gesehen worden, die ich längere Zeit zu der gegenwärtigen Art gezählt: seitdem ich jedoch *S. deserti* einige mal erhalten. *lugens*, *libanotica* und andere mit schwarzer Kehle und Kropfzeichnung kennen gelernt, habe ich gesehen, dass hellfarbige Steinschmätzer mit schwarzer Kehle nur zu bestimmen sind, wenn man sie in Händen hat.

Dass von den hier ziemlich oft vorgekommenen schwarzkehligen Steinschmätzern so wenige erlegt worden sind, hat seinen Grund in der grossen Scheuheit, von der diese Vögel sofort befallen werden, sobald sie sich beobachtet oder verfolgt glauben; wenn man einen Steinschmätzer, während man auf ihn zuschreitet, fest mit dem Blicke fixirt, so wird man kaum jemals innerhalb Schussnähe gelangen: versucht man, nachdem er aufgeflogen, dasselbe ein zweites mal, so fliegt er sicherlich schon auf 80—100 Schritt davon und verschwindet bei fernerer Wiederholung gänzlich. Ist einem an Erlangung eines besonderen Stückes dieser Gattung gelegen, so gehe man in einer Richtung vor, die etwa dreissig

Schritt an demselben vorbei führt und sehe den Vogel nicht eher
an. als bis man sich zum Schusse nach ihm wendet: ist es ein
altes Männchen, so wird solches auch dann sofort auffliegen —
thut man einen Fehlschuss, so folgt sicherlich eine lange mühevolle,
meistens erfolglose Jagd.

Die Brutstätten dieser Art erstrecken sich von Portugal und
Nordwestafrika bis Griechenland.

Nr. 140. Wüsten-Steinschmätzer.

SAXICOLA DESERTI. Rüppel.

Desert Chat. Dresser, II. p. 215.
Saxicola deserti. Tristram, Western Palestine. p. 33.
Saxicola deserti. Jerdon, Birds of India. II. p. 132.

Auch dieser Bewohner der heissen, dürren Wüste ist dreimal
von seiner südlichen Heimath nach dem fernen, nordischen Helgoland gewandert. Diese hier erlegten und in meiner Sammlung aufgestellten Stücke bestehen in einem alten Männchen in reinem
Herbstkleide, geschossen am 4. Oktober 1856, einem Weibchen,
gefangen am 26. Oktober des darauf folgenden Jahres und einem
ausserordentlich schönen alten Männchen in reinem Hochzeitskleide,
geschossen von Claus Aeuckens am 23. Juni 1880 — vier Monate
später, am 26. November, ward ebenfalls ein alter Vogel dieser
Art in Schottland in der Nähe von Stirling erlegt, und es ist wohl
kaum zu bezweifeln, dass diese beiden letzteren Exemplare zu
gleicher Zeit und unter gleichen Beweggründen ihre Heimath verliessen und in Verfolgung der Richtung ihres Frühlingszuges das
eine nur bis Helgoland, das andere aber auf weniger gefahrvollem
Wege so viel weiter nordwestlich gelangt ist. Hierbei möge erwähnt werden, dass an demselben Tage mit letzterem Steinschmätzer, 23. Juli 1880, ein Tagschmetterling, *Papilio podalirius,*
hier vorgekommen, das zweite Beispiel dieser Art für Helgoland,
den wohl ebenfalls das warme. schöne, von leichten südöstlichen
und östlichen Winden begleitete Wetter über die Grenzen seiner
Heimath hinaus und über das Meer geführt hat.

Auffallend ist, dass dieser Steinschmätzer, dessen ferne Heimath
nur bis zu den südlichen Gestaden des Mittelmeeres hinauf reicht,
so viel öfter nördlich beobachtet sein sollte, als der vorhergehende,
stapazina, der doch ganz Griechenland als gewöhnlicher Brutvogel

bewohnt: es sollte scheinen, dass wie im Herbst manche fern
östliche Arten viel mehr dazu neigen wie andere. statt ihren
normalen südlichen Herbstzug einzuschlagen, sich zahlreich westwärts zu wenden, so auch im Frühjahr manche südliche und
namentlich südöstliche Arten, durch ausnahmsweise Veranlassungen
leichter bewogen werden, in nordwestlicher Richtung weit über die
Grenzen ihrer Brutgebiete hinaus zu gehen, als andere — so ist
z. B. der Griechenland ebenfalls zahlreich bewohnende schwarzköpfige Ammer, *Emberiza melanocephala* hier wenigstens fünfzehnmal erlegt, und die nicht allein dort, sondern viel nördlicher heimischen
E. cia und *cirlus*, die eine nur einmal, die andere zweimal vorgekommen; die viel südlicher heimische *Emb. caesia* wiederum
etwa zehnmal, und die kleine kurzzehige Lerche, *Alauda brachydactyla*, wenigstens fünfzigmal.

Von seinen nahen schwarzkehligen Verwandten unterscheidet
sich der Wüstensteinschmätzer sofort durch den fast bis zur Wurzel
hinauf schwarz gefärbten Schwanz, dessen weniges Weiss nur ganz
oben an den Seitenfedern sichtbar wird und von den oberen und unteren
Schwanzdeckfedern fast vollständig bedeckt ist. Ausserdem ist
das Männchen im Sommerkleide nicht, wie bei *stapazina*, *erythraea*,
melanoleuca und anderen, rein weiss an den oberen Theilen, sondern
sandig-rostgelb, eine Farbe, die auch das Herbstkleid beider Geschlechter sowie das der jungen Vögel trägt; dieselbe hat nicht
die geringste Beimischung von Rostroth und unterscheidet sich
dadurch auch sehr auffallend von der sanften Rostfarbe der Herbst-
kleider von *stapazina* und *aurita*. Die schwarze Kopf- und Halszeichnung, welche an der Kehle von *stapazina* sich nicht tiefer erstreckt als die längsten Ohrfedern reichen, nimmt bei *deserti* nicht
allein den ganzen Vorderhals und die Halsseiten ein, sondern zieht
sich am Kropf noch zu beiden Seiten bis zum Flügelbug hinunter.
Trotz seiner so sehr einfachen Farben ist das alte Männchen
im Sommerkleide ein auffallend schöner Vogel.

Die Maasse des hier am 23. Juni 1880 geschossenen Stückes
sind folgende: ganze Länge 151 mm, Länge der Flügel 91 mm,
des Schwanzes 66 mm, die Flügel lassen vom Schwanze unbedeckt
24 mm. Der Schnabel ist 13 mm lang und die Fusswurzel 25 mm
hoch.

Die Heimath des Wüsten-Steinschmätzers erstreckt sich nach
Tristram von der Sahara durch die Wüsten-Regionen von Egypten,
Arabien, Persien bis Indien.

Nr. 141. Scheckiger Steinschmätzer.

SAXICOLA MORIO. Ehrenberg.

Eastern Pied Chat. Dresser, II. p. 235.
Saxicola leucomela. Tristram, Western Palestine. p. 35.
Saxicola leucomela. Jerdon, Birds of India, II. p. 131.

Diese, die östliche Form von *Saxicola leucomela*, von der sie sich durch die schwarzen Unterseiten der Flügel, welche bei jener weiss sind, unterscheidet, habe ich hier zweimal erhalten: zuerst ein schönes, altes Männchen im Hochzeitskleide am 9. Mai 1867, und dann ein schönes. altes Weibchen am 6. Juni 1882 — letzteres mir noch ganz besonders werth dadurch, dass zur Zeit als es geschossen ward, Alfred Newton und Tristram sich hier zum Besuch befanden und den Vogel im Fleisch untersuchen konnten.

Das Sommerkleid des alten, männlichen scheckigen Steinschmätzers ist in merkwürdiger Weise aus Weiss und Schwarz zusammengesetzt; an ihm sind die Kopfseiten, Vorderhals und Halsseiten, Kropf, Brustseiten. Flügel und Rücken tief schwarz; der Oberkopf bis zu den Augen hinunter, der Hinterhals, Bürzel, Brust und Bauch, sowie die unteren Schwanzdeckfedern sind rein weiss: die Schwanzfedern sind ebenfalls weiss mit schwarzem Endflecke, der auf der Aussenfahne des äussersten Federpaares 30, auf dem fünften Paare aber nur 15 mm hinaufreicht und stufenweise in einem Bogen von aussen nach innen sich verringert: beim Weibchen ist die schwarze Endbinde der zweiten bis fünften Feder nur 5 mm breit, geht am äussersten Paar aber eben so hoch hinauf wie bei dem Männchen. Am Flügel sind die grossen und mittleren Schwingen sowie alle äusseren und inneren Deckfedern einfarbig tief schwarz.

Das Weibchen ist nicht, wie Dresser angiebt, dem Männchen gleich gefärbt, sondern ähnelt im allgemeinen dem Weibchen von *oenanthe:* jedoch ist bei *morio* die ganze Unterseite des Flügels einfarbig braunschwarz und entbehrt der helleren Ränder des kleineren Gefieders, auch ist die Aussenseite der Flügel einfarbig braunschwarz: desgleichen ist die schwarze Endzeichnung des Schwanzes kürzer, zieht sich aber am äussersten Federpaare bis über die Hälfte der Aussenfahne hinauf. Ausserdem ist die Färbung der oberen Theile des Weibchens von *morio* mehr isabellfarben wie bei *oenanthe* und ersteres auch bedeutend kleiner als die letztere Art.

Die Maasse der beiden hier geschossenen Stücke, vom frischen Vogel genommen, sind folgende: ganze Länge 136 mm, Flügellänge 85 mm. Schwanzlänge 56 mm, die Flügel lassen vom Schwanze unbedeckt 17 mm. Der Schnabel ist 21 mm lang und die Fusswurzel 24 mm hoch.

Bei der so nahe stehenden *Saxicola leucomela* ist die allgemeine Farbenvertheilung eine gleiche wie bei *morio*, jedoch sind bei der ersteren die unteren Schwanzfedern rostfarben, und an den grossen und mittleren Schwingen ist fast die ganze Innenfahne rein weiss: auch zieht sich an dem äussersten Federpaare des Schwanzes die schwarze Zeichnung nicht höher hinauf als an den inneren — so wenigstens nach einem schönen alten durch Tristram in Palästina gesammelten Männchen. Dies letztere Stück ist auch um ein Bedeutendes grösser als die hier erlegten *morio* und als Bälge einer Sammlung von Cypern und Sarepta: die Länge des Flügels ist z. B. 92 mm und die Höhe der Fusswurzel 28 mm.

Heimisch ist dieser Steinschmätzer vom Kaukasus ostwärts durch Persien, das nördliche Indien bis in das nordwestliche China.

Nr. 142. Schwarzer Steinschmätzer.

SAXICOLA LEUCURA. Gmelin.

Black Chat. Dresser, II. p. 247.
Traquet rieur. Temminck, Manuel. I. p. 236. III. p. 136.

Wenige Wochen nachdem das vorerwähnte schöne Männchen des Wüsten-Steinschmätzers geschossen worden, kam auch ein alter Vogel des schwarzen Steinschmätzers hier vor, am 11. August 1880; leider wurde derselbe, wenn auch ganz nahe gesehen, doch nicht erlegt. Es hatten während der Sommermonate östliche und südliche schwache Winde und schönes warmes Wetter vorgeherrscht, und in Folge hiervon war es ein sehr ergiebiges Jahr: ich hatte im Mai schon *Sylvia viridana* geschossen, *Sy. tristis* kam einmal vor, *superciliosa* fünfmal, *Anthus Richardi* des öfteren, *Emberiza pusilla* wiederholt. *Sturnus roseus* einmal, und schliesslich erhielt ich das erste hier vorgekommene Exemplar von *Turdus fuscatus* — wie ja denn auch denselben Herbst *Saxicola deserti* in Schottland erbeutet ward. Was mag zu solchen Zeiten noch alles der Beobachtung entgehen! denn es kann doch nimmermehr angenommen werden, dass die aufgezählten Sachen alles gewesen, was jenen Sommer, veranlasst durch besondere Umstände, so weit über den Bereich des normalen Zuges hinaus gewandert sei; meiner Ueberzeugung nach ist das, was unter Beobachtung kommt, immer nur ein geringer Theil dessen, was sich so in der Fremde befindet, und oft habe ich erklärt, dass ich meine ganze Sammlung, wunderbar wie dieselbe ist, mit grösster Bereitwilligkeit für das hingeben würde, was hier vorgekommen, ohne gesehen oder erlegt worden zu sein — eine Ausnahme habe ich freilich stets gemacht, und diese besteht in dem Prachtexemplare von *Larus Rossei*, welches ich besitze.

Der schwarze Steinschmätzer ist eine westliche Art, die in Portugal, Spanien und dem südlichen Frankreich nistet, und nur vereinzelt bis Italien und Griechenland geht — das hier vorgekommene Stück dürfte zweifellos aus letzterem Lande stammen, da westliche und eben südliche Arten fast nie hierher gelangen.

Nr. 143. Braunkehliger Wiesenschmätzer.

SAXICOLA RUBETRA. Linn.

Helgoländisch: Kapper. Name für Wiesenschmätzer.

Saxicola rubetra. Naumann, III. S. 903.
Whin-Chat. Dresser, II. p. 255.
Traquet tarier. Temminck, Manuel. I. p. 244. III. p. 164.

Diesem Vögelchen scheint Wärme eine ganz besondere Lebensbedingung zu sein, denn es erscheint im Frühjahr niemals, bevor in der ersten oder zweiten Woche des Mai warmes schönes Wetter dauernd eingetreten ist; ebenso findet sein Rückzug schon im August statt, ehe ein Sinken der Temperatur sich irgendwie bemerkbar gemacht hat. Während des Frühlingszuges halten diese Thierchen sich vorherrschend in den Gärten der Insel auf, wo sie jede dürre Zweigspitze besetzen, fortwährend von diesen aus fast senkrecht zu überhinstreifenden Insekten auffliegen, und unter einer leichten graziösen Wendung wieder auf dieselbe Zweigspitze zurücksinken. Während seines Durchzuges im August und Anfang September giebt dies Vögelchen dem Aufenthalte in den Kartoffelfeldern den Vorzug, die an stillen warmen Tagen buchstäblich von ihnen wimmeln — jedoch auch im Frühjahr gehört die Art zu den äusserst zahlreich auftretenden Erscheinungen.

Die Heimath dieses Vögelchens erstreckt sich durch Mittel-
und Nordeuropa bis über den Polarkreis hinaus; wie weit östlich
seine Niststätten sich in Asien vorschieben, scheint nicht festgestellt zu sein, jedoch müssen sie wenigstens den Längengrad
Turkestans erreichen, da Sewertzoff diese Art für genanntes Land
sowohl als Brutvogel wie als Durchzügler aufführt.

—

Nr. 144. Schwarzkehliger Wiesenschmätzer.

SAXICOLA RUBICOLA. Linn.

Helgoländisch: Swart-hoaded Kapper = Schwarzköpfiger Wiesenschmätzer.

Saxicola rubicola. Naumann, III. S. 884.
Stone-Chat. Dresser, II. p. 263.
Traquet rubicole. Temminck, Manuel. I. p. 246. III. p. 168.

Ganz entgegengesetzt seinem obigen nahen Verwandten beginnt der schwarzkehlige Wiesenschmätzer seine Reise zur Niststätte schon, wenn der Winter kaum gewichen, nämlich in den
ersten Tagen des März, ja zuweilen, wie im Jahre 1882, schon
am 26. und 27. Februar; es erscheint derselbe auch stets nur
sehr vereinzelt, selten mehr als zwei bis drei Stück an einem
Tage; wenn diese Zahl sich auch während des Herbstzuges um
ein Geringes steigert, so kann die Art doch immer nur*für Helgoland als höchst vereinzelt auftretend bezeichnet werden.
    Am 11. Oktober 1883 erhielt ich ein Exemplar dieses Vogels,
welches in seiner allgemeinen Färbung von dem schwärzlich rothbraunen Herbstkleide desselben so sehr abweicht, dass es viel
mehr einem Jungen von *rubetra* gleicht als *rubicola*, im ganzen
jedoch noch um ein Bedeutendes heller isabellfarben ist, und einen
ungefleckt isabellfarbigen Bürzel hat. Es ist dies nicht etwa eine
sogenannte semmelgelbe Varietät, wie sie unter fast allen Vogelarten vorkommt, sondern hat vollständig den Charakter eines
normal gefärbten Vogels, und Aeuckens, der denselben geschossen,
kann sich nicht lossagen von der Meinung, eine grosse Seltenheit
erlegt zu haben. Der einfarbig schwarzbraune Schwanz und un-
gefleckte Bürzel lassen jedoch keinen Zweifel über die Zugehörig-
keit dieses Stückes bestehen.
    Diese Art ist heimischer Brutvogel von Portugal bis China
und Japan, über die Breite des nördlichen Deutschland scheint

derselbe nur noch in geringer Zahl hinauszugehen, denn er ist in Dänemark und dem südlichen Skandinavien eine höchst seltene Erscheinung.

Bachstelze. Motacilla. Die Bachstelzen sind in etwa dreissig Arten in grosser Individuenzahl über die Alte Welt verbreitet; sieben derselben sind in Europa heimisch und diese besuchen mehr oder weniger zahlreich auch Helgoland. Ihrer Gestalt, der Zeichnung ihres Kleides, sowie ihrem ganzen Wesen nach darf man diese Vögel als die eleganteste Erscheinung von allen Europa bewohnenden bezeichnen.

Nr. 145. Weisse Bachstelze.

MOTACILLA ALBA. Linn.

Helgoländisch: Blü Lungen = Blauer Langer. Lung ist das Helgoländische Wort für lang, und sehr bezeichnend als Gattungsname der echten Bachstelzen verwandt.

Motacilla alba. Naumann, III. S. 803.
White Wagtail. Dresser, III. p. 233.
Bergeronnette grise. Temminck, Manuel. I. p. 255. III. p. 178.

Die weisse Bachstelze ist einer der wenigen Vögel, welche hin und wieder den Versuch machen, auf Helgoland zu brüten; dass dies nicht öfter geschieht, hat jedenfalls seinen Grund in dem Mangel an süssem Wasser, denn wenn sich auch in einem auf dem oberen Felsplateau befindlichen primitiven Reservoire während der Wintermonate eine ziemliche Wassermasse ansammelt, so ist dasselbe doch fast immer schon im Mai durch Wegsickern und Verdunsten gänzlich verschwunden; hier den Sommer verbleibende kleine Vögel finden demnach nirgendwo Wasser um trinken oder sich baden zu können, und sind auf den nur seltenen Thau der Frühstunden angewiesen.

Als vor einigen Jahren ein Pärchen dieser Bachstelzen durch seinen Ruf und sein ganzes sonstiges Gebahren kundgab, dass es hier zu nisten beabsichtige, hielt ich in meinem Garten eine grosse flache Schüssel stets mit Wasser gefüllt, und hatte das Vergnügen zuerst die alten Vögel und später die erwachsenen Jungen täglich wiederholt trinken und baden zu sehen.

Brutvogel ist diese Bachstelze von den Pyrenäen bis zum Baikalsee.

Nr. 146. Trauer-Bachstelze.

MOTACILLA LUGUBRIS.   Temminck.

Helgoländisch: Swart-rögged Laugen = Schwarzrückige Bachstelze.

Motacilla Yarrelli. Naumann, XIII. Blasius, Nachträge. S. 114.
Pied Wagtail. Dresser, III. p. 239.
Bergeronnette lugubre. Temminck, Manuel. I. p. 253. III. p. 175.

Von den kleinen insektenfressenden Vogelarten ist diese
schöne Bachstelze die erste, welche sofort mit dem Schwinden
des Winters hier den Frühlingszug eröffnet; Ende Februar stellen
sich die ersten derselben fast regelmässig ein, und wiederholt sind
am 24. des Monats schöne ausgefärbte Männchen erlegt worden.
Die weisse Bachstelze trifft stets erst ein paar Wochen später
ein, und während ihrer Hauptzugzeit sieht man die Trauerbachstelze kaum noch; der Zug dieser letzteren erstreckt sich selten
über den März hinaus. Merkwürdigerweise wird sie hier fast nie
während ihres Rückzuges im Herbst gesehen: vor langen Jahren
habe ich ein schönes altes Exemplar im Winterkleide erhalten
und seit jener Zeit ist nur drei- bis viermal ein junger Herbstvogel geschossen.

Diese Bachstelze bietet das ausgezeichnetste Material für Beobachtung des Farbenwechsels durch Umfärbung des Kleides vieler
Vögel während der Frühlingsmonate dar, indem bei derselben zwei
der mannichfaltigen Weisen, in welchen dies geshieht, zur deut-
lichen Anschauung kommen. Die Rückenfedern dieses Vogels
wandeln dann aus einem düstern Grau in ein seidenartig glänzendes Schwarz um, und die schneeweissen Theile der Kehle und
des Halses werden ebenfalls rein und glänzend schwarz. In
ersterem Falle geschieht dies durch die weiter zurück eingehend
erörterte Abschälung der unscheinbar gefärbten Umhüllung der
Federstrahlen, Barten, des Winterkleides, wodurch die darunter
verborgen gelegene schönere Farbe des Hochzeitkleides blossgelegt
wird: im anderen aber vollzieht sich die Umfärbung in durchaus
anderer, wohl nur mit Hülfe mikroskopischer Untersuchungen zu
ermittelnder Art, indem das Schwarz am unteren Rande der
weissen Federn als ganz feines kaum wahrnehmbares Säumchen
des unteren Randes derselben auftritt und, sich nach und nach
weiter ausdehnend, die ganze Feder färbt. Es beginnt dieser
Prozess vom schwarzen Ringkragen des Kropfes des Winterkleides aus, von dort sich aufwärts bis zu den letzten kleinen

Federn des Kinnes fortsetzend. Bei der kleinen schwarzköpfigen
Möve findet eine Umfärbung von weiss in schwarz in ganz gleicher
Weise statt.

Das Brutgebiet dieser Bachstelze scheint fast ausschliesslich
auf Grossbritannien und seine Inselgruppen. St. Kilda sogar mit
eingeschlossen. beschränkt zu sein. Seebohm sagt, dass dieselbe
hin und wieder in Holland, zahlreicher im Nordwesten Frankreichs und vereinzelt im südwestlichen Norwegen niste: zu den
letzteren gehören denn wohl die auf Helgoland vorkommenden
Vögel dieser Art. Wenn dieselben nun aber auch hier nur sparsam erscheinen. höchstens drei bis fünf an einem Märztage. so
dürften sie, vorausgesetzt. dass diese Stücke sich auf dem Zuge
nach Norwegen befinden, daselbst doch wohl zahlreicher brüten.
als man vermuthet.

Nr. 147. Graue Bachstelze.

MOTACILLA SULPHUREA. Bechstein.

Helgoländisch: Gühl Lungen = Gelbe Bachstelze.

Mataccilla sulphurea. Naumann, III. S. 824.
Gray Wagtail. Dresser, III. p. 251.
Bergeronnette jaune. Temminck, Manuel. I. p. 257. III. p. 179.

Füglich sollte dieser so überaus elegant geformte graciöse
Vogel allen seinen Gattungsverwandten vorangestellt werden,
denn in ihm gelangt thatsächlich das Ideal der Gestalt einer
Bachstelze zur vollsten Ausprägung. Niemals wird in meiner Erinnerung ein Bild an Frische verlieren. das sich mir an der
Westküste des Schottischen Hochlandes während einer Sommer-
stunde darbot, und in welchem eine Familie dieser Vögel die
lebendige Staffage bildete. Ich sass mit meinem Skizzenbuch in
einem nicht weiten Felsthale der so überaus malerischen Insel
Arran: ein Gebirgsbach eilte von seiner etwa dreitausend Fuss
höher liegenden Quelle in den mannigfaltigsten Wendungen, Stürzen
und Sprüngen, in fröhlichem Uebermuth dem nahen Meere zu:
bald in lichtem Schaume kochend. bald kristallklare schattige
lachsreiche Becken bildend: die moosigen Felstrümmer. gross und
klein. in seinem Bette und zu Seiten desselben. waren mit einer
Welt der in Schottland so wunderbar schönen Farrenkräuter ausgestattet, von Spannhöhe bis zur Manneshöhe. einander in Frische.
Lieblichkeit, in Grazie der Form und der Biegungen ihrer Wedel

überbietend. In diesem von tiefen duftigen Schattenflächen und
breiten farbigen Sonnenstreifen gebildetem Ganzen war in nimmer
endender Beweglichkeit eine Familie dieser Bachstelze, aus Eltern
und fünf Jungen bestehend, beschäftigt: jetzt über eine breite
Felsfläche einem Insekt nachlaufend, nun einem anderen in kurzem
Fluge folgend; auf ein Felsstück im Bache einen Moment sich
setzend, sofort aber wieder hinunter eilend zu einer Stelle, von
der momentan das klare Wasser zurückgewichen — eine oder die
andere einen Augenblick anhaltend, um prüfend zu dem stillen Fremdling aufzublicken, aber sofort ihr emsiges Treiben wieder aufnehmend.

Eine Stunde gab ich mich dem Genusse dieses so fesselnden
Einblickes in das stille Walten der Natur hin, manchmal näherten
die kleinen Geschöpfe sich bis auf wenige Schritte meinen Füssen,
dann entfernte ihr Treiben sie wieder; einen dieser letzten Momente
benutzte ich, um mich zurückzuziehen, ohne die Zutraulichen zu
stören, was auch gelang; aber es erforderte einen energischen
Entschluss, mich von der so lieblichen Scene zu wenden, die jetzt
noch nach mehr denn dreissig Jahren mir ebenso frisch vor Augen
steht, als hätte ich mich soeben erst von derselben gewandt, und
als klänge das Brausen und Rauschen von Knockan Burn meinen
Schritten vernehmlich noch nach.

Helgoland besucht dies Vögelchen nur höchst selten, kaum in
Zwischenräumen von fünf Jahren einmal; öfter ein alter, seltener
ein junger Vogel, erstere stets früh im Jahre, etwa während der
ersten Hälfte des März. Dies seltene Erscheinen erklärt sich aus
der Brutverbreitung der Art, die, wenn sie sich auch von Portugal bis Japan durch das mittlere und südliche Europa und
Asien erstreckt, doch nicht über die nördlichen Grenzen Deutschlands hinausreicht. Zerstreut nistet diese Bachstelze auch in
Britannien, namentlich, unter dem mildernden Einfluss des Golf-
stroms, in Irland und dem westlichen Schottland.

- -

Nr. 148. Gelbköpfige Bachstelze.

MOTACILLA CITREOLA. Pallas.

Motacilla citreola. Naumann, XIII. Blasius, Nachträge. S. 117.
Yellow-headed Wagtail. Dresser. III. p. 245.
Bergeronnette citrine. Temminck, Manuel. I. p. 259. III. p. 180.

Obgleich die westlichste Grenze des Brutgebietes dieser so
schönen Bachstelze den nordöstlichsten Theil des Europäischen

Russland erreicht, woselbst Seebohm sie an der Petschora von 66°
bis 68° N. zahlreich nistend vorfand, so habe ich dieselbe dennoch
während der langen Zeit von vierzig Jahren hier nur fünfmal erhalten, und ausser diesen Stücken scheint dieselbe nirgendwo
westlich von obigem Gebiet angetroffen worden zu sein, sie muss
somit den nord-südlichen Wanderflug ihrer Gattung ebenfalls
sehr entschieden innehalten. Alle hier erlegten Stücke sind junge
Vögel im ersten Herbstkleide, sie sehen den gleichalten *Motacilla
alba* sehr ähnlich, unterscheiden sich aber sofort durch den Mangel
des schwarzen Ringkragens am Kropfe und durch ihren langen
Sporn. Die meisten Stücke haben auch einen olivengrünlichen Anflug
an den oberen wie unteren Theilen; das erste Exemplar, welches
ich hier am 26. September 1848 erhielt, entbehrt dieser Olivenfarbe
jedoch gänzlich, ist rein aschgrau und weiss gefärbt, und gleicht der
sehr guten Sturm'schen Abbildung, Naumann XIII. Taf. 377, Fig. 4,
vollständig, nur ist der Oberkopf und die Stirn nicht so weiss, wie
dort angegeben — keines meiner Exemplare hat eine so helle Stirn.

Der letzte hier vorgekommene Vogel dieser Art ist der grösste
und schönste von allen, welche ich besitze, derselbe ward am 28. Dezember 1886 geschossen; er ist an allen oberen Theilen und den
Kropfseiten sehr dunkelgrau, fast schwarzgrau, in den Seiten
etwas lichter grau. An allen unteren Theilen ist derselbe weiss,
an den unteren Schwanzdeckfedern rein weiss, an Kehle, Vorderhals und Brustmitte, ganz besonders an den Gesichtsseiten und
dem weissen Augenstreif hell zitrongelb angeflogen. Die Flügel
und Schwanzfedern sind schwarz, die Schwingen zweiter Ordnung
und namentlich die drei hinteren Schwingen haben breite weisse
Aussenkanten, ebenso die grossen und mittleren äusseren Deckfedern des Flügels, die ausserdem breite weisse Spitzen haben,
die zwei sehr auffallende Flügelbinden bilden. Am Schwanze ist
das äusserste Federpaar rein weiss, das zweite ebenso mit einem
schwarzen Keilstreif auf der Innenfahne, der wurzelwärts am
breitesten ist und nach unten spitz verläuft, daneben läuft noch ein
feiner Schaftstrich bis zum unteren Drittheil der Feder hinunter.

Die Maasse dieses Stückes sind folgende: ganze Länge 175 mm.
Länge des Flügels 85 mm, Länge des Schwanzes 81 mm; die Flügel
lassen von letzterem unbedeckt 50 mm. Der Nagel der Hinterzehe ist 12 mm lang.

Die Brutstätten dieser Bachstelze erstrecken sich von der
Petschora ostwärts bis zum Stillen Ozean; von Middendorf fand
sie an der Boganida nistend bis 71° N.

Nr. 149. Blauköpfige Bachstelze.

MOTACILLA FLAVA. Linn.

Helgoländisch: Blü-hoaded Gühlblabber = Blauköpfige Schafstelze.

Gühlblabber ist der Helgoländische Gattungsname für die sogenannten Schafstelzen und bezeichnet etwas sehr gelbes.

Motacilla flava. Naumann, III. S. 839.
Blue-headed Waytail. Dresser, III. p. 261.
Bergeronnette printanière. Temminck, Manuel. I. p. 260. III. p. 181.
IV. p. 622.

Dies nette Vögelchen, das als zahlreicher Brutvogel nicht
allein vom westlichsten Europa bis zum östlichsten Asien verbreitet
ist, sondern auch über den Stillen Ozean hinaus von der Westküste Amerikas bis zu den Rocky Mountains nistet, besucht wie
zu erwarten, auch Helgoland während beider Zugperioden des
Jahres in sehr grosser Zahl; im Herbst natürlich ungleich zahlreicher
als im Frühjahr, doch bedecken auch während der letzteren Zeit.
bei einigermaassen günstigem Wetter Schaaren von Hunderten
die Weideplätze.

Diese Art ist für England eine seltene Erscheinung, ebenso
im unteren Norwegen, im südlichen Schweden bis Stockholm hinauf ein ziemlich gewöhnlicher Brutvogel. Die zahllosen Massen,
welche Helgoland während des Herbstzuges berühren, können
hiernach nicht mehr oder weniger nördlich von hier gelegenen
Strichen entstammen. sondern müssen auf ost-westlichem Wege
hierher gelangen. dadurch abweichend von ihren bisher behandelten Gattungsgenossen.

Nr. 150. Schwarzköpfige Bachstelze.

MOTACILLA MELANOCEPHALA. Lichtenstein.

Helgoländisch: Swart-hoaded Gühlblabber = Schwarzköpfige Schafstelze.

Motacilla melanocephala. Naumann, XIII. Blasius, Nachträge. S. 125.
Black-headed Waytail. Dresser, III. *melanocephala.* p. 273. *viridis.*
p. 269.
Motacilla melanocephala. Temminck. Manuel. IV. p. 623.

Dem Material gegenüber, welches Helgoland während des
Frühlingszuges dieser Art alljährlich darbietet, ist es unmöglich,

die gelben Bachstelzen ohne weissen Augenstreif in grau- und
schwarzköpfige zu trennen, denn unter den Männchen derselben
befinden sich alle Abstufungen der Kopffärbung vom dunklen
bläulichen Schiefergrau bis zum reinen glänzenden Schwarz. Diese
letzteren sind zur Zeit, wenn sie hier ankommen, am ganzen
Oberkopf bis zum Hals hinunter, an den Kopfseiten und an den
Seiten des Halses bis zur Rückenfärbung rein glänzend schwarz;
der Hinterhals ist gemischt aus weitstrahligen schieferschwarzen,
mehr oder weniger verstossenen Federn des Winterkleides, und
durch Umfärbung erneuerten, seidenartig glänzenden rein schwarzen
Federn — man kann dies sehr gut erkennen, wenn man unter
mässiger Vergrösserung ein Stückchen weisses Papier unter einzelne dieser Federn schiebt. Zweifellos vollzieht sich die Umfärbung aller Federn des Hinterhalses bis zur Zeit, wo solche
Vögel an ihre Niststätten gelangt sind, so dass dieselben dann
von der Stirn bis zum Rücken hinunter einfarbig schwarz sind.

So schön schwarz gefärbte Exemplare wie eben beschrieben,
kommen jedoch nur vereinzelt vor, und finden sich fast immer nur
unter den zuerst Ankommenden des Frühlingszuges, sind also
zweifellos die ältesten Männchen. An solchen ist auch dann der
ganze Vorderhals bis zu den letzten Federchen am Schnabel hinauf rein gelb; ein weisses Kinn habe ich nur an später eintreffenden, weniger alten Vögeln gesehen. an denen dann auch der Oberkopf immer noch heller oder dunkler schieferschwarzgrau gefärbt,
und die Umfärbung zum reinen Schwarz von der Stirn aus erst
wenig vorgeschritten ist.

Auffallend aber ist, dass Forscher, welche die nördlichen Brutstätten dieser Art besuchten, keine so alte schwarzköpfige Männchen
vorgefunden zu haben scheinen, denn dass solche daselbst vorhanden sein müssen, beweist ihr regelmässiges Vorkommen auf
Helgoland während des Frühlingszuges; weiter erscheint es räthselhaft, dass dieselben in nördlichen und südlichen Breiten heimisch
sein sollten, aber in dem sehr breiten dazwischen liegenden gemässigten Gürtel nicht.

Die von manchen Forschern erwähnten Andeutungen eines
weissen Augenstreifes bei den schwarzköpfigen Bachstelzen können
nur sehr selten vorkommen, denn ich habe unter den hier während der langen Zeit von fünfzig Jahren erhaltenen zahlreichen
Stücken kaum zwei- bis dreimal einen Vogel gefunden, dem, zumeist nur an einer Seite des Kopfes, drei bis vier kleine weisse
Federchen gewachsen waren — es dürfte hieraus kaum ein anderer

Schluss zu ziehen sein, als dass zwischen der gegenwärtigen Art
und *Mot. flava* manchmal, wenn auch nur äusserst selten Ver-
bastardirungen vorgekommen sind. Man findet auch des öfteren
unter beiden Arten schöne alte Männchen, die am Hinterkopfe
zerstreute gelbe Federchen zwischen den normal gefärbten tragen;
diese dürften jedoch nur als blosse Zufälligkeiten anzusehen sein.
An solchen Stücken ist das Gelb der unteren Körpertheile fast
immer von höchst intensiver Färbung.

Diejenigen Individuen dieser Art, welche man geglaubt hat,
als *Mot. viridis = cinereocapilla*, von derselben trennen zu müssen,
brüten vom mittleren bis oberen Skandinavien und in gleicher
Breite bis in das östliche Asien; weniger alte Männchen hiervon
haben einen schiefer-blaugrauen Oberkopf. In Italien, Griechenland bis Turkestan nisten solche, deren Männchen im Hochzeitskleide stets einen ganz schwarzen Oberkopf haben sollen. Eine
andere schwarzköpfige Art, deren Männchen aber einen rein
weissen Augenstrich haben, soll nach Blasius (Nachträge zu Naumann) in Südrussland und Dalmatien heimisch sein, und Finsch
hat dieselbe am Ob erlegt.

— —

Nr. 151. Grünköpfige Bachstelze.

MOTACILLA RAYI. Bonaparte.

Helgoländisch: Gühl-hoaded Gühlblabber = Gelbköpfige Schafstelze.

Motacilla flaveola. Naumann, XIII. Blasius Nachträge. S. 129.
Yellow Wagtail. Dresser, III. p. 277.
Bergeronnette flavéole. Temminck, Manuel. III. p. 183.

Während jedes Frühlingszuges kommt auch diese hübsche
Bachstelze hier vor; meistens aber vereinzelt, drei oder mehr
Stücke an einem Tage gehört zu den Ausnahmen. Ihr Zug findet
schon früh statt: man könnte fast sagen, dass sie den Frühlingszug der Gruppe der sogenannten Schafstelzen eröffne, denn sie
erscheint stets· mit den ersten alten Männchen der *Mot. flava*,
bei warmer Witterung etwa mit Anfang des letzten Drittels vom
April. Der Zug der letzteren erstreckt sich aber in den Juni
hinein, während *Mot. Rayi* selten später, als bis Mitte Mai erscheint. Am spätesten kommt *Mot. melanocephala* hier an, nie
vor Ende Mai, gemischt mit den Nachzüglern von *Mot flava*:
aus diesem späten Zuge lässt sich schon auf die nordische Hei-

math der hier durchziehenden Stücke schliessen. Wohin aber die
Helgoland berührenden *Mot. Rayi* gehen mögen. ist räthselhaft,
das untere Skandinavien könnte nur als ihr Ziel vermuthet werden.
nach Dresser's Angaben sollen dieselben dort aber nicht angetroffen
werden.

Das gekannte Nistgebiet dieser Art ist ein sehr beschränktes
und erstreckt sich kaum über England, Schottland und Theile des
nördlichen Frankreich hinaus. im weiteren Europa brütet dieselbe
nicht. soll jedoch merkwürdiger Weise an der unteren Wolga und
im westlichen Turkestan wieder als Brutvogel auftreten. Hier auf
Helgoland hat Aeuckens zweimal das Nest dieser Bachstelze aufgefunden. das erste in einem Kartoffelstücke, das andere im hohen
Grase; in beiden Fällen haben die Vögelchen ihre Eier ausgebrütet
und Junge gross gezogen.

Pieper. Anthus. Die Gattung dieser in ihrem Aeussern wie in
ihrem Wesen so anspruchslosen Vögel soll nach Seebohm gegen
vierzig Arten umfassen, die über fast alle bekannten Theile der
Erde verbreitet sind. Europa besitzt hievon sechs als heimische
Brutvögel, zu denen sich noch zwei Arten als seltene Gäste gesellen. nämlich *Anthus Richardi* aus dem fernen Osten Asiens und
A. ludovicianus aus Nordamerika. Alle diese kommen auf Helgoland vor.

Nr. 152. Wasserpieper.

ANTHUS AQUATICUS. Bechstein.

Anthus aquaticus. Naumann, III. S. 789.
Water Pipit. Dresser, III. p. 335.
Pipit spioncelle. Temminck, Manuel. I. p. 265. III. p. 187. IV. p. 623.

Gleich anderen Alpenbewohnern ist auch der Wasserpieper ein
sehr seltener Besucher Helgolands, so weit ich habe feststellen
können, ist derselbe hier nur zweimal vorgekommen: einmal hatte
Reymers ihn erhalten. und einmal ist er in Bereich meiner Beobachtung gekommen. In England hat man denselben drei- bis
viermal erlegt und auch in Dänemark soll er des öfteren vorkommen.

Das Brutgebiet dieser Art erstreckt sich über alle Gebirgs-
striche Europas und Asiens, woselbst er in Höhen von acht- bis
zehntausend Fuss nistet, jedoch zuweilen auch tiefer, wie z. B. in
Schlesien am Fusse des Riesengebirges.

23

Nr. 153. Felsenpieper.

ANTHUS RUPESTRIS. Nilsson.

Helgoländisch: Tung-Harrofs, Harrofs, Name für Pieper, also gleich Tangpieper.

Anthus rupestris. Naumann, XIII. Blasius, Nachträge. S. 108.
Rock Pipit. Dresser, III. p. 343.
Pipit obscur. Temminck, Manuel. IV. p. 628.

Den Felsenpieper kann man den bestgekannten Vogel Helgolands nennen, einestheils weil er einer der wenigen ist, welche mit Ausnahme der paar Sommermonate sich hier das ganze Jahr aufhalten, und anderntheils verkehrt er hauptsächlich, oder fast nur da, wo die Bevölkerung der Insel ihrer meisten Beschäftigung obliegt, nämlich am Strande.

Zu bewundern ist, dass dieser Vogel noch nie einen Versuch gemacht hat, auf Helgoland zu brüten, da doch die mit Gras bewachsenen Vorsprünge der Ostseite des Felsens anscheinend ebenso passende Plätze dazu bieten, wie er an anderen Orten mit Vorliebe benutzt, und er doch an der gegenüber liegenden Englischen Küste ein ziemlich gewöhnlicher Brutvogel ist, aber möglicherweise hält ihn der Mangel von frischem Wasser davon ab, der hier gerade am meisten fühlbar ist während der Nistzeit der Vögel.

Dieser Pieper ist ein einsames ernstes Geschöpf, das sich weder um Seinesgleichen, noch um andere Vögel kümmert. Seine Nahrung suchend geht er still schrittweise, selten nur in gesteigertem Tempo, am Strande auf dem Seetang oder am Fusse des Felsens auf den durch die Ebbe blossgelegten Klippen und Steintrümmern umher; seinen Lockton lässt er nur beim Auffliegen, und immer nur einmal nach grösserer Pause hören; derselbe ist tiefer und langgezogener als der des Wiesenpiepers, klingt angenehm und durchaus nicht rauh, wie der des Baumpiepers: plötzlich überrascht davonfliegend, stösst er wohl seinen Ruf zwei bis dreimal aufeinanderfolgend aus. Er ist durchaus nicht scheu, sein Flug geht nie weit, wenn am Fusse des Felsens wiederholt in seinem Treiben gestört, fliegt er von Klippe zu Klippe stets nur fünfzehn bis zwanzig Schritt weiter, und schliesslich bis zur halben Höhe der Felswand auf einen Vorsprung, wo er ruhig wartet, bis man unter ihm hindurch gegangen, um sodann seine Beschäftigung am Meeresstrande wieder aufzunehmen.

Sei es während eines schönen Frühjahrmorgens, wenn man behutsam den Waldschnepfen nachgeht, oder sei es während

düsterer Winternachmittage bei Schneefall und schneidender Kälte,
wenn man zwischen Eisschollen und Felstrümmern den nordischen
Enten, Gänsen und Schwänen auflauert, das Benehmen dieses
Vogels bleibt immer dasselbe, in all seinem Wesen spricht sich
weder Wohlbehagen noch Trübsal aus: einsam, ernst und geschäftig,
ohne besondere Scheu vor dem Menschen, geht er seinen Obliegen-
heiten nach.

Das Winterkleid dieses Piepers ist ein sehr düster gefärbtes:
an allen oberen Theilen ist dasselbe trübe olivenschwärzlich, und
an den unteren trübe olivenschwefelgelb, an Hals, Kropf sowie in
den Seiten sehr stark mit der Rückenfarbe gewölkt.

Das Sommerkleid, welches der Vogel auf dem Wege der Umfärbung erhält, ist auf dem Kopfe, am Hinterhalse bis auf den
Rücken und an den Kropfseiten hinunter grünlich grau — nicht
olivengrau — und ebenso sind die schwärzlichen Rückenfedern
breit verwaschen gerandet: die Kehle, Halsseiten, der Kropf bis
auf die Brust hinunter sind trübe röthlich, wie aus rostroth und
rosa gemischt; die Federn der Seiten sind verwaschen breit mit
der Rückenfarbe gestreift. Am Weibchen und jüngeren Männchen
ist weder der Kopf so rein grau, noch die röthliche Färbung so
zu rosa neigend, wie am alten Männchen, welch letztere manchmal
fast weinröthlich gefärbt sind.

Weder das Winter- noch das Sommerkleid dieser Art zeigt irgendwo reines Weiss, ein ganz verwaschener Keilfleck am äussersten
Federpaar des Schwanzes, sowie ein kleiner Spitzfleck der nächstfolgenden sind trübe braungrau — am Wasserpieper ist diese
Zeichnung der Schwanzfedern bekanntlich rein weiss, auch ist die
Färbung der oberen Theile desselben mehr braungrau, im Winterkleide kaum etwas ins Grünliche spielend.

Der Felsenpieper, welcher füglich Meerpieper genannt werden
könnte, brütet an allen Felsengestaden des nördlichen Europas,
einschliesslich Nordfrankreich, Grossbritannien mit den Hebriden,
Shetlands- und Orkneyinseln, auf den Faröern und an den Küsten
nebst vorliegenden Felseninseln Skandinaviens.

Nr. 154. Amerikanischer Pieper.

ANTHUS LUDOVICIANUS. Gmelin.

Anthus ludoricianus. Naumann, XIII. Blasius, Nachträge. S. 111.
Pennsylvanian Pipit. Dresser. III. p. 331.
American Pipit. Audubon, Syn. of Birds of North. Amer. p. 94.

Dies ist wiederum eine Art, welche durch zwei auf Helgoland erlegte Stücke das Ehrenbürgerrecht von Europa erlangt hat. Den ersten dieser Vögel schoss ein hiesiger Jäger am 6. November 1851; er ward auf denselben durch dessen ihm unbekannten Lockton aufmerksam — es ist ein Stück im frischen Herbstkleide. Der zweite ward am 17. Mai 1858 durch den grössten Zufall erlegt: ein Knabe bat einen Jäger, ihn einen Schuss aus seinem Gewehr thun zu lassen, das Gewehr ward auf einen der vielen herumlaufenden Pieper gerichtet, der geschossen sich als ein Weibchen dieser Art in schönem Frühlingskleide erwies. Es ist bis jetzt noch kein weiteres Beispiel des Vorkommens dieser Art in Europa bekannt geworden, man glaubte ihn in England erhalten zu haben, aber alle diese Stücke sollen sich als Felsenpieper erwiesen haben.

Audubon sagt, dass dieser Pieper sehr zahlreich in Labrador und den Hudsonsbay-Ländern (Fur-countries) brüte. Während der Wega-Expedition erlegte man ein Exemplar desselben auf der Tschuktschen-Halbinsel am 10. Juni 1879.

Nr. 155. Wiesenpieper.

ANTHUS PRATENSIS. Bechstein.

Helgoländisch: Lütj Harrofs = Kleiner Pieper.

Anthus pratensis. Naumann, III. S. 774.
Meadow-Pipit. Dresser, III. p. 285.
Pipit farlouse. Temminck, Manuel. I. p. 269. III. p. 190. IV. p. 635.

Zu den am zahlreichsten und während der längsten Dauer des Jahres vertretenen Vogelarten zählt ganz besonders auch dieser kleine Pieper. 1885 begann sein Zug z. B. schon am 24. Februar und währte, ohne vereinzelte Nachzügler mitzurechnen, bis zum 20. Mai. Der Herbstzug bringt ihn schon Ende August wieder zurück, er ist sehr häufig während des September und kommt im

Laufe des Oktober oft in ganz unglaublichen Massen vor; er hält
sich dann hauptsächlich auf den Feldern und Grasplätzen des
oberen Felsens auf. Den November hindurch sieht man ihn in
kleinen Gesellschaften am Strande, und wenn diese auch mit Eintritt des Winterwetters abziehen, so halten doch fast stets vereinzelte getreulich hier aus; Nahrung scheinen sie während der
letzteren Zeit immer noch zur Genüge im Seetange des Strandes
zu finden.

Dieser Pieper brütet zahlreich von Frankreich aufwärts bis
Island, von Deutschland aufwärts durch ganz Skandinavien bis
zum Nordkap — wie weit derselbe ostwärts über den Ural hinaus
nistet, ist nicht festgestellt, er ist jedoch nach Sewertzoff Zugvogel
in ganz Turkestan.

Nr. 156. Rothkehliger Pieper.

ANTHUS CERVINUS. Pallas.

Helgoländisch: Road-halssed Harrofs ≈ Rothhalsiger Pieper.

Anthus pratensis. Naumann, III. S. 777. Taf. 85. Fig. 1. Blasius,
Nachträge S. 97.

Red-throated Pipit. Dresser, III. p. 299.

Pipit à Gorge rousse. Temminck, Manuel. III. p. 192.

Das erste Exemplar dieses Piepers erhielt ich hier am
28. September 1854, das zweite am 20. September 1857. Bald
darauf lernte Claus Aeuckens den Lockton desselben kennen
und hat in Folge dessen beinahe jeden Herbst den einen oder
anderen dieser Vögel gesehen und des öfteren geschossen. Im
Jahre 1884 kamen dieselben hier beispiellos oft vor; es wurden
vom 15. bis 30. September dreizehn dieser Vögel gesehen und zum
grossen Theil geschossen, an einigen der Tage bis zu drei Stücken;
immer aber müssen sie zu den seltenen Erscheinungen für Helgoland gezählt werden, was um so auffälliger ist, als dieselben sehr
zahlreich im oberen Skandinavien nisten; es müssen demnach die
Züge dieser Art, gleich denen mancher anderen dort heimischen,
sehr fest zwischen Süd und Nord verlaufen, und nur ganz ausnahmsweise im Herbst eine geringe westliche Abweichung haben,
denn während des Frühlingszuges habe ich diesen Pieper hier
nie erhalten.

Der erste der obengenannten beiden Vögel war ein altes
Männchen im frischen Herbstkleide, welches sich dadurch bedeutend

vom Frühlingskleide unterscheidet, dass der Augenstreif, Vorderhals und Halsseiten, einschliesslich des grösseren Theiles vom
Kropfe, nicht schön rostfarben, sondern ungefleckt weinröthlich
sind, und erst an den Brustseiten ein schönes gesättigtes Oliven-
Rostorange auftritt. Dies Stück war mir als ein »rothkehliger
Baumpieper« gebracht und gleicht in der That, besonders in
frischem Zustande, dieser Art viel mehr, als einem Wiesenpieper;
sein Lockton ist dem des ersteren auch viel ähnlicher als dem
des letzteren, wie ja auch seine Eier manchen des Baumpiepers
in hohem Grade gleichen, nichts aber mit denen des Wiesenpiepers
gemein haben. Von beiden unterscheidet er sich auch stetig durch
die fast schwarze breite Mittelzeichnung des grössten Paares der
unteren Schwanzdeckfedern, die bei jenen einfarbig rostweiss-
lich sind.

Das Brutgebiet dieses Piepers erstreckt sich von Finnmarken
bis Kamtschatka, von Middendorff fand ihn an der Boganida unter
71 ⁰ N.

—

Nr. 157. B a u m p i e p e r.

ANTHUS ARBOREUS. Brisson.

Helgoländisch: Pic-Harrofs.   Name wohl dem Lockton nachgebildet.

Anthus arboreus. Naumann, III. S. 758.
Tree-Pipit. Dresser, III. p. 309.
Pipit des buissons. Temminck, Manuel. 1. p. 271. III. p. 194.

Dies ist einer der wenigen Vögel, welche einen Versuch gemacht, hier zu brüten: leider blieb es jedoch nur bei dem Versuch,
denn das Nest ward, nachdem es fünf Eier, von der braunen
brandfleckigen Varietät, enthielt, durch Katzen zerstört; es stand
gegen einen grossen Grasbüschel in der Mitte eines grossen ein-
gezäunten Grasplatzes von etwa hundert Schritt Durchmesser, der
an meinen Garten grenzt, und war gegen jede Störung durch
Menschenhand geschützt.

Als Zugvogel ist dieser Pieper eine gewöhnliche Art für Helgoland, er kommt aber nie eher, als bis wirklich warmes Wetter
eingetreten, meist erst gegen Ende April, und ist dann den Mai
hindurch ein täglicher Gast: von Mitte August bis zur letzten
Woche des September kommt er wieder, und zwar in grosser Zahl
hier durch   während beider Zugperioden ist der Ortolan sein
treuer Begleiter.

Diese Art ist ein sehr zahlreicher Brutvogel im mittleren und nördlicheren Europa und Asien, von den Pyrenäen bis Kamtschatka; über den Polarkreis geht dieselbe nur stellenweise hinaus.

Nr. 158. Brachpieper.

ANTHUS CAMPESTRIS. Brisson.

Helgoländisch: Lütj Brief = Kleiner Richard-Pieper.

Anthus campestris. Naumann, III. S. 745.
Tawny Pipit. Dresser, III. p. 317.
Pipit rousseline. Temminck, Manuel. I. p. 267. III. p. 289.

Der Brachpieper besucht Helgoland nur in sehr geringer Zahl: hin und wieder ein vereinzelter Vogel an einem schönen warmen Mai- oder Augusttage; es werden ihrer kaum drei bis vier im Laufe eines Jahres geschossen, wenngleich auch die doppelte Zahl — mehr sicherlich nicht — vorkommen dürfte.

Es brütet dieser Pieper in Spanien. Frankreich, Deutschland und in etwa gleicher Breite bis China. Nach England ist er nur als vereinzelte Seltenheit hinüber gekommen, auch in Dänemark ist er sehr selten, soll jedoch ziemlich oft im unteren Schweden nisten.

Nr. 159. Richardspieper.

ANTHUS RICHARDI. Vieillot.

Helgoländisch: Brüüf. — Name, dem Lockton des Vogels nachgebildet.

Anthus Richardi. Naumann, XIII. Blasius, Nachträge. S. 94.
Richards Pipit. Dresser, III. p. 325.
Pipit Richard. Temminck, Manuel. I. p. 263. III. p. 185.

Dieser stattliche Vogel, den man in allen Ländern westlich vom Baikal-See nur als vereinzelte grosse Seltenheit kennt, ist in den Augen des professionirten Helgoländer Jägers eine so gewöhnliche Erscheinung, dass seinethalben keiner derselben die Gelegenheit, eine Schnepfe zu schiessen vorübergehen lassen würde. Leider kommt auch dieser schöne östliche Pieper nicht mehr so häufig hier vor, seitdem der so oft beklagte Wandel in der Witterung während der Zugzeiten eingetreten, denn auch für sein häufiges Erscheinen ist südöstlicher Wind und schönes warmes

Wetter maassgebend, immerhin aber sieht man ihn, oder hört seinen
weithallenden Ruf, noch jeden Herbst, oder schiesst ihn hin und
wieder jedes Frühjahr.

Damit man beurtheilen könne, in wie grosser Zahl dieser
Vogel unter günstigen Umständen in das westliche Europa zu gelangen vermöge, lasse ich hier ein paar Notizen aus früheren Jahrgängen meines Ornithologischen Tagebuches folgen.

1848. September, vom 17. bis Ende des Monats über dreissig
A. Richardi geschossen — den Oktober hindurch sehr
viele — 29. November den letzten.

1849. September, vom 10. bis 28. täglich von zehn bis über
zwanzig Stück; den 29. November bei 2° unter Null
den letzten geschossen.

1859. September, von Anfang des Monats bis zum 20. täglich
sehr viele.

1868. September 20., Anth. Richardi seit Ende August sehr
häufig, wiederholt bis zu fünfzig Stück an einem Tage,
- oft zwanzig bis dreissig beisammen.
September 30. A. Richardi immer noch sehr viele.
Oktober 15. A. Richardi immer noch zahlreich.

1869. September 15. bis 25. A. Richardi täglich zehn. zwanzig
bis dreissig Stück — bis Ende Oktober täglich sechs
bis acht Stück.

1870. September 21. von der ersten Woche des Monats an
A. Richardi viele. alle Tage.
November 23. ein alter Vogel 8½ Zoll lang == 203 mm.

1876. September 4. zehn bis zwölf Stück: den 6. zwanzig
und mehr: den 15. zwanzig bis dreissig.

Auch im Herbste 1839 müssen diese Pieper hier sehr zahlreich gewesen sein: ich besass damals noch nicht die geringste
Kenntniss der Vögel, erinnere mich aber, dass ich an einem schönen
Herbstnachmittage, etwa Anfang Oktober, mit Oelrich Aenckens,
dem ältesten der drei Brüder, auf der Bank der Nordspitze sass
und zahllose Wiesenpieper. Lerchen und andere Arten vor uns
auf einer weiten Grasfläche herumliefen: Aenckens machte mich
auf einige derselben als etwas Besonderes aufmerksam — es waren
Richard-Pieper, und wir vermochten dreizehn derselben innerhalb
fünfzig Schritt Entfernung zu zählen. Es müssen sich an jenem
Tage hunderte dieser Vögel auf Helgoland befunden haben.

Auf der vierzehn Meilen von hier entfernten Insel Borkum
traf Herr von Droste-Hülshoff (Vogelwelt der Nordseeinsel Borkum.

S. 105) diesen Pieper ebenfalls im Jahre 1868 während der Monate September und Oktober, zweimal in Gesellschaften von sieben Stücken und sechsmal in ein bis drei Stücken an. Wenn aber jener Forscher dazu bemerkt, dass diese Art nicht schrittweise wie andere Pieper gehe, sondern gleich einer Drossel hüpfe, so ist ihm entschieden eine Täuschung unterlaufen, welche durch Untersuchung der Spur des Vogels im Sande sofort beseitigt worden wäre. Ich habe ausser zahllosen Beobachtungen in der freien Natur auch einen dieser Vögel mehrere Tage in einem grossen Käfig lebend erhalten, aber nie eine andere Fortbewegung als gewandtes schrittweises Laufen wahrgenommen.

Der Stelzenpieper ist ein sehr scheuer, vorsichtiger Vogel, dem hier auf der freien, kahlen Felsfläche sehr schwer bis in Schussweite beizukommen ist. Einmal aufgescheucht, fliegt er stets hoch eine weite Strecke fort, unvorzügliche weitere Nachstellung ist dann meist nutzlos, da er, wenn er sich verfolgt glaubt, meistentheils gleich ganz von hier fortzieht, oder doch wenigstens zur Düne hinüberfliegt; dies bezieht sich aber, wie bei vielen anderen Arten, auf vereinzelte Vögel; wenn ihrer mehrere beisammen sind, oder überhaupt an Tagen, wo sehr starker Zug stattfindet, sind sie weniger scheu; sitzt man dann bei schönem Wetter ruhig im Grase, vermeidet jeden Anschein der Beobachtung und lässt weniger scheue Arten ungestört um sich herumlaufen, so ist es oft wunderbar, wie arglos auch sonst sehr vorsichtige Vögel bis in die nächste Nähe kommen, und sich ganz unbefangen und natürlich bewegen. Stunden so vertraulichen Verkehrs inmitten hunderter der verschiedenartigsten dieser lieblichen Geschöpfe zählen zu den genussreichsten der ganzen Vogelforschung.

Der Lockton dieses Piepers, der in verschiedenen Werken so sehr verschieden angegeben wird, z. B. als: chay, degli, zirp oder ziepp, besteht nach meiner nunmehr fünfzigjährigen, sich auf tausende von Individuen erstreckenden Erfahrung, aus dem lauten kurz und rauh ausgestossenen Ruf r-r-rüüp, bei jungen Vögeln fast wie r-r-riip klingend; der Helgoländer, dem Lockruf des Vogels nachgebildete Name bestätigt dies. Diesen Ruf lässt der Vogel nur im Fluge und stets nur einmal hören; in den seltenen Fällen, wenn er überrascht plötzlich auffliegt, ruft er manchmal r-r-rüp rüpp schnell aufeinander, sonst nie. Da der Vogel fast immer hoch fliegt und sein höchst origineller Ruf sehr weit vernehmlich ist, so verräth er sich dem Jäger dadurch schon in grosser Ferne;

hört man den Ruf nicht mehr, so kann man mit grösster Sicherheit darauf rechnen, dass der Vogel sich am Boden befinde. Der Flug des Richardpiepers hat manches von dem der Bachstelzen, manches von dem der Lerchen; durchfliegt er nicht sehr hoch eine grössere Strecke, so geschieht dies in weiten flachen Bogenlinien, jedoch in nicht so auffallender Weise wie bei den Bachstelzen, sein hoher Flug gleicht mehr dem der Lerchen. Ist er aus Ziel seines Fluges gelangt, so flattert oder rüttelt er, ehe er sich niederlässt, zuvörderst beobachtend einen Augenblick über dem Platze, als ob er sich versichern wollte, dass derselbe keine Gefahr berge; auch während seines weiten, hohen Fluges hält er in gleicher Weise öfter einen Moment ein.

Wie schon angeführt, bewegt er sich am Boden schrittweise, sehr gewandt und schnell gleich dem Brachpieper, richtet sich oft hoch auf und blickt um sich, läuft wieder eine Strecke und springt während des Laufes des öfteren nach überhinfliegenden Insekten in die Höhe, macht eine Pause und bewegt den langen Schwanz langsam auf und nieder — solche Beobachtungen sind aber nur zu machen, indem man am Boden liegend den Vogel aus grösserer Entfernung durch ein Fernrohr belauscht.

Ein am Flügel leicht gestreifter junger Herbstvogel dieser Art, den ich mehrere Tage lebend besessen, vertrug sich in einem grossen Behälter sehr gut mit mehreren Ammern und Finkenarten, betrug sich durchaus nicht scheu oder wild, lief behend und munter herum und nahm lahmgedrückte Fliegen ganz in meiner Nähe sofort mit grosser Bereitwilligkeit an. Leider war ich nicht vorbereitet, einen Insektenfresser zu füttern, und unter grossem Widerstreben gezwungen den Vogel, um ihn nicht nutzlos zu quälen, zu tödten; es that mir dies um so mehr leid, da ich überzeugt war, dass derselbe sich mit Ameiseneiern sehr gut hätte erhalten lassen, denn dieser Pieper ist ein kräftiger gar nicht zarter Vogel.

Während des Herbstzuges erscheinen die jungen, ihr erstes Kleid fast noch vollständig tragenden Sommervögel dieser Art schon Ende August, der Zug derselben währt bis Ende Oktober, zu welcher Zeit auch schon alte Vögel eintreffen, die vereinzelt den November hindurch vorkommen und wiederholt auch noch bis Mitte Dezember erlegt worden sind.

Der Frühlingszug, welcher im Mai stattfindet, bringt nur vereinzelte alte Vögel in schönem rostfarbenem Gefieder, und hin und wieder einen vorjährigen Herbstvogel in fast weisslich abgebleichtem Kleide; an manchen dieser letzteren sind die hellen Einfassun-

gen der kleinen und grösseren Flügeldeckfedern buchstäblich zu
reinem Weiss abgeblichen.

Die obenerwähnten zuerst ankommenden jungen Sommervögel,
sind an den oberen Theilen düster schwärzlichbraun, an den unteren
trübe weisslich mit ganz schwach rostgelblichem Anfluge; die
Federn aller oberen Theile, sowie die grösseren und kleineren
äusseren Flügeldeckfedern sind schmal und scharfbegrenzt trübe
rostgelblichweiss gesäumt, und von gleicher Farbe ist ein breiter
langer Augenstreif; an den Halsseiten läuft vom Schnabel abwärts
ein breiter Streifen gedrängt stehender fast schwarzer Flecke,
die auf dem Kropfe und an den Brustseiten in Längsstreifen übergehen. Dies Kleid erhält man selten ganz rein, es sind demselben
immer schon, je nach der Ankunftszeit des Stückes, mehr oder
weniger Federn des nächsten Kleides beigemischt: an diesem sind
die Federn der oberen Theile dunkel olivenbraun, in der Mitte
schwärzlich, beide Farben sind nun aber nicht mehr scharf ab-
gegrenzt, sondern verlaufen in einander, so dass namentlich der
Bürzel nur noch gewölkt erscheint.

Der alte ausgefärbte Vogel im frischen Herbstkleide ist wohl
der schönste aller in Europa vorkommenden Pieper zu nennen:
eine angenehme, theilweis sehr gesättigte Rostfarbe überzieht dessen
ganzes Kleid und nur an den beiden äusseren Schwanzfedern tritt
reines Weiss auf. Die Federn aller oberen Theile sind in der
Mitte braunschwarz, haben breite, schön rostfarbene Seiteneinfassungen und weniger helle Spitzen: diese Farben bilden auf dem
Kopf und Rücken fünf dunkle durch Rostfarbe getrennte Streifen.
Auf dem Bürzel und an den oberen Schwanzdeckfedern ist die
Rostfarbe etwas trüber und verdeckt die dunklen Federmitten fast
gänzlich. Die grossen und mittleren Flügeldeckfedern, sowie die
drei sehr langen hinteren Schwingen, haben sehr breite Einfassungen
von sehr gesättigter Rostfarbe. Alle unteren Theile sind hell rostfarben, an den Kropf- und Brustseiten, namentlich aber in den
Weichen sehr gesättigt rostfarben: vom Unterkiefer läuft zu beiden
Seiten des Halses ein schwarzer Streif hinunter, der nach unten
sehr breit wird und als Streifenzeichnung der Federn den ganzen
Kropf einfasst.

Die Schwungfedern sind braunschwarz und die Schwanzfedern
fast schwarz, das äusserste Paar rein weiss und nur wurzelwärts
auf der Innenfahne mit einem schmalen dunklen Keilfleck gezeichnet; das nächste Paar ist längs der Innenkante der Innenfahne dunkel und hat auf dem Schaft einen ganz schmalen fast

schwarzen Streif. Das reine Weiss dieser beiden Federpaare bildet die einzige weisse Zeichnung am ganzen Kleide des Vogels. Der Schnabel ist hell hornfarben mit dunkler Spitze und die Läufe und Füsse hell gelblich fleischfarben. Die Rostfarbe des beschriebenen Kleides steht in der Mitte zwischen Rostgelb und Rostroth, und in nur zwei Fällen habe ich Vögel erhalten, an denen diese Färbung mattes Rostroth genannt werden musste, es waren dies unzweifelhaft sehr alte Stücke.

Das Weibchen dieses Piepers unterscheidet sich vom Männchen durch etwas weniger schöne Rostfarbe, die bei demselben ein wenig ins Olivenbraune spielt, und durch rundlichere Form der Flecke, welche die Kropfeinfassung bilden — in Körpergrösse oder Länge des Sporns ist kein Unterschied. Es möge noch bemerkt werden, dass die Brustseiten und Weichen alter Vögel immer ungefleckt sind, und nur bei den jungen, noch das erste Kleid tragenden Stücken fahl schwärzliche Streifen daselbst stehen.

Die Maasse eines schönen alten, am 4. Mai 1850 geschossenen Männchens sind folgende: ganze Länge 203 mm, Flügellänge 100 mm, Länge des Schwanzes 80 mm, die Flügel lassen vom Schwanze unbedeckt 50 mm, Länge des Schnabels 15 mm. Höhe der Fusswurzel 32 mm, die Mittelzehe ist 20 mm lang und der Nagel derselben 8½ mm, die Hinterzehe misst 13 mm und der Sporn derselben 20 mm.

Das heimathliche Brutgebiet dieses Piepers ist Daurien, vom Baikal-See östlich bis zum unteren Amur und südlich bis in die Mongolei reichend; sein Herbstzug führt ihn in grosser Masse nach China und Indien bis Ceylon hinunter. aber wie bei so vielen Ostasiatischen Arten wendet sich auch ein grosser Theil dieser Wanderer westlich — und keiner wohl in solchem Umfange wie der Richardspieper, — überfliegt das ganze Asiatische und Europäische Festland bis Spanien, und geht von da sogar noch hinüber in das westliche Afrika. Ein Wanderflug von zwölfhundert Deutschen Meilen. Er ist während solcher Züge vereinzelt in allen Ländern Europas erlegt worden, für England sind etwa fünfzig solcher Beispiele bekannt. die sich aber freilich vom Jahre 1812 an datiren. Dass dieser Vogel nicht öfter in Deutschland erlegt worden, dürfte wohl nur auf Mangel an Beobachtung zurückzuführen sein, denn in Anbetracht dessen, was das kleine so nahe liegende Helgoland aufzuweisen hat, ist doch mit Sicherheit anzunehmen, dass derselbe auch das Deutsche Festland sehr oft berührt haben muss.

Die so lange unbekannt gebliebenen Eier dieser Art wurden
zuerst durch Dybowski in der Nähe des Baikal-Sees gesammelt,
und sind bisher auch wohl nicht westlich von jenem Gebiet aufgefunden worden; dieselben gleichen denen des Wasser- und
Felsenpiepers sehr, sind jedoch etwas grösser und nicht so spitz
als die jener: das grösste von vier, durch Dybowski gesammelten
Stücken, welche ich besitze, ist 22 mm lang und 17 mm breit. Zwei
derselben sind auf weisslichem Grunde so dicht und fein hell
röthlichbraun gezeichnet, dass sie in geringer Entfernung einfarbig
erscheinen; das dritte ist sehr ähnlich, aber seine Farbe neigt
ein wenig ins olivenbräunliche, das vierte ist viel grösser und
klarer bräunlich gefleckt und gestrichelt, so dass der grünlich-
weisse Grund überall sehr rein durchblickt.

Lerche. Alauda. Diese Gattung, welche nach Seebohm in
etwa siebzig Arten, bis auf eine Ausnahme, nur die Alte Welt
bewohnt, ist auf Helgoland durch neun Arten vertreten.

Nr. 160. F e l d l e r c h e.

ALAUDA ARVENSIS. Linn.

Helgoländisch: Lortsk = Lerche.

Alauda arvensis. Naumann, IV. S. 156.
Sky lark. Dresser, IV. p. 307.
Alouette des champs. Temminck, Manuel. I. p. 281. III. p. 203.

Die Feldlerche ist der einzige Vogel, welcher Helgoland einen
Schimmer wirklicher Frühlingspoesie verleiht, indem hin und wieder
ein Pärchen derselben sich mit diesem dürftigen Felseneiland als
ausnahmsweise Niststätte begnügt und ihr jubelndes Lied aus
hohem klarem Aether auf dasselbe herunter schallen lässt — wie
klein und wunderbar mag ihr diese Insel erscheinen, wenn sie
während ihres Gesanges, unter zitternden Flügelschlägen sich bis
zu tausend und mehr Fuss über dieselbe erhebt, und ein wie befremdend Bild muss ihr die unbegrenzt wogende Meerfluth darbieten im Vergleich mit den wogenden Kornfeldern, über welche
in anderen Jahren ihre Strophen dahingeklungen.

Auch noch in anderer Hinsicht darf diese Lerche, wenn gerade auch nicht als Frühlingsbote, so doch als Verkünderin des
scheidenden Winters gelten, denn wenn im Februar und schon

im Januar die Winterkälte nachlässt und Wetter eintritt, das der
Jahreszeit nach milde genannt werden kann, so kommen sofort
auch die ersten Flüge der rückkehrenden Feldlerchen an: in der
Nacht vom 17. zum 18. Januar 1882 z. B. fand bei eingetretener
Besserung des Wetters sehr starker Zug statt, und während des
folgenden Tages zogen Tausende derselben ostwärts überhin. So
voreilige Reiselust hat allerdings oft sehr üble Folgen, denn wenn
Frost und Schneewetter sich wieder einstellen, kommen die fröhlich heimwärts Gezogenen oft in sehr traurigem Zustande wieder
zurück — was in manchen Jahren sich sogar des öfteren wiederholt, da diese Vögel bei der geringsten günstigen Wendung im
Wetter auch sofort den Niststätten wieder zueilen. Ist jedoch
die zweite Hälfte des Februar erreicht, so hat es in Folge der
so bescheidenen Nahrungsansprüche dieser Art auch meistens
keine Noth mehr mit ihnen. Der Hauptzug der Lerche währt bis
Ende März; kleine graue Nachzügler in geringerer oder grösserer
Zahl sind jedoch bis spät in den April hinein gar nichts Ungewöhnliches. Der Herbstzug findet während des Oktober und November statt.

Die Feldlerche gehört zu denjenigen Vögeln, deren Zughöhe
wohl kaum jemals die äussersten Grenzen des menschlichen Sehvermögens übersteigt, denn sie erreicht, auch während schöner
sonniger Frühlingstage, immer noch nicht eine Erhebung, die sie
nur noch als feinen kaum wahrnehmbaren Staub erscheinen liesse,
wie dies z. B. mit Dohlen und Saatraben dann sehr oft der
Fall — sondern es bleiben stets die einzelnen Vögel einer Schaar
vollkommen unterscheidbar für ein gutes Auge. Im Herbst dagegen geht ihr Wanderflug oft, namentlich bei trüber schwerer
Luft, so niedrig über dem Meere dahin, dass sie der Bogenlinie
der langsam rollenden Wogen sich anzupassen haben. Während
gleichmässig schwarzer feuchter Herbstnächte scheint ihre Zughöhe etwa zweihundert Fuss zu betragen, denn alle hier im Lichte
des Leuchtfeuers gesehenen kommen in gleicher Ebene mit demselben herangeflogen, — wie dies auch mit allen anderen der
mannigfaltigen Wanderer solcher dunklen Nächte der Fall —
sowie jedoch diese ebenmässige schwarze Finsterniss sich zu zer-
theilen beginnt, nur ein einziger Stern durchblickt, oder ein
schwacher Lichtstreifen am fernen Horizont den bald erscheinenden Mond verkündet, steigen diese Lerchen, wie alle gleichzeitigen
Wanderer, sofort zu Höhen auf, aus denen herab keiner ihrer
Locktöne mehr vernehmbar ist; tritt jedoch nach einer oder ein

paar Stunden die gleichmässige Einhüllung des ganzen Firmamentes wieder ein, so strömt der Zug auch sofort wieder in der vorherigen Tiefe vorbei. Wie bei besonderer Behandlung des Zuges der Vögel im Abschnitte über die Höhe des Wanderfluges schon gesagt worden, weisen obige Erscheinungen sehr schlagend nach, in wie bedeutendem Grade die Flughöhe ziehender Vögel von dem zeitweiligen Zustande der Atmosphäre abhängig ist, und wie ein anscheinend geringer Wandel derselben die eilenden Wanderer zur Anschauung bringt oder sie vollständig der Wahrnehmung der Sinne entrückt. Oft verfliessen somit Wochen auf Wochen, ohne dass zeitgemässe Vögel gesehen werden; man nimmt dann wohl im allgemeinen an, dieselben seien durch schlechtes Wetter zurück gehalten worden, wenn dann aber zu Ende des Frühlingszuges einer Art plötzlich gutes Wetter eintritt, so sieht man nur noch die aus Weibchen und jüngeren Vögeln bestehende Nachhut derselben, woraus sich ergiebt, dass die den Zug eröffnenden Männchen während der ungünstigen Verhältnisse in der tieferen Atmosphäre, höhere, günstigere Bedingungen darbietende Luftschichten benutzt haben, und weit über den Bereich unserer Wahrnehmung hinaus längst ihres Weges gezogen sind.

Die Zugerscheinungen dieser Lerche, wie sie hier zur Wahrnehmung kommen, erinnern oft an eine während der neueren Zeit so vielfältig beregte Frage: wenn man nämlich Zeuge ist von der unbegreiflichen Massenhaftigkeit, von den Myriaden Individuen, die gleich den Flocken eines Schneewehens, während der Herbstnächte nicht nur im Bereiche des Leuchtfeuers überhin, sondern auch meilenweit in See nord und süd der Insel vorbeiziehen, so begreift man nicht die vielseitigen Klagen über Verminderung der Vögel und der behaupteten Nothwendigkeit eines Schutzes derselben — auf so ungeheure Heerzüge kann die Hand des Menschen unmöglich einen wahrnehmbaren Einfluss ansüben, denn wenn auch hier in einem weit zurückliegenden Jahre während einer Herbstnacht etwa 15000 Lerchen gefangen wurden, so betrug diese Summe dennoch sicherlich nicht annähernd das Verhältniss von eins zu jedem Zehntausend der Individuen eines solchen Zugstromes von sechs bis acht deutschen Meilen Frontausdehnung und etwa sieben Stunden Dauer — und zur Herbeiführung einer so phänomenalen Erscheinung bedarf es einzig und allein des Zusammentreffens der entsprechenden meteorologischen Bedingungen mit der normalen Zugzeit einer Art. Solch Zusammentreffen fand nun freilich nie sehr oft statt und ist im Ver-

laufe der letzten dreissig Jahre immer seltener geworden, wenn
es sich aber ereignet. so sind, wenigstens so weit Helgoland in
Betracht kommt, alle zeitgemässen Arten in ebenso gewaltigen
Massen vertreten, wie jemals während irgend einer vorangegan-
genen Periode, und hierdurch wird der Beweis geliefert. dass die
Vögel immer noch in über jede Schätzung hinaus liegenden Massen
vorhanden sind. Freilich aber ist dabei nicht zu übersehen, dass
die Schatzkammer, aus welcher dieser Insel ihre unermesslichen
Reichthümer zuflieseen, sich ostwärts über mehr denn tausend
Deutsche Meilen erstreckt. und zumeist aus einem Areal besteht.
dessen uranfänglicher Naturzustand noch gänzlich unberührt von
Menschenhand erhalten ist. Sollte nach Jahrtausenden wirklich
einmal alles Land von der Newa bis Kamtschatka so dicht be-
völkert und unter Kultur gelegt sein wie gegenwärtig das mittlere
Europa, dann sähe es freilich schlimm für unsere kleinen befiederten Freunde aus, denn wo könnte sie möglicher Weise ihr
Wanderstab hinführen, wenn sie auch von dort. wie jetzt z. B.
aus Deutschland. verdrängt würden. Es ist nicht Vernichtung,
sondern Verdrängung. welche die jetzt so viel besprochene Verminderung der Vögel in Deutschland herbeigeführt hat; wie die Fische
durch das Abflusswasser zahlloser Fabriken und gross gewordener
Städte aus vielen Flüssen fast ganz vertrieben worden, so werden
auch den Vögeln durch den bis zur äussersten Ergiebigkeit gesteigerten Feldbau: der Urbarmachung auch des kleinsten Fleckchen
Landes. Ausrodung jedweden Gebüsches und Gestrüppes. Nieder-
legung von Gehölzen und Lichten von Waldungen, ihre althier-
gekommenen Nistplätze entweder zerstört, oder durch den überall
hin vordringenden Lärm von Eisenbahnen, Mühl-, Hammer-,
Stampf-, Säge- und Walzwerken so verleidet, dass sie sich nach
Gebieten zurückziehen, die weitab vom jetzigen so geräuschvollen
Treiben der Menschheit liegen. Wie unendlich viele Oertlichkeiten sind durch derartige Ursachen ihrer Nachtigallen verlustig
gegangen, und wenn das Lied derselben nicht mehr gehört wird,
so bürdet man in den meisten Fällen die Schuld allen möglichen
anderen Ursachen, als den wirklichen auf. Einem solchen wider-
lichen Massenmorden der kleinsten Sänger. wie er in Italien statt-
zufinden scheint, soll hiermit aber in keiner Weise das Wort ge-
redet werden.

Der furchtbarste Feind der kleineren Vögel besteht in der
über alle Begriffe grossen Anzahl von Krähen, *Corvus cornix* und
corone. vor deren ungeheurer Massenhaftigkeit man auf dem Fest-

lande sich wahrscheinlich keine so klare Ansicht zu verschaffen
vermag wie hier auf Helgoland, wo namentlich während des
Herbstzuges mehr als fünf Wochen hindurch täglich von acht in
der Frühe bis zwei Uhr Nachmittags, ein fast ununterbrochener
Zugstrom dieser Vögel nicht nur überhinzieht. sondern sich, soweit
meine Feststellungen reichen, nördlich noch wenigstens zwei Deutsche
Meilen in See erstreckt und südlich bis zur Küste. und sogar bis
Bremerhaven reicht, also über eine Frontausdehnung von acht bis
zehn Meilen sich erstreckt; die Fluggeschwindigkeit dieser Vögel,
wie im Abschnitt über den Zug nachgewiesen, beträgt etwa siebenundzwanzig Deutsche Meilen in der Stunde, mache man sich also
wenn möglich eine Vorstellung der Milliarden dieser Geschöpfe,
und bedenke, dass jedes derselben während der langen Sommertage von vier Uhr in der Frühe bis zum späten Sonnenuntergange,
nichts anderes thut, als sein Revier nach Eiern und jungen Nest-
vögeln abzusuchen. Nach solcher Betrachtung kann es nur mit
Staunen erfüllen, dass überhaupt noch ein einziger kleiner Vogel
vorhanden ist. Diese Vertilgungsarbeit wird noch durch Elstern
und Häher unterstützt, welche aber glücklicherweise weniger
reich an Individuen sind als obige beiden Krähenarten.

Man sollte demnach in Beschützung der kleinen Vogelwelt
die Zahl der genannten Räuber möglichst einzuschränken suchen,
was freilich dem ungeheuren Brutgebiet derselben gegenüber, das
sich östlich bis über den Jenisei hinaus erstreckt, ein ziemlich
hoffnungsloses Unternehmen sein dürfte. in Deutschland aber jedenfalls mit Erfolg durchzuführen wäre.

Die Feldlerche brütet von Portugal bis Kamtschatka, nördlich
bis in das obere Skandinavien.

Nr. 161. Heidelerche.

ALAUDA ARBOREA. Linn.

Holländisch: Piddl. Name dem Lockruf nachgebildet.

Alauda arborea. Naumann, IV. S. 102.
Wood-lark. Dresser, IV. p. 321.
Alouette lulu. Temminck, Manuel. I. p. 282. III. p. 203.

Dies kleine niedliche harmlose Vögelchen besucht Helgoland
nur in geringer Zahl; es gehört zu den Ausnahmen, ihrer mehr
als drei bis fünf Stück beisammen zu sehen. nur einmal habe ich

eine grössere Anzahl hier angetroffen; es war während des gewaltigen Massenzuges vom fernen Osten im Herbst 1847, als am 13. November eine Schaar von wenigstens fünfzig bis sechzig Stücken hier vorkam. Diese Vögelchen laufen still auf den Aeckern umher, man bemerkt ihre Gegenwart meist erst, wenn sie durch Zufall aufgescheucht, in geringer Höhe ihr munteres so melodisch klingendes Tü-piddl — Tü-piddl hören lassen. Diesem Thierchen, dem man seinem zutraulichen sanften Wesen nach zugethan sein muss, thut hier auf der Insel niemand etwas zu leide, es wäre denn, dass der Zufall eines derselben unter das primitive Netz eines jugendlichen Vogelstellers führte, was jedoch nur in den seltensten Fällen geschieht.

Es muss diese so wenig robuste Lerche aber doch nicht weichlicher Natur sein, denn ihr Frühlingszug beginnt bei immer noch rauhem Wetter schon gegen Ende Februar und währt den März hindurch: ihr Herbstzug fällt hauptsächlich in den Oktober und November, jedoch kommen junge Vögel zerstreut auch schon im September an; alle scheinen nur am Tage zu ziehen, da nie einer derselben während des nächtlichen Vogelfanges bei dem Leuchtfeuer, noch auf den Feldern angetroffen worden. Ihren Gesang, von dem der Altmeister Naumann mit so grossem Entzücken spricht, hat man hier leider noch nie gehört.

Brutvogel ist diese Lerche im mittleren und südlichen Europa von Portugal bis zum Ural, in ersterem Lande sowie in Spanien jedoch nur in geringer Zahl: nördlich kommt dieselbe vereinzelt noch im unteren Skandinavien vor, und südlich hat Tristram sie in Palästina noch nistend angetroffen.

Nr. 162. Pallas' kurzzehige Lerche.

ALAUDA PISPOLETTA. Pallas.

Alauda pispoletta. Pallas, Zoog. Ross. Asiat. p. 526.
Pallas' short-toed Lark. Dresser, IV. p. 355.

Aeuckens kam am 26. Mai 1879 zu mir, ziemlich gleichgültig bemerkend: er habe die kleine kurzzehige Lerche, welche er schon tageszuvor gesehen, geschossen. Er war beim Behändigen des Vogels jedoch höchlich überrascht, einen kleinen freundschaftlichen Schlag ans Ohr zu erhalten, mit den Worten: was habe ich Dir seit Jahren gesagt! worauf solltest Du achten? indem

ich zugleich auf die kürzeren Hinterschwingen und den gefleckten
Kropf wies — da er aber ebenso erpicht auf einen seltenen oder
neuen Vogel ist, wie ich, so war seine Freude über die glückliche
Erbeutung einer neuen Species für unsere Insel nicht minder gross
als die meine.

In der Färbung hat diese Art die grösste Aehnlichheit mit
den kleinen grauen Feldlerchen, *Al. arvensis*, welche die Nachhut
des Frühlingszuges bilden; ihr ganzes Kleid hat weder an den
hellen Rändern der Kopf-, Rücken- und Flügelfedern, noch an dem
Kropf und den Brustseiten den geringsten Anflug von Rostroth, alles
ist trübe rostgelblich grau, am Augenstreif, Hals und der Unterseite des Vogels in trübes Gelblichweiss übergehend. Am ganzen
Kropf und an den Brustseiten hat jede Feder einen breiten
schwarzbraunen Mittelstreif, der in den Weichen zu einem feinen
Schaftstriche wird. Die Schwanzfedern sind braunschwarz, das
äusserste Paar ist rein weiss, nicht isabellfarben wie bei *Al. brachydactyla*, und hat auf der Innenfahne wurzelwärts einen trübe
dunklen Keilfleck: am nächstfolgenden Paar ist nur die Aussenfahne weiss. Der Schnabel war an meinem frischen Exemplar
sehr hell bläulichgrau, wurzelwärts, namentlich am Unterkiefer,
hell schwefelgelb, die Füsse waren hell fleischfarben.

Die Maasse des hier erlegten Stückes, eines Weibchens, sind
folgende: ganze Länge 143 mm, Länge der Flügel 88 mm, des
Schwanzes 56 mm, die Flügel lassen vom Schwanze unbedeckt
21 mm. Der Schnabel ist 8 mm lang und die Fusswurzel 22 mm hoch.
Ein männlicher Vogel dieser Art, den mir Dresser zum Vergleich
geliehen, ist 24 mm länger als das eben beschriebene Exemplar.

Diese kleine Lerche, welche bisher noch nicht westlich von
ihrem Brutgebiet beobachtet zu sein scheint, ist heimischer Nist-
vogel von der unteren Wolga, dem Caspischen Meer-Gebiet, Turkestan und Persien bis zur Mongolei und China.

Nr. 163. Kurzzehige Lerche.

ALAUDA BRACHYDACTYLA. Leisler.

Helgoländisch: Lütj Lotsk = Kleine Lerche.

Alauda brachydactyla. Naumann, IV. S. 188.
Short-toed Lark. Dresser, IV. p. 341.
Alouette Calandrelle. Temminck, Manuel. I. p. 284, III. p. 205.

Es verging früher selten ein Jahr, während dessen diese kleine
niedliche Lerche hier nicht Ende Mai oder im Juni, wenn auch

nur ganz vereinzelt vorkam. Unter den günstigeren Witterungsverhältnissen jener Zeit erschien sie des öfteren auch im Herbst. manchmal sogar noch im November. Ich habe dieselbe, so lange ich sammle, etwa dreissigmal frisch in Händen gehabt, und daneben ist sie wenigstens noch ebenso oft gesehen oder gehört worden. ohne erlegt zu sein.

Die im Sommer erhaltenen Stücke, die zweifellos aus Griechenland und Kleinasien stammen, sind stets viel roströthlicher gefärbt. namentlich die Männchen, als jene die im Oktober und November hier erlegt worden: die Heimath letzterer muss sich in Asien bis zur Breite Helgolands hinauf erstrecken, und diese Vögel dort sich dem westlich gerichtetem Herbstzuge so vieler anderer fern östlicher Arten anschliessen. Ein von Griechenland oder Kleinasien aus nordwest gerichteter Herbstzug ist nicht anzunehmen, für einen solchen fehlt jedwedes Beispiel.

Die vorherrschend helle Färbung der oberen Theile dieser Oktober-Vögel ist ein blasses trübes Lehmgelb, die untere Seite derselben ist fast rein weiss, an den Kropfseiten und in den Weichen mit der Rückenfarbe überlaufen: die südöstlichen Sommervögel dagegen sind fast alle bleich rostroth gefärbt: an einem solchen im Juni erhaltenen Männchen ist der ganze Oberkopf lebhaft rostroth. nur hat jedes einzelne Federchen einen feinen rostbraunen Schaftstrich.

Auffallend ist der bedeutende Grössenunterschied der hier vorgekommenen Herbstvögel, ich habe Stücke erhalten, die nur 127 mm lang sind, und andere, wie z. B. einen am 14. November 1870 geschossenen Vogel, der 153 mm misst; an ersterem sind die Flügel 83 mm. der Schwanz 50 mm lang, während bei letzterem die Flügel 96 mm und der Schwanz 65 mm messen. Dem gegenüber ist an den südöstlichen Sommervögeln kaum ein Unterschied in der Grösse wahrzunehmen.

Ich habe dies kleine liebliche Vögelchen über ein Jahr im Bauer gehalten; es war durch einen ganz leichten Streifschuss am Hinterkopfe momentan betäubt, erholte sich aber sehr bald und ward ganz ausserordentlich zahm. Nachdem es im Herbst vollständig vermausert, sehr gut durch den Winter gekommen und im Frühjahr schon sehr fleissig sang, starb es dennoch zu meinem grossen Bedauern Anfang des Sommers. Der Gesang dieses Vögelchens glich viel mehr dem eines Ammers, als dem der Feldlerche; ich fütterte es mit Kanariensamen, den es ausspelzte. wie der daneben hängende Lappländische Spornammer — eine

Berglerche, die ich schon über zehn Jahr im Bauer hatte, that dies jedoch nicht.

Heimischer Brutvogel ist diese Lerche von Portugal an, durch alle Mittelmeerländer, bis Indien. Helgoland ist die äusserste nördliche Grenze, bis wohin dieselbe als ausnahmsweise Erscheinung beobachtet worden ist.

Nr. 164. Kalander-Lerche.

ALAUDA CALANDRA. Linn.

Alauda Calandra. Naumann, IV. S. 127.
Calandra Lark. Dresser, IV. p. 365.
Alouette calandre. Temminck, Manuel. I. p. 276. III. p. 206.

Anfang Juni 1839 oder 1840 schoss Reimers eine Kalander-Lerche auf der Düne — das ist alles, was von hier aus über diesen Vogel zu berichten ist: während ich sammele, ist derselbe hier leider nicht erbeutet worden, was um so auffälliger, da derselbe als Südeuropäische Art auch Griechenland ebenso zahlreich bewohnt, wie die kurzzehige Lerche und letztere hier doch fast alljährlich in einem oder dem anderen Stücke vorgekommen ist. Es muss diese Lerche denn wohl eine besondere Abneigung haben, nordwärts zu gehen, wie ja auch von den Ostasiatischen Vögeln viele nicht westwärts von ihrem normalen südlichen Herbstzuge abweichen, während zahlreiche andere neben ihnen brütende Arten dies in so grossem Umfange alljährlich thun.

Die Kalander-Lerche ist Brutvogel in allen Mittelmeerländern Europas und Afrikas, sowie Kleinasiens und Palästinas.

Nr. 165. Weissflügelige Lerche.

ALAUDA LEUCOPTERA. Pallas.

Helgoländisch: Witt-jükked Lortsk = Weissflügelige Lerche.

Alauda leucoptera. Pallas, Zoog. Ross. Asiat. I. p. 518.
White winged Lark. Dresser, IV. p. 373.

Lange Jahre nahm diese Lerche einen ganz besonderen Platz ein unter denjenigen Ostasiatischen Schätzen, die ich hier noch zu erlangen wünschte; während des achttägigen Besuches, den

Dresser mir im Juli 1881 machte, geschah auch dieses Wunsches Erwähnung, und Dresser sprach sofort seine Bereitwilligkeit aus, mir einen Balg zu senden; ich lehnte jedoch sein freundliches Anerbieten mit der Bemerkung ab, dass mir dies nichts hülfe, da die Vögel zu mir lebendig kommen müssten — und, lupus in fabula, der Vogel war thatsächlich schon auf dem Wege hierher, denn eine Woche später, am 2. August, ward mir ein frisch geschossenes schönes altes Männchen mit rostrothem Oberkopf und ebensolcher äusseren Flügelfärbung gebracht! Der unkundige Jäger, welcher das Stück geschossen, hielt es der rein weissen Mittelschwingen halber für einen Schneeammer. Damit mir aber betreffs dieser Art nichts weiter zu wünschen übrig bliebe, brachte mir Aeuckens am 2. Juni 1886 ein eben geschossenes schönes altes Weibchen derselben.

Die Heimath dieser grossen dickschnabeligen Lerche erstreckt sich von den Steppen der unteren Wolga durch die Kirgisischen Steppen bis zum Jenisei. Pallas traf sie zuerst längs des Irtisch bis zum Altai sehr zahlreich verbreitet an. Als ausnahmsweise Erscheinung ist dieselbe in Polen und Galizien vorgekommen. zweimal in Belgien, einmal in England und einmal in Italien erlegt worden.

Nr. 166. Mohrenlerche.

ALAUDA TATARICA. Pallas.

Alauda tatarica. Naumann, XIII. Blasius, Nachträge. S. 158.
Black Lark. Dresser. IV. p. 377.
Alouette nigre. Temminck, Manuel. I. p. 275. III. p. 207.

Diese eigenthümliche Lerche, von der das Männchen im Sommer ein ganz einfarbig schwarzes Kleid trägt, ist in meiner Sammlung durch ein hier am 27. April 1874 von Claus Aeuckens geschossenes Weibchen vertreten. Obzwar dieser weibliche Vogel durchaus lerchenartig gefärbt und gezeichnet ist, so unterscheidet er sich doch sofort von den beiden Vorhergehenden, *A. calandra* und *leucoptera*, durch den Mangel von Weiss an der Innenfahne des äusseren Schwanzfederpaares. und durch die schwarze Farbe der unteren Flügeldeckfedern.

Das Brutgebiet dieser Art erstreckt sich über die Steppen des mittleren Asien, von wo sie ausnahmsweise sehr selten bis

in das mittlere Europa gelangt: das einzige sichere Beispiel scheint
der hier auf Helgoland geschossene Vogel zu sein; Blasius giebt
an, im März 1850 seien vier oder fünf Stück bei Brüssel vorgekommen.

Nr. 167. Haubenlerche.

ALAUDA CRISTATA. Linn.

Helgoländisch: Topped Lortsk = Gehäubte Lerche.

Alauda cristata. Naumann, IV. S. 134.
Crested lark. Dresser, IV. p. 285.
Alouette cochevis. Temminck, Manuel. I. p. 277. III. p. 204.

Es ist auffallend, dass diese im nahen Holstein so gewöhnliche Art auf Helgoland zu den grossen Seltenheiten zählen muss;
es wird kaum in Zwischenräumen von drei bis vier Jahren ein
einzelner Vogel hier gesehen. Da Helgoland dies Schicksal jedoch
mit der Nachbarinsel England theilt, woselbst diese Lerche
ebenfalls zu den grössten Seltenheiten gehört, trotzdem sie im
gegenüber liegenden Frankreich und Holland ziemlich häufig nistet, so
ist wohl nur anzunehmen, dass dieselbe eine Abneigung habe, das
Meer zu überfliegen, und dass solche, die in geringer Zahl im
südlichen Schweden zu brüten scheinen, dort das ganze Jahr verbleiben. Für Norwegen ist diese Art nur nach drei im Jahre 1880
in Drontheim beobachteten Stücken bekannt. (Collett, Norges
Fuglefauna).

Brutvogel ist diese Lerche von Portugal bis China durch
Süd- und Mitteleuropa, sowie Asien — nordwärts habe ich sie in
Ostfriesland angetroffen.

Nr. 168. Berglerche.

ALAUDA ALPESTRIS. Linn.

Helgoländisch: Berg-Lortsk = Berglerche.

Alauda alpestris. Naumann, IV. S. 149.
Shore-Lark Dresser, IV. p. 367.
Alouette à hausse-col noir. Temminck, Manuel. I. p. 279. III. p. 201.

Vielfältig hat die Frage der graduellen Ausdehnung des Brutgebietes mancher Vögel die gegenwärtige Generation der Ornithologen

beschäftigt: Alexander von Homeyer hat das Vorrücken des Gir-
litzes, *Fringilla serinus*, nachzuweisen versucht, und Jedermann
ist bekannt, dass seit einer Reihe von Jahren die Zwergtrappe
sich in einigen Strichen Thüringens fest angesiedelt hat, und in jährlich sich steigernder Zahl daselbst nistet. Der grosse graue Würger,
Lanius major, ist zweifellos seit einer Reihe von Jahren ebenfalls
im Vordringen von Ost nach West begriffen — wie weiter zurück
bei Behandlung der Art erwähnt worden. - - und Aehnliches dürfte
in mehr oder weniger ausgesprochener Weise mit manchen anderen
Vögeln stattfinden; aber niemals hat wohl eine Vogelart so schnell
und so massenhaft die Grenzen ihrer Verbreitung vorgeschoben,
wie dies im Verlauf der letzten fünfzig Jahre die Berglerche gethan, und nirgendwo kommen sicherlich die von Jahr zu Jahr so
gewaltig sich steigernden Wanderschaaren in solcher Fülle zur
Anschauung, wie jetzt auf Helgoland während der Herbst- und
Frühlingszüge regelmässig geschieht.

Bis zum Herbst 1847 kannte man die Berglerche hier nur
nach drei von den Brüdern Aeuckens etwa zehn Jahre zuvor geschossenen Exemplaren: während des Oktober und November jenes
Jahres aber trat dieselbe plötzlich so zahlreich auf, dass ein anderer
Aeuckens zwanzig Stück an einem Tage zu schiessen vermochte,
und während des ganzen Herbstzuges einige sechszig Stück erbeutet wurden. Von da ab erschien dieselbe jeden Herbst während
aller günstigen Zugtage, wenn auch nicht so häufig als in erstgenanntem Jahre, dessen Herbstmonate einen ganz ausnahmsweise
reichen Zug aus fern östlichen Strichen aufwiesen. Es steigerte
sich jedoch von der Zeit an mit jedem Jahr die Zahl der hier
vorkommenden Vögel dieser Art: die Aufzeichnungen meines Journals lauten: Oktober 1850, mehrere täglich; Oktober 1852, kleine
Gesellschaften; November 1863, viele; Oktober, November 1869,
hunderte täglich; 20. bis 24. Oktober 1870, Schaaren von zwanzig
bis achtzig Stücken, am 28. Schaaren von Hunderten: Oktober
1874, massenhaft. Zehn Jahre später konnten dieselben nur noch
nach Tausenden beziffert werden, und im Verlaufe dieser Jahre
hat diese schöne Lerche so sehr zugenommen, dass im Herbst
1883 an manchen Tagen alle Felder der oberen Inselfläche von
denselben vollständig bedeckt waren, und im Frühjahr 1884 mehr
Berglerchen hier vorkamen, als vielleicht während der Frühlingszüge aller vorangegangenen Jahre zusammen. In gleichen Massen
ziehen diese lieblichen Vögel bis jetzt, 1888, alljährlich an allen
günstigen Tagen hier durch.

Das ursprüngliche Vaterland der Berglerchen ist Nordamerika, woselbst sie vom hohen arktischen Norden bis Texas und den Bergplateaus von Mexico hinunter als Brutvogel verbreitet ist. Die südlicher nistenden derselben zeigen nicht die so angenehme sanft weinröthliche Färbung des Gefieders, das einem lebhaften Ziegelroth gewichen, auch scheinen diese schwächer in den Maassen zu sein; die nördlicher Brütenden weichen jedoch in keiner Weise von denen ab, die gegenwärtig zu Hunterttausenden bis fast in das westlichste Europa wandern. Ihre Niststätten hat diese Art nach und nach durch das ganze nördliche Asien und Europa bis Skandinavien vorgeschoben, und ohne Zweifel wird sie demnächst ihr Nest auch im oberen Schottland bauen — es könnte dann sich der interessante Fall ereignen, dass einige solcher Vögel über das Atlantische Meer hinweg ihrer Urheimath als ausnahmsweise Gäste wieder zuflögen.

Die ersten vereinzelten Beispiele des Erscheinens der Berglerche in Europa datiren sehr fern zurück; nach Klein ward schon im Jahre 1667 ein Exemplar bei Danzig erlegt; Frisch gab 1739 eine Abbildung eines im Brandenburgischen vorgekommenen Stücks, und nach Klein ist 1747 diese Art aufs neue bei Danzig beobachtet worden. Man kannte derzeit die Berglerche nur als Amerikanischen Vogel und nahm an, dass die genannten Individuen durch Stürme verschlagen nach Europa gelangt seien; wahrscheinlicher ist aber wohl, dass sie damals schon in Asien östlich von der Lena angesiedelt war. Nilsson führt in seiner Fauna Skandinaviens an, dass Linné 1758 und Brisson 1760 diese Lerche nur noch als Bewohnerin Amerikas kannten, dass sie später aber in den Amerika nächsten Theilen Asiens entdeckt worden sei. Nach Pallas, Zoog. Ross. Asiat. 1811, war sie in genanntem Jahre schon über ganz Sibirien verbreitet, bis 1835 jedoch noch nicht in Skandinavien als Brutvogel aufgefunden worden. — Nilsson sprach derzeit aber schon die Ueberzeugung aus, dass dies demnächst wahrscheinlich geschehen werde, was auch eintraf, indem Professor Lovén dieselbe zwei Jahre später im östlichen Finnmarken entdeckte. Seit jener Zeit hat sich die Berglerche sehr rasch bis zu einem der gewöhnlichsten Brutvögel in Lappland und Finnmarken vermehrt. Die vorgehenden Daten sind aus Newton's »Yarrell's British Birds« und Dresser's »Birds of Europe« zusammengestellt.

In England hat sich die Zahl der dort beobachteten und erlegten Stücke ebenfalls während der letzten fünfzig Jahre fortwährend gesteigert, wenn auch, mit Helgoland verglichen, in nur

sehr bescheidener Weise. Im Laufe der dreissiger Jahre sind vier
Fälle vorgekommen; 1840, 50 und 53 wurde wiederum je ein
Exemplar, und 1859 drei aus einer kleinen Gesellschaft geschossen.
Von 1860 bis 70 steigerten sich die Besucher zu Schaaren von
fünfzehn bis zwanzig Stücken, und im Herbst 1879 konnten bei
Spurn Point an der Humber-Mündung, Helgoland gegenüber, schon
dreiunddreissig Stück erlegt werden, eine Zahl, die sich drei Jahre
später schon auf einige achtzig erhöht hatte, die während der
Herbstmonate von 1882 allein in der Umgegend von Yarmouth
geschossen wurden.

Räthselhaft bleibt es aber, wo die vielen Hunderttausende
Berglerchen, welche allherbstlich über und neben Helgoland auf
ost-westlichem Wege dahinziehen, den Winter verbringen; in
Gross-Britannien kann es nicht sein, trotzdem daselbst die
überwiegende Mehrzahl aller herbstlichen Wanderer auf ost-westlichem Wege eintrifft, ihre Zahl ist zu gross, sie würden daselbst
alle Felder bedecken. Wo aber bleiben dieselben — dass sie dem
Gesehenwerden entgingen, ist nicht anzunehmen, denn die Berglerchen sind sehr unruhige Vögel, die sich nicht, wie andere Ler-
chenarten, durch Drücken am Boden der Beobachtung zu entziehen
suchen, sondern stets hastig und ruhelos herumlaufen, bei Annäherung eines Menschen sofort auffliegen und im Fluge ihren hellen
Lockruf fortwährend hören lassen. Im nördlichen Deutschland oder
Holland treten dieselben ebenfalls nicht so zahlreich auf, als dies
nach den hier zur Anschauung kommenden ungeheuren Massen
anzunehmen wäre; in Frankreich scheinen sie noch sparsamer
gesehen zu werden, und in Spanien bisher gar nicht bemerkt
worden zu sein. Gleichwohl müsste aber, nach der bis Helgoland
innegehaltenen und von hier aus fortgesetzten Wegrichtung, das
Endziel der Reise, das Winterquartier, in letztgenannten beiden
Ländern liegen, denn der Herbstzug dieser Art illustrirt in ganz
besonders schlagender Weise die im Abschnitt über die Richtung
des Wanderfluges ausgesprochene Ansicht: dass bei den nördlicher
heimischen Individuen solcher Vögel, deren allgemeine Herbstbe-
wegung eine westlich gerichtete ist, unter gebietenden Umständen
zeitweilig südliche Abbiegungen ihres Weges eintreten.

Uranfänglich musste bei dieser Art schon eine sehr starke
Neigung zu westlichem Herbstzuge bestehen, denn sonst würde sie
niemals nach Asien hinüber und schliesslich bis Lappland und Finnmarken gelangt sein; eine grosse Masse, wenn nicht die Ueberzahl
aller gegenwärtig im nördlichen Asien und dem nördlichen Euro-

päischen Russland Brütenden halten auch gegenwärtig diese Zugrichtung noch bis zum nördlichen Skandinavien ein: man sieht sie
im östlichen Finnmarken von Osten her zuziehen und nennt sie
daraufhin Russische Schneeammern — von Finnmarken und
Lappland wenden sie sich mit den daselbst heimischen südwärts,
um tiefer unten den westlichen Flug wieder aufzunehmen, denn
nur so ist das mit dem westlich gerichteten Vorrücken ihrer Brut-
region zu solcher Massenhaftigkeit sich steigernde herbstliche Auftreten im Bereiche Helgolands zu erklären: weder Lappland noch
Finnmarken zusammen mit dem Europäischen Russland bieten Raum
genug, solche Mengen von Individuen hervorzubringen.

Dass vom oberen Skandinavien nun aber der Zug sich südwärts wende, ist daraus zu schliessen, dass weder Saxby die
Berglerche auf den Shetlands-Inseln antraf, noch ihrer in den
Englischen Migration Reports von der Ostküste Schottlands Erwähnung geschieht, und findet schliesslich seine Bestätigung in den
Mittheilungen Collett's, nach denen der Herbstzug der Berglerchen
östlich Norwegens von Nord nach Süd durch Schweden hinunter
geht, und dass sie in ersterem Lande bis zu seiner südlichsten
Spitze hinunter fast niemals gesehen werden. Unterhalb Schwedens
muss nun aber die Zugrichtung wieder in eine westliche übergehen,
um so die zahllosen Schaaren nach Helgoland, und in geringerem
Umfange nach England zu führen, woselbst sie nach unmittelbaren
Beobachtungen nicht nur auf ost-westlichem Fluge eintreffen, sondern fast alle vorgekommenen Stücke in den östlichen Küstenstrichen des Landes beobachtet und erlegt worden sind.

Aus der vergleichsweise nur sehr geringen Zahl der im östlichen England angetroffenen Stücke geht nun aber hervor, dass
dort nicht das Winterquartier all der Hunderttausende sein könne,
welche von Helgoland aus ihre Herbstreise westwärts fortsetzen,
sie müssen dort also hoch weiterziehen. Da sie aber weder das
westliche England erreichen, wo Rodd (Birds of Cornwall and
Scilly) erst am Schluss seiner langjährigen Beobachtungen, 1879,
das Vorkommen von zwei dieser Vögel verzeichnet, noch von
Thompson in Irland angetroffen sind, so müssen sie sich etwa in
der Mitte des Landes südwärts wenden und nach Frankreich und
Spanien gehen, um dort, vielleicht in mittleren Gebirgsstrichen, die
Wintermonate zu verbringen — dass sie ihre Reise bis Afrika
fortsetzten, dürfte wohl eine etwas gewagte Annahme sein.

Die Berglerchen sind auch während des Frühlingszuges der
letztverflossenen Jahre in stets sich steigernder Zahl hier erschienen.

namentlich hat diese Zahl im April und Mai 1884 eine ganz erstaunliche Höhe erreicht; dies dürfte nicht allein in engem Zusammenhange stehen mit der sich steigernden Zahl von Brutvögeln an ihren westlichsten Niststätten: Finmarken und Lappland, sondern auch die Frage betreffs ihres Winterquartieres der Lösung näher führen. In dem Abschnitte über die Richtung des Wanderfluges ist aus der Thatsache, dass alle im Herbst so oft hier vorkommenden fern östlichen und nordöstlichen Arten Helgoland im Frühjahr kaum jemals wieder berühren, der Schluss gezogen: dass alle solche Vögel, welche durch zeitweise südliche Abbiegungen ihres westlichen Herbstzuges südlichere Breiten als Winterquartier zu erlangen suchen, im Frühjahr, wenn der Zug viel eiliger verläuft, von den so erreichten tiefen Punkten aus, in gerader Linie ihrer Heimath wieder zufliegen, d. h. auf der Hypotenuse des im Herbst beschriebenen Winkels im Frühjahr zur Niststätte zurückwandern. Eine Linie, an deren Endpunkt Finmarken und Lappland liegen, und in deren Mitte Helgoland sich befindet, hätte ihren Anfang in Spanien und dem westlichen Frankreich — woselbst denn wohl mit Sicherheit die Winterquartiere der Berglerche zu suchen sein werden; dass es bisher nicht gelungen zu sein scheint, dieselben aufzufinden, liegt wohl nur an dem Mangel genügender Durchforschung dieser Länder während aller Monate des Jahres.

Ich habe diesen Vogel seines lieblichen Aeussern halber seit Jahren im Bauer gehalten, sein Gesang ist nur leise, aber doch angenehm lerchenartig; der Lockruf, mit dem er mich schon fröhlich begrüsst, sowie er meinen Schritt, noch zwei grosse Zimmer fern, vernimmt, ist laut und wohlklingend. Die meisten sind in der Gefangenschaft störrisch und ermüden durch ungestümes Flattern und Rütteln an den Drähten des Käfigs, was wohl seinen Grund darin hat, dass man nicht umhin kann, schön gezeichnete alte Männchen zu wählen, ein Exemplar aber, das ich nunmehr seit zehn Jahren besitze, ist so zahm, dass es nicht allein gebotene Fliegen vom Finger nimmt, sondern es sich sogar ruhig gefallen lässt, dass ich die Hand ins Bauer stecke und leise mit dem Finger ihm den Rücken streichele. Im Frühjahr nimmt dieser Vogel die sogenannten Ohrwürmer an, während des Sommers Fliegen, lehnt beide Insecten aber mit Herannahen des Herbstes ab: kleine und mittelgrosse Nachtschmetterlinge sind ihm jederzeit willkommen, mit grösster Bereitwilligkeit aber ergreift er während des ganzen Jahres dargebotene Spinnen. Sein stehendes Futter

ist Kanariensamen und so viel frisches Grünfutter wie möglich,
wobei er sich vortrefflich hält, und allherbstlich sein Kleid so vollkommen erneuert, dass es dem in der Freiheit lebender Vögel
um nichts nachsteht.

Wie schon vorher erwähnt, sind die Berglerchen sehr unruhige
Vögel, die fortwährend rastlos und schnell auf den Feldern herum-
laufen, schnell und gewandt fliegen und im Fluge ihren, wenn auch
nicht sehr lauten, doch sehr hell und vernehmlich klingenden
Lockruf fortwährend hören lassen; der Lockruf ist ein hellklingendes
Zie — hi-hi, welches fortwährend wiederholt wird: er hat grosse
Aehnlichkeit mit dem Rufen der Heckenbrunelle, ist aber lauter.

Brutvogel ist die Berglerche vom nördlichen Skandinavien an
bis zur Behringsstrasse, sowie durch das ganze boreale Amerika.
Grönland bewohnt dieselbe nicht, und auf Island sowie auf den
Faröern hat man sie nie angetroffen.

———

Ammer. Emberiza. Diese Gattung, welche in etwa vierzig
Arten Europa, Asien und Amerika bewohnt, von denen zehn bis
zwölf Europa als Brutvögel angehören, nimmt unter den Vögeln
Helgolands einen der hervorragendsten Plätze ein: die Zahl der
hier vorgekommenen siebzehn Arten enthält nicht weniger als
neun ausnahmsweise Erscheinungen. unter denen wiederum *Emberiza rustica* durch zehn, *melanocephala* durch wenigstens fünfzehn
und *pusilla* durch vierzig bis fünfzig Beispiele vertreten sind.

Diesem so zahlreichen Auftreten so fern Heimischer gegenüber
ist es höchst auffallend, dass andere, die bis in das mittlere Deutschland hinauf noch zu den gewöhnlichen Brutvögeln zählen, wie
cirlus und *cia* hier während des langen Zeitraumes von fünfzig
Jahren nur je zweimal vorgekommen sind — zumal da auch *luteola*
vom Altai zweimal, und *aureola* vom oberen Sibirien dreimal Helgoland besucht haben.

Nr. 169. Gerstenammer.

EMBERIZA MILIARIA. Linn.

Helgoländisch: Dikke-Diert = Dickes Beest.

Emberiza miliaria. Naumann, IV. S. 213.
Common Bunting. Dresser, IV. p. 163.
Bruant proyer. Temminck, Manuel, I. p. 306. III. p. 219.

Die kurze robuste Gestalt dieses Vogels hat wohl Veranlassung
gegeben zu obiger. eben nicht schmeichelhafter Helgoländer Be-

nennung wenn man ihn dann vollends, wie ich es gethan, zusammen mit dem winzigen Zwergammer, *Emb. pusilla*, aufstellt, so trägt seine Erscheinung, dem kleinen niedlichen Vetter gegenüber, allerdings einen gewissen bulldoggartigen Charakter an sich. Helgoland besucht dieser Vogel gewöhnlich nur in sehr geringer Zahl: einige zerstreute Stücke, höchstens zwei bis drei an einem Tage, sieht man während des März und wiederum im November. Eine auffallende Ausnahme hiervon machte das Jahr 1883, in welchem am 2., 7. und 8. November dieser Ammer in Gesellschaften von zehn, fünfzehn bis zwanzig Stücken auftrat, ohne dass irgend eine besondere Veranlassung hierfür nachzuweisen gewesen wäre. Diese Erscheinung erstreckte sich auch auf den Rückzug des folgenden Frühjahrs, indem während der letzten Tage des März »sehr viel Gerstenammern täglich« in meinem Journal verzeichnet sind.

Heimisch ist der Gerstenammer von Portugal bis Mittel-Asien, Sewertzoff führt ihn für Turkestan noch als Brutvogel und Durchzügler auf; hoch nördlich geht derselbe jedoch nicht, ist im unteren Norwegen eine seltene Erscheinung, kommt im untern Schweden aber etwas zahlreicher vor. In England und Schottland ist er sehr häufig, was sich bis auf die Hebriden hinaus erstreckt; ganz besonders zahlreich bewohnt er Spanien und Portugal, sogar auf den Canarischen Inseln ist er noch gewöhnlicher Brutvogel.

Der Zug dieses Ammers muss sehr fest zwischen Nord und Süd verlaufen, da bei irgend einer ost-westlichen Neigung desselben die zahlreichen Bewohner Englands, Holsteins und Dänemarks Helgoland in viel grösserer Zahl berühren müssten, als dies thatsächlich der Fall. ist.

Nr. 170. G o l d a m m e r.

EMBERIZA CITRINELLA. Linn.

Helgoländisch: Gjühl Klütjer = Gelber Ammer.

Emberiza citrinella. Naumann, IV. S. 234.
Yellow' Bunting. Dresser, IV. p. 171.
Bruant jaune. Temminck, Manuel. I. p. 304. III. p. 218.

Der Goldammer, wenn auch nicht in grossen Schaaren auftretend, zählt dennoch zu den gewöhnlichsten Vögeln Helgolands; nicht allein, dass er zerstreut schon mit der Vorhut des Frühlings-

zuges eintrifft, den März und April hindurch gesehen wird, und
gleichfalls während aller Herbstmonate hier durchzieht, sondern
auch in der Mitte des Winters, wenn mit plötzlichem schweren
Schneefall oft ungeheure Schaaren aller möglichen Samenfresser
die Insel bedecken, befindet auch er sich in geringerer Zahl
immer unter denselben.

Das Brutgebiet des Goldammers erstreckt sich vom nördlichen
Spanien und Frankreich an, durch ganz Mittel- und Nordeuropa,
in Asien bis zum Jenisei. Nördlich reicht es bis in das höchste
Skandinavien hinauf, und da Wolley denselben im oberen Lappland
während des Herbstzuges auf ost-westlichem Wege eintreffen sah,
so nistet er auch in gleich hohen Breiten im Europäischen und
Asiatischen Russland.

Nr. 171. Weidenammer.

EMBERIZA AUREOLA. Pallas.

Emberiza aureola. Naumann, XIII. Blasius, Nachträge. S. 166.
Yellow-breasted Bunting. Dresser. IV. p. 223.
Bruant auréole. Temminck, Manuel. III. p. 232.

Obzwar ich drei Exemplare dieses Ammers hier auf Helgoland
erhalten, so hat es mir bisher doch nicht glücken wollen, das so
schön gezeichnete Männchen desselben zu erlangen. Die Stücke
meiner Sammlung bestehen aus zwei jungen Vögeln, am 18. September 1852 und 5. November 1864 hier geschossen, und einem
am 8. Juli 1870 ebenfalls hier erlegten alten Weibchen.

Das Brutgebiet dieses Ammers erstreckt sich vom nördlichen
Europäischen Russland durch ganz Sibirien bis Kamtschatka.
Ausser ein paar in Italien erlegten Stücken scheint derselbe noch
nicht im mittleren Europa beobachtet worden zu sein. Es liefert
diese Art ebenfalls einen Beweis dafür, wie hartnäckig viele Vögel
den südlichen Herbstzug innehalten.

Nr. 172. Zaunammer.

EMBERIZA CIRLUS. Linn.

Emberiza cirlus. Naumann, IV. S. 251.
Cirl Bunting. Dresser, IV. p. 177.
Bruant zizi. Temminck, Manuel. I. p. 313. III. p. 227.

Nur zweimal habe ich diesen Ammer hier erhalten, ein schönes
ausgefärbtes Männchen am 27. April 1862, und erst neunzehn

Jahre später, am 31. März 1883 ein altes Weibchen. Da diese
Art noch bis in das mittlere Deutschland hinauf vereinzelt nistet,
und dies im südlichen England sogar noch ziemlich häufig stattfindet, so sollte ihr seltenes Erscheinen auf Helgoland eigentlich
überraschen: es ist der Zaunammer jedoch ein vorherrschend westlicher Vogel, der am zahlreichsten in Spanien und Portugal nistet,
und von da aus, nach und nach an Zahl abnehmend, durch ganz
Süd- und Mitteleuropa heimisch ist. Es bewährt sich an dieser
Art wiederum die Regel der Seltenheit westlicher und südlicher
Vögel für Helgoland — die beiden hier erlegten Stücke dürften
wohl den nördlichsten Punkt bezeichnen, bis zu welchem dieser
Ammer jemals gelangt ist.

Nr. 173. Grauer Ammer.

EMBERIZA CINEREA.   Strickland.

Emberiza cinerea. Krüper. Journal f. Ornithologie. 1875. S. 268.
Stricklands Bunting. Dresser, IV. p. 159.

Dieser interessante Ammer wurde zuerst durch Strickland
im Jahre 1836 bei Smyrna aufgefunden; ein zweites Exemplar
erhielt von Heuglin im nördlichen Afrika. Mehrere Jahrzehnte
ward nichts weiter über den Vogel bekannt, bis Krüper im Frühjahr 1863 während eines Ausfluges nach Kleinasien denselben
gleichsam von neuem entdeckte. Er suchte auf den Bergen oberhalb Burnovas nach *Emb. caesia* und schoss einen Ammer, in
welchem er zu seiner grossen Ueberraschung eine ihm gänzlich
unbekannte Art erblickte; einmal aufmerksam geworden, gelang
es ihm, mehrere Männchen und später auch Weibchen zu erlegen.
Nest und Eier erhielt er zwar trotz aller Mühe nicht, stellte aber
dennoch fest, dass diese Art in Kleinasien ein durchaus nicht
ungewöhnlicher Brutvogel sei.

Hier auf Helgoland ist derselbe einmal beobachtet, aber leider,
trotzdem er fast eine Woche verweilte, nicht erlegt worden. Der
Vogel wurde am 1. Juni 1877, an welchem Tage er zuerst gesehen ward, durch einen Streifschuss leicht verletzt; dies hatte
nun wohl die gute Folge, ihn bis zur Heilung zurückzuhalten, hatte
ihn aber zugleich auch so scheu gemacht, dass er schon auf hundert Schritt und darüber stets davon flog. Er hielt sich in einem
noch sehr niedrigen Haferacker auf, wo er aus der genannten

Entfernung über den Rand eines Erdwalles hinweg mit dem Fernrohr beliebig lange beobachtet werden konnte. Claus und Jan Aeuckens sowie mein Sohn Ludwig, gaben sich alle erdenkliche Mühe den Vogel zu erlangen, aber vergeblich. Er zog am 6. des Monats geheilt von dannen.

Die erste Nachricht, welche mir über diese Seltenheit gebracht ward, lautete »ein Ammer, sehr ähnlich dem Weibchen von *melanocephala*, aber feiner grau auf dem Rücken, und die äusseren Schwanzfedern mit grossem weissem Fleck.« Unter einer Zahl von Bälgen von *melanocephala*, *luteola* und anderen ähnlichen Arten, ward ein schöner Krüper'scher Balg, ein Männchen, sofort als hierhergehörig bezeichnet, mit dem Zusatze »ganz so gelb ist sein Hals nicht.« Ein Zweifel über die Identität dieses Stückes besteht, wenigstens für mich, nicht. Wie in so vielen anderen Fällen, kam auch gleichzeitig ein Landsmann des obigen Ammers hier vor, nämlich ein einjähriges Männchen von *melanocephala*, das ich am 3. Juni erhielt.

Brutvogel ist diese Art, wie aus Krüper's ausführlichen Mittheilungen ersichtlich, in Kleinasien. Krüper fügt hinzu, dass es wohl keinem Zweifel unterliege, dass dieser Ammer zur Europäischen Fauna gehöre, es solle derselbe in den letzten Jahren auch in Russland aufgefunden worden sein.

Nr. 174. Gartenammer.

EMBERIZA HORTULANA. Linn.

Helgoländisch: Ortelloan = Ortolan.

Emberiza hortulana Naumann, IV. S. 258.
Ortolan Bunting. Dresser, IV. p. 185.
Bruant ortolan. Temminck, Manuel. I. p. 311. III. p. 225.

Der Ruf, welchen der Ortolan sich als Leckerbissen von den alten Römern her durch alle Zeiten erhalten, ist nie bis Helgoland gedrungen: er geht hier im Frühjahr wie im Herbst vollständig unbeachtet vorüber, obgleich er nächst dem Schneeammer die am zahlreichsten vorkommende Art der ganzen Gattung ist. Es besteht keine Fangmethode für denselben, und den Schuss lohnt weder der kleine Körper noch dessen angeblicher Wohlgeschmack.

Die stille harmlose Lebensweise des Vogels trägt auch viel dazu bei, dass ihm keine Aufmerksamkeit zu theil wird: es können

25

z. B. während des Frühlingszuges fünfzig bis hundert den ganzen Tag in einem etwa sechs Zoll hohen Haferstück sich aufhalten, ohne dass dieselben bemerkt werden, es wäre denn, dass sie durch Zufall aufgescheucht würden.

An allen warmen schönen Tagen des Mai und von Mitte August bis Ende September besucht der Ortolan die Insel zu Hunderten, liegt während des ersteren Monats in den mit Hafer oder Gerste angesäeten Ackerstücken, und hält sich im Laufe der letzteren Zeit in den Kartoffelfeldern auf.

Ich erhielt hier einmal ein bedeutend unter den Normalmaassen stehendes altes Männchen dieser Art, an dem sich das helle Gelb des Vorderhalses über alle unteren Theile erstreckte, nur an den oberen Brustseiten befand sich ein ganz schwacher rostfarbiger Anflug. Eine nähere Beschreibung und Maasse dieses Stückes vermag ich nicht zu geben, da dasselbe sich in den Händen von E. v. Homeyer befindet.

Der Ortolan ist über ganz Europa als Brutvogel verbreitet, jedoch sehr ungleichmässig vertheilt: in Skandinavien nistet er bis in den Polarkreis hinauf, kommt in England jedoch nur als seltene Erscheinung vor. Oestlich geht er wohl nicht weit über das mittlere Asien hinaus. Sewertzoff führt ihn jedoch noch als Brutvogel für Turkestan auf: südlich nistet derselbe bis Kleinasien und Palästina hinunter.

Nr. 175. Grauer Ortolan.

EMBERIZA CAESIA. Cretzschmar.

Helgoländisch: Blü Ortelloan = Blauer Ortolan.

Emberiza caesia. Naumann, XIII. Blasius, Nachträge. S. 172.
Cretzschmars Bunting. Dresser, IV. p. 213.
Bruant cendrillard. Temminck, Manuel. III. p. 225.

Vor fünfundzwanzig bis dreissig Jahren, als hier der Vorsommer noch warm und schön war, kamen fast jeden Mai und Juni ein oder ein paar Stücke dieses so eigenthümlich gefärbten Ammers hier vor und wurden in den meisten Fällen geschossen im Herbst habe ich ihn hier nie gesehen. Ich erhielt während der folgenden Daten etwa ein Dutzend meist schöner männlicher Exemplare: Mai 1848, Juni 1852, Mai 1857, 1859, 1862, 1866 und 1867. Im Verlaufe der letztverflossenen zwanzig Jahre ist er aber nur einmal hier bemerkt und geschossen worden.

Das Brutgebiet dieses Vogels scheint sich nicht über Griechenland, Kleinasien, Palästina und Turkestan hinaus zu erstrecken.

Nr. 176.   Zipammer.

EMBERIZA CIA.   Linn.

Emberiza cia.   Naumann, IV. S. 270.
Meadow Bunting.   Dresser, IV. p. 205.
Bruant fou.   Temminck, Manuel. I. p. 215. III. p. 227.

Ueber diesen Ammer ist von Helgoland aus sehr wenig zu berichten; vor etwa fünfzig Jahren hatte Reymers einmal einen jüngeren Vogel erhalten, den er aber, da ich noch nicht sammelte, an Brandt in Hamburg verkaufte. Vergebens hatte ich lange Zeit meinen Jägern denselben beschrieben, bis endlich mein Sohn Ludwig am 8. März 1882 die so ersehnte Beute in Gestalt eines prachtvollen alten Männchens im reinsten Sommerkleide mir brachte — er hatte denselben auf den Feldern des oberen Felsens geschossen.

Das Brutgebiet dieser Art erstreckt sich durch ganz Europa, und in Asien bis wenigstens zur Ostgrenze Turkestans. In Deutschland geht er bis zum mittleren Rhein hinauf, und südlich nistet er bis Kleinasien und Palästina.

Nr. 177.   Fichtenammer.

EMBERIZA PITYORNIS.   Pallas.

Emberiza pityornis.   Naumann, IV. S. 276.
Pine Bunting.   Dresser, IV. p. 217.
Bruant à couronne lactée.   Temminck, Manuel. I. p. 310. III. p. 224.

Nur einmal ist dieser Ammer auf Helgoland erbeutet worden; ich war selbst so glücklich dies Exemplar, ein sehr schönes altes Männchen, am 16. April 1881 im Drosselbusch meines Gartens zu fangen.

Es ist dies ein stattlicher Ammer, dessen Körpergrösse die des Goldammers übertrifft und der von *E. melanocephala* ziemlich gleichkommt. Die ganze Länge des frischen Vogels war 170 mm, Länge des Flügels 94 mm, die des Schwanzes 78 mm, die Flügel lassen vom Schwanze unbedeckt 36 mm.

Die Eier dieses Vogels. welche ich der Güte des Herrn Tancré verdanke. gleichen in der Zeichnung der feinen Haarlinien und kleinen Strichelchen denen des Goldammers vollständig, nur die Grundfarbe ist eine mehr grünliche; an einem derselben fehlen die Haarzüge fast ganz und der Grund ist fast verdeckt durch kurze rothbräunliche Strichelchen, wie dies ja des öfteren auch bei den Eiern des Goldammers vorkommt. In Form und Grösse gleichen sie sehr starken Stücken letzterer Art — sie stammen aus dem Altai-Gebirge.

Das Brutgebiet dieses Ammers erstreckt sich vom Irtisch und dem Altai ostwärts durch Sibirien; für Turkestan führt Sewertzoff ihn nur als Durchzügler und Wintergast auf.

Nr. 178. Zwergammer.

EMBERIZA PUSILLA. Pallas.

Helgoländisch: Französk Nieper = Französischer Rohrammer.

Emberiza pusilla. Naumann, XIII. Blasius, Nachträge. S. 175.
Little Bunting. Dresser, IV. p. 235.
Bruant nain. Schlegel, Kritische Uebersicht d. Eur. Vögel. S. LXXI
und 84.

Die obige etwas eigenthümliche Helgoländer Bezeichnung dieses kleinen Fremdlings rührt von Claus Aenckens her und ist nur unter den wenigen der hiesigen Jäger gebräuchlich, die wirklich eine genauere Kenntniss der ausnahmsweisen Erscheinungen besitzen. Französisch soll in diesem Falle etwas ganz Absonderliches, abweichend von dem bisher Gesehenen, bezeichnen, und ist nicht als geographischer Begriff aufzufassen.

Das erste Exemplar dieses niedlichen Ammerchens erhielt ich am 4. Oktober 1845; Oelrich Aenckens, der älteste der drei Brüder — leider verstorben — schoss dasselbe. Einmal gesehen und seinen Lockton vernommen, ward das Vögelchen fast jeden Herbst hier beobachtet und in den meisten Fällen erlegt. Es dürften fünfundzwanzig bis dreissig Stücke durch meine Hände gegangen sein; beispielsweise mögen hier eine Reihe von Daten des Vorkommens dieser Art folgen: 4. Oktober 1845, 11. Oktober 1846, 10. und 12. Oktober 1847, 30. September, 4., 9., 11., 23., 27. Oktober und 17. Dezember 1848, 20. und 26. September 1849, 15. September. 10.. 12. und 18. Oktober 1850. 5., 7. und 9. Ok-

tober 1851, 18., 27. Oktober und 9. November 1852 — in keinem
Jahre erschien jedoch eine so grosse Zahl dieses Ammers, begleitet von *Emb. rustica* und anderen östlichen Arten als im
Jahre 1879; die Aufzeichnungen in meinem Tagebuche sind folgende: am 26. September eine *Emb. pusilla*, am 27. zwei geschossen, eine *rustica* gesehen; wahrscheinlich auch eine *aureola*,
Claus Aeuckens; am 28. eine *pusilla* geschossen, noch ein paar
gesehen; auch eine *rustica* geschossen; nicht das Stück von
gestern: das erlegte hatte ganz reine Füsse — wir Helgoländer
Jäger erkennen nämlich an den reinen oder mit rother Erde gefärbten Fusssohlen der Vögel, ob sie am selben Morgen angekommen oder sich schon seit Tages zuvor hier aufgehalten. Am 29.
und 30. je eine *pusilla:* am 1. Oktober wieder eine: am 8. eine
pusilla, zwei oder drei *rustica*, ein *Anthus cervinus* und eine *Sylvia
proregulus*, Claus Aeuckens: am 9. eine *rustica*, am 10. eine
pusilla, letztere den Fusssohlen nach schon von Tages zuvor;
eine *rustica*, nicht erhalten: am 14. zwei *Sylvia superciliosa*, mein
Sohn Ludwig ein schönes Männchen geschossen; am 18. eine
pusilla, sehr schönes altes Männchen: am 24. *Fringilla Hornemanni*, junges Männchen. Neben den Genannten viele *Anthus
Richardi* und Hunderttausende von *Alauda alpestris*.

Wie viele ebenso interessante Sibirische Seltenheiten werden
zur selben Zeit Helgoland besucht haben, ohne gesehen worden
zu sein, und wie gross muss die Zahl derer gewesen sein, die
Nord- und Mitteldeutschland durchzogen, um im westlichen Europa
zu überwintern. Der Zwergammer ganz besonders dürfte nur in
den seltensten Fällen bemerkt werden, denn er ist ein ruhig am
Boden lebender wenig scheuer Vogel, der still zwischen den Feldgewächsen und an hohen Grasrändern seiner Nahrung nachgeht
und oft erst auffliegt, wenn man ihm bis auf zehn und weniger
Schritte nahe gekommen. Seinen Lockton lässt derselbe erst im
Fluge hören: derselbe ist kaum ammerartig zu nennen, sehr
schwach, aber doch ziemlich weit vernehmbar, der Ton ist sehr
hoch und klingt etwa, als ob man ein straff gezogenes dünnes
Stahldrähtchen mit der Nagelspitze anschlüge.

Mit naheverwandten Arten ist dies Vögelchen bei aller allgemeinen Aehnlichkeit in der Färbung nicht zu verwechseln: vom
jungen Rohrammer, *schoeniclus*, unterscheidet er sich schon durch
die viel geringere Grösse, besonders aber durch Abwesenheit der
lebhaft rostrothen Farbe an den kleinen äusseren Deckfedern des
Flügels, die bei *pusilla* in allen Kleidern düster erdgrau sind:

auch fällt in einiger Entfernung schon der kürzere Schwanz derselben auf, mit dem sie, am Boden laufend, nicht so häufig, noch so auffallend schnellt als *schoeniclus*. Für den jungen Herbstvogel oder für das Weibchen von *Emb. Pallasi* kann dieselbe trotz gleicher Grösse ebensowenig gehalten werden, denn bei diesen haben die Federn der Kropf- und Brustseiten auf mehr oder weniger gesättigt isabell-rostfarbenem Grunde wenig dunklere verwaschene rostfarbige Schaftstriche, diese Schaftstriche sind aber bei *pusilla* in allen Kleidern rein schwarz, scharfbegrenzt, und stehen sehr häufig am ganzen Kropf und an den Brustseiten auf fast ganz rein weissem Grunde.

Die diesen Ammer am meisten charakterisirende Zeichnung ist die des Kopfes: über die Mitte des Scheitels läuft vom Schnabel bis zum Genick ein lebhaft rostrother breiter Streif, eingefasst zu beiden Seiten von einem etwas schmaleren ebenso langen schwarzen Streifen: Zügel und Ohrfedern sind ebenfalls rostroth, letztere mit einer schwarzen Linie umsäumt. Ein breiter rostgelber Augenstreif reicht bis zum Hinterkopfe, biegt dort abwärts, die Ohrfedern einfassend, und zieht sich bis zum Unterkiefer hinauf; von der Ecke des Unterkiefers läuft ein breiter schwarzer Streif zu beiden Seiten der Kehle bis zum Kropf hinunter: Kehle und Kropf sind rostgelblich-weiss, letzterer mit einem schwarzen Schaftstrich auf jeder Feder.

Die Maasse frischer Vögel sind folgende: ganze Länge 127 bis 135 mm. Länge des Flügels 67 bis 70 mm. Länge des Schwanzes 56 mm, die Flügel lassen vom Schwanze unbedeckt 31 bis 35 mm. Der Schnabel misst 7 mm, derselbe ist sehr spitz, der Oberkiefer nicht gewölbt, sondern vor der Spitze eingedrückt. Die Fusswurzel ist 17 mm hoch, der Nagel der Hinterzehe kurz und sehr gebogen, und die kleinen Füsschen sind weisslich fleischfarben.

Ein Ei dieses Vogels, welches ich besitze, und welches durch Seebohm am 30. Juni 1877 am Jenisei 67° N. gesammelt worden, ist 17 mm lang und 14 mm breit, also von ziemlich rundlicher Form: es hat weder Haarzüge, noch ist es punktirt, sondern trägt in seiner Zeichnung ganz den Charakter mancher Eier des Gerstenammers: der Grund ist trübe weisslich gelbbraun mit grossen röthlich violetten Schaalenflecken, die Zeichnung besteht aus zerstreuten röthlich sepiabraunen Schnörkellinien, kurzen Kommas und Flecken, von denen einige fast schwarz erscheinen und weniger dunkle Ränder haben.

Das Brutgebiet dieses kleinen Ammers erstreckt sich von der
Dwina und Petschora bis in das östlichste Asien. Seebohm traf
ihn am Jenisei bis 71° N., Middendorff im Taimyrlande unter
gleicher Breite, und Schrenk am unteren Amur. Vereinzelt ist
derselbe während des Herbstzuges bis in das südliche Frankreich
gelangt; er ist mehrere mal in Italien, einmal in Schweden und
einmal in England erlegt worden.

Nr. 179. Waldammer.

EMBERIZA RUSTICA. Pallas.

Helgolandisch: Road-sträked Nieper   Rothstreifiger Rohrammer.

Emberiza rustica. Naumann, XIII. Blasius, Nachträge S. 180.
Rustic Bunting. Dresser, IV. p. 229.
Bruant rustique. Temminck, Manuel. III. p. 229.

Dieser, gleich dem vorhergehenden fast nur Asiatische Ammer
zählt in noch höherem Grade zu den seltenen Erscheinungen des
mittleren und westlichen Europa, und auch von ihm dürfte Helgoland allein mehr Beispiele des Vorkommens aufzuweisen haben, als
ausserdem westlich von seinem Brutgebiet vorgekommen sind; sechzehnmal ist derselbe in meinem Tagebuche verzeichnet. und von
diesen befinden sich gegenwärtig acht Stück in meiner Sammlung
aufgestellt.

Der erste Waldammer ward hier im Jahre 1839 oder 40 erlegt; Claus Aeuckens, damals noch ein kleiner Knabe, warf denselben mit einem flachen Stein derart, dass der Kopf glatt vom
Rumpf getrennt ward. Obzwar ich zu jener Zeit weder sammelte,
noch die geringste Kenntniss der Vögel besass, so veranlasste ich
dennoch, dass das Stück trotz seines misslichen Zustandes gestopft
wurde. Es kam in das Kabinet des Herrn A. P. Schuldt in
Hamburg, der mir es später, nachdem ich mich der Ornis Helgolands so ernstlich angenommen, mit grosser Freundlichkeit wieder
überliess; ich besitze jetzt zwar eine Anzahl bedeutend schönerer
Stücke, dennoch aber bildet jenes immer noch eine liebe Erinnerung an die ersten unbeholfenen Schritte, welche ich auf dem
Gebiete der Vogelwelt gethan. Das nächste Stück erhielt ich am
10. September 1857; dann am 9. Oktober 1863; am 19. September 1870: am 3. April 1873. ein Weibchen: am 5. Oktober 1875,
ein Männchen: am 9. Oktober 1878; am 27. und 28. September

1879 je ein Stück; am 8. Oktober wurden zwei bis drei Stück gesehen, am 9. und 10. je ein Stück: am 14. April 1880 ein Vogel in meinem Garten; am 17. September 1881 ein Stück hier geschossen und am selben Tage eins an der gegenüber liegenden Englischen Küste erlegt. Am 24. September 1883 schoss mein Sohn Ludwig einen jüngeren Vogel — wobei bemerkt werden möge, dass vier Tage zuvor das erste hier vorgekommene Exemplar von *Sylvia (Hypolais) pallida* ebenfalls durch ihn geschossen ward.

In der Kopfzeichnung des Herbstkleides zeigt der Waldammer manche Aehnlichkeit mit anderen nahen Verwandten, ist aber dennoch niemals mit einem derselben zu verwechseln; es kennzeichnet ihn sofort das viele schöne gesättigte Rostroth, welches fast über sein ganzes Kleid verbreitet ist: die Federn des Hinterhalses, der Schultern, des Bürzels, sowie die oberen Schwanzdeckfedern sind rein und gesättigt rostroth und haben nur ganz feine hellere Säume; ganz besonders aber ist es die Zeichnung des Kropfes und der Seiten, welche diese Art sofort von allen Verwandten unterscheiden lässt: alle Federn dieser Theile haben in der Mitte einen breiten gesättigt rostrothen Streifen, und da die ganze untere Seite des Vogels rein weiss ist, so fallen diese rostrothen Streifen schon in ziemlicher Entfernung sofort sehr auf. Am alten Männchen ist im Sommer der Kopf tief und glänzend schwarz, hat vom Auge bis zum Hinterkopf einen breiten rein weissen Streifen und einen ebenso gefärbten Fleck im Genick. Unbedingt ist ein solcher männlicher Vogel der schönste von allen der alten Welt angehörenden Ammern.

Die Maasse dieser Art, frischen Stücken entnommen, sind folgende: ganze Länge 147 mm, Länge des ruhenden Flügels 78 mm, Länge des Schwanzes 59 mm, die Flügel lassen vom Schwanze unbedeckt 34 mm.

Die Eier dieser Art, über welche man so lange in Zweifel gewesen, scheinen endlich Seebohm und Herr R. Tancré erhalten zu haben; ein solches, welches mir letzterer gütigst für Beschreibung geliehen, und das aus dem westlichen Sibirien zu stammen scheint, würde man kaum für ein Ammerei halten, obzwar es sich in der Zeichnung entfernt den Eiern von *melanocephala* und *luteola* nähert. Es ist 21 mm lang. 17 mm breit und von etwas spitzer Form: sein Grund ist ziemlich gesättigt gelblich meergrün und hat verhältnissmässig grosse dunkel olivengraue Schaalenflecke. Das ganze Ei ist etwas dicht bespritzt und betüpfelt mit olivenfarbenen Pünktchen und hat kleinere und wenig grössere olivenfarbene unregelmässige Zeichnungsflecke; am meisten ähnelt es frischen recht lebhaft grünen, nicht dicht gefleckten Eiern des Teichrohrsängers, *Sylvia arundinacea*, nur treten bei *rustica* die grauen Schaalenflecke viel auffallender hervor, und die olivenfarbige äussere Zeichnung steht viel sparsamer als bei jener.

Hier auf Helgoland trifft man den Waldammer zumeist auf Ackerstücken zwischen Feldgewächsen an, zweimal habe ich denselben jedoch in meinem Garten auf einen zehn bis zwölf Fuss hohen Weidenbusch sich setzen sehen — was vom Zwergammer hier nie bemerkt worden ist. Der Lockton desselben gleicht dem der vorhergehenden Art sehr, dürfte aber etwas stärker sein.

Die Heimath dieses Ammers erstreckt sich vom Umkreise Archangels bis Kamtschatka.

Nr. 180. Rohrammer.

EMBERIZA SCHOENICLUS. Linn.

Helgoländisch: Nieper. Name für Rohrammer.

Emberiza schoeniclus. Naumann, IV. S. 280.
Reed Bunting. Dresser, IV. p. 241.
Bruant de roseaux. Temminck, Manuel. I. p. 307. III. p. 219.

Trotzdem dies nette Vögelchen über ganz Europa als Brutvogel verbreitet ist, kann es für Helgoland doch nur als etwas sparsame Erscheinung bezeichnet werden, ganz besonders gilt dies für den Frühlingszug. Eine Ausnahme machte der Herbst 1884, indem gegen Mitte Oktober Hunderte dieser Vögel an einem Tage gesehen wurden — mehr, als gewöhnlich der Lauf eines ganzen Jahres bringt. *Turdus iliacus* war gleichfalls überwiegend zahlreich, und *Alauda arborea* und *Emberiza miliaria* kamen wiederholt ungewöhnlich häufig vor. Während derselben Zeit trat der Rohrammer auch in England auffallend zahlreich auf, und, zweifellos durch gleiche Ursachen veranlasst, erschien auch das Schwedische Blaukehlchen, *Sylvia suecica* während derselben Zugperiode ausnahmsweise zahlreich an der Englischen Ostküste, woselbst es im gewöhnlichen Verlauf der Dinge eine äusserst seltene Erscheinung ist.

Die Windrichtung war hier während der stärksten Zugtage oft eine nord-nordwestliche; ich glaube jedoch nicht, dass vorübergehende örtliche Windrichtungen einen unmittelbaren Einfluss auf die normale Fluglinie eines wandernden Vogels auszuüben vermögen, man sieht dies hier sehr deutlich an den ziehenden Krähenschaaren, die wohl die Achsenrichtung ihres Körpers, nie aber die Richtung ihres Wanderfluges im geringsten ändern; selbst sehr heftiger Südost oder Süd-Südost, in welchen sie hier aussen in See oft hineingerathen, beeinflusst weder die einzuhaltende westliche Richtung ihres Herbstzuges, noch die Schnelligkeit desselben; trotzdem unter solchen Umständen die Lage ihres Körpers süd-südwest ist, also unter einer Abweichung von sechs Kompassstrichen von der westlichen Flugrichtung liegt, so geht ihr Zug bei einem solchen mehr oder weniger Seitwärtsfliegen dennoch in einer ebenso genau ostwestlichen Richtung von statten, als bei dem günstigsten Wetter, wenn die Achsenlinie des Körpers des ziehenden Vogels der Linie des verfolgten Pfades gleich ist.

Am zahlreichsten kommen alle ziehenden Vögel, sowohl im Herbst wie im Frühjahr, in den Bereich der Wahrnehmung, wenn südöstliche und süd-südöstliche schwache und mässige Winde mit warmem Wetter vorherrschend sind; und am wenigsten sieht man von den Wanderern, wenn während ihrer Herbst- und Frühlingszüge heftige westliche Winde, begleitet von Regen, vorherrschen.

Der Rohrammer ist Brutvogel vom westlichen Europa bis Japan, von Italien bis in das obere Skandinavien hinauf   Seebohm fand sein Nest am Jenisei noch unter 70$\frac{1}{2}$° N.

Nr. 181. Gimpelammer.

EMBERIZA PYRRHULOIDES. Pallas.

Emberiza pyrrhuloides. Naumann, XIII. Blasius, Nachträge. S. 184.
Large-billed Reedbunting. Dresser, IV. p. 249.
Bruant de marais. Temminck, Manuel. III. p. 220. IV. p. 639.

Auch diese Kolossalwiederholung des Rohrammers ist hier einmal erbeutet worden, und zwar am 24. April 1879, in Gestalt eines sehr schönen ausgefärbten alten Männchens, das kleine Knaben in einem Schlagnetz fingen. Es müssen an jenem Tage mehrere dieser Vögel hier gewesen sein, denn einestheils beschrieb mir einer meiner Jäger, der sich auf der Düne befunden, ohne ein Gewehr zur Hand zu haben, ganz genau den »grossen hellen Rohrammer« und auch ich selbst sah am Nachmittag desselben

Tages drei Vögel niedrig über einen Garten hinfliegen, von denen
einer ein sehr helles Männchen dieser Art war, und die beiden
anderen unscheinbaren Stücke zweifellos dazugehörige Weibchen:
dieselben konnten nicht wieder aufgefunden werden. Obengenanntes
Exemplar ist jedoch eine grosse Zierde der Ammerabtheilung
meiner Sammlung.

Das reine tiefe Schwarz des Kopfes dieses Stückes reicht
nicht ganz den Hinterkopf hinunter, das reine Weiss des Halses
erstreckt sich aber fast bis zum Rücken, und nimmt die Kropfseiten, Brust, Weichen und unteren Schwanzdeckfedern ein, alle
welche Theile jedweder dunklen Zeichnung entbehren: der Bürzel
und die oberen Schwanzdeckfedern sind weisslichgrau, ebenfalls
ohne alle dunkle Zeichnung. Von den fünf schwarzen Streifen
des Rückens sind die drei mittleren durch zwei schmale trübe
rostgraue Streifen getrennt, während zwischen den beiden äusseren
ein sehr breiter fast rein weisser Streif hinunterläuft. Das viele
reine Weiss dieses Vogels neben dem tiefen Schwarz und dem
hellen Rostroth der äusseren Flügeldeckfedern giebt demselben
ein äusserst distinguirtes Ansehen.

Die Maasse, dem hier gefangenen frischen Stücke entnommen,
sind folgende: ganze Länge 165 mm. Länge der Flügel 82 mm,
des Schwanzes 75 mm, die Flügel lassen vom Schwanze unbedeckt
47 mm.

Als heimischen Brutvogel hat man diesen Ammer von den
Wolga- und Uralmündungen an, am Kaspischen Meer, dem Aral-
see, ostwärts bis Yarkand angetroffen.

Nr. 182. Schwarzköpfiger Ammer.

EMBERIZA MELANOCEPHALA. Scopoli.

Helgoländisch: Swart-hoaded gübl Klütjer — Schwarzköpfiger gelber Ammer.

Emberiza melanocephala. Naumann, IV. S. 227. XIII. Blasius, Nach-
träge. S. 165.
Black-headed Bunting. Dresser, IV. p. 151.
Bruant crocote. Temminck, Manuel. I. p. 303. III. p. 217.

Das erste Exemplar dieses schönen grossen Ammers erhielt ich
am 4. Juni 1845; es ist ein altes Männchen, bei dem sich merkwürdiger Weise die normale schwarze Kopfzeichnung nicht nur an
den Halsseiten hinunter zieht, sondern auch am Vorderhalse ein

grosser schwarzer Längsfleck steht. Seit jener Zeit ist die Art hier etwa fünfzehn mal vorgekommen und in fast allen Fällen erlegt worden; bis auf einen jungen Vogel alles Stücke im Sommerkleide, von denen fünf alte Männchen, drei alte Weibchen und ein Männchen im zweiten Jahre sich in meiner Sammlung befinden, und Mr. Gurney jun. ein altes Pärchen besitzt, das er von mir erhalten. Mit Ausnahme des jungen Sommervogels, der im August geschossen ward, sind alle zwischen dem 6. Mai und 18. Juni hier vorgekommen.

In England ist diese Art nur einmal beobachtet worden: ein altes Weibchen ward daselbst im November 1868 geschossen. Man hat sich darüber gewundert, dass dies Stück die Reise nach England so spät im Jahre gemacht haben sollte, anstatt in entgegengesetzter Richtung seinem Winterquartiere zuzufliegen; dieser Vogel ist aber sicherlich nicht während einer so späten Jahreszeit dahin gelangt, sondern unzweifelhaft schon während der Sommermonate, hat sich aber unbemerkt herumgetrieben, bis er im Herbst, einer Schaar Goldammer zugesellt, auf freiem Felde leicht erkannt und erlegt ward.

Auf Helgoland kann man wohl sagen, dass ein Vogel an demselben Tage angekommen, an welchem er bemerkt worden ist, aber für England oder das Festland wäre eine solche Annahme wohl nicht gerechtfertigt, namentlich unter Umständen wie die obigen.

Brutvogel ist dieser Ammer in Dalmatien, Griechenland, Kleinasien und dem Kaukasus; weiter östlich scheint derselbe nicht zu nisten, denn Sewertzoff führt ihn nicht unter den Vögeln Turkestans auf.

Nr. 183. Braunkehliger Ammer.

EMBERIZA LUTEOLA. Jerdon.

Emberiza icterica. Eversmann, Addenda ad Pallasii Zoog. Ross. Asiat. II. p. 10.
Euspiza luteola. Jerdon, Birds of India. II. p. 378.
Emberiza luteola. Sewertzoff, Fauna of Turkestan. Ibis 1876. p. 249.

Zweimal bin ich so glücklich gewesen, diesen Ammer in meinem Garten anzutreffen, beides alte Männchen, das erste am 20. Juni 1860, das zweite weniger schöne einige Jahre später im September; wahrscheinlich ist derselbe schon früher einmal durch

Oelrich Aeuckens geschossen worden, leider aber verloren gegangen, da er schwer verwundet in ein dickes Gestrüpp halb flatterte, halb fiel und trotz aller angewandten Mühe nicht aufzufinden war. Beschrieben ward derselbe als ein schöner, sehr gelber Ammer, mit fast ebenso rother Zeichnung um den Schnabel wie ein Stieglitz.

Der Vorsommer obigen Jahres war, sogar für Helgoland, ein überaus reichhaltiger: am 12. Mai erhielt ich ein altes Prachtmännchen von *Saxicola aurita;* am 17. *Turdus saxatilis*, Fem.: am 3. Juni *Muscicapa albicollis*, ebenfalls ein prachtvolles altes Männchen; am 18. *Emberiza melanocephala*, altes Weibchen, und am selben Tage *Charadrius fulvus*, altes Weibchen; am 20. obige *Emberiza luteola* und am 14. Juli *Fringilla serinus*, das erste hier vorgekommene Stück dieses Vogels.

Es unterscheidet sich dieser Ammer auf den ersten Blick von allen verwandten gelben Arten dadurch, dass sein Bürzel, die Hals-, Kropf- und Brustseiten, sowie alle unteren Theile vom reinsten gesättigten Gelb und ohne jedwede Fleckenzeichnung sind. Der Vorderkopf, Gesichtsseiten und Kehle sind schön rostroth; die graubraunen Flügel- und Schwanzfedern haben graue Ränder, die an den kleineren und grösseren Flügeldeckfedern, sowie an den Hinterschwingen in breite, weisslich graue Einfassungen übergehen; wie bei dem Vorhergehenden sind die äusseren Schwanzfedern nicht weiss gezeichnet.

Der braunkehlige Ammer brütet östlich vom Caspischen Meere, nach Sewertzoff in ganz Turkestan von 4—8000 Fuss Höhe, und Herr R. Tancré hat den Vogel sowohl wie dessen Eier zahlreich im Altai sammeln lassen. Nach den mir gütigst von seinen Schätzen mitgetheilten Eiern gleichen dieselben in Farbe und Zeichnung denen von *Emb. melanocephala* sehr, sind jedoch bedeutend kleiner und sind im allgemeinen nicht so schwärzlich punktirt als die jenes nahen Verwandten. Sie messen 21 mm in der Länge und 16 mm in der Breite; ihre Grundfarbe ist ein olivengelblich getrübtes Weiss, worauf dunkelgraue rundliche Schaalenflecke und gelblich-olivenbraune Spritzflecke stehen, die zu einem Kranz gereiht oder nur etwas gehäufter am dicken Ende stehen. An einem Ei herrscht eine violettlich graubraune Farbenstimmung, sowohl im Grunde wie in der Zeichnung vor, und dies ähnelt manchen Eiern der weissen Bachstelze zum Verwechseln. Das am feinsten punktirte Ei meiner Sammlung, dessen etwas sparsame Zeichnung ebenmässig über die ganze Oberfläche verbreitet ist, verdanke ich

der Güte des Colonel Wardlaw Ramsay, der es während des
Krieges in Afghanistan im Jahre 1880 gesammelt hat; bei diesem
Stücke ist die Grundfarbe ein sehr blasses Meergrün.

Nr. 184. Schneeammer.

EMBERIZA NIVALIS. Linn.

Helgoländisch: Snüling -- Schneeling.

Emberiza nivalis. Naumann, IV. S. 297.
Snow Bunting. Dresser, IV. p. 261.
Bruant de neige. Temminck, Manuel. I. p. 319. III. p. 339.

Wie zu erwarten, ist der Schneeammer ein sehr zahlreicher
Besucher Helgolands, namentlich im Spätherbst, wenn Frostwetter
heranzunahen beginnt. Ein höchst lebendiges Bild bietet eine
Schaar von einigen hundert dieser ungestümen Vögel dar, wenn
sie sich auf freier Fläche einen Moment niedergelassen, nicht um
zu ruhen, denn Ruhe scheinen dieselben nicht zu kennen, auch
nicht um Nahrung zu suchen, denn sie wälzen sich förmlich über
den Boden dahin, indem fortwährend die Hintersten der Schaar
niedrig über dieselbe dahinfliegen, um sich vor den Vordersten
derselben gleich wieder zu setzen; dies wiederholt sich munter-
brochen und bringt die rastlose Schaar bald bis zum Rande des
Felsens, worauf die ganze Gesellschaft sich erhebt und wie vom
Winde gejagt in hohem Bogen zu einer fernen Stelle eilt, wo dieselben ruhelosen Bewegungen sich wiederholen. In nicht geringem
Grade wird die Lebhaftigkeit der Erscheinung gesteigert durch
die fortwährend erschallenden hellen Lockstimmen der laufenden
sowohl wie der fliegenden Vögel.

Nicht selten kommen vereinzelte junge Sommervögel schon
während der letzten Tage des August und der ersten des September
hier vor, diese sind stets sehr düster, fast kupfer-rothbraun gefärbt. Alte Vögel im reinen Sommerkleide habe ich hier nur dreimal erhalten; es sind dies durch irgendwelchen Zufall verspätete
Stücke, denn der normale Frühlingszug dieser hochnordischen Art
findet schon sehr früh im Jahre statt, wenn alle noch fast vollständig das Winterkleid tragen. Ein altes Männchen, das aber
nur die beiden Farben des Sommerkleides: reinstes stahlglänzen-
des Schwarz und schneeiges Weiss in vollkommenem Zustande

trägt, wird in auffallender Schönheit von keinem europäischen
Vogel übertroffen. Die Brutstätten des Schneeammers erstrecken sich rund um
den Nordpol; Capt. Fielden fand ein Nest mit Eiern unter 82° 33′ N.
in der Nähe von Knot-harbour, Grinnellland. Nur das Schneehuhn
scheint noch nördlicher zu brüten, wenigstens traf derselbe Forscher ein Paar dieser Vögel unter 82° 46′ N. und schoss das Weibchen davon; Lieut. Aldrich aber fand die Spur dieser Art im
Schnee noch unter 83° 6′ N. (Notes from an Arctic Journal by
H. W. Fielden. Reprinted from the »Zoologist«. p. 72.)

Nr. 185. Lappländischer Ammer.

EMBERIZA LAPPONICA. Linn.

Helgoländisch : Berg - Snüling — Berg - Schneeammer.

Emberiza lapponica. Naumann, IV. S. 319.
Lapland Bunting. Dresser, IV. p. 253.
Bruant montain. Temminck, Manuel. 1. p. 322. III. p. 339.

Ungleich seinem vorhergehenden nahen Verwandten kommt
dieser Ammer hier nur vereinzelt vor; von Mitte September bis
Ende Oktober hin und wieder zwei bis drei Stück, selten mehr
an einem Tage. Sein Charakter ist ebenfalls ein ganz entgegengesetzter, nichts von jenes Ungestüm und Wildheit haftet ihm an,
er ist ein sanfter, ruhiger Vogel, den ich wiederholt zu meiner
grossen Freude jahrelang im Bauer gehalten, und dessen melodisch
flötendes, wenn auch melancholisch klingendes Lied mir während
mancher Sommernacht, die ich über diesen Blättern an meinem
Pult verbrachte, grossen Genuss gewährt hat. Des Schneeammers
Lied trägt ganz denselben Charakter, die melodischen Flötentöne
sind aber voller, und auch er lässt es im Bauer nur während der
ersten Stunden der Juni- und Juli-Nächte hören — aber er bleibt
so unbändig, schreit wie besessen, wenn man sich seinem Bauer
nähert, dass mit ihm keine Freundschaft zu schliessen ist und
der Sache immer dadurch ein Ende gemacht wird, dass man den
störrigen Gesellen wieder in Freiheit setzt. Der Lappländische
Ammer flattert nach ein oder zwei Wochen Gefangenschaft schon
nicht mehr, wenn man sein Futter erneuert, und wird bald so
zahm, dass er gebotene Fliegen vom Finger nimmt; er legt auch
die Herbstmauser stets ganz vollständig und sehr schnell zurück.

Im Sommerkleide ist auch diese hochnordische Art hier eine äusserst seltene Erscheinung; ein solches vollständig reines Kleid habe ich in der That nur einmal erhalten.

Gleich dem Vorhergehenden brütet auch der Lappländische Ammer innerhalb des ganzen nördlichen Polarkreises, geht jedoch nicht so hoch hinauf als jener.

Nr. 186. Wandernder Reisvogel.

DOLICHONIX ORYZIVORA. Linn.

Wandering Ricebird. Audubon, Syn. of Birds of North America. p. 138.

Zweimal ist ein alter männlicher Vogel dieser Art hier während der Sommermonate geschossen worden, beide wurden mir frisch gebracht. Eins dieser Stücke ist sehr verstossen am Schwanz und an den Flügelspitzen, sein anderweitig aber ganz vollkommenes Gefieder giebt dem Vogel nicht das Ansehen, als ob er in Gefangenschaft gewesen wäre. Das zweite Exemplar war ein in allen seinen Theilen ganz unverletzter Vogel, der sicherlich nie im Bauer gewesen.

Diese Art ist hier als Anhang zu den Ammern wohl am besten untergebracht; wenn dieselbe auch nicht als Ammer bezeichnet werden kann, so schliesst sich doch das Weibchen und der junge Herbstvogel denen der grossen gelben Ammern, *Euspiza*, namentlich *luteola*, in ihrer allgemeinen äusseren Erscheinung sehr nahe an.

Die Heimath dieses Vogels erstreckt sich über die Vereinigten Staaten Nordamerikas, denen er ausschliesslich angehört. Ausser den oben angeführten beiden Stücken ist derselbe diesseit des Atlantischen Ozeans noch nicht angetroffen worden.

Fink. Fringilla. Diese Gattung, welche in ungefähr hundert Arten und grosser Individuenzahl, mit Ausnahme Australiens, fast die ganze Welt bewohnt, gehört dennoch zu den am wenigsten interessanten Besuchern Helgolands, denn mit Ausnahme des vereinzelten Vorkommens von *Fringilla nivalis, Hornemanni* und *exilipes* weisen die hier anzuführenden siebzehn Arten nur gewöhnliche Europäische Namen auf.

Nr. 187. B u c h f i n k.

FRINGILLA COELEBS. Linn.

Helgoländisch: Bockfink; von Buchfink.

Fringilla coelebs. Naumann, V. S. 13.
Chaffinch. Dresser, IV. p. 3.
Gros-bec pinson. Temminck, Manuel. I. p. 357. III. p. 260.

Keinem der Helgoland besuchenden Vögel wird so oft ein
zorniges Wort nachgerufen, als dem Buchfinken während seines
Frühlingszuges; nicht vom Jäger oder Vogelsteller, aber von jedem,
der in seinem bescheidenen Garten ein Stückchen Erde mit Kohl,
Radies oder Rübensamen besäet hat, denn sicher ist darauf zu
rechnen, dass, wenn dies gegen Abend eines der ersten Apriltage
geschehen, auch schon mit dem Morgengrauen des nächsten dies
Stückchen Erde mit Finken bedeckt ist, welche zur Zeit, da man
etwa einschreitet, schon die Hälfte des Samens ausgewühlt und
als Frühstück verzehrt haben. Man sucht sich dadurch zu schützen,
dass man ein Netz etwa einen Fuss hoch über das besäete Stück
spannt, aber ist dies nicht rings herum fest auf den Boden ge-
pflockt oder eine einzige Masche desselben zerrissen, so kriechen
diese einfältigen Thiere sicher an solcher Stelle hindurch und ver-
tilgen was nur möglich, ehe man hinzukommt.

Kein irgend erdenklicher Nutzen wird dagegen geboten, ausser
dass in zwei oder drei Fällen ein schönes Männchen im Käfig den
bescheidenen Ansprüchen des Besitzers durch seinen monotonen
Gesang genügt. Für die Küche wird der Buchfink nicht gefangen,
obwohl man sich von Mitte September bis Ende Oktober oft
tausende verschaffen könnte, wollte man einen Fang für dieselben
herrichten: das ganze mit Kartoffeln bepflanzte Oberland des
Felsens ist während des Herbstzuges oft von Wolken dieser Vögel
bedeckt; während des Frühlingszuges von Ende März bis Schluss
des April ist er zwar auch häufig genug, aber in keinem Vergleich
zu den Massen des Herbstzuges.

Es kommt hin und wieder einmal vor, dass ein Pärchen dieser
Vögel hier nistet; im allgemeinen erstreckt sich das Brutgebiet dieser
Art über ganz Europa, von Portugal bis zum Ural, und in Skandinavien soweit nördlich, als der dürftigste Holzwuchs noch Gelegenheit dazu darbietet. Ostwärts nach Asien hinaus nistet dieselbe nur
noch vereinzelt, denn nach Sewertzoff kommt sie in Turkestan nur
noch selten während der Wintermonate vor.

Nr. 188. Bergfink.

FRINGILLA MONTIFRINGILLA. Linn.

Helgoländisch: Quäker. Name dem Lockton nachgebildet.

Fringilla montifringilla. Naumann, V. S. 44.

Brambling. Dresser, IV. p. 15.

Gros-bec des Ardennes. Temminck. Manuel. I. p. 360. III. p. 264.

Gleich dem Vorhergehenden ist auch der Bergfink in den Gärten der Insel ein höchst unwillkommener Gast; da er im Frühjahr meist etwas später eintrifft als der Buchfink, so haben die Rüben- und Kohlaussaaten schon die ersten Keimblätter getrieben, und es scheint diesem sonst so schönen Vogel ein besonderes Vergnügen zu machen, die jungen Pflänzchen aus dem Boden zu ziehen, um sie ohne weitere Berührung liegen zu lassen. Thierschützler werden sagen, der Vogel thue dies, um zu einem schädlichen Insekt an der Wurzel der Pflanze zu gelangen, da er sie aber bis zur letzten herausreisst, und solche Aussaat, die durch ein Netz gegen derlei liebenswürdige Aufmerksamkeiten geschützt ist, stets sehr vortrefflich gedeiht, so dürfte es einem doch nicht zu verargen sein, wenn man sich derartiger Hülfleistungen nach Kräften erwehrt. — Aehnliches wird auch noch beim Sperling zu erwähnen sein.

Es kommt, wenn auch äusserst selten, eine eigenthümliche Varietät unter den Männchen dieser Art vor, welche darin besteht, dass das stahlblau glänzende tiefe Schwarz des Kopfes und Halses sich auch über den, am normalen Kleide rostorange gefärbten Vorderhals erstreckt, den Hals also ganz umgiebt. Ich habe während meiner so langen Praxis diese Ausnahmszeichnung hier nur zweimal erhalten; Naumann erwähnt derselben nicht, nach einer Bemerkung Newton's, in seiner Bearbeitung von Yarrell's British Birds, ist dieselbe aber von Englischen Forschern des öfteren beobachtet worden.

Der Frühlingszug dieser Art fällt hier zumeist in den April, vereinzelte alte Männchen kommen jedoch manchmal schon Mitte März an. Im Herbst beginnt der Zug Mitte September, die Zahl der Wanderschaaren steigert sich im Laufe des Oktober oft sehr, erreicht aber niemals das massenhafte Auftreten des Buchfinken.

Die Brutstätten dieses Finken erstrecken sich von Norwegen bis zum Ochotzkischen Meere von 60° N. aufwärts, soweit verkümmerte Birken noch Gelegenheit zum Nestbau bieten.

Nr. 189. Schneefink.

FRINGILLA NIVALIS. Linn.

Fringilla nivalis. Naumann, V. S. 4.
Snow Finch. Dresser, III. p. 617.
Gros-bec niverolle. Temminck, Manuel. I. p. 362. III. p. 261.

Dieser so eigenthümliche Fink, mit den Flügeln und dem Schwanz eines Schneeammers, wie Aenckens es bezeichnet, ist hier zweimal vorgekommen: einmal am 30. März 1849, und ein andermal hat Aenckens ihn im Spätherbst gesehen, aber nicht erhalten. Am erstgenannten Tage war schwacher Südostwind und schönes Wetter; es herrschten derzeit überhaupt schwache Ostwinde vor und brachten viel Zug hierher, so auch kurz zuvor einen Zitronzeisig, der hier ebenfalls nur zweimal beobachtet worden ist.

Die Niststätten dieser Art liegen nahe der Schneegrenze in den Hochgebirgen Europas und Asiens, von Spanien bis Turkestan (Irby, Sewertzoff). Nur die Unwirthlichkeit dieser Regionen während der Wintermonate veranlasst den Vogel tiefer hinunter zu gehen; einen eigentlichen Zug hat er nicht.

Nr. 190. Distelfink.

FRINGILLA CARDUELIS. Linn.

Helgoländisch: Ziebelitsch = Stieglitz.

Fringilla carduelis. Naumann, V. S. 126.
Goldfinch. Dresser, III. p. 527.
Gros-bec chardonneret. Temminck, Manuel. I. p. 376. III. p. 269.

Der elegante Stieglitz kommt hier fast immer nur vereinzelt vor, drei bis fünf Stück an einem Tage gehört zu den Ausnahmen; sein Herbstzug fällt in den Oktober und im Frühjahr erscheint er von Mitte April bis Ende Mai; hin und wieder sieht man ihn auch während der Massenzüge von Samenfressern, die durch starken Schneefall und plötzlichen Frost während der Wintermonate veranlasst werden.

Das Brutgebiet dieses Vogels erstreckt sich über ganz Europa, in Norwegen bis über den Polarkreis hinaus. Derselbe brütet auch auf den Canarischen Inseln, Madeira, in Nordwest-Afrika, Kleinasien, ostwärts bis zum Altai.

26*

Nr. 191.　B l u t h ä n f l i n g.

FRINGILLA CANNABINA.　Linn.

Helgoländisch: Irdisk.　Name ohne Bedeutung.

Fringilla cannabina. Naumann, V. S. 80.
Linnet. Dresser, IV. p. 31.
Gros-bec linotte. Temminck. Manuel. I. p. 364. III. p. 262.

Der jugendliche Helgoländer ist höchlich erfreut, wenn es ihm
gelungen, einen ›Blood-blood-road Irdisk‹ zu erbeuten, denn neben
dem Stieglitz ist derselbe jedermanns Liebling als Stubenvogel;
so alte Männchen sind anfänglich zwar etwas ungestüm und
störrisch. haben sie sich aber erst an ihre neue Umgebung ge-
wöhnt, so bilden sie ein hochgeschätztes Mitglied der Familie.
Den Zeisig hält man zwar auch gern im Bauer, aber dies geschieht
mehr seines fast einfältig zutraulichen Wesens und seines un-
versiegbar guten Humors halber, als wegen seiner musikalischen
Fähigkeiten; sein Gesang mit der fast jeden Augenblick wieder-
kehrenden Schlussstrophe: Friederi-i-Friederi-i-äh-h-h gehört sicherlich zu den sehr bescheidenen, hat aber doch das Gute, dass
durch die nimmer ermüdende Lebhaftigkeit desselben auch die
trägsten Sänger zum Einstimmen fortgerissen werden.

Helgoland besucht der Bluthänfling nicht allein sehr zahlreich,
sondern auch während eines sehr langen Abschnittes des Jahres.
Er trifft schon mit den ersten Buchfinken Mitte oder Ende September ein, und es ist wirklich nicht zu sagen, wann sein Herbstzug eigentlich endet, denn nicht allein ist er sehr zahlreich während des Oktober und November, sondern kommt in kleineren
oder grösseren Gesellschaften auch im Dezember vor. Eine Pause
tritt auch mit dem Schluss des Jahres nicht ein, denn er lässt
sich im Januar schon wieder sehen, besonders zahlreich mit den
öfter schon erwähnten plötzlichen schweren Schneefällen. Im
Februar und März kommt er auf regelmässigem Zuge täglich in
mehr oder weniger grossen Gesellschaften vor, die von Mitte bis
Ende April nach und nach kleiner werdend, den Frühlingszug beschliessen.

Es brütet der Bluthänfling zahlreich in ganz Europa, nördlich bis über 60° N. hinaus. Ostwärts erstreckt sich sein Brutgebiet bis wenigstens zum mittleren Asien; Sewertzoff führt ihn
für Turkestan noch als gewöhnlichen Brut- und Zugvogel auf.

Nr. 192. Berghänfling.

FRINGILLA MONTIUM. Gmelin.

Helgoländisch: Road-ejeäbssed = Rothbürzel.

Fringilla montium. Naumann, V. S. 103.
Twite. Dresser, IV. p. 59.
Gros-bec de montagne. Temminck, Manuel. I. p. 368. III. p. 262.

Eine munterere Gesellschaft als eine Schaar dieser kleinen
Vögelchen ist kaum zu denken; ihr Lieblingsaufenthalt sind brache,
dick mit wildem Senf bestandene Ackerstücke, und es ist spassig,
wenn man ihnen daselbst zu nahe kommt, plötzlich sechzig bis
hundert derselben unter allseitigem quäkendem Gepfeife dicht gedrängt zehn bis zwölf Fuss hoch sich erheben, eine kleine Schwen-
kung machen, und alle zugleich unter allgemeinem Geschrei auf denselben Platz wieder einfallen zu sehen; einige aus der Schaar bleiben
nämlich stets am Boden zurück, und durch die eifrigen flötend
gezogenen Lockrufe derselben werden alle Aufgeflogenen sofort
wieder zu dem verlassenen Platz zurück gebracht. Manchmal erheben sie sich auch nur zwei bis drei Fuss und fallen sofort wieder
ein — was aber auch geschehe, die ganze Schaar führt es dicht
gedrängt aus und jedes Individuum macht dabei so viel Lärm, wie
ihm mit seinem kleinen gelben Schnabel nur irgend möglich ist.

Dieser kleine interessante Häufling, der von der rothen Färbung der Gruppe nur einen so bescheidenen Antheil erhalten,
kommt hier während des Oktober und November zu Hunderten
an einem Tage vor, und, wenn auch weniger zahlreich, noch den
ganzen Dezember. Plötzlich eintretender schwerer Schneefall
bringt auch ihn oft in zahllosen Massen. Sein Frühlingszug fällt
in den März, er tritt dann zwar weniger zahlreich auf, jedoch
immer noch in Schaaren bis zu fünfzig Stücken.

— — —

Nr. 193. Leinfink.

FRINGILLA LINARIA. Linn.

Helgoländisch: Twieweleahr und Road-hoaded. Ersteres Name des Männchens,
letzteres Bezeichnung für Weibchen und Junge, bedeutend: rothköpfig.

Fringilla linaria. Naumann, V. S. 173.
Mealy Redpole. Dresser, IV. p. 37.
Gros-bec sizerin. Temminck, Manuel. I. p. 373. III. p. 267.

Der Leinfink ist ein höchst unregelmässiger Besucher Helgolands; in seltenen Ausnahmefällen erscheint er in wirklich wunder-

baren Massen; während mancher Jahre nur in zerstreuten grossen
Flügen, in anderen ist er kaum durch wenige zerstreute Individuen vertreten, und auch auf diese ist keinesweges in jedem Jahre
mit Sicherheit zu rechnen. Das Gesagte hat nur Anwendung auf
den Herbstzug, denn im Frühjahr ist der Vogel immer nur eine
seltene höchst vereinzelte Erscheinung.

Der erstaunlichste Massenzug dieser Art, den ich hier jemals
erlebt, fand im Herbst 1847 statt; derselbe hat sich, wie ich
glaube, auch über ganz Deutschland erstreckt. Er begann hier
am 13. Oktober mit zwanzig bis dreissig Stücken, steigerte sich
mit jedem Tage an Zahl, und ist in meinem Tagebuche vom
26. des Monats bis zum 3. November mit Hunderten täglich angegeben; am 4. und 5. November sind »zahllose Schaaren« und
»unzählbare Massen« verzeichnet; am 6. »weniger als Tages zuvor«. Bis Mitte des Monats kamen etwa hundert täglich vor,
worauf sich vereinzelte Stücke und kleinere Gesellschaften noch
bis Mitte Februar des folgenden Jahres zeigten. An obigen beiden
Haupttagen war die ganze Insel buchstäblich bedeckt von diesen
Vögeln, so dass, wenn man einen Stein in irgend einer beliebigen
Richtung warf, derselbe Vögel traf, so lange er über den Boden
rollte.

Es war jenes das denkwürdige Jahr, während dessen Herbst-
monaten die bis dahin so seltene Berglerche zum ersten mal in
grosser Zahl erschien, und die seitdem ein fester, stets an Zahl
sich steigernder Besucher Helgolands, und somit des westlichen
Europas, geworden ist. Andere Fringillen traten derzeit auch
in ganz ungewöhnlichen Massen auf, *Fr. montium* z. B. täglich
in Schaaren von Hunderten; *coelebs, montifringilla* und *cannabina*
unzählbar; *spinus*, wenn auch geringer an Zahl, doch auffallend
massenhaft. Während des Oktober, November und Dezember 1881
fand wieder ein ausnahmsweise starker Zug der Leinfinken statt,
derselbe war aber nicht annähernd mit jenem von 1847 zu vergleichen, auch hatte die Erscheinung in letzterem Falle das Eigenthümliche, dass fast alle diese Vögel in grossen Schaaren eilig
überhinzogen, und vergleichsweise nur ganz wenige sich niederliessen. Es möge erwähnt werden, dass, wenn diese Art in ungewöhnlich grosser Zahl erscheint, beide Geschlechter gleichzeitig
in allen Altersstufen vertreten sind.

Die Brutstätten des Leinfinken liegen innerhalb des Polarkreises der Alten wie Neuen Welt.

Nr. 194. Polarfink.

FRINGILLA HORNEMANNI.

Linota Hornemanni. Holböll, Fauna Grönlands. Uebersetzt von
Paulsen. S. 30.
Greenland Redpole. Dresser, IV. p. 55.
Gros-bec boreal. Temminck, Manuel. III. p. 264. IV. p. 644.

Auch diesen interessanten hochnordischen Vogel habe ich hier
einmal erhalten, seine auffallende Grösse veranlasste Claus Aeuckens
ihn zu schiessen; abgesehen von dem etwas kürzeren Schwanz
und viel kleineren Schnabel gleicht er darin vollkommen einem
jungen Buchfinken. Es ist ein junger Herbstvogel, er ward am
24. Oktober 1879 erlegt und trägt ein sehr schönes vollkommenes
Gefieder; in Färbung und Zeichnung gleicht er seinen nahen Verwandten derselben Altersstufe sehr, jedoch erscheint das ganze
Kleid mehr ausgeprägt, so sind z. B. die bei jungen Vögeln von
Fr. linaria weisslich rostgelben Streifen, welche zunächst der mittleren schwarzen Rückenstreifen stehen, bei diesem Stücke ihrer
ganzen Länge nach rein weiss; der Bürzel ist ebenfalls weiss, in
welche Farbe die drei schwarzen Rückenstreifen verlaufen: der
schwarze Kehlfleck ist sehr breit und erstreckt sich fast den ganzen
Vorderhals hinunter; der Kropf ist isabell-rostfarben mit breiten
schwarzen Streifen an den Seiten, welche sich die ganzen weissen
Brustseiten und Weichen hinunter ziehen.

Der Färbung nach weicht dies Exemplar demnach bedeutend
ab von der Beschreibung Holböll's, nach welcher sich das Kleid
alter wie junger Vögel dieser Art fast nur in Grau, Weiss und
Rosaroth bewegt. Temminck, dessen Beschreibung ebenfalls nach
Grönländischen durch Holböll gesammelten Stücken entworfen ist,
sagt jedoch, dass die braunen Flecke des Rückens rostfarbig gesäumt,
der Bürzel braun gefleckt, und die Seiten mit zahlreichen braunen
Flecken gezeichnet seien. Ein junger weiblicher Herbstvogel, den
Dresser aus Grönland erhalten, gleicht nach seiner Angabe in der
Färbung manchen *linaria* so sehr, dass er sich von diesen nur
durch seine bedeutende Grösse und Schnabelbildung unterscheidet.

Die Maasse des Helgoländer Vogels, welche mit den von
Holböll und Dresser gegebenen vollständig übereinstimmen, sind
folgende: ganze Länge 139 mm, Länge des Flügels 79 mm, des
Schwanzes 71 mm, die Flügel lassen von letzterem unbedeckt
30 mm, derselbe ist ausgeschnitten 19 mm. Der Schnabel ist kurz,

gerade. nicht zugespitzt, der Oberkiefer ist eher etwas gewölbt und
spitzwärts ein wenig abwärts gebogen und misst von der Stirn
zur Spitze 8 mm.

Brutvogel ist diese Art in Grönland, auf Spitzbergen und im
nördlichen Island: in ersterem Lande fand Holböll sein Nest von
69⁰ N. an bis über 73⁰ N. hinaus. Südlich seiner borealen Nistplätze ist dieser Vogel nur dreimal angetroffen worden: einmal in
Frankreich, einmal, am 24. April 1855, in England: dies ist ein
sehr schöner alter Vogel, und als drittes Beispiel das hier auf
Helgoland erlegte Exemplar.

Nr. 195. Sibirischer Leinfink.

FRINGILLA EXILIPES. Cones.

Coues' Redpole. Linota exilipes. Dresser, IV. p. 51.

Während des weiter zurück erwähnten wunderbaren Massenzuges des Leinfinken im Herbste 1847 war auch diese kleine
weisse Art sehr reichhaltig vertreten; wenn seit jener Zeit der
erstere in grösserer Zahl wieder auftrat. befand sich auch stets
ein oder das andere Stück dieses so auffallenden Vögelchens dabei.
Erhalten habe ich seit jener fernen Zeit aber nur wieder ein
Exemplar, einen jungen Herbstvogel, der am 1. Dezember 1881
von zweien geschossen ward. Es waren seit Anfang November
letzteren Jahres schon ziemlich viel Leinfinken vorgekommen, am
30. des Monats zogen aber Tausende in grossen Schaaren meist
alle überhin; Tages darauf sah man wieder Schaaren von dreissig
bis fünfzig Stücken, und unter diesen die obigen beiden Vögel.

Ausser durch bedeutend geringere Grösse unterscheidet sich
die gegenwärtige Art von *Fr. linaria* durch ihre durchgehend
helle Färbung: an dem jungen Herbstvogel meiner Sammlung sind
die dunklen Rückenstreifen, welche an jungen Vögeln jener Art
schwarzbraun sind. weisslich braungrau, weisslich gelbgrau gerandet, die mittleren beiden hellen Streifen sind rein weiss; die
Zeichnung an den Brustseiten ist noch heller braungrau, sehr
verwischt, und verliert sich in den Weichen fast ganz: bei *linaria*
sind diese Streifen schwarz und scharfbegrenzt: der Bürzel ist
rein weiss und durchaus ungefleckt. Ein altes Männchen, von
Seebohm den 22. April 1875 an der Petschora geschossen, gleicht
dem Helgoländer Stücke in der Färbung der oberen Theile voll-

ständig, hat aber nur noch an den Weichen matt braungraue Streifen und ist auf dem Kropfe, den Brustseiten und auf dem Bürzel hell rosenroth gefärbt.

Die Maasse des hier erlegten Stückes, welche mit denen des alten Vogels von der Petschora vollständig übereinstimmen, sind folgende: ganze Länge 120 mm, Länge des Flügels 67 mm, des Schwanzes 58 mm, die Flügel lassen von letzterem unbedeckt 30 mm. Der sehr kleine Schnabel misst von Stirn zur Spitze 6 mm und ragt unter den die Nasenlöcher bedeckenden Borstenfedern nur 4 mm hervor.

Diese Art brütet vom nordöstlichen Europäischen Russland an durch das ganze nördliche Asien, und unter gleichen Breiten in das boreale Amerika hinein. Während der Vega-Expedition traf man nur diesen Leinfinken im oberen Tschuktschenlande an.

———

Nr. 196. Rostbrauner Leinfink.

FRINGILLA RUFESCENS. Vieillot.

Lesser Redpole. Dresser, IV. p. 47.

Wie gross die Abneigung westeuropäischer Arten ist, östlich über die äussersten Grenzen ihrer Heimath hinaus zu gehen, davon giebt dieser, der kleinste der Leinfinken, einen sehr schlagenden Beweis: er ist im mittleren und nördlichen England, sowie in ganz Schottland ein gewöhnlicher zahlreicher Brutvogel, und dennoch erhielt ich hier trotz aller Aufmerksamkeit, im Jahre 1882 das erste Exemplar für meine Sammlung; dies Stück schoss mein Sohn Ludwig am 24. Oktober, und am 7. November erlegte ich selbst eins dieser niedlichen Vögelchen in meinem Garten. Am 15. Mai 1884 brachte mir Claus Aeuckens ein drittes Exemplar und am 21. und 22. desselben Monats ward wiederum eins gesehen, ohne jedoch erbeutet zu werden — seit jener Zeit ist der Vogel hier nicht wieder gesehen worden.

Einen ausserordentlich interessanten Beitrag zum Vogelleben Helgolands lieferte aber dies Vögelchen noch dadurch, dass im Jahre 1872 ein Pärchen desselben in dem Drosselbusche meines Gartens nistete. Ich entdeckte das Nest erst im Herbst, als die Blätter fielen: ich glaubte es in den fünfzehn bis achtzehn Fuss hohen Dornen suchen zu müssen, nicht aber in einem Hollunderstrauch, und dennoch stand es in einem solchen, etwa neun Fuss hoch, an einer Stelle wo ich zu allen Tagesstunden unter demselben hindurch ging. Ein starker Zweig war mehrere Fuss vom Stamm entfernt abgebrochen und hatte an der Bruchstelle vier Schösslinge getrieben, so dass das Ganze die Form einer offen gehaltenen Hand hatte, und in der Höhlung derselben stand das Nestchen. Das Männchen dieses Paares war schon früh zu Grunde gegangen, wahrscheinlich den zahllosen Katzen der Insel zum Opfer gefallen, dennoch aber brütete die kleine vereinsamte Wittwe ihre Eier aus und zog getreulich ihre fünf Jungen gross. Da die ganze Gesellschaft schliesslich an einem Tage verschwand, so war anzunehmen, dass sie zusammen ihren Herbstzug glücklich angetreten.

Keinerlei Zweifel kann über die Identität dieser Vögel bestehen, nicht allein, dass das Weibchen täglich neben einer schattigen Bank meines Gartens, in drei bis fünf Fuss Entfernung über meinem Kopfe sass, besorgt wegen ihres nur wenige Schritt entfernten Nestes wie bittend hiiet-hiiet rufend, sondern ich habe auch zwei der kleinen rostbraunen Jungen, die noch zu unbeholfen das Nest verlassen, vom Boden aufgehoben und nach längerer Betrachtung hoch hinauf in die Zweige des heimathlichen Strauches gesetzt.

Diese Art unterscheidet sich bei dem ersten Blick von ihren vorangegangenen drei nahen Verwandten: sie ist nicht allein die kleinste, sondern auch bei weitem die am dunkelsten gefärbte von allen. An allen oberen Theilen derselben, einschliesslich des Bürzels, herrscht ein düsteres gesättigtes Rostbraun vor, welches nicht allein auch die Hals-, Kropf- und Brustseiten einnimmt, sondern sich auch auf die Ränder und Spitzen der grossen und kleinen Flügeldeckfedern, sowie die hinteren Schwingen erstreckt — das Roth am Sommerkleide des Männchens hat sogar eine Beimischung dieser Rostfarbe.

Die Maasse der hier geschossenen Stücke von *Fr. rufescens* sind folgende: ganze Länge 115 mm, Länge des Flügels 67 mm, des Schwanzes 52 mm. die Flügel lassen von demselben unbedeckt 26 mm. Der Schnabel ist 8 mm lang und gleicht mit seiner gestreckten Spitze in der Form sehr dem von *linaria*. während die Schnäbel von *Hornemanni* und *exilipes* in der Form einander ähnlich sind.

Diese Art scheint nirgendwo als in Schottland und auf seinen Inseln, sowie bis in das mittlere England und das nördliche Irland zu nisten. Seebohm sagt, dass diese Vögel während des

Zuges in grossen Schaaren auf den Orkneys erscheinen — von
wo könnten solche Schaaren kommen, oder wohin gehen, wenn
sie nicht auch Brutvögel in Skandinavien oder weiter ostwärts sind.

Nr. 197. Erlenzeisig.

FRINGILLA SPINUS. Linn.

Helgoländisch: Ziesk = Zeisig.

Fringilla spinus. Naumann, V. S. 173.
Siskin. Dresser, III. p. 541.
Gros-bec tarin. Temminck, Manuel. I. p. 371. III. p. 264.

In manchen Jahren tritt dies Vögelchen hier während des
Herbstzuges in ganz unglaublicher Massenhaftigkeit auf, während
der meisten Jahre gehört es aber zu den nur in geringerer Zahl
vertretenen Finkenarten: namentlich kommt dasselbe während des
Frühlingszuges nur vereinzelt vor.

Der Herbstzug findet von Mitte September bis gegen Ende
Oktober statt, die Vögel erscheinen fast alljährlich in kleineren und
grösseren Flügen, manchmal aber in erstaunlicher Zahl, so im Herbst
1880 in solcher Menge als niemand sich erinnerte hier jemals gesehen
zu haben. Mein Journal sagt darüber: September 16. Wind SO. ganz
still, sonnig, warm. *Fr. spinus* früh Flüge bis zu fünfzig Stücken;
Nachmittags hunderte im Garten auf Salat, der in Samen geschossen
— alles junge Vögel. Am 17. Hunderttausende, Schaaren wie
Wolken. Die ganze Insel war bedeckt von ihnen.

Dieser so beispiellos zahlreiche Zeisigzug bot mir eine vortreffliche Gelegenheit für Entkräftung der seit einigen Jahren auf-
getretenen, kaum ernsthaft zu nehmenden Behauptung, der nach
die kleinen Vögel während der Wanderflüge von den Grossen auf
dem Rücken an Ort und Stelle getragen würden, und oft bin ich
von Sommergästen Helgolands hierüber befragt worden. Während
des genannten September hatte ein wissenschaftlich gebildeter Herr
des öfteren diese Frage angeregt; derselbe war so fest von der
Wahrheit der Sache überzeugt, dass meine Gegenrede nicht den
geringsten Eindruck auf ihn machte. Da führte sein Unstern
obigen 17. September herbei; er kam zu mir, um sein Erstaunen
auszudrücken über die ungeheuren Massen der die ganze Insel
erfüllenden kleinen Vögel — es fand nämlich mit den Zeisigen
zusammen auch ausnahmsweise starker Zug vieler Sylvien, Stein-

und Wasserschmätzer, Baumpieper. Ortolane und dergleichen statt. Er konnte sich nicht erschöpfen in Worten der Verwunderung über die unbegreifliche Zahl der kleinen Geschöpfe; ich fragte ihn schliesslich wie ganz zufällig: aber sind denn nur so kleine und gar keine grösseren Vögel da? worauf er ausrief: Nein! nicht ein einziger, alles wimmelt nur von kleinen Vögelchen. Ich erwiderte: das ist doch wunderbar, wer kann denn da aber all dies kleine Volk auf dem Rücken herüber getragen haben? Seitdem ward die Frage von der Seite nicht wieder erwähnt.

Das Brutgebiet des Erlenzeisigs erstreckt sich von Frankreich und England durch das ganze mittlere und nördlichere Europa und Asien bis Japan; in Skandinavien kommt derselbe noch über den Polarkreis hinaus vor.

Nr. 198. Z i t r o n z e i s i g.

FRINGILLA CITRINELLA. Linn.

Fringilla citrinella. Naumann, V. S. 148.
Citril Finch. Dresser, III. p. 535.
Gros-bec centuron. Temminck, Manuel. I. p. 370. III. p. 263.

Ueber dies Vögelchen ist hier sehr wenig zu sagen; es ist nur zweimal vorgekommen: Reymers hatte vor langen Jahren ein solches lebend gefangen und eine Reihe von Jahren im Bauer gehalten. Am 19. März 1849 ward wiederum ein solcher Vogel hier gesehen, ohne jedoch erlegt worden zu sein und ich habe bisher noch keinen für meine Sammlung erlangen können.

Die Niststätten dieser Art liegen in den Bergen Südeuropas bis zur Schweiz und dem Schwarzwald hinauf.

Nr. 199. Girlitz.

FRINGILLA SERINUS. Linn.

Fringilla serinus. Naumann, V. S. 114.
Serin Finch. Dresser, III. p. 549.
Gros-bec serin. Temminck, Manuel. I. p. 356. III. p. 259.

Alexander von Homeyer und andere Ornithologen haben nachzuweisen gesucht, dass der Girlitz sein Nistgebiet in nördlicher Richtung vorschiebe; bis über das mittlere Deutschland hinaus hat sich meines Wissens aber noch kein solcher Nistversuch er-

streckt. Wenngleich von Helgoland nun auch die Nachricht des
Nestbaues dieses Vögelchens nicht erwartet werden kann, so
scheint das Vorkommen von fünf jungen grauen Stücken dieser
Art während der Sommermonate doch schliessen zu lassen, dass
solches sich in seiner Nähe, vielleicht im Holsteinischen zugetragen
habe. Ich theile aber nicht die Ansicht, dass derartige fern von
der Heimath gemachte Brutversuche die Annahme einer Ausdehnung
des Brutgebiets rechtfertigen, denn es können sich unter den, im
Abschnitt über die ausnahmsweisen Erscheinungen, besprochenen
Umständen sehr wohl das Männchen und Weibchen einer Art weit
über die normalen Grenzen ihres Brutgebietes hinaus zusammenfinden, paaren und brüten, ohne dass weder Eltern noch Kinder
je wieder zu einem solchen Platze zurückkehren. Ein Beispiel
hierfür haben die Tartarischen Steppenhühner im Jahre 1863 geliefert, die wohl während jener wunderbaren Erscheinung bis nach
Dänemark hinein brüteten, aber im Herbst, Junge und Alte, davon-
zogen, um nimmer wieder zu kehren. Die gleiche Erscheinung
wiederholte sich im Jahre 1888.

Das erste Exemplar dieser Art, welches ich hier erhielt, war
ein altes Männchen, das am 14. Juli 1860 geschossen ward;
dann ein ausgezeichnet schönes Männchen am 8. Juni 1879.
Am 28. desselben Monats erschienen fünf junge graue Vögel, von
denen nur einer einen ganz schwachen gelblichen Anflug hatte.
und am 11. Juli desselben Jahres kam nochmals ein alter Vogel
vor, der aber nicht geschossen wurde.

Jener Sommer war ganz ausnahmsweise reich an fern südöstlichen Erscheinungen, der Mai brachte *Alauda pispoletta, Falco
Eleonorae* und *Sylvia viridanus*; der Juni *Sturnus roseus* und *Emberiza melanocephala*, jede zweimal, und *Himantopus rufipes*, sowie
St. roseus nochmals im Juli. Unter so zahlreichem Zuge aus südöstlicher Richtung, als nach den gegebenen Beispielen für ganz
Deutschland angenommen werden muss, kann ganz leicht ein
Pärchen Girlitze sich zusammen gefunden und gleich obigen Steppenhühnern fern der Heimath in Holstein oder Dänemark gebrütet
haben, ohne dass ein solcher Ausnahmefall von irgend welchem
Einfluss auf die Verbreitung der Art zu sein brauchte. Hier ist
seit jener Zeit dies Vögelchen nicht wieder gesehen worden.

Die Brutstätten dieser Art erstrecken sich durch Südeuropa
von Portugal bis Griechenland; nördlich brütet dieselbe noch ziemlich zahlreich bis Frankfurt a. M. hinauf.

Nr. 200. Rothköpfiger Girlitz.

FRINGILLA PUSILLA. Pallas.

Passer pusillus. Pallas, Zoog. Ross. Asiat. II. p. 28.
Red-fronted Finch. Dresser, III. p. 561.

Ein schönes Männchen dieses so interessanten Vögelchens, mit so scharlachrother Kopfzeichnung wie ein Goldhähnchen, sass am 7. Mai 1886 auf dem Drosselbusch eines jungen hiesigen Vogelfängers und war so wenig scheu, dass es sich in der Nähe von wenig Schritten längere Zeit ruhig ansehen liess. Dies so schätzbare Stück ging mir aber verloren, weil der Mann glaubte, es lebend in seinem Netze fangen zu können, was aber der zu grossen Maschen halber misslang: wie nahe und mit welcher Musse er den Vogel betrachten konnte, ging aus seiner Beschreibung hervor, nach welcher das Roth am schönsten oben auf dem Kopfe gewesen sei, nach der Stirne zu aber gelblicher. Es fand während jenes Maimonats an vielen Tagen sehr starker Zug statt, mein zweites Exemplar von *Alauda sibirica*, ein schönes altes Weibchen, erhielt ich am 2. Juni.

Pallas fand diese Art zuerst im Kaukasus, die Heimath derselben erstreckt sich über die Gebirge Turkestans, den Taurus, den Libanon und zweifellos den Altai. C. G. Danford brachte 1876 die Eier dieses Vogels, sowie die von *Sylvia mesoleuca* aus dem Taurus heim — beide waren bis dahin unbekannt.

Nr. 201. Grünhänfling.

FRINGILLA CHLORIS. Meyer.

Helgoländisch: Kort Gühl-Klütjer = Kurzer Gelber Ammer.

Fringilla chloris. Naumann, V. S. 64.
Greenfinch. Dresser, III. p. 575.
Gros-bec verdier. Temminck, Manuel. I. p. 346. III. 254.

Was die Helgoländer, die in anderen Fällen so gut unterscheiden, veranlassen konnte, diesen Finken mit ihrer Bezeichnung für die Ammern zu belegen, ist unerklärlich: sie nennen den Thurmfalken nicht Falken, sondern Käfer-Habicht, zählen die drei gelben Bachstelzen, *Budytes*, nicht zu *Motacilla*, den Brachpieper nicht zu *Anthus* — und dergleichen mehr; dennoch aber konnten sie betreffs des Grünhänflings einen solchen Missgriff machen. Uebrigens findet sich in einem der letzten Britischen Migration-Reports eine Bemerkung, der nach man auch an der dortigen Ost-küste diese Art Green Bunting nennt.

Eine ganz eigenthümliche Zugzeit hält dieser Vogel fast aus-nahmslose inne, nämlich die Monate Dezember, Januar und Februar: so war derselbe z. B. während des Schlussmonats von 1884 und den beiden ersten von 85 hier fast täglich ganz ausserordentlich zahlreich vertreten, nicht etwa, dass sich grosse Gesellschaften längere Zeit hier aufgehalten hätten, sondern es fand fortwähren-der Zug statt. Später im März schien es jedoch, als ob eine kleine Schaar hier länger verweile: zerstreute Nachzügler kommen noch bis Ende Mai hier vor. Es scheint, als ob diese Art sehr wenig dazu neige, ihre Heimath zu verlassen, und nur dazu bewegt werden könne durch nach und nach sich steigerndes strenges Wetter; so ist dieselbe fast immer sehr zahlreich in solchen win-terlichen Massenflügen enthalten, die durch plötzlich eintretenden Frost und schweren Schneefall veranlasst werden.

Diese Finkenart ist ein gewöhnlicher Brutvogel von Portugal bis Turkestan, und von innerhalb des Polarkreises in Skandinavien bis hinunter nach Nordafrika und Kleinasien.

Nr. 202. Kernbeisser.

FRINGILLA COCCOTHRAUSTES. Meyer.

Auch auf Helgoland Kernbeisser genannt.

Fringilla coccothraustes. Naumann, IV. S. 435.
Hawfinch. Dresser, III. p. 575.
Gros-bec vulgaire. Temminck, Manuel. I. p. 344. III. p. 253.

Trotzdem dieser Vogel von Portugal bis Japan verbreitet ist, erscheint derselbe auf Helgoland während beider Zugperioden in nur sehr geringer Zahl; selten sieht man mehr als zwei bis drei an einem Tage, zumeist nur vereinzelte Stücke; dies ist um so auffälliger, da er im nahen Holstein und dem südlichen Skandi-navien brütet. Nach Naumann hat diese Art aber nur geringe Neigung zum Zuge und verbleibt, wenn nicht durch sehr strenges Wetter gedrängt, auch während des Winters im Bereich ihres Nistgebietes. Das Jahr 1881 machte eine auffallende Ausnahme für Helgoland, indem während der Mitte des April die beispiellos grosse Zahl von zwölf bis fünfzehn Stücken täglich gesehen ward.

Nr. 203. Haussperling.

FRINGILLA DOMESTICA. Linn.

Helgoländisch: Karkfink = Kirchvogel.

Fringilla domestica. Naumann, IV. S. 453.
Common Sparrow. Dresser, III. p. 587.
Gros-bec moineau. Temminck, Manuel. I. p. 350. III. p. 256.

Musje Spatz, der sich überall sehr breit macht, spielt in der
Ornis Helgolands eine ganz besonders hervorragende Rolle, denn
er ist der einzige von allen kleineren Vögeln, welcher der Insel als
fester alljähriger Brutvogel angehört. Leider lässt sich aber nicht
sagen, dass dies die Annehmlichkeiten derselben erhöhe, denn wird
schon das endlose shüllüpp — shüllüpp der Männchen während
der Paarungs- und Brutperiode sehr langweilig, so ist vollends
das hundertstimmige Geplärr der eben ausgeflogenen Jungen, wenn
sie in den hohen Dornen des Gartens ihre Eltern um Futter an-
gehen, im höchsten Grade widerwärtig. Ausserdem thun sie in
den kleinen Gärtchen der Insel sehr empfindlichen Schaden, indem
sie alle jungen Blüthen der Stachel- und Johannisbeersträucher
abbeissen und auf die Erde werfen, anscheinend des blossen Zeit-
vertreibes halber. Thierschützler werden auch in diesem Falle
sagen, es geschähe dies, um zu schädlichen Insekten zu gelangen,
und auch ich fasste die Sache anfänglich so auf, sah aber sehr
bald, dass ein Strauch nach dem andern all und jeder Blüthe
entkleidet ward und hielt es doch für gerathen, einzuschreiten;
seitdem ich das thue, tragen meine Sträucher Früchte in Hülle
und Fülle.

In Amerika macht man sehr schlimme Erfahrungen mit dem
Sperling: Einwanderer von Europa dachten es sich so schön, ein
Stück Heimath in Gestalt des Spatzes dahin zu verpflanzen, liessen
eine Anzahl derselben hinüberkommen und setzten sie aus; der
liebe Spatz gedieh zur Freude seiner Verehrer so ausgezeichnet,
dass er nicht allein sehr bald in Newyork, Chicago, Cleveland
und anderen grossen Städten Gebände und Plätze vollständig über-
schwemmte, sondern aus den Parks und Anlagen alle dieselben
bis dahin durch Gesang verschönernden einheimischen Sylvien und
Drosseln vollständig vertrieb. Er hat nunmehr die ganzen Vereinigten Staaten vom Atlantischen Meer bis zum Stillen Ocean
überfluthet, seine Schaaren haben sich zu so ungeheuren Massen
vermehrt, dass Pfirsich- und Weinbau in ernstester Weise gefährdet

sind und die Regierung des Landes auf Mittel zu sinnen hat, wie dieser Plage Einhalt zu thun sei.

Man ist ziemlich allgemein der Ansicht, dass der Sperling ein sogenannter Standvogel sei, der auch während der Wintermonate sein Brutgebiet nicht verlasse; dem mag auch im mittleren Deutschland und südlicher so sein, hier auf Helgoland aber nicht: die Schaaren der hier ausgebrüteten Jungen verschwinden Ende Juli, die alten bis Mitte September, einige derselben mögen auch bleiben und manche der Durchziehenden sich zu ihnen gesellen, denn ein Stamm von zwanzig bis dreissig Stücken ist den ganzen Winter anwesend. Die im Frühjahr zurückkehrenden Heimischen unterscheiden sich von den zur selben Zeit Durchziehenden sehr auffallend, indem erstere sich sofort nach Ankunft auf den Dächern und in den Dachrinnen unter vielem shüllüp — shüllüp sehr breit machen, und im Hühnerhof sich offenbar noch vollständig zu Hause fühlen, während die Gesellschaften der Durchzügler, aus etwa dreissig bis fünfzig Stücken bestehend, hoch und dicht gedrängt kurze Zeit stillschweigend und scheu umherfliegen und sehr bald weiterziehen. Gleiches findet im September, auch wohl etwas früher statt.

Die Heimath des Spatzes erstreckt sich gegenwärtig über den bei weitem grössten Theil aller von Menschen bewohnten Länder der Erde.

Nr. 204. Feldsperling.

FRINGILLA MONTANA. Linn.

Helgoländisch: Iugelsk Karkfink = Englischer Kirchvogel.

Fringilla montana. Naumann, IV. S. 480.
Tree Sparrow. Dresser, III. p. 597.
Gros-bec frique. Temminck, Manuel. I. p. 354. III. p. 259.

Wenn dieser kleine niedliche Vetter unseres Haussperlings hier passende Gelegenheit für Bau eines Nestes vorfände, so würde derselbe sich offenbar längst angesiedelt haben, denn solche, die während des Frühlingszuges mit Anfang Mai eintreffen, unterscheiden sich dadurch sehr auffallend von allen hier vorsprechenden Wanderern, dass sie sich durchaus nicht beeilen, weiter zu ziehen, und oft wochenlang verweilen — eine Erscheinung, die sich an nicht einem der vielen Frühlingsgäste wiederholt. Oft schon glaubte ich, dass einige solcher Gesellschaften zum Nisten geschrit-

ten wären, so z. B. noch im Mai 1884: in der zweiten Woche
des Monats erschienen drei bis fünf dieser Vögel in meinem Garten.
ihre Zahl steigerte sich von Tag zu Tag, so dass sie am 20. bis
auf etwa achtzig oder hundert angewachsen war. Die ganze Gesellschaft zog jedoch ab, als der 22. mit sehr schönem stillem
warmem Wetter und ganz schwachem östlichem Winde anbrach.
Ungünstiges Reisewetter konnte diese Vögel hier jedoch nicht
zurückgehalten haben, das bewies der tägliche Zuzug neuer Stücke.

Dass übrigens diese Art zu solchen Ansiedlungen neigt, beweist ein Fall, der sich vor mehr denn einem Jahrzehnt auf den
Faröern zutrug: einige Paare dieser bis dahin dort unbekannten
Vögel erschienen im Frühjahr, blieben, nisteten und vermehrten
sich im Laufe mehrerer Jahre so sehr, dass sie alle Aussaaten in
den kleinen Gärten vernichteten, und den wohl nur bescheidenen
Feldern so schädlich wurden, dass man sich genöthigt sah, mit
allen nur möglichen Mitteln gegen dieselben einzuschreiten.

Verbreitet ist der Feldsperling unterhalb des Polarkreises
durch ganz Europa und Asien. Im Herbst zieht derselbe hier
durch, ohne sich aufzuhalten.

——— — —

Gimpel. Pyrrhula. Diese Gattung, welche sich in fast allen
ihren Mitgliedern durch die schön rothe Färbung der Männchen
auszeichnet, umfasst einige dreissig Arten, die zumeist über die
nördlichen Theile der Alten und Neuen Welt verbreitet sind. Vier
derselben gehören Europa als Brutvögel an, und eine fünfte, Ostasiatische Art, *Py. rosea,* ist in sehr seltenen Fällen als Gast erschienen — alle diese besuchen zwar auch Helgoland, aber stets
nur vereinzelt und in Zwischenräumen von vielen Jahren.

Nr. 205. Grosser Dompfaff.

PYRRHULA MAJOR. Brehm.

Helgoländisch: Doompoap = Dompfaffe.

Pyrrhula major. C. L. Brehm, Vögel Deutschlands. S. 252.
Northern Bullfinch. Dresser, IV. p. 97.

Man hat die Europa bewohnenden Dompfaffen als zwei Arten
geschieden: *Py. major,* die östliche Form, und *Py. europaea,* die
westliche. In dem mehr oder weniger öfteren Erscheinen dieser
Vögel auf Helgoland spricht sich auch diese geographische Tren-

nung sehr deutlich aus, indem es wiederum die westliche Art ist. welche hier fast gänzlich fehlt. dagegen aber, wenn ein Dompfaff überhaupt erscheint, man mit Sicherheit darauf rechnen kann, dass er der östlichen, viel grösseren, viel reiner und schöner gefärbten Art angehöre. Sein Erscheinen findet ausserdem auch nur statt, wenn im Herbst sehr starker Zug östlicher Arten vorherrscht, so z. B. während des gewaltigen Massenzuges im Jahre 1847, in dessen Verlaufe dieser Dompfaff am 26. Oktober, den 1., 4., 5., 14. und 17. November täglich in drei bis sechs Stücken gesehen ward. — ein so zahlreiches Auftreten hat sich seit jener Zeit aber nicht wieder ereignet, es sind höchstens ein bis zwei Vögel in Zwischenräumen von fünf und mehr Jahren vorgekommen.

Während obengenannten Jahres kam auch der Seidenschwanz zahlreicher vor. als dies je wieder geschehen, und besonders merkwürdig war dasselbe durch das erste massenhafte Auftreten der Berglerche.

Pyrrhula major bewohnt Skandinavien, Russland, Polen und in dieser Breite ganz Asien.

Nr. 206. Dompfaff.

PYRRHULA VULGARIS. Brisson.

Pyrrhula vulgaris. Naumann, IV. S. 283.
Common Bullfinch. Dresser, IV. p. 283.
Bourreuil commun. Temminck, Manuel. I. p. 383. III. p. 248.

Würde man den schönen rothen Farbenton der vorhergehenden grösseren Art nur durch eine Mischung guten Zinnobers mit ein wenig Weiss erlangen können, so ist die rothe Färbung der gegenwärtigen Art nur mit einem etwas reineren Ziegelroth zu vergleichen. In gleicher Weise unterscheidet sich auch das so schöne reine Blaugrau des Rückens der ersteren von dem düstern Grau der kleineren Art. Letzterer Vogel ist mir hier nur einmal vorgekommen, Aenckens besass vor mehreren Jahren ein solches Männchen, das ich derzeit aber für ein kümmerliches jüngeres Individuum von *major* hielt und in Folge dessen nicht erwarb.

Ein aus England erhaltenes männliches Exemplar von *Py. vulgaris* misst: ganze Länge 150 mm, Flügel 78 mm, Schwanz 64 mm. Die Maasse eines schönen alten Männchens meiner Sammlung, an dem auch das Grau der Schulter- und Rückenfedern mit

Roth gemischt ist, *Py. major*, sind: ganze Länge 168 mm, Flügel 91 mm, Schwanz 70 mm.

Heimischer Brutvogel ist *Pyrrhula vulgaris* in Deutschland, England, Frankreich, Spanien und Portugal.

Nr. 207. Fichtengimpel.

PYRRHULA ENUCLEATOR. Temminck.

Pyrrhula enucleator. Naumann, IV. S. 403.
Pine Grosbeak. Dresser, IV. p. 111.
Bourreuil dur-bec. Temminck, Manuel. I. p. 333. III. p. 246.

Mir ist es leider bisher nicht vergönnt gewesen, diesen so begehrenswerthen Vogel zu erhalten. Während Reymers' jüngeren Jahren sind einmal zwei derselben hier gefangen, ein karminrothes und ein gelblichgraues Stück; da man dieselben für Männchen und Weibchen hielt, so wurden sie in ein geräumiges Bauer gethan, in dessen einer Ecke man einen grossen Haidebesen befestigte, hoffend, dies vermeintliche Pärchen zum Nisten zu veranlassen — was jedoch, wie zu erwarten, nicht gelang. Später gingen diese Vögel in den Besitz eines Engländers über, der sie mit sich nach England hinüber nahm.

Dieser schöne Vogel bewohnt die hochnordischen Nadelwälder der Alten und Neuen Welt; er geht mit Eintritt der kalten Jahreszeit der Regel nach nur wenig tiefer hinunter, wird aber im untern Norwegen, z. B. bei Christiania, in Schaaren von zwanzig bis zu hundert Stück gesehen und in grosser Menge gefangen — und dennoch kommt nicht ein einziger hieher, was um so verdriesslicher, da man ihn doch wiederholt in England erbeutet hat.

Nr. 208. R o s e n g i m p e l.

PYRRHULA ROSEA. Temminck.

Pyrrhula rosea. Naumann, IV. S. 427. XIII. Blasius, Nachträge. S. 195.
Bourreuil pallas. Temminck, Manuel. I. p. 335. III. p. 246.

Ausser dem schon von Blasius in den Nachträgen zu Naumann erwähnten jungen Herbstvogel ist kein weiteres Beispiel des Vorkommens dieser Art hier zu verzeichnen. Dieses Stück, welches um ein Bedeutendes grösser ist, als die jungen Herbstvögel der folgenden Art, zeichnet sich auch durch einen schwachen Anflug von Roth an den Federrändern der Flügel aus, von welchem drei hier erlegte junge Herbstvögel jener keine Spur aufweisen.

Die Maasse obigen Stückes, am frischen Vogel genommen, sind: ganze Länge 150 mm, Flügellänge 85 mm, Länge des Schwanzes 65 mm. Dem gegenüber sind die Maasse eines hier am 3. Oktober 1851 erlegten jungen Karmingimpels: ganze Länge nur 130 mm, Flügellänge 75 mm, Länge des Schwanzes 59 mm.

Soweit bekannt, erstreckt sich die Heimath dieses schönen Vogels vom mittleren bis in das östliche Asien.

Nr. 209. Karmingimpel.

PYRRHULA ERYTHRINA. Pallas.

Pyrrhula erythrina. Naumann, IV. S. XIII. Blasius, Nachträge. S. 194.
Scarlet Grosbeak. Dresser, IV. p. 75.
Bourreuil cramoisi. Temminck, Manuel. I. p. 336. III. p. 247.

Seit dem 3. Oktober 1851, an welchem Tage ich das erste Exemplar dieser Art hier erhielt, ist dieselbe noch dreimal geschossen worden, zuletzt am 9. September 1884. Alle sind junge Vögel im ersten Herbstkleide und befinden sich in meiner Sammlung, mit Ausnahme eines Stückes, welches ich schoss, das aber in die Klippen fiel und nicht aufgefunden werden konnte: ausser den genannten ist dieser Gimpel hier noch ein paarmal beobachtet worden, ohne erlegt zu sein. Derselbe macht sich sehr bemerklich durch seinen lauten, eigenthümlichen Lockruf, der, wie sonderbar dies auch klingen möge, in der Mitte steht zwischen dem Flötenton des Dompfaffen und dem lauten Rääth des Bergfinken, *Fringilla montifringilla*. Der Vogel ist so wenig scheu, dass er sogar den aus nächster Nähe auf ihn gerichteten Blick des Beobachters beliebig lange erträgt, zumal wenn er auf einer Staude von *Sonchus oleraceus* sitzt und den Saamen der abgeblühten Blumen derselben ausklaubt. Dieser Saamen scheint seine Lieblingsnahrung zu sein, wenigstens habe ich ihn hier nie einem anderen Futter nachgehen sehen.

Die westliche Grenze des Brutgebietes dieser Art erstreckt sich von Polen aufwärts bis nach Ost-Finnmarken, und in gleicher Breite nistet er bis Kamtschatka.

Kreuzschnabel. Loxia. An den Kreuzschnäbeln bethätigt sich auf Helgoland, wenn auch nur in sehr bescheidenem Maassstabe, welchen Einfluss Veränderungen in der Physiognomie einer Gegend auf das Vorkommen von Vogelarten ausüben: die letzte Generation der Insulaner liebte es sehr, Pappeln anzupflanzen, so dass vor etwa fünfzig Jahren kaum ein Haus mit kleinem Gärtchen dieses Baumes entbehrte; die jetzige Generation scheint von einer förmlichen Baumfeindschaft besessen zu sein und hat so sehr vernichtet, was die Väter angepflanzt, dass gegenwärtig kaum ein einziger von all diesen Bäumen noch vorhanden ist. Die Pappeln aber waren der Lieblingsaufenthalt der hieher kommenden Kreuzschnäbel. die in ihrer Einfalt durch Knaben zu Dutzenden mit dem Blaserohr von jenen, hier stets niedrig bleibenden Bäumen, herunter geschossen wurden. Mit dem Verschwinden dieser Bäume hat das Erscheinen der Vögel sich ebenfalls so sehr vermindert, dass während der letzten Dezennien kaum zwanzig derselben erlegt worden sind: es fliegt wohl hin und wieder eine kleinere oder grössere Schaar unter lautem Locken über die Insel dahin, da die Locktöne aber nicht erwidert werden. und da sie ihren Lieblings-Rastplatz, die Pappeln, vermissen, so ziehen sie weiter, ohne sich nieder zu lassen.

Eine ähnliche Erscheinung bietet der Bockkäfer, *Saperda cardiarias*, dar, der früher hier an den Pappelstämmen sehr häufig war, aber mit diesen Bäumen gleichfalls von der Insel verschwunden ist.

Die Gattung der Kreuzschnabel umfasst nur vier Arten; sie bewohnen hauptsächlich die nördlichen Striche der Alten und Neuen Welt: drei derselben sind in Europa heimisch, und diese besuchen auch Helgoland.

Zu Obigem, was vor mehreren Jahren geschrieben worden, habe ich nachträglich zu bemerken, dass im Jahre 1887 Helgoland von *L. curvirostra* in Massen, wie ich sie hier nie zuvor gesehen, besucht ward, und die Art wiederum 1889 sehr zahlreich auftrat, in letzterem Falle begleitet von *L. bifasciata*.

Nr. 210. Kiefern-Kreuzschnabel.

LOXIA PYTHIOPSITTACUS. Bechstein.

Helgoländisch: Groot Borrfink = Grosser Klettenvogel.

Loxia Pythiopsittacus. Naumann, IV. S. 339.
Parrot Crossbill. Dresser, IV. p. 121.
Bec-croisé perroquet. Temminck, Manuel. I. p. 325. III. p. 242.

Dem Helgoländer Namen nach sollte man glauben, dass die Kreuzschnäbel eine Vorliebe für Kletten. etwa des Saamens halber,

hätten; ich habe dieselben zwar nie auf dieser Pflanze, die freilich
jetzt durch bedeutend ausgedehnte Feldkultur fast ganz verdrängt
ist, gesehen, Aeuckens sagt mir jedoch, dass er sie früher auf
grossen Disteln angetroffen, und so werden sie auch auf Kletten
eingefallen sein. Die grosse Passion der Helgoländer und ihr Ge-
schick, bezeichnende Spitznamen zu erfinden, lassen keinen Zweifel
darüber zu, dass in früheren Zeiten, da die Kreuzschnäbel hier
häufig waren, dieselben vorherrschend auf den damals ebenfalls
häufigen Klettenstauden sich aufgehalten haben müssen. Die hiesige Bezeichnung für Kletten ist »Borren« — daher der Name Borrfink.

Naumann sagt von der folgenden, der kleineren Art, dass sie
in Ermangelung anderen Futters sich mit Distel- und Kletten-
samen begnüge, da es hier nun merkwürdiger Weise trotz der seit
mehr denn achtzig Jahren vielfältig wiederholten Versuche, nie hat
gelingen wollen, Kiefern oder Fichten zu ziehen, so finden die
hierher kommenden Kreuzschnäbel weder ihr gewohntes, noch
früheres ausnahmsweises Futter vor, und meiden in Folge dessen
die Insel mehr und mehr.

Den Kiefern-Kreuzschnabel habe ich selbst hier nie erhalten,
Reymers besass jedoch ein schönes männliches Exemplar desselben;
in früheren Zeiten dürfte dieser Vogel sicherlich öfter mit den
Flügen seiner nahen Verwandten hieher gekommen sein, zumal da
er im nahen England ziemlich oft erlegt worden ist.

Die Heimath dieser Art scheint auf die Nadelwälder Skandinaviens und des nördlichen Russlands beschränkt zu sein.

Nr. 211. Fichten-Kreuzschnabel.

LOXIA CURVIROSTRA. Linn.

Helgoländisch: Borrfink = Klettenvogel.

Loxia curvirostra. Naumann, IV. S. 356.
Common Crossbill. Dresser, IV. p. 127.
Bec-croisé des pins. Temminck, Manuel. I. p. 328. III. p. 242.

Wie schon bei der vorhergehenden Art erwähnt, war der
Fichten-Kreuzschnabel noch vor etwa dreissig Jahren hier ein sehr
gewöhnlicher Vogel, von dem Schaaren von zwanzig bis fünfzig
Stücken während des Augustmonates gar nichts Seltenes waren:
seitdem aber die damals noch so zahlreichen Pappeln, die den fast
alleinigen Aufenthalt dieser Vögel bildeten, ausgerottet sind, werden

auch letztere kaum noch gesehen, vereinzelte Individuen, drei,
höchstens fünf fliegen wohl manchmal, laut Kütt-kütt-kütt lockend,
hoch umher, da sie aber keine Erwiderung hören, noch einen ihnen
zusagenden Baum erblicken, so ziehen sie bald weiter.

Aus wie weiter Ferne oder aus wie enormer Höhe die Vögel
zu erkennen vermögen, ob ein Platz die Bedingungen für Rast und
Nahrung darbiete, veranschaulicht folgender Fall: ein im Herbst
mit Winterproviant vom Festlande heimkehrendes Fahrzeug strandete auf der Düne und schlug in Stücke; von der Ladung lagen
viele Ochsenviertel, ganz frisches Fleisch, am Dünenstrande umher,
und sofort erschien auch ein Kolkrabe, um sich daran gütlich zu
thun — der Kolkrabe ist aber hier eine so ausnahmsweise Erscheinung, dass er während der letzten fünfzig Jahre nur dreimal
gesehen worden ist.

Für obige Ansicht, die ich vor sechs bis acht Jahren niedergeschrieben, hat kürzlich dieser Kreuzschnabel einen Beleg geliefert:
derselbe erschien im Jahre 1887 schon im Juni und Juli in Flügen,
die sich öfter bis zu hundert Vögeln steigerten; alle hielten sich
fast ausnahmsweise in dem fünfzehn bis zwanzig Fuss hohen Dorn
meines Gartens auf, wo sie eifrig in den Blättern herumklaubten.
Da ich annahm, dass die Blätter selbst nicht die Nahrung der
Vögel bilden könnten, so untersuchte ich dieselben und fand, dass
fast jedes mehr oder weniger zusammengezogene Blatt ein kleines
weisses nacktes Räupchen enthielt, von denen auch die Speise-
röhre und der Magen der geschossenen Stücke erfüllt waren.
Diese Vögel mussten also im Ueberhinfliegen wahrgenommen haben,
dass diese, noch dazu ganz ungewöhnliche, Nahrung in so ausnahmsweiser Fülle vorhanden sei. Beim Nachschlagen im Naumann
finde ich unter »Nahrung«, dass diese Kreuzschnäbel auch Blatt-
läuse essen; die früher so häufigen Pappeln hatten stets eine
Masse Blätter mit nach oben aufgetriebenen grossen Blasen, welche
dicht gefüllt mit Blattläusen waren — letztere haben also zweifellos damals die Vögel angelockt.

Unter den zahlreichen Schaaren von Fichtenkreuzschnäbeln,
die vor etwa vierzig Jahren hierher kamen, befanden sich ziemlich
viele Stücke, an denen die grossen und mittleren äusseren Flügeldeckfedern weisse Spitzflecke hatten, die zwei mehr oder weniger
rein weisse Flügelbinden bildeten, ähnlich wie die Abbildung des
jungen Vogels bei Naumann, Taf. 110, Fig. 4, dies zeigt; breiter
wie an jener Figur waren diese Binden nie, meistens schmaler,
oft nur eine feine weisse Linie bildend; ich habe sehr viele der-

artige Stücke, in allen Altersstufen, in Händen gehabt, in meiner Sammlung befindet sich nur ein alter rother derartiger Vogel. Solche Individuen können aber nicht als Uebergänge zu *L. bifasciata* angesehen werden, denn die Binden erreichen im äussersten Falle höchstens die Breite, wie sie der Naumann'sche Vogel zeigt. Merkwürdigerweise befand sich unter den Hunderten von Kreuzschnäbeln, welche 1887 Helgoland besuchten, auch nicht ein einziges Stück, welches eine Andeutung der besprochenen Flügelzeichnung aufwies - - auch unter den weniger zahlreichen von 1889 habe ich kein solches gesehen.

Die Flüge der Fichtenkreuzschnäbel, welche früher Helgoland besuchten, kamen fast nur im August hier vor und, was sehr auffallend, fast immer nur mit stürmischem von schwerem Regen begleiteten Wetter. Entgegengesetzt anderen Besuchern der Insel, verweilten diese Vögel hier in den meisten Fällen mehrere Tage, und veranlassten durch ihr fortwährendes lautes Locken auch andere ihrer Art, die vielleicht überhin gezogen wären, zum Einfallen und Verweilen.

Heimisch ist dieser Kreuzschnabel im ganzen mittleren Europa und Asien, aufwärts soweit sich Nadelwaldungen erstrecken; südlich hat man denselben noch nistend gefunden in den Tannenwäldern der Gebirge Griechenlands, Spaniens und sogar der Balearen.

-

Nr. 212. Zweibindiger Kreuzschnabel.

LOXIA BIFASCIATA.

Helgoländisch: Witt-jükked Borrfink — Weissflüglicher Kreuzschnabel.

Loxia leucoptera, Naumann, XIII. Blasius, Nachträge. S. 188. Taf. 385. Fig. 1, 2 und 3.
Two-barred Crossbill. Dresser, IV. p. 141.
Bec-croisé leucoptère. Temminck, Manuel. III. p. 243.

Fast in jeder der grossen Schaaren der Fichtenkreuzschnäbel, welche früher die Insel besuchten, befanden sich ein oder ein paar Stücke der gegenwärtigen zweibindigen Art. Ein rothes Männchen und graues Weibchen meiner Sammlung stammen noch aus jener Zeit; seit ich diese erhielt, sind nahezu vierzig Jahre verflossen. und mehr als zwanzig, seit der letzte vereinzelte Vogel dieser Art hier gesehen worden ist. Im gegenwärtigen Jahre. 1889, ist dieser schöne Kreuzschnabel aber öfter vorgekommen als jemals zuvor.

Am 14. August erhielt ich ein prachtvolles, scharlachrothes Männchen und ein altes Weibchen. Am 1., 16., 18., 20. und 22. September kamen täglich zwei, fünf bis acht alte Männchen und Weibchen vor, begleitet von grösseren Zahlen der gewöhnlichen Art. unter allen aber nur ein Vogel im grau und schwarz gestreiften Jugendkleide. Für meine Sammlung habe ich gestopft drei schöne rothe alte Männchen, ein jüngeres gelbes Männchen, zwei alte Weibchen und den genannten jungen Vogel. Eine grössere Zahl ward von Liebhabern ins Bauer gesteckt, theilweise verkauft und der Rest ist später eingegangen.

Das Brutgebiet dieses Kreuzschnabels erstreckt sich über das ganze nördliche Asien, von wo aus derselbe während der Herbst-und Wintermonate mancher Jahre westwärts gerichtete Flüge bis in das mittlere Europa unternimmt.

Es möge hier bemerkt werden, dass der Amerikanische weiss-flügelige Kreuzschnabel, L. *leucoptera*, bisher noch nicht auf Helgoland beobachtet worden ist; ein Exemplar meiner Sammlung ward irrthümlich für diese Art gehalten, gehört aber unzweifelhaft der Asiatischen Form an. In England ist *leucoptera* jedoch wiederholt erlegt worden. Diese Amerikanische Art ist bedeutend kleiner als die der alten Welt. hat sehr schwachen gestreckten Schnabel. und unterscheidet sich. namentlich das alte Männchen. in hohem Grade durch die Farbe, welche bei letzterer sich nur bis zu einem glänzenden Scharlach steigert, am Amerikanischen Vogel aber ein reines mildes Rosenroth erreicht.

Meise. Parus. Von dieser über sechzig Arten umfassenden Gattung gehören Europa etwa ein Dutzend an. und von diesen kommen auf Helgoland ausser der Kohlmeise und Blaumeise nur noch wenige Arten als ausnahmsweise Erscheinungen vor; am regelmässigsten, wenn auch nicht am zahlreichsten, die Blaumeise, auf deren Eintreffen man mit ziemlicher Sicherheit jeden Herbst rechnen kann. was keineswegs mit der Kohlmeise der Fall, die aber, wenn sie überhaupt erscheint. zahlreicher auftritt als jene. Wenn ich meine langjährigen ornithologischen Erfahrungen überblicke. so muss ich einräumen, dass Meisen während der letzten zwanzig bis fünfundzwanzig Jahre hier in bedeutend geringerer Zahl aufgetreten sind als während des gleichen vorangegangenen Zeitraumes. aber dies berechtigt keineswegs zu der Annahme. dass sich die Individuenzahl dieser Vögel verringert habe, sondern hat einzig und allein seinen Grund in meteorologischen Bedingungen, die, wie schon wiederholt betont, im Laufe dieser Jahre im allgemeinen durchaus andere geworden sind, als sie während jener früheren Periode gewesen waren.

Nr. 213. Kohlmeise.

PARUS MAJOR. Linn.

Helgoländisch: Groot Rollows. Rollows, Helgoländer Name für Meisen.

Parus major. Naumann, IV. S. 9.
Great Titmouse. Dresser, III. p. 79.
Mésange charbonnière. Temminck, Manuel. I. p. 287. III. p. 208.

Wie schon im Obigen erwähnt, trugen diese so rastlos beweglichen Vögel, mit ihren hellklingenden munteren Lockstimmen, in früheren Jahren nicht wenig dazu bei, dem jährlichen Herbstzuge einen ganz besonders lebendigen Anstrich zu verleihen; in sehr gesteigerter Zahl traten dieselben stets auf, wenn ein ausnahmsweise starker Zug anderer Wanderer vom fernen Osten her stattfand, so z. B. während des denkwürdigen Herbstes von 1847, im Laufe dessen sie vom Ende September bis über die Mitte des Dezember hinaus fast täglich in grossen Massen hier vorkamen. In meinem Journal jenes Jahres sehe ich unter anderem verzeichnet: 9. Oktober *Par. major* und *coeruleus* zahllos, *ater* einige; 10. Tausende derselben; 11. äusserst zahlreich; 12. ungeheuer viel; 13. ebenso; 14. Tausende — bis Ende des Monats fast täglich ziemlich viele, und so den November hindurch. Die letzte Aufzeichnung ist vom 16. Dezember und lautet: *Par. major* täglich ziemlich viel — was hier wenigstens Hunderte bedeutet.

Wenn ein derartig starker Zug nun auch zu den Ausnahmefällen gezählt werden muss, so kam diese Meise doch bis zu Anfang der sechziger Jahre allherbstlich in mehr oder weniger bedeutender Menge hier vor; dies hat sich aber in solchem Grade geändert, dass während der letztverflossenen Dezennien fast nur noch vereinzelte oder wenige zerstreute Stücke gesehen worden sind, und ich z. B. am Schlusse des Oktober 1884 in meinem Journal zu bemerken hatte: nicht ein einziger *Parus major*, noch andere Meisen während des ganzen Monats. ein Gleiches war im November der Fall. Die letzte Ausnahme bildete der Herbstzug von 1878, indem *P. major* und *coeruleus* sehr häufig vorkamen, auch *ater* und *caudatus*, namentlich letztere, zahlreicher waren als seit langer Zeit. Ein solches vereinzeltes zahlreiches Auftreten dieses oder jenes Vogels im Laufe vieler magerer Jahre beweist denn auch zur Genüge, dass nicht etwa die Individuenzahl einer Art abgenommen habe, sondern dass die lange Abwesenheit derselben auf andere Ursachen zurückzuführen sei, und zwar nur, wie ich nach meinen langen Beobachtungen auf das Bestimmteste zu behaupten vermag, auf ungünstige Witterungsverhältnisse in den der Erde nächsten Luftschichten während der Zugzeit, welche die Wanderer veranlassen. höhere. über jede Beobachtung hinausliegende, ihrer Reise günstigere Regionen aufzusuchen.

Der Herbstzug dieser Meise ergiebt sich aus dem oben Gesagten. und diesem späten Wandern am Schluss des Jahres entspricht denn auch ihr frühzeitiges Eintreffen zu Anfang desselben: die auf der Heimreise Begriffenen erscheinen hier nicht selten schon während der letzten Woche des Februar und werden bis Ende März gesehen; ihre Zahl ist im Frühjahr stets eine bedeutend geringere als im Herbst.

Das Brutgebiet dieser Art umfasst das ungeheure Areal der ganzen Alten Welt, vom Atlantischen Meer bis zum Stillen Ozean in einer Breite abwärts vom Polarkreise bis etwa zum vierzigsten Grade N. Breite. Da diese Meise Skandinavien, Dänemark und sogar Holstein als gewöhnlicher Brutvogel zahlreich bewohnt, so muss auch ihr Zug der Regel nach ein sehr streng südlich eingehaltener sein. da bei geringster westlicher Abweichung desselben die am nördlichsten Brütenden Helgoland unfehlbar jeden Herbst nicht nur regelmässig, sondern zahlreich besuchen müssten.

In Asien kommt eine der Kohlmeise sehr ähnliche Art vor. *Par. minor*, die um ein geringes kleiner als jene, und an der Unterseite trübe weiss. anstatt hellgelb gefärbt ist. Ich zeigte Aeuckens zufällig einen Balg dieser Art und er erklärte sofort auf das Entschiedenste diesen Vogel hier schon in Händen gehabt zu haben.

Nr. 214. Tannenmeise.

PARUS ATER. Linn.

Helgoländisch: Lütj swart Rollows = Kleine schwarze Meise.

Parus ater. Naumann, IV. S. 34.
Coal Titmouse. Dresser, III. p. 87.
Mesange petite charbonnière. Temminck, Manuel. I. p. 288. III. p. 209.

Diese kleine Meise habe ich seit dem Jahre 1878 nicht mehr in Händen gehabt, während dessen Oktober und November *P. major*

und *coeruleus* nach langer Pause wieder einmal sehr zahlreich auftraten und mit ihnen auch einige Tannen- und mehrere Dutzend
Schwanzmeisen erschienen. Im Herbst 1847 begleitete sie stets,
wenn auch in bedeutend geringerer Zahl, die vielen grossen
Schaaren der Obigen, und im März des darauf folgenden Jahres
finde ich unter dem 12. zehn bis fünfzehn Stück verzeichnet. Sie
ist nunmehr aber eine so seltene Erscheinung geworden, dass im
Verlaufe der letzten fünfundzwanzig Jahre hier kaum fünfzehn
Stück gesehen sein dürften.

Dass ein Vogel, der vom Polarkreise abwärts über das ganze
gemässigte Europa und Asien verbreitet ist, die Nadelwälder
Skandinaviens bewohnt, und in Holstein wie in England, wenn
auch nicht sehr häufig, brütet, hier auf Helgoland eine so durchaus ausnahmsweise Erscheinung sein muss, ist kaum durch Annahme einer ganz besonders fest nord-südlichen Zugrichtung zu
erklären, ebensowenig kann die Abwesenheit jedweden Nadelholzes
die Veranlassung sein. denn Koniferen fehlten auch in früheren
Jahren, während derer dies Vögelchen hier öfter erschien.

Nr. 215. Blaumeise.

PARUS COERULEUS. Linn.

Helgoländisch: Blü Rollows = Blaue Meise.

Parus coeruleus. Naumann, IV. S. 62.
Blue Titmouse. Dresser, III. p. 131.
Mésange bleue. Temminck, Manuel. I. p. 289. III. p. 209.

Es gewährt in der That einen grossen Genuss, eine Schaar
dieser Vögelchen auf ihren regelmässigen Streifereien die bescheidenen Bäume eines Helgoländer Gartens absuchen zu sehen; besonders wird hierbei eine Weidenart, *Salix Smithiana*, und Ahorn,
Acer pseudo-platanus, bevorzugt. Die Beweglichkeit und Geschwä-
tzigkeit der Blaumeise übertrifft die der vorhergehenden Art noch
um ein bedeutendes: auch nicht einen Moment der Ruhe giebt es
in einer Gesellschaft von etwa zwanzig bis dreissig dieser Vögel,
nicht allein, dass sich alle Individuen im muntersten Durcheinander
nach einer Richtung hin weiter bewegen, sondern auch die Körpertheile jedes einzelnen kennen keine Rast: das Köpfchen ist in
fortwährendem Drehen und Wenden, die Flügel in steter Bewegung, die Vögel flattern und hüpfen durch das Geäst: meistens

aber. und dies ist fast der anziehendste Anblick, hängen dieselben vollständig mit dem Rücken nach unten gekehrt an den
dünnsten Endspitzen der Weidenzweige, die Unterseite der Blätter
absuchend, überall etwas zu picken findend, aber auch fortwährend
den munteren silberhellen Lockruf erschallen lassend — so geht
es von einem Garten zum anderen, bis die Runde durch die Insel
gemacht ist, und man aufs Neue die Freude ihres Erscheinens hat.
Manchmal ziehen diese Meisen, wie die Vorhergehenden, gegen
Mittag schon weiter. oft sind sie aber am Nachmittag noch da
und verschwinden im Laufe desselben unbemerkt; sie wandern.
wie manche andere Arten. nur am Tage, denn beim Leuchtfeuer
werden dieselben nie gesehen. Ihre Zugzeit ist ziemlich dieselbe
wie die der Kohlmeise — sie erscheinen weder ganz so früh im
Frühjahr, noch ganz so spät im Herbst als jene.

Die Blaumeise ist allein auf Europa beschränkt, sie geht
einerseits nur ausnahmsweise über 60° N. hinaus, und überschreitet
andererseits, auch kaum im Winter, das Mittelländische Meer.

Nr. 216. Sumpfmeise.

PARUS PALUSTRIS. Linn.

Parus palustris. Naumann, IV. S. 50.
Marsh Tit. Dresser, III. p. 99.
Mésange nonnette. Temminck, Manuel. I. p. 291. III. p. 212.

Vor längeren Jahren ist dies kleine Vögelchen mit seinem
glänzend schwarzen seidenartigen Oberkopf hier einmal gefangen.
seitdem aber nicht wieder gesehen worden. Das gänzliche Fernbleiben auch dieser Meise von Helgoland ist in ganz besonderem
Grade überraschend, da dieselbe nicht allein bis in das mittlere
Skandinavien hinauf nistet, sondern auch in Dänemark heimisch.
und sogar im nahen Holstein und auf dessen nur wenige Meilen
entfernten Nordseeinseln ein gewöhnlicher Brutvogel ist; auch erscheint sie. nach Rohweder. daselbst während des Herbstzuges
zahlreicher als irgend eine andere Meisenart.

Da auch die Haubenmeise hier nur einmal vorgekommen ist,
die Schwanzmeise und Bartmeise nur ganz ausnahmsweise Erscheinungen sind, so bleibt keine andere Erklärung für das räthselhafte Fernbleiben der Mitglieder dieser Gattung, als dass, mit
Ausnahme der Kohl- und Blaumeise. alle derselben angehörigen

einen so fest und unwandelbar südwärts gerichteten Herbstzug verfolgen, dass es vollständig unmöglich ist, sie westwärts von dem Meridian, unter welchem ihr Nest gestanden, anzutreffen.

Nr. 217. Nordische Meise.

PARUS BOREALIS. De Selys-Longchamps.

Parus borealis. Naumann, XIII. Blasius, Nachträge. S. 147.
Northern Marsh-Titmouse. Dresser, III. p. 107.

Auch diese Meise ist hier nur einmal, am 10. November 1881, vorgekommen; sie ist etwas grösser als die vorhergehende, hat einen dunkel schieferbraunen Oberkopf, stark ins Rostfarbene ziehenden graubraunen Rücken und noch rostfarbeneren Bürzel; auch sind die Seiten dieses Vogels ziemlich gesättigt bräunlichrostfarben überlaufen.

Da die Heimath dieser Art in Skandinavien, und weiter ostwärts, etwa vom 60° N. aufwärts sich erstreckt, so ist es ebenfalls überraschend, dass dieselbe hier nicht öfter vorgekommen; es findet somit auch auf diese Meise Anwendung, was bei der vorhergehenden über Zugbewegungen der Gattung gesagt worden ist.

Nr. 218. Oestliche Meise.

PARUS KAMTSCHATKENSIS. Bonaparte.

Siberian Marsh-Titmouse. Dresser, III. p. 119.

Am 1. November 1876 hatte ich den peinlichen Genuss, ein Exemplar dieses Vogels in der Nähe von sechs bis acht Schritten vor mir zu sehen, ohne dass eine Möglichkeit bestand, desselben habhaft zu werden. Ich bin während meiner langen Praxis wiederholt in ähnlichen Lagen gewesen — siehe unter anderem *Hirundo rufula* — und kann versichern, dass dies keine geringe Tortur für einen sehr eifrigen Ornithologen ist, zumal wenn derselbe sich darauf beschränkt, nur in einem engbegrenzten Kreise erlegte Stücke zu sammeln. Der obige Vogel war ein sehr schön ausgefärbtes Stück, dessen glänzend schwarze bis auf den Rücken hinunterreichende Federn des Oberkopfes, das blendende Weiss der Gesichtsseiten und helle Weisslichgrau des Rückens, welches

durch einen ganz schwachen Stich in Bläulichgrau noch gehoben
ward, mir noch so deutlich vor Augen stehen, dass ich jeden
Augenblick eine Abbildung davon zu geben vermöchte: einige
Bälge aus Ostasien, die ich besitze, sind nicht so schön rein grau
am Rücken gefärbt als dieser Vogel es war. Derselbe hüpfte
einige Momente in einem Rankengewächs, dem der Herbst nur
noch wenige gelbe Blätter gelassen, und das eine Mauer bedeckte,
herum: es war in der Strasse vor meinem Hause, ehe ich jedoch
irgend ein Schiessgeräth holen konnte, flog der Vogel in seiner
Meisenunruhe weiter und konnte nicht wieder aufgefunden werden,
trotzdem ein Preis von zehn Mark auf seinen Kopf gesetzt ward.
Wie der Name andeutet, bewohnt diese Art das östlichste
Asien, und ist wohl noch nirgend weiter in Europa gesehen worden.

Nr. 219.   Haubenmeise.

PARUS CRISTATUS.   Linn.

Parus cristatus. Naumann, IV. S. 42.
Crested Titmouse. Dresser, III. p. 151.
Mésange huppée. Temminck, Manuel. I. p. 290. III. p. 211.

Dies kleine niedliche gehäubte Meischen hat Reymers hier
einmal erhalten und Claus Aeuckens hat dasselbe einmal angetroffen; mir ist es noch nicht gelungen, ein hier erlegtes Stück
dieser so gewöhnlichen Art für meine Sammlung zu erhalten.
Die Heimath dieses Vögelchens erstreckt sich über alle Tannen-
wälder Europas, von seinem äussersten Westen bis zum Ural und
vom Mittelmeer bis in das nördliche Skandinavien.

Nr. 220.   Schwanzmeise.

PARUS CAUDATUS.   Linn.

Helgoländisch: Lung-stätjed Rollows = Langschwänzige Meise.

Parus caudatus. Naumann, IV. S. 82.
Long-tailed Titmouse. Dresser, III. p. 67.
Mésange à longue queue. Temminck, Manuel. I. p. 296. III. p. 214.

Dies kleine eigenthümliche Vögelchen kommt nur sporadisch,
aber stets in kleinen Gesellschaften vor: vergleichsweise zahlreich

erschien es denn auch im Herbst 1847, ziemlich häufig im Herbst 1878, und wiederum mehrere im November 1881. Im Frühjahr wird dasselbe, gleich allen Gattungsverwandten, seltener gesehen, unterm 27. März 1848 finde ich jedoch zehn Stück verzeichnet, mit der Bemerkung: ausnahmsweise im Frühjahr. Solche Gesellschaften enthalten stets mehrere schöne weissköpfige Stücke.

Die Heimath der Schwanzmeise erstreckt sich über den Polarkreis hinaus durch ganz Europa und Asien, südlich bis zur unteren Grenze der mittleren Breiten beider Erdtheile reichend.

Nr. 221. Bartmeise.

PARUS BIARMICUS. Linn.

Helgoländisch: Boart-Rollows = Bartmeise.

Parus biarmicus. Naumann, IV. S. 89.
Bearded Titmouse. Dresser, III. p. 49.
Mésange moustache. Temminck, Manuel. I. p. 298, III. p. 214.

Dies ist wiederum ein ausnahmsweise seltener Gast für Helgoland. Reymers besass vor fünfzig Jahren ein schönes altes Männchen, ein ebensolches ward am 8. November 1847 geschossen, und hierzu erhielt ich ein Weibchen, welches Oelrich Aeuckens am 5. April 1849, dem Tage des denkwürdigen Kampfes von Eckernförde, schoss; hierneben ist dieser Vogel bis zur Zeit etwa noch drei- bis viermal gesehen aber nicht wieder erlegt worden.

Bei diesem schönen Vögelchen hat sein seltenes Erscheinen auf Helgoland durchaus nichts Befremdendes, denn sein Brutgebiet erstreckt sich nicht in so hohe Breiten als das aller Vorangegangenen, sondern schliesst mit dem oberen Deutschland ab, so dass Newton (Yarrell, Brit. Birds) die auf Helgoland vorgekommenen Stücke als die am weitesten nordwärts vorgedrungenen Individuen dieser Art erklärte. Die Niststätten der Bartmeise ziehen sich durch ganz Mittel- und Südeuropa bis nach Asien hinein.

Baumläufer. Certhia. Die Gattung dieser kleinen eigenthümlichen Vögel umfasst nach Seebohm nur drei Arten. Sie bilden eine sehr streng abgegrenzte Form, sind in ihrem Thun und Treiben den Spechten sehr verwandt, indem sie gleich diesen, die Stämme grosser Waldbäume bekletternd, ihrer Nahrung nachgehen; ihre nur schwachen Füsse sind zwar mit grossen gekrümmten Nägeln versehen und die Federn ihres Schwanzes sind sehr steif und zugespitzt, aber beides doch durchaus abweichend von diesen Körpertheilen der Spechte.

In Europa ist nur eine Art heimisch, und diese besucht auch Helgoland.

Nr. 222. Baumläufer.

CERTHIA FAMILIARIS. Linn.

Helgoländisch: Boam - Looper = Baumläufer.

Certhia familiaris. Naumann, V. S. 398.
Common Creeper. Dresser, III. p. 195.
Grimpereau familier. Temminck, Manuel. I. p. 410. III. p. 288.

Dies kleine harmlose Vögelchen besucht Helgoland nur in sehr geringer Zahl, im Herbst sieht man es öfter als im Frühjahr, immer aber nur hie und da einen vereinzelten Vogel, der an den wenigen unbedeutenden Bäumen und im Gebüsch herumklettert.

Das Nistgebiet dieser Art erstreckt sich von Portugal bis Japan, sowie durch ganz Nordamerika; in der Breitenausdehnung vom nördlichen Afrika bis über 62° N. in Schweden hinaus.

Schwalbe. Hirundo. Fast alle in Europa heimischen Arten dieser so lieblichen Vögel sind auch auf Helgoland sehr zahlreich vertreten; die einzige hier noch nicht beobachtete Art ist *Hirundo rupestris,* deren Heimath sich von Spanien in gleicher Breite bis China erstreckt, die aber nach Naumann vereinzelt bis in die Schweiz und Tyrol hinauf brütet. Dahingegen ist eine andere südliche oder südöstliche Form, *Hir. rufula,* hier einmal gefunden worden und *Hir. cahirica* wiederholt vorgekommen.

Nr. 223. Rauchschwalbe.

HIRUNDO RUSTICA. Linn.

Helgoländisch: Swoalk = Schwalbe.

Hirundo rustica. Naumann, VI. S. 49.
Swallow. Dresser, III. p. 477.
Hirondelle de cheminée. Temminck, Manuel. I. p. 427. III. p. 297.

Obzwar die trauliche Schwalbe auf Helgoland ihr Nest noch nicht gebaut hat, so ist sie doch während des Frühlingszuges zur Heimath, sowie auch während der Herbstreise ins Winterquartier, hier ein sehr zahlreich auftretender Vogel. In ersterem Falle erscheint sie etwa in der zweiten Woche des April und zieht bis Ende Mai; im Herbst kommen die ersten Mitte September an, ziehen den Oktober hindurch, und manchmal sogar noch im November; so kamen unter anderem im Jahre 1883 kleine Flüge noch am 7. und 8. des Monats hier vor.

Die Sommerheimath der Rauchschwalbe erstreckt sich fast über ganz Europa und Asien, nördlich brütet sie in Skandinavien bis 68°N. hinauf; man hat sie in Ausnahmefällen noch in Ostfinnmarken angetroffen und sogar auf Spitzbergen und Nova Zembla gesehen. (A. Newton, Yarrell's Brit. Birds. II. p. 346.)

Nr. 224. Egyptische Rauchschwalbe.

HIRUNDO CAHIRICA. Lichtenstein.

Helgoländisch: Road-bosted Swoalk = Rothbrüstige Schwalbe.

Hirundo cahirica. Naumann, XIII. Blasius, Nachträge. S 207.
Chestnut-bellied Swallow. Dresser, III. p. 473.
Hirondelle Boissoneau. Temminck, Manuel. IV. p. 652.

Unter den nach Hunderttausenden zählenden Rauchschwalben, welche hier am 20. und 21. Mai 1881 vorkamen, befand sich auch ein sehr schönes Exemplar der gegenwärtigen Art. Der Vogel, den mir ein Baugehülfe als »so roth wie ein neuer Mauerstein,« ein Vogelfänger »so roth wie ein Gartenröthling« beschrieb, sass mit hunderten von Rauchschwalben auf einem grossen Dache, ich konnte eines Fensters halber nicht sofort schiessen, und während ich einem günstigeren Standpunkt zueilte, kam ein Baumfalk wie ein Pfeil über das Dach geflogen, alle Schwalben stiebten davon,

28*

stiegen zu ungeheurer Höhe auf und kehrten nicht wieder zurück; alles Suchen nach dem so begehrten Stücke war vergeblich, jedoch ward dasselbe, oder ein zweites, am nächsten Tage wiederum gesehen, ohne erlegt zu werden.

Es sollen derzeit mehrere dieser Schwalben im Holsteinischen vorgekommen sein, hier fand, wie oben gesagt, damals ein ausnahmsweise zahlreicher Zug statt, nicht nur über Helgoland hin, sondern Boote, die an der einen Seite der Insel etwa eine Meile weit in See waren, sowie solche, die sich in gleicher Entfernung an der entgegengesetzten Seite befanden, sahen während des ganzen Vormittags ununterbrochen tausende von Schaaren in breiter Front über dem Meere dahinziehen.

Diese Schwalbe, welche sich von der Rauchschwalbe dadurch unterscheidet, dass ihre ganze Unterseite sehr schön gesättigt rostroth gefärbt ist, scheint fast nur in Egypten und Palestina brütend vorzukommen. (Tristram. Western Palestine. p. 60.)

Nr. 225. Alpenschwalbe.

HIRUNDO RUFULA. Temminck.

Hirundo rufula. Naumann, XIII. Blasius, Nachträge. S. 209.
Red-rumped Swallow. Dresser, III. p. 487.
Hirondelle rousseline. Temminck, Manuel. III. p. 298. IV. p. 652.

Während der letzten Tage des Mai 1855 fand bei warmem schönem Wetter und schwachen südöstlichen Winden sehr starker Zug statt; ausnahmsweise viel Mornell- und Goldregenpfeifer im schönsten Sommerkleide wurden am 29. erlegt, *Sterna anglica* und *minuta*, die hier zu den seltenen Erscheinungen zählen, kamen in mehreren Exemplaren vor; als ganz besonders freudige Ueberraschung aber traf ich am genannten Tage eine Schaar *Tringa platyrhyncha = Limicola pygmaea*, an, eine Art, die hier nie zuvor, noch seitdem wieder gesehen worden ist; es waren etwa fünfzehn Stücke, von denen ich beim ersten Schusse fünf erlegte. Unter anderen gewöhnlichen Sachen zogen auch ausserordentlich viel Schwalben, die sich am nächsten Tage bei auffrischendem Ostwinde zu unglaublichen Massen ansammelten, offenbar im Vorgefühle schlechten Wetters, das denn auch zu ihrem Verderben eintraf.

Als ich am Nachmittag dieses Tages, des 30., zur Nordspitze ging, hatte sich unter sinkender Temperatur der Ostwind bedeutend gesteigert, alle Insekten hatten schon Schutz gesucht und die zahllosen Schwalben waren offenbar in grosser Nahrungsnoth, denn sie flogen massenweise, um die durch meine Schritte aus dem Grase aufgescheuchten Fliegen zu fangen, so nahe vor meinen Füssen hin und her, dass ich im Fortschreiten fortwährend den Fuss zurückhielt, befürchtend, die armen Geschöpfe zu treten. Tausende derselben waren aber schon so erschöpft, dass sie dicht unter dem Leerande des Felsens auf jeder etwas schrägen Fläche in Gesellschaften von zwanzig bis fünfzig und mehr Stücken, die Köpfe unter die Flügel gesteckt, sich dicht zusammen drängten; in einer solchen Masse erblickte ich plötzlich ein Individuum mit hellrostfarbenem Bürzel — etwas nie Gesehenes. Der Vogel sass etwa zwei Fuss unter dem Rande des Felsens, der unten in eine von Geröll erfüllte dunkle Schlucht endete; wie ihn erlangen! Schoss ich ihn dort, so fiel er hinab in die Tiefe und war verloren. Er sass Armeslänge unter dem Felsrande, ich legte mich rechtwinklig zum Rande und blickte auf den Vogel: jedes Federchen, die kleinen Nasenlöcher, waren so deutlich vor mir, als hätte ich das Thierchen in Händen, ich schob behutsam meine Hand hinunter, aber bei Annäherung derselben wurde die Gesellschaft doch etwas unruhig und richtete die Köpfe auf, auch war die Entfernung ein paar Zoll zu weit; ich legte mich längs der Klippkante, um an Länge des Armes zu gewinnen und tastete mit der linken Hand nach einem starken Grasbüschel, um Halt gegen Ueberrollen zu haben, aber alles war ganz kurz durch die Schafe abgeweidet, und ohne irgend welchen Anhalt war die Sache mit einem mehr wie senkrechten Abgrund von zweihundert Fuss Tiefe doch etwas bedenklich. Es war eine verzweifelte Situation für einen eifrigen Sammler! Als letztes Mittel scheuchte ich den Vogel wiederholt auf, in der Hoffnung, er werde im Fluge eine solche Wendung machen, dass geschossen, er auf die obere Fläche der Klippe falle, aber vergeblich; er schwebte unterhalb des Felsrandes im Windschutz eine Zeit lang hin und her, senkte sich darauf und verschwand um die Nordspitze der Insel biegend; ich glaubte natürlich, ihn nie wieder zu erblicken, ging nach Hause und machte eine farbige Skizze von demselben — zuvor hatte ich jedoch den Brüdern Aeuckens die Seltenheit beschrieben und einen guten Preis dafür geboten.

Im Laufe der Nacht artete der Wind zu einem eiskalten Nordost-Sturm aus und die durch Nahrungsmangel erschöpften Schwalben, die zu Hunderttausenden sich in allen Felsspalten und Höhlen der Leeseite der Klippe zusammengedrängt hatten, erfroren in

solchen Mengen, dass man Säcke voll derselben zusammenraffen
konnte. Etwas kaum Glaubliches ereignete sich: unter diesen ungeheuren Massen todter Schwalben hatte der älteste der Brüder
Aeuckens, Oelk, welcher während der Ebbe um die Insel gegangen
war, die so sehnlichst begehrte Seltenheit aufgefunden, sie mir mit
den Worten bringend: ist dies sie?

Dieses Stück befindet sich in meiner Sammlung und ist bisher
das einzige hier je beobachtete Exemplar dieser Art geblieben.

Nr. 226. Hausschwalbe.

HIRUNDO URBICA. Linn.

Helgoländisch: Witt Swoalk = Weisse Schwalbe.

Hirundo urbica. Naumann, VI. S. 75.
Martin. Dresser, III. p. 495.
Hirondelle de fenêtre. Temminck, Manuel. I. p. 428. III. p. 300.

Während vier bis fünf Jahren hatten mehrere Pärchen dieser
hübschen Vögel unter der Giebelleiste eines Hauses am hiesigen
Strande ihr Nest gebaut und ihre Bruten glücklich aufgezogen; leider
wurden aber bei einer Reparatur ein paar der Nester zerstört, und
von einem andern nahmen unverschämte Sperlinge Besitz: in Folge
dieser Störungen haben die Schwalben den Platz verlassen.

Einige Jahre später haben sich jedoch wieder mehrere Pärchen
an Gebänden des Strandes angesiedelt, und andere haben eine
grosse, etwa vierzig Fuss hohe Grotte der westlichen Felswand
für ihre Nester erwählt, so dass Helgoland nunmehr eine kleine
Kolonie dieser hübschen harmlosen Thierchen aufzuweisen hat.

Diese Schwalbe ist hier auch ein sehr zahlreicher Zugvogel,
sie kommt im Frühjahre jedoch etwas später als die Rauchschwalbe
an, und zieht dementsprechend im Herbst auch etwas früher wieder
hier durch. Verbreitet als Brutvogel ist dieselbe über fast ganz
Europa und etwa bis in das mittlere Asien hinein, denn Jerdon
fand sie noch nistend im nördlichen Indien: am untern Jenisei
traf Seebohm jedoch nicht diese, sondern eine nahe Verwandte,
Hir. lagopoda, an, die sich unter anderem dadurch von der Europäischen Form unterscheiden soll, dass bei ihr auch die längsten
oberen Schwanzdeckfedern rein weiss sind, bei *urbica* aber schwarz.
(Seebohm, Siberia in Asia. p. 115.) Im oberen Lappland, 68° N.
brütet die gegenwärtige Art jedoch noch häufig und geht bis in

die östlichen Finnmarken hinauf; auch auf dem nördlichen Island begann im Juni 1819 ein Paar sein Nest zu bauen, gab den Versuch jedoch bald darauf auf und zog wieder fort. Ganz dasselbe fand ein Jahr später an der Südseite der Insel mit einem Pärchen der Rauchschwalbe statt. (Faber, Prodromus der Isländischen Ornithologie. S. 20.)

Nr. 227. Uferschwalbe.

HIRUNDO RIPARIA. Linn.

Helgoländisch: Lütj grü Swoalk = Kleine graue Schwalbe.

Hirundo riparia. Naumann, VI. S. 100.
Sand Martin. Dresser, III. p. 505.
Hirondelle de rivage. Temminck, Manuel. I. p. 429. III. p. 300.

Diese, die kleinste der Europäischen Schwalben, ist während des Frühjahrs- wie Herbstzuges eine ganz gewöhnliche, oft sehr zahlreiche Erscheinung — wie z. B. an jenem obengenannten Maitage Tausende und Abertausende durch die Unbill des Wetters zu Grunde gingen.

Das Brutgebiet dieses Vögelchens zählt zu den ausgedehntesten in der ganzen Vogelwelt: von Potugal und Nordwest-Afrika erstreckt es sich bis China, und von Alaska bis Neufundland; bis zum hohen Norden Europas und Asiens hinauf reichend und bis in die südlichsten der Vereinigten Staaten Amerika hinuntergehend.

SCHREIVÖGEL.
CLAMATORES.

Segler. Cypselus. Die beiden in Europa heimischen Arten dieser Gattung gehören auch dem Verzeichnisse der Vögel Helgolands an, obzwar einer derselben nur als ganz vereinzelter Gast. In allen Erdtheilen leben Mitglieder dieser Gattung, die zahlreichsten Arten derselben scheint Asien zu besitzen: Jerdon führt für Indien, unter Hinzuzählung von drei sehr nahen Verwandten, *Acanthyllis*-Arten, und einschliesslich der beiden Europäischen, acht derselben auf. Merkwürdig ist, dass von den Asiatischen Seglern bisher nur einer in Europa angetroffen worden ist, dieser, *Acanthyllis caudacuta*, ward zweimal in England geschossen, im Juli 1846 und im Juli 1879. Der Frühlingszug dieses letzteren Jahres war so reich an seltenen Gästen aus dem fernen Osten oder Südosten, dass ich meinen Englischen ornithologischen Freunden empfahl, ein wachsames Auge zu haben — wie angebracht dies war, beweist obiger Segler, der vom östlichen Asien bis Australien hinunter geht. Die abgetrennte Gattung *Acanthyllis* unterscheidet sich von *Cypselus* dadurch, dass anstatt aller vier, nur drei ihrer Zehen nach vorn gerichtet sind, und die Kiele ihrer Schwanzfedern sich zu harten Spitzen verlängern.

Nr. 228. Mauersegler.

CYPSELUS APUS. Illiger.

Helgoländisch: Tohrn-Swoalk = Thurm-Schwalbe.

Mauer-Segler. Naumann, VI. S. 123.
Swift. Dresser, IV. p. 583.
Martinet de muraille. Temminck, Manuel. 1. p. 634. III. p. 303.

Es ist der Mauersegler während beider Zugperioden des Jahres hier eine ganz gewöhnliche Erscheinung; an warmen, schönen Mai-

tagen sammeln sich diese Vögel bis zum Mittage zu sehr grossen
Massen an, ohne dass man einzelne oder Gesellschaften derselben
ankommen sähe; mit vielem Geschrei jagen sie hoch in der Luft
umher und verschwinden in den ersten Nachmittagsstunden eben
so unbemerkt wieder, indem sich ihre Zahl nach und nach vermindert. Es kommt jedoch auch vor, dass später am Tage grosse
geschlossene Schaaren von West nach Ost hoch über die Insel
dahinziehen, ohne sich in ihrem Fluge aufzuhalten oder von dessen
gerader Richtung abzuweichen. Sie kommen im allgemeinen gleich
zahlreich im Frühjahr wie im Herbst hier vor, doch ist in beiden
Fällen der Umfang ihres Erscheinens durchaus vom Wetter abhängig; während Westwind und Regen sieht man sicherlich keine
derselben.

Der Mauersegler ist über ganz Europa und Asien verbreitet,
scheint in letzterem Welttheil jedoch weniger zahlreich aufzutreten
als in ersterem.

Nr. 229. Alpensegler.

CYPSELUS MELBA. Illiger.

Alpen-Segler. Naumann, VI. S. 115.
Alpine Swift. Dresser, IV. p. 603.
Martinet à ventre blanc. Temminck, Manuel. I. p. 433. III. p. 405.

So lange ich sammele ist dieser Vogel hier nur einmal erlegt,
und zwar am 7. Mai 1871. Nach Mittheilungen zuverlässiger
Kenner ist derselbe aber noch zweimal gesehen worden, ohne dass
man dieser Stücke hätte habhaft werden können. Ausser der bedeutenderen Grösse unterscheidet diese Art, besonders im Fluge,
die fast ganz weisse Unterseite sehr auffallend von der vorhergehenden, bei der nur die Kehle hell gefärbt ist.

In England ist der Alpensegler ein häufigerer Gast: Harting
führt bis zum Jahre 1871 einige zwanzig Beispiele auf; da derselbe in den Spanischen Gebirgen jedoch ein zahlreich verbreiteter
Brutvogel ist, so ist wohl anzunehmen, dass auch dies Stücke
seien, die an den Niststätten früh den Gatten verloren, in Folge
dessen ihren Frühlingszug wieder aufgenommen und im Verfolg der
Richtung desselben: Süd—Nord, über das Biscayische Meer oder
von den Pyrenäen aus bis in das südliche England gelangt sind
— wie dies bei verwandten Erscheinungen schon wiederholt eingehend besprochen worden.

Dass unter ähnlichen Umständen nicht auch Bewohner der Schweiz öfter bis Helgoland gelangen, mag wohl seinen Grund in der doch bedeutend nördlicheren Lage desselben haben, wie denn ja auch das einzige bekannte Beispiel des Vorkommens eines Alpenseglers in Dänemark bis zum Jahre 1804 zurück datirt. Heimischer Brutvogel ist diese Art von Portugal bis Indien, einschliesslich Nordafrika und Palästina; nördlich dürfte er nur selten über die Schweiz hinausgehen. Wie der Name beider Arten andeutet, zieht der Alpensegler die Felsen hoher Gebirge als Niststätten vor, während der Mauersegler fast ausnahmslos hohes Gemäuer dazu erwählt.

Ziegenmelker. Caprimulgus. Von diesen so eigenthümlichen Vögeln, die in mehr oder weniger zahlreichen Arten in allen Welttheilen vertreten sind, ist die in ganz Europa vorkommende Art, *Caprimulgus europaeus*, auch auf Helgoland eine ganz gewöhnliche Erscheinung; neben dieser ist die in Afrika und theilweise in Asien heimische Art, *Cap. aegypticus*, als grosse Seltenheit einmal hier vorgekommen. Der dem westlichen Europa angehörende Ziegenmelker, *Cap. ruficollis*, ist hier aber noch nicht gesehen worden. Für Indien führt Jerdon nicht weniger wie acht verschiedene Arten auf.

Nr. 230. Ziegenmelker.

CAPRIMULGUS EUROPAEUS. Linn.

Helgoländisch: Nachtschwalber = Nachtschwalbe.

Caprimulgus europaeus. Naumann, VI. S. 141.
Goatsucker. Dresser, IV. p. 621.
Egoulevert ordinaire. Temminck, Manuel. I. p. 436. III. p. 304.

Während warmer, stiller Tage des Mai bis Mitte Juni sitzt dieser sonderbare Vogel platt an den Boden gedrückt, mit fast geschlossenen Augen, an schattigen Plätzchen der Gärten und am Fusse des Felsens umher, oder er fliegt plötzlich dicht vor den Füssen lautlos gleich einem Schatten heraus, um sich am nächsten ähnlichen Fleckchen wieder nieder zu lassen und weiter zu träumen; ist jedoch die Sonne gesunken und beginnen Abendfalter und Käfer zu schwärmen, so sieht man ihn in gewandtem, schnellem Fluge dieselben erhaschen, oder hört ihn von einem etwas erhöhten Sitz

sein wunderbares Lied. gleich einem Spinnrade schnurren. Von
seinen Niststätten kehrt er schon während warmer, schöner Tage
in der ersten Hälfte des August zurück.

Es ist dieser Ziegenmelker ein Brutvogel von Portugal bis in
das mittlere Asien, der in Europa bis über den 60° N. hinausgeht;
er überwintert südlich vom Mittelländischen Meere.

Nr. 231. Heller Ziegenmelker.

CAPRIMULGUS AEGYPTICUS. Lichtenstein.

Egyptian Goatsucker. Dresser, V. p. 629.
Caprimulgus arenicolor. Sewertzoff, Fauna of Turkestan. Ibis, 1876.
p. 190.

Wie vorauszusetzen, sind viele meiner seltenen Vögel der Preis
unermüdlichster Nachstellung; merkwürdiger Weise aber verdanke
ich eine nicht geringe Zahl der werthvollsten Stücke den grössten
Zufälligkeiten — so auch das Exemplar dieses für Europa so
seltenen Ziegenmelkers; ein Badegast, der mit seinem mit Reh-
posten geladenen Gewehre von den Seehundsklippen zur Düne gekommen war, schoss dasselbe dort nach dem ersten besten Vogel
ab, und dieser Vogel war der obige Ziegenmelker. derzeit, im
August 1876, das erste Beispiel für Europa; seitdem ist jedoch
auch ein Exemplar in England erlegt worden, am 23. Juni 1883.

In der Färbung hat dieser Ziegenmelker gar keine Aehnlichkeit
mit der gewöhnlichen Art, er ist im allgemeinen so hell isabell-
rostgrau, dass ich mein Exemplar anfänglich für eine blasse
Varietät derselben hielt. Bei genauer Untersuchung findet sich
allerdings, dass das Muster der aus dunkleren Strichelchen und
Staubpünktchen zusammengesetzten Zickzacklinien ein anderes ist,
als bei der gewöhnlichen Art: auch fehlen an Kopf und Rücken
die ziemlich breiten, dunkleren Schaftstriche. Das ganze Gefieder
trägt eine auf isabellfarbenem Grunde vertheilte staubartige, dunklere
Zeichnung, die an der Spitze der Federn, namentlich an den längeren
Rücken- und Oberarmfedern, eine breitgezogene. feine Pfeillinie
bildet; das kleinere Gefieder der oberen Theile des Vogels gleicht
in seiner eigenthümlichen Farbenvertheilung derjenigen der kleinen
Schulter- und Halsfedern des Wendehalses. Besonders charakte-
ristisch ist die Zeichnung der äusseren Flügeldeckfedern: alle sind
auf isabellfarbenem Grunde fein grau und bräunlich bestäubt, die

Spitze jeder derselben besteht aus einem weisslich-isabellfarbenen
grossen runden Fleck, der aufwärts von dem Rest der Aussenfahne durch eine feine dunkelbraune unregelmässige Linie getrennt
ist; diese grossen hellen Endflecke der Federn liegen in vier
Reihen über dem ruhenden Flügel.

Die Unterseite des Vogels ist weisslich-isabellfarben, am Kropfe
bestäubt mit hell bräunlich-grauer Zeichnung, die an den Brustseiten in unregelmässige Querlinien übergeht und an den Federn
der Weichen fast ganz verschwindet; die Schenkelfedern sind
ungefleckt weisslich-isabellfarben, ebenso die unteren Schwanzdeckfedern, von denen jedoch das grösste Paar auf der Innenfahne einige schwach angedeutete Querlinien hat. Am Kinn trägt
der Vogel die beiden grossen, der Gattung eigenen, rundlichen
weissen Flecke.

Die Schwungfedern gleichen in der gebänderten Zeichnung
denen der gewöhnlichen Art, nur ist die Färbung eine ungleich
hellere, auch fehlen meinem Exemplar die grossen weissen Flecke
der ersten drei Schwingen. Die Schwanzfedern sind isabellfarben,
bräunlich bestäubt und haben sieben bräunliche, unregelmässige,
schmale, dunkle Querbinden, das äusserste Federpaar ist unterhalb
der letzten Binde ungefleckt weiss, und das nächste ungefleckt
isabellfarben, beides grosse, runde, helle Endflecke bildend.

Die ganze Länge des Vogels ist 260 mm, die des ruhenden
Flügels 195 mm und die des Schwanzes 125 mm. Die erste
Schwungfeder ist wenig kürzer, als die zweite und dritte, welches
die längsten sind, von diesen tritt die vierte 22 mm zurück.

Das Brutgebiet dieser Art scheint sich von Aegypten bis
Turkestan zu erstrecken.

Specht. Picus. Eine wie traurige Stätte das baumlose Helgoland für Vögel sein muss, deren eigentliches Heim der hohe
pfadlose Wald ist, bedarf keiner näheren Erörterung, und kaum ist
nöthig hinzuzufügen, dass denn auch nur eine Art dieser in allen
Welttheilen so zahlreich vertretenen Gattung, nämlich *Picus major*
als einigermaassen regelmässiger Besucher der Insel gelten kann;
derselbe wird so ziemlich in jedem Jahre, wenn auch nur in sehr
wenigen Exemplaren gesehen; neben ihm sind *P. leuconotus* und
viridis je einmal beobachtet worden.

Seebohm giebt die Zahl der spechtartigen Vögel auf über
dreihundert an.

Nr. 232. Grosser Buntspecht.

PICUS MAJOR. Linn.

Holtbekker = Holzhacker.

Picus major. Naumann, V. S. 298.
Great spotted Woodpecker. Dresser, V. p. 19.
Pic épeiche. Temminck. Manuel. I. p. 395. III. p. 281.

Wie oben schon erwähnt, kommt dieser Vogel nur ganz vereinzelt hier vor, während des Herbstzuges sieht man hin und wieder zwei bis drei junge Vögel — aber keineswegs in jedem Jahre — und als seltene Ausnahme einmal ein altes Exemplar. Sie klopfen an dem trockenen Holz der Drosselbüsche herum und zuweilen versucht es einer, aus den etwa vier bis fünf Zoll dicken Weidenstämmchen meines Gartens die Käfer oder Larven von *Cryptorhynchus lapathi* herauszuhacken. und ich würde diesen Vögeln in hohem Grade dankbar sein, wenn sie meine armen Weidensträucher von dieser Pest zu befreien im Stande wären. denn sowie die Stämmchen, namentlich *Salix caprea*, zwei bis drei Zoll stark geworden sind. hat dies Ungeziefer sie schon in solchem Grade durchbohrt. dass sie entweder absterben, oder vom geringsten Winde abgebrochen werden.

Es ist dieser Specht ein ganz gewöhnlicher Vogel von den Canarischen Inseln und Portugal an bis Japan und Kamtschatka ; nördlich ist derselbe noch über den Polarkreis angetroffen worden.

Nr. 233. Weissspecht.

PICUS LEUCONOTUS. Bechstein.

Picus leuconotus. Naumann, V. S. 313.
White-backed Woodpecker. Dresser, V. p. 39.
Pic leuconote. Temminck, Manuel. I. p. 396. III. p. 282.

So weit zu ermitteln, ist dieser schöne Specht mit dem vielen reinen Weiss seines Rückens hier nur einmal vorgekommen und zwar am 21. September 1879. Es fand während jenes Jahres ganz ausnahmsweise starker Zug östlicher und südöstlicher Arten statt. die Liste der Helgoländer Ornis ward um fünf neue Namen bereichert: der Frühlingszug brachte: *Emberiza pyrrhuloides*; *Alauda pispoletta*: *Falco Eleonorae*: *Sylvia viridana*: *Emberiza melanocephala*, wiederholt; *Fringilla serinus*, wiederholt; *Himantopus rufipes* und *Sturnus roseus*, wiederholt. Während des Herbstzuges kamen: *Sylvia tristis*; *Anthus Richardi* des öfteren; *Anthus cervinus*, wiederholt; *Emberiza pusilla*, acht bis zehn mal; *aureola?* *rustica* fünf bis sechs mal; *Sylvia superciliosa*, wiederholt; *reguloides*; *Larus affinis* und *Fringilla Hornemanni*. Diese Namen stehen in der Reihenfolge des Auftretens der Stücke, und derselbe Einfluss, dem diese so staunenswerthe Zahl ausnahmsweise seltener östlicher Arten folgte, hat sich denn auch wohl auf obigen Weissspecht erstreckt.

Die Heimath desselben beginnt mit dem mittleren Skandinavien und reicht ostwärts bis Kamtschatka.

Nr. 234. Grünspecht.

PICUS VIRIDIS. Linn.

Picus viridis. Naumann, V. S. 270.
Green Woodpecker. Dresser, V. p. 77.
Pic vert. Temminck, Manuel. I. p. 391. III. p. 280.

Wie schon weiter zurück gesagt, habe ich den Grünspecht hier nur einmal gesehen, er flog von meinem Garten in das Gesträuch eines Nachbargartens, war aber gleich darauf weder dort noch sonst wo wieder aufzufinden; er hatte zweifellos die Insel, nachdem er die wenigen baumartigen Sträucher derselben fruchtlos abgesucht, wieder verlassen. Es war Anfang Sommer und der Vogel in den Weichen bänderartig sehr stark gefleckt, also wahrscheinlich ein jüngeres Weibchen.

Verbreitet ist dieser Specht über ganz Europa, geht jedoch nördlich nicht über das mittlere Skandinavien hinaus.

Kukuk. *Cuculus*. Obzwar diese Gattung ziemlich viele Arten umfasst, die in Asien, Afrika und einige sogar in Amerika heimisch sind, so ist doch nur eine derselben als allgemeiner Europäischer Brutvogel anzusehen. Es besucht zwar eine Afrikanische Art, *Cuculus glandarius*, alljährlich das südliche Spanien und brütet daselbst, das heisst: sie legt ihr Ei in das Nest der dortigen Elstern und überlässt ihnen, dasselbe auszubrüten und das Junge

gross zu ziehen: aber diese Art ist für das übrige Europa eine
höchst ausnahmsweise Erscheinung, die nur zweimal in Deutschland und England angetroffen worden, aber des öftern im südlichen
Griechenland gesehen wird. Hierneben ist eine Amerikanische
Art, *Cuculus erythrophthalmus*, einmal in England vorgekommen
(Harting, Brit. Birds. p. 124) und eine andere ebenfalls Amerikanische Art, *Cuculus americanus*, daselbst in sechs Fällen angetroffen und erlegt worden; diese letztere, obzwar ihr Ruf:
ku-ku-ku dem der unseren gleicht, unterscheidet sich doch
insofern von ihren Europäischen Vettern, als sie ihr eigenes Nest
baut, und rechtschaffenen Eltern gleich, ihre Nachkommen selbst
aufzieht.

Nr. 235. Kukuk.

CUCULUS CANORUS. Brisson.

Helgoländisch gleichfalls Kukuk.

Cuculus canorus. Naumann, V. S. 196.
Cuckoo. Dresser, V. p. 199.
Coucou gris. Temminck, Manuel. I. p. 381. III. p. 272.

Nicht allein entbehrt der Helgoländer Frühling des ernsten
Liedes der Nachtigall, sondern auch der fröhliche Ruf des Kukuks
ist ihm fast gänzlich versagt. Ich habe denselben während nunmehr denn fünfzig Jahren schwerlich zehnmal hier gehört, dennoch aber ist dieser Vogel auf seiner Heimreise sowohl, wie während
der Rückkehr zum Winterquartier eine allbekannte Erscheinung;
zu diesem Allbekanntsein trägt freilich sehr viel die grosse Unruhe desselben bei, zumal der alten Vögel im Frühjahr, und ihre
Vorliebe zu einem Fluge in genügender Höhe, um frei über Häuser
und Gesträuch dahinstreifen zu können. Sind ihrer zwei bis drei
auf der Insel, so sieht man sie den ganzen Tag zu so wiederholten Malen, dass Unkundige zu glauben bewogen werden, es
seien wenigstens ein Dutzend anwesend.

Es ist im Verlaufe dieser Schrift des öfteren betont worden,
dass während des Herbstzuges die jungen Sommervögel vier, sechs,
ja acht Wochen vor ihren Eltern die Wanderung ins Winterquartier antreten; eine einzige Ausnahme findet hiervon aber
statt und diese bildet der Kukuk; von ihm kommen die alten
Vögel schon drei bis sechs Wochen vor den Jungen wieder an.
Diese Erscheinung findet ihre Begründung in der einfachen Thatsache, dass, sowie erstere ihr Ei irgend einem Vogel unterge-

schoben, sie nichts mehr in der Sommerheimath zu schaffen haben
und sich wiederum auf die Reise begeben. während ihre Nachkommen durch Pflegeeltern gross gezogen werden. Es bietet diese
Art somit nicht allein die eigenthümliche Erscheinung dar, dass
der Frühlingszug der alten Vögel, welcher im Mai stattfindet,
schon im Juni von deren Herbstzug gefolgt wird, sondern auch,
dass. abweichend von allen anderen hier zur Beobachtung kommenden Wanderern, die jungen Sommervögel sich erst vier bis
sechs Wochen später, nämlich von den ersten Wochen des Juli
bis Ende August auf die Heimreise begeben. Die Mehrzahl solcher
junger Vögel trägt das dunkel schiefergraue Kleid und nur vereinzelte sind rostfarben gefärbt.

Der Kukuk hat eine sehr weite Verbreitung. man kann sagen
vom Atlantischen Meere bis zum Stillen Ozean, denn er ist im
westlichen Europa sowohl. wie im östlichen Asien ein gewöhnlicher.
allbekannter Vogel. In Skandinavien hat man ihn noch über den
70° N. hinaus angetroffen.

Wendehals. Yunx. Diese so sonderbaren Vögel sind nur durch
eine Art in Europa vertreten, in Asien und Afrika leben jedoch mehrere derselben: unter letzteren befindet sich eine neue. durch Hart-
laub eingeführte Art. *Jynx pulchericollis.* (Ibis 1884. p. 28. pl. III)
die sich durch gesättigt rostrothen Kropf und ebenso gefärbte untere
Schwanzdeckfedern auszeichnet, und zu den eigenartig schönen
Vögeln gezählt werden muss — aber auch das Kleid der einheimischen Art, obzwar sich nur in unscheinbarem Grau, blasser Rostfarbe und Schwarz bewegend, gehört vermöge seiner wunderbar
feinen Zeichnung zu dem Ansprechendsten unserer Ornis.

Nr. 236. Wendehals.

YUNX TORQUILLA. Linn.

Helgoländisch: Dreiertink = Drehvogel.

Yunx torquilla. Naumann, V. S. 356.
Wryneck. Dresser, V. p. 103.
Torcol ordinaire. Temminck, Manuel. I. p. 403. III. p. 284.

Der Name Natterwindl, den man diesem Vogel in Oesterreich
gegeben. bezeichnet denselben in seinen sonderbaren. fast unheim-
lichen Bewegungen ganz ausserordentlich gut. denn wenn man

einen dieser Vögel bei den Füssen auf der Hand in einer sitzenden
Stellung hält, so flattert derselbe durchaus nicht, noch zeigt er
irgend welche Scheuheit, aber er macht mit dem Kopfe und etwas
langem Halse so wunderbare Windungen und Verdrehungen, dass
man dadurch unwillkürlich an eine kleine Schlange oder Natter
erinnert wird, dies um so mehr, da der Vogel während solchen
Gebahrens sich vollständig stumm verhält.

Hier ist diese, von Portugal an durch ganz Europa und in
gleicher Breite durch Asien bis China, Japan und Kamtschatka
verbreitete Art sowohl während des Frühlings- wie Herbstzuges
ein zahlreicher allbekannter Gast, nördlich geht derselbe bis in
das mittlere Skandinavien hinauf.

Eisvogel. Alcedo. Von dieser in der Färbung so bevorzugten,
in der Form aber so wenig schönen Gattung, von der die meisten
Arten Asien angehören, aber auch Afrika, Australien und Amerika
einige besitzen, kommt die einzige in Europa heimische Art auch
auf Helgoland vor; in England ist die amerikanische Form, *Alcedo
alcyon*, zweimal geschossen worden. Diese Gattung umfasst ungefähr zwanzig Arten.

Nr. 237. Eisvogel.

ALCEDO ISPIDA. Linn.

Auf Helgoland auch Eisvogel genannt.

Alcedo ispida. Naumann, V. S. 480.
Kingfisher. Dresser, V. p. 113.
Martin-pêcheur Alcyon. Temminck, Manuel. I. p. 423. III. p. 296.

Dies kleine, merkwürdige Vögelchen, mit seinem fast tropischen
Farbenkleide, seinem unverhältnissmässig grossen Kopf und Schnabel
und nahezu verkümmerten Füssen, ist hier auf Helgoland ein sehr
seltener Gast, der in manchen Jahren ein oder zweimal gesehen
wird, dann aber während mehrerer Jahre wieder gar nicht vorkommt. Die hier angetroffenen hielten sich auf den vom Meere
bespülten Steinen und dem Geröll am Fusse des Felsens auf.

Heimisch ist dieser Eisvogel in Mitteleuropa und Asien, nördlich kommt er nur noch sparsam vor bis in das südliche Schweden
hinauf.

Bienenjäger. Merops. Die Kleider der Arten dieser Gattung
übertreffen an Farbenaufwand die der vorhergehenden noch um
ein Bedeutendes, während die Körperformen, den etwas grossen
Schnabel und die nur kleinen Füsse abgerechnet, durchaus angenehme,
den Schwalben sich nähernde, sind. Diese, einige zwanzig Arten
umfassende Gattung gehört ausschliesslich südlichen Breiten, namentlich dem heissen Asien und Afrika an. Das südliche Europa besitzt eine Art, die auch einmal auf Helgoland vorgekommen ist.

Ein wahres Prachtwerk ist das »*Monograph on the Meropidae*«
von Dresser (1884) mit seinen vierunddreissig Platten lebensgrosser,
ausgezeichnet kolorirter Abbildungen dieser so wunderbar gefärbten
Vögel.

Nr. 238. Bienenjäger.

MEROPS APIASTER.

Merops apiaster. Naumann, V. S. 462.
Bee-Eater. Dresser, V. p. 155.
Guêpier vulgaire. Temminck, Manuel. I. p. 420. III. p. 239.

Wie oben angegeben, ist dieser in so brillante Farben ge-
kleidete Vogel hier nur einmal beobachtet worden, und zwar durch
Reymers, der dies Stück schoss. In England ist derselbe sehr
oft vorgekommen, sogar in Gesellschaften, die in ein paar Fällen
bis zu zwanzig Stück zählten, sodass man im westlichen England
bei einer solchen Gelegenheit zwölf dieser Vögel an einem Tage
schiessen konnte. (Rodd, Birds of Cornwall. p. 68.)

Der Bienenjäger ist jedoch im südlichen Spanien ein sehr zahlreicher Brutvogel, von dem Irby (Orn. of Straits of Gibraltar.
p. 65—67) sagt, dass alljährlich ungeheure Massen seiner Eier
und Jungen durch Schlangen und Eidechsen zerstört werden. Wie
nun schon an anderer Stelle ausgeführt, ist nur anzunehmen, dass
solche Individuen, denen in einem frühen Stadium ihrer Brutgeschäfte dieselben gewaltsam durchkreuzt wurden, den zur Befriedigung dieses Bruttriebes führenden Frühlingszug wieder aufnehmen, und im Verfolg seiner Richtung weit über dessen Normal-
grenze hinaus gerathen: da nun der Frühlingszug dieser Vögel,
von Afrika nach Spanien ein nördlich gerichteter ist, so gelangen
die im südlichen Spanien gestörten Brutvögel dieser Art über das
Biscayische Meer nach Irland und in das westliche und weitere

England — in derselben Weise wie Griechische und andere südöstliche Arten, deren Frühlingszug ein nordwest gerichteter ist, nach Deutschland und Helgoland gelangen. Die Niststätten dieses Bienenjägers erstrecken sich von Spanien und dem westlichen Nordafrika an in gleicher Breite bis Hinterindien; er soll zweimal im Süden Deutschlands gebrütet haben, kommt hin und wieder bis Norddeutschland hinauf, und ist in Schweden sogar einmal innerhalb des Polarkreises gesehen worden.

Rake. Coracias. Die wenigen Arten dieser Gattung sind, mit theilweiser Ausnahme der auch in Europa brütenden Blau-Rake, Bewohner der heissen Striche Asiens und Afrikas: alle tragen ein sehr schön gefärbtes Kleid, in dem besonders sehr brillantes helles Blaugrün und Ultramarin hervorragend vertreten sind.

Nr. 239. Blau-Rake.

CORACIAS GARRULA. Linn.

Coracias garrula. Naumann, II. S. 158.
Roller. Dresser, V. 141.
Rollier vulgaire. Temminck, Manuel. I. p. 127. III. p. 72.

Nur drei dieser Vögel sind hier während meiner Zeit erlegt worden: einer vor etwa fünfzig Jahren, welcher im Besitz von Reymers war, und seitdem noch zwei Stücke, die sich in meiner Sammlung befinden — das letzte derselben am 25. Mai 1881.

Diese Art brütet von Portugal bis Hinterindien, jedoch nirgends sehr zahlreich; sie ist im nördlichen Deutschland noch ein allgemein bekannter Brutvogel, zerstreut noch im südlichen Schweden, und hat sich sogar bis zum Waranger Fjord hinauf verflogen.

Wiedehopf. Upupa. Diese Gattung umfasst nur sehr wenige Arten, von denen die europäische, *Upupa epops*, auch Asien bewohnt; dort kommt nach Jerdon (Birds of India) eine ihr sehr ähnliche, etwas kleinere und dunkler gefärbte Form vor: *Up. nigripennis.* Afrika besitzt ein oder zwei Arten, neben denen daselbst auch der europäische Wiedehopf überwintert.

29*

Nr. 240. Wiedehopf.

UPUPA EPOPS. Linn.

Leaph, Name für Wiedehopf.

Upupa epops. Naumann, V. S. 437.
Hoopoe. Dresser, V. p. 179.
Huppe puput. Temminck, Manuel. I. p. 415. III. p. 291.

»Stjüllig as enn leaph« sagt der Helgoländer, wenn er etwas recht Buntes oder Geputztes bezeichnen will; dies ist so durchaus sprüchwörtlich geworden, dass es sicherlich in den meisten Fällen von Personen angewendet wird, die den Vogel kaum jemals gesehen haben, denn er gehört zu den Arten, die zwar alljährlich, doch stets nur in sehr wenigen Stücken hier vorkommen: von Mitte April bis Mitte Mai werden höchstens sechs bis acht dieser Vögel gesehen, meist weniger, und im Herbst manchmal ein oder zwei, es verstreichen jedoch oft mehrere Jahre, ohne dass auch nur letzteres geschähe.

Als Brutvogel ist der Wiedehopf verbreitet vom westlichen Europa an durch ganz Asien bis Japan. Nördlich nistet diese Art höchstens bis in das südliche Schweden, dennoch aber ward wunderbarer Weise im Jahre 1868 ein Exemplar auf Spitzbergen erlegt. (Newton, Yarrell's Brit. Birds. II. p. 425.)

HÜHNER.

GALLINAE.

Huhn. Tetrao. Die fast zahllose Familie der hühnerartigen Vögel, welche nahezu die ganze Welt in einer oder der anderen Form erfüllt, deren Mitglieder sich im heissen Sande der äquatorialen Sonne stäuben, und deren Spuren im polaren Schnee noch unter 83° 6′ N. gefunden worden (Fielden. Arctic Journal), wäre auf Helgoland nur sehr dürftig durch die kleine Wachtel vertreten gewesen, wenn nicht die wunderbaren Massenwanderungen des Tartarischen Steppenhuhnes aus dem mittleren Asien im Jahre 1863 und 1888 dasselbe als zweite Art hinzugefügt hätten. Nachträglich ist noch das Rebhuhn im Jahre 1889 hier vorgekommen.

Nr. 241. Steppenhuhn.

TETRAO PARADOXA. Pallas.

Helgoländisch : Rott-futted = Rattenfüssig.

Tetrao paradoxa. Pallas, Zoog. Ross. Asiat. II. p. 74.
Pallas' Sand-Grouse. Dresser, VII. p. 75.

Als im Mai und Juni 1863 ganz Europa durch den wunderbaren Heerzug dieses Asiatischen Huhnes überfluthet ward, ging, wie vorauszusetzen. Helgoland auch nicht leer aus. Man sah fast täglich kleine Gesellschaften von drei, fünf, zwanzig bis fünfzig Stücken. aber auch, obzwar seltener, hundert und mehr in einer Schaar. Letztere meist in reissend schnellem Fluge vorbeieilend, jedoch nicht in einer bestimmten Richtung, die man als feste Zugbewegung hätte auffassen können, sondern hierhin und dorthin je nach Laune der jeweiligen Gesellschaft; oft auch wechselten kleinere und grössere Flüge bloss zwischen Helgoland und der

Düne. Geschossen wurden etwa dreissig bis vierzig Stücke; diese geringe Zahl erklärt sich aus dem so festen Liegen dieser Thiere, zusammen mit ihrer dem Boden, zumal dem Helgoländer röthlichbraunen Boden so sehr ähnlichen Rückenfärbung; hätte hier jemand die Jagd mit einem Hühnerhunde betreiben können, so würde er es an manchen Tagen sicherlich auf fünfzig und mehr Stücke gebracht haben. Von den 1863 hier erlegten Exemplaren erwarb der allverehrte Professor Blasius derzeit dreizehn, Pastor Zander hat ein Paar erhalten, und andere sind aus Aeuckens' Händen in alle Welt gegangen.

Während des obigen Jahres wurden die ersten Stücke am 21. Mai auf der Düne geschossen, häufig sah man sie bis Ende des Monats und den ganzen Juni hindurch, später nur hin und wieder in kleinen Gesellschaften; am 15. November wurden nochmals sieben bis neun Stück gesehen, und am 30. Dezember noch ein vereinzelter Vogel, ein Weibchen, geschossen.

Seit jener grossen Wanderung sind noch ein paarmal einige dieser Vögel hier vorgekommen, so im Jahre 1872, zu welcher Zeit auch in England mehrere Stücke beobachtet wurden: dann wieder im Jahre 1876 am 12. Mai, an welchem Tage zwei Stück auf der Düne und acht bis zehn Stück über dem Meere dahinfliegend gesehen wurden; Tages darauf, am 13. Mai, ward in der Frühe ein frischer Vogel todt am Fusse des Felsens gefunden, am 15. und 16. einer gesehen, und am 23. Juli flogen wiederum drei, ein Männchen und zwei Weibchen, auf dem Meere ausser Schussweite am Boote von Jan Aeuckens vorbei. In diesem letzteren Jahre hat wahrscheinlich wieder eine kleine Wanderung stattgefunden, denn am 4. Mai desselben ward ein Vogel in Italien, bei Modena, erlegt, und am 4. Oktober zwei, ein Männchen und ein Weibchen, in Irland geschossen.

Der Lockton dieser Vögel, den ich nur im Fluge von ihnen gehört, ist ein kurz ausgestossenes Kütt-kütt-kütt: unbeachtet sind sie durchaus nicht scheu, es ist vorgekommen, dass fünf oder sechs derselben stundenlang in einer Nähe von zwanzig bis dreissig Schritten bei einem Manne herumgelaufen sind, der seinen Kartoffelacker hackte und der sie während der Arbeitspausen nach Belieben betrachtete. In einem anderen Falle haben fünf derselben während zwei Stunden, etwa dreissig Schritt entfernt von den drei Brüdern Aeuckens (!), platt an den Boden gedrückt ausgehalten, während letztere eine der Baaken der Insel theerten, wobei sie laut sprachen und riefen und mit einer langen Leiter herum hantierten; die

Vögel flogen erst auf, als die Aeuckens nach beendeter Arbeit unbewusst ihnen bis auf ein paar Schritt nahe gekommen waren.

Als ich vor mehreren Jahren obigen Bericht über das Vorkommen dieses so interessanten Vogels schrieb, ahnte ich nicht, dass es mir noch einmal vergönnt sein würde, eine so wunderbare Erscheinung wie die Massenwanderung von 1863 an mir vorübergehen zu sehen, und dennoch ist solches, da ich eben mit der letzten Durchsicht dieser Blätter beschäftigt bin, nicht allein eingetreten, sondern die gegenwärtige Einwanderung, 1888, überbietet ihrem bisherigen Verlaufe nach jene von 1863 an Individuenzahl wenigstens um das zehnfache — dies bezieht sich natürlich nur auf mein Beobachtungsgebiet.

Die ersten Vögel der gegenwärtigen Einwanderung, zwanzig Stück, wurden am 25. April auf der Düne gesehen; am 26. acht; am 27. zehn; am 28. fünfundzwanzig; am 30. elf.

Mai, am 2. acht Stück; am 4. fünfzehn; am 5. dreiundzwanzig; am 7. zwölf; am 8. zwanzig. Bis hierher waren die Vögel nur von Arbeitern auf der Düne gesehen worden, alle waren stets während der frühen Morgenstunden angekommen und zogen während der späten Nachmittagsstunden wieder davon.

Am 13., 14., 15. und 16. sah man hier auf der Insel, der Düne und auf dem Meere Flüge von drei, fünf bis fünfundzwanzig Stücken. Am 17. sehr viele — mein Sohn Ludwig schoss während der ganz frühen Morgenstunden achtzehn auf der Düne.

Am 18. sah man Schaaren von fünfzig bis zu ein paar Hundert; ausserdem fortwährend kleine Gesellschaften.

Am 19. war Gewitterluft und es zogen keine Vögel.

Am 20. Flüge von fünf bis zu zwanzig Stücken.

Am 21. Nebel — kein Zug.

Am 22. schwacher Ostwind, klar, warm — Hunderte von Steppenhühnern.

Am 23. Flüge von zehn bis vierzig.

Am 24. eine Schaar von über vierzig Vögeln.

Am 25. Nordwind, kalt — kleine Flüge von fünf bis zu zwanzig Stücken.

Am 26. massenhaft, Zahl nicht zu schätzen — es wurden zweiundzwanzig auf der Düne geschossen.

Am 27. viele grosse Schaaren von fünfzig bis achtzig Stücken.

Am 28. ebenso.

Am 29. Flüge von fünf bis fünfzig Vögeln.

Am 30. Flüge von zehn bis fünfzig Stücken.

Am 31. Südwest, Regen — kleine Flüge von drei, fünf bis zehn Stücken.

In gleicher Weise setzte sich der Zug den Juni hindurch fort, am 27. bei schwachem Südost-Wind und warmen Wetter, kam auf der Düne noch eine Schaar von über hundert Vögeln vor: im Verlaufe des Juli kamen sie nur noch in geringerer Zahl vor. am 20. wurde jedoch neben vereinzelten Stücken noch ein Flug von zwanzig gesehen.

Ausser diesen haben die Helgoländer Fischer an fast allen genannten Tagen grosse und kleine Schaaren über das Meer dahinfliegen sehen, sowie hin und wieder einen frischen todten Vogel treibend gefunden. Einige unserer Fischer. die sich während obiger Zeit mehrere Tage auf der Insel Neuwerk in der Elbmündung aufgehalten, berichteten mit Staunen. dass dort sich diese Vögel zu Tausenden herumgetrieben hätten.

Was der weitere Verlauf sein wird, bleibt abzuwarten, jedenfalls sind bis jetzt schon mehr als zehnmal soviel dieser Vögel hier vorgekommen, als während des ganzen Zuges von 1863. Zweifellos werden dieselben auch wieder an geeigneten Stellen brüten, aber die Hoffnung, welche man damals daran knüpfte, dass ein Einbürgern dieser Art in Europa stattfinden werde. kann ich nicht theilen — wie ich sie 1863 nicht getheilt: — derartige Ansiedelungen durch Einwanderung vollziehen sich nicht in so gewaltsamer Weise über so grosse Entfernungen hin, sondern es rücken dieselben langsam und sicher vor, wie z. B. die Berglerchen, zweifellos auch der grosse graue Würger, *Lanius major* = *borealis*, die wohl ein Jahrhundert gebrauchten, ihr Brutgebiet vom östlichen Asien bis Skandinavien vorzuschieben. Das an einem Orte Ausgebrütetsein dürfte nicht allein genügen, einen Vogel zu bewegen nach etwa achtmonatlicher Abwesenheit zurückzukehren; dies beweist unter anderm das Ergebniss eines Versuches, den man in Gross-Britannien gemacht. Nachtigallen nördlicher anzusiedeln: man brachte eine bedeutende Anzahl von Nachtigalleneiern aus der Umgegend Londons nach Caithness in Schottland, legte dieselben in Nester von Rothkehlchen. welche die untergeschobenen Eier auch ausbrüteten und die Jungen aufzogen; letztere blieben bis zum September, schlossen sich dann dem allgemeinen Herbstzuge an und kehrten niemals zurück (Newton in Yarrell's Brit. Birds).

Das plötzliche massenhafte Auftreten der Steppenhühner im mittleren und westlichen Europa ist eine so wunderbare Erscheinung. dass dieselbe unwillkürlich zum Nachdenken über die mög-

lichen Ursachen auffordert. Nahe liegt die Annahme, dass Witterungsverhältnisse, die den regelmässigen Wanderflug in so ausgedehntem
Maasse beherrschen, auch in so ausnahmsweisen Fällen von be-
stimmendem Einfluss sein dürften. Ich weiss nicht ob es z. B.
möglich ist, dass in der mittleren und nördlichen Mongolei, wo diese
Vögel zahlreich brüten, während so kalter Frühlinge wie der
gegenwärtige, 1888, im April plötzlich noch so starker Schneefall
eintreten kann, dass dadurch die Nester und Eier der Steppenhühner bedeckt würden; vermag dies aber zu geschehen, so wäre
die Annahme gerechtfertigt, dass die grossen Massen dieser Vögel,
welche derart im Beginn ihrer Brutgeschäfte gestört worden, gleich
anderen südöstlichen und südlichen Arten, ihren Frühlingszug wieder
aufnehmen und, nicht sofort Striche findend, welche die gewohnten
Nistbedingungen darbieten, weit über den Bereich ihres Heimathsgebietes hinausgelangen — die beispiellose Flugfähigkeit dieser
Vögel würde dieselben in wenig Tagen nach tausend Meilen fernen
Länder führen.

Der Eierstock hier Anfang Mai vorgekommener Sandhühner
enthielt nur ganz kleine Eier, etwa von der Grösse eines Schrotkornes Nr. 5; da dieselben aber nach Radde (Reise im Süden von Ostsibirien. II. S. 287.) schon im April zu brüten beginnen, so lässt auch
dies vermuthen, dass solche ausnahmsweisen Massenwanderungen aus
Individuen bestehen, deren erstes Gelege zu Grunde gegangen ist.

Wie schon zuvor erwähnt, ist die Geschwindigkeit des Fluges
dieser Vögel eine ganz erstaunliche: wie hoch der Edelfalk auch
in der Achtung der Helgoländer Jäger stehen möge, sie sind ohne
Ausnahme der Ueberzeugung, dass er nicht im Stande sein würde
ein Steppenhuhn zu überholen. Von reissendster Schnelle ist dieser
Flug, wenn eine grosse Schaar der Vögel die weite Meeresfläche
fern vom Lande überfliegt: kaum in die Nähe des Bootes gelangt,
verschwinden sie auch schon wieder am fernen Horizont. Ich hege
nicht den geringsten Zweifel, dass Fälle vorgekommen sind, in
welchen dieselben die Nordsee zwischen Jütland und England zu
wiederholten Malen an einem Tage überflogen haben.

Hier halten sich die Steppenhühner mit Vorliebe auf der
Sandinsel am Fusse der Dünenhügel auf, wo es kaum möglich sie,
so lange sie sich ruhig am Boden verhalten, zwischen dem Sand
und mannigfarbigen Gestein zu entdecken. In ihrem Magen habe
ich meistens nur Samen wilder Pflanzen gefunden, sehr selten
wenige Körner Weizen oder Gerste, öfter den Samen von Strandhafer, *Elymus*; manchmal nur feinzerstückeltes Gras, auch Sand-

gräser und andere Strandpflanzen, immer untermischt mit einer
Masse kleiner Quarzkörnchen, und in mehreren Fällen eine Anzahl
Meerschnecken, z. B. *Littorina littorea* und *L. obtusata*, aber in
keinem Falle enthielten die untersuchten Magen Ueberbleibsel von
Käfern oder anderen Insekten.

Heimischer Brutvogel ist diese interessante Art in den grossen
sandigen Steppen Asiens von Turkestan bis China — namentlich
zahlreich in den Wüstenstrichen der Mongolei.

Nr. 242. Rebhuhn.

TETRAO PERDIX. Linn.

Perdix cinerea. Naumann, VI. S. 477.
Partridge. Dresser, VII. p. 131.
Perdrix grise. Temminck, Manuel. II. p. 488. IV. p. 334.

Wiederholt ist mir das Vorkommen eines Rebhuhnes hier auf
Helgoland berichtet worden, aber keiner der Fälle erwies sich als
genügend sicher: am 17. Juli 1889 ist jedoch schliesslich wirklich
ein Rebhuhn hier gefangen. Es war ein schöner stiller Tag, ganz
leichter östlicher Wind. In einem öffentlichen Gartenlokale war
eine nach Osten gerichtete grosse Flügelthür geöffnet, in diese
flog ein Vogel hinein und geradesweges gegen einen gegenüber-
hängenden Spiegel; er fiel etwas betäubt zu Boden und ward mit
den Händen ergriffen. Leider rupfte man sofort den Vogel und
ich sah nur noch den befiederten Kopf, es war ein weibliches
Rebhuhn.

Diese Art brütet durch das ganze mittlere Europa, in Schweden sogar bis über 66° N. hinaus.

Nr. 243. Wachtel.

TETRAO COTURNIX. Linn.

Helgoländisch: Lütj Tuck. Tuck, Helgoländer Name für Wachtel.

Perdix coturnix. Naumann, VI. S. 575.
Common Quail. Dresser, VII. p. 143.
La Caille. Temminck, Manuel. II. p. 491. IV. p. 334.

Die kleine niedliche Wachtel ist hier ein seltener Gast, es
würde kaum möglich sein, jedes Jahr ein oder zwei derselben zu

erlangen; der Sommer 1878 machte jedoch eine Ausnahme hiervon, indem man Anfang August so viele derselben in den Kartoffelstücken locken hörte, dass die hiesigen Jäger meinten, es müsste ein Pärchen hier gebrütet haben, und es sei die zahlreiche Brut, welche sich so eifrig bemerkbar mache. So junge Vögel dürften aber kaum sprachlich soweit gediehen sein, um »Flick de Büx« deutlich rufen zu können.

Ich besitze in meiner Sammlung ein sehr schönes Exemplar dieser Art, an welchem die Kehle und der obere Theil des Vorderhalses, sowie ein von da zum Ohr hinaufgehendes breites Band, rein und tief schwarz sind; vom Ohr zieht sich dieses Band als schmaler Streifen zum Oberkiefer hin. Ein zweites, von einem zum andern Ohr an den Halsseiten und dem Vorderhalse herumgehendes Band besteht aus schwarzen Flecken, und ein ebensolcher breiter Streif geht von oberhalb der Ohren am Hinterhalse zum Rücken hinunter — gewöhnlich ist die an diesem Stücke rein schwarze Zeichnung nur mehr weniger rothbraun und verwischt.

Als Brutvogel hat die Wachtel eine sehr weite Verbreitung, sie nistet von den Azoren an durch das ganze gemässigte und südliche Europa und Asien, sowie im nördlichen Afrika.

TAUBEN.
COLUMBAE.

Taube. Columba. Von dieser über die ganze Welt in zahlreichen Arten verbreiteten Gattung gehören die vier auf dem
Europäischen Festlande heimischen auch Helgoland an, und
ausserdem ist die kleine südöstliche *C. risoria* hier einmal vorgekommen. Audubon führt für Nordamerika sieben Arten auf, von
denen eine. *C. migratoria*, ein paarmal in England vorgekommen
ist. (Harting, Brit. Birds.)

Nr. 244. Ringtaube.
COLUMBA PALUMBUS. Linn.
Helgoländisch: Holt-Düwe = Holztaube.

Columba palumbus. Naumann, VI. p. 168.
Ring-dove. Dresser, VII. p. 3.
Colombe ramier. Temminck, Manuel. II. p. 444. IV. p. 307.

Im allgemeinen ist diese Taube hier zwar ein ganz gewöhnlicher, aber selten zahlreicher Besucher: vereinzelt kommt dieselbe
schon früh im März hier an, später sieht man sie fast täglich zu
drei bis fünf Stücken bis gegen Ende des April: nur in ausnahmsweisen Fällen steigert sich ihre Zahl im Frühjahr bis zu
Gesellschaften von zehn und mehr Individuen. Ihr Rückzug beginnt in der letzten Hälfte des September und währt den ganzen
Oktober und bis über die Mitte des November hinaus: sie tritt
während des Herbstzuges viel zahlreicher auf, jedoch nur selten
in Flügen von zwanzig bis dreissig Stücken, wie z. B. am 25. Oktober 1884.

Verbreitet als Brutvogel ist diese Taube über ganz Europa
bis fast zum Polarkreis hinauf, weniger zahlreich in den südlichen

und Mittelmeerländern. Wie weit sie über den Ural hinaus in Asien brüten möge, ist nicht festgestellt: unter den Vögeln Turkestans führt Sewertzoff sie nicht mehr auf.

Nr. 245. Felsentaube.

COLUMBA LIVIA. Brisson.

Helgoländisch : Witt-rögged Feldflüchter = Weissrückiger Feldflüchter.

Columba liria. Naumann, VI. S. 186.
Rock-Dove. Dresser, VII. p. 11.
Colombe biset. Temminck, Manuel. II. p. 446. IV. p. 308.

Das sanfte reine Mohnblau des Gefieders dieser Taube — der Stammmutter all der endlosen Abarten der zahmen Tauben — zusammen mit dem schneeweissen Bürzel, breiten tiefschwarzen Flügelbinden und dem sehr intensiv grün und roth schillernden Hals und Kropf, erheben das ganze Kleid dieser Taube nicht nur zu dem schönsten aller einheimischen Gattungsverwandten, sondern auch zu einem der lieblichsten unserer ganzen Vogelwelt. Helgoland besucht diese Taube leider sehr selten, nur in Zwischenräumen von mehreren Jahren, und geschossen ist sie kaum einmal im Laufe von zehn Jahren.

An allen felsigen Küsten Westenglands, Irlands und Schottlands, bis zu den Shetlands, Orkneys und Faröer Inseln hinauf brütet diese Taube in grossen Massen, so auf den Azoren und den Canarischen Inseln; ferner in hohen Felsengebirgen Spaniens und allen Felsenküsten des Mittelmeeres und dessen Inseln. In Turkestan brütet sie in Höhen von sieben- bis achttausend Fuss. In Skandinavien ist diese Art selten, und daraus ergiebt sich auch wohl ihr seltenes Erscheinen auf Helgoland.

Nr. 246. Hohltaube.

COLUMBA OENAS. Linn.

Helgoländisch: Lütj Feldflüchter == Kleiner Feldflüchter.

Columba oenas. Naumann, VI. S. 215.
Stock-Dove. Dresser, VII. p. 23.
Colombe colombin. Temminck, Manuel. II. p. 445. IV. p. 308.

Auch diese Art kommt hier nur sehr vereinzelt vor, nie in Gesellschaften, wie die Ringtaube, aber doch ungleich öfter als die Felsentaube: eine oder ein paar sieht man während jedes Frühlings- und Herbstzuges. Verbreitet als Brutvogel ist dieselbe über ganz Europa bis in das mittlere Asien; im allgemeinen weniger zahlreich in den südlichen Ländern, nistet sie jedoch noch in Kleinasien und Palästina. Nördlich geht sie in das untere Skandinavien.

Nr. 247. Turteltaube.

COLUMBA TURTUR. Brisson.

Helgoländisch: Turtel-Düwe = Turteltaube.

Columba turtur. Naumann, VI. S. 233.
Turtle-Dove. Dresser, VII. p. 39.
Colombe tourterelle. Temminck, Manuel. II. p. 448. IV. p. 312.

Die kleine zierliche, oftbesungene Turteltaube zählt hier während der schönen Tage des Mai und bis über die Mitte des Juni hinaus zu den gewöhnlichen Vögeln: sie wird seltener vereinzelt, sondern meist in kleinen Gesellschaften von drei bis fünf Stücken gesehen: 1885 kam sie besonders häufig vor, ich finde in meinem Tagebuche verzeichnet: Mai 28. Wind südlich, still, schön, warm, *Col. turtur* auffallend viel, etwa fünfzehn geschossen — es fand an gedachtem Tage sehr starker Zug aller zeitgemässen Arten statt. Am 29. Wind Süd-Süd-Ost bis Süd still, Mittags plötzlich Nord-West, viel weniger Zug als Tages zuvor, *Col. turtur* aber sehr viel. Am 30. und 31. Süd-West heftig, dicke Regenwolken und natürlich kein Zug. Am 4. Juni bei schwachem südlichem Winde und sehr warmer klarer Luft *Col. turtur* bis zu vierzig Stücken, und am 13. bei warmem schönem Wetter nochmals, neben *Hirundo, Cypselus, Caprimulgus* und *Muscicapa grisola,* einige Turteltauben.

Wenn nicht beunruhigt, ist dies kleine Thierchen sehr wenig scheu, eher zutraulich, und es ist stets ein grosser Genuss, eins oder mehrere derselben in ihrer knappen Haltung im Garten mit kurzen Schritten herumtrippeln zu sehen. Während des herbstlichen Rückzuges kommt dies Täubchen in ungleich geringerer Zahl, fast nur vereinzelt hier wieder durch; es ist dies eine auffallende Erscheinung, die sich unter anderm auch bei dem rothrückigen Würger, *Lanius collurio,* jedoch in viel gesteigerterem Grade wiederholt, denn von letzterem haben weder Claus Aeuckens noch ich jemals einen alten Vogel während des Rückzuges im Herbst hier gesehen, stets nur ganz vereinzelte junge Vögel. Das Nistgebiet der Turteltaube erstreckt sich über das ganze gemässigte und südliche Europa, Kleinasien und Palästina, östlich bis Turkestan. Nördlich ist sie zerstreut in Skandinavien vorgekommen, aber nie als Brutvogel aufgefunden worden.

Nr. 248. Lachtaube.

COLUMBA RISORIA. Linn.

Columba risoria. Keyserling u. Blasius, Wirbelthiere Europas. S. LXII.
Collared Turtle-Dove. Dresser, VII. p. 51.

Oelrich Aeuckens schoss vor längeren Jahren hier eine Lachtaube, von der ich damals glaubte, dass es ein zahmer entflohener Vogel sei, und die ich daraufhin nicht weiter beachtete. Dies Stück schien mir freilich mehr bläulichgrau am Gefieder zu sein als die im Käfig gesehenen Lachtauben, was ich bei späterer Untersuchung solcher zahmer Vögel auch vollständig bestätigt fand, und in Folge dessen ich nicht im geringsten zweifle, dass jenes Stück wirklich eine wilde Lachtaube gewesen, wie solche in Griechenland und anderen südlichen Ländern durch ganz Asien bis China heimisch sind — zumal da das Gefieder derselben die vollkommene Frische eines wilden Vogels hatte.

WATVÖGEL.

GRALLAE.

Trappe. Otis. Von dieser Gattung, welche in einigen zwanzig Arten die gemässigten und heissen Breiten der Alten Welt bewohnt, besitzt Europa als einheimisch nur zwei, und eine derselben ist denn auch auf Helgoland vertreten.

Nr. 249. Zwergtrappe.

OTIS TETRAX. Linn.

Otis tetrax. Naumann, VII. S. 52.
Little Bustard. Dresser, VII. p. 338.
Outarde canepetière. Temminck, Manuel. II. p. 507. IV. p. 343.

Obzwar diese interessante Art vor etwa fünfzig Jahren hier schon einmal in zwei Exemplaren geschossen worden, so hatte ich doch nahezu dreissig Jahre zu warten, bis ich ein Stück des so heiss begehrten Vogels für meine Sammlung erhalten sollte. Endlich, am 27. Juni 1882, ward eine Zwergtrappe hier gesehen, erst krank geschossen und wenige Stunden später erlegt; es ist ein vorjähriges Männchen, das aber noch keine Andeutung der so schönen schwarz-weissen Kopf- und Halszeichnung trägt — immerhin aber ist die Art nunmehr hier vertreten.

Zur Zeit da dieser Vogel hier vorkam, hatte schon mehrere Wochen schwacher Südost-Wind bei grosser Hitze geherrscht; da dies die günstigen Bedingungen für das Erscheinen fern südöstlicher Arten sind, auch am 6. des Monats, als Alfred Newton und Canon Tristram hier zum Besuche weilten, schon eine *Saxicola morio* erlegt worden war, so ist wohl anzunehmen, dass auch obige Trappe aus jener Richtung hierher gelangt sei — vom Süden oder gar Westen her sicherlich nicht.

Das Brutgebiet dieser Trappe erstreckt sich von Portugal bis Indien, am zahlreichsten bewohnt dieselbe den westlichen Theil dieses grossen Gebietes. Zahlreich ist dieselbe nach England gelangt, zerstreut bis in das nördliche Deutschland, und einige mal sogar bis Skandinavien hinauf gekommen.

Läufer. Cursor. Nur eine der zehn Arten, welche diese Gattung umfasst. nämlich *C. europaeus,* hat einen Platz. wenn auch nur als ausnahmsweise Erscheinung, in der Europäischen Ornis gefunden — diese ist auch bis Helgoland gelangt.

Nr. 250. Isabellfarbiger Läufer.

CURSOR EUROPAEUS. Latham.

Cursor europaeus. Naumann, VII. S. 77.
Cream-coloured Cursor. Dresser, VII. p. 425.
Coure-vite isabelle. Temminck, Manuel. II. p. 513. IV. p. 345.

Im Jahre 1835 oder 36 hatte Reymers diesen so interessanten Fremdling hier einmal erhalten; derselbe ward damals, wie so manche andere Seltenheit, nach Hamburg hin verkauft und ist wahrscheinlich das Stück, worauf Droste-Hülshoff (Vögel Borkums) seine Angabe des Vorkommens dieser Art auf Helgoland stützt. Mir hat es leider nicht gelingen wollen, dies Exemplar wieder zu entdecken, was um so verdriesslicher ist, als kein weiterer Vogel dieser Art hier wieder gesehen noch erlegt worden. in England jedoch im Laufe der Zeit einundzwanzigmal vorgekommen ist.

Für dies äusserst zahlreiche Erscheinen eines so südlichen Fremdlings in England kann wiederum nur angenommen werden, dass man es auch hier mit Individuen zu thun habe, die von ihren Brutplätzen im westlichen Afrika ihren nördlich gerichteten Frühlingszug wieder aufgenommen, nachdem sie ihren Gatten verloren und so, da sie keine ihrer heimathlichen Wüste gleiche Oertlichkeiten vorgefunden. durch Spanien nördlich bis England gerathen sind. Favier (Irby, Orn. of Gibraltar) sagt, dass diese Vögel alljährlich im Juli ziemlich zahlreich in der Nähe von Tanger erscheinen; vereinzelter treffen dieselben im Frühling auf Malta und Sicilien ein — welche Fälle auch wohl nur auf eine gleiche Veranlassung zurückzuführen sind.

Brutvogel ist diese Art von den Canarischen Inseln an durch Nordafrika und Südasien.

Kranich. Grus. Diese Gattung, von der Europa nur eine Art besitzt, die aber in anderen Welttheilen, namentlich in Asien, häufiger vertreten ist, hat Helgoland nur in zwei Fällen besucht: die Europäische Form wurde einmal gesehen, ohne erlegt zu werden, dahingegen der schöne, südliche Jungfernkranich, *Grus virgo,* vor langen Jahren einmal geschossen.

Nr. 251. Grauer Kranich.

GRUS CINEREA. Bechstein.

Grus cinerea. Naumann. XI. S. 345.
Common Crane. Dresser, VII. p. 337.
Grue cendrée. Temminck, Manuel. II. p. 557. VI. p. 366.

Der allbekannte Kranich zählt hier zu den gänzlich unbekannten Erscheinungen; den einzigen jemals auf Helgoland beobachteten Vogel dieser Art sah Jan Aeuckens im April 1867, wie derselbe vom Meere kommend sich über den Rand der Klippe erhob, dieselbe niedrig überflog und an der entgegengesetzten Seite seine Flugrichtung ruhig fortsetzte, ohne der kleinen Insel irgend weitere Aufmerksamkeit zuzuwenden — sie mag dem vornehmen, stattlichen Vogel wohl allzu winzig erschienen sein.

Als Brutvogel ist diese Art über das ganze nördliche und mittlere Europa und Asien verbreitet, man hat sie an ihr zusagenden Oertlichkeiten sogar im südlichen Spanien noch ziemlich zahlreich nistend angetroffen.

Nr. 252. Jungfern-Kranich.

GRUS VIRGO. Pallas.

Grus virgo. Naumann, IX. S. 386.
Demoiselle Crane. Dresser, VII. p. 353.
Grue demoiselle. Temminck, Manuel. IV. p. 367.

Das Exemplar dieses so schönen Vogels, welches meiner Sammlung zur nicht geringen Zierde gereicht, datirt am fernsten zurück unter der grossen Schaar, die ich hier zu versammeln vermochte: es ward im Mai 1837 von Reymers auf der Düne geschossen — zu einer Zeit, da ich Helgoland selbst noch nicht betreten hatte; es ist ein nicht ganz alter Vogel, trägt aber doch den Schmuck der gelblich-weissen Federbüschel hinter den Augen schon ziemlich ausgebildet.

Das Stück ging im Laufe des Sommers, in welchem es erlegt worden, in den Besitz eines Dr. Schmidt aus Hamburg über, der es dem dortigen Museum als derzeitige Merkwürdigkeit verehrte; daselbst hat es bis vor ein paar Jahren gestanden, mir ein steter Dorn im Auge! Der Zufall führte eines der Mitglieder des Vorstandes jenes Museums zu mir, den auf dem Gebiete der Algenkunde so bedeutenden Dr. Sonne; ich stellte demselben vor, dass der rechte Platz jenes Exemplares doch eigentlich in meiner Sammlung sei, welcher Ansicht genannter Herr unter grosser Freundlichkeit beistimmte, und zu meiner ausserordentlichen Frende ging mir kurze Zeit darauf der für mich ganz besonders so höchst schätzenswerthe Vogel zu. Ich kann nicht umhin, den Herren Vorstehern des Museums im allgemeinen für diesen so generösen Akt, sowie dem Herrn Dr. Sonne im besonderen für die gütige Vermittelung desselben hier meinen besten Dank auch öffentlich auszusprechen.

Die Heimath dieses eleganten Vogels ist hauptsächlich das südliche Asien und nördliche Afrika: er nistet aber auch noch im südöstlichen Russland und nach Mittheilungen Irby's ist es höchst wahrscheinlich, dass dies, wenn auch nicht regelmässig, doch des öfteren im südlichen Spanien geschehe.

Storch. Ciconia. Beide europäische Arten dieser Gattung, der weisse sowie der schwarze Storch besuchen auch Helgoland: sie sind gleichfalls in Asien und Afrika heimisch, welche Länder daneben aber noch einige andere, näher oder ferner stehende Gattungsverwandte aufzuweisen haben; so auch Südamerika. In Nordamerika scheint keine dieser Formen vertreten zu sein.

Nr. 253. Weisser Storch.

CICONIA ALBA. Bechstein.

Oadeboar = Helgoländer Name für Storch.

Ciconia alba. Naumann, IX. S. 231.
White Stork. Dresser, VI. p. 207.
Cigogne blanche. Temminck, Manuel. II. p. 560. IV. 369.

Wunderbarer Weise sind auf der kleinen, rothen Felseninsel alle Bänke der Schulklassen stets bis auf den letzten Platz mit Kindern besetzt, trotzdem jedes Frühjahr nur ein oder zwei, höchst selten drei Störche hier vorsprechen. Wie nun aber Helgoland so sehr viel Ausgezeichnetes unter seinen befiederten Besuchern aufzuweisen hat, ist denn auch in diesem Falle wohl nur anzunehmen, dass die so beschränkte Zahl der Deputation durch ganz besondere Tüchtigkeit der einzelnen Mitglieder ausgeglichen wird. Wie fast alle anderen Wanderer, so ziehen auch diese Störche noch an demselben Tage, an welchem sie hier eingetroffen sind, wieder fort; einmal verweilte jedoch ein solcher hier mehrere Tage und trug sogar allerlei dürre Pflanzenstoffe in grossen Bündeln auf das Dach eines alleinstehenden, höheren Hauses; letzteres bot aber leider keine passende Stelle für Befestigung der Grundlage eines Nestes dar, so gab denn der Vogel nach zwei Tagen seine erfolglosen Bestrebungen auf und zog davon. Es wäre interessant gewesen, zu sehen, wie weit dieser Versuch zum Nisten geführt hätte. Aus Mangel an frischem Wasser sowie entsprechender Nahrung hätte jedoch ein Paar Störche auf die Dauer hier wohl kaum bestehen können.

Es ist eine überraschende Erscheinung, dass, so sehr zutraulich der Storch in nächster Nähe seines Nestes ist, er doch ebenso grosse Vorsicht und Scheu wenige hundert Schritte entfernt vom Nistorte an den Tag legt, und um so auffälliger ist dies, da demselben im allgemeinen in seiner Heimath doch nichts zu Leide gethan wird; im nördlichen Frankreich soll dies jedoch anders sein, und hat daselbst Nachstellung oder zu geringe Schonung den Niststorch vollständig vertrieben. In England brütet der Storch gleichfalls nicht; dort hat man es nämlich nie dazu kommen lassen, indem man seit Jahrhunderten die im Frühjahr ankommenden Vögel oder kleinen Gesellschaften als seltene Merkwürdigkeiten wegschoss.

Mit diesen Ausnahmen baut der Storch sein Nest vom westlichen Europa bis in das mittlere Asien, und von der Breite des nördlichen Schweden hinunter bis zu der des nördlichen Afrika.

Nr. 254. Schwarzer Storch.

CICONIA NIGRA. Cuvier.

Helgoländisch: Swart-Oadeboar = Schwarzer Storch.

Ciconia nigra. Naumann, IX. S. 279.
Black Stork. Dresser, VI. p. 309.
Cigogne noire. Temminck, Manuel. II. p. 561. III. p. 370.

Der schwarze Storch ist während meiner so langen ornithologischen Praxis hier nur dreimal gesehen, aber leider in keinem dieser Fälle erlegt worden; alle waren so ausserordentlich scheu, dass ihnen nicht beizukommen war. In dem letzten dieser Fälle, der vor etwa dreissig Jahren stattfand, wo die Insel im Frühjahr von einem Paare besucht ward, konnte ich trotz aller angewandten Mühe nicht einmal mit der Büchse zu Schuss kommen, obzwar ich zu jener Zeit ein derartiges Ziel als ein auf hundertundfünfzig bis zweihundert Schritt kaum zu fehlendes betrachtete.

Dass diese Art Helgoland so sehr selten besucht, erklärt sich aus dem Sommeraufenthalte derselben; ihr Brutgebiet erstreckt sich nur in ganz seltenen Fällen nördlich über die Ostsee hinaus, sie ist aber bis zu dieser Breite von Spanien an durch Deutschland, Mittel- und Südrussland bis China verbreitet, südlich bis Palästina und Persien hinunter nistend.

Zu meiner grossen Freude habe ich Obigem jetzt, im Jahre 1889, hinzuzufügen, dass meine Sammlung nunmehr ein Stück dieser Art aufzuweisen hat, welches am 23. Mai hier geschossen wurde. Es ist ein weiblicher Vogel.

——— —

Reiher. Ardea. Diese in so zahlreichen Formen fast über die ganze Erde verbreitete Gattung ist auf Helgoland in ärmlichster Weise vertreten; sogar der gewöhnliche graue Reiher kommt nur ganz vereinzelt vor, und drei andere ebenfalls Europa angehörende Arten sind während eines langen Menschenalters hier nur je einmal erlegt worden. Dem gegenüber weist England nicht allein die Namen von neun Europäischen Arten auf, sondern eine Amerikanische Art, *Ardea lentiginosa*, ist nicht weniger denn achtzehnmal daselbst beobachtet worden — wer könnte angesichts dieser letzteren Thatsache, der sich manche ähnliche beizählen lassen, noch Zweifel darüber hegen, dass Vögel das Atlantische Meer zu überfliegen vermögen.

Nr. 255. Grauer Reiher.

ARDEA CINEREA. Brisson.

Helgoländisch: Reier = Reiher.

Ardea cinerea. Naumann, IX. S. 24.
Heron. Dresser, VI. p. 207.
Heron cendré. Temminck, II. p. 567. IV. p. 371.

Ein oder zwei junge Vögel dieses Reihers kommen hier während mancher Tage des allgemeinen Herbstzuges vor, alte vergleichsweise sehr selten; ein schönes ausgefärbtes Männchen meiner Sammlung mit langen schwarzen Scheitelfedern ist das einzige derartige Stück, welches ich hier je in Händen gehabt, weniger alte Vögel sind daneben noch einige mal vorgekommen; es ist dies um so auffallender, da dieser Reiher doch noch hoch bis in Norwegen hinauf nistet.

Von England und Frankreich an brütet diese Art durch das ganze gemässigte Europa und Asien. In Norwegen soll dieselbe ausnahmsweise bis 68° N. hinauf gehen, sonst aber ihre Brutgrenze nur bis 57° N. ausdehnen. In den südlichen Mittelmeerländern kommt sie nur während des Zuges ins Winterquartier vor.

Nr. 256. Purpur-Reiher.

ARDEA PURPUREA. Linn.

Ardea purpurea. Naumann, IX. S. 63.
Purple Heron. Dresser, VI. p. 217.
Héron pourpré. Temminck, Manuel. II. p. 570. IV. p. 372.

Das einzige hier jemals erlegte Exemplar dieser Art erhielt ich am 7. Juni 1847, seit jener Zeit ist dieser Vogel hier nicht wieder gesehen worden, was ja auch nicht besonders auffallen kann, da er nur ausnahmsweise bis in das nördliche Deutschland hinauf geht. Im nahen Holstein ist derselbe, nach Rohweder, auch nur einmal beobachtet und geschossen worden. Das hier erlegte Stück war ein Weibchen von sehr schöner rostgelber Farbe.

Es nistet dieser schöne Reiher von Spanien an durch das südliche Frankreich, Deutschland, das europäische und asiatische Russland bis China.

Nr. 257. Rohrdommel.

ARDEA STELLARIS. Linn.

Ardea stellaris. Naumann, IX. S. 159.
Common Bittern. Dresser, VI. p. 281.
Héron grand butor. Temminck, Manuel. II. p. 580. IV. p. 381.

So lange ich sammle, ist diese Art hier nur einmal erlegt und nicht wieder beobachtet worden: vor etwa sechzig Jahren

soll aber auch ein Exemplar beim Leuchtfeuer gefangen sein. Da
dieselbe nördlich aber nur noch sparsam bis in das untere Schweden hinauf brütet. so kann sie natürlich auch auf Helgoland nur
als seltene Erscheinung erwartet werden. Ihr Brutgebiet ist jedoch
ein sehr ausgedehntes, denn es erstreckt sich von Portugal bis
Japan, und reicht südlich bis in Afrika hinab, ja sie soll sogar
noch in der Kapkolonie in nicht geringer Zahl nistend angetroffen
sein. (Saunders. Yarrell. 1884.)

Nr. 258. Zwergrohrdommel.

ARDEA MINUTA. Linn.

Ardea minuta. Naumann, IX. S. 194.
Little Bittern. Dresser, VI. p. 259.
Héron blongios. Temminck, Manuel. II. p. 584. IV. p. 384.

Obzwar die Zwergrohrdommel sich nach Norwegen, den
Faröern und sogar nach Island verflogen haben soll, so ist sie
auf Helgoland doch nur einmal gesehen und erlegt worden; alle
diese Fälle können aber nur als besondere Ausnahmen betrachtet
werden, da das Brutgebiet dieser kleinen Art nur höchstens bis
zur Ostsee hinauf reicht, in seiner Längenausdehnung jedoch von
Spanien durch Europa bis an das Caspische Meer und weiter ostwärts sich bis Kaschmir erstreckt.

Das Exemplar dieser Art, sowie das der vorhergehenden,
wurden hier vor 1847 erlegt, ersteres von einem Knaben durch
einen Steinwurf getödtet, letzteres geschossen — beide befinden
sich in meiner Sammlung.

Ibis. Ibis. Das einzige Europa bewohnende Mitglied dieser
Gattung, *Ibis falcinellus*. nimmt auch einen Platz in dem Verzeichniss der Vögel Helgolands ein; Asien. Afrika und Amerika
besitzen mehrere, der gegenwärtigen näher oder ferner stehende
Arten, von denen aber keine weitere nach Europa gelangt zu
sein scheint.

Nr. 259.   B r a u n e r   I b i s.

IBIS FALCINELLUS.   Vieillot.

Ibis falcinellus. Naumann, VIII. S. 539.
Glossy Ibis. Dresser, VI. p. 335.
Ibis falcinelle. Temminck, Manuel. II. p. 598. IV. p. 389.

Vor langen Jahren ward ein schöner alter Vogel dieser Art
hier geschossen, und ich hege kaum einen Zweifel, dass dies dasselbe »Prachtexemplar« sei, dessen Naumann, als von der Nordsee
erhalten erwähnt, und wonach er seine Beschreibung und Abbildung ausgeführt hat; die Zeit, Sommer 1824, stimmt, soweit sich
dies zurückrechnen lässt, ganz mit den hiesigen Angaben überein.
Oelrich Aeuckens, der leider längst verstorbene älteste der drei
Brüder Aeuckens, erbeutete in seinen ganz jungen Jahren das obige
Stück unter folgenden Umständen: es hatte sich eine kleine Gesellschaft grosser Brachvögel etwa im Laufe des Juli mehrere
Tage auf den kleinen Sandflächen am Fusse des Felsens aufgehalten, ohne dass es Oelrich, genannt Oelk, erreichen konnte, auf
dieselben zu Schuss zu kommen: bei diesen Nachstellungen hatte
er aber die Stelle ausfindig gemacht, an welcher die Vögel besonders gern verweilten, er kroch daselbst in eine der kleinen
vielfältigen Aushöhlungen des Felsens und verbaute die Oeffnung
mit herumliegenden Steinen, nur Raum für den Lauf seiner Flinte
offen lassend. Es war ein heisser Nachmittag, die Kühle der
feuchten Grotte zusammen mit der, unseren guten etwas phleg-
matischen Oelk überkommenden Langeweile, versenkten ihn sehr
bald in einen sanften Schlummer: wie lange dieser gewährt, wusste
er nicht, als er aber erwachte und es ihm nach und nach klar
geworden, wo er sich eigentlich befinde, und weshalb er daselbst
sei, sah er die ganze Gesellschaft der Brachvögel »wie Hühner«
in kurzer Schussweite vor sich herumlaufen. er wartete, bis er
glaubte, so viele wie möglich auf dem Strich zu haben, brannte
seine primitive Muskete los und fand, dass er fünf der Vögel nieder-
gestreckt, von denen zu seiner grossen Verwunderung einer »blutroth«
am Halse und allen unteren Theilen gefärbt war. — Blutroth: Blood-
road nennt der Helgoländer Ornithologe nämlich nicht allein das
schöne Karminroth der Brust des männlichen Hänflings. sondern
auch das Rostroth der Uferschnepfe, des Isländischen Strandläufers und ähnlicher Arten; ist ein solches Stück ganz besonders
dunkel und gesättigt in der Färbung. und wird für sehr schön

gehalten, so lautet die Beschreibung, wie in obigem Falle: Blood-Blood-road.

Dieser Ibis brütet im südlichen Spanien, Ungarn, dem südlichen europäischen Russland und von da ab in gleicher Breite durch ganz Asien; ebenfalls in Nordafrika und den südlichen Staaten Nordamerikas.

Brachvogel. Numenius. Die Gattung dieser stattlichen Vögel umschliesst nicht sehr viele Arten; man hatte zwar, auf individuelle Abweichungen gestützt, dieselben bis zu neunzehn gesteigert, Dresser weist jedoch in seinem vortrefflichen Werke - Birds of Europe — nach, dass diese Zahl auf neun zu beschränken sei. Für Indien führt Jerdon die beiden in Europa gewöhnlichen Arten auf und sagt betreffs *N. tenuirostris*, dass sie gesehen worden sein solle. Amerika besitzt drei selbständige Arten: *N. longirostris*, *hudsonicus* und *borealis* (Audubon. Syn. of N. Amer. Birds), wovon der letztere nach Harting's Angabe bis 1872 viermal in England vorgekommen ist. Zwei der drei Europäischen Formen besuchen Helgoland regelmässig und sehr zahlreich, die dritte, *N. tenuirostris*, ist in früheren Jahren einmal geschossen worden.

Nr. 260. Grosser Brachvogel.

NUMENIUS ARQUATA. Latham.

Helgoländisch: Groot Reintüter = Grosser Regenpfeifer.

Numenius arquata. Naumann. VIII. S. 478.
Common Curlew. Dresser, VIII. p. 243.
Courlis cendré. Temminck, Manuel. II. p. 603, IV. p. 393.

Grosse Schaaren und kleine Gesellschaften dieses Brachvogels ziehen während beider Zugperioden des Jahres über und neben Helgoland unter weitschallendem Locken dahin, besonders zahlreich während der langen dunklen Nächte der Herbstmonate. Da er ein harter kräftiger Vogel ist, so vertreibt ihn die Unbill der Jahreszeit nicht leicht aus seinen Brutgebieten, und sein regelmässiger Herbstzug ist kaum mit dem Schlusse des Oktober beendet; es müssen jedoch alljährlich grosse Massen derselben in der Heimath zurückbleiben, unzweifelhaft ganz alte Individuen, welche vermeinen, es mit dem Winter aufnehmen zu können, denn wenn im Dezember oder Januar sich plötzlich im fernen Norden und Osten scharfer Frost und Schnee einstellt, so ziehen wiederum während der Nacht, welche dem Eintreffen solchen Wetters hier vorausgeht, so zahllose Schaaren dieser Brachvögel, Goldregenpfeifer, Kibitze und Tringen, unter grosser Hast und vielem Geschrei auf ost-westlichem Fluge überhin, und ihre Zahl ist dann meist so gewaltig, dass man glauben sollte, es habe gar kein Herbstzug derselben stattgefunden; so z. B. während der Nacht vom 19. zum 20. Dezember 1878 von 3 Uhr nach Mitternacht an »Myriarden *Num. arquatus* nebst zahllosen kleineren Langbeinern«, wie es in meinem Journal verzeichnet steht —. dem sich viele ähnliche Beispiele hinzufügen liessen. Vereinzelt sieht man diese Vögel hier auch im Winter, und was besonders auffällig ist, namentlich während des härtesten Frostes — sie müssen dann aber wohl grosse Noth leiden und ihrer viele zu Grunde gehen, denn es ist wiederholt vorgekommen, dass unter solchen Umständen zahllose todte Brachvögel auf dem Meere zwischen Helgoland und der Elbmündung getrieben.

Der Frühlingszug dieses Vogels beginnt sehr früh, es zog derselbe im Jahre 1885 bei eintretendem milden Wetter schon am 3. Februar hier durch, begleitet von *Char. auratus*, ungeheuer vielen Feldlerchen, vielen Grün- und Bluthänflingen. Schwarz- und Weissdrosseln und sogar einigen Singdrosseln gefolgt am nächsten Tage, bei südlichem Winde, von einer Schaar von wenigstens hundert Saatkrähen. Es blieb den ganzen Monat hindurch mildes Wetter, so dass der begonnene Frühlingszug ohne wesentliche Unterbrechung seinen Fortgang hatte. Die jungen Sommervögel, die eigentlichen Eröffner des Herbstzuges, kommen oft schon um Mitte des Juli hier an.

Es ist mir aufgefallen, dass diese Brachvögel, und namentlich die nächstfolgende kleinere Art, während ihres Frühlingszuges viel mehr als während des Herbstzuges dazu neigen, aus ungeordneten Schaaren in eine schräge Linie mit kurzem Haken überzugehen; oft geschieht es auch, dass ein unregelmässiger Flug von etwa fünfzig bis achtzig der kleinen Art in zerstreute längere oder kürzere Linien übergeht, und sich dann erst zu einer einzigen langen Front zusammenschliesst. Wenn so formirt, ist der Flug dieser Vögel ein so reissend schneller, dass dieselben ganz zweifellos in wenig mehr als einer Minute von Helgoland zu der 22 000 Fuss ost von der Insel gelegenen Austernbank gelangen — die 4000 Fuss entfernte Düne, bis zu welcher man sie mit dem Auge verfolgen kann, erreichen sie wirklich in wenig Secunden.

Brutvogel ist der grosse Brachvogel in Schottland, dem mittleren Skandinavien, Norddeutschland, Polen und unter gleicher Breite durch das Europäische und Asiatische Russland bis China und Japan.

Nr. 261. Kleiner Brachvogel.

NUMENIUS PHAEOPUS. Latham.

Helgoländisch: Lütj Reintüter = Kleiner Regenpfeifer.

Numenius phaeopus. Naumann, VIII. S. 506.
Whimbrel. Dresser, VIII. p. 227.
Courlis corlieu. Temminck, Manuel. II. p. 604. IV. p. 394.

Dem Anschein nach berührt der kleine Brachvogel Helgoland während beider Zugperioden des Jahres viel zahlreicher als der grosse, jedenfalls sieht man ihn, namentlich im Frühjahr, in viel grösseren Gesellschaften, als letzteren; da er daneben im allgemeinen auch seinen Lockruf viel fleissiger erschallen lässt, als jener, so kann dem Beobachter, namentlich während der Nacht, leicht eine kleine Täuschung unterlaufen. Bei besonderen Gelegenheiten kommt *N. arquatus* jedoch in Massen vor, die *phaeopus* niemals, auch nicht annähernd erreicht, unter anderem in der genannten Nacht vom 19. zum 20. Dezember 1878; so auch während der Nacht vom 13. zum 14. Februar 1876 und vom 15. zum 16. März 1879, in welchen beiden letzteren Fällen die Wandermassen aber aus Vögeln bestanden, die auf dem schon angetretenen Frühlingszuge, durch wieder eintretendes Winterwetter, zurückgeworfen wurden. Solche Unfälle begegnen dem kleinen Brachvogel nicht, er begiebt sich nie auf den Frühlingszug, bevor die Witterung wirklich warm geworden ist und Rückfälle, wie die oben genannten ausgeschlossen sind. Während der letzten Hälfte des April und den Mai hindurch zieht er bei stiller warmer Atmosphäre auf ostwärts gerichteter Bahn sehr zahlreich hoch überhin. Eine besonders liebliche Erscheinung ist es, wenn spät am Nachmittag eines solchen klaren, warmen Tages Schaar auf Schaar dieser Vögel ausser dem Gesichtsbereiche, oder nahezu so, in reissend schnellem Fluge ihrer fernen Heimath zueilen, und ihre schwach, aber klar und deutlich vernehmbaren vielfältigen Lockstimmen — hi hi hi — hi hi hi hi — wie fernes fröhliches Gelächter herunterschallen; welch ein Kontrast, wenn dagegen während schwarzer Oktober- oder Winternächte das rauhe laute Au-lüük des grossen Brachvogels nah und fern in wilden Cadenzen fast unheimlich durch die Finsterniss erschallt.

Den Herbstzug tritt dieser Brachvogel ebenfalls früher an, als der vorhergehende; wenn Junge des letzteren auch Mitte Juli schon eintreffen, so geschieht dies mehr ausnahmsweise, bei jener ist es Regel; die alten Vögel ziehen im August und September hier durch.

Das Brutgebiet dieser Art beginnt auf Island, den Faröern, Orkneys, Shetlandsinseln, sowie im nördlichen Schottland, und erstreckt sich durch das obere Skandinavien bis Daurien und Kamtschatka. Für den Winter geht dieselbe nicht nur bis zur Kapkolonie, sondern sogar nach Australien und Vandiemensland hinunter.

Nr. 262. Dünnschnäbliger Brachvogel.

NUMENIUS TENUIROSTRIS. Vieillot.

Numenius tenuirostris. Naumann, VIII. S. 527.
Slender-billed Curlew. Dresser, VIII. p. 237.
Courlis à bec grêle. Temminck, Manuel. IV. p. 394.

Dieser kleine südliche Brachvogel ist hier gegen Ende der dreissiger Jahre einmal geschossen und zwar durch einen damals sehr eifrigen Jäger Namens Hans Tönnies; selbst habe ich das Exemplar nicht gesehen, und ist dasselbe entweder erst in die Hände des Händlers Brandt in Hamburg gelangt, oder durch einen derzeitigen Besucher Helgolands und eifrigen Sammler, den Schwedischen Baron von Gyllenkrog, direct von hier mit fortgenommen; in den Besitz eines oder des anderen der Genannten kam damals fast jeder hier erlegte schöne oder seltene Vogel. Tönnies hat mir sehr oft von dem »kleinen Brachvogel mit rundlichen schwarzen Flecken in den Seiten, in Gestalt der Flecke der Brustseiten eines alten Wanderfalken« erzählt; auch war dem scharfen Helgoländer Auge der auffallend schwache Schnabel nicht entgangen.

Als ich in Dresser's Werk die Angabe las, dass diese Art einmal auf Sylt erlegt worden sei, stieg mir sofort die Vermuthung auf, dass dies wohl das Helgoländer Exemplar sein könne, dass Brandt es von hier erhalten und dem Baron von Gyllenkrog als auf einer der damals noch Dänischen Inseln geschossen verkaufte, wohl wissend, dass solcherweise der Werth des Stückes sich in den Augen des genannten Herrn bedeutend steigere; nach Brandt's eigener mündlicher Mittheilung war er ebenso mit zwei hier gefangenen bunten Drosseln, *Turdus varius*, und einer derselben sehr ähnlichen Art verfahren. Dass es höchst wahrscheinlich sei, dass der schöne braune Ibis, den Naumann ›von der Nordsee‹ erhalten, in gleicher Weise von Helgoland gekommen, ist schon bei Behandlung jener Art ausgesprochen.

Der kleine Brachvogel brütet von Spanien an durch alle Mittelmeerländer Europas, wie weit ostwärts in Asien, ist nicht festgestellt; wie schon angeführt, sagt Jerdon betreffs Indiens, dass er dort gesehen sein solle, für Turkestan führt Sewertzoff denselben nicht auf.

Uferschnepfe. Limosa. Es ist dies eine Gattung, welche nur sehr wenige Arten umfasst; drei derselben sind in Europa und Asien heimisch, von diesen besuchen zwei auch Helgoland; die dritte, *Limosa cinerea*, obzwar im nördlichen Europäischen Russland zahlreich nistend, ist hier noch nicht beobachtet worden. Asien besitzt neben obigen einige den Europäischen sehr nahe Verwandte, Amerika aber zwei selbstständige dort allein heimische Arten, und in Australien kommen nach Jerdon ebenfalls ein paar eigene Arten vor.

Nr. 263. Schwarzschwänzige Uferschnepfe.

LIMOSA MELANURA. Leisler.

Helgoländisch: Groot Marling. Marling, der Helgoländer Name für Uferschnepfe.

Limosa melanura. Naumann, VIII. S. 406.
Black-tailed Godwit. Dresser, VIII. p. 211.
Barge à nuque noire. Temminck, Manuel. II. p. 664. IV. p. 421.

Dies ist eine ausserordentlich seltene Erscheinung für Helgoland; so lange ich sammle, sind nur drei dieser Vögel hier geschossen, alles Stücke im Frühlingskleide; unzweifelhaft ziehen dieselben des öfteren über Helgoland dahin, aber die Felseninsel ist kein Terrain für ihresgleichen, und die Sandinsel nunmehr zu gering im Umfange, um grössere Strandvögel anziehen zu können.

Brutvogel ist diese Art in Holland, Dänemark, dem südlichen Skandinavien, Deutschland und Russland, durch Asien bis in das Amurgebiet.

Nr. 264. Rostrothe Uferschnepfe.

LIMOSA RUFA. Brisson.

Helgoländisch: Road Marling = Rothe Uferschnepfe. Junge Vögel: Grü Marling.

Limosa rufa. Naumann. VIII. S. 446.
Bar-tailed Godwit. Dresser. VIII. p. 203.
Barge rousse. Temminck, Manuel. II. p. 668. IV. p. 424.

Auch diese Uferschnepfe wird hier nur sehr vereinzelt gesehen, immerhin aber viel öfter als die vorhergehende; der Mehrzahl nach sind es jedoch nur junge Vögel, die während Schluss des Sommers hier hin und wieder geschossen werden; alte ausgefärbte Stücke kommen nur äusserst selten vor, ein solches erhielt ich im Mai 1854, von da bis zum Mai 1887 nicht wieder; am 14. und 18. letzteren Monats wurden mir jedoch zwei ganz ausgezeichnet schöne Stücke im reinsten Sommerkleide gebracht. An diesem so seltenen Erscheinen sind unzweifelhaft die Terrainverhältnisse schuld, denn auf dem nahen Neuwerk in der Elbmündung und auf den Inseln der Schleswig-Holsteinischen Westküste ist dieser Vogel im schönsten Hochzeitskleide während der Sommermonate etwas ganz Gewöhnliches. In dem hundertfältigen Stimmenchaos der unermesslichen Schaaren aller Arten von Strand- und anderen Vögeln, die während finsterer Herbstnächte alljährlich hier überhinziehen, sind aber auch die Lockrufe dieser Uferschnepfe häufig genug vertreten — und wie viel schnarrende. pfeifende und quakende Stimmen hört man während solcher Nächte aus dem allgemeinen Wanderstrom herunterschallen. die jedem Jäger und Vogelfänger hier völlig unbekannt sind, und deren Urheber. wenn zu erlangen, sicherlich der Helgoländer Ornis noch manchen interessanten und seltenen Namen hinzufügen würden.

Das Nest und die Eier dieser Uferschnepfe hat Wolley in Lappland und von Middendorff im Taimyrlande aufgefunden, weitere Brütplätze sind nicht bekannt.

Regenpfeifer. *Charadrius.* Diese mit ihren näheren und ferneren Verwandten über die ganze Erde in zahlreichen Arten verbreitete Gattung ist auf Helgoland nicht allein durch alle als Brutvögel in Europa heimischen Mitglieder derselben vertreten, sondern die kleine Insel fügt auch hier wieder mehrere hochinteressante Fremdlinge als Ehrenbürger der Europäischen Ornis bei. Es sind dies der Nordamerikanische *Charadrius virginicus*, der Asiatische *Ch. fulvus*, sowie der ebenfalls Asiatisch zu nennende *Ch. caspius*. Von ersterer Art ist das auf Helgoland geschossene das einzige bisher in Europa beobachtete Exemplar; von *fulvus* sind drei weitere Stücke auf Europäischem Boden erlegt, Helgoland hatte aber um nahezu zehn Jahre den Vorsprung; die beiden hierselbst vorgekommenen *Ch. caspius* sind aber die einzigen bisher westlich vom Caspischen Meere erlegten Vögel dieser Art. Ausser den genannten ist in England einmal die für Europa neue Amerikanische Art *Ch. vocifer* geschossen worden.

In der Gattung der Regenpfeifer kommt in ganz besonders ausgesprochener Weise die Erscheinung zum Ausdruck, dass zwei, ja drei Arten derselben Gattung sich bei fast vollständig gleich gefärbtem Gefieder durch die allgemeine Körpergrösse und durch das Grössenverhältniss einzelner Körpertheile zur ganzen Grösse des Vogels, auf das augenfälligste von einander unterscheiden. So sind z. B. die Flügel und Läufe von *Ch. auratus* und *fulvus* durchschnittlich von gleicher Länge, während das Brustbein der ersteren 64 mm. das der letzteren aber nur 50 mm misst, also nahezu ein Viertheil kürzer ist als das von *auratus;* es bedarf keiner weiteren Erörterung, eine wie ganz andere Gestalt hierdurch die eine Art der anderen gegenüber erhalten muss. Aehnliche Verhältnisse wiederholen sich bei *Ch. hiaticula* und *minor*.

Unter anderen Gattungen bieten z. B. auch die Gänse und Möven eine gleiche Erscheinung dar; bei ersteren sind es *Anser cinerea* und *brachyrhynchus*, sowie *albifrons* und *minutus*. Bei den Möven *Larus marinus* und *fuscus* sowie *glaucus* und *leucopterus*, an denen sich dasselbe wiederholt. In allen solchen Fällen ist es, so weit mein Material reicht, stets die kleinere Art, welche sich durch gestrecktere Körperform und verhältnissmässig längere Flügel und Füsse von der gleichgefärbten grösseren unterscheidet.

Nr. 265. Goldregenpfeifer.

CHARADRIUS AURATUS. Suckow.

Helgoländisch: Welster für Jugend- und Winterkleid; Welster-boll für das Hochzeitskleid.

Charadrius auratus. Naumann, VII. S. 138.
Golden Plover. Dresser, VII. p. 435.
Pluvier doré. Temminck, Manuel. II. p. 535. IV. p. 352.

Der Europäische Goldregenpfeifer gehört zu den bestgekannten Vögeln Helgolands: während der meisten Monate des Jahres wird er hier entweder am Tage gesehen oder sein weithin schallender heller Ruf während der Nächte gehört. Die ersten jungen Vögel kommen schon im Laufe des Juli, je nach dem Wetter etwas früher oder später, hier an; 1880 waren sogar schon gegen zwanzig derselben am 4. des Monats da; 1881 wurden dieselben zerstreut am 18. und 19. gesehen, und 1883 am 16. der erste geschossen — so frühe Stücke sind fast immer sehr grossfleckig gelb gezeichnet, und tragen oft noch die kleinen Daunenanhängsel an den Federn des Hinterkopfes. Der Hauptzug dieser jungen Vögel findet jedoch während des August und September statt. während welcher Monate sie, namentlich bei schönem sonnigen Wetter, täglich mehr oder weniger zahlreich erlegt und in den Restaurants als »Goldhühner« servirt werden; sollte während dieser Zeit bei schwachem Ostwind starker Regen eintreten, so kommen diese jungen Regenpfeifer, Austernfischer und junge Isländische Strandläufer, ganz niedrig über dem Meere fliegend, oft in grossen Massen von Osten her auf der Düne an. Von Ende Oktober an treffen die alten Vögel ein, nicht allein kenntlich an den dünnen Fersengelenken, sondern auch an den kleineren, weniger rein gelb gefärbten Randflecken am Gefieder der oberen Theile, sowie an den sparsamer gefleckten Brustseiten und viel weisseren unteren Theilen; der Herbstzug dieser alten Vögel geht mit dem November zu Ende; sowie sich jedoch Frostwetter einstellt, ziehen während der ersten Nächte, und namentlich während der Nacht, die dem Ausbruch des Winterwetters vorangeht, grosse Schaaren und kleinere Gesellschaften dieses Regenpfeifers über und neben der Insel mit vielem Geschrei westlich dahin, gemischt mit zahllosen grossen Brachvögeln, Austernfischern, Kibitzen und Strandläufern, begleitet von Lerchen und Schwarzdrosseln, auch wohl Krammetsvögeln. Es sind dies alles alte, sehr feiste Vögel, die wohl beabsichtigen, den Winter in oder nahe der Heimath zu verbleiben.

Der Rückzug der alten Vögel zur Brutstätte, in mehr oder weniger rein gefärbtem Hochzeitskleide, findet im Laufe des Mai und der ersten Woche des Juni statt; die schwarzen Federn der Unterseite derselben bis zur Mitte des Halses hinauf, welche durch Mauser erneuert werden, sind an solchen Stücken während der letzten Zeit des Durchzuges fast immer ganz vollständig ausgebildet, nur die schwarze Zeichnung des oberen Halses, der Kehle und der Gesichtsseiten, welche durch Umfärbung entsteht, ist des öfteren noch unvollkommen. Eine merkwürdige Erscheinung ist es, dass an Exemplaren, die gestopft in der Sammlung lange

dem Licht ausgesetzt werden, das durch Umfärbung erlangte reine
Schwarz wieder zu einem fahlen Braunschwarz abbleicht, während
alle durch Mauser ergänzten schwarzen Theile ihre reine, tief
und glänzend schwarze Färbung behalten.

Von Mitte Juni an und den Juli hindurch kommen vereinzelte
alte Vögel, meist nur theilweise das Sommerkleid tragend, hier
vor; dies sind Stücke, welche aus einem oder dem anderen Grunde
nicht zu den Niststätten gezogen sind und sich planlos umhertreiben
— wie es so zahlreiche Individuen dieser, sowie anderer nahe-
stehender Gattungen während der Sommermonate unter gleichen
Umständen thun.

Das Brutgebiet dieser Art erstreckt sich durch das ganze
nördlichere und nördliche Europa, und in Asien bis wenigstens
zum Jenisei, wo Seebohm dieselbe noch an der Mündung dieses
Stromes antraf.

Nr. 266. Asiatischer Goldregenpfeifer.

CHARADRIUS FULVUS. Gmelin.

Charadrius longipes. Naumann, XIII. Blasius, Nachträge S. 221.
Asiatic Golden Plover. Dresser, VII. p. 443.

Dreimal habe ich diesen so interessanten Fremdling hier erhalten: zuerst ein schönes ausgefärbtes Männchen am 25. Juni
1857, darauf am 18. Juni 1860 ein jüngeres Weibchen, welches
auf dem Wege der Umfärbung die schwarze Farbe der unteren
Theile und des Vorderhalses etwa zur Hälfte erlangt hat, und
schliesslich am 11. Juli 1867 wiederum ein ausserordentlich schönes
altes Männchen im reinsten Hochzeitskleide — seit jener Zeit ist
dieser so zierlich gestaltete Regenpfeifer hier nicht wieder gesehen worden.

Ueber die früher hier und da angefochtene Artselbständig-
keit dieses Regenpfeifers herrscht, trotz aller Farbenverwandt-
schaft mit *Char. auratus* gegenwärtig wohl kaum noch ein Zweifel,
denn bei keinem mehr als bei diesem würde die Erfüllung des
Wortes unseres unvergesslichen Blasius: dass, wenn über Nacht
alle Vögel schwarz würden, es mit vielen Arten zu Ende wäre,
mehr zur Klarstellung seiner Selbständigkeit beitragen, als bei
diesem. Die grosse Aehnlichkeit der Zeichnung von *Ch. fulvus*
und *auratus* stände dann nicht mehr irreführend im Wege, und

nur die plastischen Verhältnisse wären maassgebend; diese sind
nun aber in solchem Grade verschieden, dass sie, an und für sich
betrachtet, keinen Gedanken an Zusammengehörigkeit beider Arten
aufkommen lassen können; schlecht präparirte Bälge mögen
momentan Zweifel hervorrufen können, aber wer jemals beide
Vögel frisch in Händen gehabt, kann nimmermehr solchen Zwei-
feln Raum geben. Die Grundlage aller plastischen äusseren Formen, das Skelett beider Arten zeigt schon die auffallendsten Verschiedenheiten: das Brustbein von *auratus* ist 64 mm lang, während
dasselbe bei *fulvus* nur 50 mm misst, also um nahezu ein viertel
kleiner ist. Trotz dieses so bedeutend geringeren Maasses des
Rumpfes von *fulvus* erreichen einzelne Körpertheile desselben nun
aber nicht allein die Grösse derer von *auratus*, sondern übertreffen dieselben in manchen Fällen noch; so misst z. B. der
Schnabel des schönsten alten *auratus*, den ich für meine Sammlung erhalten konnte, nur 20 mm, während der eines gleich schönen
alten hier geschossenen *fulvus* stark 24 mm lang ist; die Tibia
beider ist daneben von gleicher Länge, aber ihre Befiederung lässt
bei *auratus* nur 8 mm nackt, während dieser unbefiederte Theil
bei *fulvus* 20 mm misst. Bei *fulvus* ist die Spitze der längsten
Hinterschwinge gleich der dritten erster Ordnung, und tritt 6 mm
von der Flügelspitze zurück, bei *auratus* ist sie gleich der fünften
und 32 mm von der Flügelspitze entfernt. Es liessen sich noch
manche solcher absoluten und relativen Abweichungen aufzählen,
aber es sind nicht so sehr die Einzelheiten für sich, sondern die
so verschiedene ganze Gestalt beider Vögel, welche durch dieselben geschaffen wird und sie so entschieden trennt.

Die Färbung und Zeichnung beider Arten zeigt bei allgemeiner
Aehnlichkeit ebenfalls manche Abweichungen. Ausser den in allen
Altersstufen aschgrau gefärbten unteren Flügelfedern, die bei *auratus*
rein weiss sind, trägt der alte Vogel von *fulvus* im Sommerkleide
auch eine abweichende Zeichnung und Färbung an dem grösseren
Gefieder der oberen Theile, namentlich an den grössten Flügeldeck-
und Schulterfedern, indem diese nicht, wie bei *auratus* mit dreieckigen gelben Randflecken besetzt, sondern rein schwarz und
weiss gebändert sind, wobei der weisse Grund einen viel bedeutenderen
Theil jeder Feder einnimmt als die dunklen schmaleren Binden;
diese Zeichnung erstreckt sich auch auf die äusseren Federpaare
des Schwanzes, die fast so rein schwarz und weiss gebändert sind,
wie diejenigen von *Totanus glareola*. An dem kleineren obern
Gefieder ist die Zeichnung sehr hell gelb, theilweise bis zu weisslich

abgebleicht; das erwähnte grössere Gefieder ist aber wohl frisch
vermausert schon fast rein weiss, denn die verdeckten, der Einwirkung des Lichtes nicht ausgesetzten Theile desselben sind
ebenfalls fast rein weiss. Das jüngere Weibchen meiner Sammlung,
ein vorjähriges, weist noch nichts von dieser schönen Zeichnung
der oberen Theile auf, sondern nähert sich mehr der des *auratus*;
so gleicht auch ein junger Herbstvogel aus dem Amurgebiet, den
ich der Güte des Herrn Tancré verdanke, in seinem ganzen Kleide
fast vollständig einem jungen Goldregenpfeifer von gleichem Alter,
alle gelben Flecke sind jedoch sehr gross und, wie schon erwähnt,
die unteren Flügeldeckfedern aschgrau.

Eins der Eier dieser Art, von welchen Seebohm so glücklich
war, zwei Gelege vom untern Jenisei heimzubringen, ist selbstverständlich bedeutend kleiner als das des Europäischen Goldregenpfeifers; es misst in der Länge 45 mm, in der grössten Breite
34 mm und hat mehr Glanz als die der anderen Charadrien; die
Grundfarbe ist reiner und heller als die der Eier von *auratus*
und *squatarola*, und ganz besonders mehr röthlich rostgelb; die
Flecke sind heller und dunkler rothbraun, nicht so schwarzbraun
als die naher Verwandter, selbst auch da nicht, wo die Farbe
sehr dick aufgetragen ist, und, wenigstens bei dem mir vorliegenden
Exemplar, nicht so gross. wie dies meistens bei *auratus* und *virginicus* der Fall ist.

Die Maasse der drei hier geschossenen Stücke, frisch gemessen,
sind folgende:

Altes Männchen 1857. Ganze Länge 223 mm, Schnabel 24 mm,
Flügel 164 mm, dieselben überragen den Schwanz 10 mm, Tarsus
42 mm.

Junges Weibchen 1860. Ganze Länge 237 mm, Schnabel
22 mm, Flügel 161 mm, dieselben überragen den Schwanz 13 mm,
Tarsus 40 mm.

Sehr schönes altes Männchen 1867. Ganze Länge 233 mm,
Schnabel 24 mm, Flügel 162 mm, dieselben überragen den Schwanz
10 mm, Tarsus 41 mm.

Junger Vogel vom Amurgebiet. Schnabel 22 mm, Flügel
164 mm, Tarsus 38 mm.

Die Niststätten des Asiatischen Goldregenpfeifers erstrecken
sich vom unteren Jenisei ostwärts über alle Tundragebiete Nord-
asiens bis zur Beringsstrasse. v. Middendorff fand ihn als Brutvogel im Taimyrlande 74° N., und Dr. Bunge auf den Neusibirischen
Inseln. (Ibis. 1888. S. 344). Er geht von hier aus für den Winter

31*

hinunter nach Indien, Australien und sogar bis Neu-Seeland. Ausser auf Helgoland ist derselbe noch viermal in Europa erlegt worden: einmal in Polen durch Taczanowsky, zweimal auf Malta (Wright. Ibis 1865), und das vierte Stück ward in London unter anderem wildem Geflügel auf dem Markte vorgefunden.

Nr. 267. Amerikanischer Goldregenpfeifer.

CHARADRIUS VIRGINICUS. Bonaparte.

Charadrius virginicus. Naumann, XIII. Blasius, Nachträge. S. 221.
Charadrius marmoratus. Audubon, Syn. of Birds of N. Amerika. p. 222.

Auch diese dritte Art des Goldregenpfeifers habe ich hier einmal erhalten, und zwar am 20. Dezember 1847. Das Stück trägt, wie die Jahreszeit voraussetzen lässt, das Winterkleid, und ist den noch dicken Fersengelenken nach ein junger Herbstvogel; derselbe steht in der Grösse des Körpers zwischen *auratus* und *fulvus*, hat aber nicht die gedrungene Gestalt des ersteren, und noch gestrecktere Flügel und Läufe als der letztere; die Flügel überragen denn auch den Schwanz um ein bedeutendes mehr als bei den beiden vorhergehenden verwandten Arten.

Das Gefieder des hier erlegten Stückes ist sehr abgeblichen: die hellen Randflecke aller oberen Theile sind trübe hell gelblichgrau, können auch nie von der goldgelben Farbe der jungen Europäischen und Asiatischen Arten gewesen sein, denn auch an solchen Theilen der Federn, die durch andere zwei- und dreifach bedeckt, also der Einwirkung von Luft und Licht vollständig entzogen sind, ist die Farbe dieser Flecke nur ein helles trübes Zitrongelb — ähnlich dem Gelb der Randflecke, welche recht schöne junge Herbstvögel von *Char. squatarola* am Gefieder der oberen Theile tragen. Richardson und Swainson (Faun. Bor. Americana) bezeichnen die Farbe der Flecke der oberen Theile auch als zitrongelb, und die der grösseren Flügeldeckfedern als weisslich.

Die Maasse des hier erlegten Stückes sind folgende: ganze Länge 240 mm, Länge der Flügel 181 mm, dieselben überragen den Schwanz 28 mm. die Tibia misst 66 mm und der Tarsus 43 mm.

Die Heimath dieses Regenpfeifers erstreckt sich durch das ganze boreale Amerika von dem Atlantischen Ozean bis zur Beringsstrasse. Das einzige nachweisbare Beispiel seines Vorkommens in Europa besteht in dem vor nunmehr einundvierzig

Jahren hier geschossenen Exemplar meiner Sammlung; man hat
zwar im November 1882 auf einem Wildpretmarkte in London
einen Vogel dieser Art gefunden (J. H. Gurney jun. Ibis 1883
p. 198) aber Dresser sowohl, wie Seebohm und Saunders stehen
an, daraufhin der Art einen Platz in der Liste der Vögel Gross-
britanniens einzuräumen.

Während der Herbstwanderung soll dieser Regenpfeifer bis
nach Patagonien hinunter gehen, tief hinein in Südamerika geht er
jedenfalls, da allherbstlich zahllose Schaaren den einzig dastehenden Wanderflug von Labrador bis nach Guyana und dem nördlichen
Brasilien zurücklegen — eine Ozeanfläche ohne Rastplatz von
sechshundertundneunzig bis achthundertundzehn Deutschen Meilen
Ausdehnung, über welche diese Wanderschaaren in einem ununterbrochenen Fluge dahinziehen. Dass eine so wahrhaft wunderbare Leistung aber immer noch keine aussergewöhnliche oder
schwer zu erfüllende Anforderung an das Flugvermögen der Vögel
stelle, beweisen solche Abtheilungen der breiten Zugfront dieser
Wanderer, die Bermuda und die kleinen Antillen passiren. denn
nur sehr wenige dieser Vögel unterbrechen ihren Flug an ersterer,
oder sogar an letzterer Inselgruppe, wenn nicht durch Sturm
dazu gezwungen. (J. M. Jones, the Naturalist in Bermuda.)
Nach Mittheilungen desselben Beobachters haben Schiffe auf ihrem
Wege nach England, hundertfünfundzwanzig bis hundertundfünfzig
Deutsche Meilen ost von Bermuda, Wanderschaaren dieses Regenpfeifers angetroffen, die während zweier Tage und Nächte in
Gesellschaften von dreissig, fünfzig, bis zu mehreren Tausenden
überhinzogen; in ersterem Falle zogen dieselben südost, in letzterem süd. Erstere von Labrador oder dem östlichen Canada
aufbrechend, würden bei ihrer Flugrichtung als erstes Land die
Nordküste von Brasilien treffen, also etwa achthundertundzehn
Deutsche Meilen ununterbrochen geflogen sein, ungefähr eine Strecke,
wie von Helgoland bis zum Baikal-See! — Solche Schaaren, die
von Labrador aus eine südliche Richtung eingeschlagen, würden
bei solcher Flugrichtung an die Küste des östlichen Theiles von
Guyana gelangen, und immer noch eine Wegstrecke von sechshundertundneunzig Deutschen Meilen ohne Unterbrechung zurückgelegt haben.

Giebt man zu, dass ein Vogel fünfzehn Stunden ohne Rast
und ohne Nahrung zu fliegen vermöge, so käme man nach Obigem
zu dem Ergebniss einer Fluggeschwindigkeit von sechsundvierzig
und vierundfünfzig Deutschen Meilen in einer Stunde; und wollte

man annehmen, dass ein Vogel sich zwanzig Stunden ununterbrochen im Fluge erhalten könne, was doch wohl ausser dem Bereich der Möglichkeit liegt, so würden für die nach Brasilien hinunter gewanderten Schaaren immer noch über vierzig Meilen in der Stunde entfallen — zu einem Ergebniss von fünfundvierzig Deutschen Meilen in der Stunde hat schon die Besprechung des Frühlingszuges des Blaukehlchens, vom nördlichen Afrika bis Helgoland, geführt. Der Flug an und für sich, sowie die Flugfähigkeit der verschiedenen Vogelarten, sind aber Fragen, betreffs welcher man sich zur Zeit entschieden noch im vollständigsten Dunkel befindet.

Nr. 268. Kibitz-Regenpfeifer.

CHARADRIUS SQUATAROLA. Naumann.

Helgoländisch: Witt Welster = Weisser Goldregenpfeifer.

Charadrius squatarola. Naumann, VII. S. 249.
Gray Plover. Dresser, VII. p. 455.
Vanneau pluvier. Temminck, Manuel. II. p. 547. IV. p. 359.

Ein alter Vogel dieser Art im frischen vollständigen Hochzeitskleide gehört offenbar zu den schönsten und distinguirtesten Erscheinungen unserer gesammten Vogelwelt. Die Vertheilung der beiden einfachen Farben seines Kleides: schneeiges Weiss und tiefstes glänzendes Schwarz, ist von einer so gewählten Eleganz, dass sie in keinem ähnlichen Falle wieder erreicht, geschweige denn übertroffen wird — oder wohl werden könnte. In solcher Vollkommenheit erhält man diesen Regenpfeifer hier jedoch nur selten, kaum einmal in drei bis vier Jahren; er kommt zwar jeden Sommer während der letzten Hälfte des Mai und Anfang Juni des öfteren hier vor, ist aber sehr vorsichtig und lässt sich nur selten durch die Lockpfeife des Jägers in Schussbereich locken; er zieht immer nur einzeln bei schönem klarem Wetter ostwärts hoch überhin, einigemale sein lautes klares Kü-ü-lüh herabrufend, und in reissend schnellem Fluge seiner fernen Heimath zueilend. Junge Herbstvögel kommen am Schluss des Sommers vereinzelt am Strand der Düne vor, aber auch diese sind meistens sehr scheu und veranlassen die Schaaren der Strandläufer, mit denen sie sich zusammenhalten, stets zu rechtzeitiger Flucht. Alte Vögel ziehen später im Herbst hier durch: man sieht dieselben zwar nicht, da sie immer nur des Nachts überhin und vorbei wandern, sie müssen aber, den vielfältigen durch die dunkle Nacht weithin hallenden Lockrufen nach, oft sehr zahlreich sein, so z. B. am späten Abend des 17. November 1878, an welchem das ganze Firmament bis zur weitesten südlichen und nördlichen Ferne von ihren lauten Stimmen widerhallte, während der breite Zugstrom von Ost nach West dahinstürmte.

Die Eier dieser Art, welche für die meisten Sammler zu den äusserst »frommen Wünschen« zählen und wohl lange noch zählen werden, wurden zuerst durch von Middendorff im Taimyrlande unter 74° N. aufgefunden. Die nächsten erbeutete ein Sammler der Smithsonian - Institution zu Washington, Mr. McFarlane an den Eismeergestaden Nordamerikas im Sommer 1864; und schliesslich waren Seebohm und Harvie Brown von glücklichem Erfolg begünstigt, als sie 1875 eine Reise in das nordöstliche Europäische Russland unternahmen, in der Absicht, zu versuchen neben anderen hochnordischen Seltenheiten das Nest dieses Regenpfeifers aufzufinden. Auf den Tundren der unteren Petschora, 68° N., trafen sie den Vogel ziemlich häufig an, und es gelang ihnen, von hier bis zur Mündung des Stromes, 71° N., im ganzen zwölf Nester aufzufinden und einige dreissig Eier sowie Junge im ersten Daunenkleide heim zu bringen. Eins der am ersten Tage, dem 22. Juni 1875, gefundenen Eier gehört zu den grössten Schätzen meiner Sammlung; ich verdanke es der Güte Freund Seebohm's: dies Exemplar hat allerdings grosse Aehnlichkeit in Farbe, Zeichnung und Form mit denen des Goldregenpfeifers, die Schaale ist jedoch etwas weniger glänzend, als die der letzteren, und nähert sich hierin den Kibitzeiern. Die Grundfarbe ist trübe rostgelb mit schwacher Neigung zur Olivenfarbe, jedoch nicht so sehr, wie dies im allgemeinen bei Kibitzeiern der Fall ist; die Zeichnung besteht aus wenigen kleinen und etwas grösseren grauen Schaalenflecken, sowie runden und rundlichen, am dicken Ende des Eies zusammenfliessenden, schwarzbraunen, fast schwarzen Flecken; in den wenigen Fällen, wo diese Flecke etwas verwischt sind, zeigt die dünnere Farbenschicht nicht den rothbraunen Ton, wie dies in den viel häufigeren derartigen Fällen bei denen des Goldregenpfeifers der Fall ist; das Ei gleicht also auch hierin mehr den Kibitzeiern, bei denen die Fleckenfarbe fast immer aus reinem Braunschwarz besteht; es misst 54 mm in der Länge, 35 mm an der grössten Breite, und ist von sehr zugespitzter Form.

Die Niststätten dieses Regenpfeifers erstrecken sich über alle Polarländer der nördlichen Hemisphäre; wie schon angegeben, fand man ihn als Brutvogel von 68° bis 74° N. Ob er hierüber hinaus noch brütet, ist unbekannt, Capitän Fielden erwähnt seiner jedoch nicht unter den zwischen 78° und 83° 6' N. angetroffenen Vögeln. Im hohen Norden Skandinaviens hat man das Nest dieser Art bis jetzt nicht aufgefunden. Während des Herbstzuges geht auch diese Art sehr tief südlich, man hat sie im Winter bis Australien hinunter angetroffen.

Nr. 269. Kibitz.

CHARADRIUS VANELLUS. Wagler.

Helgoländisch: Kibitt = Kibitz.

Charadrius vanellus. Naumann, VII. S. 269.
Lapwing. Dresser, VII. p. 545.
Vanneau huppé. Temminck, Manuel. II. p. 550. IV. p. 362.

Wie zu vermuthen, zählt ein so gewöhnlicher Vogel wie der Kibitz, auch hier zu den ganz gewöhnlichen Erscheinungen; alte Vögel kommen gleich häufig im Frühjahr wie im Herbst hier vor, in ersterem Falle gehören sie zu den am frühesten Eintreffenden, so dass man oft schon Mitte Februar, wenn Frost und Schnee noch nicht gewichen sind, einzelne derselben sieht. Junge kommen schon Ende Juni und im Laufe des Juli oft sehr zahlreich an, so sind z. B. 1881 am 23. und 1885 am 21. letzteren Monats »Hunderte« derselben in meinem Tagebuche verzeichnet; diese laufen gern in den Kartoffelstücken herum, wo sie durch das Kraut vollständig verdeckt, sich nur durch ihre Stimme bemerkbar machen. Viele derselben sind kaum ausgewachsen zu nennen, indem die Federn ihres Kopfes und Hinterhalses noch mit Daunen gemischt sind und die zerschlissenen Anhängsel des ersten Jugendkleides noch tragen — auch haben sie es meistens noch nicht so weit gebracht, ihren eigenen Namen deutlich aussprechen zu können.

Brutvogel ist der Kibitz durch ganz Mittel- und Nordeuropa sowie Asien.

Nr. 270. Dickfuss.

CHARADRIUS OEDICNEMUS. Linn.

Helgoländisch: Dickfuss.

Oedicnemus crepitans. Naumann, VII. S. 92.
Stone Curlew. Dresser, VII. p. 401.
Oedicneme criard. Temminck, Manuel. II. p. 521. IV. p. 348.

Dieser eigenthümliche Vogel ist eine sehr seltene Erscheinung für Helgoland, was übrigens nicht überraschen darf, da die nördlichsten Niststätten nur bis in das südliche Holstein reichen und er nach Dänemark nur ganz vereinzelt hinauf kommt. Während der letzten fünfzig Jahre ist der Dickfuss hier höchstens sechsmal geschossen; diese Stücke kamen entweder mit Eintritt des ersten Frostes oder während schöner Tage des April und Mai vor.

Heimischer Brutvogel ist dieser Regenpfeifer im gemässigten und südlichen Europa, in Nordafrika und ostwärts bis Indien.

Nr. 271. Mornell-Regenpfeifer.

CHARADRIUS MORINELLUS.

Helgoländisch: Sandhuhn.

Charadrius morinellus. Naumann, VII. S. 163.
Dotterel. Dresser, VII. p. 507.
Pluvier guignard. Temminck, Manuel. II. p. 537. IV. p. 355.

Dies hübsche harmlose Vögelchen trat früher hier viel häufiger auf, als während der letzten Dezennien; es ist hieraus aber nicht zu schliessen, dass dasselbe an Individuenzahl abgenommen habe, sondern sein weniger zahlreiches Erscheinen ist nur die Folge veränderter Witterungsverhältnisse. Wie schon zu wiederholten. Malen erwähnt ist, war vor etwa dreissig Jahren der Mai hier meist warm und schön, leichte südöstliche Winde herrschten vor, und während der Frühstunden fand oft ein ganz leichter, stiller Regen statt — Wetterzustände, die ausnahmslos die verschiedensten Arten bewogen, sich zeitweilig massenhaft hier nieder zu lassen, und die, wenn sie jetzt noch vorübergehend ausnahmsweise eintreten, den Mornell-Regenpfeifer sowie andere zeitgemässe Arten veranlassen, zahlreich hier vorzusprechen. Aber dies hat sich während des genannten Zeitraumes vollständig geändert: der Mai

ist jetzt fast ausnahmslos von kalten, oft heftigen trockenen Nord-
winden begleitet, und diese bringen keinen Vogel nach Helgoland,
oder richtiger, verhindern die zweifellos hoch überhinziehenden Vögel,
hier vorübergehend zu rasten; denn dass der Zug dennoch seiner
Zeit von statten gehe, unterliegt keinem Zweifel, nur zu hoch für
unsere Wahrnehmung: dass dem so ist, beweist der Umstand, dass
nachdem die Zugperiode einer Art verstrichen, dieselbe, auch wenn
günstigstes Wetter eintritt, nicht mehr gesehen wird; die Wanderer
erheben sich eben zu denjenigen mehr oder weniger hohen Luftschichten, die ihnen die günstigsten Strömungen und andere nothwendige Bedingungen für ihre Zwecke darbieten.

Der Mornell-Regenpfeifer scheint der Wärme sehr zugethan
zu sein, denn vor dem Mai kommt er hier kaum jemals an, und
auch dann stets nur an schönen, stillen Tagen; 1884 und 85 war
er während des Frühlingszuges sehr häufig, so habe ich unter
anderem am 21. Mai letzteren Jahres fünfzehn Stück verzeichnet;
vereinzelt sieht man ihn noch während der ersten Woche des Juni.
Die zuerst Ankommenden sind stets Männchen, sehr leicht an dem
weniger schönen Kleide kenntlich. Weniger schön nenne ich dasselbe, weil es z. B. nicht den rein- und tiefschwarzen Oberkopf
sowie die breiten, leuchtend weissen Augenstreifen besitzt, welche
sich in ihrer reinen Färbung am Weibchen zu dessen grösster
Zierde bis auf den Hinterhals hinunter erstrecken und in welche
das ungetrübte Schwarz des Oberkopfes als Spitze endet. Der
Oberkopf des Männchens ist nicht schwarz, sondern fahl dunkelbraun, und alle Federn desselben haben breite, rostgelbliche Kanten,
auch ist der Augenstreif nicht rein weiss, sondern mehr oder
weniger gesättigt trübe rostgelblich gefärbt; der obere Theil der
Brust ist weniger rein rostfarben, und das Schwarz der tieferen
Theile nur ein trübes Braunschwarz; alle Rückenfedern sowie die
sehr langen hinteren Schwingen haben sehr breite schön rostgelbe,
fast rostorange Einfassungen; letztere bestehen am alten Weibchen
nur aus ganz schmalen, rostgelblichen Säumen, welche höher den
Rücken hinauf ganz verschwinden.

Junge Sommervögel dieses Regenpfeifers sind während der
letzten Jahre, auf dem Herbstzuge begriffen, hier zahlreicher vorgekommen als dies früher der Fall war; immerhin kann man auf
ihr Erscheinen nicht so sicher rechnen als auf das der Alten im
Frühjahr — vorausgesetzt, dass das Wetter günstig ist. 1882
machte aber eine auffallende Ausnahme, es zogen unter anderm
am 22. August ganz ausserordentlich viele vorbei, trotzdem west-

liche Winde mit Regen vorherrschten; am 4. September aber, als
das Wetter schön geworden, und nordöstliche ganz schwache
Winde bis zur Windstille eingetreten waren, zogen so viele
dieser Vögel in ostwestlicher Richtung vorbei und überhin, dass
einer der Flüge über fünf Minuten gebrauchte, ehe er vorüber war
— so etwas ist weder vorher noch später hier wieder beobachtet
worden.

Das Brutgebiet des Mornell-Regenpfeifers erstreckt sich fast
durch das ganze nördliche Europa und Asien; von den Bergen
des Schottischen Hochlandes beginnend, nistet er in Norwegen bis
zum Nordkap hinauf; von Heuglin traf ihn auf Nova Zembla. Seebohm am Jenisei unter 71⁰ N., von Middendorff im Taimyrlande
bis über 73⁰ N. hinaus und Nordenskjöld fand ihn noch nahe der
Beringsstrasse vor. Auf dem Riesengebirge, den Steyrischen Alpen
u. s. w. brütet er nahe der Schneegrenze, wo er ein dem hohen
Norden ähnliches Klima vorfindet.

Nr. 272. Caspischer Regenpfeifer.

CHARADRIUS CASPIUS. Pallas.

Charadrius caspius. Pallas, Zoog. Ross. Asiat. II. p. 136.
Charadrius asiaticus. Naumann, XIII. Blasius, Nachträge. S. 225.
Caspian Plover. Dresser, VII. p. 479.

Für jemand, der die Vögel eines so eng begrenzten und so
nördlich gelegenen Kreises wie Helgoland sammelt, darf es wohl
als ausserordentlicher Glücksfall angesehen werden, von einer so
fern südost heimischen Art wie dieser Regenpfeifer nicht nur
zwei Stücke zu erlangen, sondern auch dass diese Stücke aus einem
schönen reinen Sommerkleide des alten Vogels, und einem gleich
tadellosen Jugendkleide bestehen. Ersteres Exemplar erhielt ich
hier am 19. Mai 1859, letzteres aber schon am 16. November 1850.
Ausser diesen wurden hier noch »Küker« = *Char. hiaticula*, mit
rostrother Brust am 10. März 1848 und am 22. April 1876 gesehen,
aber leider nicht erlegt, so dass es unbestimmt bleibt, ob sie zur
gegenwärtigen Art oder zu *Char. pyrrhothorax* oder *mongolicus*
gehörten.

Der Caspische Regenpfeifer ist kleiner von Körper als *morinellus*, aber viel hochbeiniger und langflüglicher als dieser, auch
ist sein Gefieder viel fester und knapper und gleicht mehr dem

der Halsbandregenpfeifer, zwischen welchen und *morinellus* er in der Mitte zu stehen scheint. Die Färbung des Kleides dieser Art ist so schön wie sie einfach ist: mit Ausnahme der sehr hohen Stirn tragen alle oberen Theile eine hell stumpf graubräunliche Farbe, wie sie den kleinen Regenpfeifern, besonders *cantianus*, eigen ist; die Stirn, ein breiter Augenstreif, die Zügel, Gesichtsseiten, Kinn, Kehle und Halsseiten bilden eine grosse rein weisse Partie, von der allein die schwach bräunlich angeflogenen Ohrfedern eine Ausnahme machen. Vom Halse an sind Kropf und das obere Dritttheil der Brust schön einfarbig rostorange, durch eine schmale schwärzliche Binde von den unteren rein weissen Theilen getrennt. Die Schwungfedern sind schwarzbraun; die Schwanzfedern haben die Farbe des Rückens, werden spitzwärts bedeutend dunkler und enden in eine breite trübweisse Einfassung, die sich am äussersten Federpaare auch auf die Aussenfahne erstreckt. Der Schnabel und die Füsse sind trübe gelblich, ersterer spitzwärts in Hornschwarz übergehend.

Der junge Herbstvogel ist an den oberen Theilen düsterer gefärbt, etwa im Farbenton von *morinellus*; alle Federn haben helle rostgelblich graue Einfassungen, die an meinem Exemplar sehr verblichen, an einer zufällig erneuerten Feder der Hinterschwingen viel frischer trübe rostorange sind. Der Kropf ist von der Farbe des Rückens, auf der Mitte desselben haben die Federn rostgelbliche Endkanten; die Stirn, Augenstreif, Gesichtsseiten und Vorderhals sind trübe gelblichweiss, vom Kropfe abwärts alle unteren Theile weiss. Schnabel und Füsse sind okergelblich, ersterer mit schwarzer Spitze; Schwanz- und Schwungfedern sind wie beim alten Vogel gefärbt.

Die Maasse dieser Art sind folgende: ganze Länge 188 mm, Länge der Flügel 147 mm, diese überragen den Schwanz 16 mm, der Schnabel ist 19 mm lang, der Tarsus 40 mm hoch, und der unbefiederte Theil der Tibia misst 17 mm.

Ein Ei dieser Art, vom Caspischen Meeresgebiet stammend, ist bedeutend kleiner als das des Mornellregenpfeifers, seine Grundfarbe ist rostgelblich mit einem sehr ausgesprochenen Stich ins Olivengelbe; es hat sehr kleine runde graue Schaalenflecke und etwas grössere, runde und rundliche schwarzbraune Zeichnungsflecke, letztere nicht so gross und nicht so häufig zusammenfliessend wie bei denen des Mornell; sie sind ebenmässig über die ganze Fläche zerstreut und stehen nicht sehr dicht. Die Schaale hat keinen Glanz, ähnelt hierin den Eiern von *Ch. cantianus*, fühlt sich jedoch

noch bedeutend rauher an als diese. Es misst 37 mm in der
Länge und 27 mm in der grössten Breite, welche fast in der Mitte
liegt, und ist nur sehr wenig spitzer am unteren Ende wie am
oberen.

Das Brutgebiet dieses Regenpfeifers scheint sich vom Caspischen Meere aus durch Turkestan nur bis in das mittlere Asien
zu erstrecken.

Nr. 273. Halsbandregenpfeifer.

CHARADRIUS HIATICULA. Linn.

Helgoländisch: Küker. Name, wohl dem Lockton nachgebildet.

Charadrius hiaticula. Naumann, VII. S. 91.
Ringed Plover. Dresser, VII. p. 497.
Grand pluvier à collier. Temminck, Manuel. II. p. 539. IV. p. 357.

Das etwas melancholisch klingende Ü-ü-üt dieses netten Vögelchens hört man hier schon sehr früh im Frühjahr, bei mildem
Wetter etwa Mitte März; die von da an bis Mitte April hier
vorkommenden sind alles alte schöne ausgefärbte Stücke, deren
saubere Kopf- und Halszeichnung aus reinstem schneeigem Weiss
und tiefstem Schwarz zusammengesetzt ist. Ebenso früh wie die
Alten im Frühjahr. ziehen die Jungen im Sommer hier durch.
ja es sind fast immer die ersten aller aus dem elterlichen Nest
hier Ankommenden: man hört ihre Stimme, die etwas höher und
nicht so rein als die der Alten klingt, zusammen mit den Jungen
des Rothschenkels, *Totanus calidris*, bei schönem stillem warmem
Wetter schon während der letzten Tage des Juni und ersten des
Juli — die ersten jungen Staare kommen jedoch schon zehn bis zwölf
Tage früher hier an, sie sind ausnahmslos die ersten im Rückzuge.

Die nördliche Grenze des Brutgebietes dieses Regenpfeifers
erstreckt sich von Grönland über Island, Spitzbergen, Nova Zembla,
das Taimyrland bis zur Beringsstrasse; Capt. Fielden erlegte ein
Weibchen, von dem er vermuthete, dass es am Orte brüte, am
Smith Sound. Buchanan Strasse 78° 48′ N. und Malmgreen traf
(Saunders, Yarrell's Brit. Birds. III. p. 259.) eine Brut auf den
Sieben Inseln, nördlich von Spitzbergen unter 80° 45′ N. Von diesen
hohen Breiten abwärts nistet diese Art an meist allen Meeresküsten und Binnenseen des nördlichen Europa und Asien — vereinzelt bis zur Westküste Frankreichs und bis Turkestan hinunter.

Nr. 274. Seeregenpfeifer.

CHARADRIUS CANTIANUS. Latham.

Helgoländisch: Road-hoaded Küker = Rothköpfiger Halsbandregenpfeifer.

Charadrius cantianus. Naumann, VII. S. 210.
Kentish Plover. Dresser, VII. p. 483.
Pluvier à collier interrompu. Temminck, Manuel. II. p. 544. IV. p. 358.

Dies kleine Vögelchen mit seinem so sauberen Kleide ist hier
eine ungleich seltenere Erscheinung als sein vorhergehender grösserer
Vetter; kaum dürfte man mit Sicherheit darauf rechnen können,
sich während jeden Frühjahrs auch nur ein altes ausgefärbtes
Exemplar zu verschaffen, oder während der Sommermonate ein
oder zwei Junge zu erhalten — was um so überraschender, da
dasselbe auf den nur wenige Meilen von hier entfernten Schleswig-
Holsteinischen Inseln und Küsten ein gewöhnlicher Brutvogel ist.
Es bekundet dies wiederum die so entschiedene Abneigung vieler
Arten gegen einen westwärts gerichteten Wanderflug, während
hunderte anderer Arten einen solchen in zahllosen Massen allherbstlich fast von einem Ende der Alten Welt bis zum anderen
verfolgen.

An einem sehr schönen, etwas kleinen alten Männchen meiner
Sammlung ist der ganze Oberkopf, von der sehr schmalen schwarzen Stirnbinde an bis tief ins Genick, hell und schön rostorange,
auf dem Scheitel befinden sich nur ganz wenige graue Federn des
Winterkleides, die oberen Ohrfedern sind nur schwach bräunlich
angeflogen und das schwarze Fleckchen zu beiden Seiten der Brust
ist nur sehr klein; die drei äusseren Federpaare des Schwanzes
sind rein weiss und erst am vierten Paare tritt die Rückenfarbe
auf der Innenfahne und Spitze der Aussenfahne auf. Ich schoss
dies hübsche Vögelchen vor langen Jahren und habe nie wieder
ein ähnliches erhalten.

Das Bratgebiet dieses Regenpfeifers erstreckt sich vom westlichen Europa bis in das östliche Asien — er nistet jedoch nur an
den Meeresküsten oder den Ufern inländischer Salzseen — nördlich nur bis in das untere Skandinavien und südlich bis zum Caspischen Meere und den Salzseen Turkestans.

Nr. 275. Flussregenpfeifer.

CHARADRIUS MINOR. Wolf und Meyer.

Helgoländisch: Lütj Küker = Kleiner Halsbandregenpfeifer.

Charadrius minor. Naumann, VI. S. 225.

Lesser ringed Plover. Dresser, VII. p. 491.

Petit pluvier à collier. Temminck, Manuel. II. p. 542. IV. p. 357.

War die vorhergehende Art ausschliesslich Bewohnerin der Ufer
salziger Gewässer, so wendet sich die gegenwärtige, die kleinste der
Europäischen Regenpfeifer, mit Vorliebe dem süssen Wasser der
Flüsse und Landseen zu und hält sich durchaus den Meeresgestaden fern; hieraus, wie aus ihrer nur wenige Grade über
Helgoland hinaus liegenden nördlichsten Brutgrenze erklärt sich
denn auch ihr so seltenes Erscheinen hierselbst: während der
letzten fünfzig Jahre ist dies Vögelchen hier nur zweimal gesehen
und erlegt worden; beide Stücke befinden sich in meiner Sammlung, es ist ein alter Vogel im Frühlingskleide, im Juni 1866
durch meinen Sohn Ludwig geschossen, und ein junger erst sechs
bis acht Wochen alter Sommervogel mit noch hellen Rändern am
Gefieder der oberen Theile.

Die Niststätten dieses Vögelchens erstrecken sich von Portugal
bis China, jedoch geht dasselbe nur noch in geringer Zahl bis
Skandinavien hinauf; im ganzen mittleren und südlichen Europa
und Asien ist es an allen ihm zusagenden Orten: Flüssen und
stehenden süssen Gewässern, ein gewöhnlicher Brutvogel.

Schnepfe. Scolopax. Man hat diese Gattung in zwei Familien
getheilt, Wald- und Sumpfschnepfen — letztere die allbekannten
Bekassinen. Die Europäische Waldschnepfe ist auch über Asien
verbreitet; Amerika besitzt eine eigene, etwas kleinere Waldschnepfe, *Scol. minor*; eine andere, *Scol. saturata,* soll auf Java
heimisch sein. Von den Bekassinen bewohnen *S. gallinago* und
gallinula auch Asien, und neben diesen führt Jerdon noch drei
andere Arten für Indien auf. In Amerika sind neben der genannten kleinen Schnepfe auch drei selbständige Bekassinen heimisch, von denen eine, *S. Wilsoni,* einmal, und *S. grisea* bis 1872
über fünfzehnmal in England vorgekommen ist. (Harting, Brit.
Birds). In England hat man des öfteren eine Bekassine erhalten,

die in Grösse und Form vollständig mit *S. gallinago* übereinstimmen
soll, die aber in der Färbung und Zeichnung so vollständig von
derselben abweicht, wie dies nur denkbar ist; an ihr ist nämlich das
ganze obere und untere Gefieder, sowie die Flügeldeckfedern hell-
und dunkelbraun wellig gebändert, jede Spur der rostfarbenen
Kopf- und Rückenstreifen fehlt, auch entbehrt das Gefieder jedweder Beimischung von Weiss. Brütend hat man sie nicht gefunden,
sondern nur hin und wieder geschossen. In der alten Ausgabe
von Yarrel's Brit. Birds ist diese eigenthümliche Erscheinung als
eigene Art unter dem Namen *Scol. Sabinei* aufgeführt, aber die
neueren Englischen Forscher halten sie für eine, allerdings merkwürdige Varietät der gewöhnlichen Bekassine.

Auf Helgoland kommen die vier Europa als Brutvögel angehörenden Arten meist sehr zahlreich vor.

Nr. 276. Waldschnepfe.

SCOLOPAX RUSTICOLA. Linn.

Helgoländisch: Snepp = Schnepfe.

Scolopax rusticola. Naumann, VIII. S. 361.
Woodcock. Dresser, VII. p. 615.
Bécasse ordinaire. Temminck, Manuel. II. p. 673. IV. p. 429.

»De Snepp« ist die grosse Respectsperson des Helgoländer
Jägers, sein Hochwild, dem gegenüber alles Uebrige in Unbedeutend-
heit versinkt; um eine Schnepfe zu schiessen, wird alles im Stiche
gelassen. Es trifft sich z. B. nicht selten, dass während der Zugzeit der Schnepfen die Witterung an manchen Tagen derart ist,
dass man fast mit Sicherheit auf ferne Sibirische Seltenheiten
rechnen kann, und oft habe ich an solchen Tagen einen oder den
anderen Jäger gebeten, derartigen Erscheinungen eine grössere
Aufmerksamkeit zuzuwenden, hervorhebend, dass die Erlegung eines
solchen seltenen Vogels das doppelte, vier- und sechsfache Schuss-
geld einer Schnepfe eintragen würde, aber durchaus vergeblich —
die Zumuthung, die Chance auf eine Schnepfe aufzugeben, um einem
Ostasiatischen Ammer oder Laubvogel nachzugehen, wird unwandelbar durch ein stilles mitleidiges Lächeln abgelehnt.

Die Schnepfe zieht hier im Frühjahr sowohl, wie im Herbst
sehr zahlreich durch, während letzterer Jahreszeit natürlich bedeutend häufiger. Da ihr Erscheinen, nämlich ihr tieferer wahrnehmbarer Zug, wie der aller anderen Vogelarten, durchaus abhängig
von Witterungsverhältnissen ist, so wechselt ihr häufigeres oder

geringeres Vorkommen mit den Jahren sehr: herrscht während der
einen oder anderen Zugperiode durchgängig mehr oder weniger heftiger Südwest mit Regen oder Nebel, so sieht man weder Schnepfen
noch sonst einen Vogel hier auf Helgoland, ist das Wetter jedoch
warm und ruhig, begleitet von schwachen südöstlichen bis südlichen
Winden, so sind sicherlich im Frühjahr sowohl, wie im Herbst
alle Vogelarten in grossen Mengen vertreten; um aber eine sogenannte grosse »Flucht« von Schnepfen herbeizuführen, bedarf es
des Ausbruches eines heftigen Nordwest, nachdem der Wind vorher
schwach südlich und westlich gewesen; in solchen Fällen werden
die Wanderschaaren offenbar unerwartet durch das heftige Wetter
in ihrem Fluge überfallen und gezwungen, in Masse am Boden
Schutz zu suchen. Bei solchen Gelegenheiten ist es dann vorgekommen, dass auf dem so geringen Flächenraume dieser Insel von
kaum einer Viertel-Quadratmeile, aus Wunderbare grenzende Zahlen
von Schnepfen erlegt wurden; so z. B. am 21. Oktober 1823, an
welchem Tage über elfhundert Stück gefangen und geschossen
wurden, von diesen entfielen auf den alten wohlbekannten Schnepfenfänger Jacob Lassen dreiundachtzig, und auf einen alten Jäger
Namens Hans Prohl neunundneunzig Stück — die hundertste vermochte er nicht zu erlangen. Und wie war das damalige hiesige
Schiessgeräth beschaffen! Die meisten Jäger führten alte Infanterie-
Musketen, die der Ladung eines Holländischen Schiffes entstammten,
das an der Düne gestrandet, und dessen Inhalt auf den Meeresboden zerstreut worden war, mondenlang im Wasser gelegen und bei
stillem Wetter aufgefischt ward. Als Lademaass für Pulver und
Schrot benutzte man gewöhnlich den Kopf einer irdenen Pfeife.
Zu allem dem kam, dass die meisten der damaligen Jäger keine
Flugschützen waren, und dennoch solche staunenswerthe Erfolge.
Am 18. Oktober 1861 wurden etwa sechshundert Schnepfen gefangen und geschossen, von diesen sah ich bei einem Aufkäufer
fünfhundert Stück am Boden seines Waarenlagers beisammen liegen
— wohl ein seltener Anblick: zwei- bis dreihundert habe ich jedoch des öfteren als Strecke eines Tages erlebt.

Während des Frühlingszuges gehört eine sogenannte Flucht
zu den Seltenheiten, dennoch aber schossen zwei der Brüder
Aeuckens, Oelk und Jan, einmal im Frühjahr im Laufe der Frühstunden eines Tages einige fünfzig Schnepfen am Fusse der Klippe,
und es wurden im Ganzen etwa zweihundert erlegt. Es war derzeit schwacher Südost-Wind und bedeckte Luft. somit war dies
kein Ausnahmefall, sondern regelmässiger Zug; in einem viele

Jahre zurückliegenden Falle schoss ein junger Lootse an einem
Charfreitage vierundsiebzig Schnepfen — aus welchen Beispielen
hervorgehen möge, dass auch während des Frühlingszuges diese
Art in gewaltigen Massen aufzutreten vermag, und dass einzig
und allein Wind und Wetter maassgebend sind.

Wie aber schon des öfteren erwähnt, haben die meteorologischen Verhältnisse sich seit etwa dreissig Jahren in hohem Grade
geändert; vor jener Zeit war es fast feste Regel, dass während
der Herbstmonate ein langsam von West nach Süd wechselnder
Wind nach kurzer, fast windstiller Pause plötzlich in einen heftigen Nordwest umschlug, was, wenn es in der besten Zugzeit
stattfand, eine grössere oder geringere Flucht von Schnepfen veranlasste. Derartiges findet jedoch seit jener Zeit nicht mehr statt:
geht im Herbst der Westwind unter steigender Heftigkeit mit
Regen nach Süd, so folgt ihm nicht ein plötzlicher Nordwest, sondern
er geht in fast allen Fällen unter Abschwächung nach West zurück.
Ein Gutes hat dies wenigstens für Helgoland: seine kleine Sanddüne,
die Lebensfrage dieser Insel, bleibt von Sturmfluthen verschont,
welche früher zu oft die Folge jener nordwestlichen Stürme waren;
bis zu jener Zeit nahm die Düne stetig von der Nordwestseite ab,
seit jener Zeit verringert sie sich an der südlichen Seite, während
zugleich der Strand derselben an der Nordseite von Jahr zu Jahr
bedeutend zugenommen hat.

Vor dem besprochenen Zeitabschnitte waren hier auch die
Frühlings- und Sommermonate fast immer schön und warm, südöstliche Winde vorherrschend, so dass es fast alljährlich im April
und Mai von Sylvien und anderen kleinen Vogelarten wimmelte,
und man sich hätte an vielen Tagen neben mehr denn hundert
Blaukehlchen, *Sy. suecica*, auch *Sy. hypolais* und *palustris* können
zu zwanzig und mehr Stücken verschaffen: dementgegen sind seit
jener Zeit der Frühling und Sommer fast immer kalt, rauhe trockene
Nordwinde vorherrschend, und in Folge dessen das Vorkommen
von Sylvien und anderen kleineren und grösseren Vogelarten nur
noch als ein höchst ärmliches zu bezeichnen, so dass die beiden
letzteren Sänger kaum zwei- bis dreimal im Laufe des Frühlingszuges gesehen werden.

Auch auf ein anderes Gebiet der Fauna Helgolands hat der
besprochene Wetterwechsel seinen Einfluss geltend gemacht:
während der früheren wärmeren Sommer waren des Abends
manche blühenden Stauden meines Gartens, *Centrantrum rubrum*
unter anderm, sowie ausgehängte Apfelschnitte, von Tausenden

und Abertausenden der mannigfaltigsten Arten von Nachtschmetterlingen vollständig bedeckt, so dass ich den Fang fast regelmässig
erst um zwei Uhr in der Frühe aufzugeben vermochte; das hat
seit den genannten Jahren fast ganz aufgehört, es sind sowohl
die einheimischen Arten nahezu gänzlich ausgestorben, als auch
der früher so interessante Zuzug vom Festlande völlig erloschen,
so dass ich schon seit fast zehn Jahren den unergiebigen Fang
ganz aufgegeben habe. Auch andere Insekten sind gleichzeitig
ganz verschwunden, unter anderm die grosse gewöhnliche Kreuzspinne, deren Netze jede Ecke der Pfosten und Planken meines
Gartenzaunes füllten und vielen kleinen interessanten Nachtfaltern
zum Verderben wurden; von dieser Spinne habe ich seit Jahren
kein einziges Exemplar mehr gesehen. Unter den Käfern hat sich
Aehnliches sehr auffällig an dem grossen Dungkäfer, *Geotrupus
starcorarius*, bemerkbar gemacht; er war vor jener Zeit eine der
gemeinsten hier einheimischen Arten, ist nach und nach aber so
vollständig verschwunden, dass ich kürzlich Knaben vergeblich
fünf Groschen für einen solchen geboten habe.

Da der Verkauf von Waldschnepfen für manche Helgoländer
eine nicht unbedeutende Erwerbsquelle bildet, wenn auch nicht
mehr in der Ergiebigkeit, wie in früheren Jahren, so sucht man
derselben in jeder möglichen Weise habhaft zu werden; man fängt
sie in eigens dazu angefertigten grossen Netzen, erbeutet sie hin
und wieder im Drosselbusch, und stellt ihnen eifrig nach mit dem
Schiessgewehr.

Die Netze sind je nach dem Platze, für welchen sie bestimmt sind,
von sechs bis zwölf Klafter Länge und etwa vier Klafter Höhe,
die Maschen 65 Millimeter im Durchmesser, so dass eine heran-
fliegende Schnepfe bequem mit Kopf und Hals hindurch fährt; man
wählt für Aufstellung möglichst einen Ort, der zu beiden Seiten
durch Gebäude oder hohes Gebüsch begrenzt ist, weil die Schnepfen
es lieben, durch solche Lücken zu streichen. Das Netz wird zwischen
zwei Stangen aufgehängt, und hat jederseits eine Leine, die durch
einen Rollblock an der Spitze der Stange läuft. Lange vor dem
ersten Tagesgrauen steht der Vogelfänger neben einer der Stangen
mit einer der Leinen, welche das Netz tragen, in der Hand; er
muss sehr aufmerksam Acht geben, dasselbe in dem Moment zu
streichen, in welchem eine Schnepfe hineinfliegt; um das möglichst
schnelle Herunterfallen des Netzes zu fördern, ist an den oberen
Ecken desselben bei der Tragleine ein etwa zweifaustgrosser Feuer-
stein befestigt, und wenn gut aufgepasst wird, und die Leine klar

durch den Block läuft, so kommt es selten vor, dass eine in das
Netz gerathene Schnepfe wieder entkommt. Diese Netze sind von
starkem grauen Zwirn, und obzwar bei hellem Tage weithin sichtbar, so fliegen die gerade darauf zukommenden Schnepfen doch
meist ohne Scheu auch während der Vormittagsstunden noch hinein.
Die Zahl solcher Schnepfennetze beträgt gegenwärtig auf der Insel
zehn bis zwölf, und für jedes derselben ist eine Abgabe von fünf
Mark jährlich an die Kommunekasse zu entrichten.

Die Jagd mit dem Gewehre wird nun zwar sehr eifrig. aber
keineswegs in allbekannter jagdgerechter Weise betrieben: man
schiesst die Schnepfen weder vor dem Hunde, noch ausschliesslich
im Fluge, sondern wo, wann und wie man derselben ansichtig wird:
für diese Jagdweise kommt den Helgoländern ihr ganz ausserordentlich scharfer Gesichtssinn in hohem Grade zu statten, die profes-
sionirteren Jäger entdecken während aufmerksamer Absuchung der
oberen Felsfläche, des Strandes und Gerölles am Fusse des Felsens
eine platt an den Boden gedrückte Schnepfe zwischen welkem Grase,
Kartoffelkraut oder, dem Gefieder derselben noch viel ähnlicher
gefärbtem trockenen Seetang auf vierzig bis fünfzig Schritt, pür-
schen sich etwas näher heran und schiessen sofort. Diese Such-
jagd wird hauptsächlich während der späteren Morgen- und Vor-
mittagstunden betrieben. Eine andere, dem Anstande auf dem Striche
gleichkommende Methode besteht darin, dass man sich bei erster
Morgendämmerung an einer Felsecke oder einem anderen für günstig
erachteten Punkte aufstellt, und mit Tagesanbruch die etwa vorbeistreichenden Schnepfen schiesst. Diese letztere Jagdweise hat auch
hier ihre ganz besonderen Reize: wenn ihr auch nicht die idyllische
Schönheit beiwohnt, welche den ergrünenden Wald mit seinem
Vogelgesange während des Frühlingsstriches durchweht, so wirkt
doch auch die ernste Grösse der hiesigen Natur unwiderstehlich
auf ein empfänglich Gemüth. Mit dem ersten Tagesgrauen begiebt
man sich auf den Weg zum beabsichtigten Standorte, man schreitet
möglichst geräuschlos dahin, in gedämpftem Tone wechselt man mit
etwa Begegnenden im Vorbeigehen ein paar Worte betreffs der
Jagdchancen, welche die stille Atmosphäre verspricht: man hört
vereinzelt den weithallenden Lockruf der Schwarzdrossel. das
raketenartige Vorbeisausen zahlreicher Singdrosseln, die in schräger
Richtung aus ihrem hohen Wanderfluge herniederfahren. dann das
leise tschü-tschü-tschü-tschü der Flügelschläge einer noch ungesehen nahe vorbeistreichenden Schnepfe. bald darauf gefolgt von
dem kurzen scharfen Ton der Leine eines herniederschnarrenden

Schnepfennetzes und dem dumpfen »Tutt« der mit dem Rücken
kräftig auf den Boden geworfenen Schnepfe — die hiesige Weise,
gefangene Vögel schnell, sicher und schmerzlos zu tödten. Hierauf
beeilt man seine Schritte und ist bald auf den Anstand gekommen.
Noch ist es zu dunkel um schiessen zu können, der Gehörsinn ist
um so reger. Der leise Lockton des Rothkehlchens erklingt fern
und nah, und die leisen Flügelschläge vorbeistreichender Schnepfen
vernimmt man in längeren oder kürzeren Pausen. dann herrscht
während einiger Zeit tiefe Stille, die noch zu grösserer Intensität
gesteigert wird durch das fernher vom weiten ruhenden Meere her-
schallende gedämpfte Brausen einer träge dahinrollenden langgezogenen Woge, die über ein versunkenes Riff sich bricht — gleich
einem matten Traumbilde längst verrauschten Sturmes, welcher das
gewaltige Element durchzieht.

Mittlerweile dämmert der Tag herauf und die Jagd beginnt:
hat man dem Fusse des Felsens den Vorzug gegeben und sind der
Schützen nicht zu viele längs desselben vertheilt, so kann man in
ein paar Stunden zehn bis fünfzehn Schnepfen schiessen, erstere
Zahl ist das höchste, was ich unter solchen Umständen erreicht
habe; wenn, wie in dem oben erwähnten Falle der Brüder Aeuckens,
man sich aber fast allein auf dem Platze befindet, so steigert sich
das Ergebniss natürlich bedeutend. Oft sind jedoch so viele Schiess-
lustige vom Nord- bis zum Südende der Insel aufgestellt, dass,
wenn reichlich Schnepfen vorhanden. während der ersten Frühstunde
die Schüsse so zahlreich fallen, wie in einer Tiralleurlinie, und da
die Mehrzahl der Schützen in der Regel solche sind, für deren Blei der
unverhältnissmässig grosse Platz neben dem Schussobjekt mehr
Anziehungskraft besitzt, als letzteres selbst, so ist man durch das
näherrückende »Bumbs Bumbs« von dem Herannahen einer Schnepfe
stets sehr gut unterrichtet. Es möge übrigens hierbei bemerkt
werden, dass es ein grosser Irrthum ist, wenn man glaubt, wie so
oft ausgesprochen, dass die Schnepfen hier in höchst ermattetem
Zustande ankämen, so dass sie fast mit Stöcken erschlagen werden
könnten: weder Schnepfen noch irgend eine andere Vogelart zeigen
bei ihrem Eintreffen die geringste Ermüdung und. wie schon in
dem Abschnitte über den Zug ausführlich mitgetheilt. sind mir
während nahezu fünfzig Jahren nur drei vereinzelte Fälle vorgekommen — eine Singdrossel. ein Schneeammer und ein Bergfink —
in welchen wirkliche Erschöpfung diese Vögel gezwungen haben
musste, eine viertel bis drei viertel Meile von Helgoland auf dem
Meere auszuruhen.

Eine andere, in hohem Grade unrichtige Angabe betreffs des
Vogelfanges und Vogelzuges glaube ich hier noch erwähnen zu
müssen; leider hat dieselbe Platz gefunden in dem einzig dastehenden
Werke des allverehrten Altmeisters Naumann. Er sagt daselbst
bei Besprechung der Waldschnepfe. Band XIII. S. 399, dass auf
Helgoland jeder Hausbesitzer sein Netz — Klebegarn habe, das
er während der Zugzeit des Abends quer über die Gasse von einem
Haus zum andern aufhänge, und den nächsten Morgen voller ge-
fangener Vögel finde. Fremde würden am Abend die Strassen nicht
passiren können, ohne von einem Netze in das andere zu gerathen.
Durch welches Missverständniss eine so arge, nicht Uebertreibung,
sondern vollständige Erfindung, in die Feder des grossen Forschers
gerathen konnte, ist mir unerklärlich, denn die Personen, mit denen
er während seines kurzen Besuches, Mitte Juni 1840, hier zusammen gekommen, kannten alle Verhältnisse zu genau und waren
ebenso unfähig einem solchen Manne die geringste nicht wahrheits-
getreue Angabe zu machen: es waren dies der leider so früh verstorbene Hilmar Freiherr von dem Busche-Lohe, der oftgenannte
Reymers, der im Obigen schon erwähnte alte Schnepfenfänger Jacob
Lassen und ich selbst. Thatsächlich befanden sich damals und
noch jetzt in einer nach dem Strande zu meistentheils offenen Strasse
des Unterlandes zwei Schnepfennetze, und in einer nach der See
offenen Strasse des Oberlandes während einiger Jahre ein solches,
dies sind alle derartigen Netze, die 1840 und seit jener Zeit sich
in Strassen befanden. Besonders unrichtig ist aber die Vorstellung,
als ob man die Netze nur am Abend quer über die Strasse zu
spannen brauche, um sie den nächsten Morgen voller Vögel zu
finden; so einfach ist der Fang denn doch nicht, die Netze werden
gehandhabt, wie oben beschrieben, und es ist nur höchst ausnahmsweise, dass eine Schnepfe, Drossel oder Eule länger darin hängen
bleiben, als den Moment, während welches sie in die Maschen gerathen: in einzelnen Fällen verwendet man freilich auch Netze, die
jederseits noch eine äussere so grossmaschige Bekleidung haben,
dass eine Schnepfe bequem durch dieselbe zu fliegen vermag. Diese
letztere Einrichtung soll verhindern, dass die gefangenen Vögel
sofort wieder davon fliegen. beeilt man sich aber nicht sehr, das
Netz zu streichen, so erweist sich auch diese Vorkehrung meist
als unzulänglich. Für Arten von der Grösse der von Naumann
genannten gelben Bachstelzen und Blaukehlchen sind die obigen
Netze viel zu weitmaschig, es fliegen auch weder die einen noch
die anderen während der Nachtstunden, am allerwenigsten niedrig

zwischen den Häusern herum. Ich bin so ausführlich auf diesen
Gegenstand eingegangen, weil man seit ein paar Jahren von thier-
schützlerischer Seite Helgoland als die grosse Vertilgungsstätte der
Vögel darzustellen beliebt, und von solcher Quelle auch die Angabe
ihren Weg in öffentliche Blätter gefunden hat, dass hier in einem
Monat an 60 bis 70000 Vögel gemordet würden!

Wunderbar mögen den armen Waldschnepfen, welche während
der Nacht oder des ganz frühen Morgengrauens hier anlangen, die
Rastplätze erscheinen, mit denen sie sich zu behelfen gezwungen
sind: dass sie, des schattigen Waldes gewohnt, sich hier düstere
Felsgrotten und Klüfte genügen lassen, dürfte nicht so auffällig
erscheinen, aber sie fallen nicht nur auf der ganz glatten Fläche
der oberen Felsfläche und zwischen dem Geröll am Fusse der Klippe
ein, sondern sogar in jeder beliebigen Höhe setzen sie sich auf
handbreite, oft ganz schräge Vorsprünge der steilen Felswand der
Insel, und letzteres nicht etwa ausnahmsweise, sondern in ziemlich
bedeutender Zahl werden sie von oben herab von solchen Stellen
herunter geschossen. Es passirte sogar einem sonst nicht bedeutenden Jäger einmal, dass er, über einen hohen Absturz unter der
Klippe steigend, auf einem schmalen Vorsprunge, der sich rückwärts etwas senkte, den Kopf einer Schnepfe erblickte, und für
sichereren Schuss etwas höher kletternd, eine zweite Schnepfe dicht
neben der ersteren entdeckte; er schoss, und keine wegfliegen
sehend, war er nicht wenig froh, beide erlegt zu haben — wie
gross aber war sein freudiges Erstaunen, als er nach einiger Mühe
zu seiner Beute gelangend, fand, dass er nicht zwei, sondern vier
Schnepfen mit einem Schuss erlegt hatte, die auf ganz kleinem
Raume dicht beisammen gesessen hatten.

Dass man im Frühjahr zwei Schnepfen in einer Ackerfurche
mit einem Schuss erlegt, ist wiederholt vorgekommen, auch habe
ich zur selben Jahreszeit einmal zwei dicht beisammensitzend unter
dem Netz meines Drosselbusches gefangen — doch sind dies seltene
Vorkommnisse, aus denen jedoch hervorzugehen scheint, dass in
manchen Fällen die Waldschnepfen sich schon während ihres Heim-
zuges paaren, oder vorjährige Paare sich auf dem Wege zur heimischen Niststätte wieder zusammenfinden. Während des Herbstzuges verfolgt aber jedes Individuum einzeln seinen Weg, und wie
viele auch umherstreichen mögen, niemals zeigen sie die geringste
Neigung, sich einander anzuschliessen; ich wüsste in der That
keinen Vogel, der sich so durchaus auch nicht im entferntesten
um ihm begegnende nahe Verwandte kümmerte, als die Waldschnepfe.

Schliesslich sei hier noch eines eigenthümlichen, uralten Gebrauches gedacht, der zur Zeit der Dänischen Landvögte bestand, sich auf die Englischen Gouverneure übertragen hat, und darin besteht, dass diesem höchsten Machthaber der Insel als Tribut die erste Schnepfe des Frühlings- sowie Herbstzuges Seitens der Kommune dargebracht wird; da es ebenso alter Gebrauch ist, für diesen Erstling aus der Landeskasse einen Thaler zu zahlen, so sind alle Jäger und Netzbesitzer nicht wenig erpicht, die Ehre des Preises zu erringen. Diese »Eaast Snepp« zählt vom 1. März und 1. Oktober, und hat an einem dieser oder der folgenden Tage ein Schütze dieselbe in ganz früher Morgenstunde erlegt, so läuft er, so schnell ihn die Beine zu tragen vermögen, zum »Landes-Kassenmeister«, klopft denselben aus dem Bett und überreicht die Respektsschnepfe.

Die Waldschnepfe hat ein ausserordentlich ausgedehntes Brutgebiet; dasselbe erstreckt sich von den Azoren, Canarischen Inseln und Madeira durch Europa und Asien bis Japan, und reicht in Skandinavien bis 65° N. hinauf, soll sich im östlichen Sibirien jedoch nur bis 60° N. erstrecken. (Seebohm, Brit. Birds.)

Nr. 277. Grosse Sumpfschnepfe.

SCOLOPAX MAJOR. Gmelin.

Groot Tschaker; Tschaker, Helgoländer Name für Sumpfschnepfe.

Scolopax major. Naumann, VIII. S. 291.
Double Snipe. Dresser, VII. p. 631.
Bécassine double. Temminck, Manuel. II. 675. IV. 430.

Von allen vier Europäischen Gattungsverwandten besucht die gegenwärtige Art Helgoland in geringster Zahl, namentlich im Frühjahr ist sie eine so vereinzelte Erscheinung, dass man ihrer kaum zwei- bis dreimal während des ganzen Zuges ansichtig wird. Rauhem kaltem Wetter scheint sie sehr abgeneigt zu sein, man sieht sie hier nicht, bevor es wirklich warm geworden, und auch dann fast nur an schönen sonnigen Tagen des Maimonats. Eine ganz besondere Vorliebe muss dieser Sumpfschnepfe für einmal innegehabte Oertlichkeiten eigen sein, denn ich habe dieselbe wiederholt auf einem sonnigen durch eine Planke geschützten Grasplatz meines Gartens, zwei- und sogar dreimal an demselben Tage von ganz derselben handgrossen Stelle aufgescheucht, zu der sie beharrlich zurückgekehrt war, als ob es ihr Nest gewesen wäre. Junge

Herbstvögel kommen etwas öfter hier vor, als die obengenannten
Alten, etwa Ende August und während der ersten Wochen des
September. Es ist dies eine mehr östlich heimische Art, im westlichen
Europa, England eingeschlossen, kommt sie nur zerstreut während
ihrer Wanderzüge vor; ihre Brutplätze beginnen in Jütland, reichen
in Skandinavien bis zum 70⁰ N. und hinunter bis in das obere
östliche Deutschland, in dieser Breite erstrecken sich dieselben
durch das Europäische Russland; wie weit ostwärts in Asien hinein,
scheint nicht ermittelt zu sein, Seebohm traf dieselbe jedoch ziemlich häufig an einem kleineren Nebenflusse des Jenisei, eben innerhalb des Polarkreises.

Nr. 278. Sumpfschnepfe.

SCOLOPAX GALLINAGO. Brisson.

Helgoländisch: Tschaker = Bekassine.

Scolopax gallinago. Naumann, VIII. S. 310.
Common Snipe. Dresser, VII. p. 641.
Bécassine ordinaire. Temminck, Manuel. II. p. 676. IV. p. 433.

Die so weit verbreitete gewöhnliche Bekassine ist auch für
Helgoland eine ganz gewöhnliche Erscheinung, welche mit Ausnahme des Juni und Juli zu allen Zeiten des Jahres mehr oder
weniger zahlreich hier gesehen wird — selbst die Wintermonate
nicht ausgeschlossen.

Grosse Massen auch dieser Vögel müssen während nicht zu
strenger Winter, in oder nahe ihrer nördlichen oder östlichen
Heimath verbleiben, denn wenn Ende November, Dezember, oder
in den ersten Monaten des neuen Jahres plötzlich strenger Frost,
namentlich mit Schneegestöber, eintritt, so ziehen dieselben sofort
in mehr oder weniger grosser Zahl hier durch; so war z. B. am
21. November 1862 bei ausbrechendem Ostwind und Schneewetter,
am Abend und die ganze Nacht hindurch, die Luft vollständig erfüllt von tausenden und abertausenden *Ch. auratus, ranellus, Num.
arquatus* und *Scol. gallinago.* Tages darauf noch zogen grosse
Mengen von Goldregenpfeifern und Kibitzen, und diese Bekassine
flog in Gesellschaften wie Völker Rebhühner herum, an schneefreien geschützten Plätzen in Gärten, namentlich zwischen Grünkohl von zwanzig bis zu fünfzig Stücken einfallend. So am
14. Februar 1876, am 19. Dezember 1878 u. s. w.

Es ist diese denn auch die im Frühjahr zuerst hier eintreffende der ganzen Gattung, ihre ersten Vorläufer kommen fast immer schon vor der »ersten Schnepfe« an; der Zug währt bis Ende April. Die jungen Herbstvögel stellen sich an warmen schönen Tagen oft schon in der letzten Woche des Juli, zusammen mit jungen Halsbandregenpfeifern und rothfüssigen Wasserläufern hier ein.

Heimischer Brutvogel ist diese Bekassine wahrscheinlich zerstreut in Grönland, häufiger auf Island, und zahlreich auf den Faröern: von Irland. England und Schottland an brütet sie fast durch ganz Europa und Asien, nördlich bis über den Polarkreis hinaus und südlich bis zur Breite Oberitaliens hinunter.

Nr. 279. Kleine Sumpfschnepfe.

SCOLOPAX GALLINULA. Linn.

Helgoländisch: Wäter-Snepp — Wasserschnepfe.

Scolopax gallinula. Naumann, VIII. S. 344.
Jack-Snipe. Dresser, VII. p. 653.
Bécassine sourde. Temminck, Manuel. II. p. 678. IV. p. 439.

Dies kleine niedliche Schnepflein ist hier ein allbekannter Vogel, der ziemlich zahlreich während beider Zugperioden des Jahres vorspricht. aber ungleich der Vorhergehenden sich sehr hütet bei kaltem oder gar Winterwetter unterwegs zu sein. An schönen warmen Tagen der letzten Hälfte des April und im Laufe des Mai liegt dies Thierchen denn auch oft so fest, dass man fast auf dasselbe tritt, und es des öfteren vorgekommen ist, dass man es ohne weiteres mit der Hand hat aufnehmen können; die ungemeine Wohlbeleibtheit des Vogels. namentlich im Spätsommer, ist dann wohl die Veranlassung zu so grosser Trägheit. vom Zuge ermattet sind solche Stücke jedenfalls nicht, das sieht man sofort wenn sie aufgescheucht werden; wie vorher schon gesagt, habe ich mit den angeführten drei Ausnahmen hier niemals irgend einen Vogel in erschöpftem oder ermattetem Zustande ankommen sehen.

Wie das späte Erscheinen dieses Vögelchens im Frühjahr schon andeutet, ist es eine hoch nördlich nistende Art. Der unermüdliche John Wolley brachte die ersten Eier derselben aus Lappland, wo er mehrere Nester auf den Tundren von Muonioniska 68° N. fand; von Middendorff traf sie brütend an der Boganida

unter 70° N. Nach Seebohm brütet sie aber auch in Norwegen
auf dem Dovrefjeld. 63° N., über die Grenze des Baumwuchses
hinaus, wo also ein ähnliches Klima sein dürfte, wie an den genannten hoch nördlich gelegenen Brutplätzen.

Wasserläufer. Totanus. Unter den zahlreichen Familien von
Sumpf- und Strandvögeln, die sich fast alle durch schöne Körperverhältnisse und Eleganz der Bewegungen auszeichnen, nimmt die
Gattung der Wasserläufer entschieden den hervorragendsten Platz
ein. Ihre Gangbewegungen sind so leicht und graziös, dass sie
den Boden kaum zu berühren, höchstens die Zehenspitzen aufzusetzen
scheinen. Ihr Flug ist gleichfalls ein sehr schöner und gewandter,
der sich unter Umständen durch ein paar kräftige Schläge der
langen schmalen Flügel zu reissendster Schnelle zu steigern vermag. Die Gattung der Wasserläufer ist in vielen Arten über alle
Theile der Erde verbreitet; sieben davon sind in Europa heimisch
und ausserdem noch zwei oder drei Amerikanische Arten als
seltene Gäste beobachtet worden; von letzteren ist *Totanus macularius* einmal auf Helgoland geschossen worden.

Der Helgoländer Name für Wasserläufer ist Juhlgutt; *Tot.
hypoleucos* wird jedoch Soaltpieper = Salzpfeifer genannt.

Nr. 280. Rothfüssiger Wasserläufer.

TOTANUS CALIDRIS. Linn.

Helgoländisch: Roadfutted Juhlgutt = Rothfüssiger Wasserläufer.

Totanus calidris. Naumann, VIII. S. 95.
Redshank. Dresser, VIII. p. 157.
Chevalier gambette. Temminck, Manuel. II. p. 643. IV. p. 413.

Die jungen Vögel dieser Art, zusammen mit den jungen Halsbandregenpfeifern bilden die Vorhut des Herbstzuges der gewaltigen
Schaaren kleiner und grösserer Water, welche hier vorbei und
überhin ihren fernen Winterquartieren zueilen; namentlich während
der Früh- und Vormittagsstunden klarer warmer Tage Anfang
Juli. manchmal auch schon während der letzten des Juni, hört
man das sanfte Djü-ü-ü des ersteren, und das länger gezogene
Tüüh des letzteren. aus so bedeutender Höhe herunter schallen,
dass der Rufer kaum als kleiner Punkt, und oft auch dem schärfsten Auge gar nicht mehr wahrnehmbar ist. Im Laufe des April

sieht und hört man alte Vögel: ihr Ruf ist klarer und lauter und dem Djü ist das ü oft fünf- bis sechsmal angehängt. Alte Stücke im reinen Winterkleide kommen nur höchst selten, und dann meist bei starkem Frost hier vor.

Die Niststätten dieses, des zahlreichsten Wasserläufers, erstrecken sich durch das ganze mittlere und nördliche Europa und Asien.

—

Nr. 281. Dunkler Wasserläufer.

TOTANUS FUSCUS. Linn.

Helgoländisch: Swart Juhlgutt =: Schwarzer Wasserläufer.

Totanus fuscus. Naumann, VIII. ·S. 123. XIII. Blasius, Nachträge.
S. 242.
Spotted Redshank. Dresser, VIII. p. 165.
Chevalier arlequin. Temminck, Manuel. II. p. 639. IV. p. 413.

So weit zurück als den 11. Juni 1847 habe ich das einzige ausgefärbte Männchen dieser Art, welches meine Sammlung aufweist, erhalten, seitdem ist noch einmal ein alter weniger schöner Vogel geschossen, und daneben zwei- oder dreimal ein solcher gesehen worden: junge Herbstvögel sind etwa fünf bis sechs Stück während der letzten fünfzig Jahre erlegt. Es zählt dieser eigenthümlich gefärbte Wasserläufer somit zu den sehr seltenen Erscheinungen für Helgoland.

Die Brutplätze dieser Art erstrecken sich vom hohen Norden Skandinaviens bis zur Beringsstrasse.

Nr. 282. Heller Wasserläufer.

TOTANUS GLOTTIS. Bechstein.

Helgoländisch: Witt Juhlgutt — Weisser Wasserläufer.

Totanus glottis. Naumann, VIII. S. 145. XIII. Blasius, Nachträge.
S. 243.
Greenshank. Dresser, VIII. p. 173.
Chevalier aboyeur. Temminck, Manuel. II. p. 659. IV. p. 420.

Dieser schöne Wasserläufer besucht Helgoland während seines Frühlingszuges von Ende April bis Mitte Mai, jedoch stets nur sehr vereinzelt, und von diesen werden wiederum nur sehr wenige

Stücke erlegt, denn er ist ein ausserordentlich scheuer Vogel, der auch der vorzüglichen Lockpfeife eines Claus Aeuckens nicht bis in Schussnähe folgt. Junge Sommervögel erscheinen ziemlich häufig im Laufe des August und werden oft geschossen, da sie es noch nicht zu der Vorsicht ihrer Eltern gebracht haben.

Alte Vögel dieser Art halten sich hier ausschliesslich am Fusse des Felsens am Meere auf, grossentheils auch die jungen Herbstvögel, jedoch werden diese auch manchmal im Ueberfliegen der oberen Felsfläche und auf der Düne geschossen, da sie noch arglos der Lockpfeife folgen. Sehr merkwürdig ist es, dass die alten so ausserordentlich vorsichtigen Vögel, sowie auch die alten Kibitzregenpfeifer, welche ersteren an Klugheit durchaus nicht nachstehen, auf dem Meere jede Vorsicht zu vergessen scheinen, und dem nachgeahmten Lockruf sofort bis in die unmittelbarste Nähe eines Bootes folgen, ja es sogar versuchen sich wenige Schritt fern von demselben auf die treibenden Merkleinen der Hummerkörbe niederzulassen. Dem Rothschenkel wird so etwas nicht in den Sinn kommen, er ist überhaupt der scheueste der ganzen Sippe.

Brutvogel ist der helle Wasserläufer von den nördlichen Hebriden durch Schottland, das nördliche Skandinavien und Finnland bis Kamtschatka.

Nr. 283. Teich-Wasserläufer.

TOTANUS STAGNATILIS. Bechstein.

Totanus staynatilis. Naumann, VIII. S. 171.
Marsh Sandpiper. Dresser, VIII. p. 151.
Chevalier staynatile. Temminck, Manuel. II. p. 647. IV. p. 414.

Ueber diesen hübschen Wasserläufer ist von Helgoland aus sehr wenig zu berichten; so weit Nachrichten zurückreichen, ist er hier nur einmal erlegt worden, dies Stück schoss Jan Aeuckens am 7. Mai 1862; es ist ein altes Männchen im schönsten reinen Hochzeitskleide und bildet eine grosse Zierde meiner Sammlung. Die tiefschwarze Zeichnung der grauen Federn aller oberen Theile ist sehr markirt ausgefärbt und geht an den langen hinteren Schwingen in gebänderte Querstriche über. Der Vogel ward am Meeresstrande am Fusse des Felsens angetroffen.

Die Heimath dieses Wasserläufers erstreckt sich vom östlichen Europa, Ungarn z. B. durch das südliche Sibirien bis zum Ochotzkischen Meere.

Nr. 284. Punktirter Wasserläufer.

TOTANUS OCHROPUS. Linn.

Totanus ochropus. Naumann, VIII. S. 58.
Green Sandpiper. Dresser, VIII. p. 136.
Chevalier cul-blanc. Temminck, Manuel. II. p. 651. IV. p. 415.

Die anmuthige Gestalt dieses Vögelchens, verbunden mit der schneeigen Reinheit aller weissen Theile seines Kleides, die noch erhöht wird durch den Gegensatz der so eigenthümlich grünlichschwärzlichen Färbung des oberen Gefieders, erheben diesen Wasserläufer zu dem gefallsamsten der in all ihren Mitgliedern so anziehenden Familie; es ist immer wieder ein Genuss, ein frisch erlegtes Stück desselben in Händen zu haben und zu betrachten. Oft erlangt man diesen Vogel hier jedoch nicht, da während des Frühlingszuges fast alle hoch überhin ziehen und nur als Gruss ihren klaren flötentönigen Lockruf aus hohem blauem Himmel herniederschallen lassen. Die an den oberen Theilen so schön rostfarbig punktirten jungen Sommervögel kommen viel häufiger vor und werden ziemlich oft geschossen. Es ist dies der am frühesten eintreffende Wasserläufer; die ersten Stücke sieht man schon gegen Ende März, der Zug währt bis Ende April.

Diese Art brütet vom mittleren Europa und Asien bis in den Polarkreis hinauf.

Nr. 285. Bruch-Wasserläufer.

TOTANUS GLAREOLA. Linn.

Totanus glareola. Naumann, VIII. S. 78.
Wood Sandpiper. Dresser, VIII. p. 143.
Chevalier sylvain. Temminck, Manuel. II. p. 654. IV. p. 416.

Dieser, der kleinste der typischen hochbeinigen Wasserläufer, kommt hier, wenn auch etwas öfter als der vorhergehende, doch immer nur vereinzelt während des Frühlingszuges vor — etwa von Mitte April bis Ende Mai. Er unterscheidet sich von dem letzteren in seiner geringeren Abneigung gegen die Grasflächen des oberen Felsens, woselbst er, dort herumlaufend, des öfteren geschossen wird; dies bezieht sich jedoch nur auf alte Vögel, junge Sommervögel erhält man hier fast gar nicht; so lange ich sammle sind solcher hier nur zwei geschossen. sie ziehen stets hoch überhin und folgen der Lockpfeife niemals. Ich habe hier hinzuzufügen, dass der August 1888 hiervon eine Ausnahme machte, indem im Laufe desselben fünf bis sechs junge Vögel erlegt wurden. Die Brutzone dieses Vögelchens erstreckt sich durch das mittlere Europa und Asien bis Kamtschatka und reicht nördlich bis über den 70° N. hinaus.

Nr. 286. Kleiner Wasserläufer.

TOTANUS HYPOLEUCOS. Linn.

Helgoländisch: Soaltpieper = Salzpfeifer.

Actitis hypoleucos. Naumann, VIII. S. 7.
Common Sandpiper. Dresser, VIII. p. 127.
Chevalier guignette. Temminck, Manuel. II. p. 657. VI. p. 419.

Dies muntere Vögelchen, dessen Körpergrösse noch etwas geringer ist als die des vorhergehenden, besucht Helgoland am zahlreichsten von allen Totaniden; es hat auch einen grösseren Hang zu Geselligkeit als seine anderen nahen Verwandten, von denen man, hier wenigstens, fast immer nur vereinzelte Vögel sieht, wogegen diese Art immer in Gesellschaften von zehn, zwanzig und mehr Stücken auf dem im Wasser liegenden flachen Gestein am Fusse des Felsens in lebendigster und anmuthigster Weise ihr Wesen treiben. Werden sie aufgescheucht, z. B. dadurch, dass jemand über den Felsrand hinunterblickt, so fliegt stets die ganze Gesellschaft unter munterm Gepfeife, dichtgedrängt und ganz dicht über der Wasserfläche davon, und in einem meist nicht grossen Bogen einer anderen ähnlichen Stelle zu. Wirft man ihnen während dieses Fluges einen grossen Stein nach, und fällt derselbe ganz nahe der Schaar oder inmitten derselben mit lautem Plumps ins Wasser, so stürzt sich sofort die ganze Gesellschaft erschrocken ins Meer und verschwindet, erscheint aber nach einem kurzen Moment wieder und fliegt davon.

Die Niststätten dieses kleinen Wasserläufers erstrecken sich von Portugal bis Kamtschatka; er brütet in Skandinavien, Finnland und durch ganz Asien bis zum Eismeer hinauf.

Nr. 287. Gefleckter Wasserläufer.

TOTANUS MACULARIUS.   Temminck.

Actitis macularia. Naumann. VIII. S. 34.
Spotted Sandpiper. Seebohm, Brit. Birds. V. p. 122.
Chevalier perlé. Temminck, Manuel. II. p. 656. IV. p. 417.

Etwa während der letzten Hälfte der dreissiger Jahre schoss
der schon beim dünnschnäbligen Brachvogel erwähnte Hans Tönnies im Monat Mai. an einem kleinen Teiche des oberen Felsens.
einen ›Soaltpieper‹, *Totanus hypoleucos.* der ›dem gewöhnlichen ganz
ähnlich sah, aber an jeder der weissen Federn der Unterseite ein
schwarzes rundes Fleckchen hatte‹. — T. glaubte, dies sei eine
wunderbare Varietät gewesen, denn er hatte keine Ahnung davon,
dass es eine so gefleckte selbständige Art gebe. Im Laufe des
Sommers ward dieser seltene Fremdling an einen Badegast verkauft, ganz wie dies im Sommer 1837 mit dem von Reymers geschossenen Jungfern-Kranich, *Grus virgo*, geschah, nur nicht mit
so gutem Enderfolg für mich.

Als Claus Aeuckens im Mai 1847 eine *Tringa rufescens* hier
schoss, lief in deren Nähe noch ein kleiner Strandvogel herum, der
durch den Schuss aufgescheucht, Aeuckens' Nachahmung seiner Lockstimme folgte, und unter schwachen Flügelschlägen wiederholt ganz
niedrig über ihn langsam hinschwebte: Aeuckens beschrieb mir
diesen Vogel sofort als weiss an der Unterseite, mit vielen schwarzen Flecken in der Form ›kleiner rundlicher schwarzer Flecke
der Misteldrossel‹. Aeuckens, der zwar auch nichts von *T. macularius* wusste, behauptete doch immer, dass dies ein zweiter ›sehr
seltener‹ Vogel gewesen sei — leider besass er derzeit aber nur
ein altes einfaches Gewehr und hatte keinen zweiten Schuss für
denselben.

Dies ist alles, was von Helgoland aus über diese kleine ausschliesslich Amerikanische Art zu berichten ist — in England ist
dieselbe des öfteren erlegt worden.

――――

Stelzenläufer. Himantopus. Diese sich den Wasserläufern
sehr nahe anschliessende Gattung ist in fünf Arten über alle Erdtheile verbreitet — eine derselben ist in Europa heimisch, und
diese zählt als sehr seltene Erscheinung auch zu den Vögeln Helgolands.

Nr. 288. Stelzenläufer.

HIMANTOPUS RUFIPES. Bechstein.

Hypsibates hymantopus. Naumann, VIII. S. 191.
Blak-winged Stilt. Dresser, VII. p. 587.
Echasse à manteau noire. Temminck, Manuel. II. p. 582. VI. p. 350.

Der nunmehr fast ganz ausgestorbenen Generation der alten Helgoländer Jäger und Vogelsteller war der Stelzenläufer ein wohlbekannter Vogel, indem Reymers vor etwa fünfzig Jahren einmal einen solchen hier erhalten hatte; seit jener fernen Zeit bis zum 25. Juni 1879 ist derselbe hier nicht wieder gesehen worden; an genanntem Tage traf Jan Aeuckens ein altes weissköpfiges Stück zwischen dem am Fusse des Felsens im Meere liegenden Geröll an; leider hatte Aeuckens kein Gewehr zur Hand, um diese so begehrte Beute erlegen zu können. Während jenes Monats herrschten leichte südöstliche Winde und schönes, warmes Wetter vor, und dies brachte noch manche andere, fern südöstlich heimische Seltenheiten hierher.

Brutvogel ist diese Art im ganzen südlichen Europa und Asien, sowie in Nordafrika; selten bis in das mittlere Europa hinaufgehend, ist dieselbe doch sehr oft nach England gelangt.

Säbelschnäbler. Recurvirostra. Auch diese durch ihre eigenthümlich aufwärts gebogene Schnabelform so auffällige Gattung ist in nur vier Arten über fast alle Theile der Erde verbreitet; Europa gehört nur eine derselben an, die auch in wenigen Fällen auf Helgoland vorgekommen ist. Amerika und Australien besitzen selbständige Formen.

Nr. 289. Säbelschnäbler.

RECURVIROSTRA AVOCETTA. Linn.

Recurvirostra avocetta. Naumann, VIII. S. 213.
Avocet. Dresser, VII. p. 577.
Avocette à nuque noire. Temminck, Manuel. II. p. 590. IV. p. 387.

Obgleich dieser durch seine Form wie Farbe des Kleides so auffallende Vogel Helgoland gegenüber auf allen Inseln der Holsteinischen Küste zahlreich brütet, so ist derselbe hier dennoch nur in ein paar ganz vereinzelten Fällen bemerkt worden, das letzte hier vorgekommene Stück schoss mein Sohn Ludwig Anfang Juni 1871 auf der Düne.

Das Brutgebiet dieser Art erstreckt sich über das mittlere und südliche Europa und Asien.

Austernfischer. *Haematopus*. Diese Gattung scheint ebenfalls nur fünf Arten zu umfassen, von denen die einzige, zahlreich über die Meeresküsten des nördlichen Europa verbreitete Art auch auf Helgoland eine gewöhnliche Erscheinung ist. Ostasien, Australien und Neuseeland, die Falkland-Inseln und Magellan-Strasse, sowie Amerika besitzen nach Seebohm je eine selbständige Art.

Nr. 290. Austernfischer.

Helgoländisch: Liiew. Name für den Austernfischer — wohl dem Lockruf nachgebildet.

Haematopus ostralegus. Naumann, VII. S. 325.
Oystercatcher. Dresser, VII. p. 587.
Huiterier pie. Temminck, Manuel. II. p. 531. IV. p. 351.

Wie dieser Vogel zu seinem Namen gekommen, ist wirklich unerfindlich, der arme Austernfischer würde übel daran sein, sollte er sein Leben mit selbstgefischten Austern fristen; nicht einmal wäre er im Stande sie zu öffnen, führte glücklicher Zufall wirklich einmal eine solche ihm in den Weg — doch er ist getauft, den Rest haben die Pathen zu verantworten. Hier ist dies ein sehr gewöhnlicher Vogel, dessen lauter Lockruf jedermann wohlbekannt ist; man hört ihn während der Zugzeiten am Tage und noch viel häufiger während der Nächte erschallen. Als bleibenden Aufenthalt wählt er Helgoland sehr selten, es treiben sich wohl mehrere derselben im Frühjahr einige Tage auf der Düne herum, anscheinend sich mit Brutgedanken tragend, auch während der Sommermonate kommen sehr oft alte schöne Stücke als planlose Herumschweifer hier vor; und wiederum, wie seltsam dies auch erscheinen möge, sieht man ihn, und zwar gar nicht vereinzelt, im Winter während strengen Frostes.

Ehe das hiesige Seebad gegründet worden, und die damals viel grössere Sandinsel nur in Ausnahmefällen besucht ward, brüteten, wie alte Leute mir erzählten, alljährlich Austernfischer in

zerstreuten Paaren auf der damals ebenfalls viel längeren und
breiteren aus Sand und Kieselgeröll bestehenden südlichen Zunge
derselben; während der letzten fünfzig Jahre ist ein solcher Brutversuch jedoch nur zwei- bis dreimal vorgekommen, und hat nur
in einem Falle bis zu Jungen geführt.

Am häufigsten erscheinen, unter günstigen Umständen, junge
Sommervögel dieser Art: ich erinnere mich eines solchen Falles, im
August der vierziger Jahre, in welchem bei schwachem Ostwind
und sehr dichtem Regen eine solche Menge von Strandvögeln
aller Art hier zogen, dass ich auf der Düne während kaum drei
Vormittagsstunden neben zahllosen anderen Sachen einige fünfzig
junge Goldregenpfeifer schoss. Steinwälzer, Alpen- und Isländische
Strandläufer, Halsbandregenpfeifer, Sanderlinge, alles junge Vögel
zogen massenhaft überhin und schwärmten in allen Richtungen in
ungeheurer Zahl umher; junge Austernfischer waren so zahlreich
vertreten, dass in einem Falle dreizehn derselben vor mir bis
etwa zwanzig Schritt aushielten: ich hätte, glaube ich, alle mit
einem Schuss erlegen können, denn sie standen in ziemlich dichter
Reihenfolge auf dem glatten Strande, wo das auflaufende Wasser
eben ihre Füsse netzte — da ich aber niemals ein Geschöpf, Vogel,
Schmetterling oder Käfer tödte, wenn nicht wissenschaftliche oder
kulinarische Zwecke solches rechtfertigen, so hatten auch diese
noch so vertrauensvollen Vogelkinder sich keines Leides von mir
zu gewärtigen.

Brutvogel ist der Austernfischer von Irland und den Hebriden
bis zu den Kurilen, in Skandinavien aufwärts bis zum Nordkap.

Strandläufer. Tringa. Diese Gattung ist in etwa zwanzig
Arten als Brutvogel über alle Länder der nördlichen Hemisphäre
verbreitet und während der Wintermonate nicht allein im südlichen
Afrika, sondern auch im unteren Amerika, Australien und auf Neuseeland angetroffen. Die neun in Europa heimischen Artenbesuchen
auch Helgoland fast alle zahlreich, ausserdem ist eine Amerikanische,
Tringa rufescens, einmal auf der Insel geschossen worden; dieselbe
ist neben anderen Amerikanischen Strandläufern: *T. Bonapartei*,
pectoralis und *pusilla* ziemlich oft in England erlegt worden.

Nr. 291. Isländischer Strandläufer.

TRINGA ISLANDICA. Gmelin.

Helgoländisch: Knott. Name für diese Art.

Tringa islandica. Naumann, VII. S. 372.
Knot. Dresser, VIII. p. 77.
Bécasseau canut. Temminck, Manuel. II. p. 627. IV. p. 409.

Keine Art liefert einen so schlagenden Beweis für die ungeheuren Wegstrecken, welche Vögel während ihrer Wanderungen durchfliegen, als dieser Strandläufer; seine südlichsten zerstreuten Nistplätze liegen nur so wenige Grade entfernt vom Nordpol, dass das Hauptbrutgebiet desselben, sowie mancher anderen Arten, sich nur auf einem umfangreichen Insel- oder Landgebiet befinden kann, welches im grossen nördlichen Polarmeere liegen muss. Capitän Fielden sah die ersten Isländischen Strandläufer am 5. Juni 1876 in der Nähe von Knot-Harbour, Grinnellland, 82° 33' N., und erhielt am 30. Juli drei Junge desselben im Daunenkleide; trotz des eifrigsten Suchens gelang es aber nicht, die Eier oder ein Nest dieses Vogels aufzufinden.

Von so hohen nördlichen Breiten geht diese Art nun nicht allein bis nach Südamerika, dem südlichen Afrika und Asien hinunter, sondern auch im unteren Australien und auf Neuseeland hat man dieselbe im Winter angetroffen; es hatten somit solche dieser Vögel, deren Wanderflug sich von oberhalb 80° N. bis 45° S. erstreckt, einen Weg von nahezu zweitausend Deutschen Meilen zurückgelegt, sie waren von ihren polaren eisumgebenen Niststätten bis unter die glühende äquatoriale Sonne gelangt, und hatten rastlos weiter ziehend, schliesslich wieder gemässigte Breiten erreicht; weshalb hielten sie nicht schon mit ihrem Wanderfluge inne, als sie in ein den letzteren gleiches Klima auf der nörlichen Hemisphäre gelangt waren? Bietet eine solche, anscheinend unnöthige, ungeheure Breitenausdehnung dieses Wanderfluges nun auch ein unlösliches Räthsel dar, so ergiebt dagegen die ebenso grosse Längenausdehnung, über welche sich derselbe erstreckt, eine sehr gewichtige Stütze für die oben ausgesprochene Annahme eines ausgedehnten Land- oder Inselgebietes zwischen den von der Jeannette 1881 erreichten Punkten und dem Pole. Denn wo könnte das Brutgebiet der auf der östlichen Hemisphäre bis Australien und Neuseeland hinuntergehenden Vögel sich befinden? Sicherlich nicht auf der westlichen Hemisphäre in Grinnellland und

dessen Umgebung. Und wohin könnten namentlich solche Individuen gehen, die Middendorff während des Frühlingszuges am Ochotzkischen Meere, Dr. Bunge auf Neu-Sibirien (Dr. Bunge, Great
Liakoff Island. Ibis 1888, p. 344), und die Jeanette während
ihrer Expedition angetroffen? Doch nur nordwäts nach einem
Gebiete, das der Ausdehnung wie der Beschaffenheit nach geeignet
sein muss, diesem Strandläufer sowohl, wie *Tringa subarquata* und
arenaria, Anser torquatus, Larus Rossei und den Schaaren vieler
anderen Arten passende Niststätten darzubieten. Und wo anders
könnte ein solches Gebiet sich befinden, als zwischen den Jeannette-
Inseln und dem Pol. Undurchdringliche Eismassen verhindern leider,
mit den gegenwärtig zu Gebote stehenden Mitteln zu dieser ornithologischen Schatzkammer zu gelangen, sollte es aber jemals gelingen.
Luftballons herzustellen, deren Bewegung vollständig zu beherrschen
wäre, so würde man von den Jeannette-Inseln aus diese Frage
unter vergleichsweise geringen Schwierigkeiten zu lösen vermögen.

Die Beobachtungen des Dr. Bunge auf der Liakoffinsel liefern
neben anderem interessanten Material auch unzweideutige Beweise
für die Abhängigkeit des Erscheinens der Vögel von zeitweiligen
Witterungszuständen, denn die meisten daselbst gesehenen Arten
zogen an gleichen Tagen in gleicher mehr oder weniger grosser
Individuenzahl, d. h. also unter gleichen Beeinflussungen. So z. B.
Tringa canutus und *subarquata* am 11. Juni in kleinen Flügen ;
am 14. zahlreicher, indem mehrere geschossen wurden ; am 18. in
grösserer Anzahl, und am 20. nur noch vereinzelt. *Tr. arenaria*
erschien am 10. und 20. Juni. Von *Charadrius hiaticula*, der daselbst Brutvogel ist, kamen am 11. Juni die ersten an, er war selten
bis zum 20., an welchem Tage derselbe zahlreich auftrat ; von
Ch. fulvus, ebenfalls daselbst brütend, wurde der erste am 12. Juni
gesehen, mehrere am 14. und häufig am 20. *Ch. helveticus* zeigte
sich in einem Pärchen am 19. Juni, zahlreicher aber am 20.
Dieser 20. Juni muss ein ganz besonders günstiger Zugtag gewesen sein, denn er wiederholt sich bei vielen Arten, z. B. *Phalaropus, Lestris, Anser* und *Anas*, und in hohem Grade interessant
ist es zu sehen, wie an diesem Tage der Zug solcher, die höher
nördlich brüten, wie *Tringa canutus* und *subarquata* sich vermindert oder erlischt, während solche, die auf der Insel blieben,
um daselbst zu brüten, wie *Char. hiaticula* und *fulvus* mit diesem
Tage sich an Zahl steigern.

Hier auf Helgoland ist diese Art während des Frühlingszuges
eine ziemlich seltene Erscheinung; im Laufe des Mai wird wohl

hin und wieder ein Vogel auf der Düne angetroffen, es hat jedoch viele Jahre gewährt, bis ich ein altes schönes Stück im reinen Hochzeitskleide erhalten konnte. Ende Juli kommen etwas öfter alte Stücke in sehr verblichenem Sommerkleide vor; an diesen ist dann das schöne gesättigte Rostroth des Halses und der unteren Theile in ein helles Orangerostgelb übergegangen und die rostrothen Flecke der Rücken- und Flügelfedern sind zu rostgelblichem Weiss verblichen; letzteres kontrastirt sehr auffallend mit dem glänzend schwarzen Grunde der Rücken- und Schulterfedern, so dass auch jetzt noch der Vogel eine auffallend schöne Erscheinung genannt werden muss — jedenfalls sind dies aber keine Stücke, die von ihren hochnordischen Brutstätten zurückkehren, sondern gehören zu den so vielfältigen sommerlichen Herumstreifern, welche fast alle Strandvögel so zahlreich aufweisen. Junge Sommervögel im grauen Jugendkleide kommen den August und halben September hindurch zahlreich, und manchmal massenhaft auf dem Dünenstrande vor, dahingegen sind aber Alte im reinen Winterkleide eine ziemlich seltene Erscheinung; diese werden zumeist früh im Jahr auf der oberen Felsfläche erlegt.

Das Brutgebiet dieser Art ist schon im Obigen besprochen, die Eier derselben sind bisher noch nicht aufgefunden worden.

Nr. 292. Meerstrandläufer.

TRINGA MARITIMA. Brünnich.

Helgoländisch: Kanelk. Name ohne nachweisbare Bedeutung.

Tringa maritima. Naumann VII. S. 467.
Purple Sandpiper. Dresser, VII. p. 69.
Bécasseau violet. Temminck, Manuel. II. p. 619. IV. p. 404.

Diese Art ist hier fast ausschliesslich ein Wintergast; im Frühlingskleide habe ich dieselbe hier nur ein paarmal erhalten: in letzterem Falle traf ich zwei Stücke am Fusse des Felsens an, von denen ich eines schoss; später habe ich nochmals einen einzelnen Vogel erhalten, und vor wenigen Jahren kamen wiederum zwei Stücke vor. Während der Wintermonate trifft man Gesellschaften von fünf bis fünfzehn Stücken auf den mit Tang bewachsenen Klippen und Steinen, welche am Fusse des Felsens aus dem Meere ragen — es sind dies immer ältere und ganz alte Vögel mit fast schwarzen, purpurschillernden Kopf- und Rücken-

federn von eigenthümlich schönem Aussehen. Junge Herbstvögel
mit hellgerändertem oberen Gefieder kommen vereinzelt Ende
August und im September vor; diese halten sich eigenthümlicher
Weise auf dem mit Seetang gemischten Kieselgeröll der langen
südlichen Dünenspitze auf: auf der oberen Felsfläche kommen
niemals, weder Alte noch Junge vor. Dieser Strandläufer ist sehr
wenig scheu, man kann sich demselben im Boote wie zu Fuss sehr
leicht bis in Schussweite nähern.

Es brütet diese Art nicht so hoch nördlich als die vorher-
gehende, doch aber umfasst ihr Nistgebiet Grönland, Spitzbergen,
Nova Zembla, das Taimyrland und die weiteren Eismeerküsten
Asiens sowie das boreale Amerika; die südlichsten Punkte ihres
Brutgebietes dürften Irland, die Faröer, Orkneys und Shetlands-
Inseln bilden.

Ganz entgegengesetzt der vorhergehenden, scheint diese Art
auf das Aeusserste an ihrer hochnordischen Heimath festzuhalten
und sich durch alle Unbilden eines borealen Winters nicht aus
derselben vertreiben zu lassen, denn nach Collett (Norges Fuglefauna) trifft man sie in unzählbaren Schaaren den ganzen Winter
hindurch nicht allein an der Küste des oberen Norwegen sondern
sogar noch von ganz Finnmarken. Tiefer als bis zur untern Küste
der Nordsee gehen wahrscheinlich wenige alte Vögel hinunter, und
die vereinzelt am Mittelmeer angetroffenen dürften wohl nur junge
Herbstvögel gewesen sein.

Nr. 293. Bogenschnäbliger Strandläufer.

TRINGA SUBARQUATA. Temminck.

Helgoländisch: Road Stennek = Rother Strandläufer.

Tringa subarquata. Naumann, VIII. S. 408.
Pygmy Curlew. Dresser, VIII. p. 59.
Bécasseau cocorli. Temminck, Manuel. II. p. 609. IV. p. 397.

Wenn man diesen Strandläufer als in Europa heimisch bezeichnen darf, so ist er jedenfalls der am seltensten auf Helgoland
vorkommende unseres Erdtheiles; ich habe während der langen
Jahre meines eifrigen Sammelns nur einmal einen alten Vogel im
reinen Sommerkleide hier erhalten können; Stücke auf halbem
Wege der Umfärbung vom Winter- zum Sommerkleide hat Aeuckens
ein paarmal besessen. Junge Sommervögel werden jeden Herbst,

wenn auch nur ganz vereinzelt geschossen; diese letzteren halten sich vorzugsweise auf dem oberen Felsplateau auf. Aeuckens behauptet, fast alljährlich im Mai kleine Schaaren dieser Vögel, auf östlichem Wege hoch überhinziehend, beobachtet zu haben, ich muss jedoch bekennen, dass mir nie ein solcher Fall vorgekommen ist. Das Ei auch dieses Strandläufers ist bis zur Zeit noch unbekannt; man hat seine Brutstätten, die zweifellos dieselben sind wie die der *Tringa islandica = canutus*, bisher nicht erreicht, ihn aber während seines nordwärts gerichteten Frühlingszuges im Taimyrlande, den Neusibirischen Inseln und anderen hohen Breiten angetroffen.

Nr. 294. Alpen-Strandläufer.

TRINGA ALPINA. Linn.

Helgoländisch: Stennick = Strandläufer.

Tringa alpina. Naumann, VII. S. 426.
Dunlin. Dresser, VIII. p. 21.
Bécasseau brunette. Temminck, Manuel. II. p. 612. IV. p. 399.

Dieser, der individuenreichste aller Europa bewohnenden Strandläufer, ist auch der gewöhnlichste und in grösster Zahl auftretende für Helgoland. Alte Vögel in mehr oder weniger vollendetem Sommerkleide kommen freilich mehr zerstreut als in Gesellschaften vor, immerhin aber genügend oft, um jedermann bekannt zu sein; junge Sommervögel mit gestreiften Rückenfedern sind von Ende Juli bis Ende September auf dem Dünenstrande die gewöhnlichsten aller dort vorkommenden Vogelarten; alte im reinen Winterkleide sieht man während des Spätherbstes und der Wintermonate wieder weniger häufig, dahingegen aber erkennt man während aller Zugnächte, vom Oktober bis zum März, an dem Stimmengewirr dieser Art, in wie ungeheuren Massen sie überhin und vorbei ziehen müssen. Schaaren dieser Vögel, die während der Abend- und Nachtstunden des Dezember und Januar rastlosen Fluges hier vorbeieilen, sind immer die ersten Verkünder des, nächsten Tages mit Schnee und strengem Frost sich einstellenden Winterwetters — fast zu gleicher Zeit kommen Lerchen an und wenige Stunden später folgen Goldregenpfeifer, Kibitze, grosse Brachvögel und Austernfischer, alle in grösster Eile von Ost nach West vorbeistürmend.

Die Brutzone dieser Art erstreckt sich von den Hebriden ostwärts durch ganz Nord-Europa und Asien, sowie auch durch Nordamerika. **Middendorff** fand dieselbe im Taimyrlande noch unter 74° N. und nach Benzon und Rohweder nistet sie bis Dänemark und Holstein hinunter.

Tringa Schinzii (Brehm). Naumann, VII. S. 221.

Ueber diese, auch von Naumann als selbständige Art aufgestellte kleinere Form kann ich von hier aus nur sagen, dass ich wiederholt sehr kleine Stücke erhalten habe, an deren Rückenfedern stets die rostrothe Farbe nicht nur im allgemeinen bedeutend vorherrschend war, sondern an den Schulterfedern sogar die dunkle Zeichnung fast ganz verdrängte; bei solchen Stücken war dann auch zu gleicher Zeit das Schwarz der Brust viel weniger entwickelt. Diese kleinen Vögel werden nicht auf der Düne am Meeresstrande angetroffen, wo die grösseren sich fast ausschliesslich aufhalten, sondern immer nur an einem kleinen Wasser in einer grasbewachsenen Vertiefung der oberen Felsfläche Helgolands.

Nr. 295. Kleiner Strandläufer.

TRINGA MINUTA. Leisler.

Helgoländisch: Lütj Stennick = Kleiner Strandläufer.

Tringa minuta. Naumann, VII. S. 391.
Little Stint. Dresser, VIII. p. 29.
Bécasseau échasses. Temminck, Manuel. II. p. 624. IV. p. 407.

Dieser kleine niedliche Strandläufer ist hier während des Frühlingszuges eine so seltene Erscheinung, dass ich ihn im Verlaufe von fünfzig Jahren nur einmal in seinem Hochzeitskleide, im Mai, erhalten habe; junge Herbstvögel sind dagegen von Anfang August bis Mitte September eine ganz gewöhnliche Erscheinung auf dem hiesigen Dünenstrande, wo sie sich zahlreich den Jungen von *Tringa alpina* anschliessen.

Es liegt hierin wiederum ein Beweis dafür, dass die fern östlich und nordöstlich heimischen Arten im Frühjahr nicht auf der im Herbst anfänglich westwärts gerichteten, später südlich sich wendenden Zugbahn **in** ihre Heimath zurückkehren, sondern von ihrem Winterquartier in Afrika oder Spanien aus, in von Anfang an gerade auf ihre Niststätte gerichtetem Fluge der Heimath zueilen — somit die im Herbst berührten nördlichen Punkte nunmehr fernab zu ihrer Linken liegen lassen.

Die Brutstätten dieses Strandläufers erstrecken sich über das Tundra- und Küstengebiet des nördlichen Asien und seiner vorliegenden Inseln: von Middendorff fand ihn vor nahezu fünfzig Jahren im Taimyrlande nistend, und Dr. Bunge im Jahre 1886 anscheinend zahlreiche Eier und Junge auf den Neusibirischen Inseln. Westlich reicht sein Brutgebiet bis in das nördliche Europäische Russland, wo Seebohm 1875 an den Petschoramündungen eine bedeutende Ausbeute an Eiern und Nestlingen machte. Wenige zerstreute Nester hat Collett seit 1880 am Porsanger Fjord, nahe dem Nordkap, aufgefunden. Man hat diesen Strandläufer während der Sommermonate auch auf Nova Zembla angetroffen, wo er demnach auch brüten dürfte.

Nr. 296. Temminck's Strandläufer.

TRINGA TEMMINCKII. Leister.

Helgoländisch: Lürj grü Steunick — Kleiner grauer Strandläufer.

Tringa Temminckii. Naumann, VII. S. 483.
Temminck's Stint. Dresser, VIII. p. 45.
Bécasseau Temmia. Temminck, Manuel. II. p. 622. IV. p. 405.

Gleich dem vorhergehenden ist auch dieser kleine Strandläufer hier ein sehr seltener Frühlingsgast, kommt aber doch etwas öfter vor als jener; die vereinzelten Stücke, welche in Zwischenräumen von mehreren Jahren im Laufe des Mai geschossen werden, sind aber stets noch sehr weit zurück mit ihrem Hochzeitskleide, so dass es mir bisher nicht gelungen ist, einen vollkommen ausgefärbten Vogel für meine Sammlung zu erhalten. Junge Sommervögel werden alljährlich im August und September geschossen, sind im allgemeinen jedoch bedeutend seltener, als Vögel dieses Alters von *Tringa minuta*; sie halten sich mit Vorliebe an einem kleinen süssen Wasser des oberen Felsens auf — wo man *minuta* nie antrifft — und woselbst auch stets die alten Frühlingsvögel der gegenwärtigen Art angetroffen werden. Den hiesigen Beobachtungen nach sollte man *Tr. Temminckii* für einen Vogel halten, der mehr dem süssen Wasser und Grasflächen zugethan ist, *Tr. mi-*

nata hingegen für einen, der dem Meeresstrande mit seinen Sandflächen den Vorzug giebt. Temminck's Strandläufer brütet vom oberen Skandinavien an bis zum Ochotzkischen Meere.

Nr. 297. Dreizehiger Strandläufer.

TRINGA ARENARIA.　Linn.

Helgoländisch: Witt Stennick = Weisser Strandläufer.

Calidris arenaria. Naumann, VII. S. 353.
Sanderling. Dresser, VIII. p. 101.
Sanderling variable. Temminck, Manuel. II. p. 521. IV. p. 348.

Aus dem Helgoländer Namen dieses hübschen Vögelchens ergiebt sich schon, zu welcher Jahreszeit dasselbe hier hauptsächlich gesehen wird; man trifft es in seinem hellen sauberen Kleide während aller Wintermonate auf der Düne in kleineren oder grösseren Flügen an. Einen merkwürdigen Kontrast bildet dies lichte Kleid mit dem düstern, fast schwarz gefärbten des anderen gleichzeitigen Helgoländer Winterstrandläufers, *T. maritima*, namentlich, wenn man beide nebeneinander frisch in Händen hat, was hier während winterlicher Jagdausflüge so oft der Fall ist. Wie rein das Winterkleid der gegenwärtigen Art nun auch sein möge, immer hat es mir scheinen wollen, als ob die weissen Theile des Hochzeitskleides eine noch gesteigerte schneeige Reinheit aufwiesen; in diesem Kleide, das man hier in seiner Vollkommenheit nur sehr selten erhält, erreicht die Erscheinung dieses Vögelchens wirklich einen hohen Grad von Lieblichkeit und sichert demselben eine sehr hervorragende Stelle unter allen seinen Verwandten. Solche Stücke kommen nur sehr vereinzelt, gegen Ende des Mai hier vor; die jungen buntgefleckten Sommervögel sind dagegen von Ende Juli an eine sehr gewöhnliche Erscheinung, sie treiben sich schaarenweise auf dem Dünenstrande umher, gehen jedoch nicht, gleich den Massen junger Alpenstrandläufer, auf den glatten leichtüberflutheten Sand des Meeresrandes, sondern halten sich auf den trockenen Flächen oberhalb der Fluthlinie auf.

Es sind bisher nur ganz vereinzelte Nester dieses Strandläufers aufgefunden; das hauptsächlichste Brutgebiet desselben ist noch nicht erreicht worden und liegt zweifellos in demselben Polarlande, in welchem *Tr. islandica* = *canutus* und *Tr. subarquata* nisten,

denn er setzte, nach Dr. Bunge's Beobachtungen auf den Neusibirischen Inseln, nicht nur zugleich mit diesen seinen Frühlingszug noch über jene Inseln hinaus fort, sondern kam daselbst auch auf
seinem Rückzuge von Ende Juli bis Mitte September wieder vor.
McFarlane, ein Sammler der Smithsonian-Institution zu Washington,
fand ein Nest mit vier Eiern an der arktischen Küste Nordamerikas
68° N. Capt. Fielden fand ein solches mit zwei Eiern in Grinnell-
land 82° 33′ N. Dr. Pansch sammelte während der Deutschen
Expedition auf der Sabine-Insel an der Ostküste Grönlands 74 ½° N.
zehn Eier, die nur dieser Art angehören konnten, da sie der einzige
dort angetroffene Strandläufer war.

Dies ist alles, was mit Sicherheit über Nest und Eier dieses
Strandläufers anzugeben ist, der während seines Herbstzuges in
fast allen Ländern der nördlichen Hemisphäre in zahllosen Schaaren
angetroffen wird.

Nr. 298. Steinwälzer.

TRINGA INTERPRES.   Linn.

Helgoländisch: Seemannche = Meermäunchen.

Strepsilas interpres. Naumann, VII. S. 303.
Turnstone. Dresser, VIII. p. 555.
Tourne pierre à collier. Temminck, Manuel. II. p. 553. IV. p. 362.

Die auffallend bunte Zeichnung dieses Strandläufers trägt
viel dazu bei, dass er hier ein so allgemein gekannter Vogel ist, denn
der Zahl nach ist er keinesweges sehr stark vertreten; ausgefärbte Frühlingsvögel kommen nur sehr vereinzelt auf der Düne
vor, ziemlich oft aber junge Sommervögel während des August
und September; im Laufe der Wintermonate sieht man hin und
wieder einen alten Vogel in seinem unscheinbaren Winterkleide.

Wenige Vogelarten dürften eine so weite Verbreitung haben
wie dieser Strandläufer: er brütet von Grönland. Island und den
Küsten Skandinaviens und Finnlands an längs des ganzen nördlichen
Asien und durch das ganze Küsten- und Inselgebiet des borealen
Amerika, ist von Capt. Fielden über den Smith Sound hinaus,
82° 30′ N., und von Alfred Newton auf Spitzbergen vorgefunden
worden. Im Winter geht er einestheils bis in die südlichen Küstenstriche Südamerikas hinunter, und anderntheils nicht nur bis Süd-
afrika, sondern auch nach Australien und Neuseeland.

Nr. 299. Plattschnäbliger Strandläufer.

TRINGA PLATYRHYNCHA. Temminck.

Limicola pygmaea. Naumann, VIII. S. 271.

Broadbilled Sandpiper. Dresser, VIII. p. 1.

Bécasseau platyrhynyue. Temminck, Manuel. II. p. 616. IV. p. 403.

Als ich am Nachmittag des 29. Mai 1855 am Rande des
Felsens entlang ging, kam plötzlich vom Meere her unter pfeifen-
dem Gezwitscher eine dichtgedrängte Schaar von fünfzehn kleinen
Vögeln ganz nahe an mir vorbei auf die Grasfläche geflogen; ich
hielt dieselben für *Tringa minuta*, ahmte schnell die Locktöne
derselben nach, und sie setzten sich, nachdem sie mich in einem
Bogen umkreist, etwa 40 Schritt entfernt auf das Gras, sofort eilig
hin und herlaufend; trotz grosser Unebenheit des Rasens gelang
es mir unter schneller Benutzung eines günstigen Momentes fünf
derselben mit einem Schuss zu erlegen. Wie weiter oben schon
gesagt, zählte *Tringa minuta* im Frühjahr hier zu den grössten
Seltenheiten und ich besass derzeit noch kein Exemplar in meiner
Sammlung. Hoch erfreut ob des glücklichen Erfolges eilte ich
hastig meiner Beute zu, aber wie gross war mein Erstaunen, in
den fünf vor mir liegenden Vögelchen plattschnäblige Strandläufer
zu erkennen, die hier bis dahin nie erlegt noch gesehen worden,
und mir demzufolge etwas ganz Neues waren. Ich schoss noch
zwei aus demselben Fluge und erhielt Tages darauf noch vier
Stück, die wahrscheinlich auch dieser Gesellschaft angehörten,
denn wenn auch am 30. wiederum sehr starker Zug stattfand, so
ist doch kaum anzunehmen, dass das Erscheinen solcher Seltenheiten sich zwei Tage nach einander wiederhole. *Hirundo rufula*,
gleichfalls neu für Helgoland, befand sich jedoch unter den hunderttausenden von Schwalben, die der 30. Mai hierher führte, und
die in Folge des eintretenden kalten Oststurmes durch Hunger
und Kälte in ungeheuren Massen zu Grunde gingen. Seit jener
Zeit ist dieser Strandläufer hier nicht wieder erlegt noch bemerkt
worden, was um so auffälliger, da er ein gar nicht seltener Brutvogel im oberen Norwegen und Schweden ist, von wo aus seine Niststätten sich durch Finnland bis wenigstens zu dem mittleren Asien
erstrecken müssen, da er während des Herbstzuges in Indien vorkommt.

Nr. 300. Kampfhahn.

TRINGA PUGNAX. Brisson.

Helgoländisch: Bruus-höhn = Kampfhahn.

Machetes pugnax. Naumann, VII. S. 502.
Ruff. Dresser, VIII. p. 87.
Combattant variable. Temminck, Manuel. II. p. 631. IV. p. 411.

Von diesem in seinem männlichen Hochzeitskleide so abenteuerlich aufgeputzten Vogel kommen als regelmässige Durchzügler nur junge Sommervögel auf Helgoland vor; alte Stücke mit ausgewachsener Halskrause und Kopfschmuck erscheinen während aller Sommermonate, vereinzelt oder in kleinen Gesellschaften, bis zur Zeit, wo mit der eintretenden Herbstmauser die verlängerten Halsfedern wieder zu verschwinden beginnen: es sind dies wohl unzweifelhaft Individuen der so zahlreich auf den nahen Küsten und flachen Inseln sich herumtreibenden nicht gepaarten Stücke, die durch schönes Wetter veranlasst, einen weiteren Ausflug über das Meer unternommen haben. Nur zweimal habe ich Männchen mit ganz rein weisser Halskrause erhalten; dies sind in der That sehr schöne Vögel, namentlich der letzte derselben, dessen Brust schwarz mit stahlblauem Schiller, dessen obere Theile aus fein rostfarbig und schwarz gesprenkelten Federn bestehen, von denen jede mit einem grossen stahlglänzenden rundlichen schwarzen Endfleck geziert ist.

Es nistet diese Art von Holland und dem nördlichen Deutschland hinauf bis in das nördlichste Skandinavien, und in gleicher Breite ostwärts bis Kamtschatka. Von Middendorff traf junge Vögel Mitte August sogar unter 75° N., die also zweifellos noch höher nördlich ausgebrütet sein mussten; auch J. Bunge traf am 19. August einen jungen Vogel auf den Neusibirischen Inseln an.

Nr. 301. Rostgelber Strandläufer.

TRINGA RUFESCENS. Vieillot.

Actitis rufescens. Naumann, XIII. Blasius, Nachträge. S. 239.
Buff-breasted Sandpiper. Dresser, VIII. p. 111.
Bécasseau rousset. Temminck, Manuel. II. p. 624. IV. p. 407.

Das Vorkommen des einzigen hier jemals erlegten oder beobachteten Exemplars dieses für Europa so seltenen Amerikanischen

Strandläufers datirt bis zum 9. Mai 1847 zurück. Claus Aenckens, damals kaum dem Stadium des Blaserohrschützen entwachsen, aber sehr wohl bekannt mit allem hier gewöhnlich Vorkommenden, schoss den hübschen Vogel auf einem Grasstücke des oberen Felsens. Merkwürdiger Weise befand sich noch ein zweiter ihm gänzlich fremder Strandläufer in Gesellschaft des obigen Stückes, das nach Aenckens' damaliger und noch jetziger Beschreibung nichts anderes als der ebenfalls Amerikanische Drosselwasserläufer, *Totanus macularius,* sein konnte. Leider ward dies zweite, jedenfalls sehr interessante Stück nicht erlegt, da Aenckens, wie damals fast alle hiesigen Jäger, nur ein höchst dürftiges einfaches Gewehr besass; der Vogel folgte zwar dem nachgeahmten Lockruf, und schwebte wiederholt ganz niedrig über Aenckens dahin, sodass derselbe die rundlichen schwarzen Flecke, in Form »gleich den kleinsten Flecken an der Unterseite der Misteldrossel« ganz deutlich sah, flog aber doch davon, ehe das Gewehr wieder geladen werden konnte.

Ein solches gleichzeitiges Vorkommen zweier der Ostküste Nordamerikas angehörender Strandvögel wäre übrigens keineswegs auffallender als das hier so oft beobachtete Eintreffen mehrerer Stücke ganz verschiedener im fernen Osten Asiens heimischer Arten an einem Tage; das Gebiet des Aufbruches für eine solche Wanderung liegt bei den letzteren wenigstens ein halb mal weiter, wenn nicht doppelt so fern von hier, als das jener von den Atlantischen Küsten des oberen Amerika kommenden.

Dieser Strandläufer, der ausschliesslich Amerika angehört, dort im hohen Norden brütet und während der Wintermonate bis tief nach Südamerika hinunter geht, ist nach Harting (Handbook of Brit. Birds., p. 138) sechzehnmal in England vorgekommen, im übrigen Europa jedoch nur höchst vereinzelt beobachtet worden.

Wassertreter. Phalaropus. Diese Gattung enthält nur drei Arten, von denen zwei an den hochnordisch Küstenstrichen der Alten wie Neuen Welt heimisch sind, eine aber dem hohen Norden Amerikas allein angehört — erstere beide kommen auch bei Helgoland vor.

Nr. 302. Plattschnäbliger Wassertreter.

PHALAROPUS PLATYRHYNCHUS. Temminck.

Helgoländisch: Groot Swummer-Steunick = Grosser Schwimm-Strandläufer.

Phalaropus platyrhynchus. Naumann, VIII. S. 255.
Gray Phalarope. Dresser, VII. p. 605.
Phalarope platyrhinque. Temminck, Manuel. II. p. 712. IV. p. 446.

Der Name, welchen der Helgoländer diesem kleinen eigenthümlichen Vögelchen gegeben, ist ein sehr bezeichnender, denn
in seiner ganzen äusseren Erscheinung hat dasselbe thatsächlich
sehr viel, was ihn den Strandläufern ähnlich erscheinen lässt.
Sein ganzes Thun und Treiben, wenigstens soweit meine Beobachtungen reichen, ist jedoch ein ganz anderes; ich habe ihn nie
auf dem Strande, sondern stets nur auf dem Meere, oft zwar in
nächster Nähe des Ufers, gesehen, aber nie ein Verlangen oder
einen Versuch bemerkt, jenes mit diesem zu vertauschen. Einen
der eigenartigsten und anziehendsten Einblicke in das Vogelleben
gewährt dies so zarte Thierchen, wenn es auf den dem Strande
nächsten Wellen mit Aufsuchung seiner Nahrung, den Larven der
Strandfliegen, beschäftigt ist; federleicht, das Wasser kaum berührend, bald hier-, bald dorthin sich wendend, lässt es sich von
der heranrollenden Woge bis ganz dicht an das Land tragen, von
dem klaren Kamm derselben sich stets erst dann erhebend, wenn
dieser als Brandung zusammenbricht; dies geschieht aber immer
so im äussersten letzten Moment, dass jedesmal die Befürchtung
sich regt, das Vögelchen müsste mit dem Wasser herunter stürzen
und im rollenden Schaume begraben werden, es schwimmt aber
schon wieder emsig auf der nächstkommenden Woge herum.
Stundenlang habe ich oft an der äussersten Spitze des Dünen-
strandes gesessen, versunken in den Anblick der Vertrautheit
eines so zarten Geschöpfes mit dem in jeder Bewegung so gewaltige Kraft entwickelnden Elemente.

Eine häufige Erscheinung ist dies Vögelchen für Helgoland
nicht: in annähernd reinem Frühlingskleide habe ich dasselbe nur
einmal erhalten, junge Sommervögel mit schwarzen, strohgelb geränderten Federn der oberen Theile werden jedoch jeden Herbst
auf dem Meere geschossen, und hin und wieder ein alter Vogel
mit rein grauem Rücken.

Brutvogel ist diese Art in Grönland, Spitzbergen, den Eismeerküsten Asiens und dem arktischen Amerika bis über 82° N. hinaus.

Nr. 303. Schmalschnäbliger Wassertreter.

PHALAROPUS ANGUSTIROSTRIS. Naumann.

Helgoländisch: Lütj Swummer-Stennick = Kleiner Schwimm-Strandläufer.

Phalaropus angustirostris. Naumann, VIII. S. 240.
Red-necked Phalarope. Dresser, VII. p. 597.
Phalarope hyperboré. Temminck, Manuel. II. p. 709. IV. p. 445.

Der kleine Wassertreter gehört hier zu den seltensten Erscheinungen; im November 1837 schoss ich einen jungen Vogel auf dem Meere und am 15. Mai 1870 erhielt ich einen alten im reinen Frühlingskleide, dazwischen ist er nur zweimal erlegt worden, was um so auffallender, da derselbe gar kein ungewöhnlicher Brutvogel im oberen Norwegen ist. Sein Brutgebiet erstreckt sich von den Hebriden und Grönland bis zur Beringsstrasse und von Alaska ostwärts durch das ganze nördliche Amerika.

Ralle. Rallus. Von den, nach Seebohm, fünfzehn Arten dieser eigenthümlichen Gattung, die in der Alten und Neuen Welt angetroffen werden, kommt die einzige in Europa heimische Art auch auf Helgoland vor.

Nr. 304. Wasser-Ralle.

RALLUS AQUATICUS. Linn.

Helgoländisch: Blü Ackerhennick = Blaues Ackerhühnchen.

Rallus aquaticus. Naumann, IX. S. 472.
Water-Rail. Dresser, VII. p. 257.
Rale d'eau vulgaire. Temminck, Manuel. II. p. 683. III. p. 438.

Dieser in Form, Farbe und Zeichnung, sowie in seinem ganzen Thun und Treiben so eigenartige Vogel ist, trotzdem er stets nur vereinzelt vorkommt und auch nicht oft gefangen wird, dennoch jedermann sehr wohl bekannt. Geschossen wird derselbe kaum jemals, aber er geräth hin und wieder unter das Netz solcher Drosselbüsche, die in Gärten aufgestellt sind, wird des öfteren in Gebäuden, in Winkeln von Hofplätzen und Gartenzäunen mit der Hand ergriffen und scheint sehr oft die Scheu vor dem Menschen thatsächlich ganz zu verlieren. Ich scheuchte einmal einen dieser Vögel in meinem Garten auf, derselbe flog über

34

einen nahen fünf Fuss hohen Bretterzaun, an dessen anderer Seite
sich ein kleiner abgeschlossener ebener Raum befindet; ich blickte
behutsam eine Weile über den Zaun, um den Vogel weiter zu beobachten, konnte seiner aber trotz aller Mühe nicht ansichtig
werden und gab mein Spähen auf. Wie erstaunte ich jedoch,
beim Aufblicken den Vogel vor mir, nicht zwei Fuss von meinem
Gesicht, zu erblicken; er sass der Länge nach auf dem starken Zweig
eines auf der anderen Seite des Zaunes stehenden grossen Hol-
lunderbusches, mich ganz ruhig ansehend.

Die Wasserralle scheint rauhes kaltes Wetter nicht zu scheuen,
sie kommt hier oft schon im März an und wird wiederum noch
im November gesehen. Sie brütet in ganz Europa und wenigstens
noch bis in das mittlere Asien.

Sumpfhuhn. Crex. Von dieser, die Alte Welt in einigen
zwanzig Arten bewohnenden Gattung, die aber auch in Amerika
durch sehr nahe Verwandte vertreten wird, besitzt Europa nur
vier als heimische Brutvögel — alle diese kommen auch auf Helgoland vor, einige derselben allerdings in nur geringer Zahl.

Nr. 305.   Wiesen-Sumpfhuhn.

CREX PRATENSIS.   Bechstein.

Helgoländisch: Akkerhennick = Ackerhühnchen.

Crex pratensis. Naumann, IX. S. 496.
Land-Rail. Dresser, VII. p. 291.
Poule-d'eau de genet. Temminck, Manuel. II. p. 686. IV. p. 439.

Dieser, als Wachtelkönig allgemein bekannte Vogel gehört
auch hier zu den gewöhnlichen, wenn auch nicht zahlreichen Erscheinungen; man sieht ihrer niemals zwei oder mehrere beisammen, und wenn auch an manchen günstigen warmen Mai- oder
Augusttagen sich noch so viele auf der Insel befinden, so geht
doch ohne Ausnahme jeder für sich allein seinen Geschäften nach.

Ungleich seinem nahen Verwandten, der Wasserralle, macht
dieser Vogel seine Reisen von warmem Wetter abhängig und ist
an schönen stillen Tagen, von Mitte April bis Ende Mai, und
wiederum im August und in den September hinein eine gewöhnliche Erscheinung. Er hält sich gern in strauchreichen Gärten

auf, woselbst sein stilles Herumschleichen ihn oft unter das Netz des Drosselbusches führt; in hohem Grase hält er sich ebenfalls gern auf, aber auch am Fusse des Felsens zwischen dem Steingeröll trifft man ihn häufig an.

Als Brutvogel ist diese Art über ganz Europa bis zum Polarkreis hinauf verbreitet, und nistet in Asien etwa bis an den Jenisei.

Nr. 306. Geflecktes Sumpfhuhn.

CREX PORZANA. Lichtenstein.

Helgoländisch: Lütj-bonted Akkerhennick = Kleines buntes Ackerhühnchen.

Crex porzana. Naumann, IX. S. 523.
Spotted Crake. Dresser, VII. p. 267.
Poule-d'eau marouette. Temminck, Manuel. II. p. 688. IV. p. 440.

Noch mehr als die vorhergehende Art scheint dies liebliche Sumpfhühnchen der Wärme zugethan, denn die wenigen Stücke, deren man hier ansichtig wird, kommen im Mai und August vor, und kaum kann man darauf rechnen, ihrer etwa drei im Laufe eines Jahres zu erhalten: da dies jedoch fast immer nur zufällig geschieht, so ist wohl anzunehmen, dass eine etwas grössere Zahl die Insel während beider Zugperioden besucht.

Das Nistgebiet dieser Art erstreckt sich, mit Ausnahme des höchsten Nordens, über ganz Europa und bis wenigstens in das mittlere Asien.

Nr. 307. Kleines Sumpfhuhn.

CREX PUSILLA. Lichtenstein.

Crex pusilla. Naumann, IX. S. 547.
Little Crake. Dresser, VII. p. 283.
Poule-d'eau poussin. Temminck, Manuel. II. p. 690. IV. p. 440.

Dies kleine Sumpfhuhn ist während der letzten fünfzig Jahre hier nur einmal gesehen und erlegt worden, nämlich am 22. April 1854; es ist ein altes Weibchen und befindet sich in meiner Sammlung. Es ist auch wohl von dieser Art anzunehmen, dass sie öfter vorgekommen, in Folge ihrer geringen Grösse und ver-

steckten Lebensweise aber stets dem Bemerktwerden entgangen sei.
Brutvogel ist diese Art im tieferen mittleren und südlichen Europa
und in gleicher Breite bis Indien.

Nr. 308. Zwerg-Sumpfhuhn.

CREX PYGMAEA. Naumann.

Helgoländisch: Lühr-lütj Ackerhennick = Kleinstes Ackerhühnchen.

Crex pygmaea. Naumann, IX. S. 567.
Baillons Crake. Dresser, VII. p. 275.
Poule-d'eau Baillon. Temminck, Manuel. II. p. 692. IV. p. 440.

Ich stand an einem schönen Mainachmittag mit einem alten
Seemann im Gespräch vor meinem Hause, auf ein niedriges Staket
gelehnt, als ein kleiner Vogel die Strasse heraufgeflogen kam und
sich zwischen uns beiden am Boden setzte, fast meine Fussspitzen
berührend. Ich flüsterte in ziemlicher Aufregung: sieh, hier
zwischen unseren Füssen sitzt ein Vogel, den ich nie auf der
Insel gesehen, wie erlange ich ihn? Es war ein schönes Männchen des so sehr niedlichen Zwerg-Sumpfhuhns. Im nächsten
Momente flog dasselbe wieder davon, die Strasse hinunter, setzte
sich aber etwa vierzig Schritt entfernt an einer hohen Garten-
planke, längs welcher spärliches Gras wuchs, und kroch durch
eine ganz kleine Lücke unter der Planke hindurch; innerhalb derselben war ein Platz von zwölf Fuss im Geviert, der dicht wie
ein Kornfeld mit meist trockenen drei bis vier Fuss hohen Stauden
der gewöhnlichen Nachtviole bestanden war — hier hinein war
das Vögelchen geflüchtet; wie es erlangen, an einem Platze, wo
nicht geschossen werden durfte; die Sache war nahezu hoffnungslos. Ich ging schleunigst zum nahe wohnenden Claus Aeuckens,
in wenigen Worten ihm den Thatbestand mittheilend und fragend,
wie Rath zu schaffen sei; er ergriff sofort einen sogenannten
Ketcher, ein an einem acht Fuss langen Stock befestigtes Deck-
netz, und eilte mit mir zur Stelle. Er, ein Adept in solchen
Sachen wie keiner, begann von der Planke ab den Stock des
Ketchers am Boden zwischen das dürre Dickicht zu schieben und
ein wenig zu schütteln, dieses Verfahren wiederholte er von Fuss
zu Fuss, und kaum war er damit bis nahe zum entgegengesetzten
Rande gelangt, als das Vögelchen gleich einer Maus heraus-
schlüpfte, aber sofort auch mit dem Netze bedeckt ward — tief

aufathmend sahen wir uns an, denn dass die so geschickt durchgeführte Sache dennoch glückte, überstieg um ein Bedeutendes unsere Erwartung. Jeder eifrige Sammler wird meine Freude verstehen, als ich das nie gesehene, für Helgoland neue Vögelchen in der Hand hielt. Uebrigens war die Planke sieben Fuss hoch, verschlossenes Privateigenthum, so dass Aeuckens und ich als Wilddiebe schlimmsten Charakters dastanden.

Diese Art ist seitdem hier nie wieder gesehen worden, sie nistet zerstreut im mittleren und südlichen Europa und in gleicher Breite durch Asien bis Japan, am zahlreichsten im östlichen Theile dieses Gebietes vorkommend.

Teichhuhn. Gallinula. Von den etwa achtzehn Arten dieser Gattung (Seebohm), welche über alle gemässigten Theile der Erde verbreitet sind, sich nach Dresser's Untersuchungen aber nur in so geringfügigen Abweichungen von einander unterscheiden, dass dieser Autor nicht geneigt ist, die Artberechtigung derselben anzuerkennen, gehört nur eine dieser Formen Europa an, und diese kommt in ganz vereinzelten Fällen auch auf Helgoland vor.

Nr. 309. Teichhuhn.

GALLINULA CHLOROPUS. Latham.

Helgoländisch: Gröön-futted Wäterhennick = Grünfüssiges Wasserhühnchen.

Gallinula chloropus. Naumann, IX. S. 587.
Moorhen. Dresser, VII. p. 313.
Poule-d'eau ordinaire. Temminck, Manuel. II. p. 693. IV. p. 441.

So weit ich mich erinnere, sind während der letzten fünfzig Jahre höchstens zehn Beispiele des Vorkommens dieses schmucken Vogels für Helgoland zu verzeichnen, auch diese sind fast ausschliesslich in den Drosselbüschen der Gärten gefangen, denn auch diese Art, gleich all ihren vorangegangenen Verwandten, zieht es vor, versteckt herumzuschleichen.

Als heimischer Brutvogel ist dieselbe über Europa und Asien verbreitet, sie geht in Skandinavien bis 63° N. hinauf, und da Dresser das Amerika bewohnende Teichhuhn·für identisch mit dem Europäischen hält, auch über die nördliche Hälfte jenes Erdtheils.

Wasserhuhn. Fulica. Diese Gattung ist in etwa zwölf Arten über alle gemässigten Länder der Erde verbreitet; nur eine Art ist als eigentlich Europäisch anzusehen, nämlich *F. atra*, jedoch kommt die Afrikanische *F. cristata* auch zerstreut als Brutvogel auf den Inseln und an den nördlichen Küstenstrichen des Mittelländischen Meeres vor. Auf Helgoland ist nur *Fulica atra* bisher angetroffen worden.

Nr. 310. Blässhuhn.

FULICA ATRA. Linn.

Helgoländisch: Wäterhenneck = Wasserhuhn.

Fulica atra. Naumann, IX. S. 635.
Common Coot. Dresser. VII. p. 327.
Foulque macroule. Temminck, Manuel. II. p. 706. IV. p. 444.

Auch diese eigenthümliche Vogelform ist hier eine sehr seltene Erscheinung, so lange ich sammle ist vielleicht sechs- bis achtmal ein Blässhuhn auf dem Meere, in der Nähe des Felsens schwimmend, geschossen worden, in den meisten Fällen spät im Herbst.

Das Nistgebiet dieser Art erstreckt sich über das ganze mittlere Europa und Asien bis etwa zum 60° N. hinauf.

SCHWIMMVÖGEL.

NATATORES.

Lappentaucher. Podiceps. Die etwa sechzehn Mitglieder dieser Gattung, welche sich ihrer Fussform nach den Wasserhühnern anzuschliessen scheinen, sind ihrem Körperbau und namentlich ihrer ganzen Lebensweise nach, die vollkommensten Schwimm- und Tauchvögel; das Land betreten sie niemals, sogar ihr Nest bauen sie auf dem Wasser in einer Weise, dass die Eier in dem- selben meistens zur Hälfte im Wasser liegen. Europa besitzt fünf Arten dieser eigenthümlichen Vögel, welche alle auch Helgoland besuchen.

Nr. 311. Grosser Lappentaucher.

PODICEPS CRISTATUS. Latham.

Helgoländisch: Groot Siedn = Grosser Seidener.

Colymbus cristatus. Naumann, IX. S. 686.
Great crested Grebe. Dresser, VIII. p. 629.
Grèbe huppé. Temminck, Manuel. II. p. 717. IV. p. 448.

Da sich die obere Brutzone dieser Art nur bis in das südliche Schweden und Finnland hinauf erstreckt und dieselbe in Norwegen nur vereinzelt vorkommt, so kann es nicht überraschen, dass sie in der Umgegend Helgolands nur höchst selten gesehen wird: in Zwischenräumen von Jahren wird hin und wieder ein jüngerer Vogel während der Wintermonate geschossen, im Frühjahr, mit halbentwickeltem Kopfschmuck, ist derselbe nur zweimal hier ge- sehen worden.

Dieser Lappentaucher gehört der Alten Welt an und brütet vom unteren Schweden bis Japan und vom Kap der Guten Hoff- nung bis Neuseeland.

Nr. 312. Rothhals-Lappentaucher.

PODICEPS RUBRICOLLIS. Latham.

Helgoländisch: Siedn = Seidener.

Colymbus rubricollis. Naumann, IX. S. 720.
Red-necked Grebe. Dresser, VIII. p. 639.
Grèbe jou-gris. Temminck, Manuel. II. p. 720. IV. p. 448.

Alte Frühlingsvögel dieser Art werden hier nur ganz ausserordentlich selten gesehen, es ist länger als zwanzig Jahre her, dass das letzte derartige Stück, welches sich in meiner Sammlung befindet, geschossen ward; junge Sommervögel mit den so hübsch gestreiften Kopfseiten werden alljährlich im August ziemlich oft erlegt, das Winterkleid alter Vögel erhält man wiederum nur ganz ungemein selten.

Brutvogel ist diese Art etwa von der östlichen Hälfte Deutschlands an, in Dänemark, in Skandinavien bis Lappland hinauf, in Finnland und in gleicher Breite durch Asien und Amerika.

Nr. 313. Gehörnter Lappentaucher.

PODICEPS CORNUTUS. Latham.

Helgoländisch: Siedn = Seidener.

Colymbus cornutus. Naumann, IX. S. 739.
Sclavonic Grebe. Dresser, VIII. p. 646.
Grèbe cornu. Temminck, Manuel. II. p. 721. IV. p. 450.

Von den Helgoland besuchenden fünf Arten dieser Gattung ist die gegenwärtige die bei weitem am häufigsten vorkommende; dies ist jedoch nur auf das Winterkleid zu beziehen, den alten Vogel im Sommerkleide habe ich im Verlaufe von fünfzig Jahren nur zweimal erhalten, zuerst ein nicht sehr schönes Weibchen, welches auf dem Meere geschossen ward, und später ein sehr schönes altes Männchen. das in der Nacht gegen den Leuchtthurm geflogen und sofort todt gewesen war. Während des Spätherbstes werden Stücke, die das Winterkleid zum ersten Male tragen, geschossen, und im Laufe des Winters, namentlich bei starker Kälte, kommen schöne alte rein weiss atlasglänzende Vögel vor.

Die Brutzone dieser Art scheint sich nördlicher hinauf zu erstrecken, als die einer anderen hier genannten; sie reicht bis Finnmarken und bis in das obere Lappland, zieht sich von da durch ganz Nordasien und dehnt sich über das ganze obere Nordamerika aus.

Nr. 314. Ohren-Lappentaucher.

PODICEPS AURITUS. Latham.

Colymbus auritus. Naumann, IX. S. 768.
Eared Grebe. Dresser, VIII. p. 645.
Grèbe oreillard. Temminck, Manuel. II. p. 725. IV. p. 451.

Dieser Vogel ist hier nur einmal, im Winterkleide. gesehen und erlegt worden. Dies so seltene Auftreten erklärt sich jedoch aus dem Brutgebiet desselben, das, wenn auch von Spanien bis Japan sich erstreckend, doch nur in sehr beschränktem Umfange über die Norddeutschen Küsten hinausreicht: so hat Collett z. B. in Norwegen nur einmal einen solchen Vogel erhalten. In Afrika nistet derselbe bis in die südlichsten Theile hinunter.

Nr. 315. Kleiner Lappentaucher.

PODICEPS MINOR. Latham.

Helgoländisch: Lütj Siedn = Kleiner Seidener.

Colymbus minor. Naumann, IX. S. 785.
Little Grebe. Dresser, VIII. p. 659.
Grèbe castagneux. Temminck, Manuel. II. p. 727. IV. p. 452.

Dieser, der kleinste der Lappentaucher, mit seinem gnomenhaften Figürchen, kommt hier genügend oft vor, um jedermann bekannt zu sein; weniger zahlreich erhält man schöne alte Vögel im April und Mai; junge Sommervögel im August und September sind jedoch durchaus keine ungewöhnliche Erscheinung, auch spät im Herbst kommt noch hin und wieder einer derselben vor.

Zu wie wunderbaren Aushülfen Vögel während ihrer Wanderungen manchmal gezwungen werden, möge folgender Fall erweisen: Vor fünfzig Jahren, da Reymers die Ornithologie der Insel beherrschte, war die grössere Zahl der Häuser nur erst mit grossen Fässern, Oxhoften, für Auffangung des Regenwassers, worauf man hier angewiesen ist, versehen; so auch Reymers' Haus. In der Frühe eines Morgens hörte er seine Frau sehr laut rufen: Petter — Petter

komme schnell, da ist eine Ratze in unserer Wassertonne! Mein
alter braver Petter findet aber zu seinem grossen Gaudium einen
kleinen Lappentaucher wie der Blitz in der Tonne auf und nieder
tauchen, und es kostete nicht geringe Mühe, denselben zu erhaschen.

Auch diese kleine Art hat eine sehr weite Verbreitung: sie
brütet vom nördlichen Skandinavien hinunter bis zum südlichen
Afrika, und vom östlichen Asien hinunter bis zum südlichen Australien.

Schwan. Cygnus. Die Gattung dieser schönen grossen Vögel
besteht aus nur sieben Arten, von denen drei die alte Welt bewohnen, zwei in Nordamerika, eine in Südamerika und eine in
Australien heimisch sind. Die drei erstgenannten kommen auch
auf Helgoland vor.

Nr. 316. Höcker-Schwan.

CYGNUS OLOR. Illinger.

Helgoländisch: Swoan = Schwan.

Cygnus olor. Naumann, XI. S. 442.
Mute Swan. Dresser, VI. p. 419.
Cygne tubercule. Temminck, Manuel. II. p. 830. IV. p. 529.

Nur zweimal ist dieser Vogel hier geschossen worden; vor
vielen Jahren ein jüngeres Exemplar, dessen weisses Gewand noch
einen Anflug von Grau hatte, und an welchem der Schnabelhöcker
nur noch wenig entwickelt war, auch die Farbe des Oberkiefers
nur noch aus einem bleichen Roth bestand. Das zweite Stück
war ein ganz alter schöner weisser Vogel mit rothem Schnabel
und grossem Stirnhöcker; diesen schoss mein Sohn Ludwig am 21.
Februar 1881 und am selben Tage auch einen sehr grossen alten
Singschwan. Beide Höckerschwäne waren sehr grosse, vollständig
ausgebildete Stücke, denen keine Spur von etwaiger Gefangenschaft
anhaftete, und die im vollkommenen Besitz ihres Flugvermögens
waren.

Wilde Vögel dieser Art brüten vereinzelt in Dänemark, dem
südlichen Schweden, Deutschland, und in gleicher Breite durch
Asien.

Nr. 317. Singschwan.

CYGNUS MUSICUS. Bechstein.

Helgoländisch: Swoan = Schwan.

Cygnus xanthorhinus. Naumann, XI. S. 478.
Whooper Swan. Dresser, VIII. p. 433.
Cygne à bec jaune. Temminck, Manuel. II. p. 828. IV. p. 526.

Das musikalische Talent dieses Vogels ist nun freilich nicht
sehr gross, immerhin hat aber eine Schaar von neunzehn derselben,
die in einer langen Linie heranflogen, mich einmal glauben machen.
dass in einem nahen Tanzlokale die Söhne des Hauses sich einiger
Trompeten bemächtigt hätten, und ihrer Phantasie freien Ausdruck
verliehen; erst als die wirklichen Musikanten hoch über meinem
Kopfe dahinzogen, gewahrte ich zu meiner grossen Belustigung
meinen Irrthum.

Dieser Schwan kommt hier jeden Winter mehr oder weniger
zahlreich vor, am häufigsten während lang anhaltenden strengen
Frostes; dann ist es nichts Ungewöhnliches, Flüge von zehn, zwanzig
und noch viel grösserer Zahl, laut trompetend, hoch überhin ziehen
zu sehen — in langer Reihe, einer dem andern folgend.

Das Brutgebiet dieser Art erstreckt sich durch den hohen
Norden Europas und Asiens.

Nr. 318. Kleiner Schwan.

CYGNUS MINOR. Keyserling und Blasius.

Helgoländisch: Lütj Swoau = Kleiner Schwan.

Cygnus melanorhinus. Naumann, XI. S. 497.
Bewicks Swan. Dresser, VIII. p. 441.
Cygne de Bewick. Temminck, Manuel. IV. p. 527.

Nur höchst selten, und immer nur als vereinzelter Vogel, wird
der kleine Schwan hier gesehen, da er aber in Finnland und Skandinavien ebenfalls sehr selten beobachtet worden, so ist sein fast
gänzliches Fehlen auf Helgoland sehr erklärlich. Auffallend könnte
hingegen sein zahlreicheres Auftreten während der Herbst- und
Wintermonate in Schottland, England und Irland erscheinen, aber
es bestätigt sich auch hierin die bei anderen Vögeln nachgewiesene

Thatsache: dass viele Arten im ersten Abschnitt ihrer Herbstreise einen westwärts gerichteten Flug verfolgen und erst später sich südwärts wenden; so auch dieser Schwan, der auf Nova Zembla und in dem ganzen nördlichen Küstengebiet von Asien nistet. Ich besitze ein Ei dieses Schwanes, welches Seebohm am untern Jenisei, 70¹⁄₂° N., gesammelt hat. Das einzige hier erlegte Stück befindet sich in meiner Sammlung; es ist ein alter Vogel, der am 17. März 1875 geschossen ward.

Gans. Anser. Diese fast von Pol zu Pol und unter fast allen Breiten beider Hemisphären zahlreich vertretene Gattung zählt in den acht oder neun Europa angehörenden Arten, mit nur einer Ausnahme, nämlich *A. ruficollis*, zu den Besuchern Helgolands — zumeist freilich nur als momentan vorsprechender Gast.

Nr. 319. Graugans.

ANSER CINEREUS. Meyer.

Helgoländisch: Groot grü Guss = Grosse graue Gaus.

Anser cinereus. Naumann, XI. S. 229.
Gray Lag Goose. Dresser, VI. p. 355.
Oie cendrée. Temminck, Manuel. II. p. 818. IV. p. 517.

Wie oft sich diese, die Stammmutter der Hausgans, unter den vielen Schaaren der wandernden Gänse befinden möge, die während beider Zugperioden des Jahres hier so zahlreich überhinziehen, ist nicht zu ermitteln; geschossen wird sie nur in ganz vereinzelten Fällen. Einestheils lassen alle Arten der grauen wilden Gänse sich hier überhaupt nur sehr selten nieder, und wenn dies geschieht, so ist ihnen des Mangels an Deckung halber nicht beizukommen. Ich besitze ein sehr grosses, wahrscheinlich sehr altes Exemplar der Graugans, das an der oberen Schnabelwurzel eine Reihe kleiner, ganz weisser Federchen hat.

Die Graugans brütet auf den Hebriden, in Schottland, Deutschland, Skandinavien, Finnland, ostwärts bis China, an der Norwegischen Küste bis 70° N. hinauf.

Nr. 320. Saatgans.

ANSER SEGETUM. Bechstein.

Helgoländisch: Grü Guss = Graue Gans.

Anser segetum. Naumann, XI. S. 302.
Bean Goose. Dresser, VI. p. 363.
Oie vulgaire. Temminck, Manuel. II. p. 820. IV. p. 517.

Die wilden Gänse, welche hier geschossen werden, gehören in den meisten Fällen dieser Art an; es dürfte demnach wohl anzunehmen sein, dass die Helgoland berührenden der Ueberzahl nach aus Saatgänsen bestehen.

Die Niststätten dieser Gans erstrecken sich nicht so weit südlich, als die der vorhergehenden, in Norwegen nicht tiefer, als 64° N.; von da an brütet sie in Finnmarken, dem nördlichen Finnland und durch ganz Nordasien.

Nr. 321. Kurzschnabel-Gans.

ANSER BRACHYRHYNCHUS. Bailly.

Pink-footed Goose. Dresser, VI. p. 369.
Oie à bec court. Temminck, Manuel. IV. p. 520.

Nur dreimal ist meines Wissens diese Gans hier erlegt worden, leider ging das erste dieser Stücke, ein alter Vogel mit fast rostfarbenem Halse, zu Grunde. Ein weniger altes Stück erhielt ich am 30. März 1880, dies steht in meiner Sammlung, und ein junger Vogel ward im Oktober geschossen. Diese Art muss für Deutschland überhaupt eine sehr seltene Erscheinung sein, sonst hätte sie der Beobachtung Naumann's nimmermehr entgehen können, denn eine Verwechselung des frisch geschossenen alten Vogels mit einer anderen Europäischen Graugans ist unmöglich; dies verhindert nicht nur der so auffallend kleine Schnabel, sondern auch seine ebenso auffallende gesättigt rosenrothe Färbung. Temminck nennt diese Farbe ein sehr lebhaftes Purpurroth, aber zu einem dunkleren Roth wird dieselbe erst etwa vierundzwanzig Stunden nach dem Tode des Vogels; die Füsse sind heller roth als der Schnabel, diese sowohl wie jener hatten an den Stücken, welche ich in Händen gehabt, nie den geringsten Anflug von Gelb oder Orange.

Kopf und Hals dieser Gans sind auffallend rostfarbig gefärbt, die äusseren Flügelfedern stets sehr hell bläulich aschgrau,
welche Farbe sich auch auf die grössten äusseren Deckfedern des
Flügels erstreckt, die ausserdem sehr breite reinweisse Spitzen
haben; ebenso zeigt die Schwanzzeichnung sehr viel reines Weiss,
hat in dieser Hinsicht gar keine Aehnlichkeit mit *A. segetum*, sondern gleicht fast völlig alten Stücken von *A. cinereus*, welcher *A.
brachyrhynchus* in ihrer ganzen Färbung überhaupt viel näher
steht, als *segetum*. Ausserdem überragen die Flügel der gegenwärtigen Art den Schwanz vier Centimeter, sind bei der Saatgans von
gleicher Länge mit demselben, und treten bei der Graugans um ein
Bedeutendes von der Schwanzspitze zurück. Die Maasse des obigen
alten Vogels sind: ganze Länge 670 mm, Flügel 410 mm, Schwanz
140 mm, Schnabel 43 mm, Fusswurzel 75 mm, Mittelzehe 75 mm.

Am rosenrothen Schnabel von *A. brachyrhynchus* ist der Nagel
schwarz, ebenso die Kieferränder, ausserdem steht jederseits zwischen
der Firste und dem Nasenloche ein schwarzer Fleck, der breit an
den Stirnseiten beginnt und in einer Spitze über dem vordern Rand
des Nasenloches verläuft; an meinem Exemplare stand ausser diesem
noch ein kleiner dunkler Fleck zwischen oben beschriebenem und
dem Kieferrande. Der Schnabel dieser Art misst am alten Vogel
43 mm von der Stirn zur Spitze; bei *cinereus* 57 bis 60, und bei
segetum 70 mm — so wenigstens nach alten Vögeln meiner Sammlung.

Die Kurzschnabelgans zählt zu den polaren Brutvögeln. Seebohm sagt hierüber: sie niste bestimmt auf Spitzbergen, vermuthlich auf Island und möglicherweise in Franz-Josephsland; da sie
während ihrer Züge aber auch in China und Japan vorkommt, so
darf angenommen werden, dass das Brutgebiet auch dieser Gans
sich bis in das polare Gebiet, nördlich von den Jeanette-Inseln,
hinauf erstrecke, dessen Vorhandensein bei Behandlung der Strandläufer nachzuweisen versucht worden.

Nr. 322. Blässgans.

ANSER ALBIFRONS. Bechstein.

Anser albifrons. Naumann, XI. S. 351.
White-fronted Goose. Dresser, VI. p. 375.
Oie rieuse. Temminck, Manuel. II. p. 821. IV. p. 518.

Nur zwei Stücke dieser Gans sind hier während der langen
Jahre meiner Beobachtungen vorgekommen: vor etwa vierzig Jahren

fiel den Gebrüdern Aeuckens ein leicht verwundetes sehr schönes
altes Männchen lebend in die Hände, welches in einem Hofraum
frei herumlaufend, so gut gedieh, dass es nach etwa sechs Wochen
vollständig geheilt, wieder davonflog — zu meinem, wie der Besitzer grossem Bedauern, denn es war ein ausserordentlich hübscher
Vogel. Das zweite Stück ward vor zwei oder drei Jahren geschossen; es ist ein jüngerer Vogel, an dem die weisse Stirnzeich-
nung erst in vereinzelten weissen Federchen durch die schwarzbraune Umgebung des Schnabels hindurch zu brechen beginnt.

Diese Art dürfte Helgoland wohl nur sehr selten berühren,
denn zwischen den hier zahlreich überhin- und vorbeiziehenden-
Graugänsen bemerkt man nie Stücke, klein genug, um auf die
Blässgans schliessen zu lassen. Das Brutgebiet derselben erstreckt
sich längs der Eismeerküsten Asiens und seiner vorliegenden Inselgruppen; von Middendorff traf sie im Taimyrlande unter 74° N.
und Dr. Bunge auf den Neusibirischen Inseln nistend an. Wenn,
wie Dresser und Seebohm annehmen, *A. gambeli* identisch mit *albifrons* ist, so gehört dieselbe auch dem arktischen Amerika an.

Nr. 323. Zwerggans.

ANSER MINUTUS. Naumann.

Anser minutus. Naumann, XI. S. 365.
Lesser white-fronted Goose. Dresser, VI. p. 383.
Oie naine. Schlegel, Krit. Uebersicht d. Europ. Vögel. S. CX.

Zu den ersten Stücken meiner Sammlung, also nahezu fünfzig
Jahre zurück, zählt ein junger Vogel dieser Art im ersten Herbstkleide; seit jener Zeit ist keine dieser kleinen Gänse hier wieder
erlegt noch gesehen worden.

In ihren Körperformen verhält sich diese Art zu der vorhergehenden ähnlich wie *A. brachyrhynchus* zu *cinereus*, wie *Larus
leucopterus* zu *glaucus*, oder wie *L. fuscus* zu *marinus*, das heisst,
die kleinere Art ist von nicht so gedrungenem Körperbau als die
grössere, und ihre Flügel sind verhältnissmässig länger, reichen bei
der kleineren weit über die Schwanzspitze hinaus, während sie
bei der grösseren dieselbe nicht erreichen, mit der Schwanzspitze
gleich sind, oder solche nur eben überragen. Ein Gleiches ist bei
Charadrius fulvus und *auratus*, sowie bei *hiaticula* und *minor* der

Fall, welche alle in Färbung und Zeichnung im allgemeinen übereinstimmen, sich aber neben der Grösse besonders in den Körper-
verhältnissen unterscheiden.

Wenn nun, wie in gegenwärtigem Falle, zu den abweichenden
Maassen und Verhältnissen noch eine ganz verschiedene Färbung
des Schnabels und der Füsse kommt, indem solche bei *minutus*
orange, bei *albifrons* aber hell fleischfarben sind, so ist in der
That nicht zu verstehen, wie dieselben, wie versucht worden, zu
einer Art zu vereinen sein könnten. Es möge noch erwähnt werden,
dass bei *albifrons* Flügel und Schwanzspitzen von gleicher Länge
sind, während bei *minutus* erstere den Schwanz 38 mm überragen,
oder in anderen Worten, die erste, zweite und dritte Schwinge
über den Schwanz hinausreichen, die vierte aber erst mit demselben gleich ist.

Die Zwerggans brütet vereinzelt schon im oberen Skandinavien
und von da ostwärts durch das ganze nordasiatische Küstengebiet
bis zur Beringsstrasse.

Nr. 324. Schneegans.

ANSER HYPERBOREUS. Pallas.

Anser hyperboreus. Naumann, XI. S. 213.
Snow Goose. Dresser, VI. p. 413.
Oie hyperborée. Temminck, Manuel. II. p. 816. IV. p. 516.

Geschossen ist hier noch keine dieser Gänse, jedoch sind
mehrere unzweifelhafte Fälle ihres Vorkommens bei Helgoland zu
meiner Kenntniss gebracht. Zuerst sahen eine Anzahl hiesiger
Jäger im Laufe des strengen Winters von 1844—45 neun »ganz
weisse Gänse mit schwarzen Schwingen, wie Heringsjäger« —
Sula alba — an der Ostspitze des Strandes in einer Reihe vorüberfliegen; ein Gleiches wiederholte sich am 19. Dezember 1847.
Dann sahen die beiden Jäger Dähn, Vater und Sohn, während der
ersten Tage des Mai 1880, als sie sich im Boot auf dem Hum-
merfange befanden, vier ganz weisse Gänse mit apfelsinenfarbenem
Schnabel und Füssen, und am 12. desselben Monats nochmals drei
solcher Vögel ganz nahe vorüberfliegen — leider befand sich in
beiden Fällen kein Gewehr im Boot, die Vögel flogen in ganz
kurzer Schussnähe vorbei. Schliesslich trafen kleine Knaben am
25. Dezember desselben Jahres eine ganz weisse Gans mit schwarzen Flügeln und orange Schnabel und Füssen sitzend auf der

oberen Felsfläche an: sie war so wenig scheu, dass die Knaben
aus nächster Nähe mit Erdklössen nach derselben werfen konnten.
Das Brutgebiet der Schneegans erstreckt sich von den Hudsonsbay-Ländern im arktischen Amerika bis Alaska (Natural
History of Alaska. Signal Service. U. S. Army II. p. 138) und
weiter westwärts bis in das nördliche Asien, wo man sie während
der Vega-Expedition an der Küste des Tschuktschen-Landes am
10., 14. und 15. Juni antraf (Vega-Expedition. Palmén.); zweifellos waren diese auf dem Zuge nach dem mehrerwähnten, zwischen
dem östlichen Asien und dem Pole vermutheten Gebiet.

Nr. 325. Bernikel-Gans.

ANSER TORQUATUS. Frisch.

Helgoländisch: Radde-Guss. Name für Bernikel-Gans.

Anser torquatus. Naumann, XI. S. 393.
Brent Goose. Dresser, VI. p. 389.
Oie cravant. Temminck, Manuel. II. p. 824. VI. p. 522.

Vereinzelte Stücke dieser Gans erscheinen hier jeden Winter;
während anhaltenden strengen Frostwetters ist sie ein gewöhnlicher Vogel, den man in Flügen von fünfzehn bis fünfzig Stücken
und mehr, entweder auf dem Meere schwimmend oder herum-
streichend, antrifft. Kleinere Gesellschaften von fünf bis zehn
Vögeln schwimmen bei stiller See während Hochwasser dicht am
Fusse des Felsens herum, um die daselbst haftenden kleinen Schaal-
thiere abzusuchen.

Die Brutzone dieser Art ist eine sehr hoch nördliche, sie erstreckt sich vom höheren Grönland über Spitzbergen. Franz-Josephs-
land, Nowa Zembla, das Taimyrland ostwärts bis Grinnell-Land,
woselbst Capt. Fielden sie noch unter 82° 33' N. nistend vorfand.

Nr. 326. Weisswangige Gans.

ANSER LEUCOPSIS. Bechstein.

Anser leucopsis. Naumann, XI. S. 378.
Bernacle Goose. Dresser, VI. p. 397.
Oie bernache. Temminck, Manuel. II p. 823. IV. p. 520.

Dies so hübsche Gänschen ist eine sehr seltene Erscheinung
auf Helgoland, soweit ich mich erinnere sind während der letztver-

flossenen fünfzig Jahre hier nur zwei Stück erlegt worden, von denen eines, ein schöner alter Vogel. sich in meiner Sammlung befindet. Claus Aeuckens behauptet, manchmal kleine Flüge derselben während der Frühlingswanderung überhinziehend gesehen zu haben, mir ist dergleichen nie vorgekommen.

Man hat die Niststätten dieser Gans bisher nicht erreicht, sie müssen aber in den höchsten Polargebieten liegen, denn während der Zugzeiten hat man dieselbe in Grönland, auf Spitzbergen und Nowa Zembla angetroffen.

—

Ente. Anas. Keine Gattung umfasst so viele Arten wie die der Enten, und diese Arten sind wiederum der grossen Mehrzahl nach in so zahlloser Menge von Individuen über alle Theile der Erde verbreitet. dass sogar das kleine Helgoland von zwanzig Arten, und von einigen derselben zeitweilig in unglaublichen Massen, besucht wird. Man hat vielseitig und so lange versucht, jede der verschiedenen Formen, in welchen diese Vögel auftreten, zu einer selbständigen Gattung zu erheben, dass schliesslich fast so viele Gattungen wie Arten dastehen — ich habe es vorgezogen, wie in vielen anderen Fällen, auch hier dem Altmeister Naumann zu folgen.

Nr. 327. Stockente.
ANAS BOSCHAS. Linn.

Helgoländisch: Das Männchen: Gröön-hoaded Gjoard = Grünköpfiger Enterich.
Das Weibchen: Grü Enn = Graue Ente.

Anas boschas. Naumann, XI. S. 576.
Mallard. Dresser, VI. p. 469.
Canard sauvage. Temminck, Manuel. II. p. 835. IV. p. 531.

Wie alle Süsswasser-Enten kommt auch die gegenwärtige Art hier nie in grösseren Zahlen vor, sondern stets nur in vereinzelten Stücken, und dies sowohl während des Herbst- wie Frühlingszuges. Bei anhaltendem strengem Frost erscheint sie auch während der Wintermonate, solche Stücke sind aber stets sehr abgemagert.

Diese allbekannte Art. die Stammmutter der Hausente, brütet im mittleren und nördlichen Europa. in gleicher Breite durch Asien und Amerika sowie auch in Grönland, sie geht aber nur in seltenen Fällen über den Polarkreis hinaus.

Nr. 328. Spiessente.

ANAS ACUTA. Linn.

Anas acuta. Naumann, XI. S. 638.
Pintail. Dresser, VI. p. 531.
Canard à longue queue. Temminck, Manuel. II. p. 838. IV. p. 532.

Diese schöngeformte Ente kommt hier nur sehr selten vor; so lange ich beobachte, etwa fünf bis sechs Stück, alle bis auf eine Ausnahme alte Männchen. Brutvogel ist diese Art von Grönland und Island an durch Europa, Asien und Amerika; sie nistet nicht über den Polarkreis hinaus und nicht tiefer hinunter, als bis zur Breite des mittleren Deutschland.

Nr. 329. Mittelente.

ANAS STREPERA. Linn.

Anas strepera. Naumann, XI. S. 659.
Gadwall. Dresser, VI. p. 487.
Canard chipeau. Temminck, Manuel. II. p. 837. IV. p. 532.

Nur einmal habe ich ein Exemplar dieser Ente hier gesehen, der älteste der Brüder Aenckens hatte es geschossen, es war ein nicht sehr schönes Männchen, jedoch sofort kenntlich an der rostrothen Färbung der Flügeldeckfedern und dem schwarzen Schnabel. Auch diese Art brütet von Island bis zum mittleren Deutschland hinunter und in gleicher Breite durch Skandinavien, Russland, ganz Asien und Nordamerika.

Nr. 330. Pfeifente.

ANAS PENELOPE. Linn.

Helgoländisch: Feif-Enn. = Pfeifente.

Anas penelope. Naumann, XI. S. 724.
Wigeon. Dresser, VI. p. 541.
Canard siffleur. Temminck, Manuel. II. p. 840. IV. p. 533.

Diese so hübsche Ente ist hier ein sehr bekannter Vogel, geschossen wird sie im allgemeinen zwar nicht allzuhäufig, aber während der Wintermonate bei strengem Frost doch ziemlich oft.

Man sieht sie am Tage immer nur vereinzelt, nie in Gesellschaften beisammnen, hört ihren hübschen Lockruf während stiller dunkler Zugnächte aber in so munterer Fülle, dass daraus ganz untrüglich die grosse Individuenzahl solcher Flüge hervorgeht; offenbar ziehen dieselben nur ganz niedrig über den oberen Felsen dahin, so niedrig, dass das leise Geräusch ihrer hastigen Flügelschläge in der nächtlichen Stille deutlich vernehmbar ist und man unwillkürlich aufblickt, glaubend die Wanderer wahrnehmen zu können.

Das Nistgebiet dieser Ente beginnt auf Island, erstreckt sich in gleicher Breite durch Skandinavien und Finnland bis zum östlichen Asien. Unterhalb dieser Zone wird ihr Nest nur selten gefunden, wohl aber ziemlich viel höher hinauf; von Heuglin hat noch auf Nowa Zembla ein Weibchen erlegt.

Nr. 331. Knäkente.

ANAS QUERQUEDULA.   Linn.

Anas querquedula. Naumann, XI. S. 677.
Gargony Teal. Dresser, VI. p. 513.
Canard sarcelle d'été. Temminck, Manuel. II. p. 844. IV. p. 539.

Auch diese kleine Ente zählt zu den sehr seltenen Erscheinungen für Helgoland, es sind während der letzten fünfzig Jahre nur drei derselben, alles alte Männchen, hier gesehen und geschossen worden; es ist dies um so auffallender, da sie auf dem nahen Festlande, in England und in Schweden brütet, wenn auch, wie es scheint, nirgends sehr zahlreich. Von Frankreich an erstreckt sich ihr Nistgebiet bis an den Amur.

Nr. 332. Krickente.

ANAS CRECCA.   Linn.

Helgoländisch: Krück-Enn. = Krickente.

Anas crecca. Naumann, XI. S. 701.
Teal. Dresser, VI. p. 507.
Canard sarcelle d'hiver. Temminck, Manuel. II. p. 846. IV. p. 539.

Von dieser, der kleinsten einheimischen Entenart kommen im Herbst hier ziemlich oft junge Vögel vor; Männchen im Pracht-

kleide treffen schon bald nach Aufbruch des Winters und im Laufe
des Frühlings hier ein, grössere Schaaren ziehen vorbei; Helgo-
land bietet eben keine geeigneten Stätten, um diese sowie andere
Süsswasser-Enten anzulocken und zum Verweilen zu bewegen.
Dies niedliche Entchen ist als Brutvogel in sehr grosser
Individuenfülle von Island an über England, Deutschland und
Skandinavien bis 70° N. verbreitet und nistet in gleicher Aus-
dehnung bis in das östliche Asien.

Nr. 333. L ö f f e l e n t e.

ANAS CLYPEATA. Linn.

Anas clypeata. Naumann, XI. S. 747.
Shoveller. Dresser, VI. p. 497.
Canard souchet. Temminck, Manuel. II. p. 842. IV. p. 540.

Von dieser Ente hat Helgoland nur ein Exemplar aufzuweisen,
ein altes Weibchen meiner Sammlung, das vor längeren Jahren
hier geschossen ward; ausser diesem Stücke ist die Art hier nie
gesehen worden, was seinen Grund wohl darin hat, dass ihre Nist-
zone sich nicht so hoch nördlich erstreckt, als die vieler der vorhergehenden nahen Verwandten. Von England an brütet sie durch
Jütland, das untere Skandinavien und Russland, bis in das östliche Asien, Alaska und im ganzen nördlichen Amerika.

Nr. 334. B r a n d e n t e.

ANAS TADORNA. Linn.

Helgoländisch: Barger-Enn. = Bergente?

Anas tadorna. Naumann, XI. p. 534.
Shelldrake. Dresser, VI. p. 451.
Canard tadorne. Temminck, Manuel. II. p. 833. IV. p. 531.

Obgleich diese schöne Ente ziemlich zahlreicher Brutvogel,
fast Hausvogel, auf den nahen Schleswig-Holsteinischen Inseln ist,
so kommt sie im ganzen doch nur selten hier vor; die meisten sind
junge Stücke, welche im August und September vereinzelt erlegt
werden, alte ausgefärbte Vögel sind nur in seltenen Fällen hier
gesehen und geschossen worden, kaum ein halb Dutzend, so weit

meine Beobachtungen reichen, und diese fast alle während der Wintermonate bei strengem Frost. Von Grossbritannien an brütet diese Ente bis in das östliche Asien, vom nördlichen Deutschland hinauf bis zu 70° N. im oberen Skandinavien.

Nr. 335. Trauerente.

ANAS NIGRA. Linn.

Helgoländisch: Männchen: Knobbed. Vom Höcker auf dem Schnabel abgeleitet. Weibchen: Bühru. Name ohne weitere Bedeutung.

Anas nigra. Naumann, XII. S. 99.
Common Scoter. Dresser, VI. p. 663.
Canard macreuse. Temminck, Manuel. II. p. 856. IV. p. 543.

Mit den auf dem Meere lebenden Enten gewinnt der Bericht über die Schwimmvögel Helgolands ein sehr verändertes Aussehen; trat bisher in den meisten Fällen eine grosse Armuth der Erscheinungen an den Tag. so ist der Wandel nunmehr ein solcher, dass keine Zahl, zu der man griffe, eine befriedigende Vergegenwärtigung dessen gewährte, was zu Zeiten das Meer hier darbietet. Die Masse der Vögel, welche während Wintern von langandauernder Strenge, in meilenweiter Umgebung der Insel sich hier ansammelt — wie ich dies z. B. in den Wintern von 1837 — 38, 1844 — 45 und anderen erlebte — übersteigt alle Vorstellungen und spottet jeder Beschreibung. Wenn durch den langen Frost nicht allein die ganze Ostsee mit Eis bedeckt ist, sondern auch hier die ganze Bucht von der Ostfriesischen Küste herum bis Sylt hinauf eine ununterbrochene Fläche Packeis bildet, so sammelt sich auf dem offenen Meere ausserhalb dieses Eisfeldes alles an, was während gewöhnlicher Winter im Bottnischen oder Finnischen Meerbusen auf der Ostsee und unter dem Schutz der Holsteinischen Westküste zu überwintern pflegt. Wohin man blickt schwärmen nah und fern, tief und hoch, in kleineren und grösseren Schaaren, einzeln und paarweise Tauchenten aller möglichen Arten umher. bestehend aus Myriaden Trauer- und Sammtenten, Flügen von fünf bis fünfzig bunten Halsband-Sägern und kleineren Gesellschaften des so schön gefärbten grossen Sägers, untermischt mit Zügen von zwanzig bis hundert und mehr von Bergenten, *A. marila,* deren Flug wiederum gekreuzt wird von

drei bis fünf der leuchtend weissen grauköpfigen Männchen der
Schellente und der selteneren stattlichen Eiderente, während hoch
überhinziehend lange Ketten von Singschwänen ihr lautes Klong-
Klang erschallen lassen. In gleicher Masse und Mannichfaltigkeit
ist die weite Meeresfläche bedeckt, die Sammt- und Trauerenten
am gedrängtesten in der Nähe des Eises: auf dem Klippengebiet
der Ost- und Westseite der Insel schwimmen und tauchen grosse
sich dicht beisammenhaltende Schaaren von Bergenten, noch grössere, ebenso gesonderte von Halsband-Sägern. kleineren der
hübschen Eisente, verzeinzelte Stücke der schönen rostrothköpfigen
Tafelente. *A. ferina*, und noch seltener die schön geschopfte
Reiherente: den kleinen schönen Säger, *Mergus albellus*, sieht man
nur selten, und dann höchstens zu drei bis fünf Stücken beisammen.
Zerstreut zwischen diesen und stets für sich treibt ein atlasglän-
zender *Colymbus cornutus* sein Wesen und in gleicher Weise
schwimmen und tauchen drei bis fünf Gryllummen, *Uria grylle*,
umher.

Das sind Tage für den leidenschaftlichen Jäger und Ornithologen! Der strengen Kälte achtet man nicht: an der Leeseite des
Eisfeldes ist stets grosse Ansammlung aller Arten, namentlich von
Sammt- und Trauerenten; es herrscht daselbst meist Windstille,
diese aber erschwert den ohnehin plumpen grossen Enten das Auffliegen vom Wasser sehr, und da man weiss, dass sie sich nur der Luftströmung entgegen erheben, so lenkt man sein Boot derartig, dass
sie, wenn auffliegend, den Bug desselben kreuzen müssen: die Enten
wissen dies aber ebensogut wie der Jäger, so zögern sie einen
Moment, unschlüssig, ob sie sich durch Fliegen oder Tauchen der
Gefahr entziehen sollen — dieser Moment wird ihnen aber meist
verderblich. Die meisten Enten schiesst man jedoch im Fluge vor
dem Eisfelde, wo die mannichfaltigsten Arten in zahllosen kleineren oder grösseren Gesellschaften umherstreichen. Wenn man
die Sache recht zu handhaben versteht, so ist diese Jagd eine
recht einträgliche: die beiden älteren der Brüder Aeuckens erlegten
oft mehr denn fünfzig Stück an einem Morgen und in dem strengen Winter von 1844—45 habe ich es während eines Nachmit-
tages einmal auf vierundfünfzig Stück gebracht und des öfteren
einige vierzig erlegt, wobei zu bemerken, dass man sich zu jener
Zeit noch mit Perkussionsgewehren zu behelfen hatte, und wenn
die Finger mehr Eiszapfen als lebendigem Fleisch und Blut
glichen, war das Aufsetzen der Zündhütchen eine missliche Sache —
aber man trieb es ja zum Vergnügen, somit konnte von Ungemach

keine Rede sein, die Schattenseiten dieser Jagd empfand man erst, wenn dieselbe aufhörte ergiebig zu sein.

Eine grosse Masse Enten werden auch in Netzen gefangen, die man in der Nähe der Insel in so flachem Wasser ausstellt, dass sie während Niedrigwasser trocken fallen. Es sind dies ziemlich grossmaschige Netze von starkem Zwirn, drei Faden im Geviert; am Rande herum sind so viele Korke befestigt, dass das Netz durch dieselben treibend erhalten wird. An jeder der vier Ecken des Netzes befindet sich eine Leine, an deren äusseres Ende ein Stein gebunden ist, schwer genug, dasselbe auch bei einiger Bewegung des Wassers festzuhalten; diese Leinen sind von entsprechender Länge, um das mit steigendem Wasser durch die Korke gehobene Netz etwas über halber Fluthhöhe unter dem Meeresspiegel ausgespannt zu erhalten. Die Enten, welche sehr emsig nach Nahrung, kleinen Fischen und Crustaceen tauchen, gerathen im Verfolgen derselben zur Stelle, die das Netz überspannt, und so in dasselbe, wenn sie zur Oberfläche zurückkehren wollen; da ihr Luftvorrath dann ohnehin erschöpft ist, so erfolgt sehr baldiger Tod — nach wieder eingetretenem niedrigem Wasser heimst man die Beute ein. Während der Nachtstunden ist dieser Fang ergiebiger, einestheils nähern sich die Enten dann in grösserer Zahl dem Lande und anderntheils dürften auch die klügeren derselben dann das Netz nicht so gut zu meiden vermögen, obgleich sie scharfsichtig genug sein müssen, ihre Nahrung auch im Dunkeln auf dem Meeresboden finden zu können.

Betreffs der Nahrung dieser Enten konnte hier einmal eine interessante Beobachtung gemacht werden: es strandete und zerschellte während einer stürmischen Winternacht auf der langen südlichen Dünenspitze ein Schiff, welches kleinere graue Futterbohnen geladen hatte, und die ganze Ladung ward am Meeresboden durch die Strömung weit ostwärts hinausgeführt. Dies zweifellos den Tauchenten ganz neue Gericht fand in so hohem Grade deren Beifall, dass bald sich Tausende derselben an der Stelle versammelt hatten und über einen Monat an dem Platze verweilten, der ihnen in etwa zehn Faden Tiefe diese ihnen offenkundig sehr willkommene Nahrung in reicher Fülle darbot. Alle Stücke, die man an dieser Stelle zu erlangen vermochte, waren buchstäblich in Fett gehüllt, das abweichend von dem Normalzustande sehr weiss und wohlschmeckend war. Diese Vögel besassen keine Spur des, namentlich alten Männchen, anhaftenden fischigen Geschmackes.

Die Trauerente nistet von Island an durch Nordeuropa und
Nordasien bis zur Beringsstrasse. Eine in Nordamerika heimische
Trauerente unterscheidet sich nur durch etwas andere Färbung
des Schnabelhöckers.

Nr. 336. Sammtente.

ANAS FUSCA. Linn.

Helgoländisch: Groot swart Dükker = Grosse schwarze Tauchente.

Anas fusca. Naumann, XII. S. 123.
Velvet Scoter. Dresser, VI. p. 657.
Canard double macreuse. Temminck, Manuel. II. p. 854. IV. p. 543.

Gleich der vorhergehenden erscheint auch diese schöne grosse
Tauchente unter denselben Bedingungen hier in ebenso nicht zu
schätzenden Massen als jene. Ihr Brutgebiet erstreckt sich gleichfalls durch Nordeuropa und Nordasien, und auch sie hat eine kaum
zu unterscheidende Verwandte im nördlichen Amerika.

Nr. 337. Brillenente.

ANAS PERSPICILLATA. Linn.

Anas perspicillata. Naumann, XII. S. 140.
Surf Scoter. Dresser, VI. p. 669.
Canard marchand. Temminck, Manuel. II. p. 853. IV. p. 542.

Diese Amerika angehörende schöne schwarze Tauchente, welche
nach Europa nur als höchst ausnahmsweise seltene Erscheinung
gekommen ist, hat auch Helgoland einmal besucht: ein schönes
altes Männchen ward 1851 am 9. Oktober in der Nähe der Düne
geschossen und befindet sich in meiner Sammlung. An den Britischen Küsten ist diese Art wiederholt vorgekommen und erlegt
worden, auch mehrere mal an der Norwegischen Küste, und sogar
für Finnland wird ein Beispiel angeführt. Für Deutschland dürfte
jedoch das Helgoländer Exemplar als alleiniger Fall dastehen.

Brutvogel ist diese Art im ganzen hohen Norden Amerikas.

Nr. 338. B e r g e n t e.

ANAS MARILA. Linn.

Helgoländisch: Slabb-Euu. Name ohne Bedeutung.

Anas marila. Naumann, XII. S. 88.
Scaup. Dresser, VI. p. 565.
Canard milouinan. Temminck, Manuel. II. p. 865. IV. p. 545.

Wie schon bei der Trauerente erwähnt, kommt auch die
Bergente während strenger Winter hier in sehr grosser Zahl vor,
Schaaren von zwanzig bis zu hundert Stücken sind dann keine
Seltenheit. Diese Art scheint einen grösseren Hang zur Geselligkeit zu haben als irgend eine andere der hier vorkommenden
Taucheuten, denn es mögen ihrer in geringerer Zahl oder in
grossen Massen da sein, immer schwimmen oder fliegen sie, wenn
auch gerade nicht gedrängt, doch in abgeschlossenen Gesellschaften beisammen. Trauer- und Sammtenten sieht man auch wohl
von fünf bis fünfzehn beisammen, dies scheint aber mehr durch
Zufall herbeigeführt, da sie sich leicht wieder trennen und zerstreut ihrer Nahrung nachgehen.

Auch diese Art brütet von Island bis Japan und durch ganz
Nordamerika.

Nr. 339. R e i h e r e n t e.

ANAS FULIGULA. Linn.

Anas fuligula. Naumann, XII. S. 64.
Tufted Duck. Dresser, VI. p. 573.
Canard morillon. Temminck, Manuel. II. p. 873. IV. p. 547.

Auch diese in ihrem männlichen Kleide so schön geschopfte
kleine Ente kommt hier nur höchst vereinzelt während strenger
Winter vor, zu anderen Jahreszeiten wird sie nicht gesehen. Es
kann dies weniger auffallen, da sie vorherrschend östlicher Vogel
ist, dessen Nest sich nur vereinzelt im oberen Schottland und
Norwegen findet, im oberen Schweden und Finnland aber schon
häufiger ist und dessen hauptsächlichstes Brutgebiet das nördliche
Asien bildet.

Nr. 340. Tafelente.

ANAS FERINA. Linn.

Helgoländisch: Road-hoaded Slabb-Enn = Rothköpfige Bergente.

Anas ferina. Naumann, XII. S. 21.
Pochard. Dresser, VI. p. 551.
Canard milouin. Temminck, Manuel. II. p. 868. IV. p. 546.

Diese Ente kommt hier stets nur vereinzelt vor, es werden auch während der strengsten Winter kaum ein halbes Dutzend geschossen; sie hält sich in der Nähe der Schaaren der Bergenten auf, mischt sich jedoch nicht unter dieselben. Als Brutvogel geht sie nicht so hoch nördlich wie viele ihrer Verwandten, am häufigsten hat man sie im Europäischen Russland angetroffen und von da in abnehmender Zahl bis zum Baikal-See; zerstreut nistet sie auch in Deutschland und in Grossbritannien.

Nr. 341. Moorente.

ANAS NYROCA. Güldenstädt.

Anas nyroca. Naumann, XII. S. 41.
White-eyed Duck. Dresser, VI. p. 581.
Canard à iris blanc. Temminck, Manuel. II. p. 876. IV. p. 546.

Vor etwa fünfzig Jahren fing Oelrich Aeuckens einmal einen männlichen Vogel dieser Art in seinen Entennetzen, seitdem ist dieselbe hier nie wieder gesehen worden; dies kann auch weiter nicht überraschen, da dieselbe eine dem gemässigten und südlichen Europa und Asien angehörende Art ist und auch in Nordafrika brütet.

Nr. 342. Schellente.

ANAS CLANGULA. Linn.

Helgoländisch: Witt-sitted = Weissseitige. Weibchen: Lügen-oog. Name ohne nachweisbare Bedeutung.

Anas clangula. Naumann, XII. S. 162.
Golden-eye. Dresser, VI. p. 595.
Canard garrot. Temminck, Manuel. II. p. 870. IV. p. 550.

Während strenger Winter ist diese schöne Ente sehr zahlreich bei Helgoland vertreten, sie hält sich aber nie in so grossen Gesellschaften beisammen wie z. B. *A. marila*; die überwiegende

Mehrzahl derselben besteht aus braunköpfigen Weibchen und jüngeren Männchen; diese kommen der Insel auch näher als jene, und man sieht sie daselbst bis dicht am Fusse des Felsens in kleineren oder grösseren Gesellschaften sehr emsig und gewandt nach Nahrung tauchen: sie werden dann auch ziemlich häufig in den Entennetzen gefangen. ihre grosse Schlauheit verhindert aber, dass dies nicht noch öfter geschieht, denn während andere Arten, Weibchen und junge Männchen von *A. nigra, fusca* und *marila* z. B., wenn sie am Meeresboden in den Bereich eines Netzes gerathen, beim Auftauchen sich gerade in die Höhe fluthen lassen und so fest gerathen. begeben sich diese Schellenten ebenfalls ohne alle Scheu bis unter die Mitte des Netzes, tauchen aber, wenn sie wieder zur Oberfläche zurück wollen, sehr vorsichtig in schräger Richtung unter demselben hervor und dann erst aufwärts. Es ist höchst unterhaltend. vom Felsen herab dem raffinirten Treiben derselben zuzusehen, und ein grosser Genuss ist es mir stets gewesen, diese schlauen Geschöpfe dennoch manchmal zu überlisten. Mit besonderer Vorliebe habe ich nämlich eine Art Pürschjagd auf dieselben betrieben, welche darin besteht. dass, wenn man am Felsgestade in etwa zweihundert Schritt Entfernung eine kleine Gesellschaft dieser Vögel erblickt, die nahe dem Ufer mit Tauchen beschäftigt sind. man den Moment benutzt, wenn alle unter Wasser sind, um zwanzig bis dreissig Schritt näher zu laufen und sich vor deren Wiedererscheinen platt zu Boden zu werfen und regungslos zu verharren, bis alle wieder untergetaucht sind, um wiederum vor ihrem nächsten Auftauchen näher zu laufen; kann man dabei einen Stein oder Seetang als Deckung erreichen, um so besser, namentlich wenn man näher gekommen. Der letzte Anlauf geschieht gerade dem Wasserrande zu, wo man zum Schuss bereit sein muss, denn sowie ihr Kopf über Wasser erscheint, fliegen sie auch schon davon. und man hat keinen Moment zu verlieren. will man mit jedem Rohre einen der Vögel erlegen. Köstlich sind ihre erstaunten Gesichter und aufgesträubten Kopffedern, wenn sie so plötzlich einen Menschen so nahe vor sich stehen sehen, wo sie sich so sicher glaubten. Oft muss aber auch der Jäger mit langem Gesicht abziehen, denn wenn sie in irgend einer Weise Verdacht geschöpft haben. so tauchen sie zwar auch unter, kommen aber sofort wieder zur Oberfläche; man ist dann meist schon aufgesprungen und somit selbst der Angeführte — aber auch in solchem Falle bereitet dem Forscher und Naturfreund die Klugheit dieser Entchen grossen Genuss.

Die schönen alten Männchen dieser Art werden vom Boote aus sehr oft im Fluge geschossen; dieselben kommen während des Tages dem Felsen nicht so nahe, müssen dies aber während der Nachtstunden thun, denn sie werden im Laufe derselben oft im Netze gefangen.

Das Brutgebiet dieser Ente erstreckt sich durch den Norden der Alten wie der Neuen Welt, etwa von 58° N. bis über 71° N. hinaus, ganz vereinzelt hat man sie auch tiefer herab nistend gefunden, so z. B. wiederholt in der Mark Brandenburg.

Nr. 343. Eisente.

ANAS GLACIALIS. Linn.

Helgoländisch: Grau-linsk. Name vielleicht dem Lockruf nachgebildet.

Anas glacialis. Naumann. XII. S. 210.
Long-tailed Duck. Dresser, VI. p. 617.
Canard de Miclon. Temminck, Manuel. II. p. 860. IV. p. 553.

Bei dem Herannahen eines strengen Winters sind die so aufgeputzten Männchen und unscheinbaren Weibchen dieser Art fast immer die ersten sich hier einstellenden Tauchenten; man sieht sie dann zu dreien bis fünfen über dem Felsenriff tauchen, welches als Ausläufer des Fundamentes der Düne sich in nordwestlicher Richtung fast eine Meile weit in die See erstreckt. Es muss dies Gebiet wohl eine ihnen ganz besonders zusagende Nahrung darbieten, denn sie halten sich daselbst mit Vorliebe den ganzen Winter auf. Weibchen und junge Vögel dieser Art werden ziemlich oft in den Entennetzen gefangen, alte Männchen, die der Insel in der Regel nicht so nahe kommen, schiesst man des öfteren vom Boote aus.

Die Eisente zählt zu den am höchsten nördlich brütenden Arten der Tauchenten, ihre Niststätten erstrecken sich rund um den Pol, man fand sie auf Spitzbergen unter 80° N., im Taimyrlande unter 74° N. und Capitän Fielden schoss sie bei Floeberg-Beach 82° 27' N. im September, also auf dem Rückzuge vom Brutplatz.

Nr. 344. Eiderente.

ANAS MOLLISSIMA. Linn.

Helgoländisch: Hurn-snoabelt = Hornschnabel.

Anas mollissima. Naumann, XII. S. 252.
Eider-Duck. Dresser, VI. p. 629.
Canard eider. Temminck, Manuel. II. p. 848. IV. p. 541.

Eine Ausnahme von allen hier vorkommenden Tauchenten
bildend, erscheint die gegenwärtige Art auch zu anderen Jahreszeiten und unter anderen Bedingungen, als die im Vorhergehenden
besprochenen Verwandten derselben; jeden Herbst kommen junge
Vögel dieser Art hier vor und werden des öfteren geschossen,
wiederholt sind zur selben Zeit auch alte ausgefärbte Männchen
erlegt worden, so z. B. ein ausgezeichnet schönes Exemplar meiner
Sammlung am 24. Oktober 1850. In strengen Wintern kommen
Schaaren derselben von zwanzig bis fünfzig Stücken auf dem Meere
vor; diese bestehen zumeist aus grauen Vögeln, gemischt mit zerstreuten alten weissen Männchen. Diese Wintervögel dürften wohl
hochnordischen Brutstätten entstammen, während die manchmal
schon im September hier erscheinenden wohl vom nahen Sylt herüber kommen.

Die Niststätten der Eiderente erstrecken sich über Grönland,
Island, Spitzbergen, Franz-Josephsland und Nowa Zembla. Capt.
Fielden traf sie bis 81⁰ 38' N. Ihre südlichen Brutplätze reichen
bis zu den Küsten und Inseln des oberen Schottland und Skandinavien; der südlichste Punkt ihres noch vereinzelten Nistens
dürfte wohl die Insel Sylt sein, wo ich am 6. Juni 1874 noch am
Neste eines brütenden Weibchens stand.

Nr. 345. Prachtente.

ANAS SPECTABILIS. Linn.

Anas spectabilis. Naumann, XII. S. 285.
King Eider. Dresser. VI. p. 643.
Canard à tête grise. Temminck, Manuel. II. p. 851. IV. p. 541.

Während meiner langjährigen Beobachtungen ist diese Art
hier nur einmal gesehen und erlegt worden, und zwar ein junges
Männchen am 11. Januar 1879. Das braune Jugendkleid desselben

beginnt auf dem Wege der Umfärbung sich in die schöne nächstfolgende Zeichnung zu verwandeln: am Kropf beginnt das helle
röthliche Chamois die bräunliche Farbe zu verdrängen, am Flügelbuge und neben dem Steiss treten in noch unvollkommener Zeichnung
weisse Federn auf, und in den Weichen schreitet das Schwarz des
kommenden Kleides schon sehr bedeutend vor.

Diese Art gehört als Brutvogel den hohen Polarländern beider
Hemisphären an, Capitän Fielden fand ihre Nester an Floeberg-
Beach 82° 27′ N., von Middendorf im Taimyrlande, 74° N., Dr.
Bunge auf den Neusibirischen Inseln, und in Alaska nistet sie
ebenfalls.

Nr. 346. Scheckente.

ANAS DISPAR. Sparrmann.

Anas dispar. Naumann, XII. S. 240.
Stellers Duck. Dresser, VI. p. 649.
Canard de Steller. Temminck, Manuel. VI. p. 547.

Von dieser Art habe ich hier im Winter 1844—45 drei junge,
graue Vögel erhalten: ich gab dieselben an den Herrn von Zittwitz
ab, mit dessen schöner Sammlung sie wohl in den Besitz der Stadt
Görlitz übergegangen sein werden. Am 11. Februar 1855 erhielt
ich ein jüngeres Männchen, welches sich auf einer sehr interessanten
Umfärbungsstufe zum hellen Kleide befindet, an seinem Hinterkopfe ist die Holle, der Farbe wie Form nach schon bedeutend
vorgeschritten. Dies Stück vertritt die Art in meiner Sammlung.

Die Brutplätze dieser schönen Art befinden sich an den Eismeerküsten des nördlichen Asien, von Middendorf sammelte Eier
im Taimyrlande und Dr. Bunge fand den Vogel dem Anscheine
nach zahlreich auf den Neusibirischen Inseln, Nest oder Eier jedoch
nicht.

Sägetaucher. Mergus. Diese Gattung besteht aus nur fünf
bis sechs Arten, von denen drei in Europa heimisch sind; diese drei
Arten besuchen auch Helgoland in mehr oder weniger grosser
Zahl. Ausser diesen ist der schöne Amerikanische Säger *Mergus
cucullatus* einige mal an der Britischen Küste gesehen und erlegt
worden.

Nr. 347. Grosser Sägetaucher.

MERGUS MERGANSER. Linn.

Helgoländisch: Gühl Seehöhn = Gelber Seehahn.

Mergus merganser. Naumann, XII. S. 356.
Goosander. Dresser, VI. p. 685.
Grand harle. Temminck, Manuel. II. p. 881. IV. p. 556.

Während milder Winter wird dieser stattliche Vogel hier kaum jemals gesehen, höchstens hin und wieder ein blaugrauer junger Vogel oder ein Weibchen; wenn sich aber starker Frost einstellt, so erscheinen ziemlich zahlreich auch die schönen alten Männchen, die in der That dann viel häufiger sind, als Weibchen und jüngere Vögel.

Es ist eigentlich auffallend, dass dieser Sägetaucher hier nicht jeden Winter gesehen wird, da er doch zahlreich auf Island, in Skandinavien und, wenn auch nicht so häufig, in Dänemark, zerstreut sogar in Holstein brütet. Oestlich erstreckt sich sein Brutgebiet durch das ganze nördliche Asien, und auch im nördlichen Amerika kommt derselbe, mit einer sehr unbedeutenden Abweichung in der Flügelzeichnung vor.

Nr. 348. Halsband-Sägetaucher.

MERGUS SERRATOR. Linn.

Helgoländisch: Kringelt Seehöhn = Halsband-Seehahn.

Mergus serrator. Naumann, XII. S. 333.
Red-breasted Merganser. Dresser, VI. p. 693.
Harle huppé. Temminck, Manuel. II. p. 884. IV. p. 556.

Wie schon wiederholt bei den Tauchenten erwähnt, besucht dieser Sägetaucher während Winter von langanhaltender Strenge die See in nächster und weiterer Umgebung Helgolands in sehr grossen Massen. Schaaren von fünfzig bis hundert und oft noch viel zahlreichere, treiben sich dann in geringer Entfernung von der Insel umher; solche Schaaren bestehen fast ausnahmslos aus den schönsten alten männlichen Vögeln mit doppelter Holle, den eigenthümlich zerschlissenen langen Federn des Scheitels und Hinterkopfes. Weibchen und jüngere Vögel halten sich näher am Felsen auf, dort nach Nahrung tauchend; solche vereinigen sich aber niemals zu Gesellschaften, sondern gehen stets vereinzelt ihren Geschäften nach. Diese letzteren stellen sich in einzelnen Stücken schon sehr früh im Winter ein, wohingegen die genannten grossen Schaaren alter Männchen stets erst nach drei bis vier Wochen anhaltenden strengen Frostes eintreffen. Unter den Vögeln mit rostfarbenem Kopfe befinden sich oft so sehr kleine Stücke, dass man in Versuchung kommt zu glauben, sie müssten einer anderen Art angehören — dem aber nicht so ist.

Betreffs dieses Sägers ist es noch unerklärlicher, als betreffs des vorhergehenden, dass er nicht regelmässig jeden Herbst oder Winter hier gesehen wird, indem derselbe zahlreich im ganzen Norwegen, vom Nordkap bis zur südlichsten Spitze hinunter nistet; auch in Schweden und Finnland ist er Brutvogel, ebenso durch Asien und das nördliche Amerika, auch auf Island, im oberen Schottland und auf seinen vorliegenden Inseln.

Nr. 349. Kleiner Sägetaucher.

MERGUS ALBELLUS. Linn.

Helgoländisch: Lütj witt Seehöhn = Kleiner weisser Seehahn.

Mergus albellus. Naumann, XII. S. 314.
Smew. Dresser, VI. p. 699.
Harle piette. Temminck, Manuel. II. p. 847. IV. p. 559.

Dieser kleine, mit so einfachen Mitteln: schneeigem Weiss und tiefem Sammetschwarz so elegant gezeichnete Sägetaucher ist eine höchst seltene Erscheinung für Helgoland; nur nach lange anhaltendem strengen Frostwetter kommt hin und wieder zuerst ein vereinzelter weiblicher oder junger Vogel vor, später von ein paar alten Männchen gefolgt; nur einmal sind drei und ein anderes mal fünf solcher Stücke beisammen gesehen worden. Ein solches ausgefärbtes Männchen ist hier nur einmal geschossen worden, Vögel mit rostfarbigem Kopfe dagegen fünf bis sechsmal.

Hinsichtlich derartiger Erscheinungen fern östlicher Wintergäste bietet mein Journal für 1847 einige interessante Aufzeichnungen dar: bis Mitte Dezember war das Wetter unter stürmischen westlichen Winden trübe und neblig gewesen, dann wandelte es sich plötzlich in Frostwetter um.

Am 16. Wind S. O. frisch, etwas Frost. *Charadrius auratus* sehr starker Zug, fortwährend Schaaren von fünfzig bis sechzig

36

Vögeln; *Vanellus* und *Tringa alpina* ebenfalls sehr zahlreich ziehend — alles Vorboten kommenden Winterwetters, das östlich schon eingetreten sein musste.

Am 17. und 18. S. O. sehr heftig. Frost. *Anser* in Schaaren von hundert und darüber fortwährend vorbeiziehend; *Anas* aller Arten ebenfalls sehr stark ziehend.

Am 19. S. O. stürmisch, Frost. *Anser niveus* acht bis zehn Stück; *Mergus albellus* drei Stück; ausserdem alle Obigen sehr stark ziehend. namentlich *Anas*.

Am 20. O. S. O. klar; heftiger Wind und Frost. *Falco albicilla, Mergus merganser, Anser, Anas*, alle sehr zahlreich. *Larus glaucus* einige. *Charadrius virginicus*, ein Vogel im Winterkleide, das erste hier vorgekommene derartige Stück, von dem unter den Umständen kaum anzunehmen war, dass es auf anderem als ostwestlichem Wege hieher gelangte.

Bis Ende des Monats bei gleichen Wetterzuständen ungeheuer viel Zug von *Anas*. *Anser* und *Mergus serrator:* am 25. *Falco albicilla*, alter, weissschwänziger Vogel; *Lar. glaucus* und *leucopterus* und merkwürdigerweise ein Steinschmätzer, *Sax. oenanthe*, ein sehr wohlgenährter Vogel. Am 26. *Fulica atra* und am 31. *Cinclus Pallasi*.

Dies Winterwetter währte durch den ganzen Januar des kommenden Jahres, die Kälte erreichte 6 bis 8° R., einmal sogar 11° R., was für Helgoland ein ausserordentlich hoher Kältegrad ist, da das nie unter den Gefrierpunkt sinkende Meer einen sehr bedeutend mildernden Einfluss auf die Temperatur der Luft ausübt. Soweit man eben mit dem Fernrohr zu blicken vermochte, wimmelte im ganzen Umkreise der Insel das Meer von Myriaden Tauchenten und Sägern. namentlich *M. serrator*; Singschwäne zogen in langen Ketten überhin oder schwammen näher oder ferner zwischen dem Eise; *Mer. albellus* ward wiederholt gesehen und grosse, sowie kleine Schaaren von *Anser torquatus* trieben sich in der Nähe der Insel umher oder zogen vorbei, und ohne Zweifel ward am 8. Januar 1848 ein *Larus Rossei* gesehen, denn mehrere der bewährtesten Jäger berichteten mir von einer kleinen weissen Möve mit bedeutend verlängerten mittleren Schwanzfedern gleich *Lestris parasitica*; eine etwaige Verwechslung mit *L. crepidata* ist vollständig ausgeschlossen.

Mit dem 1. Februar hörte der Winter auf, unter schwachem S. W.-Wind trat mildes trübes Wetter ein, wie mit einem Zauberschlage waren alle obigen Seevögel verschwunden, Lerchen, *Al.*

arvensis, zogen sehr zahlreich, Schwarz-, Wachholder- und Weindrosseln traten auf, und die erste Frühjahrschnepfe ward am selben Tage geschossen. Der Frühlingszug entwickelte sich ohne weitere nennenswerthe Unterbrechung.

Das Brutgebiet des kleinen Sägetauchers beginnt im oberen Lappland und Finnland und erstreckt sich durch das nördliche Asien. Wolley erhielt seine Eier in Lappland und Seebohm an der unteren Petschora.

Kormoran. Carbo. Ueber alle Länder der Erde, mit Ausnahme der polaren Regionen, ist diese Gattung in zahlreichen Arten verbreitet, in Europa sind drei derselben heimisch, von denen zwei in ziemlich vereinzelten Fällen auch Helgoland besuchen.

Nr. 350. Kormoran.

CARBO CORMORANUS. Meyer.

Helgoländisch: Klewff - Skwarwer = Felsen - Taucher (Skwarwer, Name für Colymbus).

Halieus cormoranus. Naumann, XI. S. 52.
Cormorant. Dresser, VI. p. 151.
Grand cormoran. Temminck, Manuel. II. p. 894. IV. p. 563.

Obzwar der Kormoran hier ein allgemein gekannter Vogel ist, so wird derselbe doch nur ausnahmsweise und vereinzelt gesehen, geschossen nur sehr selten; ein altes Männchen im Frühlingskleide mit feinen weissen Federn am Kopf und Halse und mit weissem Schenkelfleck, ist, so lange ich sammle, hier nur einmal erlegt und seit etwa vierzig Jahren in meinem Besitz. Jüngere Vögel, sowie alte im Winterkleide, erhält man alljährlich in mehreren Stücken; sie kommen meist nach Sonnenuntergang vom Meere und setzen sich auf einen Vorsprung der steilen Felswand, um Nachtruhe zu halten; sie suchen für diesen Zweck fast immer eine Stelle auf, an der sie weder vom oberen Felsrande, noch von einem Boote aus gesehen werden können, sind somit gegen jede Fähr geschützt und benutzen denselben Ort oft drei bis sechs Nächte als Rastplatz nach ihrer Tagesarbeit.

Wenige Arten dürften ein so ausgedehntes Brutgebiet aufzuweisen haben, als dieser Kormoran, es beginnt thatsächlich an der Atlantischen Küste Amerikas, setzt sich über Grönland, Island,

Grossbritannien, Deutschland und Skandinavien in gleicher Breite fort bis Japan und erstreckt sich hinunter bis Südaustralien und Neuseeland.

Nr. 351. Seerabe.

CARBO GRACULUS. Meyer.

Helgoländisch: Lütj Klewff-Skwarwer = Kleiner Kormoran.

Halieus graculus. Naumann, XI. S. 88.
Shag. Dresser, VI. p. 163.
Cormoran largup. Temminck, Manuel. II. p. 900. IV. p. 565.

Dies ist ein noch seltenerer Besucher Helgolands als der Vorhergehende, er erscheint aber fast nie vereinzelt, sondern meist in drei bis fünf Stücken, fischt am Tage auf dem Meere und kommt gleich seinem grösseren Vetter für die Nachtruhe nach Sonnenuntergang in die Felsen der Insel. Auch er wird nur selten geschossen, mir gelang es jedoch einmal eine Doublette auf diesen Vogel zu machen: ich befand mich an einem schönen stillen Abend nach Sonnenuntergang am Strande und sah, wie Aeuckens der Vater mit einem anderen Jäger eilig ein Boot ins Wasser schob, ich legte in guter Kameradschaft Hand mit an, und da ich ein Gewehr im Boote sah, sprang ich ohne weiteres hinein und stiess mit ab; dann erst erfuhr ich, dass Aeuckens die Schlafstelle von drei kleinen Kormoranen ausfindig gemacht habe und versuchen wolle, ob nicht einer oder der andere derselben zu erlangen sei; man überliess mir ohne Bedenken das Gewehr. Wir fuhren ganz geräuschlos bis unter die Stelle, wo hoch oben die ahnungslosen Vögel sassen; da dieselben vom Boote aus nicht gesehen werden konnten, so ward plötzlich lauter Lärm mit den Rudern gemacht und alle drei Vögel flogen erschreckt heraus; da ihre schwarzen Gestalten ein gutes Ziel gegen den noch rothen Abendhimmel darboten, so war der schnelle Doppelschuss auch sofort von einem schweren Doppelplumps ins Meer gefolgt. Jeder Jäger wird gern diese Erzählung entschuldigen, es sind seitdem viele Jahre verflossen, und man durchlebt dann ja so gern in der Erinnerung die einstmaligen frohen Momente der Jagd.

Ehe ich sammelte, fing Oelrich Aeuckens einmal im Winter einen sehr hellgrünen Kormoran mit hellgrünen Augen, der in der Grösse kaum einen kleinen Sägetaucher übertraf; derselbe kam in das Museum zu Lund; ich glaubte lange, dieses Stück müsse einer

besonderen Art angehören. Collett hat mir jedoch Maasse von Norwegischen Seeraben mitgetheilt. die jeden Zweifel hoben.
    Entgegen der vorhergehenden Art hat dieser Kormoran ein
engbegrenztes Nistgebiet: dasselbe scheint sich auf Island, Grossbritannien, die Kanalinseln, die Norwegische Westküste und die
Nordküste Lapplands zu beschränken.

Tölpel. Sula. Die einzige Europäische Art dieser Gattung ist
auch auf Helgoland oder vielmehr auf dem Meere bei demselben, vertreten; sechs weitere Arten sollen noch über alle Meere der Welt
bis Neuseeland hinunter verbreitet sein, von denen jedoch keine
Europa besucht zu haben scheint.

Nr. 352. Bassgans.

SULLA BASSANA. Brisson.

Helgoländisch: Gent. Name der Art.

Dysporus bassanus. Naumann, XI. S. 14.
Gannet. Dresser. VI. p. 181.
Fou blanc. Temminck. Manuel. II. p. 905. IV. p. 569.

    Wer diesen schönen. stattlichen Vogel in seinem blendend
weissen Kleide und während seines wundervollen Fluges jemals
über seinem heimathlichen Elemente, dem Meere, schweben gesehen.
kann nur mit Widerstreben den ihm angehängten Namen eines
Tölpels niederschreiben. Hier bei Helgoland kommt derselbe leider
nur vereinzelt. aber fast während aller Monate des Jahres und in
allen Abstufungen vom dunklen Jugend- zum reinen. weissen ausgefärbten Kleide vor -- Ausnahmen dürften Januar und Februar
bilden, wenn solche von strengem Frostwetter begleitet sind.
    Ein grosser Genuss ist es. diese Vögel an den Schottischen
Küsten in zahllosen Massen sich herumtummeln zu sehen, namentlich, wenn man von hohen Felsgipfeln dieses mit malerischen Schön-
heiten so verschwenderisch ausgestatteten Landes auf das tief unten
wogende Meer hinunterblickt. wo nah und fern Schaaren dieser
Vögel in ihrem schneeigen Kleide über der weiten grünen Fläche
umherschweben.
    Die Brutstätten dieses Vogels liegen in einem vergleichsweise
kleinen Kreise des nördlichen Atlantischen Ozeans: auf Island, den
Faröern, Orkneys, Hebriden und anderen Inseln der Schottischen

Küste nistet derselbe in unglaublichen Massen, so auf einer der nördlichsten derselben, Sula S'Geir, nach Seebohm in 150000 Paaren. Auch einige der gegenüberliegenden Amerikanischen Inseln enthalten kleinere Brutkolonien.

Möwe. Larus. Die Gattung dieser Vögel, von denen man wohl sagen darf, dass ihre Schwingen sie tragen, soweit die Salzfluth der Ozeane die Länder der Erde umströmt, umfasst etwa fünfzig, vielfach ganz ausserordentlich individuenreiche Arten. Einer derselben, die man als schönste und seltenste von allen bezeichnen darf: *Larus Rossii,* ist auch durch ein hier erlegtes Exemplar das Recht geworden, als Ehrenbürger Deutschlands zu gelten.

Nr. 353. Grosse Eismöwe.

LARUS GLAUCUS. Brünnich.

Helgoländisch: Isskubb = Eismöve.

Larus glaucus. Naumann, X. S. 350.
Glaucous Gull. Dresser, VIII. p. 433.
Mouette burgermeister. Temminck, Manuel. II. p. 757. IV. p. 467.

Nur höchst selten erhält man hier alte Vögel dieser Art mit ihrer so überaus zarten weisslich grauen Rückenfärbung, und dann stets nur solche, die das Winterkleid mit geflecktem Kopf und Hinterhalse tragen; im Sommerkleide, an welchem auch die letzteren Theile rein weiss sind, ist sie hier noch nicht erlegt oder gesehen worden, dahingegen werden junge Vögel in hell graubrauner Färbung alljährlich während der Spätherbst- und Wintermonate des öfteren geschossen.

Die Eismöwe brütet in allen Insel- und Küstengebieten rund um den Pol bis 82° N. hinauf.

Nr. 354. Kleine Eismöwe.

LARUS LEUCOPTERUS. Faber.

Helgoländisch: Lütj Isskubb = Kleine Eismöwe.

Larus leucopterus. Naumann, X. S. 367.
Iceland Gull. Dresser, VIII. p. 439.
Mouette leucoptère. Temminck, Manuel. IV. p. 467.

Diese kleinere, viel schöner und schlanker gebaute Wiederholung der vorhergehenden Art kommt hier ungleich seltener vor

als jene; man kann nicht darauf rechnen, während der Herbst-
und Wintermonate jeden Jahres auch nur ein Stück zu erhalten,
und dann stets nur junge Herbstvögel, deren Gefieder in allen
unter meine Beobachtung gekommenen Fällen bedeutend heller ist
als das der oft sehr düster braun gefärbten gleich alten Stücke
der grossen Art. Sehr auffallend ist der bedeutende Grössenunterschied dieser jungen Vögel unter sich; ich habe öfter solche erhalten, die man zu der vorhergehenden hätte zählen können, wenn
nicht die verhältnissmässig viel längeren Flügel diese Art sofort
kenntlich machten: dieselben überragen den Schwanz sieben bis
acht Centimeter, während dieselben bei Jungen der grossen Eismöwe fast immer von gleicher Länge mit demselben sind. Einer
der hiesigen Ausstopfer besass vor Jahren einen sehr hellen jungen
Vogel dieser Art, der thatsächlich nur wenig grösser war als *Larus
canus*, den er mir aber nicht überlassen wollte.

Die kleine Eismöwe brütet von Alaska und den Aleuten
durch die arktischen Küstenstriche von Nordamerika bis Grönland.

Nr. 355. Mantelmöwe.

LARUS MARINUS. Linn.

Helgoländisch: Alte: Manteldräger = Mantelträger.
Junge: Groot grü Kubb = Grosse graue Möwe.

Larus marinus. Naumann, X. S. 438.
Greater black-backed Gull. Dresser, VIII. p. 427.
Mouette à manteau noir. Temminck, Manuel. II. p. 760. IV. p. 471.

Alte schwarzrückige Vögel dieser stattlichen kräftigen Möwe
sind hier besonders zahlreich während der stürmischen Herbst-
und Wintermonate vertreten: bei heftigen Weststürmen sieht man
dieselben oft in Schaaren von hunderten unter der Leeseite der
Insel versammelt, es tragen diese alle das an Kopf und Hals
dunkelgefleckte Winterkleid; früh im Frühjahr lieben sie es, sich
bei schönem Wetter in grosser Anzahl auf dem flachen nördlichen
Vorstrand der Düne zu sonnen. Stücke im ausgefärbten reinweissen Sommerkleide erhält man nur höchst selten, dahingegen
Junge im ersten Herbst und zweiten Jahr ihres Lebens sehr oft.

Brutvogel ist die grosse Mantelmöwe in Grönland, Island,
an den Britischen Küsten und auf dessen Inseln, vom mittleren

bis zum oberen Skandinavien hinauf, zerstreuter in Russland bis
zu der Petschoramündung: im nördlichen Asien scheint sie nicht
vorzukommen, dahingegen brütet sie aber in Alaska und Labrador,
wahrscheinlich also auch in den dazwischen liegenden Strichen
Nordamerikas.

Nr. 356. Kleine Mantelmöwe.

LARUS FUSCUS. Linn.

Helgoländisch: Lütj Manteldräger = Kleiner Mantelträger.

Larus fuscus. Naumann, X. S. 419.
Lesser black-backed Gull. Dresser, VIII. p. 421.
Mouette à pieds jaunes. Temminck, Manuel. II. p. 767. IV. p. 471.

Einer jugendlichen Wiederholung gleich erscheint die kleine
schlanke, in allen Körpertheilen gestrecktere Gestalt dieser Möwe
den robusten festen Körperformen der vorhergehenden gegenüber,
namentlich sind es die im Vergleich zur Körpergrösse des Vogels
viel längeren Flügel, welche die kleine Mantelmöwe, besonders
auch im Fluge, zu einer viel graciöseren Erscheinung machen.
Leider sieht man von derselben hier nur selten einen vereinzelten
Vogel, namentlich im Sommerkleide mit weissem Kopf wird kaum
in je zehn Jahren einmal einer geschossen. Junge Herbstvögel,
in ihrem sehr dunkelbraun gefleckten Kleide und vielem Schwarz
an der Endhälfte des Schwanzes, kommen im Laufe des September
des öfteren vor.

Diese Möwe brütet im westlichen Europa, an den Küsten
Skandinaviens, Grossbritanniens, Frankreichs, Spaniens und, nach
Irby, auch zerstreut an der gegenüberliegenden Afrikanischen
Küste.

Nr. 357. Sibirische Möwe.

LARUS AFFINIS. Reinhardt.

Siberian Herring-Gull. Dresser, VIII. p. 417.

Von dieser nördlichen Möwe habe ich hier bisher nur ein
Exemplar erlangen können, und zwar einen jüngeren Vogel,
der in der Mauser zu seinem ersten ausgefärbten Winter-

kleide steht, am Rücken die eigenthümliche dunkel schiefergraue
Färbung trägt, aber an den mittleren Federn des weissen
Schwanzes noch ein wenig schwarz bespritzt ist: in den Maassen
stimmt dies Stück vollständig mit einem alten von Finsch am Ob
erlegten Vogel überein. Leider sind zwei weitere hier geschossene
Stücke verloren gegangen, indem eines derselben, ein schöner
alter Vogel im reinen Sommerkleide und mit gelben Füssen, zu einem
Damenmuff verarbeitet worden, und ein jüngerer Vogel zu einem
Damenhute verwendet ward. Das in meiner Sammlung befindliche
Stück schoss ein Herr Feodor Schneider aus Schlesien in der
Nähe der Düne am 20. August 1878 und hatte die grosse Güte
es mir zu schenken. Während eines heftigen Weststurmes am
20. Oktober 1879, der Unmassen von Möwen im Lee der
Insel versammelt hatte, unter anderen hunderte von *Larus minutus*, flog wiederum eine Sibirische Möwe in kurzer Schussweite
über der heftigen Brandung am Strande auf und ab, hier und da
nach Nahrung sich senkend: man hätte den Vogel sehr leicht
schiessen können, derselbe wäre aber fortgetrieben, da der Sturm
viel zu heftig und der Seegang viel zu hoch war, als dass ein Boot
hätte hinausgehen können. Dem Treiben eines so heissbegehrten
Vogels in nächster Nähe ruhig zusehen zu müssen, ohne ihn erlangen zu können, ist Tantalusqual, der peinigendste derartige
Fall den ich jemals durchzumachen hatte, ist aber jener bei *Hirundo rufula* mitgetheilte.

Es möge erwähnt werden, dass der lebende oder frisch erlegte Vogel in seinen Körper- und Flügelverhältnissen sich viel
näher *Larus fuscus* anschliesst als *argentatus*, denn auch bei
ihm überragen die ruhenden Schwingen den Schwanz eben so bedeutend wie bei *fuscus*, was bekanntlich bei *argentatus* nicht der
Fall ist.

Die Sibirische Möwe nistet von den Petschoramündungen an
ostwärts längs den Eismeerküsten Asiens, sowie auch noch in
Alaska. (*Larus cachinnans*. Alaska. Signal Service U. S. Army.)
Nachträglich habe ich hinzuzufügen, dass am 25. Oktober 1888
ein alter Vogel geschossen ward, der sich in meiner Sammlung
befindet.

Nr. 358. Silbermöwe.

LARUS ARGENTATUS. Brünnich.

Helgoländisch: Alte: Sömmerkubb = Sommermöwe.

Junge: Grü Kubb = Graue Möwe.

Larus argentatus. Naumann, X. S. 379.

Herring-Gull. Dresser, VIII. p. 399.

Mouette à manteau bleu. Temminck, Manuel. II. p. 764. IV. p.470.

Zu allen Zeiten des Jahres ist diese die am zahlreichsten
vertretene der vielen hier vorkommenden Möwenarten, und auch
diejenige welche, nach Nahrung spähend, am häufigsten in unmittelbarster Nähe der Insel herumschweift. Zu vielen Hunderten,
ja zu Tausenden sammeln sie sich an, wenn während der Früh-
jahrs- oder Herbstfischerei der Fischabfall ihnen willkommenes
Futter in grosser Fülle darbietet, und es ist ein wundervoller Anblick, namentlich während der ersten Sommermonate, wenn die weit
überwiegende Zahl dieser Vögel aus alten schneeweissen Stücken besteht, sich in buntem Gewimmel nahe am Strande über eine Fläche von
etwa tausend Schritten verbreitet, in jeder Höhe vom Meeresspiegel
bis zu ein paar hundert Fuss Erhebung, durcheinanderschwebend,
sich kreuzend, auf- und absteigend, unter lautem hellklingendem
Kliau-Kliau-Kliau sich herumtummeln zu sehen. Von einer noch
grösseren Schönheit ist aber das Bild, wenn die ganze Schaar,
momentan durch ein Boot in ihrem Treiben gestört, kreisend aufwärts gestiegen ist bis über die Höhe des Felsens, und dort in der
sonnigen stillen klaren Atmosphäre auf regungslos ausgebreiteten
Fittichen treibend, ohne zu sinken, ohne zu steigen, in schönen
Kreisen und Bogenlinien sich durch und um einander dreht, bis
das Boot davon gerudert ist und sie wieder zur unterbrochenen Beschäftigung zurückkehren.

Ich kann hier nicht umhin, nochmals meine durch nichts zu
erschütternde, mit fortschreitender Beobachtung und unter strengster, gegen meine eigene Ansicht gerichteter Kritik, die stets sich
mehr befestigende Ueberzeugung auszusprechen: dass diese Möwen,
sowie die Mehrzahl der Vögel, mit Eigenschaften und Fähigkeiten
ausgestattet und begabt sein müssen, vermöge welcher sie die allgemeinen Gesetze der Schwerkraft nach Bedürfniss zu neutrali-
siren im Stande sind, ohne sich dabei der mechanischen Kräfte
der Flügelbewegung zu bedienen, noch durch Luftströmungen darin
unterstützt zu werden. Nicht allein können sie während Wind-

stille geradeaus oder seitwärts mit ruhig ausgebreiteten Flügeln
dahinschweben, sondern, wie bei den Bussarden des näheren besprochen, können sie auch in der ganz stillen Atmosphäre mit
bewegungslos ausgebreiteten Flügeln zu beliebigen Höhen aufwärts
schweben. Das in gleicher Ebene Schweben der Möwen geschieht
unter allen Wetterphasen, vom heftigsten Sturm bis zur vollständigsten Windstille, von reissend schnellster Vorwärts- oder Seiten-
bewegung bis zum langsamsten Dahingleiten, letzteres oft so langsam, dass die Ueberzeugung nicht zurückzudrängen ist: der Vogel
müsse unbedingt über ungekannte Mittel verfügen, die sein Sinken
verhindern, da sowohl der Flächeninhalt seiner Flügel, wie die
nicht konkave Form derselben offenbar zu unzureichend sind, um
ihn fallschirmartig tragen zu können. Ich habe diese Beobachtungen während einer so langen Reihe von Jahren und tausend-
fältig unter so günstigen Bedingungen auf der Spitze der hiesigen
Landungsbrücke, wo die Möwen zu Hunderten mich in nächster
Nähe umschwebten, machen können, dass jede Täuschung absolut
ausgeschlossen ist. Es entbehrt ja die Natur dieser Erscheinung
bisher jeder erklärenden Darlegung, aber ebenso ist es mit der
verwandten, wenn auch in entgegengesetzter Weise sich äussern-
den Erscheinung des langsamen Versenkens (nicht Tauchens) des
Körpers von Schwimmvögeln in die specifisch so viel schwerere
Wassermasse — letzeren Vorgang kann man nicht in Abrede stellen,
vermag ihn aber ebensowenig zu erklären, wie den entgegengesetzten
des Aufschwebens des schwereren Vogelkörpers in der leichteren
Atmosphäre.

Man hat mehrseitig die Vermuthung ausgesprochen, dass ein
solches Aufwärtsschweben der Vögel mit bewegungslos ausgebreiteten Flügeln durch vibrirende Bewegungen der einzelnen Federn
erzielt werde, ich kann aber in Folge von, in nächster Nähe gemachten, zahlreichen Beobachtungen auf das bestimmteste versichern, dass derartige Bewegungen der einzelnen Federn nicht
stattfinden. Ich sowohl, wie der leider jetzt auch verstorbene
jüngste der Brüder Aeuckens, haben, im sommerlichen Sonnenscheine
dicht am Rande des Felsens liegend, hundertfältig die alten Silber-
möwen, welche längs der Felswand flogen und unsere Gegenwart
nicht ahnten, in der Nähe weniger Schritte von uns über den
Felsrand aufschweben sehen, und zwar so nahe, dass uns die
schwarze Pupille ihres klaren Auges ganz deutlich sichtbar war;
wir haben aber niemals die geringste Spur der angeblichen vibriren-
den Bewegung der Federn entdecken können, obgleich die Vögel

so nahe waren, dass irgend etwas derartiges uns hätte sichtbar
werden müssen. Alles was vorzugehen schien, war, dass die Vögel
beim plötzlichen Erblicken eines oder zweier Menschen in so un-
erwarteter Nähe, ihr Gefieder etwas straffer anzogen, sonst aber
ohne Flügelbewegung in der stillen klaren Luft ruhig, aber ziemlich schnell, aufwärts schwebten.

Um zu einem sicheren Ergebnisse zu gelangen, muss man von
den hunderten nach Nahrung umherschwärmenden Möwen nur eine
im Auge behalten; sie wird in mässiger Schnelle über der Wasserfläche, worauf Fischabfälle treiben, mit ruhig ausgebreiteten Flügeln
dahinstreichen, in grösserem Bogen umkehren um aufs neue die
Fläche zu überfliegen; glaubt sie in einiger Entfernung einen
Bissen zu erblicken, so wird sie sofort die Geschwindigkeit so
sehr verringern, dass sie, in der Nähe des Gegenstandes angekommen, nur noch so langsam horizontal vorwärts gleitet, dass sie
herunterfallen müsste, wenn sie nicht durch andere Mittel als die
ihrer ruhig ausgebreiteten Flügel schwebend erhalten würde: sie
wird derartig etwa zehn Schritt über ihre Beute hingleiten, eine
schnelle kurze Wendung machen und dann erst in schräger Richtung zum Gegenstande ihrer Aufmerksamkeit hinunter gleiten, und
erst jetzt beim Aufnehmen desselben und während des nächsten
Momentes danach, einige nicht zu starke Flügelschläge machen,
worauf sie mit kleiner Wendung wieder zur vorigen Höhe, zehn
bis zwanzig Fuss, aufsteigt um ihren Schwebeflug aufs neue fortzusetzen.

Während schwereren Sturmes schweben die grossen Möwen in
Höhen bis zu wenigstens tausend Fuss ebenso ruhig umher, wie
bei der vollständigsten Windstille, ihr Verhalten ist auch dann
ganz dasselbe: wie im ruhigsten Sonnenschein gleiten sie stundenlang mit horizontal ausgebreiteten Flügeln dahin, gleichviel ob
dem Winde entgegen oder mit demselben, ob geradeaus, ob seitwärts fliegend oder kreisend; nun ganz langsam hin und her
schwebend, dann mit Sturmeseile einem fernen Ziele zustrebend,
sehr oft auch fast minutenlang ruhig an einem Punkte verbleibend;
dies letztere, wie alle Bewegungen und Wendungen, in horizontaler
Körperlage und ebenso gebreiteten Flügeln ausführend. Es ist
ein grosser Genuss, welchem ich so manche Stunde obgelegen, dem
Treiben dieser wunderbaren Flieger zuzuschauen — die ganze
Vogelwelt bietet wohl kaum etwas anmuthigeres und graciöseres
dar, als es der Schwebeflug dieser mehr denn schneeig weissen
Geschöpfe ist.

Ganz jung aufgezogene Silbermöven werden ausserordentlich
zahm: Helgoländer haben es wiederholt so weit gebracht, dass
solche Stücke, mit ihren wilden Verwandten herumfliegend, auf
den Pfiff ihres Herrn sofort zu demselben zurückkehrten; dies
nutzte ein hiesiger Jäger für Jagdzwecke aus, indem er seine
Möwe mit sich auf die Klippe nahm und beim Erscheinen wilder
Möwen erstere aufwarf, die sich dann sofort zu jenen gesellte und
mit ihnen umherschwebte, auf einen Lockpfiff ihres Besitzers sich
aber sofort zu ihm zurückwandte, gefolgt von den wilden Vögeln,
von denen er dann mit leichter Mühe einen oder den andern erlegen
konnte. Eines Tages, als dieser Jäger von einem anderen sehr
guten Schützen, Jan Aenckens, begleitet war, kam seine Möwe
dieserart mit vier anderen zu ihm zurück, und vier schnelle Schüsse
brachten sämmtliche wilden Vögel herunter — dies erschreckte
jedoch die zahme Möwe derartig, dass sie einem Falken gleich mit
angelegten Flügeln herniederstürzte und sich zwischen den Füssen
ihres Herrn niederkauerte.

Bis vor etwa achtzig Jahren hat diese Art hier noch in den
Felsen und auf der Düne gebrütet, die Brutvögel durften damals
bis zum Jacobitage, dem 25. Juli, nicht beunruhigt werden: in der
folgenden Zeit hat dieser Schutz wohl aufgehört, denn als ich vor
fünfzig Jahren hieher kam, waren keine Brutmöwen mehr vorhanden und auf die am Felsen brütenden Lummen schoss wer Lust
dazu hatte. Auch hat sich der Umfang der Düne sowie die Höhe
der Sandhügel in so erschrecklicher Weise verringert und der
Verkehr auf derselben sich durch Gründung des Bades so sehr
gesteigert, dass dadurch allein schon jeder Nistversuch vereitelt
werden musste.

Auf dem nahen Sylt sind diese Möwen gleichfalls fast ganz
ausgerottet, und zwar in Folge des durch den Deutschen Reichstag
erlassenen Vogelschutz-Gesetzes. Dort brüteten dieselben bis zum
Jahre 1873 zu vielen Tausenden, auch Eidergänse ziemlich zahlreich; als ich aber im Juni 1874 jenen Brutplatz besuchte, sah
ich allerdings noch mehrere hundert Nester, aber alle bis auf drei
ausgeraubt. Die Dünenhügel, welche das Heim der Silbermöwe
auf jener Insel bilden, sind in ihren sehr ausgedehnten Niederungen
mit kurzem Haidekraut und Gräsern dicht bewachsen und werden
als Weideplätze für bedeutende Schafheerden benutzt: die Grund-
besitzer hatten seit uralten Zeiten das Recht, die Vogeleier zu
sammeln, welche zu Markte gebracht, eine gar nicht unbedeutende
Revenue bildeten. Man nahm den Vögeln aber nur die ersten

Gelege und schützte sie während ihrer weiteren Brutgeschäfte dadurch, dass man den Schafhütern die kleinen Eier der Seeschwalben überliess, wogegen sie jeden Unbefugten fernhielten. Das obige Vogelschutz-Gesetz verbot nun aber den Besitzern jener Grundstücke das Sammeln der Möweneier, sie hatten somit kein Interesse mehr, für den Schutz ihrer Möwen zu sorgen, und die Folge war, dass die Insulaner während der Nacht und der frühen Dämmerstunden alle Nester ausraubten, deren sie habhaft werden konnten — ich fand, wie oben gesagt, nur noch drei Nester mit Eiern vor, während tausende von Möwen mit kläglichem Geschrei die Luft erfüllten; auf jedem Dunghaufen der kleineren Häuser der Insel lagen aber Schubkarrenladungen von Schaalen von Möweneiern; man hielt sogar den Versuch, dieselben zu verbergen, für überflüssig.

Die Niststätten dieser Möwe erstrecken sich vom östlichen Skandinavien westwärts bis in das mittlere obere Amerika und reichen südlich längs den Nordseeküsten, den Küsten von Frankreich. Spanien, bis zu den Azoren und Canarischen Inseln hinunter.

Nr. 359. Sturmmöwe.

LARUS CANUS. Linn.

Helgoländisch: Buhr = Bauer.

Larus canus. Naumann, X. S. 301.
Common Gull. Dresser, VIII. p. 381.
Mouette à pieds bleus. Temminck, Manuel. II. p. 771. IV. p. 477.

Auch diese Möwe ist hier sehr zahlreich und von jedermann gekannt, dennoch aber kommt sie nie so zahlreich vor, als die vorhergehende, namentlich im ausgefärbten Sommerkleide mit rein weissem Kopf erhält man sie nur sehr vereinzelt. Sie ist übrigens auch viel scheuer als alle übrigen hiesigen Arten und versteht es ganz vorzüglich, sich gerade ausser Schussbereich des Jägers im Boote zu halten, folgt auch durchaus nicht den als Lockmittel aufgeworfenen todten Möwen, scheut sogar eher davor zurück, als dass sie sich zu einem unvorsichtigen Schritte verleiten liesse.

Die Sturmmöwe brütet von den Hebriden, Orkneys, Shetlandsinseln und Skandinavien bis zum Nordkap hinauf, durch das ganze nördliche Asien.

Nr. 360. Dreizehige Möwe.

LARUS TRIDACTYLUS. Latham.

Helgoländisch: Müüsk. Name ohne weitere Bedeutung.

Larus tridactylus. Naumann, X. S. 322.
Kittiwake. Dresser, VIII. p. 447.
Mouette tridactyle. Temminck, Manuel. II. p. 774. IV. p. 478.

Von Ende Oktober bis gegen Ende Januar ist die dreizehige Möwe die am zahlreichsten vertretene Art auf den Helgoland umgebenden Theilen der Nordsee und wird im Laufe des November und Dezember in sehr grosser Zahl geschossen; schwacher Westwind mit trüber, milder Atmosphäre ist das günstigste Wetter für das massenhafte Erscheinen der Vögel und für die Jagd auf dieselben, die in der Entfernung von einer viertel bis starken halben Meile von der Insel betrieben wird — näher an die Insel kommt diese Möwe nur ausnahmsweise und vereinzelt. Nach Neujahr, wenn die Tage merklich länger und heller werden, verringert sich die Zahl derselben zusehends, sie fangen dann wohl an, sich nach ihren nordischen Heimathsplätzen zurückzuziehen.

Man bedient sich zur Jagd kleiner Ruderboote, besetzt mit zwei bis drei Mann, von denen jeder eine Doppelflinte führt; diese können unter sehr günstigen Verhältnissen es im Laufe eines Vormittags bis auf zweihundert Stück bringen. Diese Möwen sind sehr einfältig, sie kommen meistens aus eigenem Antriebe ganz nahe herangeflogen, wenn dies aber nicht geschieht, so lockt man sie sehr leicht dadurch heran, dass man die Bewegung der nach Nahrung niederfallenden Vögel nachahmt, indem man einen oder mehrere todte Vögel aufwirft, in Ermangelung solcher thun ein paar zusammengeknotete Flügel dieselben Dienste; die Möwen umfliegen das Boot in nächster Nähe ein- bis zweimal und ziehen dann, wenn nicht erlegt, wieder ihres Weges. Diese harmlosen Thiere scheuen nicht einmal vor dem Schuss, im Gegentheil, wenn ihrer zehn bis zwanzig das Boot umkreisen und man nur fortwährend welche herunterschiesst, so kommen ihrer immer mehr herbei. Mit den jetzigen bequemen Hinterladern muss das sehr leicht sein, in meinen jungen Jahren, als ich diese Jagd noch betrieb, hatte man sich mit dem langsamen Ladestock und den Zündhütchen zu behelfen; trotzdem habe ich es nicht selten während der Vormittagsstunden bis auf einige neunzig Stück gebracht.

Früher schoss man diese Möwen hier nur des Fleisches und der Federn halber; sie sind während des November und Dezember

ganz ausserordentlich fett und werden dann mehr oder weniger
als Leckerbissen betrachtet, ein gewisser Grönländischer Geschmack
haftet ihnen zwar allerdings an, dennoch aber habe auch ich sie
zur Zeit, da ich sie selbst noch schoss, sehr gern in ihrer Helgoländer Zubereitung gegessen: diese besteht darin, dass man grobe
Gerstengrütze über gelindem Feuer in etwas Wasser und Salz etwa
halb gar werden lässt, den Boden eines steinernen oder Messing-
gefässes damit bedeckt, darauf eine Schicht Möwen legt, diese mit
Grütze eindeckt, wiederum eine Schicht Möwen und Grütze und
so fort, bis das Quantum der Kopfzahl der Familie entspricht;
den Schluss bildet eine Lage Teich mit eingestreuten Rosinen.
Diese primitive Pastete wird etwa drei Stunden in den Backofen
gestellt und am Mittag servirt, indem man das Gefäss über eine
Schüssel umkehrt, worauf der Inhalt schön braun gebacken und
fettglänzend in mehr oder weniger vollkommener Form herausgleitet
dem äussern Schein nach jedenfalls ein sehr verlockendes Gericht.

Seit Helgoland ein so hervorragendes Seebad geworden, ist
diese »Seemöwe« hübsch gestopft ein als Souvenir der Insel sehr
gesuchter Artikel; ganz besonders aber findet dieselbe massenhafte
Verwendung, sogar als Exportgegenstand, für Anfertigung von
Damenhüten, Muffs und dergleichen.

Die Brutzone dieser Möwe erstreckt sich rings um den Pol
bis in sehr hohe Breiten, Capitän Fielden traf dieselben im Smith-
Sound und der Baffinsbay, Parry nördlich von Spitzbergen noch unter
$82^{1}/_{2}^{0}$ N., sie nistet auf Nowa Zembla, im nördlichen Skandinavien,
Grönland, dem arktischen Amerika und südlich hinunter an den
Britischen Küsten. Vor etwa neunzig Jahren hat noch eine
ziemliche Anzahl an einer Stelle der Westküste Helgolands gebrütet;
der alte Aeucke Ö. Aeuckens, Vater der oftgenannten drei Brüder
Aeuckens, hat in seinen Knabenjahren sie dort noch gesehen.

Nr. 361. Grosse Schwarzkopf-Möwe.

LARUS ICHTHYAETOS. Pallas.

Larus ichthyaetos. Keyserling und Blasius. Wirbelthiere Europas. S. XCV
und 241.
Great black-headed Gull. Dresser. VIII. p. 369.
Mouette ichthyaetos. Temminck, Manuel. IV. p. 472.

Diese so ausgezeichnete grosse schwarzköpfige Möwe ist hier
einmal vorgekommen, leider ehe ich sammelte, und wahrscheinlich

noch ein zweites mal gesehen worden. Ich habe noch kein Exemplar erhalten können, was leider auch wohl nicht so bald geschehen dürfte, obzwar schon mancher andere seltene Fremdling aus der Heimath dieses Vogels meine Sammlung ziert, und obzwar dieselbe im Sommer des Jahres 1858 oder 1859 in England geschossen worden ist. (Dresser.)

Brütend ist diese Möwe bisher nur im Caspischen Meer-Gebiet. an der unteren Wolga und seltener am Schwarzen Meere gefunden worden. Tristram traf sie im Winter am See von Galiläa, andere Forscher am Rothen Meere und an den Küsten Indiens.

Nr. 362. Lachmöwe.

LARUS RIDIBUNDUS. Linn.

Helgoländisch: Lachmööw = Lachmöwe.

Larus ridibundus. Naumann, X. S. 364.
Black-headed Gull. Dresser, VIII. p. 357.
Mouette rieuse. Temminck, Manuel. II. p. 780. IV. p. 485.

Alte Vögel dieser Art mit braunem Kopf werden hier nur selten gesehen und erlegt, und ganz junge, mit noch braunem Rücken, kommen im August und September auch nur vereinzelt vor; dahingegen erscheinen sporadisch grosse Schaaren jüngerer und alter Stücke im Winterkleide.

Diese hübsche Möwe brütet an allen Binnenseeen des gemässigten Europa und Asien.

Nr. 363. Bonaparte's Möwe.

LARUS BONAPARTII. Swainson.

Larus Bonapartii. Richardson und Swainson, Faun. Bor. Amer. p. 425. pl. 72.
Larus philadelphia. Seebohm, Brit. Birds. III. p. 307.

Diese Amerikanische Möwe. welche in der Grösse zwischen *ridibundus* und *minutus* steht. und deren Kopf im vollendeten Sommerkleide grauschwarz gefärbt ist, habe ich hier einmal im Winterkleide mit schönen rothen Füssen erhalten, und zwar während des strengen Winters von 1845. In England ist dieselbe etwa acht-

37

bis zehnmal gesehen und in den meisten Fällen erlegt worden. Ihr
Brutgebiet erstreckt sich durch das ganze hochnördliche Amerika.
von Labrador bis Alaska.

Nr. 364. Zwergmöwe.

LARUS MINUTUS. Pallas.

Helgoländisch: Stenn-poahl. Name ohne besondere Bedeutung.

Larus minutus. Naumann, X. S. 242.
Little Gull. Dresser, VIII. p. 373.
Mouette pygmée. Temminck, Manuel. II. p. 787. IV. p. 490.

Wenngleich auch alle Möwenarten vor Herannahen des Winters
ihre nördlichen Brutstätten verlassen, um sich in gemässigtere
Breiten zu begeben, so kommt dies doch bei keiner derselben so
als wirklicher Zug zur Anschauung, als bei dieser kleinen, niedlichen
Möwe. Man sieht dieselbe am Schluss des September und in der ersten
Hälfte des Oktober in langgestreckten Schaaren an der Insel vorbei
über das Meer dahinwandern, aber es ist dies eine ganz andere
Bewegung, als man von den meisten ziehenden Vögeln gewohnt ist
zu sehen, denn solche Gesellschaften, die aus hundert bis zweihundert Stücken bestehen, fallen, während sie in buntem Gewimmel
ganz niedrig über das Meer dahinfliegen, fortwährend nach Nahrung herunter, dabei aber dennoch in fest westlich eingehaltener
Richtung sehr schnell dahineilend und sehr bald den Blicken ent-
schwindend. Ausserdem kommen während aller Wintermonate bei
heftigen West- und Nordweststürmen diese Möwen in bedeutender
Menge unter ihre grossen Verwandten gemischt hier vor, indem
sie mit diesen zusammen zeitweilig Schutz im Lee der Insel suchen.
Während sie niedrig über dem Meere hier- und dahin nach Nahrung fliegen, schlagen sie viel und schnell mit den Flügeln, dabei
fortwährend die so eigenthümlich grauschwarz gefärbte Unterseite
derselben zeigend.

Schon bald nach Neujahr fangen die hell bläulichgrauen Federn
des Hinterkopfes an, auf dem Wege der Umfärbung in das Schwarz
des Sommerkleides überzugehen: der Kiel jeder dieser Federn färbt
sich zuerst schwarz und von hier aus erstreckt sich die Umfärbung
in Gestalt feinen schwarzen Staubes über die weitere Fläche derselben; die am Winterkleide ganz rein weissen Federn der untern
Seite des Kopfes, des Vorderhalses und der Halsseiten färben sich in

der Weise um, dass das reine tiefe Schwarz an den äussersten
Spitzen der Strahlen jeder Feder als kleines Stäubchen zuerst auftritt, anfänglich einen feinen schwarzen Endsaum bildend, nach
und nach wurzelwärts vorschreitend, bis es schliesslich die ganze
Feder bedeckt. Die Umwandlung aller dieser ganz rein weissen
Theile in tiefstes Schwarz beginnt gleichzeitig an der unteren Grenze
dieser schwarzen Zeichnung, allmählich aufwärts vorschreitend, so
dass schliesslich nur noch das sogenannte Kinn weiss erscheint.

Im reinen Sommerkleide habe ich diese Möwe hier nur zweimal erhalten, eines dieser Stücke, in seinem ganzen Kleide vollkommen in allen Federn, ward jedoch merkwürdiger Weise am
15. November — 1861 — geschossen, die schwarze Kopfzeichnung
ist aber nicht etwa seit dem Frühjahr getragen, sondern frisch,
dicht und neu, wie der Rest des ganzen Gefieders; bei den grossen
Tauchern, *Colymbus septentrionalis* habe ich wiederholt ähnliches
gesehen, sonst aber bei keinem anderen Vogel beobachtet.

Diese kleine Möwe nistet vom Ladoga- und Onegasee durch
Südsibirien bis zum Ochotzkischen Meere.

Nr. 365. Sabine's Möwe.

LARUS SABINII. J. Sabine.

Larus Sabinii. Naumann, XIII. Blasius, Nachträge. S. 272.
Sabine's Gull. Dresser, VIII. p. 337.
Mouette de Sabine. Temminck, Manuel. IV. p. 488.

Diese durch ihren ziemlich tief ausgeschnittenen Schwanz sich
so auffällig von allen vorhergehenden Gattungsverwandten unterscheidende kleine schöne Möwe habe ich hier zweimal erhalten,
beides junge Herbstvögel, an denen die abweichende Schwanzform
noch ganz besonders hervorgehoben wird durch die bis zu 28 mm
Breite an den weissen Federn hinaufreichende tiefschwarze Endzeichnung derselben. Das erste Stück schoss Jan Aeuckens am
25. Oktober 1847 bei sehr stürmischem nördlichen Winde; dann
nach langer Pause ward wiederum ein sehr hübscher junger Vogel
am 28. Oktober 1883 erlegt, und am 10. November desselben Jahres
ein ebensolcher gesehen, der zwar nicht geschossen wurde, über
welchen aber nicht der geringste Zweifel bestehen kann, denn die
beiden besten Kenner, Jan und Claus Aeuckens, sahen denselben
unabhängig von einander in geringer Entfernung ausserhalb des

37*

Randes der Klippe, konnten, oder vielmehr mochten denselben aber
nicht schiessen, da er in die tief unten tobende heftige Brandung
gefallen und vernichtet worden wäre.

Die Niststätten dieser Möwe erstrecken sich vom Taimyrlande
ostwärts durch das nördliche Asien und arktische Amerika bis
Grönland, aber auch auf Spitzbergen hat man sie angetroffen. An
den Englischen. Schottischen und Irländischen Küsten ist sie nach
Seebohm zwanzig- bis dreissigmal vorgekommen.

Nr. 366. Rosse's Möwe.

LARUS ROSSII.

Larus Rossii. Naumann, XIII. Blasius, Nachträge. S. 270.
Cuneate-tailed Gull. Dresser, VIII. p. 343.
Mouette de Ross. Schlegel, Krit. Uebers. d. Vögel Europas. p. CXXVI.

Unterschied *Larus Sabinii* sich von allen hier besprochenen
Möwenarten durch den tief ausgeschnittenen Schwanz, so besteht
im Gegensatz hiezu das besonders charakteristische Artkennzeichen
von Rosse's Möwe in dem ebensosehr von der allgemeinen Möwen-
form abweichenden. keilförmig zugespitzten Schwanze: an diesem
ist vom äussersten Federpaare an jedes folgende um mehrere
Millimeter länger. als das vorhergehende, das mittelste aber überragt alle in sehr bedeutender Weise. Entlich somit die erstere,
welche ihrem ganzen Bau und Charakter nach eine reine Möwen-
form ist, eine ihrer Aeusserlichkeiten den Seeschwalben, so könnte
man von der gegenwärtigen sagen, dass sie bei ihren, ebenfalls
dem Möwentypus vollkommen entsprechenden Körperformen, eine
den Raubmöwen eigenthümliche Schwanzbildung besässe: durch
diese, sich nicht über die Form des Schwanzes hinaus erstreckenden Abweichungen nähert sich jedoch die eine ebensowenig den
Seeschwalben, als die andere den Raubmöwen — wie ja auch
diese beiden letzteren Gattungen Arten aufweisen, welche die ihnen
eigene Gabel oder keilförmige Schwanzbildung kaum oder gar nicht
mehr besitzen.

Von den wenigen Exemplaren dieser so ausgezeichnet schönen
Möwe, die sich überhaupt in Sammlungen befinden, gehört eines
der schönsten. wenn nicht das schönste, Helgoland an; es ist ein
alter unverletzter männlicher Vogel im reinsten Winterkleide; derselbe ward in der Nähe der Insel am 5. Februar 1858 geschossen.

An demselben waren im frischen Zustande nicht allein Kopf, Hals, alle unteren Theile, sowie der Schwanz sehr schön, an der Brust sogar gesättigt rosenroth gefärbt, sondern auch die so zart bläulichgrauen Rückenfedern waren, namentlich an den Schultern, von dieser schönen Farbe durchdrungen, in derselben Weise, wie dies an den gleichen Theilen bei alten Männchen des östlichen Dompfaffen, *Pyrrhula major*, vorkommt. Leider schwindet diese so schöne Färbung an aufgestellten Stücken vollständig, was jedoch nicht dem Einfluss des Lichtes zuzuschreiben ist, denn ich hatte von den frischen rosenfarbigen Federn einige in ein Briefkouvert gethan und dies in ein Buch gelegt, dennoch aber waren auch diese Federn nach einem Jahre ganz rein weiss geworden.

Die wenigen unbedeutenden dunklen Theile meines Exemplares bestehen in einer ganz schwachen, aus schwarzen haarartigen Federchen gebildeten Einfassung des vorderen Augenrandes und einem schmalen tiefschwarzen Streif längs der Aussenfahne der ersten Schwungfeder, der jedoch nicht bis zur Spitze der Feder reicht ganz so, wie an dem Winterkleide von *Larus melanocephala* auf Tafel 259 des Naumann'schen Werkes dies abgebildet ist. Die ganze Aussenseite der Flügel, sowie der Rücken, sind sehr licht und rein bläulichgrau, alle übrigen Theile rein weiss, am frischen Vogel sehr schön gesättigt rosenroth gefärbt.

Der sehr kleine Schnabel ist schwarz, die Füsse zinnoberroth mit karminrother Beimischung. Am keilförmigen Schwanze überragt das mittelste Federpaar das nächste um 30 mm. Der Vogel ist von gleicher Grösse mit *Larus Sabinii*, steht somit ebenfalls in der Mitte zwischen *L. ridibundus* und *minutus*.

Ueber das heimische Brutgebiet dieser Möwe ist zur Zeit noch nichts mit Sicherheit zu berichten: Forschungen haben sich ja bis über 83° N. hinaus erstreckt, aber niemand ist es bisher gelungen, eine Niststätte derselben zu entdecken; unzweifelhaft befinden sich diese, wie schon bei *Tringa islandica* eingehend erwähnt, auf einem Land- oder Inselgebiet im Polarbecken, nördlich von dem durch die Jeannette im Juni 1881 aufgefundenen Inseln, denn es gelang dem diese Expedition begleitenden Zoologen, Mr. Newcomb, die bis dahin unerhörte Zahl von acht Exemplaren dieser Möwe zu erlegen. Dieselbe ist ferner an der Nordküste Alaskas in einigen Stücken, darunter ein nur wenige Monate alter Herbstvogel, geschossen worden; Ross erhielt die ersten je gesehenen Stücke auf der Melville-Halbinsel; Parry traf sie im Juli an, als er während seiner Bootexpedition über das Eis bis zu 82° 45' N. oberhalb Spitzbergen

gelangte; auf Franz-Josephs-Land erbeutete die Oesterreichische
Expedition eine dieser Möwen, und in der Nähe der Nordostküste
Sibiriens ward während der denkwürdigen Nordfahrt Nordenskjöld's
eine solche erlegt.

Wenn nun auch mehrseitig die Ansicht ausgesprochen worden
ist, dass sich im Polarbecken kein Land befinde, so weisen doch die
angeführten, den Pol umschliessenden Punkte des Vorkommens
dieser Möwe, sowie der auch unter diesen hohen Breiten noch
nordwärts gerichtete Frühlingszug derselben, dem sich Strandläufer.
Gänse und andere Arten anschliessen, auf das unwiderleglichste
darauf hin, dass innerhalb dieser Punkte, und nur dort, die Niststätten derselben und somit ein ausgedehntes, während der wenigen
Sommermonate eisfreies Land sich befinden müsse, und zwar nördlich von den Jeannette-Inseln etwa unter 85° N. und von da in der
Richtung nach Alaska bis zu 80° N. und tiefer hinunter sich ausdehnend.

Von den durch Newcomb während der Jeannette-Expedition
erlegten *Larus Rossii* hat derselbe drei mit sich genommen, als
dies Schiff am 13. Juni verloren ging, und die Bemannung ihren
von so furchtbaren Schicksalen begleiteten Marsch über das Eis,
von 77° N. nach dem Lenadelta antrat. Jeder dieser Wanderer
trug buchstäblich die Dauer seines Lebens, in Gestalt des Gewichtes
von Nahrungsmitteln, auf seinem Rücken mit sich, dennoch aber
konnte Newcomb nicht umhin, wenigstens drei Stücke seiner Ausbeute mit sich zu nehmen — die er als einer der Ueberlebenden
dann auch glücklich nach Washington brachte und sie dem Smithsonian Institution überlieferte.

Nr. 367. Elfenbeinmöwe.

LARUS EBURNEUS. Phipps.

Larus eburneus. Naumann, X. S. 341.
Ivory Gull. Dresser, VIII. p. 349.
Mouette blanche. Temminck, Manuel. II. p. 769. IV. p. 474.

Am 20. Januar 1850 ward ein alter, ganz weisser Vogel dieser
Art hier vom Strande aus krank geschossen, aber leider nicht erlangt, da er sich weit aufs Meer hinaus flüchtete. Es hatten schon
seit dem 8. des Monats östliche Winde mit Frost geherrscht, sehr
viele Tauchenten, Gänse, Säger und Schwäne hielten sich in der

Nähe der Insel auf oder zogen vorbei; Eismöwen, alte wie junge, wurden gesehen und des öfteren erlegt. auch eine junge Polarmöwe kam am 3. des Monats vor, alles Anzeichen, dass es in der hochnordischen Heimath dieser Vögel sehr unwirthlich geworden sein müsse. Es war hier schon bei einer früheren Gelegenheit eine ganz rein weisse Möwe gesehen worden, doch war der Berichterstatter in diesem Falle kein professionirter Jäger und deshalb nicht so zuverlässig wie der Erstere, dessen Angabe keinen Zweifel zulässt. An der Britischen Küste, namentlich an der des oberen Schottland, bei den Orkney- und Shetlandsinseln sind alte und junge Stücke dieser Art mehr als zwanzigmal erlegt worden.

Die Niststätten dieser Möwe reihen sich den nördlichsten aller Vögel an: Spitzbergen, Franz-Josephs-Land, Grinnellland. Nach Seebohm befinden sich nur vier Eier derselben in Sammlungen, von denen drei Malmgren auf Spitzbergen unter 80° N. aufgefunden und das vierte Mc Clintock von der Prince Patrick-Insel 77° 25' N. heimbrachte.

Seeschwalbe. Sterna. Gleich der vorhergehenden, so nahe verwandten Gattung, besteht auch diese aus etwa fünfzig Arten, die, wenn auch gleichfalls über alle Meere der Erde verbreitet, doch nur durch eine derselben im polaren Norden vertreten ist. Bei Helgoland kommen nur acht der in Europa heimischen Arten vor.

Nr. 368. Brandseeschwalbe.

STERNA CANTIACA. Gmelin.

Helgoländisch: Kerr. Dem Lockton nachgebildeter Name.

Sterna cantiaca. Naumann, X. S. 50.
Sandwich Tern. Dresser, VIII. p. 301.
Hirondelle de mer Gaugek. Temminck, Manuel. II. p. 735. IV. p. 454.

Mit den ersten warmen Tagen während der zweiten Hälfte des April bis Mitte Mai stellen sich diese Seeschwalben bei Helgoland ein; sie jagen sich dann paarweise unter vielem lauten Geschrei in Höhen von fünfhundert bis tausend Fuss in der klaren sonnigen Atmosphäre umher, oft auch hört man bloss ihre Stimmen aus solcher Ferne herunterschallen, dass das Auge vergeblich versucht, zu ihnen hinaufzudringen. Unzweifelhaft sind dies Brutpaare von den Nist-

plätzen der Holsteinischen und Ostfriesischen Küste, die in der
Frende des neugeschlossenen Bundes sich dieser Art herumtummeln
— wenige Minuten genügen ja, um wieder heim zu gelangen.
Etwas später kommen dieselben Vögel hier viel zahlreicher
vor; sie umschwärmen dann in nächster Nähe die Sandinsel und
fallen ununterbrochen auf's Meer herunter, um die dort sehr häufigen sogenannten Sandspieren, *Ammodytes tobianus*, zu fangen, anfangs als eigne Nahrung, später, um sie ihren Jungen zuzutragen.
Sehr bald nach beendeter Aufzucht stellen sich auch die noch ganz
jugendlich buntgefleckten jungen Vögel ein, und Alte und Junge
fischen in der Nähe der Düne bis zum Schluss des Sommers.

Es brütet diese Seeschwalbe an der Küste Englands und von
der Jütischen Küste hinunter bis zu denen von Spanien, sowie auch
auf den Canarischen Inseln. An der Atlantischen Küste Nordamerikas ist sie ebenfalls Brutvogel, und nach Seebohm soll sie
am Schwarzen und Caspischen Meere ein gewöhnlicher Sommervogel sein.

Nr. 369. Dougall's Seeschwalbe.

STERNA DOUGALLI. Montagne.

Sterna Dougalli. Naumann, X. S. 78.
Roseate Tern. Dresser, VIII. p. 273.
Hirondelle de mer Dougall. Temminck, Manuel. II. p. 738. IV. p. 457.

Ich habe diese so schön geformte Seeschwalbe hier nur zweimal während meiner langen Praxis erhalten, beides alte Vögel im
Sommerkleide. Ueber die Heimath dieser Art scheint noch einige
Ungewissheit zu herrschen; Seebohm sagt, sie möge als Bewohnerin
der Küsten des Atlantischen und Indischen Ozeans angesehen
werden. An den Britischen Küsten war dieselbe früher ein nicht
ungewöhnlicher Brutvogel, soll aber in der letzten Zeit daselbst
sehr selten geworden sein; sie nistet an der Nordamerikanischen
Ostküste, an der Küste von Ceylon, an denen des westlichen und
nordöstlichen Australien und Neu-Caledonien — nicht auf Neu-
Seeland.

Der alte Vogel im Sommerkleide hat einen fast ganz schwarzen Schnabel und scharlachrothe Füsse.

Nr. 370. Arktische Seeschwalbe.

STERNA MACRURA. Naumann.

Helgoländisch: Road-nabbed Kerr = Rothschnäblige Seeschwalbe.

Sterna macrura. Naumann, X. S. 114.
Arctic, Tern. Dresser. VIII. p. 255.
Hirondelle de mer arctique. Temminck, Manuel. II. p. 742. IV. p. 458.

Diese Seeschwalbe kommt nie vor der ersten Hälfte des Mai hier an, sie schwärmt dann ziemlich zahlreich gemischt mit *St. cantiaca* im Umkreise der Düne umher; im August kommen Alte und Junge von ihrer nördlichen Heimath wieder ziemlich zahlreich zurück, die ersteren anfänglich noch die schwarze Kopfzeichnung ganz rein tragend. Es ist dies die am nördlichsten heimische Art der ganzen Gattung; ihre Brutstätten erstrecken sich von den Hebriden und Shetlandsinseln über Grönland. Island, Spitzbergen längs der ganzen Eismeerküste Asiens und durch das arktische Amerika; Fielden traf sie brütend auf der Ballot-Insel 81° 44′ N.

Nr. 371. Flussseeschwalbe.

STERNA HIRUNDO. Linn.

Helgoländisch: Road-futted Kerr = Rothfüssige Seeschwalbe.

Sterna hirundo. Naumann, X. S. 89.
Common Tern. Dresser, VIII. p. 263.
Hirondelle de mer Pierre Garin. Temminck, Manuel. II. p. 740.
IV. p. 458.

Nächst *Sterna cantiaca* ist die Flussseeschwalbe die gewöhnlichste der hier vorkommenden Arten dieser Gattung; sie erscheint fast gleichzeitig mit derselben, vielleicht ein weniges später, jedenfalls nie früher. Auch ihr Fischgebiet ist die nächste Umgebung der Sandinsel, wo sie gleich jener unter vielem Geschrei nach Sandspieren niederstösst. Man trifft sie dort den ganzen Sommer, am zahlreichsten jedoch unmittelbar nach Beendung ihrer Brutgeschäfte, wenn Alte und Junge zusammen fischen.

Diese so weit verbreitete Art brütet an den Küsten des Atlantischen Meeres von England bis zu den Canarischen Inseln hinunter, und von Bermuda bis Labrador hinauf; sie nistet des weiteren an der Nordsee, den Küsten des Mittel-, Schwarzen und Caspischen Meeres bis zum Baikalsee und China.

Nr. 372.   Kleine Seeschwalbe.

STERNA MINUTA.   Linn.

Helgoländisch: Lütj Kerr   Kleine Seeschwalbe.

Sterna minuta. Naumann, X. S. 145.
Little Tern. Dresser, VIII. p. 279.
Petite hirondelle de mer. Temminck, Manuel. II. p. 752. IV. p. 464.

Diese kleine, niedliche Miniaturausgabe der Seeschwalben
scheint sich dem weiten Meere nicht gewachsen zu fühlen, denn
hier draussen bei Helgoland ist sie nur eine höchst ausnahmsweise
und vereinzelte Erscheinung; es ist während der letztverflossenen
zehn Jahre, wenn nicht länger, keine derselben hier erlegt noch
gesehen worden. Sie brütet noch weniger als die vorhergehende
am Meere, sondern mehr an den Mündungen grosser Ströme und
an inländischen Gewässern; sie geht nördlich nicht über Jütland
und Dänemark hinaus, nistet aber von Gibraltar an im ganzen
Mittelmeergebiet, Griechenland, Kleinasien, Turkestan bis Ostindien.

Nr. 373.   Grosse Seeschwalbe.

STERNA CASPIA.   Pallas.

Helgoländisch: Groot Kerr = Grosse Seeschwalbe.

Sterna caspia. Naumann, X. S. 18.
Caspian Tern. Dresser, VIII. p. 289.
Hirondelle de mer tschegrava. Temminck, Manuel. II. p. 733. IV. p. 454.

Trotzdem noch immer eine, wenn auch nur kleine, Brutkolonie
dieser stattlichen Seeschwalbe auf dem nördlichen Theile der nahen
Insel Sylt besteht, so kommt dieselbe doch immer nur sehr selten
herüber nach Helgoland; man hört wohl in ganz vereinzelten Fällen
ihr rauhes rabenartiges Geschrei hoch in der Luft, aber geschossen
ist sie nur einmal hier, so lange ich sammle, nämlich am 22. Juni
1880, ein schöner alter Vogel, der sich in meinem Besitz befindet.

Das Brutgebiet dieser Seeschwalbe dehnt sich über den Umfang
der ganzen Erde aus; obzwar sie in geringer Zahl an der Nord-
und Ostsee nistet, so ist die eigentliche Heimath derselben doch
eine vorherrschend südliche, ihre Brutstätten liegen am Mittelmeer,
den Küsten Afrikas, am Golf von Persien, am Caspischen Meere

und den Salzseen Turkestans bis Indien und China, und von da
hinunter bis Australien und Neuseeland. In Amerika brütet sie
von Alaska und Labrador hinunter bis Californien und Florida.

Nr. 374. Dickschnabel-Seeschwalbe.

STERNA ANGLICA. Montague.

Helgoländisch: Lunn-Kerr = Land-Seeschwalbe.

Sterna anglica. Naumann, X. S. 38.
Gull-billed Tern. Dresser, VIII. p. 295.
Hirondelle de mer hansel. Temminck, Manuel. II. p. 744 IV. p. 460.

Dem so gut beobachtenden Helgoländer konnte der grosse
Unterschied nicht entgehen, welcher in der Lebensweise dieses
Vogels, wenn mit seinen nahen Verwandten verglichen, besteht, und
er taufte ihn dementsprechend. Es macht allerdings demjenigen,
der tagtäglich die Seeschwalben in ihrem munteren Treiben aus
grosser Höhe herab ins Meer stürzen sieht, dass der Schaum hoch
aufspritzt, einen eigenthümlichen Eindruck, einen dem Anschein nach
ganz gleichen Vogel über den Feldern herumstreichen und plötzlich
in das hohe Kartoffelkraut niederfallen und verschwinden zu sehen
— und nur so geht diese Seeschwalbe hier ihrer Nahrung nach.
auf dem Meere fischend gleich anderen Seeschwalben wird sie nie
gesehen. Die wenigen Stücke dieser Art, welche ich hier erhalten.
wurden Ende Mai oder während des Juni oder Juli geschossen,
es waren stets alte Vögel: weder junge noch alte Herbstvögel sind
jemals vorgekommen; ihr Erscheinen beschränkt sich überhaupt
nur auf vereinzelte Stücke, die nach Pausen von fünf bis zehn
Jahren hierher gelangen.

Die Brutstätten auch dieser Art sind über fast alle gemässigten Striche der Erde zerstreut: in der alten Welt brütet sie vom
südlichen Spanien an bis zu den Salzseen Turkestans und der
Mongolei, ebenso an verschiedenen Punkten Australiens. Andererseits ist sie heimisch an den Atlantischen Küsten Nordamerikas
von Massachusetts bis Westindien. Ausnahmsweise Niststätten derselben befinden sich in Dänemark.

Nr. 375. Schwarze Seeschwalbe.

STERNA NIGRA. Brisson.

Helgoländisch: Lütj swart Kerr = Kleine schwarze Seeschwalbe.

Sterna nigra. Naumann, X. S. 189.
Black Tern. Dresser, VIII. p. 327.
Hirondelle de mer épouvantail. Temminck, Manuel. II. p. 749. IV. p. 464.

Die kleine hübsche schwarze Seeschwalbe ist im allgemeinen
für Helgoland eine seltene Erscheinung, namentlich im Frühjahr
wird sie nur in Zwischenräumen von Jahren einmal geschossen;
während des Rückzuges kommt sie in manchen Jahren im Laufe
des August ziemlich häufig an der Insel vorüber, fehlt aber oft
während einer längeren Reihe von Jahren ganz. Sie ist nicht, wie
die meisten ihrer Verwandten, Meervogel, sondern nistet an süssen
Gewässern mehr oder weniger fern vom Meere, vom westlichen
Europa bis in das mittlere Asien, und vom Mittelmeer bis in das
südliche Skandinavien. Eine der *Sterna nigra* so nahe stehende
Form, dass es zweifelhaft ist, ob sie überhaupt von derselben zu
trennen sei, ist Brutvogel in Amerika vom südlichen Canada bis
zum südlichen Alaska.

Raubmöwe. Lestris. Diese so interessante Gattung besteht
nur aus sechs Arten, von denen vier der nördlichen und zwei der
südlichen Hemisphäre angehören; die vier ersteren sind auch in
der Liste der Vögel Helgolands vertreten.

Nr. 376. Grosse Raubmöwe.

LESTRIS CATARRACTES. Illiger.

Helgoländisch: Groot Skeetenjoager = Grosse Raubmöwe.

Lestris cataractes. Naumann, X. S. 470.
Common Skua. Dresser, VIII. p. 457.
Stercoraise cataracte. Temminck, Manuel. II. p. 792. IV. p. 495.

Diese so stattliche Raubmöwe ist hier bei Helgoland eine so
seltene Erscheinung, dass es über dreissig Jahre gewährt hat, bis
ich ein hier geschossenes Exemplar für meine Sammlung erhalten
konnte; endlich am 6. November 1885 ward mir ein solches gebracht, ein sehr schöner alter männlicher Vogel von ausserordent-

lich robustem kräftigem Körperbau. Es war diese von mir so
sehr begehrte Art im Laufe der Jahre ein paarmal gesehen, einmal gefehlt. und einmal durch einen Badegast erlegt worden, letzterer war aber zu stolz auf seine Beute. als dass er sie mir ab-
zutreten vermochte. Diese Art kann überhaupt nicht sehr individuenreich sein.
denn ihr Brutgebiet beschränkt sich auf einen sehr engen Kreis.
der sich nicht über Island, die Faröer und Shetlandsinseln hinaus erstreckt. Wenn man aus den Berichten Englischer Forscher,
die die Niststätten dieser Raubmöwe besuchten. ersieht, in wie er-
schreckender Weise deren Zahl im Laufe von etwa sechzig Jahren abgenommen, so erscheint die Befürchtung nur zu gerechtfertigt, dass auch dieser schöne grosse Vogel in nicht gar ferner
Zeit das Schicksal von *Alca impennis* theilen werde.

- - - -

Nr. 377. Kugelschwänzige Raubmöwe.

LESTRIS POMARINA. Temminck.

Helgoländisch: Uhr-grootst Skeetenjoager = Nächstgrösste Raubmöwe.

Lestris pomarina. Naumann, X. S. 487.
Pomatorhine Skua. Dresser, VIII. p. 463.
Stercoraire pomarin. Temminck, Manuel. II. p. 793. IV. p. 495.

Im Frühjahr, wenn die Spitze der beiden mittleren verlängerten Schwanzfedern dieser Raubmöwe sich halb um ihren Kiel
gedreht hat, so dass die Fahnen des Endtheils derselben senkrecht
stehen und in einiger Entfernung den Eindruck machen, als hätte
der Vogel einen kugelförmigen Anhang am Schwanze, ist derselbe
hier eine sehr seltene Erscheinung. und während meiner so langen
Beobachtungszeit nur zwei- bis dreimal geschossen worden; dahingegen kommen junge Herbstvögel in allen Abstufungen, vom einfarbig schwarzbraunen bis zum sehr bunt rostgrau gefleckten
Kleide, alljährlich im Oktober und November im allgemeinen sehr
oft und manchmal sogar sehr zahlreich vor. so z. B. im November 1879. Alte Vögel erinnere ich mich nicht, jemals während
der Herbstmonate gesehen zu haben.

Von den Niststätten dieser Raubmöwe weiss man sehr wenig,
sie befinden sich auf den dem Nordpol zunächst gelegenen Land-
oder Inselgebieten, unzweifelhaft am zahlreichsten an den schon
bei *Tringa islandica* und *Larus Rossii* besprochenen noch unge-

kannten Brutstätten dieser und anderer Arten zwischen dem Pol und den Jeannetteinseln. Von Middendorf fand Nest und Eier im Taimyrlande unter 74° N. Dr. Bunge sah den Vogel auf der Neusibirischen Gross-Liakoffinsel Ende Juni nordwärts ziehen, und Ross traf ihn unter 82° N. noch an.

Nr. 378. Schmarotzer-Raubmöwe.

LESTRIS PARASITICA.   Illiger.

Helgoländisch: Skeetenjoager   Raubmöwe.

Lestris parasitica.   Naumann, X. S. 506.
Richardsons Skua.   Dresser, VIII p. 471.
Stercoraire Richardson.   Temminck, Manuel. IV. p. 499.

Dies ist die gewöhnlichste Raubmöwe für Helgoland, namentlich konnte man dies in früheren Jahren sagen, als der Anfang des Sommers hier fast regelmässig warm und schön war; damals waren alte Vögel im hellen wie im einfarbig dunklen Kleide während des April und Mai in nächster Nähe der Insel eine ganz gewöhnliche und oft zahlreiche Erscheinung; seit dreissig und mehr Jahren, während welcher der letzte Frühjahrs- und erste Sommermonat fast ausnahmslos kalt und rauh gewesen sind, sieht man diese Art, die nie eintraf, ehe das Wetter warm geworden, nur höchst vereinzelt. Ebenso hat sich die Zahl der Jungen auch während der Herbstmonate verringert.

Es ist diese Raubmöwe ein sehr zahlreicher und weitverbreiteter Vogel, seine Niststätten erstrecken sich über das arktische Küsten- und Inselgebiet der Alten wie Neuen Welt und reichen südlich bis zu den Shetlandsinseln und Hebriden hinunter.

Nr. 379. Kleine Raubmöwe.

LESTRIS BUFFONI.   Boie.

Helgoländisch: Lütj Skeetenjoager = Kleine Raubmöwe.

Lestris crepidata.   Naumann, X. S. 534.
Buffons Scua.   Dresser, VIII. p. 481.
Stercoraire parasite.   Temminck, Manuel. II. p. 796. IV. p. 501.

Nur zweimal habe ich alte Vögel dieser Art hier erhalten, der erste ward am 31. Juli 1853 durch den Hessischen Lieutenant von Sodenstern geschossen, der ihn mir mit ausserordentlicher Liebenswürdigkeit für meine Sammlung schenkte: es ist ein schönes Männchen, an dem die Halsseiten sehr gesättigt strohgelb sind, und das mittelste Federpaar des Schwanzes das nächste um 22 cm überragt. Das zweite Stück ist ein vor ein paar Jahren ebenfalls im Sommer erlegtes altes Weibchen, dem leider die beiden mittelsten Schwanzfedern fehlen, das aber sonst von tadellosem Gefieder ist. Junge Sommervögel kommen vereinzelt fast jeden Herbst hier vor.

Auch diese kleine Raubmöwe ist eine Sommerbewohnerin der arktischen Küsten und Inseln der Alten und Neuen Welt; sie brütet nur ausnahmsweise tiefer als 70° N., von Middendorff fand sie nistend im Taimyrlande 74½° N., Fielden traf sie am Smith Sound 78° N. und Parry 82° N. an.

— — —

Sturmvogel. Procellaria. Die Gattung dieser eigenthümlichen Vögel, bei denen die Nasenlöcher sich nicht seitwärts am Schnabel befinden, sondern als zwei auf der Firste desselben liegende Röhren angebracht sind, umfasst nach Seebohm ungefähr hundert Arten. Alle sind wahre Ozeanbewohner, die nach vollendeten Brutgeschäften jede Verbindung mit dem Lande aufgeben und nur auf den weiten Meeren aller Welttheile ihr Wesen treiben. Acht Arten dieser Vögel sind als Europäisch zu betrachten, und von diesen kommen fünf auch in der Nähe Helgolands vor.

Nr. 380. Eissturmvogel.

PROCELLARIA GLACIALIS. Linn.

Procellaria glacialis. Naumann, X. S. 589.
Fulmar. Dresser, VIII. p. 535.
Pétrel fulmar. Temminck, Manuel. II. p. 802. IV. p. 505.

Die Herbststürme bringen fast jedes Jahr diesen Vogel bis nach Helgoland herunter, meistens nur vereinzelt, aber in manchen Jahren auch zahlreicher, so unter anderm im Dezember 1873, als an den Tagen vom 11. bis 14. siebzehn Stück geschossen wurden: ein paar Meilen fern von der Insel umschwärmten dieselben die in See befindlichen Fischerboote in grosser Zahl, und unter diesen befand sich auch ein ganz einfarbig dunkel graubrauner Sturmvogel von der Grösse einer Silbermöwe.

Im November 1879 waren diese Vögel hier wieder ganz ausserordentlich zahlreich, am 9. des Monats wurden z. B. zehn Stück geschossen: auch war *Lestris pomarina* in seltener Massenhaftigkeit vertreten, *L. Buffoni* kam wiederholt vor und am 27. Dezember erhielt ich eine *Procellaria pelagica*. In meinem Tagebuche für jenes Jahr finde ich am Schlusse des November die Bemerkung: nie zuvor so viele *L. pomarina* und *Procellaria glacialis* als diesen Herbst.

Brutkolonien dieser Vögel finden sich an beiden Seiten der Davis-Strasse, auf Island, St. Kilda, den Faröern, auf Spitzbergen. Nowa Zembla, auf den Kurilen und auf Prince Albert-Land des arktischen Amerika.

Nr. 381. Grosser Sturmvogel.

PROCELLARIA MAJOR. Faber.

Great Shearwater. Dresser, VIII. p. 527.
Puffin majeur. Temminck, Manuel. IV. p. 507.

Zu Reymers' Zeiten, als die kleinere Art, *P. anglorum*, hier noch sehr häufig vorkam, hat genannter Sammler auch einmal die grosse Art geschossen; so lange ich sammle, habe ich diesen Vogel nicht erhalten können, unzweifelhaft gehörte aber ein grosser Sturmvogel mit schwarzbraunem Rücken und Oberkopf und weisser Unterseite, den hiesige Fischer am 13. November 1879 ein paar Meilen fern von der Insel, ganz nahe bei ihrem Boote zwischen einer Anzahl von *P. glacialis* herumfliegen sahen, ebenfalls zu *P. major*.

Die Niststätten dieses Sturmvogels kennt man zur Zeit noch nicht; man vermuthet, dass dieselben sich an der Grönländischen Küste befinden. Die Herbst- und Wintermonate verbringen diese Vögel auf dem Atlantischen Meere, kommen oft zahlreich an den Küsten Irlands, vereinzelter bei Island und Norwegen, sowie überhaupt in der Nordsee vor.

Nr. 382. Dunkler Sturmvogel.

PROCELLARIA GRISEA. Gmelin.

Sooty Shearwater. Dresser, VIII. p. 523.

Puffin majeur. Temminck, Manuel. IV. La femelle. p. 508.

Noch in letzter Stunde, als ich mein Manuscript schon abgeschlossen wähnte, stellte sich ein Exemplar dieser Art hier ein,
um einen Platz in der Reihe der Vögel Helgolands zu finden; es
ist ein schöner alter männlicher Vogel, dessen frisch vermausertes
Kleid fast einfarbig schwärzlich russbraun ist, nur an Kinn, Kehle
und dem oberen Theil des Vorderhalses befindet sich eine schwache
graue Beimischung. Das feste Gefieder des Rückens und der
oberen Seite der Flügel hat das Aussehen von polirtem Fischbein.

Dieses Stück ward am 25. Oktober 1888 in der Nähe der
Insel geschossen, und ist das einzige hier jemals erlegte Exemplar
dieser Art.

Betreffs der Brutstätten dieses Vogels ist noch sehr wenig bekannt; einestheils soll derselbe zahlreich an den Küsten Neusee-
lands und den Chatham-Inseln nisten, anderentheils ist er Ende
Juni, also zur Brutzeit, an der Südküste Grönlands beobachtet
worden. An der Küste von Labrador soll er ebenfalls häufig sein,
und während der Herbst- und Wintermonate ist derselbe fast
über den ganzen Atlantischen und Stillen Ozean verbreitet, vereinzelt auch an den Britischen Küsten angetroffen worden.

Nr. 383. Englischer Sturmvogel.

PROCELLARIA ANGLORUM. Temminck.

Helgoländisch: Marmuck. Name für diese Art; in Norwegen für den
Eissturmvogel.

Puffinus arcticus. Naumann, X. S. 618.
Manx Shearwater. Dresser, VIII. p. 517.
Puffin manks. Temminck, Manuel. II. p. 806. IV. p. 509.

Wie schon erwähnt, war dieser Sturmvogel hier bis vor fünfzig Jahren eine ganz gewöhnliche jedermann bekannte Erscheinung; Reymers hat mir oft von Jagden erzählt, während welcher
er zehn bis fünfzehn dieser Vögel an einem Morgen erlegte. Naumann, der Helgoland im Sommer 1840 besuchte, erhielt derzeit

noch wiederholt Exemplare von Reymers, der sie in kleineren oder grösseren Schaaren auf dem Meere, am häufigsten ausserhalb der Südspitze der Düne antraf. Seit jener Zeit ist dieser Vogel hier gänzlich, und ziemlich plötzlich, verschwunden. Ich habe, so lange ich sammle, nur einmal, vor etwa fünfunddreissig Jahren, einen jungen Herbstvogel erhalten und nie gehört, dass derselbe fern oder nahe der Insel auf dem Meere gesehen worden wäre.

Dies so vollständige Verschwinden steht möglicherweise im Zusammenhange mit ähnlichen Vorkommnissen an der Britischen Küste: Seebohm sagt, dass auf den Schottischen Inseln manche der Brutplätze dieses Vogels von demselben verlassen seien, und nach Dresser ist er von anderen durch den Eissturmvogel gänzlich verdrängt worden. Da derselbe aber immer noch zahlreich auf den Shetlands und Orkneys brütet, so könnte man erwarten, dass Junge dieser Kolonien während der Herbstmonate bis tief in die Nordsee hinuntergingen, wenn nicht besondere Gründe dies verhinderten; nahe liegt wohl anzunehmen, dass das Verschwinden einer Lieblingsnahrung die Schuld davon trage, dass diese interessante Art hier nicht mehr vorkommt.

Ausser auf den Shetlands- und Orkneyinseln brütet dieser Sturmvogel sehr zahlreich auf Island, den Faröern, auf St. Kilda und fast allen Inseln der Schottischen und Irländischen Westküste bis zu den Scilly, Azoren und Canarischen Inseln hinunter, des weiteren auf manchen Inseln des Mittelmeeres bis zum Bosporus.

Nr. 384. Schwalben-Sturmvogel.

PROCELLARIA LEACHII. Temminck.

Helgoländisch: Storm-Swoalk med üttklept Stjert = Sturmvogel mit ausgeschnittenem Schwanze.

Thalassidroma Leachii. Naumann, X. S. 575.
Leach's Petrel. Dresser, VIII. p. 479.
Thalassidrome de Leach. Temminck, Manuel. II. p. 812. IV. 512.

Nur viermal habe ich diese Art hier für meine Sammlung erhalten; das erste dieser Stücke ward am 14. Dezember 1850 auf der Gallerie des Leuchtthurms am frühen Morgen ergriffen, obzwar durchaus unbeschädigt, machte dasselbe doch nicht den geringsten Versuch zu entfliehen. Zwei weitere Exemplare wurden derzeit

auf dem Meere geschossen, und ausserdem noch zwei solcher
Vögel gesehen. Im November 1888 wurden drei geschossen, und
wiederum ein lebender Vogel auf der Gallerie des Leuchthurms
gefangen.

Betreffs der Niststätten dieses Sturmvogels sagt Seebohm:
soweit bekannt, giebt es nur drei Brutkolonien dieser Art, eine
im Norden des Stillen Ozeans, welche sich von den Kurilen bis zu den
Aleuten ausdehnt; die beiden anderen im Norden des Atlantischen
Meeres, nämlich auf den Inseln der Bai von Fundy und nördlich
von Schottland auf St. Kilda und auf Rona.

Nr. 385. Kleiner Sturmvogel.

PROCELLARIA PELAGICA. Linn.

Helgoländisch: Lütj Storm-Swoalk = Kleine Sturmschwalbe.

Thalassidroma pelagica. Naumann, X. S. 557.
Storm-Petrel. Dresser, VIII. p. 491.
Thalassidrome tempête. Temminck, Manuel. II. p. 810. IV. p. 514.

Dieser, der kleinste aller Sturmvögel, kommt im Laufe der
letzten drei Monate jeden Jahres in die Umgegend Helgolands,
und wird fast alljährlich ein- oder zweimal geschossen. Im November und Dezember 1879, welche so ausserordentlich reich an
Sturmvögeln und Raubmöwen waren, brachte Aeuckens es bis auf
acht oder zehn Exemplare. Bedeutend öfter wird dies Vögelchen
während solcher Jahre von den mehrere Meilen fern in See sich
befindenden Fischern gesehen.

Die Niststätten dieser kleinen Art befinden sich auf den Shet-
lands- und Orkney-Gruppen, auf den Faröern, St. Kilda und manchen Inseln der Schottischen Westküste.

Seetaucher. *Colymbus.* Die Gattung der Seetaucher besteht
nur aus vier Arten, von denen drei auch den Norden Europas
bewohnen und die vierte, *C. Adami,* Amerika angehört, aber in
ein paar Fällen an der Englischen Küste vorgekommen sein soll.
Die erstgenannten drei kommen mehr oder weniger zahlreich auch
auf dem Meere in der Nähe Helgolands vor.

Nr. 386. Grosser Seetaucher.

COLYMBUS GLACIALIS. Linn.

Helgoländisch: Groot Skwarwer; Skwarwer, Name für Seetaucher.

Eudytes glacialis. Naumann, XII. S. 397.
Great northern Diver. Dresser, VIII. p. 609.
Plongeon imbrim. Temminck, Manuel. II. p. 910. IV. p. 571.

In seinem so schönen Hochzeitskleide ist dieser stattliche Vogel hier nur eine sehr seltene Erscheinung, man sieht ihn wohl hin und wieder im Laufe des Mai in der Nähe der nördlich von der Insel liegenden langen Felsriffe, aber geschossen wird derselbe nur höchst selten: ich erinnere mich nur drei solcher Fälle. Im Spätherbst und während der Wintermonate, wenn dieser Taucher das unscheinbare graue Kleid trägt, sieht man ihn öfter im Umkreise Helgolands, er ist jedoch ein sehr vorsichtiger Vogel, der sich der Gefahr fast immer rechtzeitig zu entziehen weiss und in Folge dessen nicht allzu oft erlegt wird.

Wie alle Tauchvögel die Fähigkeit besitzen, wenn hart verfolgt, den Körper so tief ins Wasser zu senken, dass dasselbe den Rücken überspült, so versteht es auch der grosse Seetaucher auf das meisterhafteste sich solcher und anderer Künste zu bedienen, um dem Jäger ein Schnippchen zu schlagen. Sobald derselbe Argwohn schöpft, senkt er den Körper fast ganz unter Wasser und schwimmt in dieser Weise in erstaunlicher Schnelligkeit davon; findet er sich aber ernstlich verfolgt, so ragt nur noch der Hals über Wasser und demnächst geht er zum Tauchen über, aber nicht etwa in der Weise, wie wenn er nach Nahrung mehr oder weniger senkrecht dem Meeresboden zustrebt, sondern er versinkt ohne weitere Bewegung, kaum eine wahrnehmbare Stelle auf dem Wasser zurücklassend, und schwimmt nunmehr unter der Oberfläche in horizontaler Richtung so schnell davon, dass zwei gewandte Ruderer in einem kleinen leichten Boote unter Aufbietung ihrer äussersten Kräfte ihm kaum einen Vorsprung abzugewinnen vermögen; der Vogel, dies wohl bemerkend, kommt nur noch auf einen kurzen Moment mit dem Kopf über Wasser um Luft zu schöpfen und gleichzeitig wieder zu verschwinden, dies erschöpft ihn aber so sehr, dass er schon mit weit aufgesperrtem Schnabel nach Luft schnappen muss; er sieht das Nutzlose dieses Flucht-verfahrens ein und versucht nunmehr List, welche darin besteht, dass er nicht mehr durch schnelles horizontales Schwimmen unter

der Wasserfläche zu entrinnen sucht, sondern er biegt entweder
unter Wasser in einem rechten Winkel zur Seite ab, oder er
taucht tief zum Meeresboden hinunter und lässt das Boot über
sich dahingleiten. Manchmal gelingt die List, und während der
Schütze schussbereit gespannt vorwärts späht, sehen die Ruderer plötzlich weit zurück den Vogel wieder auftauchen; der er-
fahrene Jäger erkennt jedoch meistens an der Art des Unter-
tauchens, was der Vogel im Schilde führt, und rudert nur bis zur
Stelle, wo derselbe verschwunden ist; dann heisst es aber aufpassen
und schnell und sicher schiessen können, denn der Vogel erscheint
meistens ganz nahe beim Boote, oft nur wenige Schritte entfernt,
und taucht auch im selben Moment wieder unter; fehlt man ihn,
so ist's mit der Jagd vorbei, denn wenn man ihn überhaupt wieder zu Gesicht bekommt, so ist es sicherlich nur in hundert bis
hundertundfünfzig Schritt Entfernung und jede weitere Verfolgung
bleibt nutzlos.

Das im Obigen geschilderte Thun und Treiben dieses Tauchers
regt eine ebenso interessante und ebenso schwer zu beantwortende
Frage an, wie es das Aufwärtsschweben mancher Vögel ohne Flügel-
schlag und ohne Luftströmung ist, dessen schon bei Behandlung der Bussarde und Möwen eingehend gedacht worden ist.
Diese letztere Erscheinung ist allerdings nicht mit den geltenden
Gesetzen der Schwerkraft in Einklang zu bringen, nach welchen
es unmöglich ist, dass der schwerere Körper sich in der leichteren
Atmosphäre zu erheben vermag, und man hat daraufhin die Ver-
lässlichkeit meiner Beobachtungen, die ich jedoch entschieden aufrecht halte, in Zweifel gezogen. Es bietet nun aber der gegenwärtige Fall eine verwandte, wenn auch in entgegengesetzter
Weise sich vollziehende Erscheinung dar, die zu bekannt ist, als
dass sie von einem Naturforscher oder Jäger in Abrede gestellt
werden könnte, die aber ebensosehr den allgemeinen Gesetzen der
Schwerkraft entgegensteht wie der Schwebeflug ohne Flügelbewegung und ohne Luftströmung: es ist dies das beliebige und beliebig auszudehnende Versenken des leichteren Vogelkörpers in
das so viel schwerere und dichtere Element des Wassers: das
Volumen des Körpers des grossen Seetauchers beträgt ungefähr
einen Kubikfuss, und sein Gewicht fünfzehn Pfund, das Gewicht
eines Kubikfusses Seewasser ist dagegen über sechzig Pfund, und
dennoch versenkt der Taucher nicht allein ohne irgend wahrnehmbare Anstrengung seinen so viel leichteren Körper in die schwere
Wassermasse, sondern vermag andauernd unter der Wasserfläche

zu verweilen, um in horizontaler Fortbewegung sich seiner Verfolgung zu entziehen. Es ist eine derartige Versenkung und horizontale Fortbewegung unter der Wasserfläche aber nicht zu verwechseln mit dem mehr oder weniger senkrechten Tauchen in die Tiefe, wie es der Vogel bei Aufsuchung seiner Nahrung befolgt; dies wird durch mechanische Thätigkeit erreicht, indem der Vogel sich fast senkrecht auf den Kopf stellt und durch kräftige nach oben geführte Stösse seiner breiten Schwimmfüsse seinen Körper hinuntertreibt — beide Thätigkeiten haben ebensowenig mit einander gemein, als der gewöhnliche durch mechanische Flügelbewegung erreichte Flug und der Schwebeflug auf bewegungslos ausgebreiteten Flügeln.

Es bedienen sich jedoch diese Taucher und andere ihnen verwandte Wasservögel der obigen Fähigkeit, ihren Körper unter Wasser sinken zu lassen und beliebig lange daselbst zurückzuhalten, nicht bloss für den Zweck sich einer Gefahr zu entziehen, sondern auch, wie ich Gelegenheit hatte zu beobachten, für Ueberlistung und Erlangung einer begehrten Beute. Von einem derartigen höchst interessanten Falle war ich vor längeren Jahren Zeuge im Zoologischen Garten zu Hamburg: auf einem nicht grossen Teiche befand sich ein Kormoran, derselbe hatte den Körper und ganz eingezogenen Hals vollständig unter Wasser gesenkt, sodass nur sein Kopf über demselben sichtbar war; so lag er regungslos da. Ich konnte mir nicht erklären, was der Vogel mit diesem ausserordentlichen Gebahren im Schilde führe und beobachtete ihn aus einiger Entfernung. Es strichen ziemlich viel Schwalben in ihrer Weise ganz niedrig über die Wasserfläche dahin, und als eine derselben, nichts Arges ahnend, dem Kormoran ganz nahe vorbei huschte, schnappte er, seinen Hals blitzschnell zur ganzen Länge hervorschiessend, nach derselben; ein solcher Fehlgriff fand noch zweimal statt, worauf es dem Wegelagerer gelang, eine Schwalbe zu erhaschen, die er etwas im Wasser hin und her schüttelte und verschlang. Hierauf versenkte er wieder den Körper wie zuvor und lag regungslos weiter auf der Lauer. Es ist zu bemerken, dass der Teich in der Mitte, wo der Kormoran sich befand, etwa vier Fuss tief und durchaus frei von Pflanzenwuchs war, so dass jede Möglichkeit eines Anhaltens mit den Füssen ausgeschlossen war.

Dies ruhige andauernde Schweben des im Vergleich zum Wasser fast korkleichten Vogelkörpers unter der Wasserfläche ist thatsächlich ein ebenso grosses physikalisches Räthsel, wie das

regungslose Schweben mancher anderer Vogelarten in der stillen
fast gewichtlosen Atmosphäre. Die Zuverlässigkeit meiner Beobachtungen des letzteren Phänomens sind grossen Anzweiflungen
begegnet, dass die Mittheilungen betreffs der ersteren Erscheinung
aber auf unanfechtbaren Thatsachen beruhen, wird jeder Jäger und
Naturforscher, der jemals auf Taucher Jagd gemacht, bestätigen
können.

Brutvogel ist der grosse Seetaucher durch das ganze arktische
Amerika von Alaska bis Grönland und sehr zahlreich auf Island.

Nr. 387. Polartaucher.

COLYMBUS ARCTICUS. Linn.

Helgoländer Name gleich dem vorhergehenden.

Eudytes arcticus. Naumann, XII. S. 418.
Black-throated Diver. Dresser, VIII. p. 615.
Plongeon à gorge noire. Temminck, Manuel. II. p. 913. IV. p. 571.

Diesen, in seinem Sommerkleide dem vorhergehenden an Schönheit nicht nachstehenden, aber etwas kleineren Seetaucher habe
ich in eben diesem Kleide hier nur einmal erhalten; er ist auch,
soweit meine langen Erfahrungen zurückreichen, kein zweites mal
erlegt oder gesehen worden. Während der Wintermonate kommt
derselbe jedoch ziemlich oft vor und wird auch des öfteren geschossen; er fischt gern in dem flachen Wasser der Umgebung
der Sandinsel, und es ist eine sehr interessante Jagd, ihn nach
und nach in flacheres Wasser zu treiben; deutlich sieht man,
wie es ihn offenbar in Verlegenheit setzt, bei jedem neuen dem
Ufer näheren Auftauchen das verfolgende Boot in geringerem Abstande zwischen sich und dem Meere zu erblicken; je geringer
die Tiefe, in welche man ihn nach und nach gedrängt, um so
kürzer werden die Pausen seines Verweilens unter Wasser, und
man benutzt nun eine solche, um mit aller Kraft so nahe wie
möglich zu gelangen und schiesst, sowie der Vogel wieder erscheint. Man muss bei dieser Jagd sehr behutsam zu Werke
gehen: nicht zu rasch auf den Vogel eindringen, bei seinem Auftauchen mit ruhigen Rudern liegen bleiben und anscheinend denselben gar nicht beachten, denn findet er sich zu übereilt bedrängt,
so taucht er rasch entschlossen unter dem Boot hindurch und erscheint meistens sehr weit hinaus erst wieder — dann ist jede

weitere Verfolgung nutzlos, sowie auch nach einem Fehlschuss es vollständig mit der Jagd vorbei ist.

Dieser Taucher brütet auf den Hebriden, im oberen Schottland. Skandinavien, durch das nördliche Asien, sowie im arktischen Amerika.

Nr. 388. Rothkehliger Seetaucher.

COLYMBUS SEPTENTRIONALIS. Linn.

Helgoländisch: Road-halssed Skwarwer = Rothhalsiger Seetaucher.

Endytes septentrionalis. Naumann, XII. S. 434.
Red-throated Diver. Dresser, VIII. p. 621.
Plongeon à gorge rouge. Temminck, Manuel. II. p. 916. IV. p. 572.

Ungleich den vorhergehenden beiden Arten, ist diese, die kleinste von den dreien, hier ein sehr gewöhnlicher Vogel, der sowohl während seines Frühlingszuges, als auch während der Rückkehr im August, sehr oft geschossen wird; von letzteren Stücken tragen die zuerst ankommenden noch das reine Hochzeitskleid, die gegen Ende des Monats eintreffenden stehen aber alle mehr oder weniger stark in der Mauser. Am häufigsten wird dieser Seetaucher während der herbstlichen Jagden auf dreizehige Möwen erlegt, wenn Junge und Alte desselben das Winterkleid tragen. Manchmal kommt derselbe in unglaublichen Massen vor, so z. B. am 2. und 3. Dezember 1879: der Wind war Ost, nicht stark, und es fror etwa 6° R., die Luft war klar, aber gegen Abend trat Schneegestöber ein. Es zogen Hunderttausende von Enten, Gänsen und Schwänen, sowie grosse Brachvögel, Austernfischer und Alpenstrandläufer in erstaunlichen Massen, alle von Ost nach West. Den ganzen Vormittag, vom frühen Morgen an, fand aber eine solche Wanderung dieser Seetaucher statt, wie man sie nie zuvor, noch seitdem auch nur annähernd erlebt hat; etwa eine halbe Meile von der Insel bewegte sich, so weit das Auge und das Fernrohr zu reichen vermochten, ein fortwährender förmlicher Strom dieser Vögel, alle wunderbarer Weise nordost fliegend; dies währte bis etwas nach Mittag, und wiederholte sich am nächsten Tage in gleicher Weise und gleicher Massenhaftigkeit. Woher all diese Vögel gekommen und wohin sie gezogen, ist ganz unerklärlich, ebenso unerklärlich ist, durch welche Veranlassung eine so über alle Begriffe hinausgehende Zahl dieser sonst nie in Gesellschaften gesehenen Vögel sich für einen gemeinsamen Zweck zusammenzufinden vermochten.

Abweichend von seinen beiden grossen Vettern, legt dieser
Seetaucher eine vorwiegende Neigung zum Fliegen an den Tag,
fast all die hunderte von Stücken, welche man während des Spätherbstes erlegt, werden im Fluge geschossen, und hält sich einmal
ein solcher schwimmend und tauchend in der Nähe der Insel auf,
so ist es sicherlich ein abgemagerter kranker Vogel. Es ist dieser
Flug aber nicht etwa eine in bestimmter Richtung gehende Zugbewegung, sondern ein anscheinend planloses Herumstreichen fast
ausnahmslos einzeln fliegender Individuen. Es gelingt manchmal,
einen derselben durch Nachahmung seines wunderlichen Rufes in
Schussnähe zu locken.

Der rothkehlige Seetaucher brütet von Grönland und Island
hinunter bis zu den Hebriden, Orkneys und Shetlandsinseln, im
obern Skandinavien, Spitzbergen. Nowa Zembla, ostwärts durch
Nordasien und durch das ganze polare Amerika.

— —

Lumme. Uria. Diese nur vier oder fünf Arten aufweisende
Gattung ist, wenn auch nicht die einzige, so doch die hervor-
ragendste der so wenigen Gattungen, welche auf Helgoland durch
alljährlich wiederkehrende heimische Brutvögel vertreten sind.
Hauptsächlich ist es *Uria troile*, die hier noch immer in vielleicht
tausend Paaren brütet; ihre Zahl war vor etwa fünfzig Jahren
bedeutend grösser, hat sich jedoch in Folge des Einsturzes von
zwei oder drei ihrer Brutstätten bis auf eine Kolonie verringert.

Nr. 389. Dünnschnabel-Lumme.

URIA TROILE. Linn.

Helgoländisch: Sommerkleid: Skütt; Name für Lumme. Winterkleid: Spitztk-
Dogger. Dogger ist der Name für das Winterkleid des Tordalk. Spitztk-Dogger
= spitzschnäbliger Alk.

Uria lomvia. Naumann, XII. S. 508.
Common Guillemot. Dresser, VIII. p. 567.
Guillemot à capuchon. Temminck, Manuel. II. p. 921. IV. p. 573.

Die Helgoländer Ornis bietet die überraschende Erscheinung
dar, dass unter den nahezu vierhundert Vögeln, welche ihr Verzeichniss umfasst, sich nur drei Arten befinden, die diesen Felsen
regelmässig Jahr für Jahr als heimische Brutstätte aufsuchen; dies
sind die Lummen, wenige Paare Tordalken und etwa zwanzig Paare

Sperlinge. Zu diesen haben sich seit wenigen Jahren einige Paare Staare und Mehlschwalben gesellt.

Die Lummen. welche in ihrem Gewimmel von ein paar Tausend Individuen dem Felsen während einiger Monate den Charakter eines hochnordischen Vogelberges verleihen, bewohnen gegenwärtig nur noch einen Theil der zweihundert Fuss hohen Felswand in einer Länge von etwa dreihundert Fuss, welcher Theil in der Helgoländer Sprache Bre-ad Hörn = Breites Horn genannt wird. Es ist höchst merkwürdig, dass, obzwar nach allem menschlichen Ermessen der nächste, ebenso geformte, nur durch eine etwa hundert Fuss breite Kluft getrennte Felsvorsprung in seinen vielen ausgehöhlten Schichten den Vögeln ebenso zahlreiche und ganz ebenso geformte Stätten zum Brüten darbietet, diese doch niemals den Versuch machen, denselben als Brutstätte, ja nicht einmal als Rastplatz zu benutzen, sondern sich auf dem von ihnen bewohnten Felstheil so neben- und übereinander zusammendrängen, dass jeder Vogel seine paar Quadratzoll nur unter ständigem Hader und endlosem Geplärr zu behaupten vermag; ist einer oder der andere abgeflogen und will zu seinem Plätzchen zurückkehren, so wird er von den Heimgebliebenen mit vorgestrecktem offenen Schnabel und lautem Geschrei empfangen und meist erst ein paarmal zurückgetrieben, ehe er wieder Fuss zu fassen vermag. Doch die, die Felswand so dichtgedrängt bedeckenden Vögel bilden nur den Hintergrund des Bildes: vielleicht zehnmal soviel, als man dort erblickt, schwärmen in einem fortwährenden Durcheinander aufwärts, abwärts, von allen Seiten und in jeder Höhe kommend und verschwindend, gleich einem zahllosen, den Blick verwirrenden Insektenschwarme, ohne Rast und Ruhe umher, fortwährend kommen lange Ketten von Vögeln, aus losen Gruppen von zehn. fünfzehn, dreissig bis hundert Stücken bestehend, mit Windeseile vom Meere dahergezogen. streifen in aufsteigendem Bogen an den Brutstätten, mit einem Gruss an die brütenden Gatten, vorüber und sinken, sich seewärts wendend, wieder zur Wasserfläche hinab. Ausser all diesen unzählbaren Massen umherschwärmender Vögel, schwimmen nah und fern auf dem Meere noch ebenso zahllos langgestreckte Gesellschaften dieser Lummen umher, anscheinend ruhend, aber dennoch fortwährend in so animirter Konversation begriffen, dass alle Mitglieder gleichzeitig das Wort zu führen scheinen.

Es bietet diese Brutstätte der Lummen ein so eigenartig fesselndes Bild, dass, möge man auch stundenlang vom schaukelnden Boote aus dem nimmer erschlaffenden lebensvollen Treiben zu-

schauen, man nie ermüden wird, auf dasselbe zu blicken und stets
nur mit Widerstreben sich entschliessen kann, von demselben zu
scheiden.

Als ich vor fünfzig Jahren hierher kam, befanden sich noch
mehrere solcher Brüteplätze an der Westwand des Felsens; einer
in der Nähe des Leuchtthurmes an der Aussenseite des so malerischen grossen Felsthors, Möhrmers Gatt genannt; ein anderer
an dem daneben liegenden breiten Vorsprung Book-hörn und ein
dritter an dem ganz nahen halbhohen Felsen Hens-börn; an diesem
letzteren Platze sassen Reihen von Lummen bis nur fünfzehn, ja
zehn Fuss Höhe vom Wasserspiegel und blickten ruhig in das
unten hinrudernde Boot. Das erstgenannte grosse Felsthor ist jedoch vor etwa fünfzehn Jahren zusammengestürzt, und die Lummen
haben seit jener Zeit auch die anderen nahegelegenen Brutplätze
verlassen. Eine andere Brutstelle befand sich an der Wand des
grossen isolirt stehenden Felsens der Nordspitze, der Hingst, Pferd,
genannt, und an der Aussenwand eines von diesem nur durch eine
schmale Kluft getrennten, dem erstgenannten ähnlichen Felsthor;
aber auch diese beiden sind eingestürzt und die Lummen auch
um diese Plätze gekommen; sie sind nun auf die einzige jetzt noch
bewohnte grosse Felswand beschränkt, diese ist aber glücklicherweise sehr fest und hat sich, so lange ich sie kenne, nicht im geringsten verändert, es ist somit anzunehmen, dass hier zahllose
Generationen von Lummen noch lange Jahrhunderte ihr Wesen
treiben werden, sich der grünen Wogen und schneeigen Brandung
erfreuend, die den Fuss ihrer Heimstätte umtosen.

Zum Brüten stellen die Lummen sich während der zweiten
Woche des April ein, alle sind gleichzeitig da: dies darf jedoch
nicht überraschen, da sie ihre Brutplätze während aller Wintermonate des öfteren in voller Zahl besuchen. Sie treffen für diese
Visiten meist während der Morgenstunden ein und verweilen während
des hohen Wassers, mit Eintritt der Ebbe wieder verschwindend.
Wie sich all diese mehrere Tausend zählenden Vögel zu einem
solchen Rendez-vous zusammenfinden, ist wunderbar, da man sie
doch den ganzen Winter nur zerstreut auf dem Meere antrifft und
während dieser Zeit nie mehr als drei bis höchstens fünf Stücke
schwimmend und tauchend beisammen sieht.

Gegen Ende Juni und zu Anfang des Juli — 1882 am 2. Juli —
verlassen die Jungen den Felsen und werden von ihren Eltern auf
das Meer geführt: sie sind dann noch sehr klein, mit dichtem pelz-
artigem Daun und haarigen Federn bekleidet, und weisen noch

keine Spur der kommenden Flügelfedern auf. Es sind sehr ver-
schiedenartige Ansichten darüber geltend gemacht, wie diese jungen
Thierchen, die zumeist mehrere hundert Fuss über dem Meere an
steilen Felswänden ausgebrütet wurden, hinunter auf das Wasser
gelangen; vielseitig ist behauptet worden, die alten Vögel trügen
ihre Jungen auf dem Rücken hinunter, dies ist jedoch eine vollständige Unmöglichkeit, denn wer Gelegenheit hatte, das Abfliegen
der Lummen von schroffen Felswänden zu beobachten, wird gesehen
haben, dass es sich hier weniger um einen Flug, als um ein mit
dem Kopf nach unten gerichtetes Abfallen, in einem Winkel von
weniger als fünfundzwanzig Grad handelt, dass diese Falllinie
während der ersten fünfzig Fuss fast dieselbe bleibt, und auch
dann erst sehr langsam in einem Bogen zu dem ganz niedrig über
dem Meere dahingehenden horizontalen Fluge sich gestaltet; dass
ein dieserart seinen Felssitz verlassender Vogel nichts auf dem
Rücken tragen kann, bedarf keiner weiteren Erörterung. Hier
auf Helgoland verläuft dieser Vorgang folgendermaassen: an ganz
schönen stillen Abenden, Ende Juni oder Anfang Juli, hört man
schon bald nach Sonnenuntergang in einer Viertelmeile Entfernung
den tausendstimmigen Lärm der alten Vögel: arr-r-r-r — orr-r-r-r
err-r-r-r - durcheinander schallen, gemischt mit zahllosen Stimmen
der Jungen an der Felswand: irrr-r-r-idd — irrr-r-r-idd in ängst-
lichster Weise gerufen; die elterlichen Vögel schwimmen unmittelbar
am Fusse der Felswand und der Ton ihres ununterbrochenen Rufes
hat wirklich einen zuredenden überzeugenden Klang, als ob sie in
ihrer Sprache sagten: nun, so komm doch herunter, wage es nur,
es ist nicht so schlimm, während das von oben herab schallende
Stimmchen in furchtsamen Tönen ganz deutlich ausdrückt: ich kann
nicht, ich fürchte mich, es ist so furchtbar hoch. Das Küchelchen
sucht aber in all seiner Noth der unten verbleibenden Mutter so
nahe wie möglich zu kommen. trippelt auf der äussersten, finger-
breiten Kante so lange herum, bis es abrutscht und kopfunter,
kopfüber mit einem schwachen Platsch auf dem Wasser anlangt;
beide Eltern nehmen dasselbe sofort zwischen sich und schwimmen
mit ihm dem offenen Meere zu. So und nicht anders habe ich den
Vorgang hier während fünfzig Sommern verlaufen sehen. Es ist
mir stets ein grosser Genuss gewesen, am schönen stillen Sommer-
abend ins Gras gestreckt, behutsam über den Felsrand spähend, dies
Treiben vieler hundert Paare und ihrer Jungen zu belauschen; eines
nur hat mich stets mit Staunen erfüllt, wie es nämlich in dem allgemeinen Gewimmel und Getöse bei der schon hereinbrechenden

Dämmerung jedem Elternpaare möglich ist, sofort sein ihm gehörendes Junges herauszufinden. Die hier brütenden Lummen stehen unter gesetzlichem Schutz: sie dürfen in keiner Weise vor dem 25. Juli, dem sogenannten Jacobitage, gestört werden; bis zu dieser Zeit haben alle Jungen die Brutstätten verlassen, es verbleiben jedoch stets noch hunderte von Vögeln am Felsen, auf welche dann auch sofort eine eifrige Jagd eröffnet wird, die Strecke ist meistens aber nur geringe, denn die Lumme fliegt sehr schnell und verträgt einen tüchtigen Schuss.

Diese Art brütet an der Küste von Labrador, an denen Südgrönlands, auf Island, den Faröern, an den Küsten und auf den Inseln Irlands, Englands und Schottlands, sowie Norwegens bis zum Waranger Fjord herum; auch auf Bornholm ist eine Brutkolonie.

Nr. 390. R i n g e l l u m m e.

URIA RINGVIA. Brünnich.

Helgoländisch: Kringelt Skütt = Ringellumme.

Uria kringeia. Naumann, XII. S. 524.
Ringed Guillemot. Dresser, VIII. p. 570.
Guillemot bridé. Temminck, Manuel. IV. p. 574.

Diese Art kommt hier nur in geringer Zahl vor, etwa hundert Stück, mehr wohl kaum. Sicheres ist darüber nicht festzustellen, da sie sich in dem Gewimmel der gewöhnlichen Art verliert, sowohl im Fluge als am Felsen. Im Abfliegen von der Brutstätte ist sie von oben herab sofort kenntlich, da ihr Rücken schieferschwärzlicher von Farbe und in Folge dessen etwas grösser erscheint, im allgemeinen aber nicht ist. Im Laufe des Winters werden alte, sowie jüngere Vögel ziemlich oft geschossen, an denen auch dann der Augenring und Ohrstrich sehr deutlich ausgeprägt sind.

An allen Brutplätzen der vorhergehenden Art trifft man auch diese mehr oder weniger zahlreich an.

Nr. 391. Dickschnabel-Lumme.

URIA LOMVIA. Linn.

Uria arra. Naumann, XII. S. 535.
Brünnichs Guillemot. Dresser, VIII. p. 575.
Guillemot à gros-bec. Temminck, Manuel. II. p. 924. IV. p. 576.

Während meiner langen Praxis habe ich diese Lumme hier weder erhalten noch gesehen — Reymers hat jedoch einmal einen Vogel dieser Art im Winterkleide geschossen. Brutvogel ist dieselbe im oberen Grönland, auf Spitzbergen, Franz-Josephs-Land, Nowa Zembla und auf den Inseln des arktischen Amerika.

Nr. 392. Schwarze Lumme.

URIA GRYLLE. Cuv.

Helgoländisch: Rotjer. Name ohne weitere Bedeutung.

Cepphus grylle. Naumann, XII. S. 461.
Black Guillemot. Dresser, VIII. p. 581.
Guillemot à miroir blanc. Temminck, Manuel. II. p. 925. IV. p. 577.

In seinem so einfachen wie schönen Sommerkleide ist dieser Vogel hier eine seltene Erscheinung, ich habe ihn in dieser sammtartig schwarzen Färbung, mit reinweissem Flügelfleck und zinnoberrothen Füssen thatsächlich nur einmal erhalten; in der Mauser zum Hochzeitskleide stehende Stücke sind wiederholt vorgekommen.

Junge Herbstvögel werden ziemlich oft schon im Laufe des August geschossen, öfter noch alte und jüngere Stücke im Winterkleide, während der Wintermonate, namentlich beim ersten Eintreten des kalten Wetters. Sehr hübsch sind sehr alte Vögel in diesem Kleide, an denen Kopf und Hals mit zerschlissenen weissen Federn bedeckt sind.

Die schwarze Lumme brütet auf Newfoundland, an den Küsten von Labrador, Südgrönland, auf Island, den Faröern, an der Irländischen und Schottischen West- und Nordküste, sowie an der Skandinavischen Küste bis zum Weissen Meer.

Nr. 393. Arktische Lumme.

URIA MANDTII. Leht.

An einer hier im Sommer geschossenen schwarzen Lumme meiner Sammlung, deren ganzes neuvermausertes Kleid, mit Ausnahme der Flügel, dem der vorhergehenden Art gleichgefärbt ist, erstreckt sich an den Flügeln die Mauser erst auf die dem Unterarm nächste Hälfte des grossen weissen Flügelfleckes; diese neuen Federn sind aber nicht weiss, sondern einfarbig schwarz, so dass bei einem derartigen Fortschreiten des Federwechsels die ganze Aussenseite des Flügels einfarbig schwarz geworden wäre. Es ist ein einjähriger Vogel, dessen Schwanzfedern sehr abgetragen und verblichen sind; einige der alten weissen Flügelfedern haben fahlbraune Spitzen und sind an der Wurzel nicht schwarz, sondern ganz blass aschgrau. Es ist ein auffallend kleines Exemplar mit sehr schmächtigem Schnabel.

Ob dies Stück zu der in Grönland, Spitzbergen, den Eismeerküsten Asiens und den Küsten des arktischen Amerika heimischen *Uria Mandtii*, oder einer derselben verwandten Art zu zählen sei, bleibt einstweilen unentschieden.

Alk. Alca. Diese Gattung umfasst nur sehr wenige Arten, wenn man nicht, wie öfter geschehen, auch die Lummen in dieselbe aufnimmt. Ausser dem allem Anschein nach ausgestorbenen grossen Alk, *Alca impennis*, besitzt Europa nur drei Arten, die auch auf Helgoland vorkommen.

Nr. 394. Tordalk.

ALCA TORDA. Linn.

Helgoländisch: Sommerkleid: Korrid. — Name, wohl der Stimme des Vogels nachgebildet. Winterkleid: Dogger. — Name ohne weitere Bedeutung.

Alca torda. Naumann, XII. S. 606.
Razorbill. Dresser, VIII. p. 557.
Pingouin macroptère. Temminck, Manuel. II. p. 936. IV. p. 581.

Auch diese eigenthümliche Art muss zu den Brutvögeln Helgolands gezählt werden, wenngleich auch nur alljährlich durch sehr wenige Paare vertreten: diese legen ihr Ei in einen tiefen Spalt des Felskegels an der Nordspitze der Insel, Nathurn-Stack genannt.

Während mehrerer Jahre brüteten auch einige Paare zwischen den Felsblöcken eines grossen Absturzes am Fusse der Klippe; die gewaltige Brandung, welche hier während der Herbst- und Wintermonate herrscht, hat diesen Brutplatz jedoch nach und nach zerstört.

Im Laufe der Herbst- und Wintermonate werden diese Vögel hier sehr häufig geschossen und von den Helgoländern gern gegessen, sie sind dann so ausserordentlich fett, dass die Unterschenkel nur noch eben aus dem Fettwulst hervorragen, der den Körper umgiebt.

Das Brutgebiet dieser Art umfasst Nova Scotia, Newfoundland, Labrador, das untere Grönland, Irland, die Faröer, die Britischen und Skandinavischen Küsten und Inseln, und reicht bis zum Weissen Meere.

Nr. 395. Kleiner Alk.

ALCA ALLE. Linn.

Helgoländisch: Lütj Dogger = Kleiner Alk.

Mergulus alle. Naumann, XII. S. 552.
Little Auk. Dresser, VIII. p. 591.
Guillemot nain. Temminck, Manuel. II. p. 928. IV. p. 578.

Auch dieser, der kleinste der Familie der Tauchvögel, kommt von seiner hochnordischen Heimath nach Helgoland herunter, freilich nur im Spätherbst und Winter, wenn seine Brutgeschäfte beendet sind; im Frühlingskleide ist derselbe hier noch nicht gesehen worden, im Winterkleide wird er jedoch alljährlich vereinzelt, in manchen Jahren sogar ziemlich zahlreich geschossen.

Die Brutstätten dieses kleinen Vogels liegen rund um den Pol zwischen 70 und 80° N.

Nr. 396. Papageitaucher.

ALCA ARCTICA. Linn.

Helgoländisch: Grönlandsk-Düüfk = Grönländische Taube.

Lunda arctica. Naumann, XII. S. 577.
Puffin. Dresser, VIII. p. 599.
Macareux moine. Temminck, Manuel. II. p. 933. IV. p. 580.

Bis zum Anfang der dreissiger Jahre war diese Art hier Brutvogel, freilich nur durch ein oder zwei Pärchen vertreten; diese brüteten an einem kleineren, etwa dreissig Fuss hohen Felskegel, der an seinem oberen Theile zwischen den Gesteinschichten eine tiefe, röhrenartige Aushöhlung hat — ganz wie geschaffen zum Brüteplatz dieses Vogels. Ein alter Schuster Namens Koopmann, der, wie ich glaube, der erste war, welcher das Vogelausstopfen auf Helgoland begann, fing in einem Netze, welches er vor der Oeffnung jener Aushöhlung angebracht, die Brutpärchen weg, und seitdem hat keiner dieser so eigenthümlichen Vögel hier wieder gebrütet. Fast jedes Frühjahr sieht man jedoch zur Zeit, wenn die Lummen zu Tausenden die Insel umschwärmen, mehrere dieser Alke zwischen jene gemischt, von denen dann auch meist einige geschossen werden: das ist aber alles, was über das Vorkommen dieser Art zu sagen geblieben ist, es sei denn, dass in Zwischenräumen von vielen Jahren einmal ein junger Herbstvogel erlegt werde.

Diese Art brütet an den Felsenküsten von Labrador, Südgrönland, Island, Spitzbergen, am Varanger Fjord, den Küsten und Inseln Grossbritanniens, hinunter bis zu den Atlantischen Küsten Portugals.

Hiermit ist dieser Bericht über die Vögel Helgolands abgeschlossen. Nicht ohne eine gewisse Trauer scheide ich von ihnen, die mir während einer so langen Reihe von Jahren liebe Gefährten gewesen, und deren hundertfältige, so wohl gekannte Stimmen während mancher späten Abendstunde, die ich an meinem Pulte über diesen Blättern verbrachte, mir wie Freundesgrüsse aus ferner Höhe herabklangen, wenn sie in ungezählten Schaaren über das Oberlicht meines Atelier-Museums dahinzogen.

Mögen meine Aufzeichnungen allen Mitarbeitern auf gleichem Felde eine willkommene Gabe sein — ich lege die Feder nieder heut am 19. Mai 1890, meinem siebenundsiebenzigsten Geburtstage.